삼국통일

어떻게 이루어졌나

삼국통일
어떻게 이루어졌나

2018년 7월 27일 초판 1쇄 발행

글쓴이　　이도학

펴낸이　　권혁재

편　집　　권이지

제　작　　동양인쇄주식회사
펴낸곳　　학연문화사
등　록　　1988년 2월 26일 제2-501호
주　소　　서울시 금천구 가산디지털1로 168 우림라이온스밸리 B동 712호

전　화　　02-2026-0541
팩　스　　02-2026-0547
E-mail　　hak7891@chol.com

ISBN 978-89-5508-384-2 93910

삼국통일
어떻게 이루어졌나

이도학

학연문화사

머리말

1

기록으로 실체가 전하는 우리 역사상 가장 의미 있는 사건을 꼽으라면 두 가지를 지목한다. 첫째는 신라의 삼국통일이고, 둘째는 한글창제를 지목하고 싶다. 전자는 민족공동체의 성립이고, 후자는 그와 엮어진 민족 문자의 태동이기 때문이다. 그러면 통일을 이룬 신라인들은 어떻게 의미를 부여했을까? 먼저 김유신의 입을 빌어 신라인들은 삼한을 한 집을 만들었다[三韓爲一家](『삼국사기』 김유신전)고 했다. 태종 묘호廟號 문제로 당唐과 갈등이 빚어졌을 때 "삼한을 하나로 합한 공업이 있다[一統三韓 其爲功業](『삼국사기』 신문왕 12년 조)"고 말하였다. 금석문 자료는 말할 것도 없이, '하나로 만들었다'는 개념을 사용하였다. 여기서 '삼한'은 '삼국'과 동일한 개념이었다.

삼국에 대한 통일 개념에 근접한 서술이 다음이다. "작은 나라가 큰 나라를 섬기는 게 나라를 보전하는 길인데, 우리나라는 삼국을 통일한 이래 큰 나라 섬기기를 근실히했다[以小事大 保國之道 我國家統三以來 事大以勤](『태조실록』)". 그러면 현재와 같은 '삼국통일' 용어는 언제부터 사용된 것일까? 이 역시 황경원黃景源(1709~1787)의 글에 보면 "대저 무열왕과 문무왕 모두 통일의 공이 있다[夫武烈與文武王 皆有統一之功](『江漢集』 제6권, 書)"고 하였다. 비록 명확하게 구사하지는 않았지만 삼국통일 개념을 실질적으로 사용한 것이다. 그러다가 대한제국 말기인 1907년에 간행한 잡지 『서우西友』(제11호) '경성 역사의 개요'편에서 '삼국통일의 홍업鴻業'이라는 용어가 사용되었다. 역시 1907년에 출간된 교과서 『유년필독幼年必讀』에 따르면 "태종 때에 이르러는 그 신하 김유신이 당나라 인군人君 이치李治와 더불어 고구려와 백제를 멸하고, 또 다시 그 두 나라를 통일하얐나이다(慶州 1)"고 했다. '그 두 나라를 통일'은 곧 삼국통일을 가리킨다. 조선어학회 사건으로 수감되어 옥사한 이윤재李允宰가 동아일보(1936. 6.14)에 기고한 글 제목(巨星의 臨終語錄: 三國統一의 元勳, 國家安泰를 遺言한 金庾信)에서도 확인된다. 따라서 '삼국통일'은 결코 무슨 저의에서 만들어진 신조어가 아니었다. 이는 신라인들이 사용한 삼한통합과 동일한 성격과 의미를 지닌 등가치한 용어였다.

완결성에 있어서 비록 미흡하더라도 '삼한통합'이든 '삼국통일'이든 신라가 백제와 고구려를 아우른 것은 부정할 수 없는 엄연한 사실이었다. 그 사안의 주체인 신라인들은 이를 확고하게 믿었고 또 자부했다. 후대에도 그 사실 자체를 부인하지는 않았다. 그런데 20세기에 일제 지배를 받으면서 인식이 달라졌다. 한국이 약소국으로 전락하여 일제의 지배를 받게 된 이유를 신라의 무리수 통일에서 찾았다. 약소국 신라가 외세를 빌어 동족을 멸망시키고 통일함으로써 거대 영토의 상실을 초래했다는 것이다. '불완전한 통일'이라는 달갑지 않은 이름이 삼국통일에는 늘상 붙어 다녔다. 주로 민족주의 사학자들에 의해 제기된 이러한 인식은 그렇다고 '삼국통일' 자체를 부정하지는 않았다.

20세기 중반 한반도에 2개의 정권이 들어섰다. 남의 정권은 신라의 삼국통일 인식을 계승했다. 그러나 북의 정권은 삼국통일을 인정하지 않았다. 즉 후삼국을 통일한 고려를 최초의 통일국가로 인식했다. 이 사안의 시비는 본서에서는 거론하지 않고자 한다. 선행연구에서 입장 표명이 있었기 때문이다. 다만 삼국통일 과정의 역사는 우리나라 역사상 가장 역동감이 넘치는 시기였다. 다양한 색깔의 등장 인물로 넘쳐나고 있었다. 아울러 권력의 생리를 유감 없이 보여주기도 했다. 게다가 국제관계와 연동하여 역사가 움직였다는 것이다. 삼국의 통일과정은 국가의 멸망 요인을 똑똑히 알려주었다. 고구려가 멸망하기 직전인 668년 6월에 김유신은 아우와 생질에게 다음과 같이 말했다. "백제는 오만 때문에 망했고, 고구려는 교만 때문에 위태롭다![今我國以忠信而存 百濟以傲慢而亡 高句麗以驕滿而殆]"

약소국인 신라가 강국인 백제와 고구려를 어떻게 무너뜨렸고, 두 강대국은 왜 망했는지에 대한 성찰이 부족했다. 성충과 홍수가 경고의 비상 나팔을 불었다. 그렇지만 오만한 의자왕은 대비하지 않았다. 연개소문의 독재권력 역시 교만의 극치였다. 결국 국가를 나락에 빠뜨렸다. 얼음장처럼 차가운 김유신의 경고였다. 21세기의 우리들이야말로 냉철하게 느껴야한다. 약자가 이기는 이유를 설명해 주었기 때문이다. 약자인 신라는 '충신忠信'으로 존립했음을 말하였다. '충'이 종적인 관계라면, 이것을 횡적으로 연결시켜주는 관계가 '신'이 된다. 이 같은 사회윤리 덕목을 기반으로 신라는 종과 횡으로 탄탄한 사회를 구축하였다. 비록 신라 위주의 평가라고 하더라도, 신뢰가 깔리지 않은 사회의 허망함을 일깨워주고 있다.

2

삼국통일 과정에 대한 집필을 지난 세기 말부터 진행하였다. 그러나 보다 시급한 논저의 간행에 몰입했기에 뒤로 미루었다가 작년부터 마무리 집필에 손을 대었다. 본서에는 삼국 말기의 사실 뿐 아니라 다른 나라와 후대의 사례를 많이 상정했다. 그리고 정치학적인 측면에서도 접근하였다. 단순한 역사물이 아니라 현대를 사는 입장에서 고려할 수 있는 사안을 알리고자 했다. 그러면서 의문이 드는 부분도 있었다. 가령 베니스를 탐방했을 때 이탈리아를 통일한 비토리오 에마누엘레 2세 동상을 접했다. 그런데 우리나라에는 삼국통일을 한 문무왕의 동상은 그 어디에도 없었다. 문무왕은 필설로 쓸 수 없는 뼈속까지 시린 만난萬難 고통을 뚫고서 대업을 성취했다. 흔히들 생각하는 강대한 외세를 빌려 손쉽게 통일한 것은 전혀 아니었다. 그가 이룩한 성과와 의의 그리고 애민 정신은 아무리 강조하고 현양해도 지나치지 않을 것이다. 우리들 자신이 우리역사를 너무 쉽게 생각해 왔구나 싶었다.

본서는 '제1부 통일 전야', '제2부 통일전쟁', '제3부 유민들의 동향'이라는 총 3부로 구성되었다. 그러한 본서의 서술에서 피할 수 없는 사안이 승자인 신라 주도의 전개였다. 이 점을 극복하기 위해 백제와 고구려 지배층의 동향과 정치적 선택에 대한 서술에도 비중을 할애했다. 제1부가 그러한 목적의 서술이었다. 그러나 좀더 깊이 생각해 보면 본서는 백제 흥망사 이야기였다. 실제 본서는 백제 이야기에서 출발하여 '백제는 언제 망했는가'로 마무리하였기 때문이다.

본서의 서술은 삼국시대의 해체로 인한 분파가 아니라 거대한 융화 과정을 보여주고자 했다. 그리고 서술에는 한중일 삼국의 역사 뿐 아니라 근현대 동·서양사의 사례까지 소개하였다. 그럼으로써 이해의 체감도를 높이는 동시에, 화석이 아닌 현재도 살아 있는 역사를 입체적으로 구현하고자 했다. 그리고 후대 기록까지 샅샅이 뒤져 본서에서 적극 활용하였다. 그러한 작업을 통해 저자가 새롭게 밝힌 사실이 적지 않았음을 알려둔다. 일례로 백제 무왕대 조성한 궁남지의 경우 20리 바깥에서 물을 끌어왔다고 『삼국사기』에 적혀 있다. 그런데 아무리 길게 잡아도 백마강에서 사비도성의 동쪽 끝은 4.5㎞에 불과하다. 어떤 보척步尺을 동원하더라도 지금의 부여 지역은 해당되지 않는다. 이것은 사실 즉 팩트fact에 해당한다.

그리고 결과론의 입장과 현재의 잣대로 과거를 평가하더라도, 자의로 재단하는 일을 목도하는 경우가 많았다. 그 때 살지 않았다고, 시대 환경을 염두에 두지 않고 지금의 가치로 값을 매기는 일은 생각해 볼 일인 것 같다. 지난 세기에 저자는 백제회복운동의 중심이었던 흑치상지 장군의 평전을 출간한 바 있다. 그 직후 성당 연미사에 장군 이름을 올렸다. 집사람 말에 따르면 문호영(프란치스코) 신부님이 호명하다가 장군 이름 앞에서 잠시 멈칫하다가 읽었다고 했다. 이름이 특이해서였을 것이다. 그는 변절자로 매도되었지만 역사적 신원伸冤을 해 주고 싶었기에 평전을 집필했고, 연미사까지 올렸다. 본서에서는 현상 너머의 속깊은 실상을 밝혀 인간 군상들의 면면을 온전히 복원하고자 했다. 지금도 성실하고 정직한 사람이 덫에 걸려 봉변을 당하는 일이 발생하지 않는가? 저자와 동료들이 겪은 일이기에 훗날 언급할 일이 있을 것이다.

본서를 통해 유연하고도 폭넓은 사고가 배양되기를 기대할 뿐이다. 방대한 분량의 본서 가독성과 관련해『삼국사기』등과 같은 기본사료의 경우 일일이 주를 달지 않기도 했다. 본서에서 언급한 내용 가운데 선행 연구에서 이미 밝힌 부분이 있을 수 있다. 노파심에서 언급하게 된 이 경우는 고의가 아님을 미리 밝혀둔다.

본서에 수록된 사진 한 장 한 장에는 정성이 담겨 있다. 가령 취리산 회맹 장소로 추정되는 공주 연미산 사진은, 공산성과 연미산 정상에서 각각 촬영하여 수록했다. 아래와 위에서 각각 촬영한 것이다. 당시인들의 입장에서 현장감을 독자들에게 생생히 전달하고자 해서였다. 경주 여근곡 사진의 경우는 지난 세기에 사진 단 한 장을 얻기 위해 내려갔으나 오후가 되니 역광이 되었다. 경주에서 하루 묵은 후 다음 날 오전에 촬영하고는 상경했다. 본서의 여근곡 사진은 금세기에 디지털 카메라로 몇 차례 새로 촬영한 것 중의 하나이다. 그 밖에 풍납토성이 아닌 풍납동토성은 KBS 헬기에서 직접 촬영한 것임을 밝혀둔다. 낙양의 연개소문 후손들의 묘소를 찾은 일도 인상에 남아 있다. 일본의 아스카 사에 갔을 때는 축국蹴鞠 사진과 복원된 '금국金鞠'이 있기에 셔터를 눌렀다. 김춘추와 김유신의 여동생이 연을 맺게 된 배경이 축국놀이였기 때문이었다. 이렇듯 본서의 사진 자료는 그 나름대로의 의미와 가치가 있다. 본서에는 우리나라 뿐 아니라 동북아시아와 동남아시아 그리고 유럽에서 촬영한 사진들이 게재되어 있다. 본서의 사진들은 오랜 기간에 걸쳐 저자가 다리품을 판 결과였다.

3

본서의 간행과 관련해 국민학교 4학년 때 담임이었던 고故 정동일 선생님을 상기하게 된다. 수업 시간에 선생님께서 김유신 장군이 소정방에게 굴하지 않은 대가 센 자세를 이야기할 때는 모두 통쾌하게 여겼다. 황산 전투 직후 기일을 어겼다고 소정방이 격분하여 신라 장수 김문영을 목베려는 것에 대한 대응이었다. 이후 새로운 학교에서 만난 선생님은 6학년 때 저자가 산수가 약하다는 것을 알고 댁에서 대가없이 홀로 가르쳐주셨다. 그 덕에 저자는 시험장에서 원통·체적 540㎤는 풀지도 않고 그대로 맞혔고, '우수한 성적'으로 도청 소재지가 무시험된 도道에서 제일 좋은 공립중학교에 입학할 수 있었다. 합격기념으로 선물하신 만돌린을 보면서 선생님의 기대에 부응하는 삶을 살지 못해 내내 고개를 들 수 없다.

금년은 저자를 낳아주신 선친이 서거한 지 30주년이 된다. 금년 1월에 런던탑을 탐방했을 때였다. 선친이 중학교 재학 때 영어 교과서에서 배운 내용이라고 했다. 여왕이 행차할 때 물 웅덩이가 가로놓이자 자신의 망토를 풀어 깔아주어 밟고 가게 했다는 멋진 귀족 이야기가 상기되었다. 엘리자베스 1세 여왕과 월터 롤리 경 이야기였다. 여러 모로 선친 생각이 많이 났다. 중학교 때부터 도회로 유학을 갔을 뿐 아니라 평생 천고 天孤 운을 타고 나셨고, 고등학교 역사교사로서 자신의 포부를 펼치지 못하고 한스럽게 살다간 아버지의 영전에 본서를 바친다.

2018년 2월 3일
동네 투썸플레이스 카페에서
저 자

차 례

제1부 통일 전야

차 례

제2부 통일전쟁

차 례

차 례

제3부 유민들의 동향

也應天順人伐至不仁何不祥之有乃挾神釖凝其臂

割裂而墜於座前於是定方

百濟軍大敗王師乘潮軸艫含尾鼓

騎直趨都城一舍止城中悉軍拒之又敗者萬餘

人乘勝薄城王知不免嘆曰悔不用成忠之言以至

此遂與大子隆或作孝走北鄙定方圍其城王次子

自立爲王率衆固守大子之子文思謂王泰曰王與

子出而叔擅爲王若唐兵解去我等安導全率左右

제1부
통일 전야

1. 제왕(帝王) 의자의 고백, 아버지에 대한 추억

1) 궁남지 이야기

내가 앞으로 말하는 것은 현재 살고 있는 이들이 알고 있고, 지니고 있는 자료들을 가지고서 나의 삶을 말하고자 하는 것이다. 지극히 불완전하고 뒤틀려 있는 기록들이지만 이것에 근거하지 않는다면 내가 하는 말을 이해하려고 하겠는가? 나는 내가 살았던 시대를 당신들이 보지도 못했던 자료를 가지고서 말할 수는 없다. 또 내가 본대로 겪은 대로 말한다고 하더라도 누가 곧이 믿으려고 하겠는가? 지극히 불충분하기는 하지만 나는 당신들이 지니고 있는 자료만으로라도, 나를 이야기할 수 있다고 본다. 그것은 당신들이 가진 자료도 제대로 분석하거나 이해하지 못하였기 때문이다.

사람들은 내가 어떻게 해서 태어났는지 궁금할 것이다. 나의 출생에 대해서 후대인들이 어떻게 말하고 있는지 나는 대략 알고 있다. 나의 아버지는 백제 제29대 임금인 무왕인데, 문제는 어머니에 관한 사안이다. 똑똑한 척 하는 이들은 내가 백제 출신 여성과의 사이에서 출생한 것으로 말하고는 한다. 그러나 나는 당신들이 알고 있는 『삼국유사』에 적혀 있듯이 신라 왕녀 선화 공주와의 소생이다. 우선 그 이야기부터 하지 않을 수 없다.

나의 아버지인 무왕의 출생지에 대해서도 말이 많다. 먼저 그것부터 이야기하는 게 순서일 것 같다. 『삼국유사』에 보면 "어머니가 과부로 살면서 경사京師 남쪽 못가에 실室을 짓고 살다가 못 속의 용과 관계하여 낳았다"고 적혀 있다. 여기서 '경사'는 서울을 가리키므로, 서울 남쪽 못가가 출생의 현장이

된다. 당시 서울은 사비성인 지금의 부여 땅이었으니 부여 남쪽에 있는 못이
해당될 수 있다. 조금 더 정밀하게 말한다면 부여 읍내의 나성이 둘러싼 구간
이 '경사'의 범위에 속한다. 이 기준대로 한다면 나성의 남쪽은 백마강을 건너
남쪽이 되는 것이다. 지금의 부여군 장암면 일대가 '경사 남쪽 못가'가 소재한
구역이 될 수 있다. 그러나 또 달리 보면 '경사'는 '서울'이라는 넓은 범위를 가
리킨다기 보다는 '왕궁'에 한정하여 말할 수도 있다. 왕궁 남쪽 못가를 무왕의
출생지로 지목하는 것도 가능하다. 흔히들 이곳을 궁남지로 지목하고 있다.
혹자는 이곳이 궁남지가 아니라는 근거로서 궁남지는 634년(무왕 35)에 조성
한 인공 못이라는 점을 상기시키고 있다. 궁남지가 조성도 안 되었는데, 무왕
이 어떻게 출생할 수 있겠냐는 것이다. 똑똑한 척하지만 기실은 그렇지 못하
다. 지금의 궁남지는 634년에 조성한 인공 못과는 관련이 없다.

도판 1 | 현재의 부여 궁남지

『삼국사기』에 보면 "봄 3월, 궁 남쪽에 못을 팠다. 물을 20여 리에서 끌어들였고, 네 언덕[四岸]에 버드나무를 심었고, 물 복판에는 섬을 만들었는데 방장선산을 모방했다[春三月 穿池於宮南 引水二十餘里 四岸植以楊柳 水中築島嶼 擬方丈仙山]"고 했다. 여기서 궁남지는 '네 언덕'이라고 하였다. 그러므로 네모난 방형 못임을 알 수 있다. 지금의 궁남지는 마래방죽이라고 불렸던 곳이다. 일제 때 사진에 보면 이곳은 부정형의 모습으로서 지금보다 훨씬 큰 규모를 자랑했다. 지난 세기의 갈수기 때 궁남지를 발굴해 보았지만 호안의 존재를 파악할 수 없었다. 물론 이것만을 가지고서 궁남지의 여부를 말하기는 어렵다. 보다 분명한 사실은 궁남지의 기준이 되는 '궁'을 의식한다면 그곳에서 멀지 않은 곳에 위치해야 한다. 부소산 밑을 왕궁터라고 한다면 지금의 궁남지에 이르기까지에는 '정림사'라는 절터도 있다. 숱한 건물과 현장을 통과해야 한다. 현재의 궁남지는 사비도성의 거의 남쪽 끝에 소재하였다. 그러니 이러한 못을 과연 궁남지라고 일컬을 수 있을까? 오히려 "정림사'의 남쪽에 못을 팠다"고 기술하는 게 보다 정직한 기록이 아니겠는가? 상식적으로 생각해 볼 문제가 아닐까. 이와 관련해 『삼국사기』에서 찾아지는 다음 기사들을 음미해 본다.

* 궁 남쪽 못에서 수레바퀴만한 화염이 밤새도록 타다가 없어졌다
   [宮南池中有火 焰如車輪 終夜而滅](비유왕 21년 조).
* 겨울 10월에 궁 남쪽에서 크게 사열했다[冬十月 大閱於宮南](동성왕
   8년 조).
* 궁 남문에 벼락이 쳤다[震宮南門](무왕 13년 조).
* 봄 2월에 태자궁을 극히 화려하게 중수했고, 왕궁 남쪽에 망해정을
   세웠다[春二月 修太子宮極侈麗立望海亭於王宮南](의자왕 15년 조).
* 밤에 귀신이 궁 남쪽 길에서 곡을 하였다[夜鬼哭於宮南路](의자왕 19
   년 조).

*2월에 궁중에 큰 못을 뚫었다. 또 궁 남쪽 문천 위에 월정과 춘양 두 다리를 세웠다[二月 宮中穿大池 又於宮南蚊川之上 起月淨·春陽二 橋](경덕왕 19년 조).

인용한 위의 기사들을 검토해 보자. 먼저 의자왕 19년 조의 '궁 남쪽 길'은 도로가 궁을 기준해서 남쪽에 소재한다는 것이다. 기준이 궁이라는 것은 근 접한 시설을 가리킨다는 것을 뜻하지 않는가. 신라 왕궁인 반월성의 남쪽 문 천 위에다가 월정교와 춘양교를 건설하는 기사가 보이지 않는가? 두 다리는 실제 바로 궁성에 잇대어 있다. 그리고 궁 남쪽에 못을 파는 '궁남지'는 비류 왕 21년 조 기사에도 보인다. 그러한 전통을 이은 것이 궁 남쪽에 못을 판 무 왕대 기사가 된다. 이때 판 못은 무왕 39년에 큰 못[大池]이라고 기록되어 있 다. 뱃놀이 할 정도로 규모가 크지 않았던가? 왕궁 남쪽에다가 망해정을 세 운 곳은 무왕대 조성한 궁남지를 가리킬 것이다. 이와 관련해 신라에서 궁중 에다가 큰 못을 뚫었다는 기사가 참고된다.

궁남지는 왕궁에서 가까운 거리에 소재한 못이라고 보아야 한다. 왕궁을 어디로 비정하든간에 왕궁과 지금의 궁남지 사이에는 '정림사지'를 비롯한 절터와 여러 관청을 위시한 건물들이 자리잡고 있었다. 그런 관계로 이 못을 궁성 남쪽 못이라고 일컫기는 어렵지 않겠는가. 무왕대에 궁남지를 조성했 다면 기존의 시가지가 확보된 구역에서는 더 이상 못을 조성할만한 공간이 없다. 웅진성에서도 그러하였듯이 왕궁 남쪽은 사열 등을 하는 공간으로 남 아 있었다. 바로 이곳에다가 못을 조성한 게 아닐까. 공터가 있는 곳은 이러 한 곳 밖에는 없기 때문이다. 현재의 궁남지도 갈수기 때 파 보아서 알겠지만 농경 유적과 우물과 같은 생활 유적이 근방에서 확인되지 않았던가?

무엇보다도 중요한 사실은 20여 리 바깥에서 물을 끌어들여 못을 조성했 다고 하지 않았던가? 그런데 사비도성 안의 궁 남쪽에 못을 조성한다고 할 때 어느 곳을 지목하든 간에 백마강에서 5㎞를 넘지 못한다. 백마강에서 사비도성의 동쪽 끝은 4.5㎞에 불과하다. 게다가 지금의 궁남지는 백마강에서 3㎞밖에 떨어져 있지 않다. 그렇다면 한리漢里나 당리唐里에 상관없이 궁남지의 소재지는 재고할 여지가 있지 않은가? 반면 익산 왕궁평성은 만경강에서 9㎞ 떨어져 있다. 이 경우 왕궁평성 남쪽에 못을 조성하였고, 그 밑의 강수江水에서 물을 끌어들여 인공 못을 조성했다면 기록과 어긋나지 않는다.[1] 따라서 지금의 부여 궁남지는 무왕대 조성한 못이 될 수는 없다.

그러면 다시 돌아와서 이야기를 시작해 보도록 한다. 무왕이 부여의 궁남지에서 출생하지 않았다고 하면서 그 대안으로 잽싸게 내민 게 있다. 『신증동국여지승람』에 보면 무왕의 어머니가 익산의 마룡지 곁에 살았다는 설화이다. 무왕의 출생담과 관련한 현장은 궁남지가 될 수 없다. 그러니 익산의 마룡지로 지목해야 한다는 것이다. 그러니까 『삼국유사』에 기재된 '경사 남쪽 못가'를 마룡지와 결부짓는 견해가 된다. 아울러 '경사'를 익산의 왕궁평성과 연관지었다. 그러나 연동리에 소재한 마룡지는 왕궁평성의 서북쪽에 해당한다. 일단 방향이 맞지 않다. 더구나 부여 땅에는 지금도 월함지니 하는 방죽이 남아 있다. 자연 방죽이 제법 형성되어 있었다. 무왕 어머니의 거처와 관련된 '경사 남쪽 못'은 지금의 궁남지가 아니더라도 부여 땅에 얼마든지 존재했다고 보아야 한다. 그러나 이러한 이야기는 아무런 의미가 없다. 아무리 상징성을 운위하더라도 못가에 집을 짓고 사는 과부와 못 속의 용 즉 백제 왕이 결합해서 낳은 아이가 왕이 되리라고 보는가? 무왕의 걸출한 행적과 결부지어 민간에 도는 이야기일 뿐이다. 민간인들은 어쩐 일인지 무왕에 대한 친근감을 가졌던 것 같다. 무왕은 『삼국사기』에서 "풍모가 영특하고 뜻과 기상이 호기롭고 걸찼다"고 했다. 실제 그는 기상천외하고도 멋진 일화들을 많이

---

1   李道學, 「백제사 속의 익산에 대한 재조명」 『마한백제문화』 25, 2015, 103~108쪽.

남겼다. 이로 인해 민간인들과 친숙해진 것 같다. 흔히 왕이라면 구중궁궐에 깊숙이 처박혀 있는 밀전密殿의 통치자를 연상하게 마련이다. 그러나 무왕은 소년시절부터 궁중 보다는 민간에서 두루 생활하는 일들이 많았다. 따라서 민간과 친숙한 임금으로서 무왕의 이미지가 조성된 것 같다.

2) 선화 공주와의 연을 맺기까지

무왕의 이름은 장璋이라고 했다. 그러나 통상적으로는 '맏동'이라고 불렸다. 한자로는 서동薯童으로 표기하였다. 무왕의 어릴적 이름의 유래는 『삼국유사』에서 "항상 마를 캐어 팔아서 생업을 삼았기에 나랏 사람들이 인하여 이름을 삼았다"고 했다. 서동 곧 맏동은 타칭他稱인 것이다. 타칭으로서의 맏동은 무왕의 능으로 지목되는 익산 쌍릉을 '말통대왕릉'으로 일컫는 데서도 남아 있다. 여기서 '말통'은 '맏동'과 연결되며 곧 무왕을 가리킨다.

무왕은 마를 캐어 팔면서 살았다고 한다. 이것은 '맏동'이라는 이름에서 유래한 것이다. 기실은 불우하게 청춘시절을 보낸 것을 말하지 않겠는가? 이러한 민간 설화는 무왕의 담력과 호쾌한 면모를 보여주기 위해 만들어진 것이다. 편하게 받아들이면 될 것 같다. 무왕은 신라 진평왕의 셋째 딸인 선화 공주가 "아름다워서 짝이 없다[美艶無雙]"는 말을 듣고서 행동에 옮기기로 했다. "그릇과 도량을 헤아리기 어려웠다"는 평에 걸맞게끔 실행에 착수했던 것이다. 감히, 누가 적국의 왕녀를 탐낸다고 취할 수 있을 것이며, 또 누가 그런 생각을 꿈이라도 꿀 수 있었을까? 무왕은 신라로 잠입하기 위해 먼저 머리를 깎았다. 승려로 위장했다. 당시 백제와 신라는 으르렁거렸지만 불교가 국교처럼 되었다. 그랬기에 승려들의 통행에는 통제가 없었다. 그러다 보니 삼국의 간첩들은 승려로 위장한 채 활약하는 경우들이 많았다. 승려로 위장해서 서라벌에 잠입하는 데 성공한 무왕은 1단계가 성공하자 2단계 전략을 짰다.

무왕은 자신이 신라 궁중에는 도저히 들어갈 수가 없었다. 해서 공주를 출궁시키는 방법을 모색하였다. 공주가 스스로 궁에서 나올 수 있는 방법은 단하나였다. 유언비어를 통해 공주가 출궁당하도록 하는 것이다. 그러기 위해서는 수단이 필요했다. 무왕은 제일 값싸게 먹히면서 효과가 큰 게 어린이들의 입이라는 사실을 터득했다. 마를 동네 어린이들에게 주어 환심을 샀다. 마를 얻어먹으려고 아이들이 그를 따라 다니자 노래를 지어서 가르쳤다. 아이들은 내용도 모른 채 무왕이 지은 노래를 부르고 다녔다. "선화 공주님은 남모르게 시집가서 맛동방을 밤에는 포개고요[抱遺去如]"라는 노래를 도성에 가득 차게끔 불렀다고 한다. 결국 이러한 노래는 궁중에까지 알려졌다. 백관들은 품행이 나쁜 공주를 극간極諫해서 궁에서 쫓겨나게 했다. 많은 사람의 혀는 쇠도 녹인다는 속담이 들어맞는 순간이었다. 공주는 영문도 모른채 궁에서 쫓겨나 먼곳으로 귀양을 가게 되었다. 그때 왕후가 공주에게 순금 한 말을 주어 보냈다. 도중에 맛동이가 나타나 절을 한 후 곁에서 지켜주면서 따라 가겠다고 했다. 공주는 그가 어디에서 왔는지 몰랐지만 기뻤기에 함께 가다가 몰래 관계를 맺었다. 그때 공주는 소스라치게 놀랐다. 맛동의 정체를 알고서는 애들의 노래가 들어맞았다는 것을 깨달았다.

도판 2 | '역사저널 그날'의 한 장면(ⓒ KBS, 역사저널그날)

이후 함께 백제 땅에 왔고, 공주가 궁을 나올 때 왕후가 준 순금으로 살길을 모색하고자 했다. 그러자 만동은 황금을 구릉처럼 쌓았다며 자신의 부유한 경제력을 과시하였다. 그리고는 용화산 사자사 지명법사의 신통력으로 하룻 밤 사이에 황금을 신라 궁중으로 보냈다고 한다. 그러자 진평왕은 놀라면서 만동을 존경하게 되었다. 진평왕은 사위에게 서간으로 안부를 전했다고 한다. 그런 후에 만동은 "이로부터 인심을 얻어 즉위했다"고 했다. 이 사실은 만동의 즉위에 신라 왕실의 후원과 지지가 보태졌음을 뜻한다.

혹자는 적국 공주 소생인 의자 왕자가 백제 국왕으로 즉위할 수 있다는 자체에 의구심을 표출한다. 이 경우는 다음 사례를 제시해 본다. 교전 상황이었다. 그럼에도 신라는 그것도, 자국의 홍성을 위한 호국사찰인 황룡사의 목조구층탑 건립에 필요한 장인匠人을 백제에 요청했다. 그러자 백제에서는 명장名匠 아비지阿非知를 비롯한 백공百工들을 파견하였다. 그러니 자신의 속 좁은 잣대로 역사를 재단한다는 게 어려운 일임을 절감해야 한다. 중국의 삼국시대를 보더라도 손권의 여동생이 유비에게 시집 갔다. 그렇지만 당초 의도와는 달리 양국은 결국 사이가 크게 벌어졌다. 따라서 무왕과 선화 공주의 결혼 역시 현상만으로 판단하기는 어렵다. 사실 의자 왕자의 즉위는 결코 용이한 일은 아니었다. 그럼에도 일차적으로 걸출한 그 자신의 자질에 힘입어 가능했다.

3) 의자 왕자의 어머니는 누구인가?

미륵사 창건 연기설화와는 달리 「사리봉안기」는 미륵사 창건의 주체가 사탁씨 왕후임을 분명히 밝히고 있다. 즉 " 우리 백제 왕후는 좌평 사탁적덕의 따님이다[我百濟王后 佐平沙乇積德女]"고 했다.[2] 이는 『삼국유사』에 적힌 선화

2　　문제는 '乇' 자를 '탁'이 아니라 '택'으로 읽는 경우가 많다. 심지어는 책자에서 '宅'으로

왕비 주도의 미륵사 창건 연기설화와는 전혀 다르다. 그렇다고 「사리봉안기」가 당시에 작성된 금석문이라는 이유로 그 내용을 취신할 수 있는 절대적인 위치에 있지도 않다. 왜냐하면 미륵사창건 연기설화는 선화 왕비의 발원에 대한 구체적인 기록을 남겨 놓았다. 그리고 이러한 기록은 용화산 사자사의 존재 뿐 아니라 못을 메우고 절을 지은 유래나 3원院 1가람 구조까지도 모두 발굴 성과와 부합했다. 더구나 현재 드러난 「사리봉안기」는 3개의 사리봉안기 가운데 하나에 불과하다.

게다가 가장 중요한 중탑中塔의 봉안기와 동탑의 봉안기를 확인하지 않았

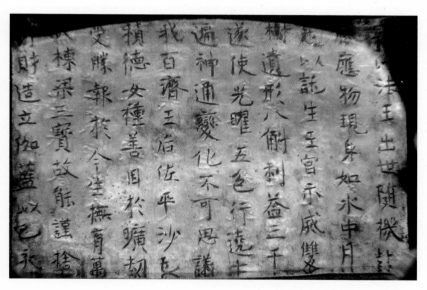

도판 3 | 미륵사지 서탑 사리봉안기

변형시키기까지 했다. 익산 천도와 관련한 『관세음응험기』에 적힌 지모밀지(枳慕蜜地)라는 지명의 '蜜' 자를 '密'로 잘못 기재한 경우들도 많다. 이러한 오류와 왜곡을 지적해 주면 고맙게 여기는 게 아니다. 발끈하는 볼썽사나운 광경도 더러 목격되고는 한다. 혹은 다수결로 결정하자는 형편 좋게 말하는 이도 있다. 모두 부끄럽게 여겨야 할 우리들의 민낯이다.

다. 그러한 상황에서 3분의 1 지분도 되지 않는 서탑「사리봉안기」를 가지고서 미륵사 전체의 조성 배경을 단정하기는 어렵다. 요컨대 중앙의 목탑과 동탑의 사리봉안기를 접할 수 없는 상황에서 서탑의 봉안기는 미륵사 창건의 한 측면과 완공 무렵의 정치적 관계를 보여준다는 제한된 의미만 지녔다. 이 기록에 대한 무조건적인 신뢰를 떠나 그 이면의 복잡다기한 사정과 결부지어 분석할 때 미륵사 창건을 에워싼 정치적인 굴곡이 입체적으로 드러날 것이다.

이와 더불어「사리봉안기」내용의 불완전성을 언급하지 않을 수 없다. 미륵사는 주지하듯이 백제가 국력을 기울여 착공한 국가 최대 규모의 가람이다. 응당 이러한 사찰에는 국가적 이상이나 이데올로기가 언명되지 않을 수 없다. 물론 확인할 수는 없지만 중탑의「사리봉안기」에 대역사大役事의 명분과 동기가 언급되었을 수 있다. 중탑의「사리봉안기」에 미륵신앙적인 창건 동기가 적혀 있었을 가능성이다. 설령 그렇더라도 서탑「사리봉안기」는 중탑「사리봉안기」에 적혀 있었을 내용을 거들어 주지 못한다. 왜냐하면 미륵신앙적인 요소가 일체 비치지 않고 있기 때문이다. 오히려「사리봉안기」에 보면 과거불인 석가불에 관한 언급만 있을 뿐이다. 그리고「사리봉안기」의 발원문은 왕과 왕비의 장수와 안녕을 기원하는 지극히 평범한 내용에 불과하다. 미륵사 창건 동기도 왕후 가문의 발원으로만 적혀 있다. 비록「사리봉안기」는 당시의 금석문이지만 전적으로 신뢰하기 어려운 구석이 있음을 암시해 준다.

그러면 미륵신앙에 기반을 둔 미륵사 창건 기간 동안 어떤 정치적 변동이 발생했을 가능성을 생각해 보자. 왕흥사와 같은 소규모 사찰의 경우도 35년이라는 공기工期가 소요되었다. 3개의 작은 가람을 묶은 미륵사의 경우는 이보다 훨씬 오랜 기간에 걸친 공기를 상정할 수 있다. 이 기간 중에 최초의 발원자인 선화 왕비는 사망했거나 실세失勢했다면, 미륵사 완공 무렵에 실권을 쥔 사탁씨 왕후에 의해 공적이 독점 되었을 가능성이다. 사탁씨 왕후가 미륵사 창건 발원자라면 왕의 수복壽福이나 왕위[寶曆]의 안녕을 기원하는 정도의 상투적인 글귀만을 남기지는 않았을 것이다. 이 구절은 무왕을 남편으로 독점했음을 과시하는 이상의 차원은 아니었다. 그런 만큼 당초 미륵사 창건 주체와 그 뒤에 「사리봉안기」를 지은 세력은 서로 달랐음을 짐작할 수 있다. 따라서 사탁씨 왕후는 무왕의 후비後妃로 보인다. 그러다 보니까 선화 왕비가 발원한 미륵사와 관련해 왕과 왕후의 안녕을 기원하는 정도의 글귀밖에는 남길 수 없었을 것이다.

그리고 이 글귀를 통해 사탁씨 왕후는 의자왕의 생모가 아니었을 가능성이 제기된다. 639년 당시 의자왕은 40대 중반의 연만한 연령의 태자였다.[3] 사탁씨 왕후와 의자 태자가 혈연적 모자간이었다면 태자의 수복강녕에 관한 언급이 없었을 리 없다. 더욱이 왕비 발원문에 남편인 국왕만 언급하고 태자가 언급되지 않은 사례는 없다. 비근한 예로 순천 송광사 관음전 등에서 명성황후가 사찰에 봉안한 기원 문구에서 반드시 고종과 세자인 순종을 빠뜨리지 않았다. 그 밖에 1466년에 조성된 상원사 문수동자상 발원문에도 "주상전하主上殿下 · 왕비전하王妃殿下 · 세자저하世子邸下 만세만세만만세萬歲萬歲萬萬歲"[4]라고 하였다. 즉 국왕 · 왕비 · 세자의 수복강녕을 기원하고 있다.

이와 관련해 홍치弘治 15년(1502, 연산군 8) 임술 7월에 작성된 「천성산 관음사 대세지보살 복장기天聖山觀音寺大勢至菩薩腹藏記」에 보이는 '주상전하'는 연산군을 가리킨다. '인수대왕대비전하'는 연산군의 조모인 인수대비 곧 소혜왕후昭惠王后 한씨(1437~1504년)이다. 그리고 '왕대비전하'는 연산군의 어머니 즉 생모가 아닌 성종의 후실 왕비를 가리킨다. '왕비전하'는 연산군의 왕비 신씨이다. 끝으로 "원자께서 몸을 잘 보전하여 수명이 장구하시기를"라고 발원했던 '원자'는 연산군의 맏아들이다. 1502년 당시 원자는 세자 즉위 직전

---

3 李道學, 「해동증자 의자왕의 생애」『백제실록 의자왕』부여군, 2008, 15쪽.
4 문명대, 『한국의 불상조각』4, 예경, 2003, 356~357쪽.

으로서 6세의 연령이었다. 경상북도 상주시 화서면에 소재한 그의 태실에는 홍치弘治 10년(1497) 출생으로 적혀 있다. 이는『연산군일기』에서 1502년 당시 세자의 연령을 6세라고 한 사실과 부합된다. 태실은 홍치 14년에 연산군 원자가 5세 때 조성되었다. 그가 세자로 책봉된 시점이 1502년 7월이었다. 그 직전에 원자의 존재가「관음사 대세지보살 복장기」에 등장하고 있다. 명으로부터의 공식 책봉은 세자가 7세 때인 그 이듬해인 1503년이다.

여기서「천성산 관음사 대세지보살 복장기」에는 세자로 책봉되지도 않은 연산군의 6세 원자까지도 발원 대상에 적혀 있다. 그런데 반해 639년의 시점에서 그로부터 2년 후에 재위하게 될 뿐 아니라 마흔을 훌쩍넘긴 의자 태자에 대한 언급이 일체 없다. 무왕은 당시 적어도 60대 중반을 넘긴 연령이었다. 그런 만큼 가장 부각시켰어야할 대상은 의자 태자였다.「대세지보살 복장기」에는 연산군의 앙숙이었던 조모 인수대비도 나란히 발원 대상으로 적혀 있다. 그럼에도「사리봉안기」에는 무왕과 사탁씨 왕후와 더불어 조화를 이루며, 또 어떤 면에서는 연로한 무왕보다도 가장 부각시켰어야할 인물이 의자 태자였다. 그럼에도 의자 태자에 대한 언급이 없다. 이 점 확실히 유의해야할 사

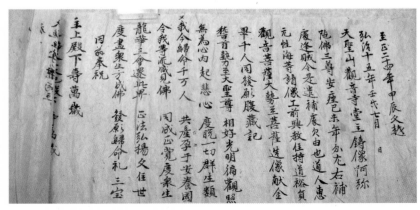

도판 4 |「천성산 관음사 대세지보살 복장기」

안이 아닐 수 없다. 이 말은 의자 태자와 사탁씨 왕후는 정치적 동반자 관계가 아님을 암시한다. 다시 말해 두 사람은 친모자 관계가 아니라는 것이다.[5]

『일본서기』황극기에 보이는 국주모(國主母)와 의자왕의 관계

사탁씨 왕후와 의자왕의 관계를 유추할 수 있는 자료가 『일본서기』황극기이다. 즉 국주모國主母가 사망한 직후였다. 다음에 보듯이 의자왕은 친위정변을 단행하여 '모매여자4인母妹女子四人' 등을 해도로 추방했다.

> 금년 정월에 국주모가 돌아가셨다. 또 제왕자弟王子 아들인 교기翹
> 岐 및 그 모매母妹 여자 4인과 내좌평 기미岐味와 고명한 사람 40여 명
> 이 섬으로 추방되었다[今年正月 國主母薨 又弟王子兒翹岐及其母妹女子四人
> ·內佐平岐味 有高名之人四十餘 被放於嶋].[6]

위에서 인용한 '국주모'는 문자 그대로 왕의 어머니 곧 당시 국왕인 의자왕의 어머니를 가리킨다. 그런데 국주모의 사망이 정변의 촉발제가 되었다. 이 사실은 국주모와 의자왕의 권력 관계가 일치하지 않음을 암시한다. 국주모로 인해 의자왕이 자신의 권력을 제대로 행사하지 못한 상황을 연상시킨다. 그렇다고 할 때 이는 의자왕이 태자로 책봉되는 데 중대한 걸림돌이 곧 국주모였음을 암시해준다. 나아가 국주모와 의자왕을 친모자 관계로 설정하기는 어렵게 한다. 그렇다면 의자왕의 어머니는 누구일까? 그녀는 백제 귀족 가문 출신일 수도 있겠지만 『삼국사기』만으로는 밝히기 어렵다. 이와 관련해 『삼국유사』에 적힌 서동설화에 의한다면 무왕과 혼인한 여성 즉 왕비는 신라 진

---

5 李道學,「彌勒寺址 西塔 '舍利奉安記'의 分析」『白山學報』83, 2009, 237~267쪽.
6 『日本書紀』권24, 皇極 원년 조.

도판 5 | KBS '역사저널 그날'의 한 장면(ⓒ KBS, 역사저널그날)

평왕의 딸인 선화 공주였다. 정황으로 볼 때 선화 왕비가 무왕의 첫 번째 부인인 것은 분명해 보인다. 더욱이 국주모에게는 백제 정치권력 구조 속에서 '매'의 존재가 확인되었기 때문이다. 제왕자의 어머니가 국주모라고 할 때 '모매'는 국주모의 여동생을 가리킨다. 실제 이 문장의 '기모其母'에서 지시대명사인 '기'는 앞의 주어를 받는다. '금년 정월'로 시작되는 본 문장의 주어는 '국주'이다. 따라서 이 문장은 국주의 모가 사망했고, 또 (국주의) 아우[弟] 왕자 아들인 교기 및, (국주의) 어머니 여동생[母妹] 여자 4인을 섬으로 추방했다는 해석이 가능하다. 여기서 진평왕의 딸인 선화 공주가 자신의 '매妹'를 대동하고 백제 왕실에 출가했을 리 없다. 그러니 의자왕과 제왕자는 이복형제 간으로 설정해야 맞다. 이러한 정황에 비추어 보더라도 국주모는 의자왕의 생모이기는 어렵다.

의자왕은 국주모 사망 직후에 국주모의 여동생 관련 친족을 해도로 추방시키는 일대 정변을 단행했다. 이 자체는 의자왕과 국주모의 권력 관계가 일치하지 않음을 다시금 반증한다. 의자왕의 어머니로 기록에 보이는 국주모가 의자왕의 생모가 아닐 가능성이다. 「사리봉안기」에는 639년의 시점에서

도판 6 | KBS '역사저널 그날'의 한 장면(© KBS, 역사저널그날)

무왕의 왕후가 사탁씨 출신으로 적혀 있다. 이러한 사탁씨 왕후와 의자왕은
친모자 관계가 아님을 뜻한다. 의자왕이 사탁씨 왕후 소생이라면 태자로의
책봉 과정이 힘들었을 이유가 없었다. 사탁씨 왕후는 당시 의자 태자를 위협
할 수 있는 왕자를 낳은 뒤였다. 그랬기에 이러한 경쟁은 더욱 심하였을 이유
다. 따라서 의자왕의 어머니는 미륵사 창건의 당초 발원자인 선화 왕비가 될
수밖에 없다. 이것이 또 자연스러운 추론이 아닐까.

4) 의자 왕자가 본 부왕(父王)

무왕은 궁중에서 얌전히 소일하다가 즉위한 사람은 아니었다. 고뇌와 탈
출, 새로운 것을 찾아가는 모험적이고도 낭만적인 영웅의 모습을 지녔다. 적
국인 신라의, 그것도 공주가 미색이 무쌍할 정도로 아름답다는 말을 듣고 취
하기 위해 호랑이굴에 들어가지 않았던가? 무왕의 청춘시절은 고난을 뚫고
나가려는 모험의 연속이었다. 왕자의 신분이었지만 마를 캐어 생업으로 삼
았다고 했을 정도로 바닥 생활을 체험하기도 했다. 『삼국사기』에서 무왕을
일러 "풍모가 영특하고 뜻과 기상이 호기롭고 걸찼다"고 하였다. 『삼국유사』

에서 "그릇과 도량이 헤아리기 어려웠다"고 한 서술 역시 괜한 내용은 아니었다. 무왕은 영웅의 풍모를 지녔던 것이다.

의자 왕자가 일곱 살 때 쯤인가 아버지 무왕은 임금이 되었다. 그러니 무왕이 즉위한 이후에 신라 왕녀와 혼인했으리라는 추측은 가당치 않다. 이러한 추측은 일견 합리적인 해석인 양 포장되어 있다.

무왕이 즉위하게 된 정확한 과정은 살피기 어려운 측면도 있다. 왕실의 극비에 속하는 민감한 부분도 있기 때문이다. 다만 몇 가지만 이야기해 보도록 한다. 무왕이 사망한 직후에 의자왕은 신하들과 상의해서 시호를 논의했다. 그 때 모아진 시호가 '무왕武王'이었다. 국가의 건국 시조에게 붙여지는 시호로는 통상적으로 '태조'가 있다. 그와 더불어 중국으로 말한다면 '무제武帝'라는 시호가 많이 따라 붙는다. 단순히 영토만 많이 넓혔다 해서 '무왕'이 된 것은 아니었다. 영토 확장으로 말한다면 의자왕을 능가할 임금이 누가 있겠는가? 『삼국유사』에서 "이로부터 인심을 얻어 즉위했다"고 힌트를 주었다. 무왕의 아버지라고 적혀 있는 법왕은 재위 기간은 2년이지만, 1년 남짓 만에 세상을 떴다. 그러다 보니 억측이 무성한 가운데 불우한 왕족이었던 무왕이 옹립된 것으로 추측들 한다.

무왕의 출신과 관련해 한 가지 이상한 게 없던가? 자주 읽고 인용하는 『일본서기』를 열어 보자. 무왕은 무려 42년간이나 재위하였다. 그런데도 단 한 번이라도 『일본서기』에서 무왕 이름을 밝힌 적이 있던가? 성왕 · 위덕왕 · 혜왕 모두 『일본서기』에 이름이 실려 있다. 다만 단명한 법왕은 그렇다고 하더라도 무왕 이름이 보이지 않은 것은 이상하지 않은가? 2009년에 발견된 익산 미륵사지 「사리봉안기」에도 '대왕 폐하'라고만 적혀 있다. 무왕이라는 이름이 보이던가? 지금 일러주니까 그런 사실이 있구나 라고 생각하는 이들도 있다. 그 이유를 잘 생각해 볼 필요가 있을 것 같다. 어떤 이는 무왕의 출생설화가 시조나 중시조에게 붙는 정천井泉 신앙적인 요소가 보인다고 하여 왕실

교체 가능성을 비친 경우도 있다. 그러나 추측을 감당할만한 자료가 없으니까 더 이상 논의를 펼치지 못하고 주저 물러앉은 경우도 있다. 뭔가 이상하고 윗대하고 단층이진다는 느낌을 받을 게다. 이 경우는 자료가 터질 때까지 기다릴 수밖에 없지 않은가?

다시 이야기를 돌려서 무왕의 즉위에는 의자왕의 외가인 신라 왕실의 지원을 부인할 수 없다. 그러나 무왕에게 그것은 즉위 후 크나 큰 부담으로 다가왔던 것 같다. 또 그것을 극복하려고 무진 애쓰는 것 같았다. 그 결과 진평왕의 사위인 무왕은 신라와의 관계에 일찍부터 선을 긋기 시작했다. 흔히들 '최진사댁 셋째 딸'하듯이 '3'은 이상적인 숫자로 말해져왔다. 그런 관계로 무왕이 결혼한 진평왕의 셋째 딸도 실체가 없는 것으로 간주하기도 한다. 진평왕의 첫째 딸은 선덕여왕이고, 둘째 딸로 추정되는 이가 천명 부인이었다. 그렇다면 진평왕의 셋째 딸은 응당 의자왕의 어머니인 선화 공주가 되지 않을까?

무왕은 재위 3년부터 줄기차게 신라를 공격했다. 정치인으로서, 또 백제 왕으로서 무왕은 사적인데 연연하지 않았다. 오히려 더 격렬하게 신라 정벌을 추진하였다. 무왕이 생존할 수 있는 길이었기 때문이다. 무왕은 재위 중 신라 뿐 아니라 고구려와도 전쟁을 벌였다. 중국대륙을 통일한 수隋의 압박이 가해지던 시기였다. 신라와의 전쟁이 격렬해질수록 선화 왕비나 의자 왕자는 바늘방석이었다.

5) 무왕과 익산 천도

무왕은 웅장한 야심을 품고 있었다. 자신의 성장지인 익산에 정치적 거점을 마련하고자 했다. 무왕은 사비성보다 넓은 지역 금마저金馬渚로 도읍을 옮겨 남방경영에 박차를 가하였다. 신라를 공격하기 위해서는 지금의 서부 경상남도 지역으로의 진출이 필수적이었다. 그러기 위해서는 왕도를 금마저로 옮기는 게 유리하다는 판단을 했다. 아울러 호남평야의 장악이 보다 용이해질 수 있다. 그러나 천도는 현실적으로 고난도 장애물이었다. 이해가 착종하는 귀족들의 반대를 제압할 수 있을 정도의 왕권이 뒷받침됐을 때 가능하다.

천도가 얼마나 힘든 일인지에 대해서는 북위 효문제의 낙양 천도 사례를 들 수 있다. 북위의 중신들이 천도에는 열 가지 손실이 있다[遷有十損]며 반대하였다. 그러나 효문제는 남제南齊 정벌의 기치를 내걸고 낙양으로 먼저 가서 군단에게 출발을 명했다. 뭇 신하들이 반대하자 효문제는 "천도에 찬성하는 자는 왼쪽으로, 찬성하지 않는 자는 오른쪽으로 서라"고 했다. 강남 원정보다는 낙양 천도가 낫다고 생각한 신하들은 반대를 포기하였다. 낙양 천도는 이렇게 삽시간에 결정된 것이다. 그 길로 낙양의 궁성 축조가 시작되었다. 그렇지만 황태자였던 순恂마저도 평성으로 돌아가 낙양 천도에 반대하는 이들의 편에 섰다.[7] 고구려의 경우도 유리왕이 위나암성으로 천도를 했다. 그러나 미래 권력인 21세의 태자 해명解明은 응하지 않고 옛 도읍지에 그대로 남아 있었다. 결국 해명 태자는 부왕의 노여움을 사서 자살하고 말았다.[8] 이렇듯 부자 간에도 이해가 교차할 정도로 중지를 모으기 어려운 게 천도였다.[9]

무왕은 당의 사례를 눈여겨 보았다. 당은 2개의 수도를 경영하고 있었다. 동도東都와 서도西都였다. 낙양과 장안을 동급의 수도로 간주했다. 물론 황제는 서도인 장안에 거처를 두고 있었다. 그렇다고 낙양의 비중이 떨어지는 것은 아니었다. 무왕은 당장에 천도를 단행하기 이전에 익산에 궁성을 조성하는 일이 급했다. 익산에 궁성을 조성해서 완공을 보았다. 그럼에도 '미완의 왕도'니 하는 낭만적인 해석을 하는 경우가 많았다. 무왕이 익산을 수도로 삼

---

7 가와카쓰 요시오 著, 임대희 譯, 『중국의 역사(위진남북조)』 혜안, 2004, 372~373쪽.
   박한제, 『박한제 교수의 中國역사기행(3)』 사계절, 2003, 124쪽.
8 『三國史記』 권13, 유리명왕 27·28년 조.
9 낙양 천도의 반발에 대해 최진열, 『효문제의 '한화' 정책과 낙양 호인사회』 한울, 2016, 274~286쪽 참조바란다.

왔음을 이미 알려진 자료를 통해서 입증해 본다.

일본 교토의 쇼오렌인[青蓮院]에 보관되어 있는 『관세음응험기』를 보자. "백제 무광왕武廣王이 지모밀지枳慕蜜地로 천도하고 새로 정사精舍를 조영했다"고 하였다. 여기서 '무광왕'은 『삼국유사』에서 '무강왕武康王'으로 적혀 있다. 이는 발음하기 나쁜 무광왕을 '무강왕'으로 잘못 적은 것이다. 무왕은 신라와의 정복전쟁을 통해 영역을 넓혔다. 그러니 시호가 무武로서 넓혔다廣는 뜻을 지닌 '무광왕'이 적합하지 않은가? 그리고 『관세음응험기』의 관련 기록을 계속 소개해 본다.

정관貞觀 13년 기해己亥 겨울 11월에 하늘에서 큰 벼락과 비가 내려 드디어 제석정사帝釋精舍가 재해를 입어 불당佛堂과 7층 부도浮圖 내지는 낭방廊房이 일체 모두 타버렸다.

위의 정관 13년은 639년이고, 무왕 재위 40년 되던 해이다. 한 나라의 수도를 경영하려면 궁궐만 지어서는 안된다. 응당 사찰도 건립하게 되었다. 그 가운데 한 곳이 제석정사라고 이름한 사찰이었다. 이 사찰은 익산 왕궁평성에서 가까운 거리에 그 터가 남아 있다. '제석사'라는 명문 기와를 통해 사찰의 위치가 파악되었다. 639년에 그러한 제석사가 불탔다고 한다. 639년 이전에 사찰이 건립되었음을 뜻한다. 제석사라는 백제 때 절터가 익산에서 확인되고 있으니 천도했다는 '지모밀지'도 이 근방으로 지목할 수 있다. 그런데 백제 때 익산 금마와 왕궁면 일대를 '금마저'로 불렀다. 구개음화 현상에 의하면 '길'을 '질'이라고 부르듯이 금마저는 '짐마저'로 발음했던 것 같다. 이 짐마저와 '지모밀지'는 음이 닮지 않았는가? 금마와 왕궁 일원을 백제 때 혹은 '지마마지'라고도 했다. 역시 '지모밀지'와 음이 닮았다. 백제 멸망 후 당이 백제 옛 땅을 통치할 때였다. 그러니까 웅진도독부 시절에 설치한 익산이 속한 노산

도판 7 | 익산 왕궁평성

주魯山州에 속한 현縣 가운데 지모현支牟縣이 있지 않은가? 지모현과 지모밀지는 역시 음으로 연결되고 있다.

이와 관련해 지모밀지의 지명어미격인 '지地'를 주목한다. 여기서 '지'는 고유지명 전체의 일부이기 보다는 특정 지명만을 가리킬 수 있다. 왜냐하면 '지모밀지'의 '지모'만으로도 '지모현支牟縣'의 '지모'와 곧바로 연결되기 때문이다. 물론 지모밀지는 '지마마지只馬馬知'와 4음절이 모두 연결된다. 그러므로 음은 같지만 다른 표기[同音異記]임을 알 수 있다. 그럼에도 천도지로서 지모밀지의 '지'는 지마마지의 '지'와 동음이지만 특별한 의미를 염두에 둔 문자선택으로 보인다. 즉 앞의 특정 고유 지명을 받아 '△△지역'이라는 지명어미로서 기능했던 것 같다.

그렇다면 지모현의 '지모'와 연결되는 다음 글자인 '밀' 자 역시 의미가 담겼을 가능성이다. 지명어근격인 '지모'를 제외한 지명어미격인 '밀지'는 자의상字意上 낙토樂土나 복지福地를 연상시킨다. 더구나 무왕이 미륵신앙과 관련

도판 8 | 제석사지 출토 악귀상

제석사명 기와
帝釋寺銘 蓋瓦

도판 9 | '제석사帝釋寺' 명문 기와

한 장대한 포부를 품고 천도한 곳이 익산이었다. 그런 만큼 고유지명을 신천지 개념의 '지모낙토枳慕樂土'의 뜻을 담아 표기한 것으로 보인다. 이와 관련해『금강반야바라밀경金剛般若波羅蜜經』등의 바라밀은 도피안 즉 이상경理想境에 들어가는 것을 말한다. 바로 그러한 바라밀의 '밀' 자를 사용한 것은 단순한 음사音寫는 아니었다. 의미심장한 문자 선택으로 보아야 한다. 이와 연계된 '모' 자는 낙토를 '그리워한다'는 의미이다. 그러므로 지모밀지는 '그리워한 낙토'의 뜻이 담겼다. 요컨대 지모밀지 지명에는 무왕이 천도한 신왕도에 대한 메시아 신앙 즉 이상향의 염원이 담긴 것이다. 실제 익산 왕궁은 풍수지리적으로도 매우 이상적인 조건을 갖춘 명당에 조성되었다고 한다. 그러므로 지모밀지는 '남쪽의 탱자나무 자라는 사모하는 낙토'의 뜻을 담고 있다.[10]

혹자는『관세음응험기』의 기록이 과장된 게 아니냐고 반문한다. 별궁 설치를 천도로 과장되게 기록한 것으로 단정했다. 이것은 당시 사람들을 바보로 간주하지 않는 이상 나오기 어려운 발상이다. 도성 체계를 갖춘 다음에 이루어진 천도와 단순한 별궁을 어떻게 혼동할 수 있겠는가? 자신의 무지를 폭로하고 있을 뿐이다.『관세음응험기』에서 과장이 수반될 수 있는 기록은 다음과 같은 불사리 응험 현상이 아닐까.

탑塔 밑의 초석 안에는 종종의 칠보七寶가 있었다. 역시 불사리佛舍利 채색의 수정병眯水精瓶 또는 동銅으로 만든 종이에 금강반야경金剛波若經을 적어놓은 사경寫經과 이들을 담은 목칠함木漆函이 있었다. 초석을 열고 보니 모두 다 불타 없어지고 오직 불사리병佛舍利瓶과 금강반야칠함[若經漆函]만이 그대로 남아 있었다. 수정병은 안팎이 모두 보

---

10 李道學,「古都 益山의 眞正性에 관한 多角的 分析」『馬韓百濟文化』19, 2010, 99~100쪽.

이지만 뚜껑이 역시 움직이지 않았다. 사리는 모두 없어져 나간 곳을 몰랐다. 수정병을 가지고 대왕大王에게 돌아가자 대왕이 법사法師를 청하여 참회한 직후에 병을 열어서 보니 불사리 6개가 모두 병 안에 갖추어져 있었는데, 밖에서도 이것을 모두 볼 수 있었다. 이에 대왕 및 여러 궁인宮人들의 신심이 배가倍加하였다. 공양供養을 올리고는 다시금 절을 지어 (사리를) 봉안하였다.

『관세음응험기』를 만든 이유는 이 같은 불사리의 응험한 이적異蹟을 알리고자 한 데 있었다. 이러한 이적의 인과를 설명하기 위해 제석사라는 사찰의 위치와 더불어, 정치적 비중을 알리기 위한 목적으로 첫 머리에 천도 이야기를 꺼냈다. 그러니까 '천도' 기사는 본질이 아니라 부차적으로 기재되었다. 그럴수록 자연스럽게 등장하는 '천도' 기사의 사료적 가치는 클 수밖에 없다. 더구나 『관세음응험기』에는 백제 왕을 위의 인용에서 보듯이 3차례에 걸쳐 '대왕'으로 표기했다. 대왕은 삼국과 왜에서 당시 최고 지배자를 가리키는 호칭이었다. 세종대왕의 그 '대왕'과는 개념이 틀리다. 이러한 '대왕' 표기를 통해서도 당대의 정서를 고스란히 읽을 수 있다. 미륵사지 「사리봉안기」에도 무왕을 일러 '대왕 폐하'라고 하지 않았던가?

여기서 재미 있는 현상이 보인다. 불사리가 봉안된 수정병은 제석사지 목탑 화재에도 불구하고 건재했다는 것이다. 수정병은 투명한 관계로 내부를 들여다 볼 수 있다. 수정병 뚜껑은 견고하게 닫혀 있었다. 그렇지만 사리는 행방을 알 수 없었다고 한다. 대왕인 무광왕 즉 무왕이 '참회'한 직후에 병을 열어 보니 신기하게도 불사리 6개가 병 안에 있더라고 했다. 이 기사에 보이는 '참회' 문구를 가지고 혹자는 무왕이 익산 천도 추진을 참회하고 철회했다는 뜻으로 해석했다. 제석사의 화재는 '천도'한 이후에 발생한 사건이다. 그런데 '천도 추진을 철회했다'는 주장은 앞뒤가 맞지 않다. 이 이야기는 관세음신앙에서 나온 신앙 기폭제에 불과하다. 너무 정치적으로 해석하려 한다면 난센스가 된다.

그리고 이와 관련해 상기되는 장면이 있다. 2007년 10월에 부여군 규암면의 왕흥사 절터의 목탑지에서 출토된 사리 그릇이다. 구리로 된 사리 그릇 겉면에는 탑을 세울 때 2매였던 불사리가 3매로 분과分顆된 이적이 새겨져 있었다. 그러한 구리 사리 그릇 안에는 은병이 들어 있었다. 은병 안에는 다시금 황금 사리병이 담겨 있는 구조였다. 그런데 막상 열어보니 정작 황금 사리병 안에는 사리가 단 한 매도 확인되지 않았다. 사리의 행방에 대해 말 같잖은 이야기들도 오갔다. 사리가 탈출했다느니, 녹아 없어졌다느니, 당초부터 없었던 상징적인 기록에 불과하다는 등 한 마디씩 던졌다. 그때 위에서 소개한 『관세음응험기』의 기록을 연상하며 우스갯소리로 문화재청장이 참회를 해야 한다는 말도 나왔다.

도판 10 | 왕흥사 목탑터 출토 사리 그릇

익산이 무왕이 조성한 왕도였음을 알려주는 기록들을 더 뽑아 본다. 후백제를 개국한 진훤 왕이 전주로 도읍을 옮긴 직후 한 연설 가운데 이런 말이 있었다. "백제는 금마산에서 개국하여 6백년이 되었다!" 당연히 사람들은 백제가 무슨 익산 금마산에서 개국했겠냐고 생각하기 마련이다. 그건 지금 현재의 지식이고, 당시의 눈높이에 맞추어서 사물을 인식해야 하지 않을까? 15세기 말의 인물인 매계 조위曹偉(1454~1503)가 지은 「부여회고」라는 시에 보면 "온조왕이 … 부소산 밑으로 옮겨와 나라를 세웠다"는 구절이 보인다. 그런데 백제는 부소산이 소재한 충청남도 부여 땅에서 개국한 바 없다. 그러니 부소산이나 금마산 개국설의 사실 여부를 따지는 것은 아무런 의미가 없다. 부여나 익산이 모두 백제 수도였던데서 연유한 관념으로 보아야 한다. 더구나 금마산을 주산主山으로 한 궁성은 왕궁평성일 수밖에 없다.

그러면 이제는 '왕궁평'이라는 지명을 음미해 보도록 한다. 먼저 지명의 속성은 두루 알려져 있듯이 보수성이 강하다. 가령 충청남도 온양의 백제 때 지명이 탕정군湯井郡이었다. '끓는 우물'이라는 지명은 이곳에 온천수가 존재했다는 것을 암시한다. 온양 온천은 백제 때부터 개발되었다고 보면 틀림이 없다. '탑골'이라는 지명이 있는 곳에는 지금은 존재하지 않더라도 과거에 탑이 있던 절터였음을 뜻한다. 마찬 가지로 익산시 왕궁면 왕궁리는 지명도 예사롭지 않게 보아야 하지 않을까? '왕궁王宮'이라는 지명에다가 '궁뜰[宮坪]' 지명까지 포개져 관련 지명이 숱하게 전한다. 보다 중요한 사실은 궁성이 존재한다는 게다. 이곳에서 출토된 통일신라의 기와에서도 '왕궁사王宮寺' 즉 '왕궁'이라는 명문이 보인다.

장방형의 왕궁평 유적을 오랜 기간에 걸쳐 발굴해 오지 않았는가? 그랬더니 이곳에서 잘 축조된 궁성 유구가 나왔다. 게다가 출토된 기와 가운데 '수부首府'라는 명문이 확인되었다. '수부' 문자가 찍힌 기와는 부소산성과 관북리 유적 그리고 익산 왕궁평성과 익산토성에서만 나왔다. 아무 곳에서나 흔

도판 11 | 부여 관북리 출토 '首府' 명문 기와

도판 12 | 익산 왕궁평성 출토 '首府' 명문 기와

하게 출토되는 유물이 아니었다. 있어야할 장소에서만 출토되는 의미심장한 메시지를 담고 있는 기와였다. '수부'는 곧 '수도'를 가리키는 말이었다. 그랬기에 부여와 익산에서만 출토된 게 아닐까?[11]

이래도 왕궁평성이 왕궁이었다는 사실을 수용하지 않는다면 근거를 더 제시해 본다. 이곳에서는 중국제 청자와 백자가 다량으로 출토되었다. 이러한 자기의 질과 양은 부여의 왕궁 유적이라는 이른바 관북리 유적에서 출토된 것과는 비교되지 않는다. 중국제 자기를 사용한 사람들은 최상층의 신분이 아니었을까? 어떤 이는 익산을 가리켜 '미완의 수도'라고 낭만적으로 일컬었다. 천도하려고 준비는 했지만 수도가 되지 못한 비운의 도시처럼 묘사를 했다. 그러면 묻겠다. 왕궁평성 안에서 출토된 진귀한 메이드인 차이나 제품을 사용했던 사람들은 누구란 말인가? 이곳에서는 유리 제품은 물론이고 금실[金絲]을 만들던 공방을 비롯하여 자체 생산해서 공급할 수 있는 시설까지 갖추었다. 성 안은 자급자족이 가능한 생산과 소비시설까지 함께 갖춘 최고의 공간이었다.

어떤 이는 부여 관북리 유적과 배후 산성인 부소산성과 같은 도성 구조가 익산에는 없다고 했다. 그런데 왕궁평성 서북 3.5㎞ 지점에 소재한 익산토성에서 '수부' 명문 기와가 출토되었다. 익산토성이 배후 산성 역할을 하고 있는 왕성의 한 단위로 밝혀졌다. 게다가 이곳에서도 부여와 동일하게 '북사' 명문 토기가 출토되었다. 그리고 왕궁평성 바깥에 도시 시설이 확인되지 않았다고 트집을 잡고 있다. 그러면 왕궁평성 바깥을 발굴이라도 해 보고 그런 말을 하는지 되묻고 싶다. 또 공주에서는 도시 시설이 확인되었기에 왕도로 인정하고 있는가? 공주나 부여에서는 왕궁 유적을 찾지 못해 설이 구구한 형편

---

11 '首府' 명문 기와가 唐軍과 관련 있다는 주장에 대한 비판은 李道學,「益山 遷都 物證 '首府' 銘瓦에 대한 反論 檢證」『東아시아 古代學』35, 2014, 3~21쪽을 참조바란다.

도판 13 | 왕궁평성 공방에서 출토된 유리제품과 금실, 도가니들

이다. 그러나 익산에서는 왕궁평성이라는 확실한 왕궁 유적이 확인되지 않았던가? 혹자는 왕궁평성을 기준으로 할 때 북방과 동방은 방어 시설이 잘 갖추어져 있지만 남방이 소홀하다는 것이다. 그러니 수도로 기능하기 어렵다고 주장한다. 무왕이 익산을 수도로 삼고자 한 이유는 비옥한 호남평야에 대한 물산의 직접적인 장악을 통한 남방경영에 있었다. 남방에 대한 문을 열어놓고 포용하는 자세를 취한 것이 아닌가? 오히려 폐쇄적이고 걸림돌 인상을 주는 성을 남방에 대대적으로 축조한다는 게 어불성설이지 않겠는가? 이 보다 중요한 현실이 있었다. 최고의 소비처인 왕도로 공급할 식량원인 광대한 농지를 필요로 했었기 때문이다.

혹자는 왕궁평성은 행궁으로 간주하기도 한다. 그런데 왕이 행차해서 머문 공간은 죄다 행궁이 된다. 가령 사냥 나갔다가 숙박한 공간도 행궁이다. 그런 관계로 행궁의 숫자는 숱하게 남아 있을 수밖에 없다. 이처럼 변별력 없는 행궁의 존재가 전해질 수 있겠는가? 왕궁평성을 행궁으로 간주한다면 그에 대한 '투자비용'이 지나치다는 인상을 지을 수 없다. 또는 고산자 김정호가 19세기 후반에 편찬한『대동지지』에서 익산을 백제의 '별도別都'라고 했다. 그런데 19세기에 편찬된 기록을 과신하는 인상을 준다. 고구려에서는 과거에 수도였다가 왕도 기능이 사라졌을 때는 별도로 남게 된다. 바로 그러한 선상에서 익산 별도설의 의미를 찾아야 한다. 사실 익산은 남방 경영에는 유리하였지만 방어상의 취약점을 노출시켰다. 신라가 그러한 허점을 찌르면서 익산시 낭산면에 소재한 알야산성을 기습적으로 공격한 바 있었다. 이러한 이유로 인해서 무왕은 사비성으로 환도했다.

또 어떤 이는 익산으로 천도했다면 국가적으로 중차대한 그러한 사건이 『삼국사기』에 게재되지 않았을 리 없다고 했다. 얼핏 들어 보면 그럴듯해 보인다. 그러나 삼국사기』는『조선왕조실록』이 아니다.『조선왕조실록』은 매일매일 왕의 행동거지가 낱낱이 기재되었다. 그러나『삼국사기』는 기록의 누락이 상상하기 어려울 정도로 심하다. 가령 고구려 장수왕의 경우 78년간 재위했다. 그럼에도『삼국사기』에는 중국 사서와 백제나 신라측 기사에서 전재한 것을 빼면 고구려 고유의 기사는 몇 건 밖에 없다. 그렇다고 하여 장수왕 재위 78년 동안 별반 사건이 없어서 기록이 없었던 게 아니다. 기사의 경중輕重에 상관없이 대거 누락되었다. 이러니『삼국사기』에 게재되지 않았다고 해서 그런 사실 자체가 마치 없었던 양 여겨서는 안된다.

무왕은 사비성과 금마저성, 이 두 곳을 수도로 운용했던 것 같다.『신당서』에 보면 백제는 동東·서西 양성兩城에 왕이 거처했다고 했다. 왕이 거처한 공간은 사비성과 또 하나의 지역이 된다. 그럴만한 대상은 부여 지역에서는 마땅히 확인되지 않는다. 그러니 다른 지역에서 찾아야 할 것이다. 바로 왕이 거처하는 공간은 왕도를 가리킨다고 볼 수밖에 없다. 백제는 한성에 도읍하던 시기에 남성과 북성이라는 2곳의 왕성을 운용한 바 있다. 그러한 전통에다가 당의 도성 시스템을 원용해서 동성과 서성이라는 두 곳의 왕도체제를 운영하였다. 그럼에 따라 일괄 천도에 따른 정치적 부담을 희석시킬 수 있었다. 혹자는 공주를 그와 관련지어 지목하기도 한다. 그런데 공주는 백제가 전국을 구획한 5방方 가운데 하나인 북방의 치소治所 성이었다. 그러니 왕도의 범주에 포함될 수가 없다. 따라서 서성은 사비성이고, 동성은 익산의 금마저성 즉 왕궁평성으로 지목하는 게 자연스럽다. 무왕은 자신의 정치적 기반이 되었던 익산으로 천도하고 싶었지만 그것은 간단한 일이 아니었다. 그런 관계로 두 곳의 왕도 체제로써 정국을 운용하면서 정치적 운신의 폭을 넓혀 나가고자 했다. 그런데 방어상의 취약점도 따르고 해서 무왕은 재위 30년경에 사비성으로 환도하였다.[12]

6) 무왕의 미륵사 창건

무왕의 익산 천도를 부정하려는 견해는 선입견을 넘어 편견이 얼마나 뿌리 깊은 가를 실감나게 한다. 이렇게 많은 자료를 제시했고, 또 동일한 자료를 알고 있지만 부인하려고만 하지 않은가? 그럼에도 공주가 백제의 왕도라고 단정하는가? 무녕왕릉이라는 확실한 왕릉이 존재하기 때문이라고 한다. 익산에는 무왕의 능으로 말해지는 쌍릉이 있지 않은가? 공주에는 대통사라는 백제 때 절터가 있다고 한다. 익산에는 백제 최대의 가람인 미륵사와 제석사가 소재하고 있다. 게다가 연동리 석불은 백제 때 조상이 아니던가? 익산이 왕도로서 공주에 비해 무엇이 부족하단 말인가?

이제는 익산 땅에 최대의 가람이라고 말해지는 미륵사 창건 이야기를 해

---

12 李道學, 「백제 무왕대 익산 천도설의 검토」 『익산 문화권 연구의 성과와 과제』 마한백제문화연구소 설립 30주년 기념 제16회 국제학술회의, 2003; 91쪽.; 「백제 무왕대 익산 천도설의 재해석」 『마한백제문화연구』 16, 2004, 96~97쪽.

보도록 한다. 『삼국유사』에 다음과 같은 연기설화가 전하고 있다.

> 하루는 왕이 부인과 함께 사자사師子寺에 행차하고자 하여 용화산龍
> 華山 밑의 큰 못가에 이르렀다. 못 가운데서 미륵삼존彌勒三尊이 출현하
> 므로 수레를 멈추고 경배敬拜하였다. 부인이 왕에게 이르기를 "모름지
> 기 이 땅에 대가람을 창건하는 게 진실로 소원입니다"고 하였다. 왕이
> 허락하고는 지명知命에게 가서 못을 메울 일을 묻자, 신력神力으로 하
> 룻밤에 산을 무너뜨려 못을 메워 평지를 만들었다. 그리고는 미륵삼존
> 상과 전殿·탑塔·낭무廊廡를 각각 3곳에 창건하고는 이름을 미륵사彌
> 勒寺라고 하니 진평왕이 백공百工을 보내어 도와주었다. 지금도 그 절
> 이 남아 있다.

위의 기사에서 '부인'이라고 한 이는 선화 왕비를 가리킨다. 삼국시대에는
왕비를 부인으로 표기한 사례가 적지 않다. 백제 전지왕의 왕비인 팔수 부
인을 비롯해서 무녕왕릉에서 출토된 은팔찌에 새겨진 '대부인'이라는 명문
을 비롯해서 많다. 그러니 의심없이 왕비와 행차한 것이다. 여기서 무왕이
지명법사가 주석하는 사자사에 행차하였다. 사자사는 익산에 소재한 것이
확인되었다. 문제는 무왕 행차의 기점이다. 부여에서 익산까지는 가벼운 마
음으로 행차할 수 있는 거리는 아니다. 이 스토리는 미륵사 창건 연기를 말
하고 있는 것인데다가, 왕궁평성은 미륵사보다 일찍 조성되었다고 하지 않
은가? 그러니 무왕은 이미 조성된 왕궁평성에서 사자사로 행차했다고 보아
야 자연스럽다. 이 사실은 왕궁평성이 무왕의 거처 즉 왕성으로 기능했다는
말이 된다.

미륵사지 발굴을 통해서 일부 구역에 국한되기는 하지만 미륵사 부지에
는 『삼국유사』의 기록처럼 당초에는 못이 있었다. 또 그것을 메우고 창건된

도판 14 | 미륵사지 서탑의 해체 전 모습(좌)와 복원 후 미륵사지 서탑(우)

게 입증되었다. 그리고 미륵산 중턱에는 사자사라는 이름의 암자가 있다. 비록 고려시대 것이지만 실제로 '사자사'라는 명문 기와가 출토되어 지명 법사가 거처하던 곳임이 밝혀졌다. 또 미륵사지에는 세 곳에 탑과 금당 그리고 회랑이 각각 소재한 것으로 드러났다. 이로써 『삼국유사』 기록이 정확하다는 사실과, 3탑 대가람의 위용을 확인하게 되었다. 그럼에 따라 무왕의 미륵사 창건은 실감있게 와 닿았다. 무왕은 미륵신앙에 따라 이상적인 불국토佛國土 국가를 이 땅에 세우려고 하였다. 그 중심 도량으로 미륵사를 창건하였던 것이다. 또 자신을 전차戰車처럼 생긴 바퀴[輪寶]를 굴리며 모든 악을 물리치고 온 세상을 다스린다는 『미륵하생경』의 전륜성왕轉輪聖王에 견주었다. 그가 수도였던 부여보다 익산을 중시한 데는 까닭이 있었다. 자신의 성장지였기 때문이요, 교통의 요충지인 이곳을 거점으로 팽창해 나가려는 의지가 크게 작용한 때문이었다. 무왕은 유서 깊은 익산에 미륵국토의 이상을 구현하고자 했다.

이와 관련해 미륵신앙에 대한 설명이 필요할 것 같다. 무왕이 용화산龍華山 밑에 창건한 미륵사는 미륵하생신앙彌勒下生信仰에 근거하였다. 『미륵하생경』에 나오는 용화수龍華樹를 상징한 용화산 밑에 미륵삼존불이 출현했다. 그 인연에 따라 미륵삼존상과 더불어 전과 탑 그리고 낭무를 각각 3개 소에 설치하였다. 이는 곧 미륵이 하생할 장소가 익산 지역이라는 믿음에 근거한 것이다. 『미륵하생경』에 의하면 시두성翅頭城에 하생한 미륵이 용화수 아래서 성불成佛하자 그곳으로 가서 그를 영례迎禮한 이가 전륜성왕이었다고 한다. 이는 미륵사창건 연기설화에서 무왕이 용화산 밑의 큰 못에서 출현한 미륵삼존에게 경배한 이야기와 연결이 된다.[13]

미륵삼존을 맞은 무왕이 곧 전륜성왕에 해당된다. 전륜성왕은 수미사주須彌四洲를 통일하고 정법正法으로 세상을 다스리는 제왕이다. 그가 다스리는 세상은 풍요롭고 화락한 이상세계라고 한다. 전륜성왕 사상은 수세기에 걸친 전란에 지친 주민들에게 단비와 같은 희망이었다. 무왕은 유례없이 격렬하게 신라를 몰아붙였고 또 전쟁을 승리로 이끌어 나갔다. 이러한 고달픈 정복전쟁은 불원간 백제의 완전한 승리로 귀결될 것이다. 따라서 전쟁이 없고 평화로운 이상세계가 멀지 않았다며 주민을 독려하는 메시지가 담겨 있었다.

7) 무왕 후기의 의자 왕자

무왕의 위상은 높았다. 담력도 셌고, 호기로운 기상은 누구도 흉내낼 수 없는 특허 맡은 자산처럼 보였다. 그러한 무왕의 씩씩한 모습은 선망의 대상

---

13   홍윤식, 「益山 彌勒寺 創建을 通해 본 百濟 文化의 性格」 『馬韓百濟文化』 6, 1983, 26~29쪽.

이 되고도 남았다. 귀족들은 무왕과 연결을 짓는 방편으로 혼맥을 이용하고
자 했다. 예상대로 무왕은 선화 왕비 외에 많은 부인을 거느렸다. 백제 출신
의 부인들이었다. 무왕이 신라와의 전쟁을 격렬하게 치를수록 선화 왕비의
입지는 한 없이 좁아졌다. 그에 반해 백제 출신 부인들의 입지와 역할은 증대
일로에 있었다. 더욱이 좌평 사탁적덕의 딸은 선화 왕비를 가장 힘들게 하였
다. 사탁씨가 어떤 가문인가? 사비성에 도읍한 이래 강대한 귀족 8가문이 있
지 않았던가? 그 가운데 사탁씨 즉 사택씨는 가장 힘이 센 가문으로 기록에
나온다. 그러한 사탁씨의 그것도 좌평의 딸이 왕비로서 행세하고 있었다. 무
왕과 사탁씨 왕후 사이에는 왕자들이 생산되었을 것이다. 그러니 의자 왕자
의 장래에 대해서도 말들이 많았다. 평생 왕자로 그칠 것인가? 아니면 태자
가 되고 결국은 즉위하게 되는가? 단순히 원자라는, 출생에 따른 운명적인 선
점 외에는 의자 왕자가 내세울만한 게 없었다. 의자 왕자는 숨 막힐 정도로
백제 궁중에 포위되어 있는 상황이었다. 의자 왕자의 일거수일투족은 누군
가에게 보고되는 것 같았다.

의자 왕자가 10대에 체험한 일로서는 무왕 재위 7년 되던 해 3월이었다. 산
과 들에 꽃도 피고해서 나들이 다니기 좋은 철이었다. 바깥으로 나들이 가고
싶었다. 백강을 타고 유람도 하기 좋은 날씨였다. 그런데 갑자기 왕도에 흙비
가 줄곧 내렸고 대낮인데도 어두컴컴해졌다. 모두들 놀라지 않을 수 없었다.
앞에 사람이 보이지 않았다. 궁중에는 밤처럼 모두 불을 밝혔다. 그때처럼 두
려운 때가 없었던 것 같다. 하늘의 재앙에 대해서는 수군거림이 많았다. 궁녀
들끼리도 삼삼오오 수군거리는 소리가 들렸다. 의자 왕자가 지나치다가 맞닥
뜨리게 되면 얼른 피하곤 했다. 전 해 8월에 신라가 백제의 동쪽 국경을 침범
해 온 적이 있었다. 신라의 대대적인 침공이 임박했다는 말도 돌았다.

무왕은 기록에 나온대로 재위 3년부터 신라에 대한 공격을 시도하였다. 무
왕은 그해 8월에 몸소 병력을 이끌고 신라의 아막산성阿莫山城을 포위했다.

모산성母山城이라고도 하는 이곳은 지금의 전라북도 남원시 운봉면이 된다. 이때는 가을걷이를 기다리는 때인 관계로 병력 동원이 용이한 철이었다. 놀고 있는 농민들을 대거 징집해서 대규모 군단을 편성해서 야심적인 신라 공격을 단행한 거였다. 그러자 신라 진평왕이 정예 기병 수천 명을 파견해서 막았다. 아막산성이 포위되어 함락될 것 같으니까 진평왕이 정예 기병을 출동해서 저지한 것이다. 결국 무왕은 이득 없이 회군하고 말았다. 무왕이 꺾이는 것을 보자 신라는 즉각 공세로 나왔다. 백제의 동쪽 변경을 위협하고 침공하기 위한 전초 기지를 전략적 요지 4곳에 축조하였다. 소타小陀 · 외석畏石 · 천산泉山 · 옹잠甕岑, 이 네 곳에 성을 쌓았다. 백제측에서는 신라에 4성 축조를 강력하게 항의하였다. 그러나 신라는 막무가내였고, 병력의 엄호 하에 주민들을 동원해서 축성 작업을 완료하고 말았다.

축성이 되자마자 이곳을 기지로 신라군이 자주 침공해 왔다. 보고를 접한

도판 15 | 아막산성

무왕은 격노하였다. 무왕은 좌평 해수解讐에게 무려 4만이나 되는 보병과 기병을 딸려서 신라가 쌓은 4개 성을 공격하게 했다. 전면전도 아닌 국지전에 4만의 대병력이 동원된 경우는 백제에서는 처음일 것이다. 554년의 관산성 전투에서 성왕과 4명의 좌평 이하 2만 9천 6백 명이 전몰한 적이 있다. 이때의 패전을 "필마도 돌아가지 못했다"고 했다. 그러므로 3만 명 정도가 동원된 게 아닐까? 신라가 백제를 치기 위해 나라 안의 병력을 총동원했을 때가 5만 명이었다. 그런 것을 보면 4만의 보병과 기병은 어쨌든 보기 드문 대병력의 출동이다. 무왕의 분노가 어느 정도인지 짐작할 수 있다. 그런데 병법에서는 싸우기 전에 분노하면 필히 패한다고 했다. 이 싸움은 시작부터 패배를 예고했는지도 모른다. 누군가 말리든지 동원 병력 숫자를 확 줄였으면 좋았을 터였다. 결과적으로 4만 명이라는 대병력이 출동하게 되었다. 해수는 신라가 새로 쌓은 4개 성에 대한 함락을 목표로 했다. 4만의 병력을 1만 명씩 나누어서 일제히 4개 성을 각각 공격하게 하였다. 그렇게 함으로써 각 성들 간의 연결을 차단하고 상호 구원 작전을 펴지 못하게 했다.

그러자 신라측의 봉수 체계가 긴박하게 작동한 것 같다. 신라 장군 건품乾品과 무은武殷이 대병을 이끌고 즉각 구원을 나왔다. 당황해진 좌평 해수는 공격을 더 이상 지속하기 어려웠다. 성을 포위했던 병력을 풀어 신라 지원군을 막아야하는 사태가 벌어졌다. 해수는 상황이 어려워지자 군사를 이끌고 천산 서쪽의 큰 못 있는 곳으로 퇴각하였다. 그리고는 복병을 배치한 후 신라군을 기다렸다. 신라 장군 무은은 승세를 타고 갑졸甲卒 1천 명을 이끌고 백제 군대를 추격하여 큰 못까지 이르렀다. 해수가 복병을 내서 이들을 급히 쳤다. 불의의 습격을 받은 무은은 말에서 떨어졌다. 사졸들은 크게 놀라 어찌할 바를 몰랐다. 그때 종군했던 무은의 아들 귀산貴山이 큰 소리로 "내 일찍이 스승에게 가르침을 받기를 '무사는 싸움에 당하여 물러남이 없다'고 했거늘 어찌 감히 달아나 물러섬으로써 스승의 가르침을 실추시키겠는가!"라고 외쳤다. 귀산은 타고 있던 자신의 말을 낙마한 아버지 무은에게 주고는 즉각 소장小將인 추항箒項과 함께 창[戈]을 휘두르며 힘써 싸우다가 죽었다. 남은 신라 병사들이 이 광경을 보고는 더욱 분전하는 바람에 백제군은 패하고 말았다. 해수는 대패하여 간신히 몸만 빼서 단기單騎로 돌아 왔다.

이 싸움의 결과를 보고서 신라군의 전법을 헤아려 볼 수 있다. 우선 신라 장군 무은과 아들 귀산이 함께 출정했다는 점이다. 신라군은 부자가 한 전장에 나서는 경우가 있었다. 언젠가 김유신이 이끄는 신라군은 백제군과의 전쟁에서 고전을 면하지 못했다. 그러자 김유신이 진중에서 비녕자를 불러 시범적으로 우군 진영 앞에서 죽기를 권유하였다. 비녕자와 합절이라는 부자가 함께 출전했다. 그들의 종자인 거진까지 함께 신라군이 보는 앞에서 장렬하게 순국하였다. 자신의 동료가 그것도 한 가족이, 무자비하게 도륙당하는 모습을 보는 순간 신라군들은 피가 역류했던 것 같다. '욱!'하는 기분에 두려움은 일순 사라지고 모두 용감한 전사가 되어 백제군 진영으로 돌격해 왔다. 그 바람에 백제군 진영이 무너지고 말지 않았던가? 황산 전투에서도 신라군은 명장 계백에게 걸려 네 번 싸워 네 번 모두 패하였다. 그러자 초조한 김유신은 장군 품일의 아들 관창을 역시 백제군 진영에 돌진하게 해서 죽게 했다. 그 장면을 지켜 본 신라군들은 분격한 마음에 백제군 진영으로 마구 돌격해 오는 통에 결국 패전하였다. 소모품을 통해 전세를 역전시키는 게 신라인들의 상투적인 전술 가운데 하나였다. 그리고 귀산이 말하는 '스승'은 화랑도에 소속된 승려들을 가리킨다. 대표적인 이가 「세속오계」를 지은 원광 법사였다.

신라와의 전쟁에서 패배한 뼈아픈 기억들이 되살아나고 있었다. 그러던 차에 흙비가 내리고 훤했던 하늘이 갑자기 컴컴해졌다. 그러니 민심이 흉흉할 수밖에 없지 않았을가. 백제는 태양신과 시조를 연결지어 왔다. 일본의 역사서인 『속일본기』에 보면 백제의 시조를 일컬어 "백제 태조 도모대왕은 태양신의 영靈이 내려와…"라고 하였다. 태양의 후예인 백제 왕실의 표상이 되는 태양이 백제 하늘에서 갑자기 사라졌다. 상실감은 절망감으로 이어졌다. 태양이 사라졌던 백제에서는 4월에 접어들자 큰 가뭄이 들었다. 흉년으로 인한 기근이 전국적으로 극심했다. 보리농사가 죄다 망쳐졌다. 구황작물을 찾느라 부산했다.

8) 중국에 대한 무왕의 전략

무왕은 중국대륙의 새로운 통일국가 수와의 관계에 비상한 관심을 가졌다. 문제에 이어 즉위한 양제에 대한 정보를 수집했다. 그는 598년 2월에 양량楊諒과 함께 고구려 원정을 나갔는데 크게 패하고 수륙 30만에 달하는 수 대군이 전멸한다. 이에 수 문제가 격노해 양광楊廣과 양량에게 자결을 명하지만 독고황후가 말렸다는 것이다. 만약 사실이라면 이 사안은 몹시 중요하다고 본다. 양광 즉 훗날의 양제에게는 명예를 회복해야 한다는 강박관념에 시달리게 한 요인이 되었을 수 있다. 양제가 고구려 원정에 병적으로 집착한 데는 이러한 개인적인 '만회' 콤플렉스가 작동했을 가능성이다.

양제의 인간 됨됨이를 알려주는 결정적인 사건이 즉위 과정이다. 숱한 이야기를 쏟아낼 수 있지만 한 마디로 말해 위선과 계략 그리고 음모로 점철된 이가 양광 즉 양제였다. 폐태자 위기에 몰린 양제는 병석의 문제와 더불어 태자로 복권되는 형마저 살해했다. 양제는 바로 그날 밤 오랫 동안 눈독을 들여 왔을 뿐 아니라 미수에 그쳤던 문제의 애첩 선화 부인宣華夫人을 결국 겁탈하였다.[14]

607년(무왕 8) 3월에 무왕은 한솔 연문燕文을 수에 보내 조공을 하였다. 그

---

14 박한제, 『박한제 교수의 中國 역사기행(3)』 사계절, 2003, 264~265쪽.
   누노메 조후 · 구리하라 마쓰오 著 · 임대희 譯, 『중국의 역사[수당오대]』 혜안, 2001, 32~33쪽.

직후 무왕은 이제는 좌평인 왕효린王孝隣을 수에 뒤따라 파견했다. 명목은 조공이었지만 무왕은 수가 고구려 정벌을 계획한다는 사실을 알고 있었다. 수 양제의 환심을 살겸 중국계 인물로서 좌평급인 왕효린을 보냈다. 무왕은 고구려를 협공하려는 계획을 세웠다. 수를 유인하기 위해 양제가 염두에 두고 있던 고구려 정벌을 꺼내려고 했다. 왕효린은 양제를 알현하자 고구려 정벌을 요청하였다. 양제로서야 기뻐할 수밖에 없었다. 양제는 백제로 하여금 고구려의 동정을 살피도록 지시했다. 무왕은 그것을 계산하고 왕효린을 파견하였다. 더욱이 무왕은 백제 조정이 수에 우호적이라는 표지로서 좌평급의 중국계 왕효린을 선발한 것이다.[15] 백제에는 중국인들이 많이 거주하고 있었다. 또 그들을 우대한다는 사실을 알리고자 한 행위였다. 고구려와 구분되는 백제의 친중국적인 면면을 과시하고자 하였다. 양제로서는 망외의 소득을 얻게 되었다. 고구려 정벌에 후방의 백제와 협공할 수 있는 전략적 성과를 거두었기 때문이다. 무왕이 수와 밀착하려는 속내는 두 가지를 겨냥한 것이었다. 첫째는 수와 손을 잡음으로써 고구려를 제압하거나 제어할 수 있는 배경을 얻게 된다. 둘째는 신라를 고립시킬 수 있었다. 신라가 수와의 교섭을 시도하고 있지만 수가 욕심내고 있는 고구려 원정에 적극적으로 동참함으로써 신라의 접근을 빛바래게 하고자 했다. 소득 없는 신라와의 교류보다는 수가 백제를 택하게 하여 자기편을 만들려는 구상이었다.

3월에 두 차례에 걸쳐 잇따라 수에 파견된 백제 사신의 행적을 고구려가 꿰뚫어 보았다. 당시 백제와 고구려는 육지로는 연결되지 않았다. 그렇다고 고구려가 백제 응징을 포기할 리는 없었다. 5월에 고구려군이 선편을 이용하여 백제의 송산성松山城을 기습적으로 공격했다. 송산성은 충청남도 당진군

---

15 李道學, 「漢城末 熊津時代 百濟 王位繼承과 王權의 性格」『韓國史研究』50·51合輯, 1985, 14쪽. 17쪽.

송악면에 소재한 송악산성(둘레 270m)이다. 그러나 백제군이 잘 막아 내었다. 그러자 고구려군은 석두성石頭城으로 옮겨 공격을 하였다. 석두성은 지금의 당진군 송악면 한진리에 소재했다.[16] 『증보문헌비고』에 따르면 "삼국시대에 평양(고구려 : 저자)이 백제와 싸워 빼앗은 석두창이 있었는데, 수군의 군량을 두었던 곳이라고 했다[17]"고 하였다. 석두성을 함락시킨 고구려군은 백제 주민 3천 명을 붙잡아 돌아 갔다. 포로 3천 명을 싣고 갈 수 있는 선박은 최소 60척 이상이어야 가능하다. 적어도 고구려군은 100여 척이 넘는 대선단을 동원한 것이다. 그 전에 포로를 끌고 갈 수 있는 선박 60척 이상을 지원받았을 것임은 분명하다.

고구려군은 전통적으로 수군과 육군을 배합한 전투에 능하였다. 수군 선단을 이용하여 목표 지점에 배를 댄 후 일제히 상륙하여 공격했다. 감히 고구려군이 넘볼 수 없다고 여기는 지점에도 나타나고는 하였다. 장수왕대의 고구려군은 저 멀리 지금의 제주도인 탐라까지 장악하고 있었다. 탐라에서 산출되는 가옥珂玉(말 장식에 사용하는 貝類)을 북위에 조공품으로 바쳤다.[18]

고구려군이 석두성을 함락시키고 주민 3천 명을 생포하여 갔다. 무왕에게는 충격적인 소식이었다. 고구려는 무왕의 속내를 다 알고 있는 양 백제를 습격한 것이다. 게다가 전쟁의 피해가 사뭇 컸다. 무왕에게는 꺾어야 할 나라가 고구려와 신라였다. 모두 백제 선왕들을 살해한 적대국들이었다.

9) 의자 왕자의 등장

의자왕은 어릴 적 이름을 버린 듯하다. 대신 '의자義慈'라는 의미 깊은 이름

---

16 손영종, 『조선단대사(고구려사 4)』 과학백과사전출판사, 2008, 205쪽.

17 『增補文獻備考』 권33, 輿地考21, 關防 9, 海防 3, 洉川.

18 李道學, 「漢城 陷落 以後 高句麗와 百濟의 關係--耽羅와의 關係를 中心으로」 『전통문화논총』 3, 한국전통문화대학교, 2005, 113~134쪽.

을 얻게 되었다. '의자'라는 이름에는 '의義'와 '인仁'의 뜻이 담겨 있다. '자'는 '인자仁慈'와 한 개념을 이룬다. '의자義慈'라는 이름에 의미가 부여된 것으로 판단할 수 있지 않을까? 주지하듯이 '의'와 '인'은 『맹자』의 왕도정치사상王道政治思想의 기본 이념이다. 의자왕은 그 같은 여망을 품었고, 또 그렇게 실행하려고 바랬음을 뜻한다. 왕도정치 사상의 구현자로서 의자왕은 소명을 받고 태어난 것처럼 되었다. 의자왕은 '의'와 '인'의 화신처럼 행동거지를 해야만 했다. 의자왕은 반듯한 행동거지를 갖게 되었다. 의자왕 이름 '의'와 '인'은 이렇게 가르쳤다.

부연 설명을 예를 곁들여 하고자 한다. 『맹자』에는 "인仁을 해치는 것을 적賊이라 하고, 의義를 해치는 것을 잔殘이라고 한다"고 했다. 「광개토왕릉비문」에서 왜倭를 '왜적倭賊'으로, 백제百濟를 '백잔百殘'으로 표기하였다. 고구려인들의 이러한 인식과 정서를 가늠해 주지 않던가.[19] 인·의仁義의 화신을 자처한 고구려는 자신들과 배치되는 백제와 왜를 정토해야 한다는 정의관의 발현이었다. 그러한 '인의' 관념을 백제도 지니고 있었다. 또 의자왕 스스로 그러한 구현자임을 표방했던 게 아니었을까?

궁중의 의자 왕자는 행동거지가 반듯했다. 아침에 일어나면 제일 먼저하는 일이 부왕과 어머니를 알현하는 일이었다. 그리고 부왕의 부인들에게도 인사를 올렸다. 부인들이 낳은 이복형제들과도 사이가 좋았다. 형으로서의 의젓한 몸가짐을 보여주었다. 그러니까 의자 왕자가 아우들에게 양보하는 일이 많았다. 그러니 이들이 의자 왕자를 싫어해야 할 이유가 없었다.

의자 왕자는 스무살 즈음에 혼인을 했던 것 같다. 그것은 순전히 의자 왕자 자신의 의사라기보다는 무왕의 의지가 작용한 것이었다. 615년(무왕 16)에 의자 왕자는 아들을 낳았다. 바로 부여융의 출생이었다. 무왕은 손자를 보

---

19 李道學, 「龍飛御天歌의 世界」 『문헌과 해석』 3, 태학사, 1998, 184~185쪽.

게 된 것이다. 궁중에는 기쁨이 넘쳤다.

사탁씨 왕후의 득세와 맞물린 선화 부인의 쇠락, 그리고 선화 부인의 사망은 의자 왕자를 고독하게 만들었다. 그가 믿고 의지할 수 있던 마지막 보루의 상실이었다. 그렇지만 의자 왕자에게는 처가도 있었다. 이와 더불어 의자 왕자는 즉위 가능성을 지녔다. 물론 의자 왕자는 태자로 책봉되지도 않았다. 그뿐 아니라 유력한 사탁씨 왕후 소생의 왕자가 대기하고 있는 상황이었다. 그러고 보면 의자 왕자의 즉위 가능성은 희박한 편이었다. 다만 의자 왕자는 누구도 부인할 수 없는 무왕의 원자라는 크나큰 자산을 안고 있었다. 게다가 반듯한 성품에 부모에게 효도하고 형제 간에 우애가 있었기에 해동海東의 증민曾閔이라는 명성이 자자하였다. '해동'의 용례는 381년에 북중국의 전진왕前秦王 부견苻堅이 찾아온 신라 사신 위두衛頭에게 "그대의 말에 해동의 형편이 옛날과 같지 않다고 하니 무엇을 말함이냐?"라고 하여 처음 보인다. 당 고조가 '해동삼국' 간에 원한과 갈등이 오래되었다고 한 언급에서 다시금 보인다. 그리고 651년에 당 고종이 백제 의자왕에게 보낸 국서에서도 '해동삼국'이라고 하였다. 구체적으로 '해동'이라는 공간적 범위 속에서 삼국을 지목했다. 그 밖에 당인唐人이 신라 승려 의상義湘의 국적과 결부지어 '해동신라'라고 하였다. 따라서 '해동'은 삼국을 가리키는 개념으로 굳어졌다고 하겠다. 의자왕은 삼국 전체를 대표하는 효자의 표상으로서 '해동증민海東曾閔'이니 '해동증자'니 하는 칭송을 받았다. 또 그러한 명성은 당에까지 알려졌을 정도록 널리 회자되었다.

의자왕에 대한 호의적인 평가는 백제를 멸망시킨 당의 역사를 담고 있는 중국 사서에서 먼저 눈에 띈다. 『구당서』와 『당회요』에서 의자왕은 '해동증민' 즉 증자曾子와 민자閔子에 견주었다. 민자의 효행은 생모에게 효도한 증자보다 각별한 의미가 있었다. 민자는 자신을 구박한 계모가 세상을 뜰 때까지 효도하였다. 『신당서』에서는 '민자'를 떼고 '해동증자'로만 적었다. 이 기록을 받

도판 16 | 베트남 하노이 문묘의 맹자상과 나란히 서 있는 증자상

도판 17 | 천안향교의 맹자 위패와 나란히 배치된 증자 위패

아서 『삼국사기』는 의자왕을 일컬어 "부모를 효孝로써 섬기고 형제들과는 우애가 있어 해동증자로 칭송 받았다"고 했다. 춘추시대 노국魯國 사람인 증자는 공자의 제자로서 하루에 세번 성찰하며 부모에게 극진히 효도했던 인물이다. 그러한 인물에 의자왕을 견주었다. 이 사실은 의자 왕자가 계모, 즉 '국주모'를 극진히 모셨음을 암시한다. 특히 형제들 간에 우애가 있었다고 했다. 의자 왕자가 이복형제들과의 관계가 매끄러웠음을 뜻한다.

의자왕은 삼국 전체를 대표하는 효자의 표상이었다. 그랬기에 '해동증민'이니 '해동증자'니 하는 칭송을 받았다. 또 그러한 명성은 당에까지 알려졌다. 그럴 정도로 널리 회자되었다. 의자왕에 대한 칭송은 즉위 후에 생겨난 것만은 아니었다. 품성은 일조일석에 조성되지 않기 때문이다. 즉위 전부터 의자왕이 지닌 품성에 기인했다고 본다. 전인적인 품성을 지닌 인물에 견주어서 의자왕을 평가하였다. 의자 왕자는 누구도 감히 넘볼 수 없고 미칠 수도 없는 '해동증민'에 걸맞는 완덕完德을 갖추었다. 의자 왕자가 불리한 정국을 일거에 역전시키고 2인자에 오를 수 있었던 결정적인 요인이었다. 이러한 명성 자체는 대중적인 평가를 담고 있다. 그러므로 이해가 착종하는 귀족 사회였지만 의자 왕자를 호의적으로 인식했음을 암시해 준다. 귀족 사회의 통제와 이해의 통합은 현실적으로 지난至難한 과제에 속한다. 여러 왕자들이 경합하는 상황에서 완덕을 갖춘 의자 왕자의 품성은 귀족들을 안심시키기에 족하였다. 또한 귀족들에게는 투자 가치가 있는 대상으로 의자 왕자를 인지시켰다. 의자 왕자가 태자 책봉 문턱을 넘어 즉위할 수 있는 가능성을 높여주었다.

의자 왕자보다 훨씬 후대 인물인 조선 제11대 중종의 맏아들 이호李峼(12대 인종)의 경우가 상황 이해에 도움이 된다. 이호는 태어난 지 7일 만에 어머니를 여의었다. 그는 계모인 문정왕후 윤씨의 돌봄을 받고 자랐다. 문정왕후는 세자 이호를 사랑해 주었다. 그런데 상황이 전변하였다. 흔히 그러하듯이 문정왕후는 자신의 소생(13대 명종)이 생긴 이후로는 달라졌다. 문정왕후는 이호를 구박했다. 그럼에도 이호는 계모에 대한 효심이 지극하였다. 의자 왕자의 사탁씨 왕후에 대한 효심과 견줄 수 있다. 게다가 이호는 이복형제들과도 사이좋게 지냈다. 이 역시 계모에게 효성이 지극했던 민자에 견주었던 의자 왕자의 경우와 부합한다. 왕조실록에 따르면 인종은 "성품이 매우 고요하고 욕심이 적으며, 인자하고 공손하며, 효성과 우애가 있었으며, 학문에 부지런하고 실천이 독실했으므로 동궁東宮에 있는 25년 동안 어진 덕이 널리 알려졌다"라고 했다. 이호의 부왕인 중종에 대한 효성은 놀라울 정도였다. 재위 기간이 9개월에 불과했던 인종의 능호陵號는 효릉孝陵이었다. 그의 생애가 효 자체였음을 웅변해 준다. 의자 왕자의 경우도 이와 유사한 상황에 놓여 있음을 충분히 상정할 수 있다.

이와 관련해 주목되는 기록이 있다. 의자왕이 657년(의자왕 17)에 좌평을 제수했을 정도로 장성한 서자庶子 41명을 두었던 사실이다. 여기서 '서자'를 여러 아들을 가리키는 '중자衆子'의 뜻으로 해석하는 경우가 많다. 그러나 『삼국사기』 비유왕 즉위년 조에서 "비유왕은 구이신왕의 장자長子[혹은 전지왕의 서자라고도 하지만 어느 것이 옳은 지 알 수 없다]이다"라고 하여 '서자'에 관한 용례를 남겼다. 백제 왕실에서는 적서嫡庶의 차이가 상존했음을 알 수 있다. 그런데 비유왕의 계보는 전지왕의 서자가 맞다는 사실이 입증되었다.[20] 동시에 서자도 왕위계승권이 있음을 알려준다. 그리고 서제庶弟 여신餘信이 내신좌평에 제수되었다가 이듬해에 상좌평에 제수된 사례가 주목된다. 즉 서형제庶兄弟의 경우도 적서嫡庶 구분 없이 최고위직에 임명되었다.[21] 물론 한성 도읍기와 사비성 도읍기 간에는 시간적 낙차의 폭이 있는 관계로 서자 계승이 말기까지 가능했는지는 알 수 없다. 그러나 반대되는 사료가 없다. 따라서 서

---

20 李道學, 「漢城末・熊津時代 百濟 王位繼承에 관한 再檢討」 『韓國史硏究』 45, 1984, 7쪽.
21 『三國史記』 권25, 전지왕 3년・4년 조.

자의 왕위계승이 가능한 것으로 받아들여야 하지 않을까 싶다. 그러므로 좌평에 제수된 의자왕의 서자 41명은 왕위계승권을 지닌 잠재적 경쟁자들이었다. 왕위계승권을 지닌 서자의 위상은 적자嫡子와는 근본적으로 차이가 나는 게 아니었다. 귀족들은 즉위 가능성이 높은 의자 왕자에게 줄을 대서 혼맥을 형성한 게 아니었을까.

의자왕 재위 17년에 장성한 연령이었을 서자 41명이 등장했다. 이들은 의자왕이 즉위 전에 관련을 맺은 여인들과의 소생임을 알 수 있다. 그가 왕자와 태자시절에 연고를 맺은 여인들과의 소생이었다. 한 배[腹]에서 남아만 4명씩 출산했다고 하더라도 의자왕은 최소 10명 이상의 여인들과 관계를 맺은 셈이다. 태자로 책봉되기까지의 과정이 험란했을 정도로 오랜 기간 시험대에 섰던 이가 의자왕이었다. 때문에 해동증자라는 칭송을 얻었던 의자왕의 색탐色貪과 결부 짓기는 어렵다. 오히려 그가 왕자시절부터 다양한 귀족 가문과 혼맥으로 연결되었음을 반증한다. 일단 그가 무왕의 원자인 관계로 왕위계승 가능성이 높았다. 그런데다가 고상한 개인적 품성 등이 가세하여 귀족들의 혼사婚事 대상으로서 일종의 구매력을 지녔던 것 같다. 결코 자의自意와는 상관없이 다양한 혼맥을 구축하게 되었다. 더욱이 그가 태자에 책봉된 이후로 그러한 현상은 한층 심화되었을 것이다. 요컨대 의자왕 즉위 기반의 하나는 혼맥으로 결속된 다양한 귀족 가문의 공통된 지지였다. 이해관계를 공유하는 다수 귀족 가문이 한 목소리로 의자왕의 태자 책봉과 즉위를 지원한 게 분명하다.

새왕[新王]의 즉위에 따라 권력의 저울추도 일거에 이동하게 된다. 그런 만큼 새왕의 즉위는 비상한 관심사가 되었다. 그 전초전이 태자 책봉이었다. 이때 귀족들은 태자, 나아가 그의 즉위로부터 자신들의 '안전'을 초미의 관심사로 여기며 비상하게 득실을 셈할 수밖에 없다. 결말이 나지 않고, 이해가 얽혀 있는 권력 관계와 그 추이를 말해주는 태자 책봉 문제를 무왕은 더 이상

미룰 명분이 없었다. 무왕은 결단을 내려야하는 상황 속에서 귀족들이 '안심'할 수 있는 인물인 '해동증자'를 낙점하였다.

의자왕은 백제 제30대 무왕의 원자로서 출생했다. 그의 출생 시기는 알 수 없다. 그렇지만 의자왕의 원자인 부여융의 출생이 615년(무왕 16)이었다. 바로 이 점이 단서가 된다. 즉 615년에서 20년을 소급시켜 보면 대략 595년(위덕왕 42) 경 이전으로 의자왕의 출생 시기를 가늠할 수 있다. 그런데 의자왕은 태자로 책봉된 시점이 다음에서 보듯이 무왕 33년이었다.

정월에 원자元子 의자를 봉封하여 태자로 삼았다(『삼국사기』 무왕 33년 조).

이와 관련해 백제에서의 태자 책봉 시점은 다음과 같다.

* 시조왕 28년 / 제2대 다루왕
* 다루왕 6년 / 제3대 기루왕
* 아화왕 3년 / 제17대 전지왕
* 문주왕 3년 / 제23대 삼근왕
* 의자왕 4년 / 부여융

물론 위의 인용은 극히 제한된 자료를 토대로 하였다. 그러나 다른 대안이 없는 관계로 근거로 삼을 수밖에 없다. 대략 백제에서는 제2대 다루왕의 경우만 제외하고는 재위 3~6년 무렵에 국정의 2인자이자 후계자인 태자로 책봉되었다. 그럼에도 불구하고 의자왕이 태자로 책봉된 시점은 632년(무왕 33)이었다. 의자왕은 40세 전후한 연만한 연령으로 보인다. 무왕이 사망하는 641년 3월에 그 손자인 부여융은 27세였다. 이때 의자왕의 연령은 50세 쯤으로 가늠되어진다.

그러면 의자왕은 원자임에도 불구하고 왜 연만한 연령에야 후계자로 책봉되었을까? 의자왕의 모계에서 원인을 찾을 수밖에 없다. 『일본서기』에 따르면 의자왕은 국주모의 사망을 계기로 일대 정변을 일으켰다. 그리고 강력한 왕권을 구축했다. 여기서 국주모는 문자 그대로 왕의 어머니 곧 당시 국왕인 의자왕의 어머니를 가리킨다. 그렇지만 국주모의 사망이 정변 요인이 되었다. 이 사실은 국주모와 의자왕의 권력 관계가 일치되지 않음을 시사한다. 국주모로 인해 의자왕이 자신의 권력을 제대로 행사하지 못한 상황을 연상시킨다. 그렇다면 의자왕이 태자로 책봉되는 데 중대한 걸림돌이 곧 국주모였음을 암시해준다. 나아가 국주모와 의자왕을 친모자 관계로 설정하기는 어려워진다. 그러면 의자왕의 어머니는 누구일까? 그녀는 백제 귀족 가문 출신일 수도 있겠지만 근거가 없다. 이와 관련해 『삼국유사』의 서동설화에 따른다면 서동 곧 무왕과 혼인한 여성 즉 왕비는 신라 진평왕의 셋째 딸인 선화 공주였다. 정황으로 볼 때 선화 왕비는 무왕의 첫 번째 부인임이 분명하다. 무왕이 즉위 전에 혼인한 대상이 선화 공주였다. 다른 반대되는 사료가 없는 이상 의자왕은 선화 왕비의 아들로 간주하는 게 온당하다. 더욱이 국주모에게는 백제 정치 권력 구조 속에서 '자매'들의 존재가 확인된다. 진평왕의 셋째 딸인 선화 공주가 자신의 '자매'들을 대동하고 백제 왕실에 출가했을 리도 없다. 이러한 정황에 비추어 보더라도 국주모는 의자왕의 생모가 되기는 어렵다는 느낌이 든다. 그 뿐 아니라 665년(문무왕 5)에 작성된 취리산 서맹문에 따르면 당이 웅진도독인 부여융의 선왕先王을 성토하는 구절 가운데 "친인親姻과 화목하지 못했다"고 했다. 여기서 '친인'은 친족과 인척을 가리킨다. 부여융의 선왕은 의자왕이다. 그러므로 의자왕이 친족이나 인척과 화목하지 못했다고 질타했다. 이 사실은 의자왕이 재위 15년에 정변을 통해 사탁씨 왕후와 이모 형제들을 숙청한 사실을 가리킨다. 인척은 의자왕이 처족들과 갈등을 빚었

정치적, 경제적

무왕의 입지를 완성시킬 수 있는

사택 가문의 힘

사택 왕후와의 결혼
무왕의 또 다른 전략?

그날

도판 18 | KBS '역사저널 그날'의 한 장면(© KBS, 역사저널그날)

음을 뜻한다. 재위 15년에 정변을 단행한 직후 의자왕이 태자를 부여융에서 부여효로 교체한 사실을 가리키는 것 같다.

그리고 동일한 서맹문에서 백제와 신라 사이를 "혼인으로써 약속하고"라고 하였다. 역시 당에서 작성한 「대당평백제국비명」에 따르면 의자왕의 실정을 거론하면서 "동쪽으로 친인親隣을 정벌했다"고 했다. 여기서 '친'에는 '부모'의 뜻이 담겨 있다. 그러므로 "동쪽으로 부모인 이웃 나라를 정벌했다"는 해석이 된다. 신라는 의자왕의 어머니 나라였다. 그러므로 이러한 표현을 구사한 것으로 보인다. 과거에 무왕이나 의자왕이 각각 인척 관계요 모국이라면 신라를 공격할 수 없다고 보았다. 그러나 무왕과 선화 공주와의 결혼 사실을 인정하지 않는 견해는 설득력이 없다. 오히려 의자왕의 어머니가 신라 왕녀였기에 "동쪽으로 친인을 정벌했다"는 기록이 나오지 않았을까?

의자왕 즉 의자 왕자가 태자로 책봉되는 길이 험난했다는 것은 무왕 소생의 이복 왕자들이 경쟁자로 대두했음을 뜻한다. 신라 왕실을 외가로 한 의자 왕자는 백제 귀족 가문을 외가로 한 이복 왕자들과 경쟁 관계에 있었던 것이다. 이러한 상황에서는 의자 왕자가 절대적인 열세에 놓였음은 두 말할 나위 없다. 더욱이 무왕 후반기에는 신라에 대한 군사적 압박을 한층 강화했다. 이에 비례하여 신라 왕실을 외가로 한 의자 왕자는 정치적으로 곤궁한 처지에 놓이게 되었다. 의자 왕자의 후견인이었던 선화 왕비의 위상 역시 동일한 처지에 놓였음은 자명하였다. 게다가 돌궐에서도 외국 왕녀 출생 소생은 즉위 자격이 없다고 한다. 의자 왕자의 경우도 이러한 범주에서 결코 자유로울 수 없었을 것이다. 더구나 현실적으로 백제와 신라는 군사적으로 대립하면서 치열한 공방전을 전개하는 상황이었다. 무왕이 40년 넘게 이례적인 장기 집권한데다가 의자왕 재위 15년 무렵까지 국주모가 생존해 있었다. 이로 볼 때 무왕의 초혼 대상이었던 선화 왕비와는 달리 국주모는 무왕의 차비次妃였음이 분명해진다. 선화 왕비가 국주모보다 일찍 사망했을 가능성은 여러 면에서 크다.

유력한 어찌 보면, 유일한 후견인이었던 선화 왕비의 사망은 의자 왕자를 왕위계승권에서 더욱 밀리게 하였을 것이다. 원자였지만 태자로 쉽게 책봉되지 못한 의자 왕자의 실상은 이러한 데서 찾을 수 있을 듯하다. 이와 관련해 중국의 삼국시대 위魏 명제明帝의 경우가 좋은 사례이다. 명제는 조비曹丕의 원자였고 영특했기에 조부인 조조曹操의 특별한 사랑을 받았다. 즉 "명제는 태어난 지 4~5세 만에 영리한 자태가 있어서 무황제武皇帝(曹操)가 이것을 기이하게 여기면서 '나는 너 3세에게 의지한다'고 하면서 매번 조연朝宴이나 회동 때 시중·근신들과 더불어 세웠다. 오직 장막에서라도 배우는 것을 좋아하고 박식하였으며, 특히 법리法理를 마음에 두었다"[22]고 했다. 그러나 명제의 생모 진씨甄氏가 아버지 문제文帝에게 주살되었으므로 뒤를 이을 황태자로 세워지지 않았다. "문제는 처음에는 명제를 좋아하지 않았으며 다른 부인의 아들인 경조왕京兆王 조예曹禮를 후사後嗣로 삼으려고 했기 때문에 오랫동안 태자를 세우지 않았다"고 했다. 의자 왕자의 경우도 이와 유사했을

---

22 『三國志』권3, 明帝 卽位紀.

가능성이다. 무왕은 다른 왕비 소생의 왕자를 태자로 책봉하려고 한 듯 싶다. 그런 관계로 '오랫동안' 태자를 세우지 않았던 것 같다. 무왕은 태자 책봉을 미루면서 여러 왕비들의 친정 가문과의 관계를 주도해 갈 수 있지 않았을까 한다. 무왕은 왕비족들 간의 상호 견제와 경쟁을 통해서 얻어진 긴장을 통해 정국을 자신의 의도대로 몰고 갈 수 있지 않았을까?

이와는 다르게 의자 왕자의 태자 책봉을 상정해 볼 수도 있다. 백제는 북방 유목국가인 북위北魏와의 관련성이 문화면에서도 적지 않게 드러난다. 꼭 북위라고 한정할 수야 없겠지만 백제에는 북방 유목민족적인 기풍이 존재하였다. 먼저 백제 왕의 호칭인 건길지鞬吉支는 Konikisi 또는 Kokisi로도 일컫고 있는데, 이는 돌궐에서 '천자天子'의 뜻으로 쾨키시Kök Kishi라고 일컫던 말과[23] 연결이 가능하다. 그리고 흉노나 모용선비라든지 돌궐의 경우 본디 태자나 왕의 후계자와 같은 근친자近親者가 임명되는 좌·우현왕제가 개로왕 대(455~475)에 확인되었다. 이 직제야말로 유목기마민족 제도를 수용한 일면의 표출 내지는 그 잔영이 틀림없다. 아울러 백제금동대향로에 보면 5악사樂師의 머리 모습은 독두禿頭에다가 오른쪽 귀언저리에 머리채를 끌어 모아 묶은 형식[兩角髻]에 속한다.[24] 이 같은 두발은 체두변발剃頭辮髮 유형인 것이다. 역시 유목민족 사회의 두발 형태가 된다. 이와 더불어 백제 성씨 가운데 난씨難氏의[25] 계통을 유목민족인 오환족에서 찾는 주장도 있다. 그렇지만 난씨는 흉노의 씨氏로 명백히 나타난다.[26] 그리고 백제 조정의 귀족 가문인 단씨段氏 역시 한족漢族뿐 아니라 선비족 계통의 단부段部에서 그 연원을 찾을

---

23 최한우, 『중앙아시아』 펴네기, 1992, 21쪽.
24 권태원, 『백제의 의복과 장신구』 주류성, 2004, 81쪽.
25 李文基, 「百濟 遺民 難元慶墓誌의 紹介」 『慶北史學』 23, 2000, 31쪽.
26 『史記』 권110, 흉노전. "朕書曰 右賢王不請聽後義盧侯難氏等計 絶二主之約 離兄弟之親"

도판 19 | 다퉁의 북위 운강 석불

수도 있게 된다. 백제에서 확보했던 사막 건조 지대의 운송 수단인 낙타와 초원 지대의 가축인 양羊이나 나귀 및 노새의 존재는[27] 정확히 흉노와 같은 유목사회에서 목도할 수 있는 가축에 속한다.[28] 나귀는 특히 선비족의 중요한 운송 수단으로 알려져 있다. 이러한 요소들은 백제의 천하관과는 별개로 유목기마민족 체제에서 출발한 백제의 정체성을 웅변해 준다.

　그 밖에 근구수 태자가 북계의 표지로서 "이에 돌을 쌓아 표를 했다乃積石爲表"는 기사이다. 이는 유목계 출신인 북위 제왕들의 잦은 '단을 쌓고 행적을 기록했다築壇記行'거나 '돌을 쌓고 행적을 기록했다累石記行'는 사적과 성격이 동일하다. 더욱이 군사령관인 국왕 근초고왕의 전쟁수행 양식은 친정親征 → 약탈掠奪 → 분배라는 유목형 군주의 그것과도 부합된다. 이러한 요소들은

27　李道學, 「백제의 對倭 교역의 展開 樣相」 『민족발전연구』 제13-14호, 2006, 111쪽.
28　『史記』 권110, 흉노전.

만주 지역에서의 생존 방식이 백제에 영향을 미쳤음을 알려준다. 그 밖에 흉노와 오환의 경우 선우 처족妻族의 위세가 강대했다.[29] 고구려에도 왕비족제가 있었지만 국왕의 인족姻族이 강한 곳은 단연 백제였다.[30] 이러한 사회적 전통도 백제가 유목사회에 몸을 담갔던 영향으로 보아 무리가 없을 것 같다.

이러한 맥락에서 북위의 황제 아들 한 사람이 황태자가 되면 그를 낳은 생모를 즉각 살해하는 자귀모사제子貴母死制가 주목된다. 이 제도는 제1대 도무제부터 제7대 선무제까지 어김없이 시행되었다. 자귀모사제는 모후母后나 그녀를 낳은 외척 세력의 정치 개입을 차단하려는 북위 황실의 정치적 의지에서 기인했다.[31] 황태자를 출생한 생모를 태자가 즉위하기 전에 살해해 버림으로써 모후가 국정에 참여하는 폐해를 방지하려고 하였다. 그래서 북위 황실에서는 태자를 출생한 부인은 비참한 최후를 맞이하게 되었다.[32] 그러나 이보다 훨씬 이전에 중국에서도 한 무제漢武帝가 소제昭帝의 어머니 구익부인鉤弋夫人을 죽인 사례도 있다.[33] 백제에서 이러한 제도의 수용 여부는 불투명하다. 다만 백제에서 선례가 있든 없든 간에 의자 왕자가 태자로 책봉되는 순간 선화 왕비가 살해되었을 가능성이다. 그렇게 함으로써 의자 왕자의 모계에 대한 의구심을 불식시키려고 한 게 아니었을까 싶다. 이러한 추리가 맞다면 선화 왕비는 자신의 목숨과 아들의 즉위를 맞바꾼 것이 된다.

---

29 사와다 이사오 · 김숙경 譯, 『지금은 사라진 고대 유목국가 이야기, 흉노』 아이필드, 2007, 125쪽.

30 李基白, 「百濟王位繼承考」 『歷史學報』 11, 1959, 44쪽에서 근초고왕에서 아화왕대까지를 가리켜 "王族과 王妃族의 聯合政權時代라고도 부를 수 있는 時期이다"고 했을 정도로 근초고왕 이후 국왕의 姻族이 득세하였다. 그런데 이러한 요소는 흉노를 비롯한 유목민 사회의 전통과 동떨어진 것은 아니라는 점에서 주목을 요한다.

31 박한제, 『박한제 교수의 중국 역사기행(3)』 사계절, 2003, 104~105쪽.

32 岡崎文夫, 『魏晉南北朝通史』 三版, 弘文堂書房, 1943, 375쪽; 이영석, 『南北朝佛敎史』 혜안, 2010, 233쪽.

33 『漢書』 권97上, 外戚 孝武鉤弋趙倢伃傳.

의자 왕자는 결국 무왕 33년에 태자로 책봉되었다. 천신만고 끝에 얻은 의자 왕자의 태자시절은 왕이 되는 일종의 인턴 과정으로서 숱한 시련과 시험이 도사리고 있었을 것이다. 의자왕의 성정을 일러 "빼어나게 용맹하였고, 담력과 결단력이 있었다"고 했다. 여기서 '용勇'은 전공과 관련 있다. 백제에서는 근초고왕과 성왕 부자의 예에서 알 수 있듯이 태자들이 전장을 누비는 경우가 많았다. 『일본서기』에서는 근초고왕과 성왕 부자의 활약상이 모두 수록되어 있다. 비록 『삼국사기』에서는 의자 왕자의 관련 사실이 확인되지 않았다. 그러나 워낙 영성한 사료인 만큼 가능성을 전혀 배제해서는 안 될 것 같다. 즉 의자왕의 경우도 왕자시절이나 태자시절 출중한 무용을 과시해서 "빼어나게 용맹하다"는 칭송을 얻을 수 있는 배경으로는 어떤 것이 있을까? 아마도 그가 대對신라전에 앞장 섰던 정황을 상정해 볼 수 있다. 또 이로 인해 그가 혁혁한 전공을 많이 세웠을 가능성이다. 의자왕의 왕자나 태자시절의 전공 역시 백제 국왕으로 즉위할 수 있는 자산이었다. 아울러 이는 그가 신라 왕녀 소생이라는 출생상의 핸디캡을 상쇄할 수 있는 요인이 될 수 있었다.

2. 의자왕시대의 개막

1) 의자왕의 즉위

의자 왕자는 지루하고도 험난한 시험과 시일을 거쳤다. 그런 연후에 그는 태자 책봉이라는 1차 관문을 통과하는 데 성공했다. 그렇다고 즉위할 수 있는 기반을 온전하게 구축한 것은 아니었다. 무왕의 사망에 이은 즉위 문제였다. 태자의 경우 즉위할 수 있는 1순위인 것은 분명하다. 그러나 신왕의 즉위에는 갖가지 변수가 따르기 마련이다. 태자 지위에 오르기까지 축적해 온 모든 기반을 그대로 살리기 보다는 원점에서 재검증되는 경우가 많다. 당연히 무왕의 여러 왕비 사이에서 출생한 왕자들이 유력한 외가세력을 배경으로 다시금 왕위를 넘보게 되었을 것이다. 그들에게는 다시 오기 힘든 마지막 기회였다. 태자 책봉에서 일단 패배했던 왕자들이 재기할 수 있는 마지막 가능성이었다. 이러한 상황에서 사실상 신왕을 낙점할 수 있는 이는 무왕의 왕비인 대후大后일 수밖에 없다. 바로 '국주모'가 신왕을 책봉할 수 있는 유일한 최종 결정권자이기도 했다. 국주모는 팽팽한 힘의 논리 속에서 의자 태자의 즉위를 승인하게 되었다. 표면상으로 의자 태자는

도판 20 | 토기편에 새겨진 백제 인물상

완덕을 갖춘 전인적인 성품과 대신라전을 치르면서 쌓은 전공으로 인해 즉위에 성공할 수 있었다.

그러나 국주모는 결코 간단한 여인은 아니었다. 그녀는 비록 의자왕의 즉위를 인정했지만, 의자왕의 권력 독주를 결코 용인하지 않았다. 국주모가 일종의 '상왕'으로 군림하는 상황에서 의자왕은 즉위하게 된 것이다. 의자왕은 국주모로부터 일정하게 내정의 통제를 받으면서 통치를 하였다. 이때 의자왕과 국주모 사이에는 일련의 권력 분점이 이루어졌던 것 같다. 국주모의 '섭정' 속에서 의자왕은 내정 보다는 외정에 주력했다. 아울러 외국과의 외교와 같은 대외적인 일에 매진하게 되었다.

2) 시험대에 선 즉위 원년의 의자왕

641년 3월에 무왕의 서거를 백제 조정은 급히 당에 알렸다. 당에서는 무왕을 추증追贈하였다. 이어 당 태종은 사부낭중 정문표를 백제로 보내어 의자

태자에게 '주국대방군왕백제왕'을 책봉했다. 무왕의 추증직을 의자 태자가 계승하게 하였다. 의자 태자에 대한 승인이 이루어졌다. 그러자 8월에 의자 왕은 사신을 당에 보내 감사를 표하고 방물을 바쳤다. 3월의 무왕 사망과 의 자왕에 대한 책봉, 그리고 8월의 답사答使라는 일련의 계승 절차가 5개월 간 에 이루어졌다. 신왕의 즉위 관련 절차가 일사천리로 마무리되었다. 이러한 작업을 주도한 이는 의자 태자가 분명하다. 무왕 사망에 이은 즉위 문제가 확 정된 상황임을 알려준다.

이와 관련해 『삼국사기』 백제본기의 기년은 「창왕사리감명문」과 1년 씩의 오차誤差가 있음을 상기해 본다. 그러므로 위덕왕 13년 정해년은 『삼국사기』 의 위덕왕 14년에 해당한다. 백제 때의 위덕왕 즉위 원년은 성왕이 사망한 554년의 다음해요, 『삼국사기』상 위덕왕 2년째가 된다. 따라서 『삼국사기』의 의자왕 2년은 기실 즉위년이다. 이는 다음의 사례에서도 확인된다. 가령 백 제가 당항성을 공격한 시점을 『삼국사기』에서는 의자왕 3년(643)이라고 하였 다. 신라본기에서는 선덕왕 11년(642)에 동일한 기사가 수록되었다. 그리고 『구당서』에서는 642년 즉 의자왕 2년의 일로 적혀 있다. 따라서 『삼국사기』 백제본기 기년은 1년씩 앞당겨야 맞다.

의자왕은 즉위와 동시에 그해 정월에 사신을 당에 보내 조공하였다. 자신 의 즉위를 알리는 조공일 게다. 그리고 그는 2월에 몸소 주군州郡을 순무巡撫 하면서 죄수들을 너그럽게 살펴 사죄死罪 외에는 모두 방면하였다.[34] 이 기 사는 『삼국사기』 전지왕 2년 조에 "정월에 왕이 동명묘에 배알하고 천지天地 에 제사지냈으며, 죄수를 대사大赦하였다. 2월에 사신을 진晉에 보내어 조공 하였다"[35]라는 기사와 잘 대응된다. 전지왕 2년 조 역시 즉위 의례와 관련한

---

34 『三國史記』 권28, 의자왕 2년 조.
35 『三國史記』 권25, 전지왕 2년 조.

일련의 진행 과정이 잘 나타나 있다. 동명묘 배알은 즉위 의례로서 왕위에 대한 보증을 선포하는 제례였다. 그러한 즉위와 관련한 국가적 경축 행위로서 대사와 더불어 중국에 조공하는 과정을 밟고 있다. 이것은 앞서 9대 분서왕이 즉위 직후 죄수를 대사한 기록과도 연관된다.

그런데 의자왕은 궁실에서 행한 단순한 대사가 아니었다. 그가 전국을 직접 순무하면서 사죄 이외에는 모두 방면하였다. 이러한 순무 방면을 통해 국왕의 은택恩澤이 전국에 고루 미치게 하는 동시에 '해동증민'으로서의 위상을 체감하게 했다. 이는 민심을 수습하고 국왕에 대한 광범한 지지를 겨냥한 정치 행위였다. 은덕恩德과 은택이 주민들에게 고루 미치는 덕화군주德化君主로서의 위상을 확보하는 데 성공했다고 본다. 거듭된 동란으로 인해 지친 민심을 수습하고, 이와 관련된 숱한 죄수들을 방면함으로써 대신라전을 재개할 수 있는 기반 구축에 성공한 것이다. 이러한 작업이 성공리에 이루어졌다고 판단했는지 의자왕은 같은 해 7월에 즉위 후 최초의 전투에 친정을 단행하였다. 『삼국사기에서 의자왕의 성정을 "웅용유담결雄勇有膽決"이라고 평했다. 여기서 '웅용'의 뜻을 세밀하게 살펴보면, "웅장용무雄壯勇武"를 가리킨다.[36] 웅용은 '웅장'으로 풀이되고 있다. 웅장은 '용장勇壯'을 가리킨다.[37] 곧 "날쌔고 굳셈"을 뜻한다. 용무는 "용감무맹勇敢武猛"을 가리킨다.[38] 무맹은 '용맹'을 뜻한다. 따라서 의자왕의 성정인 '웅용'은 날쌔고 굳세며, 용맹이 있었다"는 것이 된다. 담결은 "용감과단勇敢果斷"[39]을 뜻한다. 즉 "용감하고, 일을 딱 잘라서 결정하는" 결단력이 있었다는 것이다. 이렇듯 '웅용'과 '담결'을 갖춘 의자왕의 성정은 "용맹하고 결단력이 있었다"고 평할 수 있다. 의자왕에

---

36 中文大辭典編纂委員會,『中文大辭典』9, 中華文化大學出版部, 1973, 1328쪽.
37 中文大辭典編纂委員會,『中文大辭典』9, 中華文化大學出版部, 1973, 1327쪽.
38 中文大辭典編纂委員會,『中文大辭典』2, 中華文化大學出版部, 1973, 26쪽.
39 中文大辭典編纂委員會,『中文大辭典』7, 中華文化大學出版部, 1973, 1136쪽.

게서 날쌤·굳셈·용맹·용감·결단력 같은 이미지를 연상하면 된다.

이와 관련해 『일본서기』 황극 원년인 642년의 정변 설정은 정황상으로도 따르기 어렵다. 혹자는 의자왕이 순조로운 즉위를 했다고 한다. 물론 의자왕이 순조로운 즉위를 했을 수는 있다. 그렇지만 이것은 정변 시점과는 조화를 이루지 못한다. 의자왕이 즉위 직후 국주모의 사망을 계기로 정변을 단행했다는 자체가 지극히 부자연스럽기 때문이다. 일단 이 시점에서는 정변의 추동력이 되는 '명분'이나 '불만' 자체가 가시화 될 수 없었다. 그런 관계로 의자왕이 특별히 정변을 일으켜야 할 이유가 마련되지 않았다.

그럼에도 여전히 이때를 의자왕이 국주모의 사망을 기화로 정변을 단행한 것으로 단정하고 있다. 즉 의자왕은 정월에 당에 사신을 보내고, 2월에는 주군을 순무하였다. 이때는 의자왕이 실질적으로 즉위하는 해에 속한다. 그렇다면 의자왕은 즉위와 동시에 정변을 단행한 게 된다. 그러나 의자왕은 즉위와 더불어 기다렸다는 듯이 기존 권력에 대한 분노를 표출했다고 보기는 어렵다. 그러한 속셈과 정서를 지닌 의자왕이 즉위하기도 쉽지 않았거니와, 해동증자라는 칭송이 붙기는 더욱 어려운 일이다. 해동증자의 '시효'가 즉위 직전까지라고 하자. 그렇더라도 즉위와 동시에 표변한다는 것은 지극히 고려하기 어려운 상정이다. '해동증자' 자체가 즉위를 목표로 한 오랜 기간에 걸친 위선적 행위라고 하자. 그렇더라도 이렇게 갑자기 표변하기는 어렵다. 권력의 기반 구축에 성공한 후 서서히 '마각'을 드러내는 게 순서가 아닐까. 더욱이 의자왕은 주군을 순무하면서 사죄 외에는 모두 방면해 주었다. 누가 보더라도 이것은 따스한 인덕정치의 현장 구현이요, 해동증자의 명성에 걸맞는 행위였다. 상식적으로도 이러한 행적은, 정변 직후 의자왕의 행태로 간주하기는 어렵다.

정변 직후 적대 세력과 날을 세운 상황, 그러니까 적대 세력의 반격이 예상되는 시점에서 도성을 비운 채 신변의 안위는 아랑곳 없이 지방 순행을 강행

한다는 자체가 보통 용기가 아니다. 그러니까 의자왕을 "용감하다"고 하지 않았냐며 빈정거릴 것인가? 혹자는 이때의 방면을 의자왕 친위정변과 결부 짓고 있다. 그러나 친위정변이 지닌 시점상의 문제점은 차치하고라도 정변의 피해자들은 중앙의 왕족이나 귀족이었던 만큼 의자왕이 지방을 순무한 대상과는 결부 짓기 어렵다. 더구나 이때의 정변을 '대란大亂'이라고 했을 정도로 정국을 요동치게 하였다. 그런 만큼 그 수습에는 일정한 시간이 소요되었다고 보는 게 합당하다. 이러한 맥락에서 보더라도 정변에서 불과 1개월이 넘지 않은 시점에서 의자왕이 유유자적하듯이 지방을 순무하는 일은 상정이 어렵다. 불복하지 않는 지방 세력을 상정하지 않을 수 없기 때문이다. 정변 직후 권력을 쥔 연개소문은 그 다음 단계로 지방 세력 진압에 착수했다. 그러나 안시성주의 예에서 보듯이 연개소문이 제압하지 못한 지방 세력은 여전히 건재했다. 마찬 가지로 의자왕이 이때 정변을 단행했다면 지방 순무는 가능하지 않았다. 따라서 기존의 정변 시점에는 동의하기 어렵다.[40]

요컨대 즉위 직후 의자왕의 친정은 '웅용담결'한 성정에 정확히 걸맞은 행동이었다. 의자왕은 몸소 군대를 이끌고 신라를 쳐서 미후彌猴 등 40여 성을 일거에 함락시켰다.[41] 이곳을 신라본기에서는 '나라 서쪽 40여 성'이라고 하였다. 신라의 서쪽이면 지금의 경상남도 서부 지역이 된다. 곧 낙동강 서편을 가리킨다고 하겠다. 의자왕은 즉위 후 최초의 전투이자 친정에서 무려 40여 개에 이르는 신라의 성들을 점령하는 혁혁한 전과를 올렸다. 자연 의자왕의 정치적 위상 또한 올라 갈 수밖에 없었다.

사실 40여 개 성의 점령은 실감나지 않을 수 있다. 그 반대로 신라의 입장

---

40 李道學, 「서평(남정호 지음, '백제 사비시대 후기의 정국 변화」 『東아시아 古代學』 42, 2016, 332~333쪽.
41 『三國史記』 권28, 의자왕 2년 조.

도판 21 | 대야성 성벽

에서 본다면 40여 개 성의 함락은 단순한 패전을 넘어 나라 전체를 패닉 상태로 빠지게 하는 충격적인 일대 사변이었다. 백제의 신왕 의자에 대한 신라인들의 공포감은 헤아리고도 남을 수 있다. 신라의 서변 40여 개 성이 도미노패 엎어지듯이 쓰러지는 상황을 상상해 보자. 그 많은 병력과 기계를 동원한 수 양제와 당 태종이 고구려에서 함락시킨 성의 숫자가 몇 개이던가? 40여 개 성을 그것도 단박에 점령했다는 것은 신라인들의 혼을 뺏고도 남았다.

전장에서 의자왕은 응용한 자태와 담력 있는 배포를 보였다. 신라인들에게는 씻기 어려운 트라우마로 남았을 것이다. 중국 삼국시대 위魏의 명장 장료張遼가 겹겹의 방어막을 뚫고 오吳의 손권 면전에 나타난 바 있다. 이후 손권은 장료에 대한 공포가 극심했다. 장료가 온다면 부하 장군들에게 교전을 만류할 정도였다.

여세를 몰아 의자왕은 1개월 후인 8월에는 장군 윤충允忠을 보내 군사 1만 명을 거느리고 신라의 대야성을 공격하게 했다. 지금의 경상남도 합천에 소재한 대야성은 옛 가라 지역을 통치하는 신라의 전략적 거점이었다. 그러한 비중에 맞게끔 신라의 실권자인 김춘추의 사위 김품석이 성주로 있었다. 윤충이 이끈 백제군은 대야성을 함락시켰다. 그리고는 항복한 김품석 부부를 목 벤 후 그 머리를 왕도로 보냈다.[42] 또 주민 1천여 명을 사로잡아 백제의 서부 지역 고을에 나누어 거주시켰다. 전승 소식을 접한 의자왕은 윤충에게 말 20필과 곡식 1천 석을 내려주었다. 이쯤 되면 의자왕의 정치적 위상은 하늘을 찌를 만 했다. 시험대에 선 의자왕의 즉위 원년은 대성공을 거두었다.

3. 김유신의 등장

1) 낭비성에서 보이다

한 줌의 화살이 점點 점點 점點 점點 부채살 모양으로 벌어지면서 중천의 태양을 설핏 가리웠다. 그리고는 대지를 향해 곤두박질하듯 새까맣게 몰려오고 있었다. 연신 화살비가 쏟아지고 있었다. 이에 질세라 함성은 땅을 진동시키고 있었다. 줄기차게 내리는 화살비와 요동치는 대지의 함성…그것을 뚫고서 일표의 단기單騎가 뽀얀 먼지를 일으키면서 내리 돌진해 오고 있었다. 으헛! 외마디 소리를 지르면서 나가 대적하던 장수는 일순간에 고꾸라지고 말았다. 순간 단기의 진영에서는 함성이 지축을 흔들었다. 단기의 장수는 날렵한 솜씨로 적장의 머리를 낚아 높이 들었다. 그리고는 유유히 자신의 진영으로 돌아간다. 단기가 속해 있던 진영의 군사들은 기세가 올랐다. 일제히 함성을 지르며 물밀듯이 적군 진영으로 돌진해 갔다. 전세는 삽시간에 바뀌었다.

---

42 이에 대한 기록상의 차이에 대한 분석은 李道學, 「권력과 기록」『東아시아古代學』48, 2017, 11~13쪽을 참조하기 바란다.

단기가 속해 있던 군대는 적군 5천 명의 목을 베었다. 그리고 1천 명이나 사로잡았다. 성안에 있던 강강한 억양의 북국에서 내려온 군대는 새파랗게 질렀다. 그들은 압기되어 전의戰意를 완전히 잃어버렸다. 조금 전까지의 그 강용함은 아랑곳없이 성문을 열고는 죄다 항복하러 쏟아져 나왔다. 단기의 활약으로 일순간에 전세가 반전되었다. 이 전투가 낭비성娘臂城 전투였다. 낭비성은 지금의 충청북도 청원군에 소재한 남비성을 가리킨다.[43] 낭비성을 경기도 포천으로 비정하는 주장은 실증의 패착이다. 이 낭비성에 고구려 군대가 주둔하고 있었다. 고구려 군대는 종심 깊숙이 한반도 중부권까지 내려와 있었던 것이다.

고고학적인 발굴성과를 보더라도 고구려 군대는 지금의 대전 유성 방면과 충청북도 진천까지 진출해 있었던 게 확인되었다. 그들이 남긴 토기나 귀고리를 통해서 밝혀지게 된 것이다. 최근 충청북도 청원군 부용면의 남성골산성에서는 고구려 토기를 제작한 가마와 고구려 토기들 그리고 고구려 집터 등이 발굴된 바 있다. 고구려 군대가 남한강 유역까지 진출했다는 게 지금까지의 통설이었다. 그러나 발굴을 통해 고구려 군대가 금강유역까지 진출해서 백제와 신라를 한꺼번에 조이고 있었다.

고구려 군대는 낭비성을 거점으로 신라를 계속 압박했다. 결국 신라 조정은 결단을 내리지 않을 수 없었다. 김용춘과 김서현을 비롯하여 신라 조정의 요직에 있던 이들이 대거 출전하였다. 이들 가운데 가장 높은 이는 이찬 임영리任永里였다. 이찬이라면 신라의 17 관등 체계에서 2번째로 높은 고위 관등이었다. 이로 볼 때도 낭비성 전투의 비중을 넉넉히 헤아려 볼 수 있다. 신라에게는 국운을 건 전장이었음을 뜻한다. 그때가 629년 8월이었다. 신라 군대

---

43 李道學, 「溫達의 南下經路와 戰死處 阿旦城 檢證」『東아시아古代學』32, 2013, 269~273쪽.

는 낭비성을 공격하였지만 그때 마다 패배하였다. 철벽같은 고구려 군대의 방어를 뚫을 수가 없었다. 신라 군대는 사기가 꺾여 전의를 상실하고 있었다. 지쳐버리고 말았다. 그렇다고 회군할 수도 없는 형편이었다. 신라 진평왕이 크나 큰 기대를 걸고 대병을 모아 출정시켰는데 패전해서 회군한다는 것은 상상할 수도 없는 일이었다. 신라 장군들은 난감하지 않을 수 없었다. 그들은 해소할 수 없는 불안감에 휩싸여 전전긍긍하기 여러 날이었다.

그때였다. 늠름하게 생긴 장년의 한 장수가 소판 김서현 앞에 불쑥 나타났다. 그 장수는 투구를 벗고는 고하였다. "우리 군대가 패하였습니다. 제가 평생 충효로써 자신을 기약하였으니 전투에 임해서 용감하지 않을 수 없습니다. 일찍이 듣건대 '옷깃을 들면 갖옷이 바르게 되고, 벼리를 당기면 그물이 펴진다'고 했습니다. 제가 벼리와 옷깃이 되겠습니다!" 이 말은 『진서晉書』유송전劉頌傳과 『수서隋書』문학전文學傳에도 수록되어 있다. 옛부터 전해 내려왔던 글귀였다. 역시 그 장수의 교양이 만만하지 않았음을 암시하고 있다.

이 말을 마치자마자 젊은 장수는 말에 올랐다. 그러고는 칼을 뽑고는 참호를 뛰어 넘어 적진으로 쏜살같이 질주했다. 단기의 장수가 적진에 들락날락 하더니 결국 적장의 목을 베어왔다. 승세를 타고 신라군은 승리를 낚을 수 있었다. 신라 군사들이 지켜 보는 가운데 그 황홀한 무용을 자랑했던 흑기사와 같은 단기의 장수는 누구였을까? 당년 35세의 중당中幢 당주幢主 김유신金庾信이었다. 김유신은 아버지 김서현 앞에서 맹세를 한 직후 적진으로 돌격했다. 이 전투 이후 김유신을 모르는 군사는 없게 되었다. 패전이 완연했던 전장에서 마치 혜성처럼 나타나 승리를 낚아 왔던 영웅으로서 말이다.

이와 관련해 미국의 조지 스미스 패튼George Smith Patton Jr(1885~1945.12. 21) 장군 일화가 상기된다. 패튼은 소위 임관 직후 터진 멕시코 내전에서 토벌군 사령관 존 퍼싱의 부관으로 참전, 판초 비야Fransico Villa(1878~1923)의 반란군 지휘소를 기습하여 장군 하나를 권총으로 사살한 뒤 자동차 보닛에 매달고 개선하는 기행을 벌여 일약 유명해졌다. 즉 말을 탄 세 명의 반군들이 패튼 순찰대 앞에 갑자기 나타나 먼저 발포했다. 그러자 패튼이 즉각 응사하여 말 위의 두 명을 각각 떨어뜨렸다. 이때 제일 먼저 떨어진 반군이 의식을 회복하고 항복하는 척하며 패튼에게 총질했지만 빗나갔다. 패튼이 즉시 그를 사살했는데, 바로 판초 비야의 참모인 카르데나스Cardenas '장군'이었다.

패튼은 처음으로 실전을 치렀을 때에 긴장과 겁에 질려 몸이 얼어붙어서 죽기 일보직전이었다고 술회했다. 그런데 갑자기 하늘에서 그를 데리러온 기라성같은 조상들이 노려보는 것을 보고 죽어서 그들을 대하는 게 더 무서워져서 용기를 내어 전투를 승리로 이끌었다고 한다.[44] 김유신의 경우도 가문과 가족에 대한 의무감이 고구려군 진영으로 내몰았던 것으로 보인다.

2) 김유신의 출생

김유신은 신화적인 존재로서 그 이름이 인구에 회자되었다. 김유신의 존재가 역사의 전면에 나타나게 된 것은 낭비성 전투부터였다. 그의 존재는 고구려 측에서 비상하게 관심을 갖지 않을 수 없었다. 김유신은 신라에 투항한 금관가야 왕족의 후예였다. 금관가야의 마지막 임금인 구형왕의 아들이 김무력金武力이었다. 김유신의 조부가 되는 김무력은 신주도행군총관新州道行軍摠管이 되어 신라의 북진에 혁혁한 전공을 세웠다. 그의 최대의 전공은 백제 성왕을 전사시키고 4명의 좌평과 3만 명에 이르는 백제군을 몰살시킨 관산성 전투였다.

관산성 전투는 554년에 있었다. 한강 유역을 독점한 신라로 인해 격노하고 있던 백제 성왕은 응징을 결행하기로 했다. 먼저 성왕의 아들인 태자 부여

---

44 『위키백과』조지 스미스 패튼.
　　 H. 엣 세임 著 · 諸廷官 譯, 『名將패튼』兵學社, 1979, 14쪽.

창이 신라 군대와 연일 교전을 벌이고 있었다. 아들을 지원하기 위해 성왕은 국중의 병력을 모아 쳐들어 갔다. 이 소식을 들은 신라의 대응 역시 필사적이 었다. 지금의 한강 하류인 서울과 하남시 일원에 주둔하고 있던 신주도행군 총관 김무력이 예하의 병력을 빼서 남하하여 대적해야 되었을 정도로 상황이 급박하였다. 성왕이 야밤에 지금의 충북 옥천에 소재한 구천을 통과할 때 매복했던 신라군의 습격을 받게 되었다. 이 돌연한 기습으로 인해 성왕은 전사하였고 백제군은 궤멸되고 말았다. 이름하여 백제 왕을 전사시킨 관산성 전투의 총감독은 김무력이었다. 이 전투는 금관가야 왕족들의 신라에 대한 충성과 공헌도를 검증하는 확고부동한 징표가 되었다.

　김무력과 김서현으로 이어지는 김유신의 존재, 그것은 적국인 고구려측의 초미의 관심사가 되었다. 김유신은 어떤 위인인가? 김유신의 내력에 관한 조사가 이어졌다. 김유신의 출생에 관한 이야기부터 신라 땅에 스며 있는 고구려 첩자들을 통해 속속 올라왔다. 김유신의 아버지인 김서현은 길에서 우연

도판 22 | 성왕이 전사한 곳으로 전해지는 충북 옥천군 군서면 월전리의 구진벼루

히 갈문왕 입종立宗의 아들인 숙흘종肅訖宗의 딸 만명萬明이라는 처녀를 보고는 단박에 마음에 들었다. 전기가 자르르 통했던 것이었다. 그런데 만명은 24대 진흥왕의 아우인 숙흘종의 딸이었다. 그러므로 그녀는 저명한 정복군주인 진흥왕의 조카인 것이다. 그녀는 제25대 진지왕과는 사촌 간이었다. 그녀는 부계 모계 모두 왕족이었으므로 성골 신분이었다. 반면 김서현은 진골 신분, 그것도 신라에 복속된 금관가야 왕족의 후예였다. 신분 차이로 인해 두 남녀는 맺어질 수 없는 사이였다. 그러나 일단 피어오른 사랑의 벅찬 감동은 감당하기 어려울 정도였다.

이루어질 수 없는 사랑하면 흔히들 운명을 말하고는 체념한다. 그러나 동서고금의 역사는 불요불굴의 인간들에 의해 열려 왔었다. 김서현은 신분의 벽에 좌절하지 않았다. 그녀를 눈짓으로 꾀어 관계를 맺었다. 만명 역시 김서현을 사랑하기 시작했다. 이러한 사실을 뒤늦게 안 만명의 집안에서는 그녀를 별채에 가두어 두었다. 더구나 김서현이 만노군 태수로 부임한다고 하지 않은가. 만노군은 지금의 충북 진천이다. 통신이 발달한 지금과는 달리 한 번 헤어지면 다시는 만나기 어려웠다. 만명의 마음은 바싹바싹 타들어 가기 시작했다. 이러한 만명의 마음을 헤아리기라도 한 것인가. 지성이면 감천인 것인지? 갑자기 벼락이 문짝을 세게 때리는 바람에 별채를 지키는 사람들이 정신을 잃고 혼비백산하였다. 이 틈을 타서 만명은 얼른 들창 구멍으로 빠져나와 김서현의 품에 안겼다고 한다.

자식 이기는 부모 없다고 하듯이 만명은 사랑을 쟁취했던 것이다. 김서현은 만명과 함께 만노군에 가서 살았다. 김서현은 경진일庚辰日 밤에 화성과 토성 두 별이 자기에게로 내려오는 꿈을 꾸었다. 만명도 그로부터 21일 후인 신축일辛丑日 밤에 한 동자가 금색 갑옷을 입고 구름을 타고 집 안으로 들어오는 꿈을 꾸었다고 한다. 그로부터 얼마 후에 만명은 임신하여 20개월 만에 김유신을 낳았다. 그 때가 595년이었다. 신라 진평왕 17년이요, 고구려 영양왕 6년이었다.

김서현은 아들 이름을 짓고자 만명과 상의했다. '유신'이라는 이름의 탄생 과정이다. 김서현은 "내가 경진일 밤에 길몽을 꾸어 이 아이를 얻었으니, 경진으로 이름을 삼아야 겠소. 그러나 예법에 일월日月로 이름을 짓지 않는다 하니 지금 경庚은 유庾자와 서로 같고, '진'은 신信과 음이 서로 가깝소. 더구나 옛날 어진 사람 가운데도 '유신'이라고 한 이가 있으니 어찌 그렇게 이름하지 않겠소!"라고 만명에게 말했다. 이래서 이름을 유신으로 짓게 된 것이다. 유신은 중국 북주北周의 인물인데 시문에 능했으며 중직을 역임했었다. 김서현이 북주의 인물 유신을 상고했을 정도였다. 중국 역사에도 밝았던 교양인이었음을 단적으로 암시해 준다.

신라 때 만노군이었던 진천 땅에는 김유신의 태를 묻었다는 태령산胎靈山과 위패를 봉안한 길상사吉祥祠라는 사당이 소재하고 있다. 이러한 김유신의 출생은 다름아닌 신라의 적대국인 고구려에는 명백히 불길한 조짐이었다. 그랬기에 다음과 같은 이야기가 전해지고 있다. 고구려 국경에 있는 강물이 언제부터인가 거꾸로 흐르고 있었다. 역류수逆流水였다. 괴이한 일이 아닐 수 없었다. 고구려 왕은 점을 치게 하였다. 추남楸南이라는 이름의 점쟁이는 점괘를 즉각 아뢰었다. "대왕의 부인이 음양의 도를 역행하므로 그 표징이 이와 같습니다." 여기서 부인은 왕비를 가리킨다. 고구려 왕은 그 말을 듣고는 놀라고 괴이하게 여겼다. 왕비는 크게 노하여 색색거리면서 "요망한 여우의 말"이라고 하였다. 추남의 점괘는 잠자리에서의 체위를 가리키는 것으로 생각할 수도 있다. 그러나 이 보다도 왕비의 동성연애를 가리킨다고 보여진다. 어쨌거나 자신의 은밀한 일이 들통났으니 왕비는 민망해서 어찌할 바를 몰랐다. 왕비는 그렇다고 비위에 맞지 않는다고 추남을 죽일 수는 없었다. 왕비는 구실을 찾을 꾀를 내었다. 왕비는 왕에게 고하였다. "다른 일로써 시험하여 그 말이 맞지 않으면 중형에 처합시다."

도판 23 | 진천 김유신의 생가터

도판 24 | 김유신의 위패를 모신 진천의 길상사와 경내에 봉안된 김유신 영정

고구려 왕은 추남을 시험하기로 했다. 쥐 한 마리를 상자 속에 감추고는 추남에게 물었다. 추남이 아뢰기를 "그것은 틀림없이 쥐인데, 그 수는 여덟입니다"고 했다. 그러자 고구려 왕은 추남의 말이 틀렸다며 격노하였다. 고구려 왕 보다도 조마조마 하게 지켜 보던 왕비가 이제는 기세등등하여 추남을 죽이려고 다그쳤다. 처형되기 직전 추남은 비감한 어조로 한 마디 말을 던졌다. "내가 죽은 뒤에는 대장이 되어 반드시 고구려를 멸망시키겠다!" 그 말이 떨어지기가 바쁘게 추남의 목은 선혈을 뿜으며 굴러 떨어졌다. 고구려 왕은 상자를 열고 쥐의 배를 갈라 보게 하였다. 그랬더니 그 안에는 새끼 일곱 마리가 들어 있었다. 그제서야 추남의 말이 맞은 것을 알았다.

그 날 밤이었다. 고구려 왕의 꿈에 추남이 신라 김서현 부인의 품속으로 들어 가는 것을 보았다. 꿈 이야기를 고구려 왕이 주위의 신하들에게 하였다. 그랬더니 신하들이 모두 말하기를 "추남이 맹세하고 죽더니 이 일이 과연 맞았다"고 했다는 것이다.[45] 이러한 설화는 낭비성 패전으로 인한 고구려측의 충격을 반영한다. 고구려는 십 수년 전에 수의 침공을 막아냈다. 그랬기에 고구려는 크나 큰 자부심을 지니고 있던 터였다.

3) 수련기의 김유신

낭비성 전투에서 화려하게 모습을 드러내기 전까지 그러니까 35세 이전의 김유신에 관해서는 고구려측에 전혀 알려진 바 없었다. 김유신은 고구려의 입장에서 볼 때는 일개 무명의 장수에 불과했다. 그러나 이제 김유신에 관한 정보들은 속속 올라오고 있었다. 신라 땅에는 많은 고구려 첩자들이 암약하고 있었기 때문이다. 김유신은 15세에 화랑이 되었다. 당시 낭도들은 김유신에 흔쾌히 복종하였다. 낭도들을 용화향도龍華香徒라고 일컬었다. 용화가 미

---

45 『三國遺事』권1, 紀異, 김유신 조.

륵과 관련한 호칭이고 보면 미륵신앙 속에서 김유신이 우뚝 자리잡고 있었음을 뜻한다. 김유신이 17세 되었을 때였다. 그는 고구려와 백제 그리고 말갈이 국경을 침범하는 것을 보고는 강개慷慨하여 이들을 평정할 뜻을 품었다.

김유신은 혼자 중악中嶽 석굴에 들어가 재계하고는 하늘에 고하였다. 김유신은 하늘에 맹세하기를 "적국이 무도하여 시랑과 범이 되어 우리 땅을 침략하여 거의 편안한 해가 없었습니다. 저는 한낱 미약한 신하로서 재주와 힘을 헤아리지 않고 뜻을 화란소청에 두고 있사오니 하늘께서 내려 보시어 저에게 힘을 빌려 주십시요"라고 했다. 석굴에 있은 지 4일만에 문득 한 노인이 굵은 베옷을 입고 와서 말하였다. "이곳은 독충과 맹수가 많아 무서운 곳인데 귀소년이 여기에 와서 혼자 거처하니 어쩐 일인가?" 이에 김유신이 답하였다. "어른께서는 어디서 오셨습니까? 존함을 알려주실 수 있습니까?" 그러자 노인은 "나는 일정한 주소가 없이 인연을 따라 행동하는데 이름은 난승難勝이라고 한다"고 했다. 김유신은 이 말을 듣고는 그 노인이 비상한 사람인 것을 알고는 두번 절하며 나아가 "저는 신라 사람입니다. 나라의 원수를 보니 마음이 아프고 근심이 되어 여기 와서 만나는 바가 있기를 원하고 있었습니다. 바라옵건대 어른께서는 저의 정성을 애달피 여기시어 방술方術을 가르쳐 주십시요"라고 요청하였다. 노인은 잠잠하여 말이 없었다. 김유신이 눈물을 흘리며 간곡하게 여섯 일곱 번까지 마지않았다. 그제서야 노인은 무겁게 입을 떼었다. "그대는 아직 어린데 삼국을 병합할 마음을 가졌으니 장한 일이 아닌가!" 그리고는 노인은 김유신에게 비법을 전하면서 당부의 말을 하였다. "조심해서 함부로 전하지 말라. 만약 불의한 일에 쓴다면 도리어 재앙을 받을 것이다." 그 말을 마치고는 작별을 하였다. 2리 쯤 갔는데, 김유신이 쫓아가 바라보니 보이지 않고 오직 산 위에 오색과 같은 찬란한 빛이 서려 있을 뿐이었다.

그 이듬해였다. 김유신 나이 18세였다. 한반도의 중부 지역을 장악하였던 신라는 고구려와 백제 양국으로부터 협공을 받고 있었다. 하루도 편안한 날

도판 25 | 경주 통일전에 전시된 김유신의 수련 과정 장면

이 없었다. 힘겹게 버티고 있는 상황이었다. 위기의식이 고조되고 있었다. 김유신은 비장한 마음이 격동하여 혼자서 보검을 들고 열박산咽薄山 깊은 골짜기 속으로 들어 갔다. 김유신은 향을 피우며 하늘에 고하고는 기원하였다. 1년 전 중악에서 맹세하듯이 온 정신을 모아 빌었다. 그랬더니 일순간에 천관신天官神이 빛을 내리어 보검에 영기靈氣를 불어주었다. 천관신은 도가道家에서 말하는 천관天官·지관地官·수관水官의 3관신 가운데 하나였다. 김유신이 맹세하고 기도한 지 사흘째 되는 날 밤에 허수虛宿와 각수角宿 두 별이 뻗친 빛이 환하게 내려 닿자 보검이 요동을 쳤다. 김유신의 보검이 천관신의 영기를 얻었음을 뜻한다.[46]

이렇듯 동굴과 화랑은 긴밀한 관련을 맺고 있었다. 예컨대 강원도 통천의

---

46 『三國史記』권41, 金庾信傳(上).

금란굴金蘭窟은 화랑의 순례지로서 2차례나 기록에 보일 정도로 저명한 성지聖地였다. 이곳은 후대에도 토착인들의 신앙 대상이 되었다. 매년 5월 5일에 주민들이 금란굴에 참배했다고 한다. 금란굴의 정체성이 어떤 형태로든 유지되었음을 뜻한다. 그런데 이러한 신성한 동굴에는 당초 화랑 일개인만이 들어갔다고 한다. 이렇듯 금란굴은 제의나 기도처로서 이용되었다. 신라의 가장 대표적인 화랑인 김유신 역시 중악 석굴이나 열박산 동굴에서 수련하다가 신선으로부터 보검을 하사받거나 계시를 얻었다고 한다. 『삼국사기』에 보이는 다음과 같은 김유신의 행적을 통해 화랑과 동굴과의 관계를 살펴보도록 하자.

유신이 이미 명을 받고 현고잠懸鼓岑의 수사岫寺에서 재계하고는 곧바로 영실靈室에 들어가 문을 닫고 홀로 앉아 분향하여 여러 날 밤을 지내고 나와서 사사로이 홀로 즐거워하며 말하기를 "나의 이번 걸음에는 죽지 않을 것이다"고 했다. 장차 떠나려 하니 왕이 손수 쓴 글을 유신에게 주었는데 "국경을 벗어난 후 상벌을 마음대로 하여도 좋다"고 하였다(권42, 김유신전, 中).[47]

김유신은 화랑이었을 때 독충과 맹수가 많은 중악 석굴에 들어가 고행·재계했다. 그러던 나흘째 되던 날에 홀연히 나타난 노인으로부터 김유신이 비법을 전수받았다. 혹은 김유신은 열박산 깊은 골짜기 속에 들어가 수행 중 3일째 보검에 하늘의 영광이 내리는 영검을 체득하게 되었다. 이처럼 동굴이나 산 중 깊이 들어가 신령으로부터 계시를 받거나 보검에 영광이 내리는 수업에 화랑 기능의 일면이 시사되고 있다. 위의 인용은 김유신이 전장에 나가기 직전에 수사 즉 '산에 있는 암혈巖穴의 절'에 들어가 재계한 이야기이다.

---

47 『三國史記』권42, 金庾信傳(中).

즉 이 암혈에는 절이 있었다. 혈사六寺의 존재가 확인된다. 게다가 이와 연계된 영실 곧 부처상을 봉안한 불당의 존재까지 구체적으로 기록되었다. 따라서 위의 기사를 놓고 볼 때 고행적인 수행처였던 동굴에는 혈사까지 들어서 있음을 알려준다. 당초에는 무속적인 성격의 고행처였던 동굴에 불교라는 고등종교와 습합된 현상을 살필 수 있다. 693년(효소왕 2)에 국선 부례랑夫禮郞이 낭도 1천여 명과 함께 순례한 금란굴은 관음보살의 주처住處로 인식되었다고 한다. 역시 신성한 수도처였던 동굴과 불교와 관련된 사실이 확인된다. 이러한 사례는 많다. 가령 삼일포의 석감石龕에 석불이 봉안되어져 속칭 미륵당으로 불렸다. 경포대 부근의 문수당과 같은 화랑의 유적지에도 문수·보현 등의 불상이 봉안되어 있었다.

이러한 성역에서의 고행적 수행은 화랑의 특권이기도 했다. 그런데 점말동굴 역시 깊은 골짜기를 한참 따라 가야만 나타난다. 점말동굴은 깊은 산중에 소재한 화랑들의 수행처와 입지 조건이 부합한다. 게다가 놀랍게도 충청북도 제천 점말동굴에도 사원이 소재하였다. 혈사의 존재가 확인된 것이다. 또 동굴 마당 전실前室 터에서 삼국기나 통일신라기 석조 탄생불을 비롯한 불상이 출토되었기에 기막히게 양자는 서로 연결이 된다. 즉 석조 탄생불은 대좌 연판이 삼국시대까지 소급될 수 있는 고식의 특징을 보이고 있다. 그리고 왼손을 들고 있는 모습은 국립중앙박물관 소장의 7세기 대 금동탄생불상과 연결된다. 더구나 양자는 모두 소발素髮인 것이다. 이에 덧붙여 평양 사동寺洞에서 출토된 7세기대의 고구려 금동탄생불상과의 관련성을 지목해 볼 수 있다. 양자는 짧은 치마와 소발이라는 점에서 유사성이 보이기 때문이다.[48]

48 李道學, 「제천 점말동굴 화랑 각자에 대한 고찰」 『화랑의 장 점말동굴 그 새로운 탄생』 충청북도문화재연구원, 2009. 4. 28.; 『충북문화재연구』 2호, 충청북도문화재연구원, 2009.; 『新羅·加羅史硏究』 서경문화사, 2017, 263~271쪽.

이제는 점말동굴의 성격이 자연스럽게 드러나고 있다. 점말동굴은 신라 화랑들에게는 신령들과 교감하는 신성처로서 중요한 의미를 지닌 성지였다. 그랬기에 화랑과 낭도들이 즐겨 찾았던 것으로 보인다. 점말동굴 각자刻字는 그러한 사실을 웅변해 주고 있다. 점말동굴은 신성처였기에 화랑도의 순례지로서 의미가 지대했던 것으로 보인다. 이와 관련해 "국선 요원랑·예혼랑·계원·숙종랑 등이 금란金蘭을 유람할 때"[49]라는 기사를 통해서도 순례지로서 금란굴을 지목할 수 있다. 실제 점말동굴 각자刻字 가운데 "계해년 5월 3일에 받들어 절하고 갔다. 나아가 기쁘게 보고 갔다"라고 해석된다면 순례지요 성지에 관한 기록으로서는 적격이었다.

점말동굴에서 이체자로 표기된 '예부禮府'는 곧 예부禮部를 가리킨다. 주지하듯이 예부는 교육과 외교와 의례를 맡아본 관서였다. 이와 관련해 화랑제도의 기원을 『삼국사기』는 다음과 같이 적어 놓았다. 즉 "일찍이 임금과 신하들이 인물을 알아볼 방법이 없어 걱정하다가, 무리들이 함께 모여 놀게 하고 그 행동을 살펴본 다음에 발탁해 쓰고자 하여"라고 했다. 물론 이 구절은 당초 화랑제도의 창설 목적과는 다를 수 있다. 그렇지만 결과적으로 화랑제도는 인재 발탁의 한 방안이었음은 부정할 수 없다.[50]

인재 발탁 수단으로서의 화랑제도는 "현좌충신賢佐忠臣이 이로부터 솟아났고, 양장용졸良將勇卒이 이로 말미암아 생겨났다"[51]라고 평가했다. 그럴 정도로 지대한 효과를 거두었기 때문이다. 그리고 "그 후 다시 용모가 아름다운 남자를 택하여 곱게 꾸며 화랑이라 이름하고 그를 받드니, 무리들이 구름처

---

49 『三國遺事』권2, 紀異 四十八景文大王 條.
50 李道學, 「제천 점말동굴 화랑 각자에 대한 고찰」『화랑의 장 점말동굴 그 새로운 탄생』충청북도문화재연구원, 2009.4.28.;『충북문화재연구』2호, 충청북도문화재연구원, 2009.;『新羅·加羅史研究』서경문화사, 2017, 256~260쪽.
51 『三國史記』권4, 진흥왕 37년 조.

도판 26 | 점말동굴

도판 27 | 점말동굴 화랑 각자刻字

럼 몰려들었다. 혹 도의로써 서로 연마하고 혹은 노래와 음악으로 서로 즐겼는데, 산과 물을 찾아 노닐고 즐기니 멀리 이르지 않은 곳이 없었다. 이로 인하여 사람의 사악함과 정직함을 알게 되어, 착한 사람을 택하여 조정에 천거하였다"는 구절도 시선을 멎게 한다. 여기에서 "도의로써 서로 연마하고"는 엄연히 화랑도의 교육을 말하고 있다. 그리고 "노래와 음악으로 서로 즐겼는데"라는 구절은 의례와 연관 있는 것이다. 화랑의 기원이 제의 집단이었던 만큼[52] 의례의 비중이 지대했음은 두 말할 나위 없다. 이 같은 화랑도의 수련과 제의를 맡아 본 관서가 예부였다. 신라의 신복속지인 제천의 점말동굴 일원은 예부에서 관장한 화랑도의 순례지이자 신성처로서 확인되는 것이다.

열박산에서 보검이 영기를 얻은 그 해 김유신은 화랑 중의 화랑인 국선 화랑이 되었다. 김유신의 명성은 낭도들 사이에서 자자하였다. 그런데 이무렵 백석白石이라는 어디서 온지 모르는 이가 여러 해 동안 낭도들 사이에 섞여 있었다. 백석은 김유신이 나라를 걱정하는 것을 알고는 그에게 접근하였다. 백석은 김유신에게 말했다. 자신과 김유신이 적국을 먼저 탐지한 후에 이들 나라를 치는 것을 도모하는 것이 어떻겠냐고 꾀었다. 김유신이 기뻐하였다. 김유신은 의기투합하여 흔쾌히 백석을 데리고 밤에 길을 떠났다. 걷다가 중간에 고개 위에서 막 쉬고 있을 때 홀연히 두 여인이 나타난 김유신을 따라왔다. 골화천骨火川에 이르러 머무르는데 또 한 여인이 갑자기 다가 왔다. 김유신이 세 낭자와 함께 즐겁게 이야기를 나누었다. 그 때 낭자들이 과자를 김유신에게 주었다. 김유신은 그것을 받아먹고는 마음의 벽을 허물고는 이야기를 나누었다.

낭자들은 김유신이 북행을 하는 이유를 말하지 않아도 이미 알고 있었다.

---

52 李道學, 「신라 화랑도의 기원과 성격에 관한 검토」『신라화랑연구』한국정신문화연구원, 1992, 9~14쪽.

도판 28 | 김유신이 칼로 돌을 베었다는 전설이 깃든 경주 단석산 신선사 마애불.

낭자들은 김유신에게 말했다. "낭께서 잠깐 백석을 떼어두고 우리와 함께 수풀 속에 들어가면 꼭 할 말이 있습니다!" 김유신은 3명의 낭자와 함께 그녀들이 안내하는 수풀 속으로 따라 갔다. 밖에서 바라 볼 수 없는 수풀 속에 이르자 낭자들은 홀연히 귀신으로 모습이 바뀌었다. 즉시 낭자들은 말했다. "저희들은 나림(경주 낭산) · 혈례(영천 금강산) · 골화(청도 오산) 등 3곳의 호국신입니다. 지금 적국 사람이 낭을 유인하는 것을 낭께서 알지 못하고 따라가므로 저희가 낭을 만류시키려고 이곳에 온 것입니다!" 말이 끝나자마자 3명의 낭자들은 보이지 않았다. 김유신은 그 말을 듣고는 놀래서 쓰러졌다가 두 번 절하고는 수풀 밖으로 나왔다. 그리고는 김유신은 백석에게 말했다. "지금 적국에 가면서 긴요한 문서를 잊었으니 너와 함께 집에 돌아 가서 가지고 오자!" 드디어 김유신은 백석과 함께 경주에 오자 즉시 그를 결박지었다. 그리고는 문초를 하였다. 모든 것을 체념한 백석은 순순히 털어 놓았다. "저는 본래 고구려 사람인데, 우리나라의 뭇 신하들이 말하기를 신라의 김유

도판 29 | 김유신 집터 재매정 유적

도판 30 | 재매정 출토 신라인 토우

신은 우리나라의 점쟁이 추남의 화신이라고 했습니다"라고 말하면서 추남의 억울한 죽음과 그가 김서현 부인의 품으로 들어간 이야기를 했다고 한다. 이러한 이야기들은 김유신이 등장한 낭비성 패전에 따른 고구려측의 반응을 엿보여준다.

4) 김유신의 성품

백제나 고구려측에서 즉각 수집하였을 김유신의 성품을 잘 알려주는 사례가 있다. 김유신은 어렸을 때부터 어머니인 만명 부인에게서 날마다 엄한 훈계를 받아 남과 사귀는 일을 경계하였기에 함부로 처신하지 않았다. 김유신이 장성하여 하루는 우연한 기회에 기생의 집에서 자게 되었다. 김유신은 자신도 모르는 사이에 깊은 정이 들게 되어 늘 그녀의 집을 찾는 것을 일과로 하였다. 이것을 눈치챈 김유신의 어머니는 아들을 불러 타이르자 자신의 잘못을 뉘우치고, "금후로 다시는 그 집 문 앞을 지나가지 않겠다"고 맹세하였다. 이 후 김유신은 보고픈 정을 억누르고 자신의 심신 수련에만 전념하였다. 그러던 어느날 김유신은 오랜만에 만난 벗들과 취하도록 술을 마시고 귀가하게 되었다. 정신이 없는 주인을 태우고 가던 말은 옛날 다니던 길로 곧장 접어들어 그녀의 집에 이르렀다. 그녀는 오랫동안 소식이 없던 김유신의 모습을 보자 기쁘면서도 원망스러운 감회를 누를 길 없어 눈물을 뿌리면서 나와 맞이하였다. 그때 퍼뜩 잠이 깬 김유신은 결연히 칼을 뽑아 애마愛馬의 목을 베고는 안장을 버린 채 뒤도 돌아보지 않고 왔다. 그녀는 원망하는 노래 한 수를 지었는데, 세상에 전해지고 있다고 한다.

　말 앞의 여인을 뿌리친 대장부의 결단이 굳세기는 하지만, 여인의 한이 못내 안타까웠던지 고려시대의 문인 이공승李公升은 천관사를 지나면서 이렇게 노래했다.

천관이라 절이름은 묵은 인연 있으리니	寺號天官昔有緣
세운 내력 듣고나니 마음만 애처롭다	忽聞經始一凄然
다정한 공자님네 꽃 아래서 노닐건만	多情公子遊花下
원망 머금은 가인은 말 앞에서 울었다오	含怨佳人泣馬前
붉은 말도 정이 있어 옛 길을 알았건만	紅鬣有情還識路
하인이 무슨 죄라 채찍을 더했던가	蒼頭何罪謾加鞭
한 곡조 남은 가사 묘하게 남아 있어	惟餘一曲歌詞妙
두꺼비·토끼 되어 같이 산단 말이 만고에 전해지네	
	蟾兎同居萬古傳

김유신과 천관녀와의 일화를 음미할 때마다 보통 사람 같으면 반기면서 섬섬옥수 붙잡으면 차마 뿌리치지 못하고 "어어 이러면 안되는데"라면서 그만 상황에 주저 물러앉고 만다. 그러나 김유신은 칼을 뽑아 애꿎은 애마를 벤 후 돌아섰다. 매섭고도 단호한 일면을 느낄 수 있었다. 이 같은 결단력이 있었기에 그는 삼국통일의 으뜸가는 공신이 되지 않았을까 생각해 본다.

그런데 주목할 만한 점은, 김유신의 혼인 연령이 매우 늦다는 점이다. 김유신은 김춘추의 셋째 딸[智炤夫人]과 결혼했다. 그의 누이동생인 문희가 낳은 딸이므로 조카이다. 김유신은 김춘추보다 나이가 8세나 위였다. 이 점을 고려할 때 지소 부인과 결혼하려면 최소한 초로初老의 연령이었음을 생각하게 한다. 『삼국사기』 무열왕 2년(655) 조에 따르면 김유신의 혼인 기록이 보인다. 김유신은 595년생이므로 환갑에 결혼한 것이다. 김유신은 마치 환갑기념으로 혼인한 것처럼 보인다. 김유신은 오랜 세월 독신으로 지낸 것처럼 비친다. 그러나 장남인 삼광三光과 차남인 원술의 활약 시점을 놓고 볼 때 이들은 지소 부인의 아들이 되기는 어렵다고 한다.[53] 이러한 견해는 충분히 경청할만한 가치가 있다. 그러나 다른 가능성도 한번 열어 보도록 하자. 즉 672년에 원술이 비장이었다. 이때 원술의 연령은 15세 정도 될 수 있다. 비슷한 연령대인 화랑 사다함이 대가라 정벌 때 비장이었다. 그러므로 원술의 비장 직은 가능할 수 있다. 장남인 삼광이 666년에 당에 숙위하러 갔다. 삼광의 연령은 10세를 상회할 수 없다. 그러나 훗날 최치원의 조기 유학도 고려해 보면 불가한 상황은 아니다. 따라서 김유신은 『삼국사기』 기록대로 오랜 동안 독신으로 살았을 가능성도 고려해 보아야 한다.

김유신은 결과적으로 자신이 불행하게 만든 천관녀에 대한 의리를 다하고자 했던 것 같다. 비록 대의를 위해서라고는 했지만 한 여자에게 비련을 안겨

---

53 문경현, 「김유신의 혼인과 가족」『문화사학』27, 2007, 363~368쪽.

준 일이 평생 마음의 짐이 되었을 수 있다. 그래서였는지 김유신은 그녀의 명복을 빌어주기 위해 그 집터에 천관사라는 절을 지어주었다. 현재 천관사터는 오릉五陵의 동편 논 가운데 자리잡고 있다. 고속도로 진입로에서 수로를 따라 300m쯤 되는 곳이 천관사터이다. 국립경주박물관 서남편에 소재한 인용사仁容寺터의 서편이다. 천관사터에서 대각선 방향으로 문천을 지나면 재매정財買井이라는 우물만 남은 김유신 집터가 보인다.

『삼국사기』 김유신전에는 그의 다섯 아들을 소개하였다. 이어서 군승軍勝이라는 서자의 존재를 언급했다. 군승은 김유신의 여섯 아들 가운데 가장 관등이 낮았다. 육두품 상한인 아찬에 머물렀던 군승의 어머니 이름은 알 수 없다고 했다. 그럼에도 군승은 김유신의 장남인 삼광보다도 활약상이 먼저 나타난다. 군승은 김유신을 따라 662년에 고구려 원정에 등장하였다. 김유신의 아들 형제들 중 군승이 첫째 아들일 가능성을 제기해 준다.

도판 31 | 경주 천관사터

4. 고구려, 수(隋)와 격돌하다

1) 중국대륙의 통일과 수 양제

삼국 간의 분쟁은 6세기 종반, 대륙의 정세 변화에 따라 새로운 국면으로 접어들었다. 589년 중국대륙을 통일한 수는 중국 중심의 국제질서를 지향하는 추세를 나타냈다. 수가 돌궐을 격파하여 복속시킴에 따라 300여년에 걸쳐 다원적인 세력균형 상태를 유지해 왔던 동아시아의 국제질서는 중국 중심으로 개편되었다. 이는 고구려에 중대한 위협이 되었다. 게다가 신라가 한강유역을 장악하여 중국과 단독 교섭을 하였다. 이후부터 중국을 축軸으로 한 동아시아 질서 속에 신라가 새롭게 진입했다. 이와 연동한 삼국의 역학관계도 변모하기 시작하였다.

위기를 직감한 고구려는 수 외에 남중국의 진陳에도 사신을 보냈다. 고구려 특유의 전통적인 등거리 외교를 구사했다. 그러던 고구려는 진의 멸망 소식을 듣고는 경악하였다. 평원왕은 시시각각으로 밀려오는 전쟁 위협인 수와의 대결을 대비했다. 평원왕은 병기를 수리하고 곡식을 비축하여 전쟁에 대한 준비를 단단히 하였다. 아울러 수의 변경을 습격했다. 고구려는 수에서 온 사신을 통제하여 기밀 누출을 막았다. 이 같은 고구려의 태도는 겉으로는 수의 번속藩屬인 것처럼 행세했지만 실제는 그렇지 못하였음을 알려준다. 이에 반해 백제는 제주도에 표류한 수의 전함戰艦을 통해 진을 평정하고 통일했음을 알았다. 즉각 백제 위덕왕은 사신을 수에 보내 조공했다. 수 문제는 알아서 찾아온 백제의 축하 사절을 맞으니 흡족하기 이를 데 없었다. 문제는 백제 사절을 환대했고, 위덕왕에게 찬사를 보냈다. 수의 중국대륙 통일은 고구려와 백제의 이해관계에 따라 이처럼 판이하게 반응이 달랐다.

고구려는 급기야 수 문제의 분노를 샀다. 『수서隋書』에 의하면 "정치하는 법을 가르쳐주기 위해 파견한 사자를, 빈 객관客館에 앉혀놓고 삼엄한 경계를 펴며 눈과 귀를 막아 영영 듣고 보지도 못하게 하였소. 무슨 음흉한 계획이 있기에 남에게 알리고 싶지 않아서 그러는가? …종종 기마병을 보내어 변경 사람을 살해하고"라고 한 기록이 잘 말하고 있다. 고구려는 이때 "군사를 훈련시키고 곡식을 저축하여 방어할 계획을 세웠다"고하여 외교 문제로까지 비화되기도 하였다. 고구려는 재물을 뿌려 수의 쇠화살인 노弩를 만드는 기술자인 노수弩手를 빼어 갔다. 이는 수에 대적하기 위한 군비증강 계획의 일환이었다. 혹은 고구려는 수 조정의 요직에 있는 인사에게 뇌물을 먹여 정보를 탐지하려고 했다. 가령 585년 10월에는 수의 비서감 우위장군 겸 중서中書 통사사인通事舍人 부재傅縡가 고구려로부터 금을 받은 혐의로 체포되어 옥사한 바 있다.[54]

598년에 고구려는 말갈병을 앞세우고 요서 지방에 있던 수의 전진기지를 강타했다. 『수서』에 의하면 "이에 거란의 무리들을 아우르고, 바닷가 초소들을 쳐서 수비병들을 죽였으며, 말갈의 행동을 본따서 요서를 자주 침공하였다. 청구東方 나라들이 모두 조공의 길을 이행하는데…(고구려는) 조공하는 물건들을 탈취하고 내왕하는 길을 가로 막았다"[55]고하여 보인다. 그러는 가운데 고구려 세력하에 있던 일부 거란족과 말갈족이 이탈해 나갔다. 이에 힘입어 수 문제를 이어 즉위한 양제는 고구려에 국왕의 입조入朝를 요구했다. 고구려의 복속을 강요한 것인데, "양자강 이남의 진을 멸망시키는데 한 달이 못되었고, 군사도 수천 명에 지나지 않았는데, 하물며 장강長江의 폭과 비교되지 않는 요수遼水를 가지고서 감히 대적하려는가?"라고 말하며 협박하였다. 고구려는 이같은 협박에 굴하지 않았다. 평원왕을 이어 즉위한 영양왕은 수에 대한 강경한 입장을 일층 강경하게 고수하였다. 598년(영양왕 9)에 영양

---

54 『資治通鑑』권176, 至德 3년 조.
55 『隋書』권4, 大業 8년 정월 壬午 條.

도판 32 | 수대 무관 도용陶俑

왕은 보란 듯이 몸소 말갈인 1만 명을 이끌고 요서 지역을 급습하기까지 했다. 그러자 영주營州(요녕성 朝陽) 총관 위충韋冲이 나가 대적했다. 고구려의 침공 소식을 들은 문제는 격노하여 수륙군 30만을 출동시켜 고구려를 치게 하였다. 동시에 문제는 영양왕에게 내렸던 관작을 삭탈하였다. 이때 문제의 넷째 아들 한왕漢王 양량諒이 이끈 수군은 임유관臨渝關(산해관 서남)을 나왔다. 그러나 장마를 만나 군량 수송이 이어지지 못하자 양곡이 바닥이 나고 질병이 돌았다. 수군 총관인 주라후周羅睺는 산동반도의 동래東萊에서 바다에 올라 평양성으로 직공하기로 했다. 그러나 항해 도중 폭풍을 만나 병선의 침몰이 많았다. 수군은 제대로 싸워보지도 못하고 지리멸렬해 진 것이다. 앞 뒤 재지 않은 문제의 분노에 따른 고구려 원정은 당초부터 무모하기 이를 데 없었다. 수 육군은 요하 근처까지 왔지만 전의를 상실한채 자연 재해와의 싸움으로 허덕였다. 결국 문제는 그 해 9월에 철군령을 내렸다. 이때 수군은 10에 8~9명이 죽었다고 한다. 30만 가운데 8~9명이 죽었다는 것은 겨우 3만 정도밖에 귀환하지 못했다는 이야기이다. 수군은 고구려군과 맞닥뜨려 보지도 못하고 궤멸되었다.

수 문제는 고구려 정벌을 호언하였고 협박을 하였다. 그러나 고구려 정벌이 말같이 쉽지 않다는 사실을 뼈저리게 느꼈다. 영양왕의 경우도 수 문제가 "한다면 하는" 성격임을 알고는 긴장하지 않을 수 없었다. 이때 영양왕을 격분시킨 정보가 하나 날아 들어왔다. 고구려는 수와 명운을 건 전쟁을 준비했다. 실제 전쟁을 치르기까지 하였다. 그런데 백제 위덕왕이 그 틈을 노리고 수 문제에게 사신을 보내어 글월을 올렸다. 가관인 것은 글월의 내용이었다. 백제군이 수군의 향도가 되기를 자청했기 때문이다. 물론 이것은 백제가 말로만 한 것이었다. 실제 군대를 동원할 마음도 없었다. 그러나 이러한 정보를 접한 영양왕은 격분하였다. 즉각 고구려 군대를 출동시켜 백제 땅을 침공했다.

그러던 중 수 양제가 문제를 독살시키고 즉위하였다. 수 문제는 후대의 초상화에서의 가늘고 파리한 모습과는 달리 그 이전 것을 볼 때 "체격이 크고 잘 생겼다"[56]고 한다. 양제는 고구려 왕의 입조를 요구했다. 그렇게 한 직접적인 동기는 수 양제가 동돌궐東突厥의 추장인 계민 합한[啓民可汗]의[57] 장막을 방문했을 때(607년)였다. 계민 합한은 돌궐 내부의 분란으로 수 영역인 하남河南 즉 황하 이남에 머물고 있었다.[58] 이 사실을 탐지한 고구려는 계민의 본의를 살피고 지원도 할겸 몰래 사신을 그 처소에 보냈다. 이때 계민은 성심으로 수를 받들고 있었다. 계민은 다른 나라와의 교류도 양제 앞에서 숨기지 않았다. 계민은 찾아온 고구려 사신을 대동하고 양제를 알현했다.[59] 고구려 사신으로서는 난감했지만 어쩔 수 없었다.

이 사안은 수 양제의 의혹을 촉발시켰다. 깊이 생각할 것도 없이 고구려 사신이 계민을 찾아 왔다는 자체만 보자. 겉으로는 굴복하는 채 하지만 돌궐과 고구려가 모종의 연합을 시도하고 있다는 심증을 갖기에 충분했다. 어쨌든 고구려와 동돌궐의 연합은 수의 동방정책에 차질을 빚을 수 있는 요소였

---

56 『芝峯類說』권18, 技藝部 書.
57 『龍飛御天歌』에서는 "可汗의 音은 榼寒인데 북방에서 쓰는 존칭으로 漢나라 때 單于, 夏나라 때 天子와 같은 것이다. 오랑캐의 풍속에 하늘을 可汗이라고 한다(17장)" 라고 하여 可汗의 음을 '합한'으로 적고 있다. 이 可汗을 종전에는 '칸'에 대한 음가로 간주했다. 그런데 可汗을 칭했던 돌궐의 후신인 현재의 터키에서는 '합한'에 해당하는 음가가 남아 있다고 한다. 이로 볼 때 『용비어천가』의 '합한'은 실제 음가를 반영하고 있음을 말해준다.
58 손영종, 『조선단대사(고구려사 4)』과학백과사전출판사, 2008, 108쪽.
59 『隋書』권84, 北狄傳 突厥 條.

다. 양제는 경계하지 않을 수 없었다.[60] 이때 수 양제 곁에 있던 황문시랑 배구裴矩가 말하였다. "고구려는 본래 기자箕子를 봉한 땅이고, 한漢과 진晉시대에 모두 중국의 군현이었건만, 지금 신속하지 않고 따로 이역異域이 되어 있습니다."

수 양제는 고구려 왕의 입조를 요구했다. 따르지 않으면 계민 합한을 거느리고 내년에는 고구려 땅을 순행하겠다고 으름장을 놓았다. 계민 합한이 자신의 편임을 분명히 주입시켜주었다. 그렇지만 고구려는 수의 입조 요구를 거부했다. 수 양제는 침공을 결행하였다. 양제의 고구려 원정 단행 배경으로는 아버지인 문제가 실패한 고구려 정벌에 성공해야 한다는 강박감을 꼽을 수 있다. 아버지와 형을 죽이고 즉위한 양제로서는 문제를 앞지르는 업적을 보여주어야만 했다. 이와 더불어 고구려와 적대 관계였던 백제와 신라가 고구려 출병을 부추겼다. 신라만 하더라도 진평왕이 수에 사신을 보내 군사를 요청했다. 양제는 이를 즉각 수락하였다.[61] 이 같은 삼국 간의 갈등도 양제의 고구려 원정을 재촉한 요인이었다.[62]

수 양제는 610년에 중국 강소성 진강鎭江에서 절강성 항주杭州에 이르는 대운하인 하남하河南河를 개통시켰다. 그럼으로써 고구려 출병에 필요한 식량과 같은 물자를 강남江南에서 북송北送할 수 있었다. 이와 맞물려 대운하 북쪽 끝 탁군涿郡(지금의 북경 일대)에 대본영을 두어 고구려 출병 준비를 마쳤다.[63] 수는 612년부터 615년까지 4차례에 걸쳐 고구려 원정을 단행했다. 그러나 참담한 패전으로 종결되었다. 전과라면 요수 서쪽에 고구려가 배치

60 井上秀雄, 『古代朝鮮』日本放送出版協會, 1972, 187쪽.
61 『三國史記』권4, 진평왕 33년 조.
62 누노메 조후·구리하라 마쓰오 著·임대희 譯, 『중국의 역사[수당오대]』혜안, 2001, 44쪽.
63 井上秀雄, 『古代朝鮮』日本放送出版協會, 1972, 187쪽.

한 초소인 무려라武厲邏만을 함락시켰을 뿐이었다. 612년 초전에서 수군의 요하 도하전은 막대한 인적 손실을 떠안았다. 특히 수의 맹장 맥철장麥鐵杖이 전몰했기 때문이다. 용맹하기 이를 데 없었던 맥철장은 하루에 5백 리를 다녔다고 한다. 그가 처음 어가御駕를 수행했을 때 일화가 『태평광기太平廣記』에 전하고 있다. 그는 밤에 멀리나가 도둑질하다가 날이 밝으면 의장대로 돌아와 시치미 떼고 맡은 일을 수행했다고 한다. 그러한 걸물도 허망하게 이역에서 사라졌다.

전쟁 중인 613년 4월에는 예부상서이며 보급·조달 총책임자였던 수의 양현감楊玄感이 반란을 일으켰다. 그러자 양현감과 친했던 병부시랑兵部侍郎 곡사정斛斯政이 불안을 느껴 고구려로 망명하였다. 614년 7월에 수군의 거센 공격을 받던 터인데다가 내호아가 평양성으로 진격하려고 했다. 소식을 접한 고구려 영양왕은 두려워서 항복을 청하였다. 영양왕은 항복 징표로 곡

도판 33 | 항주운하

사정을 쇠사슬로 묶어 수로 돌려보냈다. 그러자 수 양제는 크게 기뻐하여 내호아에게 회군을 지시했다. 수 양제는 곡사정을 문 기둥에 붙들어맨 다음 모인 백관들에게 각각 사격을 시켰다. 곡사정의 몸을 베어서 먹는 자가 많았다. 그런 후에는 시체를 삶았고, 그 나머지 뼈를 살라서 날렸다.[64] 고구려 원정에 패한 수 양제의 분노를 읽고도 남는다. 풍신風神이 있었던 곡사정은 양제의 뜻에 맞게끔 일처리를 잘 했다. 양제는 기뻐하며 신뢰하였고, 일을 그에게 계속 맡겼다. 그러한 곡사정이 양현감과 기맥을 통하였을 뿐 아니라 고구려로 달아나자 분노는 극에 달하였다. 더구나 곡사정은 병부시랑 즉 국방부 차관이었기에 군사기밀을 많이 알고 있던 터였다. 실제 『수서』에는 "고려가 정보를 낱낱이 알고서 정예병력을 총동원하여 추격을 가하였기에 후속 부대는 거의 패하였다"고 했다.

기둥에 묶어놓고 찢어죽이는 게 능지처참凌遲處斬이다.[65] 한번에 죽이지 않고 한껏 고통을 주며 천천히 죽이는 형벌이 된다. 고구려에서도 왕실과 국가존망을 가름하는 모반죄에 대해서는 참혹하게 처벌하였다. 즉 먼저 불로 그슬린 다음에 목을 베고 그 가족을 노비로 만들었다.[66] 최근 '인간이 느끼는 고통' 순위 10위 가운데 1위가 몸이 불에 탈 때 느끼는 고통인 작열증이라고 한다. 신체 절단 시 고통과 출산의 고통이 그 뒤를 이었다. 이로 볼 때 고구려에서는 모반죄에 대해서는 가장 혹독한 처형을 하였음을 알 수 있다. 범죄를 저지르면 커다란 불이익이 따른다는 것을 알려주기 위해 고통스럽고 불쾌함을 실감시켜주는 형벌이 가해졌다. 범죄의 방지를 징벌의 유일한 목적으로 삼았기에 잔학한 형벌이 따랐던 것이다.[67] 이와 비슷한 사례로는 영조가 있

---

64 『隋書』권70, 斛斯政傳.
65 『通鑑節要』권42, 肅宗 15載.
66 『舊唐書』권199上, 동이전 고려 조.
67 山內昌之, 「フーコー監獄の誕生」 『歷史學の名著30』 筑摩書房, 2007, 249~250쪽.

다. 그는 즉위하자마자 자신이 이복형 경종을 독살하려고 했다고 폭로하여 공신에 올랐던 목호룡睦虎龍을 능지처참하였다. 그러고도 영조는 분이 풀리지 않았다. 목호룡 시체의 수족을 다시 베는 등 가혹하게 보복을 했다.

조선조 사간司諫 이윤우李潤雨가 조강朝講에서 인조에게 "수 양제는 문장에는 뛰어났지만 망해 가는 나라를 구제하는 데에는 전혀 도움이 되지 못하였습니다"[68]고 했다. 수 양제가 남긴 시 한 쪽을 소개하면 다음과 같다.

거울철 갈가마귀 천 점 만 점 수를 놓고　　　　　　寒鴉千萬點
물줄기 하나 외로운 마을 돌아 흘러 나가누나　　　流水繞孤村

위의 시에 대해 "수 양제의 시이다. 그 시들이 어찌 아름답지 않은가. 그런데도 모두 나라를 망하게 한 임금들이 되고 말았으니, 문장은 보잘것없는 기예라고 한 옛 사람의 말이 확실히 그렇다고 하겠다"[69]는 평가가 내려졌다. 수 양제의 시문마저 초라한 평가를 받고 있다. 양제가 고구려 침공을 결행한 것이 패망의 주된 요인이었다. 이를 일러 "수는 연유宴遊와 고구려 정벌로 망하였다"[70]고 했다. 집현전 직제학 양성지梁誠之(1415~1482)의 상소에서였다.

2) 고구려의 승리 요인과 을지문덕

고구려는 수와의 전쟁에서 승리하였다. 그 요인은 여러 측면에서 살펴 볼 수 있다. 대략 다음과 같이 정리된다.

첫째 대병력을 구비했다는 것이다. 『구·신당서』 발해말갈 조에 "옛날 고

---

68 『承政院日記』仁祖 3년 乙丑 5월 7일.
69 『象村稿』권52, 漫稿下, 晴窓軟談 下.
70 『世祖實錄』1년 7월 5일 戊寅 조.

구려는 그 전성시대에 군사 30만으로 당에 항거하여 싸웠다"고 하였다. 첨단 장비와 지략만으로는 압도적 역량의 대국을 이길 수는 없다. 위협에 대응할 수 있는 병력 자원은 구비해야 한다.

둘째 익히 알려져 있듯이 요동 지역의 안산鞍山과 무순撫順을 비롯한 유수한 철광산지를 확보했다. 그랬기에 고구려는 30만의 대병력을 무장시킬 수 있었고, 또 침략자를 격퇴시킬 수 있었다.[71] 국가의 잠재적 국력의 척도인 제철산업의 발전을 꼽을 수 있다.

셋째 고구려의 지형ㆍ지세가 게릴라전에 유리하였다. 길이 좁고 보급이 힘들어서 수군은 1인당 100일분의 식량과 갑옷ㆍ창ㆍ천막ㆍ취사도구를 짊어지고 행군했다. 1인당 3섬 이상의 무게를 짊어졌다. 모두 113만 3,800명이 24개 군단으로 나누어 침공해 왔지만, 개인 장비의 과중으로 위력을 발휘하기 어려웠다. 험준한 지형을 이용하여 고구려가 승리한 것이다. 양성지의 상소에서 "우리 국가는 실로 동방에 위치한 황복荒服의 땅입니다. 멀리 해 뜨는 해변에 위치해 있고 또 산과 계곡의 천험의 지리地利를 가지고 있어서 수ㆍ당의 창성昌盛함으로도 오히려 신하로 삼지 못하였으며, 요遼는 인국隣國의 예로 대하였고, 금金은 부모의 나라로 일컬었으며, 송宋은 빈례賓禮로 대하였고, 원元은 혼인을 서로 통하였습니다"[72]고 했다. 이러한 지리적 이점은 조선시대 말기에 양이洋夷 침공 대비와 관련한 사례로서 언급되었다.[73]

지형ㆍ지세의 이용과 관련해 산성전이라는 고지전高地戰을 십분 활용했다. 수 양제를 따라 고구려 원정에 종군했던 정천숙鄭天璹이 당 태종에게 보고하였다. 수 패전의 뼈저린 경험으로서 "동이는 성을 잘 지키므로 갑자기 항

71 李龍範, 『古代의 滿洲關係』 한국일보사, 1976, 94~96쪽.
72 『世祖實錄』 1년 7월 5일 戊寅 조.
73 『承政院日記』 3년 9월 3일 丙寅 조.

복시킬 수는 없다"[74]고 실토했다. 교통로에 인접한 산지대에 군사 거점을 설치하면 대단히 유리하다는 사실은 현대전에서도 적용된다. 제2차 세계대전의 신화인 조지 패튼은 전투 요령으로 "항상 인근의 가장 높은 지점을 확보하고 그곳에 일부 병력을 주둔시켜야 한다"[75]고 했다.

넷째 기만전이 주효하게 작용했다. 을지문덕은 "신통한 전략은 천문天文을 꿰뚫었고 기묘한 전술은 지리를 통달하였네, 싸움에서 이겨 공로가 이미 높으니 만족함을 알고 돌아감이 어떠하리![神策究天文 妙筭窮地理 戰勝功旣高 知足願云止]"라는 내용의 오언시五言詩를 지어 적장을 조롱하였다. 이어 항복하여 군사를 돌이키면 왕을 받들고 입조하겠다고 했다. 그래 놓고는 회군하는 수군이 살수를 반쯤 건넜을 때 공격하여 궤멸시켰다. 고구려에서 더러 사용하는 거짓 항복과 거짓 입조 약속이었다.

위기를 모면하기 위한 거짓 입조 약속은 훗날 베트남에도 있었다. 베트남 왕인 응우옌후에[阮惠](1753~1792)는 1788년에 황제를 칭하고 연호를 반포했다. 1789년에 청의 건륭제乾隆帝는 20만 대군을 보내 3개 방향으로 베트남을 침공하였다. 이에 대응하여 10만의 베트남군은 빠르게 북상하여 기습적으로 청군을 공격했다. 20만의 청군은 거의 전멸하다시피 하였다. 이후 베트남은 건륭제가 재차 정벌의 책임자로 파견한 복강안福康安을 금은으로 매수했다. 베트남은 건륭제의 요구를 받아들여 조공을 하고 책봉까지 요청하였다. 이와 동시에 입조 약속까지 했다. 응우옌후에는 자신과 용모가 비슷한 신하를 청에 보냈다. 이렇게 하여 베트남은 위기를 면하였다.

을지문덕의 승첩은 후대에 회자되면서 불승佛僧이나 불덕佛德과 관련 지어 재창출되었다. 다음의 기사를 보자.

---

74 『三國史記』권9, 보장왕 3년 조.
75 조지 패튼 著 · 우보형 譯, 『패튼-내가 아는 전쟁』길찾기, 2017, 429쪽.

을지문덕이 적의 불리한 상황을 틈타 습격하여 크게 격파하였다. 수의 패주한 군대가 살수에 이르렀는데 건널 배는 없고 추격병은 뒤에 있어 상황이 급하게 되었다. 이때 중 7명이 앞에서 걸어서 강을 건너자 수 군사들이 그 뒤를 따라가다가 모두 익사하였다. 고구려 사람들이 살수 가에 일곱 기의 불상을 만들어 제사 지냈다.[76]

위와 유사한 전설로서는 논산 관촉사 은진미륵 설화이다. 이를 소개하면 다음과 같다.

옛적에 당나라가 난리를 일으켜 쳐들어 오는데 적병賊兵들이 압록강에 이르니 이 불상이 삿갓 쓴 중으로 화신하여 옷을 걷고 강을 건너 감을 보고 강물이 얕은 줄 알고 물을 건너는 당병들을 몰아넣어 빠져 죽은 자가 태반이 넘었다. 당나라 장수가 칼을 빼어 스님의 삿갓을 쳐 일부가 파손되었는데, 실제로 은진 불상의 갓이 저절로 깨져 이지러진 표가 완연하니 가히 나라를 위하는 정성을 알 수 있겠다. 나라가 태평하면 불신에 윤택한 빛이 들고 서기瑞氣가 공중에 서리는데 나라에 흉년이 있으면 온몸에 땀이 흐르고 손에 쥔 연꽃이 빛을 잃었다.[77]

녹족부인鹿足夫人 전설도 그 아류인 것이다. 1727년(영조 3년)에 세워진 평

---

76 『記言』권48, 續集, 四方[二], 關西誌.
77 朝鮮總督府,「灌燭寺 事蹟銘」『朝鮮金石總覽』下, 1920, 1154쪽. "昔在唐亂賊兵至鴨綠江此像化爲蘆笠僧蹇衣渡江衆知其淺驅入水中溺死者過半矣唐將以釖擊之斷其笠子而所戴盖冠自爾破缺其標宛然可知其爲國之國家太平則滿身光潤瑞氣盤空凶亂則遍體汗流手花無色"
논산문화원,『論山金石文大觀』2007, 582쪽.

도판 34 | 논산 관촉사 은진미륵불(국보 제323호)

양 대성산의 광법사사적비廣法寺事蹟碑에서 다음처럼 보인다.

옛날에 녹족부인이 있었는데 한 번에 아들 아홉을 낳았는데, 상서롭지 못하다 하여 상자에 넣어 바다에 떠내려 보냈다. 중국에서 발견하고는 거두어 길렀다. 장성하여서는 본국을 공격하게 되었다. 마침내 그 부모 나라인 것을 깨닫고는 머리를 깎고 불가佛家에 귀의하여…[78]

물론 비문에는 고구려와 수와의 전쟁 때라는 대상과 시점은 적혀 있지 않

---

78 「廣法寺事蹟碑文」 "古有鹿足夫人一產九子不祥而函于海則流而中國見收而鞠及長反犯本國卒覺其爲父母邦釋兜鍪歸還此山奪龍池菴而居之修道成佛今之鹿水菴及頭陀寺乃九佛始終地也"

다. 그러나 전설에는 이들 형제들이 수의 장수가 되어 고구려를 침공해 왔다. 이때 소문을 듣고 사슴 발의 생김새를 가진 부인이 을지문덕의 허락을 받고 적진에 들어갔다. 그녀는 발 생김새가 같은 수군 장수 형제들에게 자신이 생모임을 확인시켜 고구려 진영으로 함께 돌아왔다는 줄거리이다.

『수서』 우중문전에 처음 수록된 을지문덕의 오언시는 우리나라 최초의 오언고체시였다. 그랬기에 한문학 상에서도 중요한 비중을 점하고 있다. 이는 "을지문덕은 문장으로 우리나라 시학詩學의 조종祖宗이 되기 때문에 굳이 감히 필적하려 않았지만"[79]라는 평가까지 나왔다.

나라를 구한 을지문덕은 전설 외에 국망 시점인 1910년에 석상石像과 비석이 발견되었다. 그의 존재는 후대에도 끊임없이 회자되어왔다. 가령 "석다산石多山 불곡산佛谷山(부府 서쪽 100리)에 있는데, 두 산이 서로 남북으로 떨어져 있다.…고구려 상상上相 을지문덕이 불곡에서 태어나 석다에서 살았다고 한다"[80]고 했다. 석다산은 평안남도 증산군 석다리에 소재하였다. 1910년에 을지문덕의 석상과 비석이 땅속에서 발견되었다. 즉 "안주安州의 용당현龍塘峴 흙 속에서 을지문덕의 석상과 비석을 발견하였다. 비석은 절반이 부러져 없어지고 절반만 있었다. 그 비석은 해군該郡의 안흥학교安興學校로 운반하였다"[81]고 한다. 일제 치하까지만 하더라도 '전 을지문덕 석상石像'이 안주읍安州邑에 봉안되어 있었다.[82] 책자의 사진으로 확인되었다. 이는 문일평이 1928년에 게재한 글의 사진에서도 다시금 확인된다. 이를 '을지문덕의 석상石像과 유적비遺蹟碑'라고 했다.[83] 지금 비석의 존재는 오리무중이다. 그러나

79 『平壤續志』권3, 文談.

80 『平壤誌』中, 山川.

81 『梅泉野錄』권6, 隆熙 4년.

82 金庠基,「乙支文德」『朝鮮名人傳』朝光社, 1939, 33쪽.

83 文一平,「朝鮮史上 三代戰捷 니약이」『別乾坤』1928-5, 5쪽.

을지문덕 석상은 북한 국가지정문화재 보존급 제746호로 지정되어 있다.[84]

84 참고로 『開闢』 51, 1924. 9. 1에 수록된 「平壤의 藩屛인 大同郡」에 관련 기록이 수록되었기에 소개한다. "七佛寺와 誤渡灘 城의 北, 濟川江岸安滿道路의 邊에, 古色蒼然한 一棟의 寺字가 잇고, 그 압헤 흐르는 江여울을 誤渡灘이라 일홈하니, 傳에 依하면 날 隋兵이 乙支公의 誘致한 바 되야, 淸川江까지 大軍을 모라, 건네고저하나, 배가 업서 躊躇할 際에, 문득 七僧이 잇서 江邊에 니르러, 몬저 六僧이 옷을 거더들고 江을 건넘으로 隋軍이 다토아 이 江을 건네는 中에 麗軍이 이를 邀擊하야, 溺屍滿江에 水-爲하야 不流한 바, 亂이 平한 後 乙支公이 그 七僧의 靈德을 表하기 爲하야, 寺를 建하고 七石像과 七僧을 두어스니, 이 七佛寺의 생긴 所이다. 그러나, 이제는 七石像도 七僧도 간대가 업고, 그 寺字의 本殿과 年前新作路 닥글 째에, 役夫들의 담뱃불에 燒失한 바 되고, 다못 一棟의 樓閣에 얼금얼금한 有妻僧一人이 七石像 七僧을 代身해서 잇슬 쭌이다.

◇ 乙支公石像과 其祠字 州의 西, 龍峴里龍潭浦의 上, 安州城의 밋헤, 멀니 靑川江을 瞰下할 만한 丘陵이 잇고, 그 丘陵에는 一片石像과 一片碑碣, 또는 數間의 廢址가 잇서, 古老가 傳하되, 이를 乙支公의 石像 또는 祠字라 하엿스며, 그 地名을 俗稱 「乙支公乙支公」하야 兒童走卒이라도 「乙支公」터를 모르는 이 업섯는데, 挽近百年內外에 그 石像은 짱에 뭇침이 되고 그 祠字는 터좃차 업서지고, 碑碣은 그 近家의 엇던 頑夫가, 自己집 兒가 그 碑石 우에서 놀다가 다리를 傷하엿다는 理由로, 그것을 쩍거서 그압 龍潭浦에 던저버렷는대 (지는 己亥庚子年間의 일), 往昔 隆熙年間에, 安州에 安興學校가 設立되며, 安昌鎬氏가 그곳에 왓다가, 그 말을 듯고, 學校生들과 가티, 只今의 乙支公터에서, 그 石像을 찻고, 龍潭浦에서, 그 碑의 上部를 어더, 當時의 安興學校이오 現在의 農學校의 쯜 東便 구석에 置하엿는대 石像은 高約四尺, 幅約一尺四寸의 全身甲胄像으로서, 勿論 風磨雨洗, 간신히 그 輪廓을 認할 쭌이오, 그 後面은 조곰도 琢磨를 不加한 天然石面 그대로인바 暫間 보아도 千年前以前의 古朴한 넷 風韵을 認하겟스며, 碑碣은 우에 말함과 가튼, 約一尺五寸의 上部折面으로서, 乙支公의 功蹟을 記錄한 것인데, 下半部가 업슴으로 그 內容을 닑을 수는 업스나, 崇禎紀元二百二十年丁未라 云云하엿슨즉 그것은, 그 廢毁된 石像을 보고, 感慕의 情으로 近代에 策立한 것이 分明하다. 슬프다 乙支公은 그 文武의 엇더한 便으로 보나, 그의 豊功偉勳을 可히 時의 古今으로써 저울하지 못할지며, 더욱이 淸川一帶는 그의 一戰輔國의 捷地로서, 놉흔 山, 긴긴 물이 어느 것이 將軍의 氣風을 말하지 안홈이 업거늘, 그 山河가 오히려 依然하고 그 民族이 그대로 存續하는 오늘에, 將軍의 一片石이, 그 所를 엇지 못하고, 數間 祠字가 그 터를 일허, 禾黍離離한 사이에서, 속절업시 行路人의 嗟傷을 惹起함이 이엇지 우리 사람의 참아할 바이며, 더욱이 그 쌍에 갓가히 사는 安州人士의 泛然看過할 바리요."

이와 더불어 칠불사는 "평양의 칠불사에 화재가 발생하여 모두 소각되었다. 이 사찰은 현무문 밖에 있으며, 을지문덕이 수 군대를 방어할 때 칠불七佛의 신이 도왔으므로 이 사찰을 건립하여 그 은혜를 보답한 것이다"[85]고 했다.

이때의 전황은 "30만 5천 명의 수군은 1일日1야夜에 압자수에 이르니 450리里를 간 것이고 요동에 왔을 때는 2,700명 뿐이었다"고 기록되었다. 살수인 청천강에서 압자수인 압록강까지 하루 낮 하룻 밤 사이에 줄행랑 쳐서 왔다는 것이다. 문제는 두 강까지의 사이가 450리가 될 수 없다는 데 있다. 이런 이유로 인해 살수와 압자수의 위치를 요동 쪽에서 찾는 견해가 제기되었다. 그런데 '하루 낮 하룻밤'은 몰라도 450리 운운 기록은 수 군대가 혼비백산했다는 것을 알리기 위한 과장된 기록이 분명하다. 생존자 2천 700명이 기병일 때는 '하루 낮 하룻 밤'이 가능한 일이다. 문제는 수군 30만 5천 명 가운데 2천 700명이 생환했다면 사망자 역시 30만일까? 『자치통감』에 인용된 「통감고이」에는 수군 전사자 숫자를 10여만 명이라고 했다.[86] 이로 볼 때 나머지 20만 명은 고구려에 포로가 된 것이다.

다섯째, 고구려 사회의 인화人和라는 정신적 자산이 큰 몫을 하였다. 당 태종은 "고구려 왕은 백성들을 사랑하여 상하가 화합하였고, 안락하게 지내고 있었으므로 이길 수 있었다"[87]고 말했다. 실제 『삼국사기』에 보면 승전을 거둔 영양왕의 성정에 대한 평가를 다음과 같이 했다. 즉 "풍채와 정신이 뛰어나고 호쾌하여 세상을 다스리고 백성을 편안하게 하는 것을 자신의 임무로 여겼다"고 하였다. 이 구절은 당 태종의 평가와 어긋나지 않았다.

고구려는 강대국 수를 상대하여 승리하였다. 이러한 경우는 20세기에서도

---

85 『梅泉野錄』권6, 隆熙 2년.
86 『資治通鑑』권182, 大業 10년 春 조.
87 『册府元龜』권117, 정관 18년 11월 경자 조.

적지 않게 확인된다. 가령 1950년에서 1999년 사이 총 43번의 강대국과 약소국 간 전쟁이 있었다. 결과가 어땠을까? 약소국이 22번 승리했다. '상대를 단숨에 무력화無力化시키는 힘'과 '고통을 오래 견디는 정치적 결의'가 각각 승패 결정 요인으로 작용했다.[88] 수 양제는 '상대를 단숨에 무력화시키는 힘'을 지녔다. 반면 고구려는 '고통을 오래 견디는 정치적 결의'가 확고하였다. 양자는 모두 승인勝因을 당초 지니고 있었다. 이 경우 후자가 전자를 무력화시켰다. 그랬기에 고구려가 승리할 수 있었다.

고구려의 승리는 수와의 전쟁을 이용해 그 남부 지역 500리를 약취했다는 신라에게 불안감을 고조시켰다. 강적을 격파한 고구려가 한숨 돌린 후에는 남부 실지 회복을 위해 신라를 침공할 가능성이 높았다. 비록 국경을 접하지는 않았지만 시종 수와 연계하여 고구려를 신경 쓰이게 만든 나라가 백제였다. 보복이 두려운 백제로서는 납작 엎드려 기세등등한 고구려의 동태만 살필 수밖에 없었다. 백제는 강대한 고구려의 국력을 체감했기 때문이다. 결국 백제로서는 고구려와 손 잡는게 유리하다는 현실적인 판단을 내렸다. 백제는 고구려와의 관계 개선을 위한 방안을 적극 모색할 수밖에 없었다.

강대국 수를 격파한 고구려는 국가의 위신이 한껏 고양되었다. 고구려는 618년 8월에 바다 건너에 있는 왜에 사신을 보냈다. 찾아온 고구려 사신은 이렇게 자랑했다. 즉 "수 양제가 30만이나 되는 무리를 일으켜 우리를 쳤지만 도리어 우리에게 격파되었습니다! 까닭에 포로인 정공貞公과 보통普通 2명과 고鼓 · 취吹와 노弩 · 포석抛石 등 10종과 토산물과 낙타 1필을 바칩니다"[89]고 하였다. 고구려는 수 포로와 악기, 공성전과 관련해 노획한 기계, 낙타와 같은 이국적인 가축까지 등장시킴으로써 승전 사실에 대한 체감을 높이

88 강천석, 「대한민국 命運 바꿀 경계선 넘고 있다」 『조선일보』 2017. 9. 30.
89 『日本書紀』 권22, 推古 26년 8월 조.

고자 했다. 고구려의 국력을 유감없이 과시한 것이다. 이와 관련해 다음 기사가 눈길을 끈다.

> 10년 갑술(614년) 10월에 고구려 왕[이때는 제36대 영양왕 즉위 25년이었다]이 글을 올려 항복을 청하였다. 그때 어떤 한 사람이 몰래 작은 활을 가슴 속에 감추고 표문을 가져가는 사신을 따라 양제가 탄 배 안에 이르렀다. 양제가 표문을 들고 읽을 때 활을 쏘아 양제의 가슴을 맞혔다. 양제가 군사를 돌이켜 세우려 하다가 좌우에게 말하기를, "내가 천하의 주인으로서 작은 나라를 친히 정벌하다가 이기지 못했으니 만대의 웃음거리가 되었구나!"라고 하였다.[90]

위의 글은 물론 사실은 아니다. 그러나 당 태종이 화살에 눈을 맞았다는 기록을 비롯하여 소정방 피살설과 유사한 성격의 글로 보인다.

3) 수 양제의 최후

중국의 민심은 흉흉했다. "요동에 가서 쓸데없이 죽지 말라"는 노래가 유행하였다.[91] 무모한 고구려 원정에 대한 공포심이 확산되었다. 615년에 돌궐 시피[始畢] 합한이 안문성에서 수 양제를 포위했다. 성이 거의 함락될 즈음 양제는 측근의 건의를 받아들였다. 양제는 '요동역遼東役' 즉 고구려 원정을 중단한다고 선언했다. 그러자 병사들이 사기가 올라 잘 싸워서 돌궐군을 겨우 물리칠 수 있었다. 이러한 일화는 수인隋人들의 고구려에 대한 공포감이 극심했음을 알려준다.

---

90 『三國遺事』권3, 興法 寶藏奉老 普德移庵 條.
91 『資治通鑑』권181, 大業 7년 12월 조.

각지에서 군웅들이 일어났다. 수 양제는 결국 수도를 보전하지 못하고 떠돌았다. 수 양제는 618년에 강도江都(강소성 양주시)에 이르렀다. 이곳에서 그는 음란하고 거친 행동이 더욱 심하였다. 양제는 술로 지새다시피 했다. 미래가 불안했던 그는 매일 점을 치며 소일하였다. 군웅들이 할거하고 중국이 소란스러워졌다. 양제는 단양丹陽에 도읍하고자 했다. 그가 수도로 돌아갈 뜻이 없자 대부분 관중關中 출신으로 정예 병사들인 효과驍果에 속한 병사들이 이탈해 나갔다. 이름 그대로 효용驍勇하고 용

도판 35 | 수양제릉 전시관에 게시된 수 양제 초상

감했던[果] 황제 최측근 근위병들의 이탈이었다. 양제가 이들을 응징할 기미가 있었다. 그러자 근위들이 선수를 써서 궁중을 습격하여 양제를 체포했다. 우문술의 장남인 우문화급宇文化及이 동생 우문지급宇文智及의 꾐에 빠져 일으킨 변란이었다.

이들은 백관이 모여 있는 조당으로 양제를 끌고 가려고 했다. 해서 양제를 말에 태우려고 하였다. 그러나 양제는 안장이 낡았다고 거부했다. 양제는 안장을 새것으로 바꿔서 올라탔다. 천하의 수 양제 다웠다. 근위들은 양제를 말에 태워 끌고 가서 한바퀴 조리돌렸다. 반란군들은 기뻐서 땅이 흔들리도록 환호하였다. 우문화급은 "이런 물건은 왜 데리고 나오는가? 빨리 돌아가서 손을 보지!"라고 했다. 양제를 물건으로 취급하면서 빨리 없애버리라는 말이었다. 번득이는 칼을 뽑아들고 이들은 양제를 침전으로 다시금 끌고 갔다. 양제는 내가 무슨 죄로 이 지경에 이르렀는가를 물었다. 그러자 근위들은 양제의 죄상을 하나하나 읊조렸다. 놀기를 좋아하고, 사치하고 방탕한 일, 정벌이

나 토벌을 좋아하여 장정들을 죽게 한 일, 아첨하는 자를 가까이하고, 간諫하는 이를 거절한 일들을 주욱 열거했다. 그러자 양제는 "내가 실로 백성들에게 빚을 졌지만 너희들에게는 영화와 봉록을 모두 지극히 했는데, 어찌하여 필경 이와 같이 하는가?"라고 물었다.

곁에 있던 양제의 12세 아들 조왕趙王 양고楊杲가 통곡하며 그치지 않았다. 통곡 소리는 가뜩이나 흥분 상태인 근위들의 신경을 거슬렸다. 이들은 먼저 양고를 베었다. 이때 튄 선혈이 양제의 옷을 벌겋게 더럽혔다. 근위들이 양제를 치려고 하였다. 양제는 칼을 거두게 한 후 "천자는 죽는데도 스스로 법도가 있다. 어찌 칼날을 댈 수 있겠느냐! 짐주鴆酒를 가져 오라!"고 했다. 근위들은 양제의 뜻을 따르지 않았다. 그를 주저 앉혔다. 그러자 양제는 스스로 목도리[練巾]를 풀어서 주었다. 이들이 양제를 목 매여 죽였다. 이 사건을 '강도지변江都之變'이라고 일컫는다. 그 때가 618년 3월 11일이었다. 양제가 즉위한 지 14년만인 50세였다. 그에게는 양제라는 시호가 붙여졌다. '양煬'이라는 시호에는 색을 밝혀 예를 무시한 자, 예를 등지고 백성들로부터 미움 받은 자, 하늘을 거스르고 백성을 착취한 자의 뜻이 담겨 있다고 한다. 수 양제가 감수해야만 하는 이름이 틀림없다.[92]

수 양제의 고구려 원정 패배는 제국 몰락의 직접적인 요인이었다. 제정러시아의 로마노프 왕조는 러일전쟁과 제1차 세계대전에서 연패함에 따라 붕괴되고 말았다. 제정러시아같은 육군대국도 대전大戰에서의 연패를 극복하지 못했다.

---

92 미야자키 이치사다 著·전혜선 譯,『수양제』역사비평사, 2015, 215쪽.
    누노메 조후·구리하라 마쓰오 著·임대희 譯,『중국의 역사[수당오대]』혜안, 2001, 33쪽.

5. 고구려와 당(唐)

1) 경관(京觀) 허물고 천리장성 축조

당唐이 중국대륙을 통일했을 무렵이다. 고구려에서는 영양왕이 사망하고 영류왕이 즉위하였다. 영류왕은 영양왕의 배다른 동생이었다. 영양왕의 아들이 있었는지는 알려진 바 없다. 그렇지만 영양왕의 아우가 즉위했다는 것은 복잡한 과정의 존재 가능성을 암시해준다. 이와 관련한 영류왕 즉위 원년은 당의 개국 원년에 해당한다. 당이라는 국호는 고조인 이연李淵의 봉호封號인 당공唐公에서 취한 것이다. 영류왕 정권의 태동과 당의 개국은 동일한 해에 이루어졌다.

영류왕은 혼란에 빠졌던 중국대륙을 거의 수습한 당의 건국 소식을 접했다. 영류왕은 즉위 이듬해 2월에 당에 사신을 보냈다. 영류왕은 새로 등장한 당과의 우호적인 관계를 유지하기 위해 사신을 빈번하게 파견하였다. 거대한 전란을 수습하고 민심을 수습해야 하는 고구려로서는 당을 자극할 이유가 없었기 때문이다. 또 하나는 영류왕 자신의 정권의 안정을 위해 외교 관계에 각별히 신경을 쓰지 않을 수 없었다. 628년(영류왕 11)에 당이 돌궐의 힐리頡利 합한을 격파했다는 소식을 접했다. 그 즉시 영류왕은 봉역도封域圖를 당에 바쳤다. 봉역封域은 제후가 분봉分封받은 지역이다. 봉역도는 제후국의 지도를 말한다. 당에 신속臣屬하겠다는 표시였다.

이때 고구려와 당은 앞선 시기의 전쟁 문제를 매듭짓고자 하였다. 영류왕에게는 앞선 영양왕 정권 때의 일이었다. 당은 앞선 왕조인 수 때의 양국 간 전쟁에 대한 사후 수습에 매달렸다. 현안이 포로 교환 문제였다. 수군 포로가 상당히 많이 고구려 측에 억류되어 있는 실정이었다. 641년에 당의 사신 진대덕陳大德이 고구려에 왔을 때 포로로 잡혀 있던 수군들이 찾아와 고향 소식을 묻더라는 것이다. 며칠 사이에 소식을 듣고 찾아온 이들이 들판을 가득 메웠다고 한다.[93]

하동 쌍계사雙溪寺 진감선사비眞鑑禪師碑에는 선사의 선조에 대해 다음과 같이 언급하였다. 즉 "선사의 법휘는 혜소慧昭이며 속성은 최씨崔氏이다. 그 선조는 한족漢族으로 산동山東의 고관이었다. 수가 군사를 일으켜 요동을 정벌하다가 고구려에서 많이 죽자 항복하여 변방의 백성이 되려는 자가 있었는데 성당聖唐이 사군四郡을 차지함에 이르러 지금 전주全州 금마인金馬人이 되었다"고 했다. 역시 진감선사의 선조는 중국 수인隋人이었는데, 고구려 원정 시 요동에서 항복했다가 당에 의해 고구려가 망한 후에 지금은 전주 금마인이 되었다는 것이다.

당 측에서는 정권 초기의 민심 수습과 안정이라는 차원에서라도 고구려에 억류된 수군 포로를 송환 받는 일이 급선무였다. 그런데 당은 수와 동일한 순

---

93 『資治通鑑』 권196, 貞觀 15년 5월 조.

도판 37 | 진감선사비의 '全州金馬人' 부분. '全△△馬人'만 남아 있다.

서를 밟아 고구려에 대한 침공을 준비하였다. 이에 대비하여 631년부터 16년 간에 걸쳐 고구려는 동북쪽으로는 부여성扶餘城(農安)에서 서남쪽으로는 발 해만의 비사성卑沙城(대련)에 이르는 천리장성을 축조했다. 631년에는 고구 려를 방문한 당 사신이 고구려의 대수전對隋戰 전승기념물戰勝紀念物인 경관 京觀을 헐어버리고 갔다. 경관의 '경'은 '높은 언덕'을, '관'은 '궁문 양 옆에 있 는 높은 대臺의 형상'을 가리킨다고 했다(『용비어천가』 40장). 싸움에서 죽은 시체를 쌓아놓고 그 위에 흙을 덮어 적敵을 이긴 공로를 드러내는 것이다. 어 쨌든 이러한 위기의식과 긴장된 상황 하에서 다시금 귀족들 간의 분쟁이 야 기되어 연개소문 일파에 의한 쿠데타가 감행되었다고 보았다. 이러한 견해 는 지금까지 학계의 통설이었다. 그러면 이 사안에 대해 다음 장에서 검증을 하고자 한다.

2) 고구려의 서쪽 경계

한족漢族과 접한 서계西界에 대한 고구려의 의식을 먼저 살펴본다. 이와 관련해 「광개토왕릉비문」에 교전 대상으로 후연이 포함되지 않은 이유를 고려해 보아야 한다. 그 이유는 후연의 후신인 북연과의 화해 등 여러 가지 요인이 깔려 있을 수 있다. 그러나 그 본질은 기본적으로 후연이 고구려가 설정한 관적질서官的秩序 바깥에 위치하였기 때문일 것이다.[94] 그렇게 설정된 본질은 고구려의 진출 방향이 남방에 쏠린 데 연유한다고 본다.

고구려의 서쪽 경계는 광개토왕대에 확보한 요동을 넘어 그 서편 지역까지 넘보았다. 그렇지만 고구려는 요하를 계선으로 하는 서계를 지켜왔었다. 그러다가 598년에 영양왕은 몸소 말갈병을 이끌고 요서를 침공한 바 있다.[95] 이 사실은 고구려가 요동만을 자국의 서계로 인식하지 않았음을 뜻한다. 이를 암시하는 게 고구려와 당의 경계에 대한 다음 기록이다.

出典	東界	西界	南界	北界	領域
北史	東至新羅	西度遼	南接百濟	北隣靺鞨	(東西)二千里 (南北)一千餘里
周書	東至新羅	西度遼水	南接百濟	北隣靺鞨	(東西)二千里 (南北)千餘里
隋書					東西二千里 南北千餘里
通典					至隋漸大 東西六千里
舊唐書	東渡海至於新羅	西北渡遼水至于營州	南渡海至于百濟	北至靺鞨	東西三千一百里 南北二千里
新唐書	東跨海距新羅	西北度遼水與營州接	南亦跨海距百濟	北靺鞨	
舊五代史	東渡海至于新羅	西北渡遼水至于營州	南渡海至于百濟	北至靺鞨	東西三千一百里 南北二千里

---

94 관적질서에 대해서는 李道學, 「廣開土王代 南方 政策과 韓半島 諸國 및 倭의 動向」 『한국고대사연구』 67, 2012, 161~169쪽을 참조하기 바란다.

95 『三國史記』 권20, 영양왕 9년 조.

出典	東界	西界	南界	北界	領域
五代會要	東渡海至於新羅	西北渡遼水至于營州	南渡海至于百濟	北至靺鞨	東西三千一百里 南北二千里
太平寰宇記					至隋漸大 東西六千里

표 1 | 7세기대 고구려의 영역[96]

위의 표를 보면『수서』에서는 고구려 영역을 동서 2천리, 남북 1천 여리로 기록하였다.『북사』에서도 이와 동일한 기록이 적혀 있다.『주서』에서도 고구려 사방 영역에 대한 기록이 일치한다. 이 보다 앞 시기를 수록한『위서』에서 영역 범위에는 이전과 변화가 없었다. 그렇지만 고구려의 경역境域에 대해 구체적으로 명기했다.[97] 그럼에도『위서』에서는 사방 경역 가운데 유일하게 북위와 접하고 있는 고구려의 서쪽 경계에 대해서만 언급이 없다. 이처럼 5세기 이후 수대까지 고구려의 영역은 커다란 변화는 보이지 않는다. 그런데 당대唐代의 사실을 전하는『구당서』에서는 동서 3천1백 리, 남북 2천 리로 적었다. 수대隋代의 사실이 반영된『수서』의 경역보다 훨씬 넓어진 것이다. 남북으로는 2배, 동서로는 1.5배나 넓어졌다. 특히 서쪽 경계는 요하를 넘어 요서 지역의 중심 거점인 영주營州에 이르렀다고 했다. 이러한『구당서』의 서술은『신당서』·『구오대사』·『오대회요』에까지 변동 없이 이어졌다. 고구려 영역이 당대에 이르러 대대적으로 확대되었음을 의미한다. 특히『통전』과「태평환우기」에서는 서쪽 영역 확장 시점을 밝혔다. 즉 수대에 점점 넓어져서 동서로는 무려 6천 리에 이르렀다고 했다.[98]

『구당서』와『신당서』를 비롯한 중국의 역사서들은 한결 같이 "(고구려의) 서북은 요수를 건너 영주에 이르렀다[西北渡遼水至于營州]"고 했다. 당 태종이 고

---

96 정원주,「7세기 고구려의 서계(西界) 변화」『영토해양연구』8, 2014, 157쪽 참조.
97 『魏書』권100, 高句麗傳,"遼東南一千餘里 東至柵城 南至小海 北至舊夫餘 民戶參倍於前 魏時 其地東西二千里 南北一千餘里"
98 정원주,「7세기 고구려의 서계(西界) 변화」『영토해양연구』8, 2014, 157~158쪽 참조.

구려 침공과 관련해 644년에 위정韋挺을 유주로 보내 군량을 수송하게 했다. 이때의 상황을 "유주 이북 요수까지 2천여 리에는 (당의) 주현이 없으므로 군량을 가져올 데가 없다"[99]고 실토하였다. 이것은 오늘의 명대明代 만리장성 이북이 당 영역이 아니었음을 자인한 것이다. 644년 당시까지만 해도 요서 지역은 공식적으로 당의 영토가 아니었음을 알려준다.[100] 게다가 이는 『구당서』와 『신당서』의 고구려 서쪽 경계와 어긋나지도 않는다. 그리고 658년에 당군은 500명의 고구려군이 수비하고 있던 적봉진赤烽鎭을 공격해 함락시켰다. 아울러 당군은 대장 두방루豆方婁가 인솔한 3만 명에 이르는 고구려의 지원군마저 대파하였다. 적봉진의 위치에 대해서는 논의가 분분하다. 그렇지만 이곳은 요서 지역의 노합하老哈河 유역이 분명하다. 고구려가 수와의 전쟁에서 빼앗긴 무려라武厲邏의 위치는 현재의 북진시北鎭市 남쪽 대량갑촌大亮甲村이나 요녕성 신민시新民市 고대자산성高台子山城 일대로 지목하고 있다. 이곳 역시 요서 지역이다. 게다가 고구려군이 당군과 교전한 횡산이나 석성과 흑산 등은 요서의 노합하 유역이나 그 근처로 비정되고 있다.[101]

이러한 사실을 종합해 보면 고구려가 국왕 주도하에 말갈병과 더불어 요서 지역을 공격한 배경도 재해석이 가능하다. 수 문제 이래의 고구려 침공 배경도 고구려의 침공에서 실마리를 찾을 수 있다. 즉 수대에 고구려 서쪽 영토가 갑자기 넓어진 것도 이와 무관하지 않다고 본다. 이에 위협을 느낀 수가 고토수복론이라는 명분을 내세워 침공한 것으로 판단된다. 고구려 원정에 실패한 수가 얻은 지역은 요하 서쪽의 무려라 단 한 곳이었다. 여기서 분명한 사실은 수와의 전쟁 전 고구려 영토가 요서 지역에 소재했다는 것이다. 수가

99 『舊唐書』권77, 韋挺傳.
100 손영종, 『조선단대사(고구려사 4)』과학백과사전출판사, 2008, 108쪽.
101 손영종, 『조선단대사(고구려사 4)』과학백과사전출판사, 2008, 135쪽.

붕괴되고 당이 들어선 후에는 고구려와 관계 정상화를 서둘렀다. 그러한 차원에서 경관을 허물어 적대 의식을 청산하였다. 동시에 천리장성도 축조하여 고구려의 서쪽 계선을 명확히 했다. 요서 지역에 소재한 고구려 군진이 일제히 요동으로 철수한 것이다.

그러나 연개소문 집권 후 당의 내정간섭이 제기되었다. 이에 대한 반발로써 고구려는 요하를 건너 양국 간의 공지空地였던 영주와 지금의 천리장성 사이를 석권했을 수 있다. 이 구간은 거란이나 해와 같은 유목민족들이 이동하거나 잠주暫駐했던 곳이었다. 고구려가 영주까지 진출한 기간은 알 수 없다. 그런데 당대唐代를 대상으로 한 사서에서 일관되게 고구려의 서쪽 경계를 영주로 명시했다. 중국 내지까지 고구려가 지배했음을 증언하였다. 당으로서는 이를 고토수복론의 빌미로 삼을 수 있었다. 고구려 지배의 부당함을 드러내고, 당의 고구려 침공 당위성을 조장하는 저의가 보인다. 이와 관련해 고구려가 55년(태조왕 3)에 "봄 2월, 요서遼西에 10성을 쌓아 한병漢兵에 대비했다"[102]는 기사가 주목된다. 만약 이 기사를 훗날 고구려가 사실로 인지했다고 하자. 그렇다면 고구려의 요서 진출 역시 고토수복전이 된다.

그러면 고구려의 서경西境으로서 631년(영류왕 14)부터 16년 간에 걸쳐 축조한 천리장성이 지닌 의미를 상기해 본다. 왜냐하면 천리장성은 한대漢代 이래 중국 역대 왕조가 평양성을 공격했을 때 육로와 수로를 함께 이용한 점을 상기할 때 무모한 토목 공사였기 때문이다. 곧 선線에 불과한 천리장성이 군사 방어적으로 유효한 기제가 되기는 어렵다고 볼 수 있다. 실제 고구려와 당과의 전쟁에서 천리장성의 존재감 자체는 아예 없었다. 이와 관련해 천리장성 축조와 관련한 기사를 다음과 같이 인용해 보았다.

---

102 『三國史記』권15, 태조왕 3년 조. "春二月 築遼西十城 以備漢兵"

당은 광주사마 장손사長孫師를 파견하여 수의 전사戰士 무덤의 해골에 제사지내고, 그때 세운 경관을 헐어버렸다. 2월에 왕은 백성을 동원하여 장성을 쌓되 동북은 부여성에서 서남은 바다에까지 이르니 길이가 천여리요, 무릇 16년만에 준공되었다.[103]

위에 보이는 천리장성 축조의 동기를 "당이 고구려 소립所立의 경관을 헐었으므로, 왕은 혹 (당이) 자국을 칠까 두려워하여 서경西境 방비의 목적으로 시작한 것이니"[104]라고 해석하기도 했다. 『구당서』 고려 조의 "건무(영류왕 : 저자)는 (당이) 그 나라를 정벌할까 두려워하여 장성을 쌓았는데…"라는 구절을 그 직전의 해골 수습이나 경관 파괴와 결부지어 인과론적으로 해석했기 때문이다. 그러나 이러한 해석은 지극히 현상적인 이해에 불과하다. 왜냐하면 천리장성 축조 직전에 고구려와 당은 긴장 상황이 아니었다. 626년에 신라와 백제 사신이 당에 와서 고구려 때문에 입조入朝할 수 없었다고 하소연했다. 그러자 당이 중재하여 화해를 시켰다. 영류왕은 고분고분하게 당에 사죄하였고, 신라와의 회맹까지 요청했다. 628년에 고구려는 당이 돌궐을 격파한 것을 축하하였고, 봉역도封域圖까지 올렸다.[105] 이러한 양국 간의 공조와 평화 분위기 속에서 이전대의 전몰 군인 유해 수습과 경관을 허는 일이 뒤따랐다. 이처럼 천리장성 축조 이전에 고구려와 당 간에 긴장 관계는 없었다. 그러므로 고구려의 천리장성 축조 배경을 당과의 대립 구도 속에서 이해하는 것은 맞지 않다. 오히려 당이 추진한 이러한 일련의 움직임에 부응하여 천리장성 축조를 단행했다고 볼 수 있다. 그러면 다른 맥락에서 천리장성 축조 배

---

103 『三國史記』권20, 영류왕 14년 조.
104 李丙燾, 『國譯 三國史記』 을유문화사, 1976, 319쪽, 註 6.
105 『舊唐書』권199, 동이전 高麗 條.

경을 살펴야 할 것 같다.

당 태종 이전인 통일제국 수 이래 중국인들은 요동 지역이 당초 중국 영역이었음을 강조하였다. 중국이 곧 탈환해야할 지역으로 설정했다. 소위 사군四郡 지역이 그러한 범주에 속하게 된다. 당은 고구려 영역 가운데 과거 한사군의 영역과 위대魏代 이후의 요동군을 수복지로 지목하였다. 당 태종은 "요동은 옛적에 중국 땅이었다.…짐은 장차 가서 이를 경략하려 하는 것이다"[106]고 했다. 이에 대한 대응으로 고구려는 자국의 세계世界 내지는 권역 설정 개념으로 천리장성 축조를 단행한 것으로 보인다. 요컨대 중국 진시황의 만리장성은 결과적으로 소위 화華와 이夷의 정치·문화적 계선이 되었다. 이와는 달리 고구려 천리장성은 당초부터 중국과 고구려를 구분 짓는 계선이라는 의미로 축조한 것이다. 그렇게 보아야만이 당의 침공시 고구려 천리장성이 방어적 기능으로서 의미가 없었던 이유를 알 수 있다. 즉 고구려 천리장성은 군사적 의미 보다는 고구려 세계와 권역의 설정이라는 상징성을 지니고 있었다. 바꿔 말해 당의 고구려 침공 명분에 대응한다는 차원에서 그 축조 동기를 살펴야 맞을 것 같다.[107]

고구려 천리장성 축조의 직접적인 동기는 경관을 허문 사건과 연계되어 있다. 일반적으로 당인이 무단으로 경관을 헐었던 사건을 고구려와 당과의 대립으로 해석했다. 그러나 경관을 허문 때로부터 9년 후인 640년(영류왕 23)에 고구려는 세자를 당에 파견하였다. 당은 그를 후대했다. 이때 영류왕은 자제를 당 국학國學에 입학하고자 요청하였다.[108] 그러한 우호적인 기조는 이

---

106 『三國史記』권21, 보장왕 3년 조.
107 李道學, 「界線으로서 韓國史 속 百濟人들의 頭髮과 服飾」『백제 하남인들은 어떻게 살았는가』하남문화원, 2013. 10.11, 9쪽.; 李道學, 「「廣開土王陵碑文」에 보이는 '南方'」『嶺南學』24, 2013, 7~39쪽.
108 『三國史記』권20, 영류왕 23년 조.

도판 38 | 고구려 천리장성의 남쪽 끝 비사성 성벽

든해인 641년까지 이어졌다. 경관을 허문 631년 이전에도 양국은 아주 우호적이었다. 고구려는 621년(영류왕 4)부터 622년·623년·624년·625년·626년에 걸쳐 이어 당에 사신을 파견하거나 당사唐使가 찾아 왔다.[109] 628년(영류왕 11)과 629에도 당에 사신을 파견하여 조공했다.[110] 그런 직후인 631년에 경관을 허문 사건이 발생한 것이다.[111] 이는 622년에 고구려 영내의 수군 포로들을 수만 명이나 송환한 연장선상에서 해석이 가능하다.[112] 즉 631년에 고구려는 자국 영내에서 전사한 수군 해골에 제사지낸 후에 경관을 헐었던 것이다.

109 『三國史記』권20, 영류왕 5년·6년·7년·8년·9년 조.
110 『三國史記』권20, 영류왕 11년·12년 조.
111 『三國史記』권20, 영류왕 14년 조.
112 『三國史記』권20, 영류왕 5년 조.

이러한 맥락에서 볼 때 경관을 헐게 된 배경에는 고구려측의 양해가 있었음을 알 수 있다. 즉 고구려와 당 간의 화평의 표지로써 경관을 헐고 천리장성 축조를 시작한 것으로 보겠다. 고구려가 천리장성을 축조함으로써 중국을 넘볼 일이 없음을 가시적으로 선언한 것이다. 598년 고구려군의 요서 기습과 같은 침범이 재현되지 않을 것임을 선언하는 행위였다. 즉 중국에 대한 불가침 표지라고 하겠다. 동시에 당으로 하여금 요동에 대한 고지수복론을 재론하지 말라는 경고이기도 했다. 고구려와 당이 각자 절충하여 타협하는 선에서 고구려의 서계가 설정된 것이다. 그럼으로써 고구려는 양국 간의 화평을 꾀하고자 한 것으로 보인다. 이는 고구려 서계에 대한 권역의 확정이기도 했다.

그러나 이러한 화평 관계는 642년에 천리장성 감독관으로 파견한 연개소문이 그해 10월에 영류왕을 시해하고 집권함으로써 파탄 상태에 빠졌다.[113] 화평和平의 표상인 천리장성 축조에 파견된 이가 연개소문이었다. 연개소문은 그에 대한 불만으로 대당 유화론자인 영류왕을 시해하고 대당 강경노선으로 치달았다.[114]

고구려는 16년에 걸친 역사를 통해 천리장성을 구축했다. 이는 고구려의 경계선을 요하 동쪽으로 설정함으로써 더 이상 요하 서쪽 지역을 넘보지 않겠다는 화해의 표지였다. 중국의 당과 고구려가 각자의 계선界線을 설정하고 인정하도록 한 것이었다. 그런데 이러한 계선은 연개소문의 집권과 더불어 허물어졌다. 고구려가 천리장성 서쪽 지역으로 진출한 흔적이 포착되었기 때문이다. 당으로부터 압박을 받고 있던 연개소문은 천리장성 자체를 인정한다는 자체가 당과의 공존을 뜻하는 동시에, 자신의 비정상적인 막부 정권

---

113 『三國史記』권20, 영류왕 25년 조.
114 李道學, 「高句麗의 內紛과 內戰」『高句麗研究』24, 2006, 35~36쪽.

퇴출을 기정사실화한 것으로 간주했기 때문이었다. 연개소문은 당 태종의 침공을 막아낸 후에 천리장성이 아무런 상징적 구실도 못한다는 것을 체감하였다. 당을 견제하기 위해서는 요서 지역의 거란이나 해奚를 비롯한 주변 민족들을 영향권에 넣어야 유리하다고 판단했다. 그랬기에 고구려의 지배권이 요하 서쪽으로 넘어설 수 있었다고 본다.

6. 연개소문의 정변

1) '귀족연립정권기'의 등장 시점 검토

6세기 후반부터 시작되었다는 무력 집단을 거느린 귀족들이 상호 타협하여 실권자의 직책인 대대로大對盧를 선임하는 귀족연립정권체제는 언제부터 태동한 것일까? 다음의 사료를 살펴 보도록 한다.

＊ 그 대대로는 강약으로써 서로 침범하여 빼앗아서 스스로 그것을 하는 것이다. 왕이 그 자리를 서명하여 두는데서 말미암지 않는다.[115]
＊ 그 벼슬에서 높은 것은 대대로라고 이름한다. 1품에 해당하며 국사를 총괄하고 있다. 3년에 한 번씩 교대하는데, 만약 직무를 잘 수행한다면 연한에 구애받지 않는다. 교체하는 날에 혹은 서로 삼가 명령에 복종하지 않으면 모두 군대의 대오를 정돈하여 점검하고는 서로 공격하여 이긴 자가 대대로가 된다. 그 나라 왕은 단지 궁문을 닫아걸고 스스로 지킬뿐 제어하지 못한다.[116]

---

115 『周書』권49, 異域上 高麗 條. "其大對盧則 以强弱相陵奪 而自爲之 不由王之署置也"
116 『翰苑』蕃夷部 高麗 條 ; 『舊唐書』권199, 東夷傳 高麗 條.

위의 기사에서 보듯이 대대로는 귀족들 간에 무력으로 경쟁해서 승자가 스스로 취임하였다. 대대로는 왕이 임명하는 직책이 아니었다. 이 같은 대대로의 선임 기사는 『주서周書』에서 처음 보이므로 북주北周의 치세기인 556년~581년 사이에 포착된 사건으로 생각할 수 있다. 그러나 636년에 완성된 『주서』는[117] 당 혹은 북송 말기에 손상을 입었다. 그런 관계로 현존 『주서』는 당대에 편찬된 원저原著와는 다르고 『북사北史』 등에서 보충한 부분이 많다. 즉 "후세에 결락이 생겼다. 그 시기는 당이라고도 하고 송초宋初라고도 이야기된다. 그래서 북송시대에 교정본이 만들어졌다. 그 결락 부분을 『북사』 등에서 채워 넣었다"라고 한다. 그러나 『주서』는 『북사』에서 보충하였지만, 차이점과 다른 점도 많으며 "기타 다른 곳에서도 탈오가 적지 않다고 한다"는 평가를 받았다. 따라서 귀족연립정권설의 큰 축을 이루던 『주서』의 기술은 효력을 잃었다.[118]

이와 더불어 6세기 후반 고구려 왕들의 풍모에 관한 기록을 살펴 본다. 6세기 중엽에 재위한 양원왕(545~559)의 품성을 『삼국사기』는 "어려서부터 총혜하고 장성하여서는 웅호한 풍도가 남보다 뛰어 났다"라고 하였다. 그 뒤를 이은 평원왕(559~590)을 "담력이 있고 기사騎射를 잘 하였다"고 했다. 평원왕의 뒤를 이은 영양왕(590~618)을 동일한 책에서는 "풍신이 준수하고, 제세濟世·안민安民을 자임했다"고 하였다. 양원왕 같은 이는 548년에 몸소 군대를 이끌고 백제의 독산성을 공격했다. 평원왕은 571년에 궁실에 대한 중수를 시도하기까지 하였다. 평원왕대 이후부터는 국왕의 지원으로 낙랑·대방계 호족들이 중앙 정계에서 활약했다고 한다. 게다가 평원왕은 평민 출신의 온달

---

117   李春植 主編, 『중국학자료해제』 신서원, 2003, 617쪽.

118   李道學, 「고구려의 漢江流域 喪失 原因과 長安城 축조 배경」 『東아시아古代學』 47, 2017, 69~74쪽.

을 사위로 맞이하였다. 평원왕은 이렇듯 군사적 재능이 특출한 평민 출신들을 기용하여 왕권을 강화하려고 했던 것이다.

그런데 6세기 후반대의 고구려 왕들이 귀족들에게 휘둘렸다고 하자. 그렇다면 위에서 언급한 왕자들의 풍모 기사는 물론이고 전투 지휘 기사와 왕권 강화의 상징인 궁실 중수 기록들이 나오기는 어려웠을 것이다. 그리고 양원왕과 평원왕도 '호태왕好太王'으로 일컬었던 점이 상기된다. 호태왕 호칭은 광개토왕이나 미천왕과 문자명왕에서 확인되듯이 걸출한 업적과 풍모를 지닌 왕들에게 부여되었다. 그러한 호태왕 호칭은 위에서 언급한 양원왕과 평원왕의 풍모와도 잘 부합이 된다. 이 점은 양원왕과 평원왕이 결코 유약한 왕이 될 수 없음을 반증해준다. 그리고 영양왕의 경우도 602년에 몸소 말갈병을 이끌고 요서 지역을 공략한 적도 있다. 600년(영양왕 11)에 그는 『신집新集』이라는 국사를 편찬하기까지 했다. 이러한 역사서 편찬을 가능하게 한 왕권의 기반을 짐작할 수 있게 한다. 따라서 귀족연립정권체제를 1~2대도 아니고 한 시대의 현상으로 간주한 견해는 무리가 있다.

그러면 대대로직에 스스로 취임하면서 귀족들이 권력을 오로지 했던 시기는 언제일까? 612년에 수 양제가 고구려로 출병하며 반포한 조詔를 보면 고구려 내정을 "강신强臣과 호족이 모두 국권을 잡고 붕당 비주比周로써 풍속을 이루고, 뇌물이 시장과 같다"고 질타하였다. 여기서 비주는 당을 나누어서 각기 당인을 편애하는 뜻으로 사용되었다. 이 기사에 비추어 612년 이전에 고구려 조정에는 강신과 호족으로 표현되는 귀족들의 권력 전횡을 엿 볼 수 있다. 바로 대대로 기사는 이것을 가리킨다고 볼 때 전후 정황상 무리가 없어 보인다.

이제는 강신과 호족들의 권력 전제가 대두한 시기를 살펴보자. 590년에 수가 진을 멸망시켰다는 소식을 접한 평원왕이 "크게 두려워하여 군사를 정비하고 곡물을 쌓아두며 수에 대해 막고 지키는 대책을 강구했다(『삼국사기』 평

원왕 32년 조)"는 기록을 통해서도 고구려 지배층의 동요와 충격을 헤아릴 수 있다. 607년에 수 양제는 "만약 조회하지 않으면 장차 계민啓民을 거느리고 그대의 땅으로 왕순往巡할 것이다"[119]고 했다. 고구려에 대한 수 양제의 실질적인 선전포고였다. 이 때 영양왕은 "번례藩禮를 자못 결하였으므로 두려워했다"고 하였다. 결국 수의 위협이 증대되는 시점에서 "두려워했다"는 영양왕은 지도력을 상실하고 말았던 것으로 보인다. 대수정책의 강온 대응 양론에서 강경 논자인 대신·귀족들이 전쟁 위협이 고조되는 비상시국을 빌미로 강력한 일원적인 권력의 구축을 필요로 했을 것이다. 그러한 가운데서 이들이 권력을 장악했던 것 같다. 수의 입장에서는 왕을 제치고 대수 강경론자들이 집권한 고구려를 가리켜 "강신과 호족이 모두 국권을 잡고"라고 말할 수 있었을 것이다. 수 양제의 요구가 고구려에 먹혀들지 않고 있었기 때문이다.

618년에 영양왕의 아들이나 동모제도 아닌 이모제로서 영류왕의 즉위는 왕위계승권에 심각한 사태가 발생했음을 암시한다. 연개소문의 집권에서

---

119 『三國史記』권20, 嬰陽王 18년 조.

처럼 귀족들에 의해 영양왕이 제거되었을 가능성을 제기해 준다. 이와 관련해 영류왕(건무)은 612년에 수의 수군을 격파한 전쟁영웅이라는 공적에 힘입어 즉위한 것으로 보기도 한다. 대수對隋 강경 귀족들의 이해에 부합하였기에 영류왕이 즉위할 수 있었다는 것이다. 그 직후 수를 무너뜨리고 새로 들어선 당과의 우호 관계가 양국 간에 지속되었다. 그러나 그것을 주도한 영류왕은 대당 강경파인 연개소문에게 제거되고 보장왕이 옹립되는 정변이 발생했다. 이러한 상황을 놓고 볼 때 귀족연립정권기의 단초는 대수 위협이 고조되는 시점에서 찾을 수 있다. 즉 대수 강경 귀족들이 등장하는 607년(영양왕 18) 무렵부터로 연원을 잡는 게 가능하다.[120]

2) 연개소문 가문과 정변 배경

귀족연립정권기의 대미를 장식하는 연개소문淵蓋蘇文의 집권 과정을 살펴본다. 연개소문에 관해서는 『구당서』와 『신당서』에 다음과 같이 보인다.

＊ (정관) 16년(642)에 서부 대인 개소문이 섭직攝職하며 (왕을) 범하려 하자 여러 대신들이 건무建武와 의논하여 그를 죽이고자 하였다. 일이 누설되자 이에 소문은 부병部兵을 모두 불러 모아 군병을 사열한다고 말하고, 아울러 성의 남쪽에다가 주찬을 성대히 베풀어 놓았다. 여러 대신들이 모두 와서 보게 되었는데, 소문이 군사를 정비하여 대신을 죄다 죽이니, 죽은 자가 백여 명이나 되었다. 이어서 창고를 불사르고 왕궁으로 달려 들어가 건무를 죽인 다음, 건무의 아우인 대양大陽의 아들 장藏을 세워 왕으로 삼았다. 스스로 막리지莫離支가 되었다. (이는)

---

120 이상의 서술은 李道學, 「高句麗의 內紛과 內戰」 『高句麗硏究』 24, 2006, 9~40쪽에 의하였다.

중국의 병부상서 겸 중서령에 해당하는 직이다. 이로부터 국정을 마음대로 하였다.

소문의 성은 천씨泉氏이며, 수염과 얼굴이 매우 준수하고 형체가 아주 걸출하였다. 몸에는 다섯 자루의 칼을 차고 다니는데 주위 사람들이 감히 쳐다 볼 수 없었다. 언제나 그의 관속官屬을 땅에 엎드리게 하여 이를 밟고 말을 타며, 말에서 내릴 때에도 마찬가지이다. 외출할 적에는 반드시 의장대를 앞세우고, 선도자가 큰 소리로 행인을 벽제辟除하는데, 백성들은 두려워 피하여 모두 스스로 갱곡坑谷으로 뛰어 들었다.[121]

* 개소문이라는 자가 있는데, 혹은 개금蓋金이라고도 한다. 성은 천씨이며, 자신이 물 속에서 태어났다고 하여 사람들을 미혹시켰다. 성질이 잔인하고 난폭하였다. 부父는 동부 대인 대대로이다. (그가) 죽자 개소문이 위位를 이어 받아야 했지만 국인들이 미워하여서 이어 받을 수 없게 되었다. 이에 머리를 조아려 많은 사람들에게 사죄하고 섭직을 청하면서 합당하지 않으면 그 때는 폐해도 후회가 없다고 하였다. 그러나 너무 난폭하고 나쁜 짓을 하므로 여러 대신들이 건무와 상의하여 죽이기로 했다. 개소문이 이를 알아차리고 제부諸部의 (兵을) 불러 모아 거짓으로 크게 열병한다고 말하고는 잔치를 베풀어 대신들의 임석을 청하였다. 손님이 이르자, 죄다 죽여 버리니 무려 백여 명이나 되었다. 이어 건무 아우의 아들인 장을 세워 왕으로 삼고 자신은 막리지가 되어 국정을 마음대로 하였다. (莫離支는) 당의 병부상서 겸 중서령에 해당하는 직이라고 한다.

---

121 『舊唐書』권199, 東夷傳 高麗 條.

용모가 걸출하고 준수하며, 수염이 아름다웠다. 관복冠服을 모두 금으로 장식하였다. 다섯 자루의 칼을 차고 다니는데, 주위 사람들이 감히 쳐다 볼 수 없었다. 귀인을 시켜 땅에 엎드리게 한 후에 밟고 말을 타며, 출입할 때는 군사를 벌려 놓고 큰 소리로 (行人을) 엄격히 금하므로, 길 가는 사람들이 두려워 도망하여 갱곡에 뛰어들기까지 했다.[122]

*개소문(혹은 蓋金이라고도 한다)은 성은 천씨이며, 자신이 물 속에서 태어났다고 하여 사람들을 미혹시켰다. 그는 의표가 웅위하고 의기가 호방하였다. 그의 부인 동부(혹은 西部라고 한다) 대인 대대로가 죽자 개소문이 마땅히 위를 이어 받아야 했다. 그러나 국인들이 (그의) 성품이 잔인하고 난폭하다고 하여 그를 미워하였기에 이어 받을 수 없었다. 이에 소문이 머리를 조아려 많은 이들에게 사죄하고 섭직을 청하면서 만약 합당하지 않으면 폐해도 후회하지 않겠다고 하였다. 여러 사람들이 그를 불쌍히 여겨 드디어 허락하였다. 직위를 계승하더니 흉악하고 잔인하며 무도하였다. 여러 대인들이 왕과 더불어 몰래 죽이기로 의논하였다. (그러나) 일이 누설되어 소문이 부병을 모두 모아놓고 마치 사열하는 것처럼 하였다. 동시에 성 남쪽에 술과 음식을 성대하게 차려놓고 여러 대신들을 불러서 함께 보기로 하였다. 손님들이 오자 죄다 그들을 살해하니 무릇 100여 인이었다. 궁으로 달려가서 왕을 시해하고는 몇 토막으로 잘라서 시체를 구덩이 가운데 버렸다. 왕제의 아들인 장을 왕으로 삼았다. 스스로 막리지가 되니, 그 관직은 당의 병부상서 겸 중서령에 해당하는 직이다.[123]

---

122 『新唐書』권220, 東夷傳 高麗 條.
123 『三國史記』권49, 蓋蘇文傳.

위의 기사를 놓고 볼 때 연개소문이 정변을 일으킨 시점은 642년임을 알 수 있다. 정변의 원인 제공은 연개소문이 부직父職을 이어 받는 문제에 제동이 걸린 사건이었다. 즉 연개소문의 아버지인 동부 대인 대대로가 죽자 연개소문이 습직하려 했다. 그러나 국인들이 미워해서 이어 받을 수 없게 되었다고 한다. 이것을 통해 연개소문 아버지의 직위가 대대로였음을 알게 된다. '동부 대인 대대로'라고 한 것을 볼 때 동부 대인 신분으로서 대대로직에 올랐음을 알 수 있다.

그런데 연개소문의 출신 부部에 대해서는 기록들이 동부와 서부로 기록들이 서로 다르게 나타난다. 이와 관련해『삼국사기』영류왕 25년 조에서 "왕이 서부 대인 개소문에게 명하여 장성의 역役을 감독하게 하였다"고 했다. 이 기사에 보면 '서부 대인'으로 기록되어 있다. 이러한 국내측 전승 기록을 확실히 유의할 필요가 있을 것 같다. 선행 사서인『구당서』에서도 '서부 대인 개소문'으로 적혀 있는 것을 볼 때 서부가 맞는 것 같다. 그런데『후한서』고구려 조 장회태자章懷太子 주註에 따르면 서부 대인은 전前 왕족이 속한 소노부의 대인을 가리킨다. 물론 전 왕족의 대인이 7세기대까지 그 영향력을 부내部內에서 유지했는지는 단언할 수 없다. 연개소문 가문이 전 왕족이었는 지는 알기 어렵다. 그러나 연개소문의 아버지가 서부 대인이었고, 조부가 막리지였음은 가문의 연륜을 암시해 준다. 연개소문은 유서 깊은 가문 출신이었다. 연개소문을 신흥가문 출신으로 간주할 수는 없다. 아울러 대대로의 자격이 5부의 대인 출신이었음을 알 수 있다.

『삼국사기』에는 연개소문의 성을 천씨泉氏라고 했다[姓泉氏]. 그러나 안정복安鼎福과 한진서韓鎭書는 그의 동생이 연정토淵淨土로 나오므로 연씨로 간주했다. 그러면서 "당 고조의 휘諱를 피하여 연淵 자를 천泉 자로 썼다. 도연

명陶淵明을 도천명陶泉明으로 표기한 것과 같다"[124]고 했다.

『속수증보강도지續修增補江都誌(상)』고적古蹟 조에 따르면 "개소문蓋蘇文 구기舊基(오늘날 부근리 서쪽 증봉甑峯) 위에 있으니, 지금 초석이 남아서 상존한다. 고려산 위에 말을 달리던 높고 평평한 대지[馳馬臺]가 있다. 오정五井이 곧 당시 말이 마셨던 샘이라고 한다"고 했다. 그리고 동일한 책에 보면 "고려산 오정(세상에 전하기를 천개소문의 말이 마셨던 우물이라 하니, 내뿜는 것처럼 힘차게 솟아오르는 샘[飛泉]이 용출湧出하여 넘쳐서[滔滔] 마르지 않는다"고 했다. 이러한 소전은 1939년에 간행된 『조선명인전朝鮮名人傳』에서도 "강화 증봉상甑峯上에 그의 구기舊基의 유적遺跡이 남아 있다는 전설도 있음"[125]라고 적혀 있다.

위의 소전을 근거로 연개소문은 강화도 고려산 기슭에서 출생하여 치마대와 오정에서 무예를 연마한 것으로 해석한다. 그러나 이 기록은 기존의 관념과는 너무나 달라 무시되기 십상이다. 그렇지만 연개소문의 아버지인 연태조의 출신을 '서부 대인西部大人'이라고 한 『삼국사기』기록을 취해 보자. 서해를 관장했던 연씨 가문이라면 연개소문이 해도海島인 강화도에서 출생했을 일말의 가능성은 존재한다. 이와 관련해 서부 출신으로서 해도에 분봉되었던 백제 흑치상지 가문의 내력을 고려해 보자.[126] 「흑치상지묘지명」을 통해 백제에서도 신라의 골품제처럼 관등 상한의 신분적 경계선이 존재했을 가능성이 보였다. 그리고 흑치상지의 조선祖先이 분봉된 흑치黑齒의 지명 비정과 관련해 예산설禮山說의 허구를 지적하고 지금의 필리핀임을 입증했다.[127] 그렇다면

---

124 『東史綱目』附錄 上卷(上), 泉蓋蘇文.
125 金庠基,「淵蓋蘇文」『朝鮮名人傳』朝光社, 1939, 24쪽.
126 이도학,『백제장군 흑치상지 평전』주류성, 1998, 38~52쪽.
127 李道學,「百濟 黑齒常之 墓誌銘의 檢討」『鄕土文化』6, 1991(『백제사비성시대연구』一志社, 2010, 273~274쪽.

도판 40 | 강화도 하점면 부근리의 연개소문 기념비

연개소문의 집터일 가능성을 일방적으로 배제하기는 어렵다.

　연개소문 집터는 고려산 아래에 소재한 삼거리 저수지에서 왼쪽 산길로 약 500m 가량 오르면 울창한 숲속에서 100평정도 되는 곳에서 흔적을 찾을 수 있다. 고려산 정상에는 다섯 개의 우물인 오정이 나온다. 몽고인들이 쳣

혹치=예산설의 핵심 근거는 지금의 예산군 예산읍을 백제 때 烏山이라고 하였다. 이는 '검은山'이므로 黑齒와 연관 있다는 데 두었다. 백제 때 烏山은 통일신라 경덕왕대를 전후해서 孤山으로 지명이 바뀌었다. 그리고 고려 초에는 현재의 禮山 지명이 생겨났다. 여기서 경덕왕대를 전후해서 행정지명을 바꿀 때는 종전에 사용한 지명의 音을 漢譯하는 형식이 많다. 그러니 '烏山'을 '외山'으로 읽었기에 '외로울' '孤'字를 넣어서 孤山으로 지명을 바꾼 것임을 알 수 있다. 결코 烏山을 '검은 山'과 관련짓지 않았음을 알게 된다. 烏山을 '검은 山'과 관련지었다면 '黑山'으로 고쳤어야 마땅하다. 실제 경상북도 안동의 군자 마을에 소재한 烏川을 '검은 내'가 아니라 '외내'로 읽고 있다. 이것만 보더라도 烏山은 '외山'으로 읽었기에 孤山으로 바뀐 사실이 다시금 확인된다. 따라서 烏山=黑山이라는 心證에 근거한 막연한 黑齒=禮山說은 근거를 완전히 상실했다.

도판 41 | 연개소문 집터로 전하는 대지

물을 부어 물줄기를 막았다는 전설이 남아 있다. 현재는 시멘트로 완전히 봉해졌다고 한다. 연개소문이 스스로 샘에서 출생했다고 하면서 뭇 사람들을 미혹迷惑시켰다고 전해진다. 아마도 그와 연관 지을 수 있는 우물일 가능성도 고려해 볼만 하다. 그러니 연개소문의 출생지로

전해지는 고려산 일대, 특히 초석이 남아 있는 건물지에 관심을 가질 필요가 있다. 연개소문 집터의 진위眞僞를 가름하는 문제를 떠나 지표조사를 한 후 발굴이 필요하다고 본다. 또 한편으로 생각하면 '연개소문 구기' 즉 연개소문 옛터가 그의 출생지라는 근거는 명시된 바 없다. 그러므로 연개소문이 연고를 맺었던 유허遺墟 정도로 생각해도 무방하다고 본다.[128]

그러면 연개소문가와 왕실의 관계를 검토해 보기로 하자. 연개소문이 자신의 아버지인 연태조의 직을 세습했듯이 연립정권체제에서는 귀족 권력의 세습 관계가 확인된다. 그런데 정변을 통해 왕실을 무력화시킨 연개소문이 자신의 가문을 왕실과 연계시켜야 할 이유가 없었다. 오히려 가문의 독자성을 부각시켜 왕실과의 차별화를 도모해야 마땅하다. 연개소문이 "자신이 물속에서 태어났다고 하여 사람들을 미혹시켰다"라고 한 말이 그러한 일환이라고 하겠다. 또 연개소문의 아들인 남산男産의 묘지명에서 주몽보다는 부여 시조인 동명을 강조하고 있다. 그럼으로써 연개소문가는 고구려 왕실이 지

128 李道學, 「강화도 문화유산의 현실과 대책」 『고대문화산책』 서문문화사, 1999, 112~114쪽.

닌 의미를 축소하려는 경향을 보인 것이다.[129] 요컨대 연개소문 가문이 왕실과의 연결을 언급하지 않았다. 그렇다고 해서 연개소문 가문의 발흥 시점을 후대로 잡는 논거로 삼기는 어렵다. 앞에서 언급하였지만 서부 대인 출신의 연개소문은 전 왕족이 속한 소노부 출신이었다. 그런 만큼 연개소문가는 계루부 고씨 왕실에 대한 경쟁 내지는 폄훼 의식도 일정하게 작용한 것으로 보인다.

그리고 대대로는 "1품에 해당하며 국사를 총괄하고 있다"는 왕에 버금가는 위치였다. 그런데 「천남생묘지명」에 의하면 "증조부는 자유子遊이며 조부는 태조太祚로서 모두 막리지를 역임하였다. 부 개금은 태대대로였는데, 조와 부가 쇠를 잘 부리고 활을 잘 쏘아 군직軍權을 아울러 쥐고 모두 나라의 권세를 오로지 하였다"[130]라고 했다. 여기서 연개소문의 할아버지와 아버지도 막리지를 역임했다고 되어 있지만, 연개소문의 경우는 막리지가 아니라 태대대로로 적혀 있다. 연태조의 경우는 막리지라고만 적혀 있지만 사서에는 역시 대대로로 보인다. 그런데 이러한 경우는 복잡한 직위 분석을 떠나 단순 비교가 오히려 실체에 접근하는 경우가 많다. 다시 말해 묘지명은 도식화된 표현이므로 그 본질적 성격을 찾는 게 긴요할 것 같다. 실제로 「천남산묘지명」에 따르면 "할아버지와 아버지는 대로의 큰 이름을 전했으며"[131]라고 하였다. 남산의 할아버지는 연태조이며, 그의 아버지는 연개소문이다. 두 사람을 대로라는 동급으로 기재하였지만 곧 대대로를 가리킨다. 그러므로 연태조가 역임한 막리지와 연개소문이 맡은 대대로는 동일한 직으로 간주된다. 실제 "1품에 해당하며 국사를 총괄하고 있다"는 왕에 버금가는 대대로직은 후대에 최고 실

---

129 李道學, 「高句麗와 百濟의 出系 認識 檢討」『高句麗硏究』20, 2005;『고구려 광개토왕릉비문 연구』서경문화사, 2006, 76~77쪽.

130 韓國古代社會硏究所, 『譯註 韓國古代金石文 I 』1992, 493쪽.

131 韓國古代社會硏究所, 『譯註 韓國古代金石文 I 』1992, 529쪽.

권자직의 의미로서 회자되었던 막리지와 동급으로 인식되었던 것 같다.

이러한 이유로 「천남생묘지명」이 작성되는 679년에는 연개소문 할아버지·아버지의 직을 대대로가 아닌 막리지로 기재한 것으로 보인다. 대대로로 기재한다면 태대대로였던 연개소문보다 할아버지·아버지의 등급이 낮기 때문에 용어 개변을 한 것이다. 그리고 연개소문의 아버지나 자신이 모두 "군권을 아울러 쥐고 모두 나라의 권세를 오로지 하였다"라고 했다. 이로 볼 때 연개소문 가문은 적어도 막리지를 역임했던 그 할아버지 때부터는 대대로직에 있었음을 알 수 있다. 「천남생묘지명」에서 남생의 조선들이 탕왕을 도와 하夏를 멸망시킨 은의 명재상 이윤伊尹이나 한 무제와 소제·선제를 섬긴 명신 곽광霍光의 임무를 수행했다고 평가하였다. 이러한 기록은 연개소문과 그 아버지의 위상이 적어도 최고 실권자 직인 대대로였음을 암시해 준다. 참고로 남생이 9세에 선인仙人이 되고, 15세에 중리소형, 18세에 중리대형을 역임한 기록이 묘지명에 보인다. 여기서 남생이 9세에 선인을 역임한 이력에 대해 회의적으로 간주하는 이들도 있다. 그러나 고려 원선지元善之(1281~1330)가 음서로 7세에 서면도감판관西面都監判官이 되고, 17세에 산원散員을 거쳐 계속 승진한 기록이 보인다.[132] 따라서 남생의 이력을 허구로만 돌릴 수 없다.

한편 대대로와 막리지를 각각 다른 별개의 실체로 파악하면서 대대로가 막리지보다 높은 직책으로 간주하는 견해도 있다. 이 견해는 그 나름대로의 근거와 일리를 지녔다. 그렇지만 절대 권력자인 연개소문이 무려 20년간이나 2위라는 막리지직에만 머무른 이유가 설명되지 않는다. 게다가 661년에 막리지인 연개소문이 앞의 직책인 대대로를 껑충 뛰어넘어 태대대로인 이유를 설명하기 어렵다. 이와 관련해 『일본서기』에 수록된 다음과 같은 연개소문의 정변 기사를 주목하기도 한다.

---

132 『拙藁千百』 권1.

작년 6월에 제왕자弟王子가 돌아 가셨다. 가을 9월에 대신 이리가수미伊梨柯須彌가 대왕을 시해하였다. 아울러 이리거세사伊梨渠世斯 등 180여 인을 살해했다. 이어 제왕자의 아들[子]을 왕으로 삼았다. 그리고 자신과 동성同姓인 도수류금류都須流金流를 대신으로 삼았다[133]

위의 기사에 의하면 이리가수미 즉 연개소문이 정변을 단행한 후에 왕을 새로 즉위시키고 아울러 동성 즉 일족인 인물을 대신으로 삼았다고 한다. 이 기사는 정변 이듬해에 왜에 도착한 고구려 사신이 전년에 발생한 정변을 전하고 있는 것이다. 이에 따르면 정변 직후에 동성인 도수류금류가 대신이 된 것으로 해석될 수도 있겠다. 그러나 고구려 사신들이 정변 소식을 전하는 643년의 시점에서는 연개소문도 대신으로 기재되어 있다. 그러므로 정변 이듬해인 643년에는 연개소문이 명실상부하게 대신으로 실권을 쥐었음을 뜻하는 문자로 해석된다. 그리고 연개소문이 642년에 왕을 새로 삼은 직후에 대신을 선임하였다. 이로 볼 때 '대신'은 최고직인 대대로일 수 있다. 그렇다면 연개소문은 정변 성공 직후에 대대로직을 동성인 도수류금류에게 부여함으로써 자신은 2선으로 후퇴하는 듯한 제스처를 취했던 것으로 해석된다. 이로써 연개소문은 정변의 명분을 세우는 동시에 자신의 정치적 입지를 높일 수 있었다. 그럼으로써 그는 한층 유리한 상황에서 지방에 소재한 호족 세력들과 타협하거나 제압할 수 있었다. 또 그런 연후에 다시금 대대로로 복귀했을 모습이 그려진다. 위에서 언급한 기사의 문맥대로 본다면 '대신'인 연개소문이 정변 직후에 새로 왕을 삼는 동시에 일족으로 하여금 자신의 직책인 대대로 곧 대신직을 부여한 것이 되기 때문이다.

그러면 연개소문의 아버지가 사망하자 습직하고자 한 직책을 다시 한 번

---

133 『日本書紀』권24, 皇極 원년 2월 조.

도판 42 | 쌍영총 벽화편의 말탄 고구려 무사

거론해 보자. 서부 대인이었을까 아니면 대대로였을까? 먼저 642년 정변 이전 대대로가 누구였는가를 생각해 보아야 한다. 연개소문의 부직父職 승계 문제가 정변의 도화선이 되었기 때문이다. 일단 연개소문의 아버지는 정변이 발생하는 642년 10월 이전에는 사망했다고 보아야 한다. 그런데 641년에 대대로의 존재가 확인되고 있다. 641년에 당사唐使인 진대덕陳大德이 고구려를 방문했을 때 고창高昌이 당에 섬멸되었다는 소식을 듣고 대대로가 세 번이나 그가 머문 관사에 찾아와 축하해 주었다고 한다. 이 대대로가 누구인지는 밝혀져 있지 않다. 그런데 그 이듬해인 642년에 사망한 부직의 습직 건이 도화선이 되어 연개소문이 정변을 일으켰다. 이러한 전후 상황을 놓고 볼 때 641년에 등장하는 대대로는 연개소문의 아버지로 간주하는 게 여러모로 자연스럽지 않을까 싶다. 앞서 인용한 기사를 보면 일단 습직에 성공한 것으로 되어 있고, 그러한 연개소문이 영류왕일파를 제거할 때 동원한 병력은 '제부'에서 차출하였다. 여기서 제부는 연개소문이 소속된 '동부' 즉 서부 뿐 아니라 5부 전체를 총괄하는 호칭이었다. 이것으로 볼 때도 연개소문이 정변 이전에 습직했던 직책이 서부의 대인에만 국한되는 것이 아니었다. 그 전체를 총괄하는 대대로였음을 알 수 있다. 연개소문이 요청한 '섭직'은 "겸대기관직야兼代其官職也"라고 했듯이 기왕의 서부 대인직에다가 대대로를 겸직하려는 것이라고 하겠다. 물론 연개소문이 대대로직을 습직하기 위해 애걸한 기사를 액면대로 죄다 믿기는 어렵다. 이러한 이야기는 연개소문의 습직을 폄훼시키기 위한 악의적인 요소가 강하다고 할 수 있다. 그러나 그 본질은 귀족들과의 타협을 뜻하는 동시에 대대로 선임의 성격과 부합하는 측면이 보인다.

그리고 연개소문이 귀족들을 살해한 장소인 '성의 남쪽'은 남쪽으로 대동강과 접한 장안성 외성外城의 남쪽이 될 수는 없을 것이다. 그 곳은 강이 가로 막고 있어 다중이 운집할 수 없기 때문이다. 그런 만큼 이곳은 역시 궁성인 내성內城의[134] 남쪽으로 지목하는 게 온당하지 않을까 싶다. 궁성 남쪽 광장은 전통적으로 국가적인 의식이 집전되던 광장이었기에 귀족들을 유인하는 데 유리하였을 것이다.

정변의 시점과 관련해서는 642년에 영류왕이 연개소문에게 천리장성의 역사役事를 감독하게 한 사실을 상기하지 않을 수 없다. 물론 해당되는 월月을 『삼국사기』에서는 기재하지 않았다. 그러나 그 직후인 10월에 정변이 발생한 것을 볼 때 영류왕이 연개소문을 천리장성 축조에 투입시킨 일과 무관하지 않은 것 같다. 영류왕이 연개소문을 천리장성 감역監役으로 파견하려는 것은 대대로직에서의 좌천인 동시에 일종의 제거이자 축출에 해당된다. 이에 대해서 연개소문이 순순히 응했을 리는 없다. 이와 관련한 정변의 직접적인 발단을 "서부 대인 개소문이 섭직하며 (왕을) 범犯하려 하자 여러 대신들이 건무와 의논하여 그를 죽이고자 하였다"거나 "너무 난폭하고 나쁜 짓을 하므로 여러 대신들이 건무와 상의하여 죽이기로 했다"고 했다. 위의 문구들은 연개소문이 영류왕에게 순종하지 않았음을 뜻한다. 곧 그가 천리장성 감역 파견에 거칠게 저항했다는 의미로 받아들일 수 있다. 그러한 그가 영류왕과 대신들이 자신을 살해하려는 모의를 포착하고는 선수를 쳤다. 그럼에도 반대파 귀족들이 그의 초청에 선선히 응한 것을 볼 때 대대로 이임식이라는 카드로 유인했을 가능성도 배제하기 어렵다. 혹은 천리장성 감역으로의 발정發

---

134 內城에는 왕궁이 있었다고 한다(과학백과사전종합출판사, 『조선전사』 3, 1991, 183쪽).

程 전에 대열식 거행을 명분으로 유인했을 가능성이다.

그러나 연개소문이 반대파 귀족들을 유인한 배경을 다른 측면에서 살필 수도 있다. 641년에 등장하는 연개소문의 아버지인 대대로는 당이 고창을 멸망시켰다는 말을 듣고 3차례나 당 사신인 진대덕의 숙소를 찾아와 축하했을 정도로 대당 유화론자였다. 앞에서 언급했듯이 「천남생묘지명」에서 남생의 아버지·할아버지를 은·한대의 명재상이나 명신에 비유했다. 연개소문의 경우는 물론 이러한 반열에 해당되지 않는다. 그러나 이 구절은 적어도 연개소문의 아버지는 왕권에 거역하는 행동을 한 게 아니라 잘 보필했음을 뜻한다. 「천남생묘지명」에서 남생의 조선들에 대한 이러한 평가는 죄다 투어적인 문구만은 아니라고 판단된다. 어느 정도의 신빙성은 부여해야 될 것 같다. 그렇다면 연개소문의 아버지는 왕권을 보좌하고 대당관계에서 안정을 추구했던 인물로 간주된다. 이는 앞서 검토했던 대당 유화론자였던 연개소문 아버지의 성격과도 부합한다. 반면 연개소문은 그와는 대비되는 대당 강경론자였던 것으로 보인다. 이로 인해 당과의 화평을 추구하는 영류왕 일파가 연개소문 제거를 기도했던 것 같다. 영류왕 정권은 대수전을 치르면서 화평이라는 일종의 숨고르기를 통한 정권의 안정을 우선시했다고 본다. 이러한 정책 목표에 거슬리는 인물이 다름 아닌 연개소문이었다. 따라서 영류왕과 측근 귀족들은 그의 대대로 습직을 막고자 했고 급기야 살해하려고 했다. 이에 대응하는 연개소문이 반대파 귀족들을 유인한 명분이 열병과 주찬을 베푼 것이었다.

그런데 그 시점이 10월이라는 것과 반대파 귀족들이 거부하지 못하고 선선히 응했다는 사실이다. 이러한 점을 고려할 때 아마도 고구려의 국가적 축제인 10월 동명제東盟祭 때를 이용한 정변이 아닌가 생각된다. 동맹은 겨울나기 전 대규모 수렵 행사와 관련 있다고 한다. 그렇다고 할 때 연개소문이 반대파 귀족들을 유인하는 수단으로 이용한 대열병이 이것과 결코 무관하지는 않을 것 같다. 더욱이 동맹제를 계승한 팔관회가 고려의 위봉루威鳳樓라는 궁문 앞에서 펼쳐졌었다. 고려 왕궁의 정전正殿인 천덕전天德殿 앞에 있던 문루가 위봉루였다. 그 앞에는 구정毬庭이 소재하였다. 궁전 문루 앞의 구정은 의식의 집전이나 대중의 운집이 가능한 광장 기능까지 하였던 것이다. 이 사실은 거꾸로 동맹제의 연결점으로서 궁문 앞이 그러한 기능을 했음을 뜻한다. 동시에 그 곳은 일체감을 조성하는 고구려 국가 최대의 명절인 동맹제 때 반대파 귀족들을 유인하기에는 더할 나위없이 좋은 장소이기도 했다. 실제로 정변의 장소였던 '성의 남쪽'이 속한 장안성은 대동강에 연접하였다. 그러한 장안성 부벽루 밑의 절벽에 소재한 기린굴麒麟窟이 평양성 천도 후 이전된 동맹제 때의 제의 시설인 수혈隧穴로 밝혀졌다.[135] 동명제 때는 기린굴 속에 있는 수혈신을 맞아다가 장안성에서 가장 높은 북성北城에 소재한 구제궁九梯宮에 봉안한 후 국왕이 제사를 집전했다고 한다. 그렇다고 할 때 기린굴 수혈신의 신체神體는 대동강을 이용하여 내성 바깥인 중성→내성(왕궁성) → 북성으로 이동한 것으로 보인다. 요컨대 이 같은 동선 관계와 시점을 놓고 볼 때 연개소문은 동맹제를 이용하여 내성 남쪽에서 정변을 일으켰음을 확신하게 된다.[136]

연개소문은 살생부에 올린 정적들을 주연장으로 유인하여 덮쳤다. 흥겹게 술잔에 입술을 대고 있을 때였다. 이와 관련해 시녀가 술잔을 이란 사파비 왕조의 샤 아바스1세 왕에게 올리는 장면이 연상된다. 이 그림에는 "당신이 원하는 연인의 입술, 강의 입술 및 술잔의 입술 등 3가지 입술을 삶에서 얻을 수 있기를…"[137]라는 문구가 적혀 있다. 3가지 입술 가운데 주흥이 무르익어 술잔의 입술에 연신 입을 대고 있을 때였다. 주연장 바깥이 갑자기 시끄러워졌

135 李道學,「平壤 九梯宮의 性格과 그 認識」『國學硏究』3, 1990, 229-234쪽.
136 이상의 서술은 李道學,「高句麗의 內紛과 內戰」『高句麗硏究』24, 2006, 9~40쪽에 의했다.
137 루브르 박물관, 『Louvre 300점의 걸작품』2006, 60쪽.

다. 그러나 주연장 안에서는 반주와 함께 한 주흥에 묻혀 누구도 눈치 채지 못했을 것이다. 주연장 바깥에서 경계심 없이 대기하고 있던 귀족들의 수행원들은 삽시간에 제압당했다. 이와 동시에 누군가의 신호에 따라 일군의 무리들이 일제히 검을 뽑고 주연장 안으로 빠르게 들이 닥쳤다. 조금 전까지 으스대며 열병에 참여했던 그 병력이었다. 미쳐 손 쓸 겨를도 없었다. 귀족들은 허둥대다가 불의의 일격으로 현장에서 죄다 도륙당했다. 난장판 아비규환의 지옥도가 달리 없었다. 이 사건은 이슬람 아바스 왕조의 초대 칼리프였던 아부 알아바스 측에서 전 왕족인 우마이야 가家 사람들과 화해하고 싶다고 초청하여 주연을 베푼 후 덮쳐서 한 사람도 남기지 않고 살해한 장면을 연상시킨다. 가죽으로 된 깔개를 그 시체들 위에 덮고 거기 올라 앉아 주연을 계속했다. 깔개 밑에서 아직도 숨이 남아 있는 자들의 신음 소리가 들려 왔다고 한다. 그리고 그들은 이를 반주伴奏로 하여 우마이야가 사람들이 다 죽어갈 때까지 술잔을 주고받으면서 즐겼다는 것이다.[138]

항일전쟁에 승리한 국민당 정부가 1945년 9월부터 본격적인 친일파 숙청 작업을 시작할 때였다. 화베이[華北] 지역의 한간漢奸(매국노)들을 체포하기 위해 이들을 만찬에 초청하였다. 연회가 시작되고 술이 몇 순배 돌 무렵 얼굴이 말[馬]처럼 생긴 사람이 건배를 제의하면서 "한간죄로 모두 체포한다"고 선언했다. 저녁 얻어먹으러 왔다가 일망타진된 화베이 일대의 한간들은 통째로 감옥으로 직행하였다. 유명한 문호 루신[魯迅]의 바로 밑의 동생인 저우쥐런[周作人]도 이때 붙잡혀서 압송되었다.[139]

연개소문은 영류왕을 살해하고 보장왕을 세움으로써 중앙에서 반대파를

---

138 李道學, 「충천하는 카리스마 연개소문」『꿈이 담긴 한국고대사노트(상)』일지사, 1996, 28쪽.
139 김명호, 『김명호의 중국인 이야기(3)』한길사, 2014, 378~380쪽.

대거 숙청했다. 이후 그의 반대파인 지방 유력세력들에 대한 공략을 시도했지만 모두 제압한 것은 아니었다. 그로부터 몇 년 후, 안시성을 포위하고 있던 당 태종으로부터 "안시성주는 재능과 용맹이 있어 막리지(연개소문)의 난에도 성을 지키고 복종하지 않으므로, 막리지가 이를 쳤으나 함락시키지 못하고 그대로 맡기었다"라는 말을 들었다. 그 대단한 카리스마인 연개소문에게도 굴복하지 않은 기개 높은 무장임을 전해주고 있다. 즉 연개소문은 정변을 일으켜 영류왕을 죽이고 또 권력을 장악했으나 굴복시키지 못하고 그의 존재를 인정하지 않을 수 없었던 배포있는 유일한 인물이 안시성주였다. 요컨대 당시 고구려에는 연개소문과 안시성주라는 두 명의 걸출한 무장이 있었다. 그런데 전자는 격랑치는 역사의 물굽이가 본인의 의지와는 무관하게 정치가로서의 길을 걷게 하였는지는 모르겠지만, 후자는 그 본분대로 생을 살면서 조국을 구했던 것이다. 안시성주의 진가는 그가 고수했던 군인으로서의 길에서 발휘되었다.

어쨌든 이 사실은 연개소문의 위세가 비록 하늘을 찌르기는 했지만 복종하지 않는 세력이 지방에 여전히 온존했음을 뜻한다. 아울러 연개소문이 지방의 성주들을 무력으로 제압하는 과정을 통해 일정 기간 고구려가 내전 상태에 놓였음을 상상할 수 있다. 이러한 불완전한 연개소문의 지배 체제를 강고하게 만든 것이 당군의 침공이었다. 그리고 이에 대응하여 연개소문은 고구려군을 파견하여 지원했다. 안시성이 당군에 포위되었을 때 연개소문은 고연수와 고혜진으로 하여금 15만 병력을 출동시켜 구원하게 한 바 있다. 이러한 비상시국의 전쟁 극복 과정을 통해 연개소문의 지배력은 자연히 지방 말단까지 미치는 게 가능했던 것으로 보인다. 이로써 연개소문 아들에까지 권력이 승계되는 세습체제가 확립될 수 있었다. 또 그럼으로써 짧은 귀족연립정권체제의 종언을 가져 왔다. 연개소문 집권 후의 상황을 『자치통감』에서 "원근을 호령하며 국가를 전제했다"라고 하였다. 이전과는 달리 1인 독재체제였기 때문이다.

연개소문은 매우 위엄이 있었다. 몸에 칼을 다섯 자루나 차고 있었다. 곁에 있는 사람들이 감히 쳐다 보지도 못하였다고 한다. 혹자는 『한원翰苑』에서 고구려 사람들은 다섯 자루의 작은 칼[五子刀]을 몸에 지니고 다녔다고 하므로, 이것과 연관지어 해석하기도 한다. 그러나 고구려 사람이라면 늘상 휴대하고 다니는 다섯 자루의 작은 칼이 상대방을 위압할 리는 없다. 아마도 연개소문은 커다란 장검을 양 허리춤과 양쪽 어깨에 하나씩 찼으리라고 상상된다. 그렇다면 나머지 한 자루의 칼은 어디에 찼을까? 내가 생각하기에 왼손에 항시 거머쥐고 있으며, 기분이 여의치 않으면 대화하다가도 상대방 면전에서 칼집을 탕탕 내리칠 수도 있다는 자체가 그를 대하는 이들을 주눅들게 하지 않았을까 싶다. "연개소문은 스스로 막리지가 되어 의복과 관冠, 신발을 모두 금색으로 꾸몄다"[140]고 했다. 즉 "소문은 수염이 많이 난 얼굴로서 대단히 뛰어나고, 모습이 우뚝했고 의복과 관과 신발은 모두 황금색 비단으로 꾸몄다. 몸에는 다섯 자루의 칼을 찼고, 항상 팔을 좌우로 휘저으며 씩씩하게 걸었다. 의기가 호방하고 빼어났으므로 좌우에서 감히 우러러 보지 못했다. 늘 무관과 귀인으로 하여금 땅바닥에 엎드리게 하고 그 등을 밟고 말에 오르거나 내렸다"[141]고 한다.

연개소문의 성씨는 '연淵'이 되는데, 자칭 물속에서 출생하였다고 하여 여러 사람들을 미혹하게 했다. 정천井泉신앙과 관련있음직한 성씨를 바탕으로 하여 자신의 출생을 신비화시켰다. 신라 시조 혁거세의 왕비인 알영閼英도 우물[井]에서 나왔다.[142] 이와 관련해 다음과 같은 조선 후기 사례가 도움

---

140 『海東繹史』권20, 禮志3. 儀物 章服 조.
141 『通典』권186, 東夷 下, 변방 조. "蘇文鬚面甚偉 形體魁傑 衣服冠履皆飾以金綵 身佩五刀 常挑臂高步 意氣豪逸 左右莫敢仰視 常令武官貴人俯伏於地 登背上下馬"
142 『三國史記』권1, 赫居世 5년 조.

이 된다. 즉 마을로 들어가 양씨성楊氏姓의 사람 집에서 자는데, 이우李友 성녀成汝가 말하기를 "한 달 전에 과거를 보러 갈 때 일찍이 이 집에서 잤는데, 주인 노파가 스스로 말하기를 자기가 젊었을 때 밤의 꿈에 용이 배에 서렸었는데 그 후에 태기가 있어 딸을 낳은 것이 곧 양씨의 아내라고 했다"한다. 그러나 나는 웃으면서 "옛 역사에 흔히 푸른 용이 배에 서려서 천자를 낳았다고 하는데 이제 이 할미는 어리석은 여자를 낳고서 어찌 서로 같지 않다고 하는가"라고 말하고, 다시 생각하니 이는 마을의 늙은 할미가 스스로 허탄한 말을 만들어 이로써 그 여아를 기이하게

도판 43 | 비석 뒤로 보이는 경주의 알영정

만드는 것이 아닌가. 저 천자가 났다는 것도 또한 어찌 영웅이 사람을 속인 것이 아닌지 알 수 있겠는가 가소롭다 하겠다.[143]

연개소문은 말에 오르고 내릴 때마다 항상 귀족이나 장수들을 땅에 엎드리게 하여 디디는 발판으로 삼았다. 그리고 외출할 때는 반드시 대오를 갖추어 갔다. 앞에서 길잡이가 긴 소리로 외치면 사람들이 달아나면서 구렁텅이라도 피하지 않았다. 연개소문이 경필警蹕을 하고 있었음을 알 수 있다. 경필은 벽제辟除라고도 하는데, 귀인이 행차할 때 일반 주민들의 통행을 제한하는 일을 가리킨다. 그러나 일반적으로 천자가 거둥할 때 행인의 통행을 금하

---

143 韓鎭宷 著 · 李民樹 譯, 『島潭行程記』 일조각, 1993, 30쪽.

는 것이다. 천자가 궁을 나갈 때 경警이라 외치고, 들어올 때 필蹕이라고 외쳤다. 후한의 황제 효헌제를 끼고 있던 위왕魏王 조조曹操도 말년에 천자의 정기旌旗를 설치하고 경필을 칭하였다.[144] 조조는 형식에서 황제의 지위를 받은 것이다. 이와 관련해 조선 태종이 태상전太上殿에 나아가 문안하였다. 임금이 장차 나가려고 하니, 사간원司諫院에서 상소하기를 "인군人君이 출입할 때에 의장儀仗이 삼엄하고 경필청도警蹕淸道하는 것은 군신君臣의 분수를 엄하게 하고, 업신여기고 가벼이 보는 버릇을 막자는 것입니다. …"[145]고 했다. 경필을 하는 이유가 적혀 있는 것이다. 연개소문은 위엄을 세워 실질적인 왕 행세를 하고 있었다.

연개소문은 군사적 재능도 탁월하였다. 662년에 그는 사수 전투를 직접 지휘하여 당장唐將 방효태 및 13명의 아들과 전군을 몰살시키는 전과를 올리기도 하였다.

그러면 연개소문의 종교 정책은 어떠하였을까? 고구려 말기에 일명 오두미교五斗米敎라고 하는 도교를 주민들이 많이 신봉하였다. 그러한 소식을 들은 당 고조高祖는 우호 차원에서 도사道士를 비롯하여 천존상天尊像을 보내왔다. 그리고 『도덕경道德經』을 강연케 하였다. 국왕인 영류왕이 강의를 듣고서 당에 사신을 보내어 도교를 구하였다고 한다. 연개소문 집권 이후 보장왕은 유교와 불교 그리고 도교를 함께 진흥시키고자 했다. 그러나 연개소문은 유교와 불교는 모두 번성하지만 도교는 그러하지 않다는 이유로써 도교만을 구하고자 했다. 호국호왕사상을 지닌 불교는 자신의 독재정치에 걸림돌이 된다고 여겨서 새로운 지배 이념으로서 도교를 진흥시키고자 한 것이다. 그

---

144 『三國志』권1, 魏志 武帝紀 建安 22년 4월 조.
『資治通鑑』漢紀 60, 建安 22년 4월 조.
145 『太宗實錄』3년 2월 7일 조.

이유는 지배층의 비호를 받고 있
던 사원 세력을 꺾는 한편 당과 좋
은 관계를 유지하기 위한 데 있었
다.[146] 보장왕은 사찰을 도관道觀
으로 삼고 도사道士의 지위를 유사
儒士 위에 두었다.

연개소문의 도교 진흥은 고구려
멸망과 관련 지어 말해진다. 당에
서 보낸 숙달叔達 등 도사 8명은 국
내를 돌아다니며 유명 산천을 진압
했다는 것이다. 이들이 고구려 시
조 추모왕이 천상의 상제上帝를 조
근朝覲할 때 밟았다는 영석靈石인
조천석朝天石을 파서 깨트렸다고

도판 44 | 평양성을 그린 '기성도箕城圖' 일부
(동아대학교 박물관 소장)

한다.[147] 이는 송인宋人 호종단胡宗旦이 고려 산천을 다니면서 자행했던 소행
과 동일하다. 조천석을 파괴했다는 이야기에는 당 태종이 보낸 도사들이 고
구려를 망하게 했다는 정서가 어려 있다. 이들은 보름달 모양으로 평양성을
증축하면서 천년 가는 성이라는 참언을 유포시켰다.[148] 그리고 평양성을 천
년보장도千年寶藏堵라고 일컬었다.[149] 연개소문의 요청에 따라 도교를 혹신

146 손영종,『조선단대사(고구려사 5)』과학백과사전출판사, 2008, 70~71쪽.
147 朝天石에 대해서는 李道學,「平壤 九梯宮의 性格과 그 認識」『國學硏究』3, 1990,
     229-234쪽.
148 이 기사를 주목하여 장안성의 外城이 이때 축조되었다는 생각을 할 수 있다. 그러나
     수의 해군이 장안성에 상륙했을 때 '郭'이 등장한다. 장안성에는 이미 外城이 축조되
     었음을 가리킨다.
149 『三國遺事』권3, 興法 寶藏奉老 普德移庵 條.

했던 보장왕寶藏王의 '보장' 이름도 이와 연관된 개명改名으로 보인다. 천년보장도 평양성에 거처하므로 보장이라는 이름을 얻게 된 것 같다. 고구려는 유궁幽宮 즉 장지葬地 이름에서 시호를 취했다. 보장왕 이름은 그 반대였다.

당시 평양 반룡사盤龍寺에 거처하였던 보덕화상普德和尙은 도교가 불교에 대치對峙하여 성하면 국운이 위태롭게 될 것을 알고는 여러 차례 보장왕에게 건의하였으나 채택되지 않았다. 그러자 보덕은 이에 대항하여 열반종을 제창하여 교세敎勢가 크게 떨쳤다. 그렇지만 역부족을 느낀 보덕은 신력神力에 의해 방장方丈을 날려 남으로 와서 전주 고대산孤大山에 거처하였다고 한다. 그 시기는 659년 혹은 667년이라고 하는데, 여하간 고구려 말기였음은 분명하다. 보덕화상이 주석했던 사찰은 고대산의 경복사景福寺였다. 그곳에 비래방장飛來方丈이 남아 있었다고 한다.[150]

신라는 유儒·불佛·도道를 융합하였다. 그런데 반해 고구려는 도교를 통해 불교를 탄압했다. 이로 인한 사상계의 갈등도 고구려의 분열을 야기한 요인의 하나였다.

3) 두 영걸의 만남

백제와 신라 간의 전쟁에서 일대 분기점이 되는 사건이 합천의 대야성 전투였다. 황강이 도도하게 흐르는 곳에 축조된 대야성을 함락시키면 신라의 심장부를 고대 위협할 수 있게 된다. 의자왕은 신라의 목을 죄어야겠다는 일념으로 낙동강 동안東岸에 이르는 최단 거리인 합천 대야성을 함락시키고자 했다. 642년 8월에 의자왕은 장군 윤충允忠을 보내 지금의 경상남도 합천에 소재한 신라의 옛 가라 지역에 대한 통치 거점인 대야성을 함락시켰다. 대야성의 성주인 품석品釋과 그 처妻인 고타소랑이 항복하였다. 이들은 다름아닌

---

150 『三國遺事』권3, 興法 寶藏奉老 普德移庵 條.

당시 신라의 실권자인 김춘추의 사위와 딸이었다.[151] 그런데 고타소랑의 어머니가 누구인지는 고려해 보아야 한다. 김춘추와 문희 사이에서 출생한 첫째 자식인 문무왕 법민은 626년생이었다. 고타소랑이 그 여동생이라면 대략 628년 이후에 출생한 게 된다. 만약 그렇다면 642년 당시 그녀는 15세쯤 된다. 이 연령에 혼인이 불가하지야 않다고 하자. 그렇더라도 자연스럽지는 않다. 오히려 고타소랑이 법민 보다 연령이 위였을 가능성이 크다. 그렇다면 고타소랑은 문희 소생이 아니다. 김춘추가 문희와 결혼하기 전에 이미 혼인한 여성이 있었음을 뜻한다. 바로 그 소생이 고타소랑이라고 보아야 한다.

윤충은 품석 부부의 목을 가차없이 베어 수도인 사비성으로 보냈다. 그러는 한편, 남녀 1천여 명을 사로잡아 나라의 서쪽 지방으로 분산 · 거주시켰다. 의자왕은 윤충에게 말 20필과 곡식 1천 석을 내려주는 파격적인 포상襃賞을 단행하였다.

대야성 함락으로 인한 신라 조정의 충격은 상상을 초월했다. 위기감과 두려움이 고조되었다. 김춘추는 딸과 사위의 피살 소식을 듣고는 하루 종일 서 있었다. 곁에 사람이 지나가도 몰랐다고 했을 정도로 충격이 컸다. 저녁 무렵에야 그가 자리를 뜨면서 한 말은 복수하겠다는 거였다. 즉 "슬프다! 대장부가 되어 어찌 백제를 삼키지 못하겠는가?"라고 하였다. 김춘추는 곧 왕을 찾아뵙고 말하기를 "신이 고구려에 사신으로 가서 군사를 청하여 백제에게 원수를 갚고자 합니다"라고 하자 왕이 허락하였다. 김춘추는 즉각 실행에 옮겼다. 이는『삼국사기』선덕왕 11년와 김유신전에 수록된 내용들이다.

김춘추는 사찬(제8위)인 훈신訓信을 대동하고 고구려로 향했다. 그는 지금의 경상북도 풍기 땅인 대매현代買縣에 이르렀다. 죽령을 넘기 직전이었다.

---

151 이들의 항복 과정에 관한 4가지 서술에 대한 분석은 李道學,「권력과 기록」『東아시아古代學』48, 2017, 11~13쪽을 참조하기 바란다.

그때 김춘추 일행은 대매현의 사찬인 두사지豆斯支가 바친 청포靑布 300보를 지니고 고구려 경내로 들어갔다. 고구려 국경 초소에서는 즉각 평양의 장안 성으로 전갈을 보냈다. 고구려군의 안내를 받으며 김춘추는 장안성에 이르 렀다.

보장왕은 태대대로인 연개소문을 보내어 김춘추를 맞아 객관을 정해 주고 잔치를 베풀었다. 이에 대해 "이윽고 저들의 경내에 들어서자 고구려 왕이 태 대대로 개금蓋金을 보내 객사에서 잔치를 베풀고 우대해 주었다(『삼국사기』 김유신전, 상)"라고 적었다. 연개소문과 담판을 짓기 위해 찾아온 신라의 김춘 추가 그의 이런 모습을 접했을 때의 심회가 궁금하다. 김춘추는 순간 "듣던대 로구나"라는 생각을 하면서 애써 태연해 하였을까? 김춘추는 하루에 쌀 서말 과 숫꿩 아홉 마리를 먹었다고 할 정도로 장대한 체격의 소유자였다. 그러한 그는 과연 압기壓氣되었을까? 여하간 이 순간은 우리 역사상 다시 보기 어려 운 라이벌이요, 호걸다운 호걸 간의 만남이었다.

도판 45 | 죽령

며칠 후 김춘추는 고구려 보장왕을 접견하였다. 보장왕은 평소 김춘추의 명성을 들었기 때문에 군사의 호위를 엄중히 한 다음에 그를 만나 보았다. 김춘추를 압기하려는 저의가 깔려 있었다. 김춘추가 나아가 말하기를 "지금 백제는 무도하여 긴 뱀과 큰 돼지가 되어 우리 강토를 침범하므로 저희 나라의 임금이 대국大國의 군사를 얻어서 그 치욕을 씻고자 합니다. 그래서 신하인 저로 하여금 대왕께 명을 전하도록 하였습니다"라고 하였다. 보장왕이 말하기를 "죽령은 본래 우리의 땅이니, 그대가 만약 죽령 서북의 땅을 돌려준다면 군사를 보낼 수 있다"라고 하였다. 김춘추가 대답하기를 "신은 임금의 명령을 받들어 군대를 청하는데, 대왕께서는 어려운 처지를 구원하여 이웃과 친선을 하는 데에는 뜻이 없고 단지 사신을 위협하여 땅을 돌려 줄 것을 요구하십니다. 신은 죽을지언정 다른 것은 알지 못합니다"라고 하였다. 보장왕은 그 말의 불손함에 화가 나서 김춘추를 별관別館에 가두었다.

김춘추는 보장왕이 총애하는 신하 선도해先道解에게 몰래 청포 300보를 보내주었다. 일종의 뇌물을 먹인 것이다. 그 직후 선도해가 음식을 차려와 함께 술을 마시다가 (술자리가) 무르익자 농담하듯 말하였다. "그대는 또한 일찍이 거북이와 토끼의 이야기를 들어보았소? 옛날 동해 용왕의 딸이 심장에 병이 났는데 의원이 '토끼의 간을 얻어 약을 지으면 치료할 수 있습니다'라고 말하였소. 하지만 바다 속에는 토끼가 없으니 어찌하지 못하였소. (그러던 차에) 거북이 1마리가 있어 용왕에게 '제가 능히 그것을 얻을 수 있사옵니다'라고 아뢰었소. 이윽고 육지에 올라 토끼를 보고는 '바다 속에 섬이 하나 있는데 샘은 맑으며 돌은 하얗고 수풀은 무성하고 과일은 맛이 좋으며 추위와 더위는 이르지 못하고 매와 송골매도 침입하지 못한다. 네가 만일 (그곳에) 가기만 한다면 편안하게 살 수 있어서 걱정이 없을 것이다'라고 말하였소. 이로 인해 토끼를 등에 업고 2~3리 정도 헤엄쳐 가다가 거북이가 돌아보며 토끼에게 '지금 용왕의 딸이 병이 들었는데, 모름지기 토끼의 간이 약이 되는 까

도판 46 | 예천군 용궁 기차역. 용궁역에서 개발한 '토끼간 빵'이 유명하다.

도판 47 | 용궁역 앞 담에 그려진 '토끼의 간' 이야기 그림

닭에 수고를 꺼리지 않고 너를 업고 왔을 따름이다.'라고 하였소. (그러자) 토끼가 말하였소. '아! 나는 신명神明의 후예라 능히 오장五藏을 꺼내 씻어 넣을 수 있다. 일전에 잠시 마음이 어지러워 마침내 간과 심장을 꺼내 씻어 잠깐 바위 아래에 두었는데 너의 달콤한 이야기를 듣고 곧바로 오느라 간은 여전히 거기에 있으니 어찌 간을 가지러 되돌아가지 않겠는가. 그렇게 하면 너는 구하는 것을 얻게 되고 나는 비록 간이 없어도 또한 살 수 있으니 어찌 양자

가 서로 좋지 않겠는가.' 거북이는 그 말을 믿고 돌아가 겨우 해안에 이르렀는데 토끼가 도망치며 풀 속으로 들어가 거북이에게 '어리석구나, 그대여. 어찌 간 없이 살 수 있는 자가 있겠는가?'라고 하였소. 거북이는 근심하며 아무 말도 못하고 물러갔소."

명석한 김춘추는 말귀를 금방 알아챘다. 즉시 그는 보장왕에게 글을 보내 "두 영嶺은 본래 대국의 땅이니, 신이 귀국하여 저희 왕께 그것을 돌려주라고 청하겠습니다. 저를 믿지 못한다고 하시면 밝은 해를 두고 맹세하겠습니다"라고 하자, 보장왕이 기뻐하였다. 김춘추가 몰래 사람을 시켜서 본국의 왕에게 알렸다. 이때 고구려 간첩 덕창은 승려의 신분으로 위장하여 신라의 수도에 잠입해 있었다. 그러던 중 김춘추가 연개소문과 담판을 짓기 위해 고구려에 들어갔으나 감금되는 사건이 발생했다. 그런데 김춘추는 떠날 적에 자신이 고구려에 들어간 지 60일이 지나도 돌아오지 않으면 군사행동을 취하라고 김유신에게 당부한 바 있었다. 김춘추가 기일이 지났는데도 귀환하지 않자, 김유신은 결사대 3천 명을 뽑아 출병하려고 만반의 준비를 갖추었다. 진덕여왕은 대장군 김유신에게 명하여 결사대 1만 명을 거느리고 나가게 하였다. 김유신이 행군하여 한강을 넘어 고구려의 남쪽 경계에 들어갔다. 이러한 정보를 입수한 덕창은 즉시 보장왕에게 보고하였다. 그러자 보장왕은 김춘추를 후하게 대접한 후 돌려 보내게 되었다.

그러면 이 무렵 백제와 고구려는 어떠한 관계였을까? 의자왕이 고구려와 화친한 것이 643년 11월이었다. 이로 볼 때 연개소문은 일종의 꽃놀이패를 쥐고 있었다. 백제와 신라 양국에서 고구려를 각각 끌어당기려고 하였기 때문이다. 이때 연개소문은 김춘추에게 신라가 빼앗은 자국 구토舊土의 반환을 요구했다. 이는 당 태종이 훗날 백제에 요구한 화해의 명분과 동일한 것이다. 점령한 측에서는 모두 수용할 수 없는 주장들이었다. 결국 당에 대적하는 일이 발생하더라도 일차적으로 신라를 고립시켜 구축한다는 전략적 인식을 공유한 관계로 양국 간의 화친이 성사된 것이다. 의자왕 외교의 일단의 승리였다.

7. 요동 치는 동아시아 세계

1) 당에서의 정변

당 고조의 첫째 아들인 태자 이건성李建成과 둘째 아들 진왕秦王 이세민李世民 그리고 넷째 아들 제왕齊王 이원길李元吉은 당의 건국에 공을 세웠다. 이들 가운데 훗날의 태종이 되는 이세민의 역할은 비할 수 없었다. 나름대로 건국에 공훈을 세운 형제들은 당 고조의 후계자 책봉을 둘러싸고 경쟁하는 상황이 되었다. 이때 이건성과 이원길이 한패가 되어 이세민을 제거하고자 했다. 이건성은 즉위하면 아우인 이원길을 태제太弟로 삼겠다고 하였다. 이건성은 아우에게 후계를 맡기겠다고 협약을 맺었던 것이다. 이해가 맞아 떨어진 두 형제는 아버지인 당 고조 이연에게 끊임없이 이세민을 참소하였다. 이에 질세라 이세민도 맞받아치는 형국이 되었다. 이세민은 이건성과 이원길이 후궁들과 음란한 짓을 했다고 상주문을 올렸다. 그러자 놀란 당 고조는 자신이 국문을 할 터이니 이세민에게도 출두하라고 했다. 그 즉시 이세민은 현무문에 예하의 병력을 숨겨 놓았다.

이건성은 동생인 이원길과 이 문제를 상의했다. 이원길은 칭병하고 나가지 말자고 하였다. 그러나 이건성은 군사를 풀어 든든하게 방비했으니 함께 궁궐에 들어가자고 했다. 다음 날인 626년 6월 4일이었다. 이건성과 이원길이 함께 현무문玄武門을 들어선 직후였다. 변고의 낌새를 눈치 챈 이건성과 이원길은 급히 말을 돌렸다. 이때 이세민이 쫓으면서 그를 불렀다. 이원길은 활을 당겨 이세민을 쏘려고 하였다. 그렇지만 두 세 번이나 활이 당겨지지 않았다. 그 틈을 노리고 이세민이 이건성을 쏘아 죽였다. 아울러 이원길은 사격

을 받고 말에서 떨어졌다. 동시에 이
세민의 말이 놀라서 숲속으로 달아났
다. 그때 이세민은 나뭇가지에 걸려
땅에 떨어졌다. 그 순간 이원길이 이
세민의 활을 빼앗고 눌렀다. 이 모습
을 본 위지경덕尉遲敬德이 황급이 달려
와 이원길을 쏘아 죽였다. 변고를 접
한 두 형제의 잔여 세력이 역공을 했
다. 그렇지만 이들은 두 형제의 수급
을 본 직후 힘이 빠져서 흩어지고 말았
다. 이것을 일러 '현무문의 변'이라고
일컫는다. 승자인 이세민은 두 형제의
왕자들도 죄다 죽였다. 그리고 황실의

도판 48 | 위지경덕 묘지석

호적에서 이들을 제거해 버렸다. 권력
은 일사천리로 당 고조에서 이세민에게로 넘어 갔다. 6월 7일에 이세민은 황
태자가 되었다. 정변 3일만이었다.

현무문의 변과 관련해 '금정 접혈禁庭蹀血'이라는 구절을 상기해 본다. 대
궐의 뜰에 유혈流血이 낭자하여 그것을 밟고 건널 정도였다는 뜻이다. 사마
광은 이 상황을 '접혈금문蹀血禁門'이라 표현하면서 "여러 아랫사람들의 압박
을 받아서 드디어 금문禁門에다 피를 묻히고 칼날을 동기간에게 들이대어 천
고에 비웃음을 샀다"[152]라고 비판하였다. 이는 아우가 형을 잔인하게 죽이고
왕위를 차지했다는 뜻을 내포하고 있다. 그리고 윤기尹愭(1741~1826)가 지은
『무명자집無名子集』에 보면 다음과 같은 논설이 적혀 있다.

---

152 『資治通鑑』권191, 武德 9년 조.

세상에서는 모두 당 태종의 '정관지치貞觀之治'를 가지고 삼대三代 이후의 영명한 군주라고 하여 한 문제漢文帝와 나란히 거론하고 그 평소의 극악대죄에 대해서는 도리어 말하지 않으니, 이것은 공을 가지고 죄를 대신 갚는 법인가? 아니면 선행을 드러내고 악행을 덮어주는 의리인가? 공리功利가 인심을 함몰시킨 지 오래되었으니, 부정한 방법으로 원하는 바를 얻는 것을 높게 여기고 법대로 행하는 것을 부끄럽게 여기며, 춘추필법에 대해서는 그 누구도 말하는 사람이 없다. 참으로 이와 같다면 성의誠意 · 정심正心 · 수신修身 · 제가齊家는 치국治國 · 평천하平天下의 근본이 될 수 없고, 선행을 권장하고 악행을 징계하는 경계의 의리가 소용없어질 것이니, 그래도 괜찮단 말인가.

내 들으니, 옛날의 군자는 한 가지라도 불의不義를 행하거나 한 사람이라도 죄 없는 이를 죽이고 천하를 얻는 짓은 하지 않았다고 한다. 이들이 어찌 크고 작은 이해를 구분하는 데 어두워서 그러하였겠는가. 진실로 이익이 아무리 크고 허물이 아무리 작더라도 의리에 어긋나는 짓을 하고자 하지 않았기 때문이다. 그러므로 선유先儒는 "반드시 천리天理를 어기고 인륜을 폐한 뒤에 천하를 얻어야 한다면 차라리 망하는 것이 낫다. 이는 의리가 죽음보다 중하기 때문이다"라고 한 것이다. 당 태종과 같은 사람을 어찌 '한 가지라도 불의를 행하거나 한 사람이라도 죄 없는 이를 죽이고 천하를 얻는 짓을 하지 않은 군자'에 곧장 비견할 수 있겠는가. 아버지를 협박하고 오랑캐에게 신하 노릇 하도록 하였으며, 형과 아우를 죽였다."[153]

여기서 '오랑캐에게 신하 노릇 하도록 하였다'는 것은, 유문정의 건의에 따

---

153 『無名子集』第14册, 唐太宗; 이상아 譯, 성균관대학교 대동문화연구원, 2013.

라 돌궐의 시피 합한[始畢可汗]에게 신하를 자청하며 도움을 청하는 편지를 보낸 것을 이른다.[154] 삼봉 정도전은 당 태종을 일러 "처음에는 아버지를 위협하여 오랑캐에게 신하 노릇하게 하고 형과 아우를 죽였으며, 뒷날에는 아우의 아내에게 난행亂行하여 그에게서 자식을 낳음으로써 인륜人倫에 있어 부끄러운 일이 많았다"[155]고 평가 절하했다. 율곡 이이李珥는 『동호문답東湖問答』에서 당 태종에 대해 혹평하였다. 즉 "당 태종은 아비를 위협하여 병력을 동원했고, 형을 죽여 황제 자리를 빼앗았으며, 아우의 아내와 간통하는 등 그 행위가 개나 돼지 같았다"고 질타했다. 여기서 '아우의 아내'는 현무문의 변 때 당 태종이 죽인 동생 이원길의 아내 양씨楊氏를 가리킨다. 당 태종은 정비인 문덕황후文德皇后 사후 그녀를 황후로 삼으려다가 위징의 만류로 단념했다. 그리고 『무명자집』에는 다음과 같은 글귀도 있다. 즉 "임금인 아버지를 놀라게 하여 그 자리를 대신 차지하고, 동생의 아내를 맞이하여 왕후로 삼으려고 하였으며, 아들 이명李明(?~682)이 태어나자 소자왕巢刺王 이원길의 뒤를 잇게 하였다. 그가 한 행적을 더듬어보면 불인不仁하고 불의不義하지 않은 것이 없으며, 이치를 거스르고 인륜을 폐하지 않은 것이 없어서 사람의 도리로는 할 수 없는 것들이다. 그런데도 자신의 악행은 은근슬쩍 숨기고 선행은 드러내고자 하여, 심지어는 6월 4일의 일을 주공周公이 관숙管叔과 채숙蔡叔을 주벌한 것에 비견하여 "짐이 한 것 또한 이와 같은 것일 뿐이다"라고 하였으니, 아아, 이미 차마 할 수 없는 일을 차마 하더니, 또 이런 말을 차마 입 밖에 내어서 안으로는 자기 마음을 속이고 겉으로는 자신의 신하와 천하 후세 사람들을 속인단 말인가!"고 했다. 여기서 이명은 태종의 14번째 아들로,

---

154 『資治通鑑』권183, 義寧 元年 조. 권184, 義寧 元年 조.
155 『三峰集』제11권, 經濟文鑑 別集 上, 君道.

양씨 소생이다. 647년(정관 21)년에 조왕曹王에 봉해졌다.[156]

설화에 의하면 당 태종은 죽은 자를 다스리는 왕인 염마閻魔에게 소환되어 소송을 집행하는 하급 관리에게 배정되었다고 한다. 그 관리는 당 태종의 어린 두 동생이 황제를 고발하였으나 만약 하나의 질문에 답변만한다면 다시 현세로 돌아갈 수 있다고 설명해주었다. 질문은 다음과 같았다.

　　당의 황제이신 태종 폐하, 어째서 무덕武德 7년(626)에 궁정의 뜰 앞에서 형제를 살해하고 여인들의 궁에 부친을 감금하였는지 대답해주십시오!

만약 이 질문에 대답하지 않는다면 현세로 돌아갈 수 없다고 판단한 당 태종은 겁이 나서 간결하게 답변했다고 한다. 즉 "위대한 성현이라면 왕국을 구하기 위해서 자신의 가족이라도 죽일 것이다"고 했다. 다시말하면 제국의 이익을 위해 자신의 가족들을 희생시켰다는 말이다. 이 이야기는 당 태종이 불경을 간행하고 선행을 하겠다고 역설한 뒤 현세로 돌아왔다는 이야기로 마무리되었다.[157]

『첨모당집瞻慕堂集』의 '전수사적논剪鬚賜勣論'은 당 태종이 이세적李世勣을 위하여 수염을 잘라 태워서 병을 고쳐주려 하였던 것이 성심에서 우러나온 것이 아니었음을 논한 글이다. 당 태종의 위선적 행태를 고발하고 있다. 이와 관련해 조선 고종은 "이세적에게 병이 있자 태종이 몸소 자신의 수염을 잘라 약에 탔으니, 세적이 어찌 나라를 위해 충성을 다하지 않을 수 있겠는가"라

156　『新唐書』권80, 太宗諸子列傳 曹王明.『資治通鑑』권198, 唐紀14 太宗 下之上 貞觀 21年 조.

157　발레리 한센 著·신성곤 譯,『열린제국(중국 고대-1600』까치, 2005, 238쪽.

도판 49 | 수·당대 낙양성 여경문麗景門

고 했다. 그러자 김정호金鼎鎬가 아뢰기를 "옛말에 '사나이는 자신을 알아주
는 이를 위해서 죽는다'고 하였습니다. 더구나 신하와 임금 사이에 있어서이
겠습니까. 세적이 보기 드문 지우를 입어 말은 들어주고 계책은 써 주었으며,
심지어는 병이 들자 태종이 직접 수염을 잘라 약에 타주기까지 하였으니, 어
찌 혼신의 힘을 다하여 죽은 다음에야 그만두지 않을 수 있겠습니까"라고 하
였다. 그러자 고종이 "태종이 사람을 감복시키는 것이 이와 같았다"고 말하자
김정호가 아뢰기를 "그래서 정관의 치治를 이룩할 수 있었던 것입니다"고 답
했다.[158]

---

158 『承政院日記』고종 16년 기묘 5월 28일 신축 조.

2) 당 태종의 침공 준비

626년에 당 태종이 집권하면서 고구려와 당의 관계는 악화되기 시작했다. 그리하여 마침내 644년(정관18, 보장왕3)부터 고구려와 당 간의 전쟁이 발발하였다. 전쟁의 실제적인 동인은 중국왕조 중심의 일원적인 세계질서를 확립하려는 데에 있었다. 즉 당은 조공책봉 관계를 통한 인접국의 번국화蕃國化만이 아니라, 인접 국가들과 세력들을 정복하여 기미주羈縻州로 만들어 지배하려는 것을 궁극적인 대외정책의 지향점으로 삼았다.[159] 다시 말하면 그 목표의 가장 중요한 대상은 수·당 이래 돌궐과 고구려였다.[160] 그런데 당 태종이 630년에 돌궐제일가한국突厥第一可汗國을 멸망시켜서 돌궐 문제가 해결되었다. 이제는 고구려 문제를 해결하려고 했다. 때문에 양국의 대립은 악화될 수밖에 없었다. 그에 따라 양국 사이의 전쟁은 필연적이었다. 당 태종이 국가 권력을 오로지 한 연개소문을 응징하기 위해서 거란과 말갈 군대를 동원하여 고구려 변경을 소란하게 하려고 했다. 이에 대해『자치통감』의 저자는 "그의 웅심이 하루도 고구려를 치려는 생각을 갖지 않는 날이 없었다는 것을 알 수 있다"[161]고 말하였다. 당 태종은 노상 고구려 침공을 벼르고 있었다. 절치부심切齒腐心이라는 말은 이럴 때 쓰는 것 같다.

그러던 중 642년에 연개소문이 쿠데타를 일으켜서 영류왕을 시해하였다. 당 태종은 이를 고구려 침공의 중요한 빌미로 삼았다. 아울러 고구려 실권자 연개소문의 신라와 당에 대한 강경책도 전쟁 발발의 주요한 요인으로 작용하였다.[162] 당 태종은 사신으로 장엄蔣儼을 보내 황제의 조서를 전했다. 그러나

---

159 노태돈,「삼국통일전쟁의 전개」『삼국통일전쟁사』서울대학교출판부, 2009, 81쪽.
160 朴漢濟,「七世紀 隋唐 兩朝의 韓半島進出 經緯에 대한 一考」『東洋史學硏究』43집, 1993, 25쪽.
161 『資治通鑑』권197, 정관 17년 윤 6월 조.
162 李在成,「麗唐戰爭과 契丹·奚」『中國古中世史硏究』26, 2011, 162쪽.

연개소문은 끝내 조서를 받들지 않았다. 오히려 무기를 갖고 사신을 위협하였다. 연개소문은 사신이 굽히지 않자, 마침내 굴실窟室에 가두었다. 장엄은 당 태종이 고구려를 침입하려 사신을 보내고자 하니 누구도 나서지 않자 자천하여 사신으로 왔다가 연개소문에 의하여 감금되어 병기로 위협당했으나 굽히지 않았다. 장엄은 고구려가 멸망한 다음에 환국하자 그 절개를 인정받아 조산대부朝算大夫 유주사마幽州司馬에 임명되었고 예부상서禮部尚書에까지 올랐다.

300년 만에 통일제국을 이룬 수 이래로 고구려 침공의 명분은 고토회복이었다. 당 태종 역시 요동은 본시 중국 땅이었기에 회복하기 위해 전쟁을 불사한다는 명분을 걸었다. 중국 역대 왕조에서 삼국 왕들에게 수여한 낙랑·대방·현도 군명郡名 관작은 과거 중국이 통치하던 기구를 연상시킨다. 즉 삼국 왕들을 통한 과거 중국 고지故地에 대한 위임 통치라는 저의를 깔고 있었다. 언젠가는 중국 황제가 이곳에 대한 권리와 영유권을 직접 행사하겠다는 의도였다. 이미 밝혀진 이러한 요인과 여러 가지 사안이 얽혀졌다. 당 태종은 이것을 정리했다. 그 결과 고구려 침공의 명분을 실지회복과 패륜 응징이라는 도덕성에서 찾았다. 이는 순전히 중국의 국내 민심을 수습하고 외정에 대한 지지를 얻기 위한 목적에서였다. 이와 관련해 국제정치에서 소위 '정당한 전쟁'은 '정의를 실행하기 위한 전쟁'이다. 여기에는 영토 회복과 같은 빼앗긴 재산권의 회복이나 불법적인 행위를 한 상대방을 처벌하는 징벌전이 포함된다.[163] 당 태종의 고구려 정벌은 고토회복과 임금을 시해한 연개소문 응징이라는 양대 요소를 모두 포함하였다. 당 태종이 자국민들에게는 정의의 전쟁 수행이라고 할만했다.

고구려에게 시달림을 받고 있던 신라는 643년 9월에 당에 구원을 요청하

---

163 구대열, 『삼국통일의 정치학』 까치, 2010, 270쪽.

였다. 그러자 당 태종은 644년 초에 사농승 상리현장相里玄奬을 고구려로 보내 신라 공격 중단을 요청했다. 당시 연개소문은 신라에게 빼앗긴 자국의 남부 지역을 탈환하기 위해 몸소 전선에 나가 있었다. 연개소문이 군대를 몸소 지휘하여 신라의 2개 성을 점령한 직후였다. 보장왕으로부터 전갈을 받은 연개소문은 상경하였다. 상리현장을 접한 연개소문은 신라를 치는 목적을 말했다. 고구려가 30년 전에 수와 서북 요동 지역에서 사투를 벌이고 있는 틈을 타서 신라가 자국의 남부 지역 500리를 일거에 탈취했다는 것이다. 그러니 신라가 자국의 영토를 반환하지 않는 한 전쟁을 중단할 수 없다고 했다. 그러자 상리현장은 지나간 일을 논하지 말자고 하였다. 그런 식이라면 요동도 원래 중국 땅이지만 천자도 그것을 논하지 않고 있지 않냐고 따졌다. 연개소문이 굽히지 않자, 상리현장은 내년에는 당군이 고구려를 칠 것이라고 협박하

도판 50 | 당 태종의 소릉 6준駿 조각상 첫번째

였다. 그해 2월에 귀국한 상리현장의 보고를 접한 당 태종은 고구려 원정을 대놓고 말했다. 그러나 당 조정에서는 고구려 원정에 대해 찬반양론이 갈릴 정도로 의견이 분분하였다. 그 만큼 쉽지 않은 전쟁임을 그들 스스로도 간파하고 있었다. 사실 고구려는 가까이는 강대한 수를 꺾어 멸망에 이르게 할 정도로 강성했다. 북위도 고구려를 가리켜 '방강方强'하다고 하였다.[164] 북위와 대치하던 남제도 고구려가 강성하여 제制를 받으려고 하지 않았다고 불만을 토로했다.[165] 통제되지 않은 고구려를 말하고 있는 것이다. 당인들은 고구려의 국력을 익히 알고 있었다.

그렇기 때문에 당 태종은 직접 고구려 공격에 나서려고 하지 않았다. 그는 당시 요서에 거주하고 있던 말갈군과 630년에 당이 돌궐제일가한국을 멸망시킨 이후에 요서의 영주도독부(遼寧省 朝陽市)의 강력한 영향을 받게 된 동몽골의 서납목륜하西拉木倫河 유역에 본거를 둔 거란군을 시켰다. 즉 번군蕃軍으로써 고구려를 공격하게 하는 이른바 이이제이책以夷制夷策이었다. 당군의 직접적인 손실 없이 고구려를 굴복시키려고 했다.

당 태종의 이러한 구상은 그의 처남인 사도司徒 장손무기長孫無忌(?~659)의 완곡한 반대로 곧바로 실행되지는 못하였다. 당 태종이 거란군과 말갈군을 동원하여 고구려를 공격하려는 구상은 신라 사신에게 제시한 3 방책 중 하나였다.[166] 그런데 고구려군 수천 명이 당의 영주營州遼西 지역을 침공했지만 영주도독 장검張儉이 거느리는 진병鎭兵 및 거란·해습奚霫·말갈의 여러 번군의 반격을 받아 참패했다. 고구려군이 당의 영주를 공격했다가 참패한 사

---

164 『資治通鑑』권136, 永明 2년 10월 조.
165 『南齊書』권58, 東夷傳 高麗 條.
166 『新唐書』권220, 東夷傳 高麗 條. "會新羅遣使者上書曰 高麗·百濟聯和 將見討 謹歸命天子 帝問 若何而免 使者曰 計窮矣 惟陛下哀憐 帝曰 我以偏兵率契丹·靺鞨 入遼東 而國可紓一歲 一策也 ……"

건의 발생 시기는 644년 정월 이후~7월 이전으로 비정된다. 만약 이 사건이 사실로 인정된다면, 당과의 전쟁 발발의 직접적인 원인으로 지목될 수 있다. 이는 598년 2월에 영양왕이 말갈군 1만여 기병을 거느리고 요하를 건너 요서 지방을 침공한 사건과 유사하다. 비록 고구려는 수의 영주총관營州總管 위충 韋冲의 역습으로 패하였다. 그 직후 분노한 수 문제가 수륙 30만 명의 대군을 동원하여 고구려 정벌에 나섰다.[167]

3) 연개소문과 당 태종의 격돌

당의 고구려 원정 준비가 착착 진행되고 있었다. 군량을 가득 실은 수레와 선박이 새카맣게 몰려왔다. 위기를 느낀 연개소문은 일단 전쟁을 피하는 게 상책으로 여겼다. 전쟁 발발 1년 전인 644년 9월에 연개소문은 사신을 당에 보내 백금과 미녀를 바쳤다. 아울러 연개소문은 관인 50명을 보내 숙위를 요청했다. 이러한 시도는 적절한 선에서 당과 타협하려는 기도였다. 그러자 당 태종은 이유를 붙여 고구려 관인 50명을 감옥에 구금했다. 연개소문이 당 사신을 감금한 일에 대한 보복이었다. 연개소문으로서는 놀라지 않을 수 없었다. 전쟁을 피할 수 없다는 것을 직감했다. 연개소문은 656년 12월에도 사신을 당에 보내 황태자 책봉을 축하하였다. 연개소문 자신은 당과의 충돌을 바라지 않았다. 그는 피할수만 있다면 전쟁을 피하고자 했다. 그런데 당 태종은 고구려 원정의 목표를 연개소문 한 개인에 대한 징벌로 좁혔다. 그랬기에 당 태종은 연개소문과 타협할 여지를 두지 않았다.

당의 본격적인 원정군은 644년 11월에 편성되었다. 이들은 크게 육군과 수군으로 나뉘어졌다. 요동도행군대총관 이세적李世勣이 이끄는 당군 6만 명 및 거란·해奚·말갈 등의 번장蕃將이 이끄는 여러 번병蕃兵으로 구성된

---

167 李在成,「麗唐戰爭과 契丹·奚」『中國古中世史硏究』26, 2011, 162~167쪽.

육군은 요동을 향하여 진격하였다. 평양도행군대총관 장량張亮이 이끄는 강회江淮의 병사 4만 명과 기타 모병募兵 3천 명으로 구성된 수군은 바다를 통해서 비사성卑沙城(遼寧省 大連市 金州區 大黑山山城)을 경유하여 평양성으로 진격할 계획이었다.[168] 당 태종이 이끈 주력은 645년 2월에 낙양을 출발하여 유주幽州(치소는 北京市)에 집결하였다. 이적은 3월에 영주를 출발하여 여러 지역을 경유한 후 요하를 건너 현도성에 도착했다. 4월에는 이도종이 인솔한 병력도 신성에 이르렀다. 당 태종이 이때 동원한 총 병력을 10만이라고 했다. 그러나 이는 과도하게 축소한 인원이었다. 당 태종 자신은 수 양제와는 달리 적은 숫자만으로도 고구려를 제압할 수 있다는 과시였다.[169] 동시에 패전에 대한 책임을 극소화하려는 저의가 깔렸다. 아울러 그해 2월에 당 태종은 신라로 가는 당 사신의 안전을 백제 왕에게 지시했다. 동시에 당 태종은 신라 왕에게는 정예 병력을 동원해 조속히 고구려를 치라고 다그쳤다.[170]

645년에 당 태종은 대군을 동원하여 일제히 고구려를 침공했다. 요동 지방에 있던 고구려의 개모성과 비사성이 잇따라 함락되었다. 5월에 연개소문은 요동성이 포위되었다는 급보를 듣고는 보병과 기병 4만 명을 즉각 출동시켰다. 그러나 당 태종의 독전으로 50만 석의 양곡이 비축된 요동성에 이어 백암성白巖城(白崖城)도 무너졌다. 요동성에는 추모왕 사당이 소재하였다. 미녀를 단장시켜 사당에 밀어넣어 추모가 기뻐하므로 성이 온전할 것이라고 했다. 그렇게 사기를 북돋웠다. 델피Delphi의 신탁과 같은 모양새였다. 그렇지만 백암성에 앞서 요동성은 함락되었다. 이 과정에서 고구려 군대는 힘 있게 항전했지만 조국을 배신한 반역자들도 나왔다. 이 과정에서 당 태종의 용인

---

168 李在成, 「麗唐戰爭과 契丹·奚」『中國古中世史研究』 26, 2011, 169쪽.
169 손영종, 『조선단대사(고구려사 4)』 과학백과사전출판사, 2008, 113쪽.
170 『文館詞林』 권364, 貞觀年中撫慰百濟王詔·貞觀年中撫慰新羅王詔.

도판 51 | 영태공주묘 벽화에 보이는 당의 군인들

도판 52 | 백암성

술은 두드러졌다. 태종은 요수를 건너자 다리를 철거하여 군사들의 결의를 다지게 했다. 그리고 태종도 흙을 져다가 참호를 메울 때 군사들과 마찬 가지로 손수 무거운 짐을 나누어 실었다. 그러자 신하들도 송구하여 앞다투어 흙덩이를 날랐다. 백암성 전투에서 우위대장군 이사마李思摩가 노시弩矢를 맞았다. 그러자 태종이 친히 그의 피를 빨아주었다. 이 장면을 목격한 장사들이 감동하여 죽을 힘을 다해 공격했다.

당 태종의 고구려 원정에는 백제의 지원도 한몫했다. 645년 5월에 당 갑사甲士 6만 명이 지금의 요녕성 요양시 부근인 마수산馬首山에 주둔한 기사에 이어, 다음 기사가 바로 잇대어 적혀 있다.

처음에 태종이 백제국에 사신을 보내어 금칠金漆(황칠을 가리킴 : 저자)을 채취해 오게 하여 철갑鐵甲에 칠하게 하였는데, 모두 황금빛과 붉은 빛이 번쩍거려 그 빛이 겸금兼金(아주 질 좋은 금을 말함 : 저자)보다 더 찬란하였다. 또 오채五綵를 가지고 현금玄金에 물들여 산문갑山文甲을 만들어 장군들에게 입혀 따르게 하였다.[171]

위의 기사는 고구려 원정에 동원된 당 장군들에게 사기를 높이기 위한 목적으로 명광개를 입혔음을 알린다. 이 시점은 645년 5월 기사에 이어 적혀 있지만, '처음에[初]'라고 하였다. 그러므로 5월에 당 장군들이 명광개를 입고 있는 사유를 밝힌 대목임은 분명하다. 그렇다고 할 때 당 장군들이 명광개를 입은 시점은 공산성 출토 갑옷 명문의 '645년 4월 21일' 명문과 부합된다. 이와 동일한 시점과 상황에서의 기사가 『신당서』에 다음과 같이 보인다.

---

171 『册府元龜』권117, 帝王部 親征 第2.

이 때에 백제가 금휴개金髹鎧를 바치고, 또 현금玄金으로 산오문개山
五文鎧를 만들어 (보내와) 사졸들이 (그것을) 입고 종군하였다. 태종과
(이)적勣의 (군사가) 모이자 갑옷이 햇빛에 번쩍거렸다.[172]

위에서 인용한 두 사료를 놓고 볼 때 약간의 이동異同이 있음을 알 수 있
다. 전자에 따른다면 당 태종이 백제에 사신을 파견하여 금칠 즉 황칠을 채
취해 오게 하였다. 그런 다음 그것을 당군 철갑에 바르게 하여 백제와 마찬
가지로 공격용 갑옷인 명광개를 구비했다. 후자의 경우는 백제가 금휴개를
바쳤다고 한다. 금휴는 '금적색金赤色의 칠'을 가리킨다.[173] 그러므로 금휴개
는 명광개와 동일한 갑옷을 가리키는 것 같다. 백제가 보내 온 금휴개와 당
이 자체 제작한 산오문개를 입고 종군한 당군의 갑옷이 과연 햇빛에 눈부시
게 빛났다고 한다. 여기서 백제가 원료를 제공했든 아니면 완공품을 제공했
든 간에 당군은 백제의 손을 빌은 명광개를 입고 고구려 정벌에 나선 것은
분명하다.

『용비어천가』에서는 용장으로 명성이 자자했던 당 장군 설필하력契苾何力
이 고구려 군대와의 교전交戰에서 허리에 창槍을 맞은 것으로 적혀 있다. 백
암성을 함락시킨 당 태종은 고돌발을 생포하여 데리고 왔다. 그리고는 설필
하력에게 그를 베라고 했다. 그러자 설필하력은 자신을 찌른 고돌발을 가리
켜 "저 사람도 그 임금을 위해 서슬 푸른 칼날을 무릅쓰고 신을 찌른 것이니
이는 충성스럽고 용기 있는 사람입니다. 또 그와 처음 만나 서로 알지 못하
니 원수가 아닙니다(41장)"라고 말하고는 놓아준 기사가 있다. 당군에 생포된
고구려 첩자 고죽리高竹離의 팔을 뒤로 묶어 군문軍門으로 보낸 기사와 함께

---

172 『新唐書』 권220, 東夷傳 高麗 條.
173 中文辭典編纂委員會, 『中文大辭典』 9, 中華文化大學出版部, 1985, 621쪽.

『자치통감』등에 수록된 내용이다.

당군은 이 후 안시성 공격을 시도하였다. 안시성은 지금의 요녕성 해성海城의 동남방에 위치한 영성자산성英城子山城으로 추정되고 있다. 이곳은 험하지도 않은 야산에 축조된 둘레 2.7㎞의 토성이다. 나는 지난 세기 어느 해 여름에 영성자산성을 답사한 바 있었다. 이곳에서 붉은색 나는 특유의 고구려 기와편을 몇 점 주어 안고 돌아온 적이 있었다. 그런데, 머릿속에 그렸던 것과는 달리 성벽이 너무 낮을 뿐 아니라 천험의 요새지는 전혀 아니었다. 만약 영성자산성이 안시성이 맞다고 하자. 그렇다면 안시성주는 취약한 방어시설을 가지고 당의 대군을 물리친 것이다. 그러니 안시성주는 명장 중의 명장이라는 느낌이 절로 들었다. 영성자산성은 그다지 높지 않은 산지대에 능선을 따라 토루를 축조한 것일 뿐 성으로서 특기할 만한 점은 눈에 띄지 않았다. 그럴수록 당의 대군을 격퇴한 안시성주의 전략가로서의 진가는 높아졌다. 아울러 답사의 중요성을 실감하게 되었다.

도판 53 | 공산성 출토 '貞觀' 명문 칠갑편

고구려 조정에서는 안시성의 전황을 살피기 위해 첩자를 보냈으나 생포되었다. 그리고 안시성을 구원하기 위해 북부 욕살 고연수高延壽와 남부 욕살 고혜진高惠眞이 고구려군과 말갈군을 합쳐 총 15만 병력을 이끌고 왔다. 15만 대병의 지휘관은 2명이었다. 이 경우는 서로를 견제시켜 칼자루를 거꾸로 잡는 돌출 사건을 막고자 하는 데 있었다. 연개소문은 그것을 두려워했던 것이다. 전 국력을 기울여 당에 총력전으로 맞섰다. 동전의 앞뒷면과 같은 상황이었기에 연개소문은 이들을 경계하였다. 그러나 연개소문의 의도와는 달리 두 명의 지휘관은 행보를 함께 한다. 고려 말에 요동 정벌을 위해 출병시킨 군단의 지휘관도 이성계와 조민수 두 명이었다. 그러나 최영의 계산과는 달리 이성계가 조민수를 휘어잡고 회군을 결행했다.

출정할 때 나이 많고 경험이 많은 대로 고정의高正義가 곧바로 싸우지 말고 지구전을 펼칠 것을 제의했다. 그러나 고연수 등은 따르지 않았다. 이와 관련해『삼국사기』사론에서는 다음과 같은 주목할 만한 평가를 남겼다.

> …양공梁公(방현령)이 죽을 때 한 말이 간곡하기가 이와 같았으나, 황제가 따르지 않고 동쪽 지역을 폐허로 만들어 스스로 통쾌하게 여기려 하다가 죽은 후에야 그만 두었다. 사론史論(『신당서』권2 太宗本紀 말미 贊 중 일부, 필자)에서 "과장하기를 좋아하고 공 세우기를 즐겨하여 먼 곳에서 싸우기에 힘썼다"는 것이 이것을 말함이 아닐까? 류공권柳公權의 소설에 이런 말이 있다. "주필(산)의 전쟁에서 고구려가 말갈과 군사를 합하여 사방 40리에 뻗치니 태종이 그것을 보고 두려운 빛이 있었다." 또 이런 말이 있다. "6군이 고구려에 제압되어 거의 (위세를) 떨치지 못하게 되었을 때, 척후병이 고하기를 '영공英公(이세적)의 대장기, 흑기黑旗가 포위되었다'고 하자 황제가 크게 두려워하였다." 비록 마침내 스스로 빠져나갔지만 위태롭고 두려워함이 저와 같았는데『신·구당서』와 사마광의『자치통감』에서 이것을 말하지 않은 것은 자기 나라를 위하여 숨긴 것이 아니겠는가?

위에서 인용한 류공권의 '소설'은 기실 당나라 유지기劉知幾의 아들 유속

劉餗이 지은 『수당가화隋唐嘉話』를 가리킨다.[174] 이 책에서 당 태종의 심정과 관련해 '두려워하는 빛懼色'과 '크게 두려워하다大恐'는 표현이 보인다. 대병이 포진한 고구려군의 위세에 당 태종이 긴장했음을 뜻한다. 그렇지만 고연수가 이끈 15만 병력은 안시성 동남 8리 지점에서 참패하고 말았다. 고연수가 이끈 15만 대병의 해체는 고구려 조야를 경악시켰다. 이로 인해 안시성 동북 백여 리에 소재한 은성銀城과 후황성后黃城의 주민들이 혼비백산했다. 은성은 고구려의 유명한 은산지銀山地였다. 그 직후 당군이 확보한 고구려 전리품 가운데 명광개明光鎧 1만 벌이 보인다.[175] 고구려군도 갑옷에 황칠을 하여 번쩍 번쩍 빛이 나는 명광개를 착용한 것이다. 이때 책성도독柵城都督 즉 책성욕살 출신 이타인李他仁(610~677)도 당장 이적에게 항복한 것으로 보인다. 말갈 군대까지 동원한 15명의 대병력은 고구려가 국운을 걸고 지방 병력을 총동원한 결과였다. 고구려 동쪽 끝 지금의 훈춘을 가리키는 책성의 장관이 그 정반대인 서부 전선에까지 투입되었기 때문이다. 이타인은 국가 총동원령을 받아 출전했다가 주필산 전역에서 항복한 게 분명하다.

당은 고연수 등 항복한 이들을 앞세워 성 밑에 진을 치고 안시성 성민들을 불러내었다. 그렇지만 안시성민들은 꼼짝하지 않고 굳게 지켰다. 태종의 깃발을 볼 때마다 반드시 성에 올라가 북 치고 소리 지르며 대항했다.[176]

안시성은 고립무원의 상황에 처하게 되었다. 위기를 감지한 연개소문은 8월에 말갈을 중개자로 삼아 설연타한국의 진주비가 합한[眞珠毗伽可汗]인 이남夷男과 연합하여 당의 침공에 공동으로 대처하려고 했다. 터키계 유목민인 설연타薛延陀는 몽골고원의 강자였다. 그러나 진주비가 합한이 당을 두려

---

174 김정배, 『三國史記』寶藏王紀 史論에 보이는 '柳公權의 小說' 問題 『韓國史學報』 26, 2007, 9~30쪽.

175 『新唐書』권220, 東夷傳 高麗 條

176 『舊唐書』권199上, 東夷傳 高麗 條.

도판 54 | 안시성으로 비정되는 영성자산성 성벽

위하여 감히 행동에 나서지 못하였다.[177] 연개소문의 시도는 성공하지 못했다. 이에 앞서 당 태종은 고구려 원정에 나서면서 돌궐 출신의 번장인 집실사력執失思力에게 돌궐군을 동원해 설연타를 막도록 조서를 내렸다. 예상했던 대로 설연타의 수만의 기병이 하남河南(河內, 오르도스)을 침입하였다. 그러자 당장 전인회田仁會와 집실사력이 설연타 침략군을 격파하고 6백 리를 추격했다. 바로 그 무렵(645년 9월 경)에 설연타가한국의 진주비가 합한이 사망하였다. 당군은 더 이상 추격하지 않고 귀환했다.[178]

안시성주를 비롯한 병사와 주민들이 하나로 뭉쳐 완강하게 항전하였다. 치열한 공방전을 전개하였으나 안시성을 함락시키지 못하자, 당군은 60여 일에 걸쳐 연인원 50만 명을 동원하여 높은 흙산을 쌓고, 이를 발판으로 삼아

---

177 『資治通鑑』권198, 貞觀 19년 8월 조. "及高麗敗於駐蹕山 莫離支使靺鞨設眞珠 啗以厚利 眞珠懾服不敢動"
178 李在成, 「麗唐戰爭과 契丹·奚」 『中國古中世史硏究』 26, 2011, 172쪽.

성을 공격했다. 당군은 하루에도 6~7회의 공격을 가하고 마지막 3일 동안은 전력을 다하여 총공세로 나왔다. 그러나 끝내 함락시키지 못하였다. 게다가 9월에 접어들어 요동 지방의 기후가 몹시 쌀쌀하여 풀이 마르고 물이 얼었을 뿐 아니라 당군의 군량 또한 다했다. 이러한 철군 이유는 사서에 적혀 있는데 로이다. 그러나 이 같은 표면적인 이유 외에 이세적이 당초 침공해 왔던 통정 진~현도성 간의 도로와 통정진에서 대릉하에 이르는 도로가 이미 고구려군 에 의해 봉쇄되어 갔다고 한다. 당 태종은 퇴주로의 차단을 두려워했다. 이와 더불어 당의 북방 정세의 긴박함에서 찾을 수 있다. 연개소문은 6월 말에 설 연타의 진주비가 합한에게 막대한 선물를 바친 후 당 후방을 교란시킬 것을 부추겼다. 9월 초에 사망한 진주비가 합한의 아들 다미 합한이 즉위하면서 당 태종이 아직 돌아오지 못한 틈을 타서 하남으로 쳐들어 갔다. 당의 후방을 크게 교란시켰던 것이다. 이러한 상황이 되자 당 태종은 더 이상 버티지 못하 고 황급히 총퇴각을 명할 수밖에 없었다.[179]

고구려가 당군과 격전을 치를 때 승군僧軍도 참전한 사실이 드러났다. 고 려 말에 최영崔瑩은 승군을 동원해 전함戰艦을 건조하려고 했다. 이때 그는 승군 동원의 역사적 근거를 제시하면서 "당 태종이 본국本國을 정벌하자, 본 국은 승군 3만을 징발하여 이들을 격파했다"[180]고 하였다. 백제가 조국을 회 복하기 위해 항쟁할 때도 도침이라는 걸출한 승장僧將이 등장했다. 고구려가 멸망할 때 실권자인 남건이 군사를 맡긴 이가 승려 신성信誠이었다. 이러한 정황에 비추어 볼 때 고구려 승군의 참전은 사실로 믿어진다.

646년 5월에 고구려 사신을 접한 당 태종은 이런 말을 했다. 자신이 안시성 부근에 있을 때 화살통[弓服]을 연개소문에게 선물했지만 감사하다는 인사도

---

179 손영종,『조선단대사(고구려사 4)』과학백과사전출판사, 2008, 124~125쪽.
180 『高麗史』권113, 崔瑩傳. "唐太宗征本國 本國發僧軍三萬 擊破之"

없었다며 성토하였다. 당 태종은 고구려 사신을 만나자 그간 쌓였던 울분을 노골적으로 토로했다. 전장에서 당 태종이 연개소문에게 선물한 이유는 자명하였다. 자신이 퇴각할 때 봐 달라는 메시지 외에는 없었다. 당 태종은 그 밖에 비단을 비롯한 군중에 많은 진보珍寶들을 소지하고 있었다. 그 이유는 부하들의 군공에 대한 포상 목적이 일차적이었다. 이차적으로는 적에 대한 매수라든지 공작 혹은 선무宣撫 차원에서 충분한 진보를 보유했던 것이다.

성을 함락시키는 날 남자는 모두 죽여 버리겠다고 호언했던 당군이었다. 그러나 당군은 어쩔 수 없이 포위를 풀고 황급히 철군하였다. 이 때 안시성주는 성 위에 올라와 손을 모아 절을 하며 작별 인사를 했다. 당 태종은 그가 성을 잘 지킨 것을 칭찬하면서 비단 백 필을 선물하였다. 또 임금 섬기는 절의節義를 격려하고는 철군했다. 당 태종이 고구려를 침공하게 된 명분상의 이유는 신하로서 임금을 죽인 연개소문 응징이었다. 그런데 안시성주는 그러한 연개소문에게도 굴하지 않았던 지사志士였다. 이러한 면에서 본다면 당 태종은 안시성주를 상대로 당초부터 싸워야 할 이유가 없었다. 그러므로 침공의 명분이 허구임이 적나라하게 드러났다.

당 태종의 고구려 원정에 대한 『구·신당서』의 기록에서도 서로 차이가 보인다. 다음의 『구당서』와 『신당서』 기사를 서로 비교해 보기로 한다.

* 태종은 요동의 창고 (양곡이) 얼마 남지 않았고, 사졸들이 추워하자 이에 군사를 이끌고 돌아가도록 명하였다. 그(안시) 성을 지날 때 성城안에서는 모두 소리를 죽이고 깃발을 눕혔다. 성주는 성에 올라 두 손을 들어 마주잡고 절을 하며 작별을 고하였다. 태종은 그들이 견고하게 지킨 것을 가상히 여겨 비단 1백 필을 내려 주고, 임금을 섬기는 절의를

격려했다.[181]

　＊ 군사를 돌리도록 명하여 빼앗은 요주遼州·개주蓋州 2주의 사람들을 데리고 돌아가면서, 군대가 성 밑을 지나자 성중은 겁이 나서 크게 소리를 내지 못하고 숨을 죽이고 깃대를 눕혔다. 추장酋長은 성에 올라 두 번 절하였다. 황제는 그들이 지킨 것을 가상히 여겨 비단 1백 필을 내려 주었다.[182]

　위의『구·신당서』기록은 당 태종의 회군에 관한 상이한 진술을 하였다.『구당서』에서는 회군 동기를 군량 부족과 한파에서 찾았다. 그러나『신당서』에서는 회군 동기나 배경이 적혀 있지 않다. 이 경우는『신당서』가 당 태종의 위신을 세워줄 목적에서『구당서』에 보이는 회군 사유를 언급하지 않은 것이다. 물론『구당서』의 회군 동기도 사실은 아니다. 안시성을 함락시키지 못한 데서 기인한 당 태종의 위신을 세워주기 위해 군량과 기후 탓으로 돌린 것에 불과하다. 적어도 이 건에 대해서는『신당서』의 사실 은폐 가능성이『구당서』보다 심한 것으로 보인다.

　당 태종이 안시성 밑을 지나 회군할 때 성안에서는 '병성屛聲(『구당서』)' 혹은 '병식屛息(『신당서』)'라고 서로 다르게 기재했다. 물론 양자의 의미는 대동소이할 수 있다. 그러나『구당서』의 관련 구절은 "소리를 죽이고"의 뜻이다. 그런데 반해『신당서』는 "겁이 나서 크게 소리를 내지 못하고 숨을 죽이고"라는 해석이 나온다.『신당서』는 당 태종의 위세에 고구려군이 압기되었음을

---

181 『舊唐書』권199上, 동이전 高麗 條. "太宗以遼東倉儲無幾 士卒寒凍 乃詔班師 歷其城 城中皆屛聲偃幟 城主登城拜手奉辭 太宗嘉其堅守 賜絹百疋 以勵事君之節"
182 『新唐書』권220, 동이전, 高麗 條. "有詔班師 拔遼·蓋二州之人以歸 兵過城下 城中屛息偃旗 酋長登城再拜 帝嘉其守 賜絹百匹"

도판 55 | 당대 기마 도용

『구당서』보다 더욱 부각시킨 것이다.

　『구당서』는 안시성주를 '성주'라고 하였다. 반해 『신당서』에서는 이를 '추장'으로 표기했다. 이 경우도 안시성주와 고구려를 폄훼시키려는 『신당서』 찬자의 의도가 표출된 것이다. '추장'의 사전적 의미는 "원시 사회에서, 그 부족의 우두머리를 이르는 말"이라고 했다. '추장'은 전통시대에도 야만과 미개未開의 표징이었다. 그리고 당 태종에게 "두 손을 들어 마주잡고 절을 하며 작별을 고하였다(『구당서』)"고 한데 반해, "두 번 절하였다(『신당서』)"고만 적었다. 여기서 『구당서』는 의연하고 여유 있는 안시성주의 모습이다. 반면 『신당서』는 거두절미한 서술인 관계로 마치 신하의 도리를 하는 것처럼 왜곡될 수 있다. 게다가 『신당서』는 "임금을 섬기는 절의를 격려했다(『구당서』)"는 구절을 누락시켰다. 이 구절은 시해한 신자臣子인 연개소문을 정토한다는 당 태종의 출병 명분에 배치되기 때문이었다. 안시성주는 시역한 연개소문에 굴복하지 않았다. 그랬기에 연개소문은 결국 안시성의 포위를 풀고 회군한 바 있다. 이 사실은 당 태종이 "임금을 섬기는" 안시성주를 공격했어야할 명분이 없음을 뜻한다. 그랬기에 『신당서』에서는 이 구절을 고의로 누락시킨 것으로 보인다.

『구당서』에 비해 내용을 많이 보충했다는 평가를 받고 있는『신당서』이지만, 이해가 부딪히는 대對고구려전 패전에 대해서는 기사 누락이 많았다.

『신·구당서』에서는 당 태종이 비단 1백 필을 안시성주에게 하사한 이유를 마치 성을 잘 지킨 것 때문으로 비치게 했다. 그런데『신당서』만 본다면 "두 번 절하였다"는 안시성주의 깍듯한 태도에 대한 격려로 볼 수 있다. 그러나『구당서』의 관련 구절을 보면 "임금을 섬기는 절의를 격려했다"고 한 '절節'에 방점을 찍는 게 가능하다.『신당서』의 왜곡은 다음의 사실에서도 엿볼 수 있다.

처음 떠날 적에는 병사가 1십만·말이 1만 필이었다. 돌아올 때에는 죽은 사람은 겨우 1천여 명, 말은 죽은 것이 열에 여덟이었다. 선사船師는 7만 명 중 죽은 자는 역시 수백 명이었다.[183]

물론 위의 수치는 축소나 은폐 차원을 넘어 왜곡으로 지목할 수 있다.『자치통감』에서는 "전사사기이천인戰士死幾二千人"라고 하여 당군의 전사자 수를 거의 2천 명으로 기재하였다.[184] 이 기록과도『신당서』는 2배의 차이가 나는 것이다. 문제는『자치통감』의 저본도 정확한 기록물이 될 수 없다는 의심이 든다. 가령 인명 피해에 비해 동원된 말의 피해는 '열에 여덟'이라고 했다. 이로 볼 때 10만 병사 중 단 1천 명만 사망했다는 기록은 신뢰성이 떨어진다. 인명 피해는 100분의 1 즉 1%에 불과한데 비해 말은 80%가 죽었다는 것이다. 이는 누가 보더라도 함께 움직인 '인마'의 피해 수치치고는 대단한 불균형이 아닐 수 없다. 따라서 중국 사서 특히『신당서』의 대고구려전 기록은 신빙

---

183 『新唐書』권220, 東夷傳 高麗 條. "始行 士十萬 馬萬匹 逮還 物故裁千餘 馬死十八 船師七萬 物故亦數百"
184 『資治通鑑』권198, 貞觀 19년 조.

성이 떨어진다고 보겠다. 이처럼 과도하게 축소한 전사자 수치 왜곡은 수 양제의 참패를 의식한 역사 왜곡으로 판단된다. 당 태종도 수 양제처럼 고구려 원정에 실패한 것은 엄연한 사실이었다. 그러나 당 태종 때 전사자 숫자는 수 양제 때와는 비교할 수 없을 정도로 미미했음을 과시하고자 한 것이다. 당 태종의 위신을 지켜주려는 의도였다.[185]

이러한 역사 변조는 21세기에도 자행되고 있다. 가령 2015년에 출간된 조극요趙克堯·허도훈許道勛, 『당 태종전唐太宗傳』 대만상무인서관臺灣商務印書館, 2版에 따르면 제11장의 '통일변강統一邊疆'은 '항격동돌궐抗擊東突厥'·'평정토욕혼平定吐谷渾'·'통일고창統一高昌'·'걸출적군사재능傑出的軍事才能'으로 구성되었다. 그 다음 제12장은 제목이 '개명적민족정책開明的民族政策'이다. 개명적민족정책의 세부 항목으로는 '화친和親·단결團結·덕화德化'가 붙어 있다. 그러나 『당 태종전』에는 고구려 원정이 누락되었다. 당 태종 일생일대의 흠결이 되는 고구려 원정을 고의로 누락시킨 것이다. 그러니 '걸출한 군사적 재능'이나 '개명한 민족정책'이라고 붙인 항목은 공염불에 불과하다. 당 태종의 치욕적인 패전을 감추고서 운위할 수 있는 항목들은 아니기 때문이다. 21세기에 목도하는 이러한 서술 태도만 보더라도 역사 왜곡은 결코 일과성 과거의 일만은 아니었다.

4) 당 태종의 도덕적 명분은 정당한가?

당 태종은 도덕적으로 연개소문을 성토할 만한 입장에 있지도 않았다. 그랬기에 호암 문일평(1888~1939)은 "이세민을 성토한 연개소문의 격문이 있다면 반드시 이 같은 추덕망행醜德亡行을 열거했을 것이다"[186]고 한 바 있다. 여

---

185 李道學, 「권력과 기록」 『東아시아古代學』 48, 2017, 28~29쪽.
186 문일평, 「史上의 奇人」 『호암 문일평전집 1』 1939; 민속원, 2001, 379쪽.

기서 '추덕망행'은 앞에서 언급했듯이 율곡이 "당 태종은 아비를 위협하여 병력을 동원했고, 형을 죽여 황제 자리를 빼앗았으며, 아우의 아내와 간통하는 등 그 행위가 개나 돼지 같았다"라고 한 그 행위가 된다. 기록에 보이지는 않지만 필시 연개소문은 진왕 이세민의 죄상을 낱낱이 공개하여 만천하에 알렸을 게 자명하다. 일종의 기 싸움인 명분에서 연개소문은 절대 밀리지 않았을 것으로 보인다. "누가 누구를 응징한다는 말인가?"·"응징받아야 할 자가 누구인데?"라고 되받아쳤을 법하다.

당군이 요하를 건너는데 요동의 진흙펄에 빠져 수레와 말들이 통과하지 못했다. 그 뿐 아니라, 폭풍이 불고 눈이 내려 얼어 죽은 병사들이 부지기 수였을 정도로 처절하기까지 하였다. 당 태종의 철군을 놓고 고려 말기의 학자 이색李穡은 「정관음貞觀吟」이라는 시에서 "누가 알았으랴 주머니 속의 물건처럼 가볍게 여기다가 현화玄花가 백우白羽에 떨어질 줄을[謂是囊中一物耳 那知玄花落白羽]"이라고 읊었다. 당 태종이 고구려 정벌을 주머니 속의 물건 꺼내는 것처럼 쉽게 생각하다가 자신의 눈동자가 화살에 맞았다는 이야기이다. 이색의 아버지인 이곡李穀의 문집인 『가정집稼亭集』에도 당 태종이 눈에 화살을 맞아 부상을 입고 회군한 것으로 적었다. 박지원의 『열하일기』에도 동일한 이야기가 전한다.

이러한 이야기로는 송 태종이 거란 군대에게 패하여 다리에 화살을 두 대나 맞았지만 정사에 보이지 않는 것과 궤軌를 같이 한다. 『삼국유사』에 인용된 '고려고기'에 따르면 고구려 왕이 국서를 보내 항복을 청할 때 어떤 이가 품속에 몰래 작은 노[小弩]를 지니고 사신을 따라 수 양제가 탄 배에 올랐다고 한다. 그는 양제가 국서를 읽을 때 소노를 쏘아 양제 가슴을 맞혔다는 것이다.[187] 물론 이 이야기는 허구가 분명하다. 그렇지만 성호 이익은 양제가 가

---

187 『三國遺事』권3, 寶藏奉老 普德移庵 條.

슴에 활을 맞았지만 상해傷害까지 이르지 않았기에 중국 정사에서 생략한 것으로 간주했다.[188] 다산 정약용도 "수 양제가 백만 대군을 이끌고 쳐들어 왔었지만 한 치의 땅도 못 얻었고, 당 태종은 온 나라의 군사력을 총동원하였으나 한쪽 눈이 먼 채 되돌아갔다"[189]고 했다. 명석하기 이를 데 없는 석학 다산도 당 태종의 부상설은 신뢰하였다. 순암 안정복도 "당 태종의 세상에 제일 가는 신성神聖한 무예도 겨우 요동遼東을 얻었다가 필경에는 화살을 맞고 돌아갔는데"[190]라고 하였다. 모두 당 태종의 부상을 사실로 인정한 것이다. 1066년에 잉글랜드 왕 헤럴드는 헤이스팅스 전투에서 목과 다리가 잘려 죽었다. 그렇지만 눈에 화살을 맞아 죽은 것으로 나온다. '신神이 쏜 화살'로 꾸민 것이다.

당 태종이 정말 눈을 다쳤는지 알 길이 없다. 그렇지만 그가 쫓겨 갈 때 종기가 생겨 가마인 보연步輦을 타게 되었다. 게다가 태자가 당 태종의 종기를 빨기까지 했다. 이로 볼 때 당 태종이 칼날이나 화살에 창상創傷을 입은 게 분명하다. 가마는 당 태종의 부상을 은폐시켜 주는 공간이었다. 고비를 넘기며 황망하게 퇴각한 당 태종이었지만 보통 그릇은 아니었다. 위신이 실추된 참담한 상황이었다. 그러나 그는 절치부심하며 재침을 염두에 두었던 것 같다. 회군 도중에 당 태종은 중원에서 요동과 동몽골의 거란과 해 지역으로 가는 교통의 요충지인 영주에 들렀다.[191] 당 태종은 조서를 내려 영주도독을 비롯하여 이 지역의 부노父老와 함께 거란 등의 번장 및 하급 관리들에게까지 회繒·면綿·능綾·금錦, 수천만 단段을 나누어 주었다.[192] 고구려 원정 기간

---

188 『星湖僿說』제17권, 人事門 弩中煬帝.
189 『茶山詩文集』제12권, 論, 日本論 1.
190 『順菴先生文集』제9권, 與鄭子尙別紙.
191 『新唐書』권2, 太宗紀. "貞觀十九年 十月丙午 次營州 以太牢祭死事者"
192 『舊唐書』권199, 北狄傳 契丹 條. "太宗伐高麗 至營州 會其君長及老人等 賜物各有差"

에 영주 사람들은 물론 거란인들과 해인奚人들의 노고를 포상하였다. 동시에 당 태종은 이때 거란군을 지원해 준 거란 '대하부락연맹大賀部落聯盟'의 연맹 장君長인 굴가窟哥를 종삼품從三品인 좌무위장군에 배수拜受했다. 당 태종의 이러한 회유책은 재차 고구려 침공을 실행할 때, 거란군과 해군을 다시 동원 하려는 의도에서였다.[193] 혹은 이들이 퇴각하는 당군을 배후에서 급습할까 두려워서 미리 회유한 행위일 수도 있다.

전설에 따르면 지금의 북경 중심지에서 북방 30리 순의현에는 연개소문 과 당 태종이 서로 대치하여 만들었다는 군영 터가 있다. 연개소문이 진을 쳤 던 곳을 '고려영高麗營'이라고 한다. 그리고 하북성 만리장성 안팎 각지의 수 많은 황량대詭糧臺들은 고구려군의 진격을 막기 위해 당이 쌓아두었던 군량 이 변해서 흙이 되었다는 전설이 있다. 이 밖에 소설『설인귀전』을 비롯한 각 종 기록과 설화들에는 당 태종이 연개소문에게 절절맸다는 이야기가 전한 다.[194] 이와 더불어 개소둔蓋蘇屯·당 태종 함마처陷馬處 등이『성경지盛京志』 나『직예통지直隸通志』 등에 적혀 있다고 했다.[195] 이러한 지명들은 당 태종 의 고구려 침략이 철저하게 실패했음을 반증해준다. 당 태종의 퇴각 길이 험 란하기 이를 데 없었음을 뜻한다. 宋송의 범조우范祖禹는 1086년에 간행한 『당감唐鑑』에서 당 태종의 고구려 원정 실패를 일러 다만 나라가 망하는 데까 지 이르지 않았을 뿐 수 양제의 그것과 다를 바 없다고 질타했다.

『용비어천가』에 보면 "태종이 뜻이 꺾여 돌아오니 울울鬱鬱한 심정이 병이

　　『新唐書』 권219, 北狄傳 契丹 條. "帝伐高麗 悉發酋長與奚首領從軍 帝還 過營州 盡召其長窟哥及老人 差賜繒采"

193　李在成, 「麗唐戰爭과 契丹·奚」『中國古中世史硏究』 26, 2011, 173~176쪽.

194　손영종, 「고구려의 령토확장과정에 대하여」『력사과학논문집』 18, 과학백과사전종 합출판사, 1995, 239쪽.

195　申采浩, 『朝鮮史硏究艸』 乙酉文化社, 1974, 170쪽.

되었다"라고 했다. 그리고 "울울은 그 뜻을 펴지 못하는 것이다(41장)"라는 개념 정의를 붙였다. 쫓겨 돌아온 당 태종은 안시성에서 좌절된 고구려 원정을 크게 후회하며 속내를 드러냈다. 그는 "위징魏徵(580~643)이 만일 살아있었더라면 나로 하여금 이 원정을 말렸을 텐데"라며 길게 길게 탄식하였다.

흔히 임금과 신하가 잘 만난 사이로서 당 태종과 위징을 말하고는 한다. 본래 태자 이건성 밑에 있었던 위징은 이세민을 죽이라고 자주 권했다. 그러나 이건성은 실행에 옮기지 못하다가 오히려 이세민에게 죽임을 당하였다. 이세민은 제위에 오른 뒤 위징을 죽이지 않았다. 오히려 위징의 재주를 중하게 여겨 간의대부諫議大夫로 발탁했다. 위징이 죽은 뒤에는 자신이 가진 3개의 거울 중에서 잘잘못을 비춰볼 수 있는 거울 하나를 잃었다며 슬퍼하였다. 이세민은 일찍이 위징에게 "경이 나에게 저지른 죄는 관중보다 무겁고, 내가

도판 56 | 당 태종의 유택인 중국 서안의 소릉과 동상.
소릉은 해발 1,188m 산에 소재했다. 웅장해 보이지만 민력民力의 소모를 체감하게 한다. 이에 반해 자신의 유택을 조성하지 않고 화장해서 산골散骨하게한 문무왕의 위대함이 절로 느껴진다.

경을 등용한 것은 관중보다 낫다. 근래 임금과 신하가 서로 잘 만난 것이, 어찌 나와 경 만한 경우가 있는가?[卿罪重於中鉤 我任卿逾於管仲 近代君臣相得 寧有似我於卿者乎]"라고 자신했다.

그러나 율곡 이이李珥는 자신의 저서『동호문답』에서 두 사람의 만남에 대해 평가절하했다. 그는 '서로가 올바른 도道로써 신뢰하는 것'이 가능했을 때를 '서로를 만났다'고 말하는 게 가능하다고 전제하였다. 그리고는 "당 태종은 명성을 좋아한 군주이고 위징은 명성 만들기를 좋아했던 신하로, 서로 잘 만난 것처럼 당대 세상을 속일 수 있었다. 그러나 위징은 살아서는 자신을 죽이려하는 (태종의 마음을) 멈추게 하지 못했고 죽은 뒤에는 비석이 부서지는 모욕을 면치 못했던 것이오. 이것이 어찌 양자가 진정으로 신뢰했던 사이라고 할 수 있겠소!"[196] 실제 당 태종은 위징이 간쟁한 말을 스스로 기록하여 저수량褚遂良에게 보여주었다는 말을 위징 사후에 들었다. 그러자 당 태종은 위징의 아들 위숙옥魏叔玉에게 공주를 시집보내려던 일을 파하였다. 그리고 자신이 직접 지은 위징의 묘비마저도 쓰러뜨렸다.[197] 바로 이 사실을 가리킨다.

고구려 정벌을 가볍게 여겨서 덤벼들다가 당 태종처럼 체면을 구긴 중국의 사례는 베트남에서도 보인다.[198] 1979년 2월 17일 수천 대의 탱크와 장갑

---

196   안외순 譯,『동호문답』책세상, 2005, 34쪽.
197   『資治通鑑』권194, 貞觀 6년 조.
      『資治通鑑』권197, 貞觀 17년 조.
198   저자는 1994년 7월에 연길에서 북경으로 오는 32시간 동안 열차 안에 있었다. 7월 7일에 만난 저자 나이 또래의 베트남전 참전용사와의 대화가 저자의 기행문에 다음과 같이 적혀 있기에 소개한다.
      "무뚝뚝한 얼굴의 허동길 씨와도 이야기를 나누었다. 씨는 지난 '87년에 월남전에 참전하였을 때의 이야기를 들려준다. 허씨는 인민해방군 40군에 속하였는데, 군기는 미국의 박물관에 진열되어 있다고 한다. 40군이 의용군 명목으로 한국전에 참전하였다가 군기를 빼앗겼기 때문이었다. 그런데 허씨는 열차를 타고 곤명까지 와서 운남의 전장에 투입될 때 "이제는 죽는 것이 아닌가"라는 등 갖은 상념이 스치더라

차 그리고 야포를 앞세우고 중국군 30개 사단 60만 명이 베트남을 침공했다. 그 한달 전 미국을 방문한 덩샤오핑은 베트남의 버릇을 고쳐주겠다는 투의 말을 던졌다. 그 만큼 베트남 침공을 가볍게 생각하였다. 그러나 개전 27일 만에 중국군은 퇴각했다. 베트남은 캄보디아에 주둔 중인 병력을 회군시키지 않고도 중국군을 격퇴하였다. 중국측의 공식 발표만으로도 6만2500명의 사상자와 550대의 군용차량, 115문의 포가 파괴되었다.[199]

5) 안시성주는 누구인가?

당 태종의 야욕을 좌절시킨 안시성의 전승을 통해 우리나라의 위상도 올라갔다. 고려가 조정을 강화도로 옮겨 몽골과 대치하는 상황에서 세자였던 원종은 원의 유명한 황제 쿠빌라이가 즉위하기 직전에 찾아가 만났었다. 뜻밖에 원종이 찾아오자 쿠빌라이가 놀라서 기뻐하며 말하기를 "고려는 만리萬里의 나라이다. 당 태종이 친히 정벌하러 나섰으나 항복을 받지 못했거늘,

---

고 했다. 그러나 막상 전투가 벌어졌을 때는 두려움이고 뭐고 없더라고 한다(그보다 2년 전인 '85년 운남에서의 전투는 조선족 출신 김인섭 소장의 무용담을 수록한 '중국의 조선족 장군들' 『두만강』 2, 1993에 한 면면이 보인다. 지난 '79년부터 '90년까지 중국과 월남은 전쟁을 하였고 일시 중국군이 하노이 근방까지 진격하였지만 국제 여론이 악화되어 회군하였다는 이야기도 들려준다. 그 밖에 자신이 투입되었던 전투에 관해서도 구체적으로 말하였다. 그런데 내가 "대국이 소국과 싸우다가 성과 없이 물러 섰다면 실질적으로는 진 거나 마찬가지가 아니냐"라고 말하였더니 웃기만 한다. 또 허씨는 중국 속담에 "십년을 기다린다"라는 말이 있다고 들려준다. 이속담은 6월에 서울에서 만난 조선족의 어떤 老教授로부터도 들었던 말인데, 중국인들의 기질을 잘 나타내준다. 내가 소년시절에 조부로부터 들었던 말 가운데 "참는 사람이 이긴다"라는 말이 뇌리를 스친다."

199 베트남 정부는 중국군 전사자가 6만 2500명이라고 한데 반해, 중국 언론에서는 베트남군의 전사는 최대 7만 명이라고 했다. 최근 공개된 중국군 군사자료에는 중국군 전사자 6,954명으로 적혀 있다고 한다. 중국의 인민일보는 베트남 군인과 민간인 사망자가 1만 명 이상이었다고 보도했다(오정환, 『무릎 꿇지 않는 베트남-중국 천년 전쟁』 종문화사, 2017, 423쪽).

지금 그 세자가 스스로 와서 우리에게 귀복하니 이는 하늘의 뜻이로다!"라고 하며 감격해 마지않았다. 양성지의 상소에서도 "우리 동방 사람들은 대대로 요수遼水 동쪽에 살았으며, 만리지국萬里之國이라 불렀습니다"[200]고 하였다. 1488년에 남중국에 표착한 최부崔溥에게 중국인들이 "당신네 나라는 어떤 장기長技가 있어서 수·당의 군대를 격퇴할 수 있었는가"라고 물었다.[201] 임진왜란 때 참전한 명의 장수 유원외劉員外가 선조 앞에서 한 말이 있다. 그는 "귀국은 고구려 때부터 강국으로 불리었는데, 근래에 와서 선비와 서민이 농사와 독서에만 치중한 탓으로 이와 같은 변란을 초래한 것입니다"[202]고 질타했다. 고구려로 인해 강국 이미지를 부여받았던 것이다. 안시성 전승을 통해 우리나라는 세계 최강국과도 싸워 이긴 차돌처럼 야무진 국가라는 이미지를 얻었다. 그랬기에 인류 역사가 생긴 이래 초대 강국이었던 원 또한 고려를 호락호락하게 여기지 못했다. 실제 원은 고려에서 고전苦戰하였다.

안시성 승전 이후 안시성주의 자취는 역사 기록에 전하지 않는다. 그러나 고구려가 멸망한 뒤 당에 반대하여 끝까지 저항한 11개 성 가운데 안시성이 포함되었다. 이때 그의 생존여부는 알 수 없다. 그렇지만 그의 기백과 용기가 조국회복운동으로 계승되었음을 알려준다. 안시성은 고구려가 멸망한 668년에서 3년이 지난 671년 7월에야 함락되었다. 이후 고구려 회복운동은 급속히 시들어갔다.

김부식은 안시성주를 다음과 같이 평가하였다. 즉 "당 태종은 어질고 명철함이 세상에 드문 임금으로 … 군사를 부릴 때는 기묘한 책략이 무궁하여 향하는 곳마다 적敵이 없었다. 그러한 그도 동방을 정벌하면서 안시성에서 패

---

200 『世祖實錄』1년 7월 5일 戊寅 조.
201 『漂海錄』2월 17일 조.
202 『宣祖實錄』26년 6월 5일 戊子 조. "貴國自高句麗 號稱强國 邇來士民 唯事耕田 讀書 馴致此變"

하였으니 안시성주는 그야말로 호걸로서 보통사람이 아니라고 할 수 있다. 그러나 역사 기록에 그 이름이 전하지 않았으니…매우 애석하다"라고 했다. 김부식의 말대로 안시성주의 이름 몇 자를 끝내 알 수 없는 것이 아쉽다. 그러나 '조국'에만 전심했던 곧은 그의 일생은 무장다운 늠연한 기백과 어우러져 지금까지도 환하게 빛나고 있다.

나는 고구려 말기의 연개소문과 안시성주라는 두 명의 무장이야말로 불세출不世出의 인물로 평가하는 데는 주저하지 않는다. 『용비어천가』에서 "불세출이란, 어떤 때 만날 수 있는 것이지 언제나 만나는 것은 아니라는 말이다(41장)"고 정의했다. 그런데 굳이 격을 논한다면 그 무서운 연개소문과 영명하기로 정평이 난 당 태종이 각각 안팎으로 제압하지 못한 유일한 인물이 바로 안시성주였다. 이러한 점을 생각할 때 단연 그가 격이 높은 것으로 꼽고자 한다. 특히 연개소문의 등장이 물론 본인의 의지와는 무관하기는 하지만 결과적으로 고구려 멸망의 요인이 되었다. 그런데 반해 안시성주는 조국을 구하였다. 또 그가 성주로 있던 안시성은 고구려 멸망 후 3년이나 더 버티기도 했다. 나는 호방하고 곧은 안시성주의 기개를 떠올릴 때마다 그를 기릴만한 장소가 있어야 한다고 생각한다.

유감스럽게도 안시성주의 이름은 역사서에서 확인되지 않았다. 다만 송준길宋浚吉의 『동춘당선생별집同春堂先生別集』과 박지원朴趾源의 『열하일기』에 의하면 '양만춘梁萬春' 혹은 '양만춘楊萬春'으로 전해진다. 1669년 4월 26일 송준길이 임금 앞에서 강의하는 경연經筵에서였다. 현종顯宗이 그에게 안시성주의 이름을 물었다. 그러자 "양만춘입니다. 당 태종의 군대를 잘 막았으니 성을 잘 지킨 것이라고 말할만합니다"고 답변하였다. 그러자 현종이 "안시성주의 이름을 어느 곳에서 보았냐"고 묻자 "돌아가신 부원군府院君 윤근수尹根壽(1537~1616)가 중국에서 들은 것을 기록하여 말하였습니다"라고 대답했다. 윤근수는 1572년에 종계변무宗系辨誣 문제 때문에 명에 다녀온 바 있었다.

그렇지만 윤근수가 지은 『월정만필月汀漫筆』에 따르면 임진왜란 때 우리나라에 온 명 장수에게서 그 이름을 들었다는 것이다. 1780년에 청나라 건륭제의 70수壽를 축하하기 위해 파견된 연행사燕行使를 따라 갔던 박지원도 마찬가지 경우임은 의심할 나위 없다. 따라서 양만춘은 중국에서 전해져오는 안시성주의 이름이었다.

물론 임진왜란 이전에도 안시성주 이름은 출전出典까지 언급하며 한국 문헌에 보인다. 그러나 원전 기록 자체가 확인되지 않은 관계로 단정이 어렵다. 이와 관련해 비록 연의衍義 즉 소설이기는 하지만 1553년에 명의 웅대목熊大木이 저술한 『당서지전통속연의唐書志傳通俗衍義』(第84回)에서 '양만춘梁萬春'으로 적혀 있다. 그러므로 양만춘은 중국에서 전래된 이름임은 분명한 것 같다. 그 밖에 당 태종의 『동정기東征記』에 양만춘梁萬春이라는 이름이 전한다고 했다. 이는 김하담金荷譚의 『파적록破寂錄』에 보인다고 한다.[203] 여기서 김하담은 김시양金時讓(1581~1643)을 가리킨다.

당 태종은 고구려 원정에 실패하였다. 후회하기도 했지만 당 태종의 집념은 꺾이지 않았다. 그는 모두 3차에 걸쳐 고구려 정벌에 병력을 출동시켰다. 제1차는 645년(정관 19) 2월~9월 사이에 자신이 몸소 군대를 이끈 친정이었다. 제2차는 647년 3월~7월에 좌무위대장군 우진달牛進達을 청구도행군대총관으로 삼아서 내주萊州에서 누선樓船을 타고 바다로 공격하도록 했다. 태자첨사 이적을 요동도행군대총관, 우무위장군 손이랑孫貳朗을 그 부관으로 삼아 영주의 군사를 거느리고 신성도新城道로 진격하도록 하였다. 제3차는 648년 정월~9월에 우무위대장군 설만철薛萬徹을 청구도행군대총관으로 삼아 병사 3만여 명과 누선 및 전함을 거느리게 하여 내주에서 바다로 고구려를 공격하도록 했다. 주지하듯이 3차에 걸친 원정 모두 당군의 패전으로 종결되었

---

203 『東史綱目』附錄, 上卷(上), 考異.

다. 당·태종은 숨을 거두면서 유언으로 "요동의 역을 그만 두라"[204]고 했다.

그렇지만 당 태종이 구상한 고구려 정벌에 말갈·거란군과 함께 해군奚軍을 그 선봉대로 내세우려고 하였다. 중국의 전통적인 이이제이책을 그대로 구사하려는 밑그림이 그려졌다. 당 태종의 이러한 정책은 후계자인 고종에게도 이어졌다. 즉 652년에 고종이 백제 사신을 통해 의자왕에게 전달한 새서璽書에서 "(나는) 거란 및 여러 번국蕃國들을 시켜서 요하를 건너서 고구려 깊숙이 들어가서 노략질하도록 할 것이다"라는 글귀에 그대로 투영되었다.[205]

앞에서 언급했지만 고구려가 당 태종의 군대를 꺾은 사실은 우리나라의 위상을 높여 주었다. 뒤에 원 세조가 되는 쿠빌라이가 찾아온 세자 시절의 원종에게 "고려는 만 리나 되는 나라이다[高麗萬里之國]. 당 태종이 친히 정벌하였으나 굴복시키지 못하였는데 지금 그 나라의 세자가 스스로 나에게 귀부해오니 이것은 하늘의 뜻이다"라고 하면서 크게 기뻐하였다고 한다.[206] 이러한 역사적 저력은 문약에 빠진 조선과 대비되어 회자되고는 했다. 가령 "우리 동방은 삼국 시대에는 전투를 잘 수행하는 나라였다. 그래서 강대했던 수 양제나 승승장구했던 당 태종도 모두 뜻을 이루지 못하였다. 고려도 거란·몽고·합단哈丹·동진東眞의 침입을 수십 년 간에 걸쳐 잘 지탱해 내었다. 그런데 유독 우리나라(조선 : 저자)만 군대 없는 국가가 되어 임진란 때 팔짱을 끼고 쪼그리고 앉은 채 남의 도움만 기대하면서 군대도 중국만 의지하고 군량도 중국만 의지하였으니, 이 또한 이상한 일이다"[207]고 탄식했다.

204 『資治通鑑』권199, 貞觀 23년 5월 조.
205 李在成, 「麗唐戰爭과 契丹·奚」『中國古中世史研究』26, 2011, 179~181쪽.
206 『高麗史』권25, 元宗 원년 3월 조.
207 『象村先生集』제45권, 別集5, 彙言5.

8. 왜의 동향

1) 아스카[飛鳥] 시대

6세기 중엽 경에는 백제에서 불교가 왜에 전래되었다. 그런데 야마토[大和] 조정에서 신흥 세력으로 재정을 담당했던 소가 씨[蘇我氏]와, 주로 군사력을 장악하고 있으며 오래된 전통을 가진 가문인 모노노베 씨[物部氏] 사이에는 새로운 종교인 불교의 수용 여부를 둘러싸고 대립하였다. 이른바 숭불崇佛 논쟁이었다. 그 논쟁은 야마토 정권의 대왕가大王家와 깊이 결탁되어 있는 소가 씨의 승리로 끝났다. 그럼에 따라 불교는 일부 신흥세력의 사적私的 신앙에서 국가적인 신앙으로 변모하였다. 스쥰 천황 원년인 587년의 아스카 사[飛鳥寺] 건립의 시작이 그 제일보였다.

불교 수용 여부를 둘러싼 갈등에 군사력이 개입하여 충돌하면 종교전쟁이 된다. 이와 관련한 동아시아 세계의 불교는 모두 선선히 수용된 것만은 아니었다. 신라와 왜에서는 커다란 진통을 겪었다. 특히 왜에서의 불교 수용 여부는 권력 핵심 세력 간의 갈등을 증폭시키는 기제가 되기도 했다. 이때 백제는 왜 조정의 배불파排佛派를 제압하는데 무력武力을 지원한 사실이 밝혀졌다. 『조선왕조실록』의 기사가 실마리가 되었다. 당시 백제 위덕왕은 배불파와 숭불파가 팽팽히 맞서는 과정에서 왜의 쇼토쿠 태자[聖德太子]를 지원할 목적으로 임성태자琳聖太子를 파견하여 교전하였다. 종교전쟁 결과 백제의 지원을 받은 숭불파는 왜 조정의 실력자인 오무라치[大連]의 모노노베 씨[物部氏]를 토멸했다. 이러한 과정을 겪은 후 야마토 조정에서 불교가 뿌리를 뻗게 되었다.[208]

한반도에서 전래된 불교를 신앙으로 삼고자 하는 적극적인 태도는 구체제舊體制에서 벗어나 새로운 정치를 시작하려고 하는 대왕가를 중심으로 한 신

---

208 李道學, 「고대 동아시아의 불교와 왕권」『충청학과 충청문화』13, 2011, 45~66쪽.

정권의 데몬스트레이션demonstration의 하나였다. 오랫동안 지속해 왔던 야마토 동남부의 미와야마[三輪] 주변의 시키나[識名] 이와레[伊波禮] 지방에서 쓰이코[推古] 천황이 궁을 아스카로 옮기기 시작했다. 스쥰[崇峻] 천황 3년인 589년에 중국대륙에서는 남북조시대가 끝나고 수에 의해 전국이 통일되는 시점이었다.

스쥰 천황은 그 6년인 592년에 소가노 우마코[蘇我馬子]의 지시에 의해 암살되었다. 비다스[敏達] 천황의 황후였던 누가다베 황녀가 아스카의 도유라궁[豊浦宮]에서 즉위했다. 그녀가 쓰이코 천황이다. 동시에 요메이[用明] 천황의 아들인 쇼토쿠[聖德] 태자로 하여금 섭정을 통해 정무를 맡도록했다. 이때부터 소가노 우마코와 쇼토쿠 태자 정치의 시작이었다.

한반도로부터 건너온 이주민들로부터 기술을 채용하여, 야마토 정권은 관사官司도 편성하였다. 즉 종래 씨성제도에 기초하여 여러 호족이 나누어 가졌던 조직을 대왕에 직속시킨 게 관사였다. 이처럼 중앙집권화와 관료제화의 방향으로 조직하기 시작했다. 이 같은 관사제의 정비에는 새로운 호족으

도판 57 | 아스카 일원

로서 권력을 장악한 소가 씨가 주도하였다. 이주민들로부터 얻은 신지식을 관사제 정비에 활용한 것이다. 소가 씨는 한반도 계통을 위시한 이주민들과의 깊은 관련을 맺었다. 소가 씨는 모노노베 씨 등의 호족을 타도한 이후에 세력이 더욱 강화되어 대신가大臣家로서 소가 씨의 지위가 확정되었다. 가령 소가노 이나메[蘇我稻目]는 두 딸을 긴메이[欽明] 천황의 비妃로 보냈다. 첫째 딸에서 요메이·쓰이코 두 천황이, 둘째 딸에서 스쥰 천황이 태어났다. 이처럼 소가노 이나메는 두 딸을 왕비로 보내기까지 했다. 이로써 그는 세력기반을 단단히 굳히게 되었다. 소가 씨의 전성시대가 열렸다. 이러한 소가 씨의 계보는 다음과 같다.

蘇我石川宿禰 → 滿智 → 韓子 → 高麗 → 稻目 → 馬子
→ 蝦夷 → 入鹿

위의 계보에 보이는 소가노 이루카[蘇我入鹿]는 '소가노 구라스쿠리[蘇我鞍作]'로도 불리었다. 그를 '하야시다이로우 구라스쿠리[林太郎鞍作]라고도 하였다. 그 임씨林氏를 『신찬성씨록』 셋쓰 국[攝津國] 제번諸蕃 조에서 "백제국인 목귀木貴의 후손이다"고 했다. 5세기 말에 야마토 조정에 영입된 목려만치木劦滿致 일족이 생업의 땅으로 정착한 곳이 야마토의 소가[曾我] 땅이었다. 지금의 가시하라 시[橿原市] 이마이 정[今井町]에서 소가 천川 중류 유역에 걸치는 지역이다. 이 사실을 유의한 가도와키 데이지[門脇禎二]는 소가 씨를 백제 목려만치의 후손으로 지목했다. 그러면서 만지滿智는 소가 씨의 계보 전승에 있어서 최초의 실재 인물로 간주된다. 이 만지가 곧 475년 한성 함락시 문무왕을 보필했던 목(려)만치로 비정되기도 한다. 백제인 목(려)만치는 중앙권력 쟁탈전에 패배하여 476년경이나 그 이후 얼마 안되어 일본열도로 건너 간 것으로 추정하였다. 이 때 목(려)만치와 그 일족은 야마토의 소가 땅에 정착하여 소가라는 지역 이름을 따서 소가 씨를 칭하게 되었다고 한다.[209] 주목할 만한 견해인 것이다.

위의 소가 씨 계보 가운데 마지막 3대의 경우 우마코[馬子] → 에미시[蝦夷] → 이루카[入鹿]로 불리고 있다. 그런데 이러한 이름으로 당시 불리어졌다고 는 보이지 않는다. 여기서 우마코와 이루카는 말할 것도 없고, 에미시는 두꺼 비나 새우를 가리킨다. 비칭卑稱을 넘어 욕설로도 사용되었다. 아마 소가 씨 최후 3대는 몰락 후 혐오의 대상이 되었을 것이다. 그랬기에 비칭과 욕설 따 위의 이름이 붙여졌던 것 같다.

2) 아스카 문화

백제에서 왜로 전래된 불교를 중심으로 한 이 시대의 문화를 야마토 정권 의 소재지 이름에서 취하여 아스카[飛鳥] 문화로 일컫는다. 나라[奈良] 분지 남 쪽의 아스카 지방(나라 현)에서 문화의 꽃이 피었다. 한국의 삼국에서 영향을 받아 대규모 사원과 불교 조형품이 만들어졌다. 고대 일본문화의 획기적인 질적 성장의 시기였다.

아스카 문화는 7세기 초두를 중심으로 한 시기에 번영했던 불교색이 깊은 문화를 가리킨다. 백제 성왕이 왜에 불교를 전래해 줌에 따라 불교문화 뿐 아 니라 삼국의 제반 고급 문화까지 급속히 전파되어 왔다. 스쥰 천황 이후 왜 조정에서는 급속히 불교가 확산되기 시작하여 호코 사[法興寺]의 건축을 시 작으로 백제로부터 사공寺工과 화공畵工이 건너왔다. 아스카 사 가람배치 와 시텐노 사[四天王寺]식式 가람배치라는 사원 설계의 기본 형태가 만들어졌 다.[210]

---

209 門脇禎二, 『新版 飛鳥-その古代史と風土』日本放送出版協會, 1977, 40~52쪽.
210 아스카 문화에 대해서는 奈良國立文化財研究所, 『飛鳥資料館 案內』第6版, 1994, 3

쇼토쿠 태자의 등장을 맞아하여 아스카 문화는 보다 화려해졌다. 더욱이 정신 문화면에서는 비약적인 발전이 있었다. 백제 각가覺哿로부터 유교를 배웠다. 고구려 승려인 혜자慧慈에게서 삼론종三論宗의 지식을 얻었다. 그 때문에 쇼토쿠 태자는 '헌법 17조'와 불전佛典의 주석서인「삼경의소三經義疏」와 같은 높은 수준의 저작을 저술할 수 있었다. 쓰이코 천황은 불교 흥륭을 위한 조서를 내렸다. 호족들은 다투어 많은 씨사氏寺를 건립하였다. 이

도판 58 | 아스카 사 대불상.
백제계 인물 도리 불사가 만든 것으로 알려져 있다.

시기에는 도리 불사[止利佛師]에 의해 제작된 아스카 사의 석가여래상과 호류 사[法隆寺]의 석가삼존상이 대표적이다. 오랫동안 호류 사 금당 벽화를 그린 이로 고구려승 담징曇徵을 거론해 왔다. 그러나 아무런 근거가 없다. 오히려 일본의 고문헌 3곳에서 백제 도리 불사의 작품으로 기재되어 있었다.[211] 쓰이코 조정에서의 적극적인 선진 문물 수용은 삼국에서 건너온 지식인과 기술자들을 증가시켰다. 백제의 관륵觀勒은 역曆과 천문天文·지리地理와 방술方術을 가지고 건너왔다. 고구려의 담징은 물감과 종이와 묵墨의 제법을 가지

쪽을 참조 바란다.
211 李道學,「倭의 佛教 受容과 백제계 사찰의 건립배경 및 성격」『충청학과 충청문화』 19, 2014, 171~200쪽.

고 왔던 것이다. 이들의 활동은 메이지 시대[明治時代] 유럽의 외인外人 교사들이 서구문명을 이식한 역할과 유사하였다.[212]

3) 왜에서의 정변

618년 중국에는 수가 멸망하자, 당이 들어섰다. 당은 균전제均田制 · 조용조제租庸調制 · 부병제府兵制 등을 축으로 하는 중앙집권적 체제를 확립하고는 동서로 영토를 확대하였고, 고구려에도 출병하였다. 바야흐로 동아시아의 정세는 긴박감을 더해가기 시작했다.

야마도 정권 내에도 소가노 우마코를 이어 소가노 에미시와 소가노 이루카 부자가 권세를 장악하고 있었다. 특히 소가노 이루카는 자신의 수중에 권력을 집중시키기 위해 유력한 황위 계승자인 쇼토쿠 태자의 아들인 야마시모노 오에[山背大兄王]와 그 일족을 참살하였다(643). 이러한 가운데 당으로부터 귀국한 유학생들과 그들의 영향을 받은 야마토 정권 내의 사람들 사이에는 호족이 토지와 인민을 각각 영유하고, 조정의 직무를 세습하는 그 때까지의 체제를 개혁하여 대왕 중심의 새로운 중앙집권적인 정치체제를 만들려는 움직임이 높아만 갔다. 그 결과 죠메이[舒明]와 고교쿠[皇極], 두 천황의 아들인 나카노 오에 황자[中大兄皇子]는 나카도미노 가마타리[中臣鎌足] 등과 함께 645년 궁중에서 소가노 이루카를 암살하고 소가 씨를 타도하였다.[213]

212   井上光貞,『日本の歴史 (3)飛鳥の朝廷』小學館, 1974, 208쪽.
213   五味文彦 · 鳥海靖 編,『もういちど讀む山川日本史』山川出版社, 2010, 28~29쪽.

이시부다이 고분[石舞臺古墳]

나라 현 다카시 군 아스카 촌에 소재한 석축고분이다. 주위에 공호空濠를 파놓은 방형 고분인데, 일찍부터 상부의 봉분은 없었다. 4개의 넓고도 거대한 돌을 쌓아서 축조한 횡혈식석실橫穴式石室이 노출되어 있다. 이시부다이 즉 '석무대'라는 이름은 이 같은 고분의 외형으로 인하여 생겨났다. 1933년 교토대학에서 석실의 내부에 있는 토사土砂를 제거하고 조사하였다. 석실의 규모는 일본의 횡혈식 석실로서는 최대급이었다. 현실의 길이는 7.7m, 폭 3.4m, 높이 4.8m였다. 여기에 길이 11.5m, 폭 2.4m, 높이 2.6m의 연도羨道가 딸려 있다. 또 천정석 가운데 가장 큰 1개는 무게가 77t에 이른다. 더욱이 분구墳丘의 평면형은 한변이 약 50m의 정방형으로서, 공호空濠의 바깥 뚝의 바깥측 변의 길이는 약 80m이다. 이 고분을 백제계 권신으로서 626년에 사망한 소가노 우마코의 무덤으로 추정하는 견해가 있다.

나카노 오에 황자는 일찍부터 나카도미노 가마타리가 의기가 고결하고 용모가 범하기 어려움을 알고는 자신의 별채를 깨끗이 청소한 후에 그가 사용하도록 했다. 나카노 오에 황자는 나카도미노 가마타리에게 각별하게 배려한 바가 많았다. 나카도미노 가마타리는 대우가 극진한 것에 감격하여 사인舍人에게 "특별히 은택을 입는 것은 전부터 바라던 바가 지나치다. 황자께서 천하의 왕이 되는 것을 누가 감히 막을 수 있겠습니까?"라고 말하였다. 그러자 사인이 그 말을 나카노 오에 황자에게 전하자, 크게 기뻐하였다. 나카도미노 가마타리는 사람됨이 충성스럽고 정직해서 세상을 건지려는 마음이 있었다. 그는 소가노 이루카가 임금과 신하, 그리고 장유長幼의 질서를 잃고, 권력을 믿고 사직을 엿보려는 것을 분하게 여겨 왕족과 접하여 공명을 세울 수 있는 밝은 주군을 구하고 있던 중이었다. 그래서 마음은 나카노 오에 황자에

도판 59 | 이시부다이 고분

게 붙였다. 그러나 떨어져 있어 아직도 그 깊은 생각을 펼 수가 없었다.

　그러던 어느 날 나카노 오에 황자가 호코 사의 물푸레나무[槻木] 밑에서 무리와 함께 격국擊毱할 때 가죽신이 공을 치는 순간 벗겨져 나왔다. 그 순간 나카도미노 가마타리가 잽싸게 몸을 날려 두 손으로 황자의 가죽신을 받들어 나아가 무릎을 꿇고 올렸다. 그러자 나카노 오에 황자도 무릎을 꿇고 신발을 받았다. 이후부터 서로 친하게 되어 두 사람은 생각하는 바를 기탄없이 말할 수 있었다. 그렇지만 두 사람이 자주 만나는 것을 다른 사람들이 의심할까 봐 두려워했다. 해서 두 사람은 함께 손에 책을 들고 주공周孔의 가르침을 미나부치노 시야우안[南淵請安]의 거처에 가서 배웠다. 길을 왕래하는 사이에 어깨를 나란히 하여 비밀히 계획을 세웠다. 둘은 의기투합하지 않은 것이 없었기에 은밀히 계책을 세워두고 있었다. 644년 11월에 소가노 에미시와 그 아들 소가노 이루카는 집을 우마카시노 오카[甘檮岡]에 나란히 지었다. 에미시의 집을 우헤 미카도[上宮門]라 하였다. 이루카의 집을 하사키 미카도[谷宮門]라고 했다. 소가 씨가 자신의 거처에 궁문이라는 호칭을 사용한 것이다. 그리고 소가 씨 집안의 아이들을 '왕자'라고 불렀다. 소가 씨가 왕 행세를 했음을 뜻한다. 집 바같에는 성책을 만들고, 문 곁에는 무기고를 만들었다. 문마다 물을 가득 넣은 배 모양의 구유 한 개와 나무 갈고랭이[木鉤] 수십 개를 두어서 화재에 대비했다. 오호니 호노 산[大丹穗山]에 호코네키노 사[棒削寺]를 만들게 했다. 또 집을 우네비노 산[畝傍山]의 동쪽에 지었으며, 못을 파서 성으로 이용했다. 창고를 지어 화살을 쌓아 두었다. 소가노 이루카는 항상 50명의 병사를 거느리고 출입하였다. 그리고 튼튼한 병사를 골라 삼엄하게 경비하게 했다.

645년 6월 8일, 나카노 오에 황자는 조용히 구라노야마다노 마로노오미[倉山田麻呂臣]에게 일러 "삼한이 조調를 올리는 날에 반드시 경卿에게 그 표表를 읽게 하게 하겠다"고 했다. 드디어 소가노 이루카를 베겠다는 모의를 말하였다. 구라노야마다노 마로노오미가 좋다고 했다. 운명의 날인 12일에 왜왕이 오호안도노[大極殿]에 나왔다. 후루히토노 오호에[古人大兄]가 그 곁에 있었다. 나카도미노 가마타리는 소가노 이루카의 사람됨이 의심이 많고 밤낮으로 칼을 차고 있다는 것을 알았다. 나카도미노 가마타리는 소가노 이루카의 칼을 제거할 방도를 생각하다가 배우를 시켜 속여서 칼을 풀게 하였다. 그러자 이루카는 웃으면서 선선히 칼을 풀어주고는 오호안도노 안으로 들어가 자리에 앉았다. 구라노야마다노 마로노오미가 앞으로 나아가 삼한의 표문을 낭독하였다. 이때 나카노 오에 황자는 유케히노 스카사[衛門府]를 경계하여 일시에 12개의 통문通門을 닫아걸고 왕래를 못하게 했다. 그리고는 유케히노 스카사의 병사들을 한 곳으로 불러모아 녹祿을 지급하는 것처럼 하였다. 오호안도노 안에서 이루카가 쓰러졌을 때 구원할 수 있는 병력을 사전에 모두 차단시킨 것이다.

그때 나카노 오에 황자는 긴 창을 거머쥐고 오호안도노 곁에 숨어 있었다. 나카도미노 가마타리 일행이 활과 화살을 가지고 그를 지켜주었다. 그 직전에 나카노오에 황자는 사람을 시켜 상자 속에 든 두 자루의 칼을 지목한 두 사람에게 각각 주며 "반드시 한 순간에 베라!"고 했다. 두 사람의 자객은 물을 마신 후에 밥을 입으로 밀어넣었다. 그러나 너무 두려워서 오히려 토해버리고 말았다. 나카도미노 가마타리는 이들을 꾸짖으며 독려하였다. 그런데 구라노야마다노 마로노오미가 표문을 거의 다 읽어 끝날 쯤이 되었는데도 이들은 들어오지 않았다. 조마조마하며 애가 탔던 구라노야마다노 마로노오미는 너무 긴장한 나머지 땀이 흘러 온몸에 퍼지고 목소리도 떨리고 손까지 부들부들 떨었다. 그러자 이루카가 괴이쩍게 여기면서 묻기를 "왜 떠는가?"라고 했다. 그러자 구라노야마다노 마로노오미는 "아마도 천황 곁이므로 저도 모르게 땀이 흘렀습니다"고 답하였다. 오호안도노 바깥에서 내부의 동정에 온 신경을 쏟고 있던 나카노 오에 황자는 자객들이 이루카의 위세에 눌려 무서워서 나가지 못하는 것을 알고는 "야야!"라고 소리치면서 안으로 뛰어들었다. 그는 자객들과 함께 불의에 나가서 칼로 이루카의 머리와 어깨를 찔렀다. 순간 이루카가 놀라 벌떡 일어났다. 그러자 자객이 손을 놀려 칼을 휘둘러 이루카의 다리 하나를 찔렀다. 이루카는 굴러서 어좌 곁으로 가서 머리를 흔들며 "마땅히 황위에 계실 분은 하늘의 아들이시다. 저는 죄를 모릅니다. 부디 명확하게 하여 주십시오"라고 말했다는 것이다. 고교쿠 천황이 크게 놀라 당황하자, 나카노오에 황자가 "이루카는 천종天宗을 모두 멸하고 제위帝位를 엿보고 있었습니다. 어찌 천손을 이루카가 대신할 수 있습니까?"라고 말했다. 대왕이 일어나 궁중으로 들어가자, 이루카를 목 베었다.

이날 비가 와서 물이 뜰에 넘쳤다. 해서 거적으로 이루카의 시신을 덮었다고 한다. 후루히토노 오호에는 상황을 보고는 자신의 궁으로 달려가서 주변 사람들에게 "한인韓人들이 이루카를 죽였다. 내 마음도 아프다"고 했다. 여기서 한인들이 이루카를 죽였다는 말은 "한정韓政 때문에 주살되었다는 것을 말한다"고 해석되었다. 그리고 그는 침소에 들고는 문을 잠그고 나오지 않았다. 그 다음 날 이루카의 아버지인 에미시는 죽기 직전에 『천황기天皇記』와

『국기國記』를 비롯한 진보를 죄다 불태워 버렸다. 다행히 불타는 『국기』는 꺼
내져서 나카노 오에 황자에게 바쳐졌다.

4) 다이카 개신[大化改新]

쿠데타 성공에 이어 고교쿠 천황이 물러나고 가우도쿠[孝德] 천황이 새로
대왕 위에 올랐다. 나카노 오에 황자는 황태자가 되었다. 그리고 구호족舊豪
族들을 좌대신·우대신으로 임명한 후 신정부를 수립했다. 연호를 다이카[大
化]로 고치고, 수도를 나니와[難波](오사카)로 옮겼다.[214] 구세력의 도태와 권
력 집중 현상이라는 동아시아의 체제변화가 수반되었다. 이듬 해인 646년에
신정부는 4개 조항으로 된 다음과 같은 개신改新의 조詔를 반포하였다. 새정

---

214 누노메 조후·구리하라 마쓰오 著·임대희 譯, 『중국의 역사(수당오대)』 혜안, 2001,
     78쪽.

치의 기본방침을 알렸다.[215] 그 내용을 정리하면 다음과 같다.

① 황족과 호족의 사지私地 사민을 폐지하여 공지公地 공민화하고, 호족들에게는 그 대가로 식봉 등을 지급한다. 천황이나 호족이 소유하던 둔창이나 전장田莊을 위시해 부민部民이 없어지게 되었다.

② 지방의 행정구획을 정하고 지방관을 임명하여 중앙집권제를 강화한다. 국군리제를 실시하게 되었다.

③ 호적·계장計帳을 만들어 토지는 국가에서 농민에게 나눠 주는 반전수수법班田收授法을 행한다.

④ 새로운 조세제도를 정한다. 조용조제租庸調制로 나타났다.

여기에는 새로운 중앙집권 정치를 이루려는 염원이 담겨 있다. 이후 신정부는 당을 모델로 하여 율령제를 축으로 하는 국가의 건설에 노력을 경주하였다. 왜도 동아시아 법제적 국가의 하나로 등장한 것이다.[216]

---

215 『日本書紀』권25, 大化 2년 조.
216 五味文彦·鳥海靖 編,『もういちど讀む山川日本史』山川出版社, 2010, 29~30쪽.

천황호(天皇號)

신라와 백제 및 중국과의 관계를 의식한 절대자의 존호尊號이다. 이는 종래의 대왕호大王號와는 질적으로 다르다. 중국의 천자天子나 황제皇帝는 왕과 제후, 번이蕃夷의 군장君長에게 군림하는 유일한 자로서, 즉 중화세계의 최고 군주를 가리킨다. 천황호는 그것과 공통점을 지녔다. 후나야마 고분이나 이나리야마 고분에서 출토된 명문 철검에 '治天下'라는 글귀가 상감되어 있다. 중국 중심의 대세계관을 모방하여, 광대무변한 세계의 지배자로서의 자신의 위치를 설정하여, 왜국의 영역을 천하의 중심으로 설정하는 소세계의 형성을 가져왔다. 여기서 발전한 것이 천황호이다.

천체관측의 기준이 되는 북극성을 신격화하여, 우주의 최고신으로 여기면서, 천황대제天皇大帝라고 불렀다. 혹은 도교와 관련 있는 호칭으로 보기도 한다. 도교에서 말하는 천황은 자궁紫宮에 거처하는 진인眞人을 가리킨다. 진인의 성스러운 권위는 거울과 칼로 상징된다. 자색紫色은 고대 왕권의 신성성과 밀접한 관련이 있는 고귀한 색으로서 존중되었다. 텐무 천황[天武天皇]의 시호에 '眞人'이라는 글자가 사용되고 있다. 거울과 칼은 천황위天皇位의 상징적 신기神器인 점과도 부합된다.

일본의 천황호는 직접적으로는 중국 사상의 수용과 관련이 깊다. 천황호의 사용은 키요미 하라 령[淨御原令]의 선정 작업이 시작되는 텐무 10년인 681년 직후일 것으로 추측하고 있다. 아스카의 이시카미[石神] 유적에서는 '天皇'이 적힌 텐무 시기의 목간이 출토되었다.

도판 61 | 이나리야마 고분 출토 명문 철검　　도판 62 | 후나야마 고분 출토 명문 철검

9. 내전(內戰) 전야의 신라

1) 골품제란?

고대사회의 특성은 엄격한 신분적 규제가 작동하는데 있었다. 신분적 규제는 제도적인 장치로써 나타나게 마련이다. 신라의 골품제도骨品制度가 그 대표적인 예가 된다. 골품제도는 신라 사회를 지탱했던 대본大本이었다. 이는 사회적 진출과 관련한 승급昇級뿐 아니라 혼인까지도 규제하였다. 그러므로 골품제도는 흔히들 인도의 카스트제도에 비견되기도 했다. 골품제도는 쉽게 말해 혈통이 운명을 결정 짓는 인간규제였다. 신라 왕실은 이같은 엄격한 신분적 규제가 야기하는 계급 간의 갈등이랄까 반발을 불교의 윤회전생輪廻轉生 사상을 이용한 일종의 숙명론으로써 누그려뜨려 나갔다. 남창 손진태가 처음 제기한 불교의 윤회숙명설輪廻宿命說은 삼국의 왕권 강화에 이론적 옹호를 얻어낸 것이다.[217] 이에 대해서 그는 구체적으로 다음과 같이 서술하였다.

* 그러나 그 점만을 묵살한다면 인과응보설·숙명론·윤회사상·체념사상·과욕사상·은둔사상 등 모든 소극적 사상은 지배계급에게 극히 유리하였다. 빈부와 계급을 숙명으로서 단념하고 복종하는 사상이 선전된다면 그들의 지배는 지극히 용이할 것을 알았던 까닭이다. 그래서 지배계급은 평등사상을 묵살한다는 약속하에 이것을 환영하였다. 그리고 피지배 인민계급이 이것을 환영한 이유는, 첫째 그들 의 현실생활의 빈곤에 대하여 종래의 자연적인 민족종교로써는 안심의 길을 얻지 얻지 못하던 것을, 불교는 숙명설로써 빈곤과 피지배생활의 이유를 명백하게 설명하여 주었으므로(전생의 죄악에 대한 응보라고!) 그들은 빈

217　孫晉泰, 『朝鮮民族史槪論(上)』 乙酉文化社, 1948, 247쪽.

천 중에서도 단념에 의한 마음의 위안을 얻게 되었다. 그리고 둘째 그들의 미래 생활 곧 사후생활에 대하여, 그들의 자연종교로써는 그것이 극히 애매하고 또 우울하였던 것이, 불교에 의하여 명백하고 광명한 희망을 주게 되었다. 자연종교에서는 현세생활이 사후에도 그대로 계속되므로 빈자는 사후에도 빈궁한 생활을 하지 아니할 수 없었다. 그리고 또 그것은 빈궁한 채나마 영속적도 못 되고 수대 뒤에는 자연히 소멸되었다. 그런데 불교에서는, 현세에서 선업을 행하면 사후에 극락세계 연화대 상에서 무궁한 행복과 유쾌와 안양安養을 얻을 수 있었다. 이것은 그들의 암담한 현실생활에 광명과 희망과 용기를 주었다. 그들의 생활에 대하여 불교 이상으로 더 명백하게 더 구체적으로 평이하게 설명을 하여 준 철학은 전 귀족지배시대를 통하여 있지 아니하였다.[218]

   * 불교가 치자계급에 불리하였더라면 이렇게 왕성할 리理가 없다. 불교에는 4종四種(僧侶 · 武士 · 商工民 · 奴隷) 평등이라는 계급평등사상이 있다. 그러나 한편으로는 인과응보설 · 윤회설과 같은 숙명 사상이 있어, 현실생활이 빈천한 것은 전세의 악업에 대한 갚음[報]이라는 치자계급에게 극히 유리한 설도 있다. 그래서 귀족들은 다투어 화려한 절을 짓고, 토지를 기부하고, 노예까지도 주어 중들의 생활을 보호하고 귀족 출신의 중들을 높은 지위에 앉히었으므로 그들은 치자계급에 불리한 설을 버리고, 오직 지배계급에 유리한 사상만을 선전하였다. 그래서 불교 자신이 귀족화하여 광대한 토지와 농노를 가지게 되었다. 그리하여 인민으로부터 반항사상을 빼앗아 단념적이요 복종적인 민중을 만들려

218   孫晋泰,『朝鮮民族史槪論(上)』乙酉文化社, 1948, 285쪽.

고 꾀하였다.[219]

남창은 삼국의 불교가 왕실 불교가 되고 주민들에게도 환영을 받은 이유를 아주 요령 있게 서술하였다. 그러한 윤회전생사상은 이집트에서의 영혼관이 상기된다. 즉 인간의 영혼은 불멸이며 육체가 죽으면 차례로 계속해서 갓 태어나는 다른 동물의 몸속으로 들어가 머무른다는 설이다. 영혼은 육지에 사는 것, 바다에 사는 것, 공중을 날아다니는 것 등 모든 동물의 몸을 한바퀴 돌면 다시 인간의 몸속으로 들어오는데, 3천년에 걸쳐 영혼의 일순―巡이 끝난다고 믿었다. 이는 불교적 윤회전생사상에 일정하게 영향을 끼친 이론이 아닌가 싶다.[220]

도판 63 | 대영박물관에 전시된 이집트 벽화

219　孫晉泰,『國史大要』乙酉文化社, 1949, 28쪽.
220　李道學,「김춘추의 혼임담을 통해 본 골품제」『꿈이 담긴 한국고대사 노트(상)』일지

2) 김춘추와 김유신의 결속

골품제도는 신분적 규제인만큼 혼인에도 제약을 가하였다. 동일한 신분끼리의 통혼만이 가능하였다. 이루어질 수 없는 사랑은 꿈속에서나 성사되게 마련이다. 이러한 이야기가 있다. 조신調信이라는 승려가 태수의 딸을 사모하여 그녀와의 연이 맺어지기를 불당에서 몰래 빌었다. 결국 결혼하고 아이들까지 낳으며 가정을 이루었으나 괴로운 인생살이가 한바탕 허망한 꿈이었음을 깨닫게 된다. 춘원春園의 '꿈'이라는 소설의 소재가 될 정도로 유명한 『삼국유사』에 수록된 이야기이다.

그런데 골품제도와 관련해 태종 무열왕 김춘추金春秋의 존재가 주목된다. 잘 알려져 있듯이 김춘추는 진골 신분 최초의 국왕으로서 즉위하였다. 무열왕 이전의 신라 왕통은 성골 신분이 계승하여 왔었다. 그러면 성골과 진골의 차이는 무엇인지 궁금하지 않을 수 없다. 이 문제는 진골 최초의 국왕인 김춘추의 혈통을 살펴 본다면 해답을 얻는 게 가능하지 않을까. 흔히들 성골은 부계와 모계 모두 왕족인 경우로 말한다. 그렇지만 이는 꼭 그렇지만은 않은 것 같다. 왜냐하면 김춘추의 경우 아버지는 진지왕의 아들인 용춘이었다. 그 어머니는 진평왕의 딸인 천명 부인이었기 때문이다. 김춘추는 부계 모계 모두 왕족이었다. 그러므로 혈통상의 문제로 인해 그가 진골 신분이 되어야 할 이유는 어디에서도 발견되지 않는다. 매우 궁금하기 그지없는 사안이다. 그렇다면 김춘추의 할아버지인 진지왕의 폐출과 결부지어 신분강등을 생각할 수 있다. 진지왕은 품행이 좋지 않아 재위 3년만에 쫓겨나고 말았었다. 어쩌면 이 때 진지왕과 그 후손들 또한 왕실 내에서 배척되어 진골로 강등되었으리라는 추리도 가능해진다. 『삼국유사』 왕력王曆에서 여타 왕들과는 달리 진지왕의 무덤만 '능陵'이 아니라 '묘墓'로 적은 데는 까닭 있음을 알게 된다. 실제

사, 1996, 108쪽.

왕위에서 축출된 조선의 연산군이나 광해군의 묘소는 '능'이나 '원圓'이 아니라 모두 '묘'로 일컬어졌다.

그러나 이러한 추리보다는 김춘추의 혼인담에 그 비밀이 숨겨졌을 가능성이 크다. 신분의 태동과 확립에 있어 중요한 요체가 혼인이었다. 그런 만큼 혼인에 대한 제약은 엄격했으리라고 짐작되기 때문이다. 『삼국유사』에는 김춘추의 혼인담이 전한다. 이는 단순한 로맨스이기 보다는 골품제사회를 이해하는 '사료'로서 충분한 의미가 있다고 판단된다. 그러므로 주목하지 않을 수 없다.

『삼국유사』 태종춘추공 조를 펼치면 김유신의 누이인 보희寶姬가 경주 서악(선도산)에 올라가 오줌을 누니 서울에 가득차는 꿈을 꾸었다는 이야기가 보인다. 아침에 보희는 아우인 문희文姬에게 꿈 이야기를 했다. 그랬더니 문희는 짚이는 데가 있었든지 성큼 비단 치마를 주고는 꿈을 샀다. 그런지 얼마 안 있어 김유신이 김춘추와 함께 자기 집 앞에서 공을 차다가 일부러 김춘추의 옷을 밟아서 옷끈[衣紐]을 떨어뜨렸다. 옷끈을 달아주기 위해 김유신은 김춘추를 자기 집에 데리고 갔다. 이 놀이가 공을 차는 축국蹴鞠이다. 겨나 공기를 넣은 가죽 주머니 위에 꿩의 깃을 꽂았다. 축국 놀이를 일명 농주弄珠라고도 했다. 중국에서 전래되어 삼국에서 모두 유행했던 놀이였다. 『삼국유사』에서는 그러한 일화가 있던 날을 정월 오기일午忌日 즉 1월 15일의 일로 말하고 있다. 이로 볼 때 축국은 대보름과 같은 명절 놀이였음을 알게 된다. 왜의 나카노 오에 황자도 축국을 한 사실이 보인다. 따라서 축국 놀이는 왜에서도 유행했음을 알 수 있다. 그리고 김춘추 이야기와 유사한 관계로 관심을 끌기도 했다.

김유신은 큰 동생인 보희를 불렀다. 이때 보희는 병이 났다고도 하고 쑥스러워서 못나왔다고도 한다. 대신 문희가 와서 꿰매어 주었다. 두 사람이 처음으로 얼굴을 대하는 순간이었다. 『삼국사기』에는 두 사람의 첫 만남에 대해

도판 64 | 일본 아스카 사에 전시된 금공[金鞠]

도판 65 | 축국 재현 장면 사진

다음과 같이 서술했다.

> 술상을 차려 놓고 조용히 보희를 불러서 바늘과 실을 가지고 (옷고름
> 을) 꿰매게 하였다. 언니는 일이 있어 나오지 못하고, 동생이 나와서 그
> 앞에서 꿰매어 주었다. 옅은 화장과 가벼운 옷차림을 하였는데, 빛이
> 곱게 사람을 비추는 모습이었다. 춘추가 보고 기뻐하여 바로 혼인하자
> 고 요청하고는 곧 예식을 치렀다(문무왕 즉위년).

물론 위의 기사처럼 곧 예식을 치른 것은 아니었다. 많은 사연과 장벽이
가로놓여 있었다. 김유신이 문희를 김춘추에게 접근시킬 때 "옅은 화장과 가
벼운 옷차림을 하였는데"라고 했다. 김유신의 지시 하에 문희가 옅은 화장을
하고 가벼운 옷차림으로 관능적인 모습을 선보인 것 같다. 그 결과 "빛이 곱
게 사람을 비추는 모습이었다"고 했다. 이는 얼큰히 취해 기분이 고조된 김
춘추의 소회라고 할 수 있다. 김춘추의 마음을 움직여 문희와 맺어지는 순간
이었다. 술의 힘을 빈 것이다.[221] 김춘추는 이후로 김유신 집에 들락거리면
서 짬짬이 문희를 만나게 되었다. 젊은 남녀가 은밀하지는 않더라도 자주 만
나면 그러한 경우가 더러 있지 않을까? 결국 문희의 배가 부르기 시작했다.
그런데 정작 김춘추는 결혼할 생각을 하지 않았다. 김춘추는 그 무서운 김유
신의 여동생을 시쳇말로 건드리고도 무사하리라고 생각하였을까? 물론 그가
앞뒤 재지 않는 난봉꾼이었다면 못할 일도 아니라고 하겠다.

『일본서기』에 의하면 단 한차례 왜에 들렀던 김춘추에 대한 인상을 "자모
姿貌가 아름답고 말을 잘 하면서 웃었다"고 하였다. 구변 좋고 여유 만만한 미
남임을 호의적으로 기록했다. 또『구·신당서』에도 당 태종이 김춘추의 풍채

---

221   李道學, 「한국 고대사회에서 술의 기능」 『東아시아古代學』 44, 2016, 26~28쪽.

에 크게 감탄하였다는 기록이 보인다. 이러한 점에 비추어 볼 때 김춘추는 '돈환'으로서의 조건을 완벽하게 갖추었다. 그러나 야심만만한 그가 선불리 발목 잡힐 짓은 하지 않았을 법하다. 더구나 그의 할아버지는 품행이 나빠 폐출되지 않았던가? 분명히 김춘추는 문희를 열절이 사랑하였다. 그렇지만 혼인할 수 없는 어떤 '벽'이 가로놓여 있었기 때문에 머뭇거렸던 것 같다. 어렵게 생각할 것 없이 김춘추는 부계 모계 모두 왕족이었다. 그러므로 김춘추는 성골 신분으로 충분히 간주할 수 있다. 반면 문희는 신라에 병합된 금관가야의 왕족이었다. 그녀는 신라 진골귀족으로 편입된 복속민의 후예였다. 양자 간의 신분적 격차가 엄존했던 것이다. 그러므로 혼인은 허용될 수도 없었다. 더욱이 선덕여왕의 즉위의 근거가 되기도 하였던 성골신분의 남자들이 소멸해 가는 상황이었다. 김춘추는 대권에 매우 근접한 위치에 있었다. 때문에 그는 사랑과 왕관 사이에서 숱한 날밤을 고민하며 지새웠으리라고 헤아려진다.

이 때 김유신의 기지에 찬 대담한 승부수가 펼쳐진다. 당초 의도적으로 누이동생을 김춘추에게 접근시켰던 김유신이었다, 단재 신채호는 그를 가리켜 음모의 정치가라고 혹평하였다. 그렇듯이 김유신은 정치적인 수완이 비상한 데가 있었다. 김유신은 혼인하지 않은 문희가 임신한 것은 가문의 수치라고 꾸짖으면서 태워 죽이겠다는 말을 퍼뜨렸다. 하루는 선덕여왕이 남산에 행차하는 것을 기다려 나무를 마당 가운데 쌓고 불을 질러 연기가 일어나게 하였다고 한다. 여왕이 이상하게 여겨 좌우의 신하들에게 물어 연유를 들었다. 그러자 여왕은 주변을 둘러보면서 "누구 짓이냐?"고 물었다. 순간 곁에 있던 김춘추의 얼굴이 벌게졌다. 여왕은 김춘추에게 속히 가서 구하라고 하였다. 그 길로 김춘추는 달려가 여왕의 뜻을 전하고 곧 혼례를 행하였다. 여왕의 한마디 말이 문희와 뱃속에 든 뒷날의 문무왕 즉, 두 사람의 생명을 구했던 것이다. 바로 국왕의 허락으로 통혼권을 위반한 일종의 파계혼破戒婚은 가능하였다. 그러나 김춘추는 그로 인한 신분 강등의 불이익을 감내해야만 하지 않앉을까? 이 같은 파계혼이야말로 김춘추가 성골신분임에도 불구하고 진골로서 대우받은 배경이 아니었을까?[222] 그런데 「문무왕릉비문」에 따르면 문무왕은 626년에 출생했음을 알 수 있다. 626년은 진평왕 48년이다. 선덕여왕은 그로부터 6년 후인 632년에 즉위했다. 그러므로 훗날 문무왕이 되는 김법민의 목숨을 구한 이는 국왕으로서의 선덕여왕은 아니었다.

보희의 꿈과 동일한 설화는 훗날 고려 현종의 출생과도 관련해 나타나고 있다. 어김없이 왕자를 낳는 조짐이었다. 그리고 저 멀리 페르시아 지역에 자리 잡았던 메디아의 아스티아게스 왕의 딸이 방뇨放尿하여 전 도시가 물에 잠기고 나아가 소아시아 전역에까지 범람하는 꿈을 꾼 적이 있다. 그 딸의 소생이 드라마틱한 우여 곡절을 겪었지만 결국에는 즉위한 이야기가 헤로도투스의 『히스토리아』에 전한다. 시간과 공간적으로 지극히 멀고도 멀리 떨어져 있다. 그럼에도 불구하고 너무나 흡사한 꿈 이야기이다. 실로 좋은 꿈인 것은 사실인 듯하다.[223]

3) 선덕여왕, 만들어진 신화

우리나라 역사상 3명의 여왕이 존재하였음은 잘 알려진 사실이다. 그것도 모두 신라의 여왕이었다. 이 가운데 여왕통치의 단서를 연 이가 선덕여왕善德女王이다. 선덕여왕은 진평왕의 맏딸로서 이름은 덕만德曼이었다. 그녀는 성품이 너그러우면서 어질고 명민明敏하였다고 한다. 진평왕이 서거하고 아들이 없었다. 그랬기에 그녀가 즉위하게 되었다. 여왕이 즉위하게 된 배경을 『삼국유사』에는 '성골남진聖骨男盡' 즉 성골 신분의 남자가 없었기 때문이라

---

222 末松保和, 『新羅史の諸問題』東洋文庫, 1954, 11~15쪽.

223 李道學, 「김춘추의 혼인담을 통해 본 골품제」『꿈이 담긴 한국고대사노트 (상)』일지사, 1996, 108~113쪽.

고 했다. 때문에 선덕여왕은 신분에 맞는 배우자가 없었기에 결혼하지 않았던 양 기록되어 있다. 『용비어천가』 9장에는 "천황의 딸은 모두 결혼을 하지 않고 중이 되는데 이것은 자기보다 더 귀한 사람이 없으므로 결혼을 할 수 없기 때문이다"라는 기록이 보인다. 일본의 사례인 것이다. 그러나 『삼국유사』에는 여왕에게 음 갈문왕飮葛文王이라는 배필이 보인다.

선덕여왕은 신라 말기의 진성여왕과는 달리 스캔들도 전혀 남기지 않았다. 자기 관리에 엄격했던 것처럼 비친다. 그녀는 운문적인 여성은 아니었던 것 같다. 선덕여왕은 수려한 용모였던 것으로 짐작된다. 게다가 매우 총명하였기에 나라 사람들이 마음으로 따랐던 것처럼 비쳐진다. 여왕의 총명함을 나타내 주는 일화가 『삼국사기』나 『삼국유사』를 통해 전해지고 있다. 『삼국유사』에 수록된 '선덕왕지기삼사善德王知機三事' 즉 여왕이 하늘의 기밀을 알았던 세 가지 일화가 대표적이다.

첫째는 당 태종이 홍색·자색·백색의 세 가지 색깔로 그린 모란 그림 한 폭과 모란씨 석 되를 보내왔다. 여왕은 모란꽃 그림을 보고는 "이 꽃은 필시 향기가 없을 것이다"라고 말하였다. 이내 씨를 뜰에 심게 하여 꽃이 피고 떨어지는 것을 기다려 보았다. 그랬더니 과연 여왕 말대로 향기가 없었다. 신하들은 놀라면서 어떻게 알았는가 물었다. 여왕은 "꽃을 그려 놓고 나비가 없으니 향기가 없다는 것을 알 수 있다. 이는 당 황제가 내가 배우자 없음을 희롱한 것이다"라고 시원스럽게 답변했다. 그러나 자고로 모란꽃을 그릴 때는 나비를 함께 그리지 않는다고 한다. 그러므로 당 태종은 부귀를 상징하는 모란꽃[牡丹乃天地之精 爲群花之首 也是富貴之花] 그림으로 귀국의 번성을 바란다는 의례적 인사를 보낸 것 이상도 이하도 아니었다. 그런데 재기가 넘쳐 흘렀던 선덕여왕이 자격지심에 오버센스를 한 것으로 해석하기도 한다.

둘째는 경주에 소재한 영묘사靈廟寺의 옥문지玉門池라는 연못에서 겨울철인데도 느닷없이 많은 개구리들이 모여 사나흘 울었다. 나라 사람들이 이상

도판 66 | 낙양성 안의 가게에 보이는 모란꽃 그림. 모란은 낙양시의 시화市花이다.

히 여겨 여왕에게 물었다. 여왕은 서둘러 알천 장군 등을 시켜 정예 병력 2천 명을 뽑아 속히 서쪽 교외에 가서 여근곡女根谷을 찾아가라고 했다. 그곳에 반드시 적병이 있을 터이니 곧 습격하여 죽이라고 하였다. 알천 등은 반신반 의 하면서 병력을 이끌고 서쪽 근교에 가서 물었다. 그랬더니 부산富山이라 는 산 밑에 과연 여근곡이 있었다. 여근곡 안에 백제 장군 오소가 독산성獨山 城을 공격하기 위해 이끌고 온 군사 5백 명이 숨어 있었다. 알천은 이들을 포 위하여 모두 잡아 죽였다. 알천은 백제군 후속 부대 1천2백 명이 오는 것도 쳤다. 단 한 사람도 남기지 않고 죽인 후 알천은 개선하였다. 신하들은 매우 신기하게 생각하여 그 연유를 물었다. 여왕은 이치를 가려 설명하기를 "개구 리의 성난 형상은 병사의 모습이며, 옥문玉門은 곧 여근女根이다. 여자는 음 陰이요 그 빛은 희고 또 흰빛은 서쪽을 가리키므로 군사가 서쪽에 있다는 것 을 알 수 있었다. 그리고 남근男根이 여근 안에 들어가면 반드시 죽는 법이므 로 쉽게 백제군을 잡을 수 있음을 알았다"고 담담하게 말해 주었다. 듣고 있

도판 67 | 여근곡

던 신하들은 탄복하지 않을 수 없었다.

문제의 여근곡은 고속도로를 달리다가 경주터널을 지나면 오른쪽 창밖으로 보인다. 연유를 아는 사람들은 그 '여전한 모습'에 탄복하면서 혼자 그만 웃고는 한다. 여근곡 중앙에는 마르지 않는 샘이 있다. 지난 세기에 나는 예의 빠른 걸음으로 그 약수터 앞에 이르렀다. 그러나 뒤따라오는 분을 위해 기다렸다가 양보하였다. 그리고 나서 마신 물맛이 괜찮았던 기억이 난다.

셋째는 여왕이 건강했을 때였다. 자신이 죽는 해와 달과 날짜까지 알려주면서 '도리천忉利天' 가운데 장사지내라고 부탁했다. 신하들이 불교에서 말하는 삼계三界 중 욕계欲界에 딸린 여섯 하늘 가운데 둘째 하늘인 '도리천'의 위치를 물었다. 여왕은 낭산狼山 남쪽이라고만 말하였다. 과연 여왕이 짚어준 그 날짜에 서거하였기에 낭산 남쪽에 장사지냈다. 그로부터 십여 년 후 문무왕이 선덕여왕릉 밑에 사천왕사四天王寺를 창건하였다. 그럼에 따라 그제서야 불경에서 "사천왕천 위에 도리천이 있다"고 한 구절과 여왕의 유택이 정확

도판 68 | 호국도량으로서 당군을 물리치기 위한 문두루비법 법회가 열리기도 했던 사천왕사터

히 부합된 사실을 알았다. 여왕의 예지능력에 다시금 경탄했다는 것이다. 선
덕여왕릉은 사천왕사터 위의 낭산 기슭에 호젓이 남아 있다.

그런데 이 중 첫번째와 두번째 이야기는 『삼국사기』에서는 조금 달리 전하
고 있다. 첫번째는 진평왕 때 선덕여왕이 공주로 있을 적의 일화라고 했다.
두번째 이야기에서 개구리가 울었던 옥문지는 영묘사가 아니었다. 궁궐 서
쪽에 소재했다고 한다. 그리고 백제 군대가 잠복한 옥문곡은 경주 서쪽 교외
가 아니었다. 서남쪽 변경 지역이었다. 『삼국사기』 의자왕 8년 조에 의하면
백제 군대가 신라 서부 변경의 요거성 등을 함락시켰다. 그리고 백제군은 옥
문곡으로 진격하다가 크게 패하였다. 『삼국사기』 의자왕 19년 조에 의하면
독산성은 경상북도 김천 주변으로 짐작되는 동잠성桐岑城과 함께 백제 군대
의 공격을 받았다. 그러므로 옥문곡과 백제 장군 오소가 습격하려고 했던 독
산성은 지금의 경상북도 성주 남쪽 방면으로 추정되고 있다. 실제 경주의 여
근곡은 골짜기 내부가 밖에서 훤히 보인다. 전혀 매복이 가능한 지형이 아니

다. 따라서 백제군이 매복했다는 게 근거 없음이 드러났다. 게다가 여근형女
根形 지형은 풍수지리설에서 중시하는 모성형산母性形山이다. 이러한 산은
경주 외곽에만 있는 것이 아니다. 전국적으로 제법 광범위하게 분포하고 있
다. 그러한 점도 간과할 수 없다. 따라서 선덕여왕의 예지 능력에 의해 백제
군대가 격파된 장소를 경주 외곽이라고 고집할 수 있는 근거는 없다. 오히려
신라 변경이 타당하다고 보겠다.

세 번째 여왕의 예지 능력 이야기도 허구로 지목되고 있다. 선덕이라는 왕
호는 도리천 내의 선법당善法堂에 거주하면서 선악을 주재하는 선덕으로 상
징된다. 그러므로 문무왕이 여왕 무덤 바로 밑에 사천왕사를 창건하여 여왕
이 가졌던 제석帝釋 신앙을 구체화시켰을 것이라고 한다. 이는 선덕여왕의
필요에서 나온 예언은 아니었다. 문무왕이 사천왕사 창건에 더 큰 신비성을
부여하기 위해 여왕께로 소급된 데 불과하다.

그렇다면 선덕여왕 일화는 다음과 같이 정리된다. 첫 번째 일화는 선덕여
왕의 공주 적 이야기였다. 그럼에도 여왕이 통치할 때의 일화인 양 시점을 옮

도판 69 | 선덕여왕릉

겨 놓았다. 그리고 두 번째 일화는 백제 군대가 신라 수도인 경주 외곽에 까지 진출한 양 기록하였다. 절체절명의 위기적 상황이 닥친 것처럼 했다. 그러나 오로지 여왕의 예지 능력으로써 막은 양 하였다. 그녀의 통치 능력에 대한 홍보를 극대화시키는 데 목적을 두었던 것 같다. 이러한 일화에 보이는 선덕여왕은 무녀적巫女的인 색채가 농후하였다. 그러면『삼국유사』에서 "별기에 이르기를 이 왕대에 돌을 다듬어 첨성대를 쌓았다"[224]는 기사를 주목해 본다. 선덕여왕대에 천문관측 장소인 첨성대를 만든 이유는 하늘의 운행 질서에 대한 독점적 장악을 위한 시도로 풀이된다. 이는 앞에서 언급한 여왕의 예지 일화와도 연결되고 있다. 게다가 교감한 하늘의 뜻을 전달하는 중재자로서 자신의 위상을 부여하려고 한 것 같다.

---

224 『三國遺事』권1, 紀異 善德王 知幾三事 條. "別記云是王代鍊石築瞻星臺"

여왕의 무녀적 색채는 비담의 난 이후 정치적 변화와 관련 있음직하다. 선덕여왕을 옹호하였고 이후 권력을 장악한 김춘추와 그 후손들은 여왕 지지의 정당성을 내세울 필요가 있었다. 그러기 위해 선덕여왕을 실체보다 과장되게 기록한 느낌이 짙다. 영국 문화의 황금기를 열었고 국가와 결혼했다고 선언한 독신녀 엘리자베스 1세 여왕(1533~1603)도 조작된 이미지를 바탕에 깔고 있다고 한다.

선덕여왕은 여하간 아리따운 용모의 소유자로 비쳐졌을 것이다. 비록 배우자가 존재했다는 기록도 있지만, 배우자 없이 지낸 것으로 알려졌다. 배우자가 존재하더라도 당당하게 내세울 형편은 못 되었을 터이다. 따라서 독신으로 보이는 여왕은 뭇 남성들의 가슴을 설레게 했음직하다. 그러나 그녀는 지존한 한 나라의 국왕이 아니었던가? 쳐다 볼 수도 없을만치 높은 데 앉아 있었다. 그렇다고 사랑을 말 수는 없지 않은가? 그래서 이름하여 짝사랑이 나오게 되었다. 경험해 본 사람들은 잘 알겠지만 짝사랑은 대상에 구애받지 않는다. 그리고 시간적·공간적 제한을 받지 않고 만날 수 있어 좋다. 더욱이 경제적 손실이 전혀 없지 않은가? 그러므로 가난한 사람들에게 권장할만한 사랑이라고 하겠다. 사랑은 누구만의 특권이 아니라는 것을 보여 준 이가 있다. 선덕여왕의 행차 시 먼 발치에서 바라보며 흠모의 정만 쌓았던 지귀志鬼라는 사내였다. 『삼국유사』이혜동진二惠同塵 조에 보면 지나가는 이야기로 이 사내가 비치고 있다. 옮길 수도 없는 반 토막 구절에 불과하다.『수이전』에 수록된 내용을 중심으로 상상력의 프로펠러를 약간 달면 다음과 같은 줄거리가 되겠다.

선덕여왕은 즐겨 영묘사에 행차하고는 했다. 역인驛人 신분으로서 가난하지만 순정파인 지귀라는 사내는 아리따운 여왕을 한번 본 후 짝사랑에 깊이 빠져 들었다. 지귀는 수심에 잠겨 너무 오랫동안 울었다. 그의 얼굴은 초췌해졌다. 더욱이 여왕은 배우자가 없지 않은가? 지귀는 여러 가지 상상을 하였다. 심지어는 여왕의 서방님이 되는 꿈까지 꾸었는지도 모른다. 그 내밀한 상상의 세계는 원체 자유롭다. 그런 만큼 온갖 잡동사니들이 떠돌아다니게 마련이다. 어느 날 지귀는 여왕이 올 만한 시간에 미리 영묘사에서 기다렸다. 그러나 여왕은 비치지 않았다. 목탑 옆에 쪼그리고 앉았던 지귀는 그만 곤하게 잠에 빠졌다. 느지막하게 영묘사에 행차한 선덕여왕은 목탑 옆에 기대어 자고 있는 지귀를 발견했다. 그

도판 71 | '靈廟寺' 명문 기와

녀는 자신의 팔찌를 뽑아 그 품에 살며시 놓아 주고는 돌아갔다. 영민한 선덕여왕은 지귀의 마음을 헤아렸기에 연정에 대한 일종의 답례로 팔찌를 풀어준 게 아니었을까? 여왕이 다녀간 직후 지귀는 잠에서 깨어났다. 자신의 품에 놓인 여왕의 팔찌를 보고는 너무나 감격했다. 그런 나머지 열정의 불이 활활 타오르게 되었다. 급기야 그 심화心火는 몸을 태웠다. 곁에 있던 목탑에까지 번져 태웠다는 것이다. 영묘사의 목탑은 이렇게 소실되었다고 한다. 『삼국유사』에는 "과연 3일만에 선덕여왕이 절(영묘사)에 오니 지귀의 심화가 나와 그 탑을 태웠다"라는 내용이 전부이다.

선덕여왕은 수려한 용모에 총명함까지 더한 것처럼 비쳤다. 때문에 그녀는 나라 사람들의 가없는 흠모의 대상으로 그 한복판에 자리 잡고 있었던 것 같다. 그러나 여왕의 통치는 초유의 일이었다. 게다가 신라를 둘러싼 국제정세는 긴박하게 돌아갔다. 이틈에 편승하여 여왕 통치에 대한 중대하고도 심각한 도전이 기다리고 있었다. 상대등이었던 비담의 난이 되겠다.[225]

225　李道學, 「모란 같은 향훈(香薰)의 선덕여왕, 그 설화의 허와 실」 『꿈이 담긴 한국고대사노트(상)』 일지사, 1996, 240~247쪽.

10. 신라의 선택과 내전

1) 국난 타개를 위한 길

백제의 공격으로 인해 신라는 서부 영역을 대거 상실하고 말았다. 신라의 앞마당격인 지금의 구미나 성주 방면에도 백제군이 진출한 상황이었다. 위기감이 고조된 신라 조정에서 선택할 수 있는 방법은 그리 많지 않았다. 이러한 백제의 군사적 압박에 영향력을 행사할 수 있는 국가는 고구려요, 두 번째는 당이었고, 세 번째는 왜였다. 한반도에 영역을 미치고 있을 뿐 아니라 신라와 접경하고 있는 해동 삼국의 하나이자 대국인 고구려가 가장 유효한 대상이었다. 642년 대야성 함락과 실권자인 김춘추의 딸과 사위의 피살은 신라 지배층의 위기감과 더불어 복수심을 고조시켰다. 피부로 와닿고 있는 백제로부터의 군사적 위협을 타개하기 위해 신라 조정은 중신이자 복수심에 불타 있던 김춘추를 고구려에 파견하는 일이었다. 김춘추는 고구려의 보장왕과 연개소문과도 담판했다. 그러나 당시 꽃놀이패를 쥐고 있던 연개소문의 영토 반환 요구로 인해 김춘추는 성과 없이 귀환하고 말았다.

그 다음으로 신라가 택할 수 있는 대안은 바다 건너에 있는 당이었다. 그런데 643년 당에 파견된 신라 사신에게 당 태종은 "그대 나라는 부인婦人을 임금으로 삼아 이웃 나라의 업신여김을 받고 있으니 이는 임금을 잃고 적을 받아들이는 격이라 해마다 편안한 적이 없다. 내가 친족의 한 사람을 보내어 그대 나라의 임금을 삼되 자연 혼자 갈수는 없으므로 마땅히 군사를 보내어 보호하게 하고, 그대 나라가 안정됨을 기다려 스스로 지키게 맡기려 한다"[226] 고 하였다. 이러한 당 태종의 방책은 오히려 여왕의 정치적 입지를 더욱 약화시켰다.

---

226 『三國史記』권5, 선덕왕 12년 조.

그러나 신라가 국가적 위기를 타개하기 위한 현실적 방안은 고구려와의 제휴가 물건너 간 상황에서는 당과 연합하는 길밖에 없었다. 국가의 생존이 무엇 보다 우선한 절체절명의 명제였기 때문이었다. 당 태종이 고구려를 침공할 때 신라는 5만이라는 대병을 동원해서 고구려의 수구성水口城을 함락시킨 사실을 당에 알렸다.[227] 신라와 당과의 공동 전선이 가동되고 있음과 더불어, 이에 대한 자신들의 노력을 각인시키고자 했다. 신라가 국력을 모아 최대로 병력을 집결시켰을 때가 660년 백제 공격을 위한 때였다. 이때 총 동원병력이 5만이었다. 그 이전의 전쟁에서 동원한 숫자로는 수구성 공격전의 5만이 최대치였다. 실제 5만이 동원되었는지는 알 길이 없다. 다만 여기서 신라가 당에 과시하고자 한 것은 대對고구려 공격에 성의를 다하고 있음을 알리려는 명분이었다. 요컨대 643년의 수구성 공격은 신라가 당과 연합한 최초의 군사 작전이라는 점에서 의미가 크다. 당의 이해에 신라가 일단 가담하였다. 신라측 의도에도 당이 끌려 올 수 있는 기제를 마련한 것이다.

신라로서는 고구려 보다 백제의 군사적 위협에서 벗어나는 게 시급하였다. 고구려의 신라 침공 지역은 임진강유역이나 한강유역이었다. 이곳은 모두 소백산맥 바깥이었다. 그 반면 백제의 신라 침공은 소백산맥이라는 천험의 담장 역할을 하는 방어선을 뚫고 이루어졌다. 그랬기에 백제의 위협 강도는 고구려에 비할 바가 아니었다. 더구나 백제군은 낙동강 동편으로 진출해서 신라를 시종 옥죄고 있었다.

신라는 고구려의 힘을 빌려 백제의 공격을 막고자 하였다. 그러나 이것이 실패로 돌아감에 따라 신라는 바다 건너의 당과 제휴하게 되었다. 백제와 연화連和하는 고구려를 견제할 수 있는 현실적으로 거의 유일한 세력이 당이었기 때문이다. 당이 고구려를 침공함으로써 신라에 대한 고구려의 군사적 압

---

227 『舊唐書』권199, 東夷傳 新羅 條.

박을 약화시킬 수 있었다. 문제는 백제의 공세를 꺾는 일이었다. 현실적으로 신라에 가장 두려운 세력이었던 백제를 묶어둘 수 있는 국가는 없었다. 당이 신라의 요청을 받아들여 성큼 백제를 공격해야할 명분은 익지 않았다.

2) 신라 최대의 내전 상황

비담毗曇의 난은 신라 상대등의 요직에 있던 비담이 647년(선덕여왕 16)에 일으킨 반란이다. 즉 "여왕이 정치를 잘 하지 못한다"고 주장하며 선덕여왕을 축출하기 위한 목적의 내란이었다. 선덕여왕의 폐위를 목적으로 한 이 내란은 권력 중추부내의 지배층이 분열하는 치열한 정치투쟁의 양상을 띠었다. 이 내란의 분위기 속에서 선덕여왕은 사망하고 진덕여왕이 즉위하는 대사건이 이어졌다. 그로부터 7년 후인 654년에 김춘추가 태종 무열왕으로 즉위하였다. 비담의 난은 10여 일에 이르는 적지 않은 기간과 더불어 처형된 귀족 숫자만도 30여 명에 이르렀다. 그러므로 대규모 내전이었던 것이다.

태종 무열왕의 즉위는 『삼국사기』의 3시기 구분법에 의하면 상대上代(B.C. 57~654)로부터 중대中代(654~780)로, 『삼국유사』에 의하면 중고中古(514~654)로부터 하고下古654~935)로 전환하는 시점이기도 했다. 그러므로 이같은 시대적 전환기의 직전에 있었던 비담의 난은 신라 정치사상 중요 사건으로 주목되는 것이 어쩌면 당연하다. 왜냐하면 비담의 난은 국내적인 여러 요인의 모순이 쌓여 폭발한 것이다. 그렇지만 단순한 내란으로 간주할 수 없는 점도 존재하였다. 실제 이 난은 광범위하고도 복잡한 국제적인 배경을 깔고 있었다. 또 그러한 계기가 곧바로 신라의 내란으로 매듭지어졌다고 볼 여지가 있다. 특히 이 난은 중대정권中代政權(654~780) 성립의 실마리가 되었다. 게다가 그러한 권력 집중책과 관련하여 해석할 수 있다. 그렇기 때문에 난의 성격을 다각적인 측면에서 검토해 볼 필요가 있다. 도쿄대학교 명예교수인 다케다 유키오[武田幸男]의 견해를 중심으로 소개하면서 살펴본다.

『삼국사기』의 선덕여왕·진덕여왕본기 및 김유신전에 의하면 비담의 난에 대해 기록하였다. 즉 646년 11월에 상대등이 된 비담은 그 이듬해 정월에 염종廉宗 등과 더불어 선덕여왕의 무능을 빌미로 군사를 일으켜 여왕을 축출하려고 하였다. 이 때 반란군은 경주의 명활산성에 주둔했다. 여왕의 군대는 반월성에 진을 친 채 열흘 동안이나 공방전을 벌였다. 그런데 한밤에 큰 별이 돌연 반월성에 떨어졌다. 그러자 비담은 군사들에게 말하기를 "내가 들으니 별이 떨어진 아래에는 반드시 유혈流血이 있다고 한다. 이것은 아마 여왕이 패전할 조짐이다"고 했다. 군사들은 크게 고무되어 그 떠들어대는 소리가 땅을 진동하였다. 반란군의 기세에 여왕은 무서워서 어쩔줄을 몰랐다. 김유신이 여왕을 뵙고 말하기를 "길흉吉凶은 무상하여 오직 사람이 하기에 따른 것입니다. 그러므로 주紂(殷나라 말기의 폭군)는 붉은 새가 모임으로 해서 망하고, 노魯나라는 기린麒麟을 잡음으로 해서 쇠약해졌고, 고종(殷의 賢君)은 꿩이 울므로 해서 일어나고, 정공(鄭의 定公)은 용龍이 싸움으로 해서 번성하였습니다. 그러므로 덕德이 요사妖邪를 눌러 이길 수 있으니 성진星辰의 변이變異는 두려울 것이 없습니다. 왕은 근심하지 마십시오"라고 했다. 즉시 김유신은 허수아비를 만들어 불을 안기고 연鳶에 실어 날려 하늘로 올라가게 하였다. 연에 관한 우리나라의 가장 오래된 기록이다. 김유신은 이튿날 사람을 시켜 길거리에서 말을 퍼뜨렸다. 즉 "어젯밤에 떨어진 별이 도로 하늘로 올라갔다"고 하여 반란군을 의심하게 만들었다. 그 결과 사기를 되찾은 여왕의 군대는 크게 분전하여 비담의 군대를 패배시켰다. 비담을 목베고 그에 연루하여 구족九族을 죽이는 것으로 반란 진압을 매듭지었다.

이상이 비담의 난의 시말이 된다. 이러한 비담의 난의 배경과 관련해 선덕여왕의 병환을 거론한다. 실제 여왕은 647년 정월 8일에 세상을 떴다. 그런데 여왕이 병중이었다면 굳이 비담이 반란을 일으킬 이유가 없다. 그냥 내버려둬도 여왕은 병사하게 마련이었다. 그러나 전체 줄거리를 놓고 볼 때 비담

도판 72 | 신라 왕성인 반월성

도판 73 | 반월성 출토 '在城' 명문 기와

도판 74 | 경주 남산에 소재한 본 불상의 모습과 조성 시기가 선덕여왕과 연결된다고 한다.

의 난이 정월 1일에 발생했다고 하자. 그렇더라도 1주일 만에 여왕이 서거한 것이다. 이 경우는 여왕이 위중했어야 한다. 그런데 김유신이 여왕에게 상황을 보고했다. 그리고 반란의 와중에서 여왕이 두려워했다[大王聞之 恐懼失次]는 구체적인 기록이 보인다. 이는 여왕이 생에 대한 집착이 컸음을 가리킨다. 불과 2~3일 내에 세상을 뜰 중환자의 모습은 아니었다. 그러면 좀더 가까이 들여다보자. 여왕이 거처한 월성에 유성이 떨어지자 여왕이 패할 조짐이라고 하였다. 그러자 "군사들이 환호를 질렀고, 그 소리가 천지에 진동하였다"고 했다. 이러한 반란군에 대한 여왕의 반응은 "대왕이 이를 듣고 두려워하여 어찌할 바를 몰랐다"고 하였다. 여왕이 위중한 상황이 아니었음을 반증해준다. 오히려 반란으로 인한 충격사일 가능성을 배제할 수 없다. 여왕이 병들었던 적은 636년에 한번 있었다.

그렇다면 반란의 빌미가 되었던 선덕여왕의 무능은 무엇이었을까? 이는 우리가 알고 있는 선덕여왕의 이미지와는 거리가 있다. 왜냐하면 선덕여왕의 총명함은 앞서 언급하였듯이 인구에 회자될 정도였기 때문이다. 물론 이러한 '총명'에 관한 내용은 정치적인 의도가 다분히 섞인 문사라고 짐작된다. 여하간 선덕여왕시대의 신라는 여왕의 샤먼적인 예지 능력만으로는 극복하기 어려울 만큼 대내외 정세가 매우 긴박하게 전개되었다.

선덕여왕 치세기治世期(632~647)의 신라는 국가적인 큰 시련기였다. 신라는 고구려・백제와의 싸움에서 거듭 패전하여 많은 영토를 상실했다. 특히 642년에는 신라의 가라 지역 통치의 거점이자, 백제 진출의 군사적 요충지인 합천 대야성이 함락됨에 따라 선덕여왕은 정치적으로 더욱 곤경에 빠지게 되었다. 그 뿐 아니라 백제 의자왕의 집요한 공격으로 인하여 옛 가라 지역의 40여개 성을 한꺼번에 빼앗겼다. 가라 지역에 대한 신라의 지배권을 거의 상실해 버리고 말았다. 이 같은 선덕여왕대의 거듭된 신라의 패전은 여왕의 권위를 크게 실추시켰을 뿐 아니라 유력 귀족들이 그에게 도전할 수 있는 빌미를 제공해 주었다고 보아 좋을 것 같다.

더욱이 신라의 북쪽에는 강대한 수를 격퇴한 사실을 자랑하는 고구려가 위협하고 있었다.[228] 신라 동남쪽 바다 건너에는 국초 이래로 괴롭혔던 왜가 포위하고 있었다. 신라로서는 사면초가의 위기에 몰려 있었다. 때문에 선덕여왕은 이 같은 국가적 난국을 타개하기 위해 전방위 외교에 사활을 걸기까지 하였다. 그러나 643년 당에 파견된 신라 사신에게 당 태종은 "그대 나라는 부인을 임금으로 삼아 이웃 나라의 업신여김을 받고 있으니 이는 임금을 잃고 적을 받아들이는 격이라 해마다 편안한 적이 없다. 내가 친족의 한 사람을 보내어 그대 나라의 임금을 삼되 자연 혼자 갈수는 없으므로 마땅히 군사를 보내어 보호하게 하고 그대 나라가 안정됨을 기다려 스스로 지키게 맡기려

---

228   入江曜子,『古代東アジアの女帝』岩波書店, 2016, 35쪽.

한다"라고 한 방책은 오히려 여왕의 국내적 입지를 더욱 약화시켰다. 결국 이 같은 요인이 상승·결합하여 비담의 난이 발생했다고 볼 수 있다.

그런데 반란의 주모자인 비담의 관직이, 귀족으로 구성된 화백회의의 의장이었다. 동시에 정당한 계승자가 없을 경우 왕위를 계승할 제1후보자로 간주되었던 상대등이라는 점이다. 이 점에 미루어, 비담의 반란은 귀족세력이 비담을 왕위에 추대하려고 일으킨 것으로 생각하는 게 자연스럽다. 이러한 입장에서 보면 이 반란은 선덕여왕의 폐위 내지는 비담의 국왕추대에 불만을 품은 김춘추와 가라 출신의 김유신이 선덕여왕을 옹호함으로써 발단된 것으로 생각할 수 있다. 물론 역사책에서 이 내란을 비담의 '난'으로 표기한 것은 결과적인 입장에서, 그것도 왕실의 입장에서 서술한데 불과할 뿐이다. 기실 화백회의의 결정에 불복하여 '반란'을 일으킨 주체는 선덕여왕과 그 지지세력이었다고 한다.[229]

이와는 달리 비담의 난의 요인을 또 다른 시각에서 생각해 볼 수 있지 않을까. 우선 주모자인 비담의 "여왕은 정치를 잘하지 못한다"는 주장을 주목하지 않을 수 없다. 왜냐하면 이 주장은 당 태종으로부터 지시된 고구려·백제 격퇴책을 염두에 두고, 그것을 구체적으로 실현시키고자 하는 말로 간주할 수 있기 때문이다. 즉 반란 발발 4년전에 해당하는 643년, 신라는 고구려와 백제의 침략을 당에 호소하여 그 군사력을 빌릴 목적으로 사절을 파견하였지만, 그때 당 태종은 앞서 언급한 바 있는 '여왕폐위안'을 내놓았다. 이 방안은 신라의 현 체제를 부정하는 것이었다. 비담은 난의 명분을 당 태종의 방안에서 구하였음을 알 수 있다. 따라서 그 난은 고구려·백제와의 항쟁과 그 과정에 개입된 당의 동향을 직접 매개로 하여 발발했다. 그러니까 동아시아 규모에서 유독 국제적 성격을 띤 내란이었다. 다시 말하면 비담의 난은 당시 신라

---

229 井上秀雄, 『古代朝鮮』 日本放送出版協會, 1972, 200쪽.

가 처한 대외적 위기감이 내정內政으로 전화轉化하여, 내란으로 발현되었다고 하겠다.

그러나 이 문제에 관해서는 좀더 구체적인 부연 설명이 필요할 것 같다. 우선 당 태종의 여왕폐위안에 어떻게 대처하는 지가 신라의 국가존립과 관계되는 큰 문제가 되어 국론을 양분시켰다. 그 하나는 당 태종의 방안에 반발하여, 현 체제를 지키고자 하는 것이다. 이들을 자립파自立派라고 부를 수 있다. 반면 당 태종이 제시한 방안의 골자를 승인하면서 당에 의존하여 신라의 멸망을 막자는 것이었다. 이들을 친당의존파라고 부를 수 있다. 비담은 친당의존파의 거두였다. 이후 4년간은 자립파와 의존파의 대립이 계속되었다. 그러한 과정에서 646년 11월 비담의 상대등 지위의 획득은 일단 의존파의 승리를 의미한다. 당과의 결속강화를 바라는 같은 파 세력증대의 결과였다. 그러나 그로부터 2개월이 채 안된 이듬해 1월 돌연 비담이 의존파의 주장인 '여왕폐위'를 내걸고 모반謀反 · 거병擧兵했다. 비담의 난 와중에 선덕여왕이 사망하자—사망 원인은 이때 여왕이 매우 두려워하며 어쩔 줄 몰랐다고 한다. 이로 볼 때 '쇼크사'로 추정됨—자립파는 진덕여왕을 추대하였다(선덕여왕이 사망한 후에 비담의 난이 일어났다는 견해가 있지만 취하지 않는다). 이 같은 여왕 간의 왕위계승은 '여왕폐위'를 주장하는 목전의 반란군에 대한 대공세 선언이었다. 동시에 그 본원本源이 되는 여왕폐위책을 제시한 당에 대한 비판의 뜻도 담겨 있었다. 과연 자립파의 태도에 어울리는 대응이었다.

여왕 폐위에 반대했던 세력은 고구려와 백제의 움직임에 자극을 받아 대적할 수 있는 힘을 비축한 김춘추와 김유신을 중심으로 한 세력이었다. 즉 소외된 왕족층과 지방 세력, 귀속 세력과 같은 신흥세력들로 구성되었다. 이들은 소수가 국정을 독점하고, 특히 중앙과 지방 간의 극단적인 격차로 고전하

도판 75 | 상대등 비담과 염종 세력의 근거지였던 명활산성

던 지방호족 및 몰락 귀족층의 불만을 결집하여 여왕 폐위에 반대했다.[230]

　비상한 상황에서 여왕에서 여왕으로 계위되었다. 이와 관련해 『삼국사기』
는 진덕여왕의 용모를 "승만은 생김새가 풍만하고 아름다웠으며, 키가 일곱
자였고 손을 내려뜨리면 무릎 아래까지 닿았다"고 했다. 두 번째 여왕에게도
특수한 신체적 매력과 카리스마가 존재했음을 말하고 있다. 그랬기에 그녀
를 앞세웠다는 것이다. 이를 평가하여 "미모도 또한 재능의 일종이다"[231]고
서술한 금년 83세의 외국 여성 작가도 있다.

　김춘추 일파가 다시금 여왕을 옹립한 데는 당대에 통치가 끝나고 혈족 계
승이 어렵다는 점과 관련 있어 보인다. 진골 남자 왕이 왕위를 이을 가능성

230　入江曜子, 『古代東アジアの女帝』岩波書店, 2016, 35쪽.
231　入江曜子, 『古代東アジアの女帝』岩波書店, 2016, 61쪽.

을 열어두었다. 조선의 제3대 왕 태종이 적자가 없는 형 정종을 제2대 왕으로 옹립한 상황을 연상시킨다. 이러한 정황이 여왕 지지파에게 명분을 부여하였다. 또 투지를 발동시킨 요인으로 보였다.

결국 4년에 걸친 주도권 싸움에서 패배한 의존파를 대신하여 난을 진압하고 정권을 장악한 것은, 김춘추·김유신의 자립파였다. 그런데 중요한 사실은 자립파가 승리자였다는 점 보다는, 전통적 권위의 위광威光을 지닌 정치적 수반首班으로서의 신라 왕, 쟁란爭亂의 시대를 군사로서 직접 지배하는 김유신, 그리고 국가존망에 깊이 관련되는 외교를 짊어진 김춘추의 3세력이 결합하여, 신라 독자의 권력집중 방식을 성립시켰다는 점이다. 그 결과 그 후에 전개된 삼국통일의 시련을 극복할 수 있는 친당자립親唐自立의 장기적이고도 공고한 체제가 확립될 수 있었다. 실제 신라는 곡절 많고 복잡한 삼국통일 과정에서, 친당책을 추구하면서도 자립노선을 일관되게 견지하였다. 그 결과 신라는 백제·고구려 유민을 포섭하여 백제 고토를 회복하고, 당군을 한반도에서 축출할 수 있었다.[232]

선덕여왕을 옹호한 김춘추와 김유신은 비담의 난을 진압한 후 권력의 핵심에 접근할 수 있었다. 또 두 사람은 처남과 매부 관계이자 장인과 사위라는 이중관계로 맺어졌음은 너무나 유명하다. 그런데 김춘추의 극적인 혼인담

232　비담의 난과 그 성격에 대해서는 武田幸男, 新羅 '毗曇の亂'の一視覺」『三上次男博士喜壽記念論文集(歷史編)』平凡社, 1985, 234~246쪽을 전적으로 참고했다.
　　李道學, 「한시대의 분기점, 상대등 비담의 난」『꿈이 담긴 한국고대사 노트(하)』일지사, 1996, 108~114쪽.

은, 지방호족 세력을 대표하는 야심 많은 김유신이 엄격한 신분제사회의 제약을 깨고 신라 중앙권력의 핵심부에 진출할 목적으로, 김춘추의 '등'을 빌리기 위한 주도면밀한 계획의 산물이었다. 이로 인한 두 사람의 운명공동체적인 결속은, 7세기 한반도와 만주대륙의 운명을 결정짓는 중요한 사건으로 자리매김 받을 수 있다. 이 같은 양자 결속의 연장선상에서 비담의 난도 조명할 수 있지 않을까 싶다. 요컨대 비담의 난은 고대 동아시아의 동란기를 배경으로, 복잡한 삼국통일 과정에서 있었던 국제적인 정치 사건이었다.

친당자주파가 집권한 신라의 입장에서 볼 때 백제에 영향력을 미칠 수 있는 국가는 이제 왜 밖에는 없었다. 신라 조정은 642년에 고구려에 파견되었던 김춘추를 647년에는 왜에 보냈다. 김춘추는 공작이나 앵무새와 같은 진귀한 남방 조류鳥類를 싣고 왜정倭庭을 밟았다.[233] 이러한 남방 조류 선물은 신라의 교역 범위와 국력을 과시하고자 한데 있었다. 신라의 5세기 대 고분에서 출토된 토우土偶 중에는 타조와 개미핥기 그리고 무소 등 남방산이 보인다. 백제와 비등하거나 그 이상의 항해 능력과 교역권을 체감하게 하고자 한 것이다.[234] 그렇다고 김춘추는 왜가 당장 자국편을 들어줄 것으로 판단하지는 않았다. 다만 왜가 백제와 신라 사이의 분쟁에 개입하지 않기 만 해도 큰 이득으로 간주했을 법하다. 목화자단기국木畫紫檀碁局 등을 보낸 의자왕의 선물 외교에 대응하는 김춘추의 선물 외교도 일정한 성과를 거두었던 것[235]

---

233 『日本書紀』권25, 孝德 3년 조.

234 이에 대해서는 李道學, 「백제와 인도와의 교류에 대한 접근」『동아시아불교문화연구』29, 2017, 71~96쪽 참조 바란다.

235 奈良國立博物館,『正倉院展』1982, 86~89쪽.
東大寺 正倉院의「國家珍寶帳」에는 의자왕이 왜 조정의 內太臣 즉 후지와라노 가마타리에게 선물한 赤漆欟木厨子가 적혀 있다. 물론 이 厨子는 백제 당시의 것은 아니다. 그리고 厨子에 담겨 있던 물건 역시 의자왕이 선물한 근거가 될 수 없다고 한다. 그러나 厨子에 담긴 물건이라는 의미로 '納物'이라고 적혀 있다. 게다가 빈 厨子

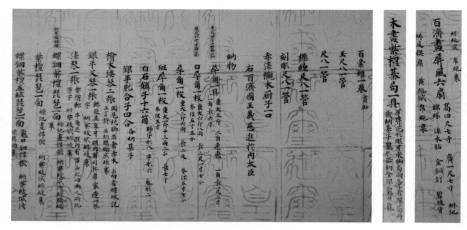

도판 77 | 「국가진보장國家珍寶帳」에 수록된 의자왕 선물 관련 물품 목록

만 보내기 보다는 내용물을 채워서 보냈다고 보는 게 자연스럽다. 그러므로 '納物'들은 처음부터 주자 안에 담겼던 것 같다. 그러한 '納物' 가운데는 銀平脫合子라는 바둑函과 그 안에 담겼던 상아 바둑돌이 있다. 이러한 바둑함 및 바둑돌과 짝을 이루는 게 역시 「국가진보장」에 수록된 木畫紫檀碁局이다. 물론 「국가진보장」에서 목화자단기국은 樂器들과 함께 기재되어 있다. 그렇지만 목화자단기국은 은평탈합자와 나란히 적힌 게 본래의 모습이었을 것이다. 그러면 이제는 목화자단기국의 제작국이 백제인지 여부를 검증하는 문제가 남아 있다.

원산지가 스리랑카인 자단목을 붙여놓은 목화자단기국은 백제가 동남아시아 지역과 교류한 사실과 연결된다. 그리고 목화자단기국의 측면에 상아로 상감된 쌍봉 낙타 8필의 존재는 백제가 2회에 걸쳐 왜에 낙타를 선물한 『일본서기』 기록과 어긋나지 않는다. 그리고 보다 중요한 사실은 상아로 만든 목화자단기국의 17개 花點 숫자는 우리나라 전통바둑인 순장바둑의 화점 숫자와 일치한다. 그리고 의자왕이 선물한 銀平脫合子라는 函의 뚜껑에 銀板으로 장식된 안장을 갖춘 코끼리상은, 백제금동대향로에서 봇짐을 짊어진 사내가 코끼리 등위에 올라탄 모습을 연상시킨다. 이는 백제인들이 코끼리를 탈것 즉, 운송 수단으로 이용한 동남아시아 세계를 체험한 결과로 볼 수 있다. 아울러 목화자단기국 본체의 재질이 한반도에서 주로 사용되는 소나무라는 것이다. 그리고 正倉院에 소장된 보물의 上限이 7세기 중엽을 넘지 않는다고 할 때 「국가진보장」에 함께 수록된 '백제 그림병풍 6좌[百濟畫屛風六扇]'도 의자왕이 선물했을 가능성이 높다. 백제라는 국호로써 왜에 선물을 보낼 수 있는 상황은 의자왕대를 제외하고는 생각하기 어렵기 때문이다. 이러한 맥락에서 볼 때도 목화자단기국은 백제 의자왕이 보낸 것으로 판단된다.

같다. 『일본서기』에 보이는 김춘추에 대한 호의적인 평가가 그것을 말하지 않을까 싶다.

11. 당과 연계한 통일 구상

1) 당복(唐服)과 당 연호의 수용

국제관계는 주변국들의 이해관계와 연동되어 있게 마련이다. 그러한 관계로 현대 국가들도 자국의 힘만으로 국제 문제를 해결할 수는 없다. 초강대국인 미국의 경우도 영국이나 프랑스와 같은 동맹국을 주축으로 해서 국제 분쟁에 개입하는 경우가 많다. 그럼으로써 군사력의 확대라는 측면 뿐 아니라 무력행사의 정당성이 한층 담보될 수 있었다. 7세기 후반 동아시아의 정세와 정국도 현재와 결코 다르지 않았다.

당 태종은 안시성에서 참패했지만 고구려 정벌 의지는 꺾이지 않았다. 태종은 실추된 권위를 만회하기 위해 병적인 집착을 가졌다. 태종은 648년 정월에 고구려 원정 계획을 공표하고 선박을 대대적으로 건조했다. 방현령房玄齡이 사망하기 직전 올린 상소에서 고구려 원정의 무익함을 적시했다. 그러나 당 태종의 귀와 눈에는 들어오지 않았다. 이때 김춘추가 찾아와 백제의 침공을 하소연했다. 당 태종으로서는 이제는 신라와 손을 잡고 고구려 뿐 아니라 백제까지 넘어뜨리는 구상을 하게 되었다. 일이 복잡해지기는 했지만 고구려 정벌에 대한 전망이 밝아졌다.

신라는 오랜 고심 끝에 당이 요구하는 대로 자국의 연호를 폐지하였다. 그리고 649년 정월부터 중국의 의관衣冠을 수용했다. 이 문제는 신라가 자주성을 포기한 사건으로 회자되었다. 그러나 이 일은 후대의 입장에서 훈수하듯이 쉽게 말할 수 있는 성질은 아닌 듯 싶다. 김춘추가 당 태종을 대면한 자리에서 백제의 공격으로 신라가 궁지에 몰린 절박한 사실을 알렸다. 동시에 당이 군사적으로 백제를 침공해서 멸망시키지 않는다면 신라는 망하게 될 것이다. 그렇게 되면 당에 조공하는 일도 사라지게 될 것이라고 했다. 김춘추는 이때 "만약 폐하께서 대국의 군사를 빌려 주셔서 흉악한 적을 없애주지 않으시면 저희 나라 백성들은 모두 사로잡히게 될 것입니다"[236]라고 했다. 당 태종이 김춘추의 절박한 제의를 수긍하면서 출병을 허락하였다. 그러자 김춘추는 당의 예복禮服을 따르겠다고 청했다. 김춘추로서는 국가 존망과 생존에 관한 절박한 사안을 해결할 목적으로 당에 복속되기로 한 것이다. 실리와 명분 사이에서 김춘추는 실리를 택하였다. 그 옛날 백제 개로왕이 고구려의 압박으로 위태한 상황에서 북위 황제에게 자존심을 모두 포기하고 걸사乞師한 바 있다. 그러나 북위는 고구려 눈치를 보느라고 백제의 요청을 수용하지 않았다. 그러자 백제는 북위에 대한 조공을 그 자리에서 끊었다. 그로부터 3년 후 한성이 함락되고 개로왕이 포살되는 비참한 상황에 이르렀다.[237] 김춘추의 경우도 자력으로 타개하기 힘든 백제의 군사적 공세를 막기 위해서는 불가항력적으로 당을 끌어 들일 수밖에 없었다. 또 그러기 위해서는 그 반대급부로 당에 종속되는 시늉을 해야만 했다.

김춘추는 한 시대의 영걸인 연개소문과 당 태종을 모두 직접 대면한 사람이다. 이때의 담판은 김춘추로 하여금 냉혹한 세상의 질서를 보는 안목을 배양했다고 본다. 더욱이 그는 647년에는 대한해협을 건너 왜의 권신들과도 만났다. 이러한 김춘추의 세계 경험은 국가 운영에 대한 냉정한 판단을 길렀을 것이다.

신라는 650년에 처음으로 당의 연호 '영휘永徽'를 사용했다. 648년에 입

---

236 『三國史記』권5, 진덕왕 2년 조.
237 李道學, 『백제 한성·웅진성시대 연구』 일지사, 2010, 152쪽.

당入唐한 신라 사신에게 당 태종은 "신라는 우리나라를 섬기면서 어째서 달리 연호를 칭하는가?"라고 힐책한 바 있다. 이때 신라 사신은 잘 받아 넘기면서 당이 못 쓰게 한다면 자국 연호를 폐지할 수 있다는 뜻을 비쳤다. 그로부터 2년의 세월이 흐른 뒤에 당 연호를 사용한 것을 볼 때 신라 지배층이 이 문제로 고심을 거듭했음을 알 수 있다. 그랬기에 650년 신라의 당 연호 사용을 가리켜 "태종의 꾸중을 듣고서도 오히려 또한 지난날의 습관을 버리지 못하고 머뭇거리다가 이때에 이르러서야 당 연호를 받들어 시행했던 것이다. 이는 비록 마지못한 데서 나왔다 할지라도"[238]라고 했다. 이렇듯 신라는 '마지못한데서' 즉 어쩔 수 없이 당 연호를 수용하였다. 그럼에도 654년에 태종무열왕은 자신의 어머니를 황제의 배필을 가리키는 '태후太后'로 추봉追封했다.[239] 비록 신라가 외형상 당 연호를 수용했지만 자주성을 견지했음을 뜻한다. 동시에 중국 연호 사용의 불가피성을 읽을 수 있다. 주지하듯이 태종太宗 묘호廟號의 사용이 이를 웅변해 준다.

이와 관련해 3.1운동 직후 일제가 한민족을 영구 지배할 목적의 기록이 주목된다. 이에 따르면 김춘추가 당의 환심을 사기 위해 당복唐服을 입고 당관唐冠을 쓰고 득의양양 귀국했다고 한다. 그런데 당의 제약이 한반도에서 해이해지자 당의 세력은 신라의 정치 뿐 아니라 사회에서도 연기처럼 사라졌다. "근본적으로 동화될 국민이 아니라는 것을 생각케 한다"고 진단했다.[240] 김춘추의 당 연호와 관복 채용의 불가피성을 일제는 정확히 간파하였다.

이때 신라는 백제 뿐 아니라 고구려 통합까지 기획했던 것 같다. 643년에 기획된 황룡사 목탑의 조성이 이와 무관하지 않았음은 주지의 사실이다. 물

---

238 『三國史記』권5, 진덕왕 4년 조.
239 『三國史記』권5, 태종무열왕 원년 조.
240 山道襄一, 「朝鮮人同化政策」『潮』1919, 4월호.

도판 78 | 태종 무열왕릉과 비석 귀부와 이수

론 목탑의 조성 목적으로 운위되는 9개 세력 제압은 후대에 부회된 게 분명하다. 그렇지만 신라는 자국의 명운이 걸린 백제 소멸과 당의 숙원인 고구려 소멸에 대한 이해의 일치를 보았다. 더욱이 당시 신라는 북으로부터 고구려의 군사적 압박에 시달리고 있던 터였다. 백제의 소멸만으로는 신라의 우환이 가셔지는 것은 절대 아니었다. 그러니 신라로서는 백제와 고구려 양국의 소멸을 국가 목표로 설정할 수밖에 없었다.

물론 신라가 당초부터 삼국통일 의지가 있었던 것은 아니라는 견해도 있다. 이 견해는 잘못되지는 않았다. 그러나 논지의 하나는 타당하지 않다. 즉 『삼국사기』 김유신전에 보이는 "···공의 나이 17세였는데, 고구려 · 백제 · 말갈이 국경을 침범하는 것을 보고 강개하여 구적寇賊을 평정할 뜻을 품었다. ···너는 어린 몸으로 삼국을 아우르려는 마음을 가지고 있으니"[241]라는 구

---

241 『三國史記』 권41, 김유신전(상). "子幼而有幷三國之心 不亦壯乎"

절의 '삼국'에는 신라가 포함되지 않는다는 것이다. '삼국'은 이 기사의 앞 구절에 보이는 신라를 자주 침공한 고구려와 백제 그리고 말갈을 가리킨다고 했다. 그러나 다음에서 보듯이 『삼국사기』에는 병탄 주체도 국가 숫자에 포함되어 있다.

까마귀는 (본래) 검은 것입니다. 지금 변해서 붉은 색이 되었고, 또 머리 하나에 몸이 둘이니, 두 나라를 아우를 징조입니다. 왕께서 고구려를 겸하여 차지할 것입니다.[242]

위의 인용은 부여인이 적오赤烏를 얻어서 대소 왕에게 올리자, 그에 대한 해석으로 고구려를 병합할 수 있는 조짐으로 '2국 병합[并二國]'을 운위하고 있다. 여기서 '병이국'에는 부여가 2개 국가를 병합한다는 뜻이 아니다. 즉 부여와 고구려가 모두 포함된다는 사실이다. 이와 마찬 가지로 김유신전에 보이는 '삼국'에도 신라를 주체로 한 백제와 고구려의 3개 국을 가리킨다.

2) 평양 이남 신라 영유권 태동의 근거

648년에 당에 들어간 김춘추는 당 태종과 대면한 후 중대한 약정을 하였다. 당 태종은 신라의 걸사로 인해 어쩔 수 없이 고구려를 침공하게 되었다며 신라에 생색을 내었다. 그러면서 당이 백제와 고구려를 멸망시킨 이후의 영역 분장分掌에 대한 구상을 제시했다. 당 태종은 "내가 두 나라를 평정하게 되면 평양 이남 백제의 토지는 모두 그대들 신라에 주어서 길이 편안하게 하겠소"라고 하였다. 당이 백제와 고구려를 멸망시킨 후의 영역 분장과 관련해

---

242 『三國史記』 권14, 대무신왕 3년 조. "烏者黑也 今變而爲赤又一頭二身并二國之徵 也 王其兼高句麗乎"

백제는 신라로 귀속시켜주겠다고 했지만 고구려에 대해서는 '평양 이남'만 언급했을 뿐 '고구려 토지'에 대한 명시가 없다. 그 이유는 무엇일까? 당 태종을 비롯한 중국인들은 고구려 영토였던 요동遼東은 본시 중국 영역이라는 인식을 강하게 지니고 있었다. 그리고 고조선의 수도였던 평양은 중국에서 동래東來한 기자箕子의 근거지이자 중국의 낙랑군이 설치된 곳인 관계로 역시 중국 땅이라는 인식이었다. 『수서隋書』 배구전에 따르면 기자 고지故地라는 요동에 대한 연고권과 더불어, 고구려의 한사군 고지 건국론이 제기되었다. 『삼국사기』에 인용된 배구裴矩가 수 양제에게 말한 다음 기사도 중국인들의 영역관을 반영한다.

> 황문시랑 배구가 황제에게 말하였다. "고구려는 본래 기자에게 봉해진 땅으로, 한漢과 진晉이 모두 군현郡縣으로 삼았습니다. 지금 신하노릇을 하지 않고 따로 이역異域이 되었으므로 선제께서 정벌하려고 한지 오래됩니다. 다만 양양楊諒이 불초하여 군대가 출동했으나 성공하지 못하였습니다. 폐하의 때를 당하여 어찌 취하지 않음으로써 예의가 바른 지경을 오랑캐의 고을로 만들겠습니까? 지금 그 사신은 계민이 온 나라를 들어 복종하는 것을 직접 보았습니다. 그가 두려워하는 것을 이용해서 위협하여 입조하게 하십시오.[243]

그 밖에 "돌아보건대 저 중국의 땅이 잘리어 오랑캐의 부류가 되었다"[244]는 수 양제의 조서가 대표적이다.[245] 이 같은 통일제국 수 이래의 일관된 동

---

243 『三國史記』 권20, 영양왕 18년 조.
244 『三國史記』 권20, 영양왕 23년 조.
245 『三國史記』 권20, 영양왕 23년 조.

방정책 기조를 당이 계승했다고 보면 된다. 그리고『삼국사기』에 인용된『당서』만 보더라도 "(고구려의) 평양성은 한漢 낙랑군이다"[246]고 했다. 혹은 "고구려는 본디 한사군의 땅이다"[247]고 하였다.

이렇듯 수인隋人이나 당인唐人들은 고구려 정벌에 대한 확고한 명분을 갖췄다. 즉 빼앗긴 중국 영역 탈환이라는 인식이었다. 이와 더불어 당 태종은 김춘추에게 대방군 지역에 대한 지배권도 제시했을 법하다. 그럼에도 대방군 고지인 '평양 이남'이 신라에 귀속된 데는 신라 측의 집요한 논리가 제기된 결과로 보인다. 신라가 제시했을 연고권은 삼국의 전신인 삼한이었을 것이다. 앞서 살폈듯이 고구려와 백제, 그리고 신라는 7세기 당시 삼한으로 일컬어졌다. 그러한 삼한의 통합을 신라가 정치적 명분으로 제기했을 가능성이 높다.

이와 관련해 중국 사서에 따르면 백제는 대방고지帶方故地에서 건국했다고 적혀 있다. 가령 당 태종 정관 연간(618~628)에 편찬된『주서周書』의 백제조에 따르면 "구태仇台라는 이가 있어서 대방에서 처음 나라를 세웠다"[248]고 했다. 그리고 백제 왕의 봉작에 대방군왕이나 대방군공帶方郡公이 자주 보인다.[249] 이러한 봉작은 중국이 신라 왕에게 수여한 낙랑군왕과는 비교되지 않을 정도로 비중이 지대하였다. 이러니 당도 백제의 대방고지에 대한 연고권을 인정하지 않을 수 없었다. 그러한 백제의 전신은 중국도 공인하는 삼한이었다. 이러한 맥락에서 본다면 백제의 건국지라는 황해도 방면의 대방고지는 응당 신라 지배하에 들어가야 한다. 결국 신라와 당 간의 논리 절충과 타협을 통해 '평양 이남'이라는 약정이 이루어진 것으로 판단된다. 동시에 신라

---

246 『三國史記』권37, 雜志 第6, 地理 4, 고구려.
247 『三國史記』권20, 영류왕 24년 조.
248 『周書』권49, 異域上, 百濟 條.
249 李道學,『백제고대국가연구』일지사, 1995, 185쪽.

는 자국의 예복과 연호를 포기하는 적극적인 귀속 의식을 표명한 결과 당을 유인하는데 성공했다.

신라인들은 자국의 동북계東北界를 지금의 함경남도 안변安邊인 비열성卑列城으로 간주하였다. 당이 비열성을 빼앗아 고구려에 돌려주었다고 하지만 신라인들은 연고권을 강하게 제기했다. 즉 "또 비열성은 본래 신라의 것이므로 고구려가 쳐서 빼앗아간 지 30여년 만에 신라가 도로 찾아, 백성들을 옮겨 살게 하고 관리를 주어 지키게 하였다. 또 이 성城을 빼앗아 도로 고구려에 돌려주었다"[250]라며 거세게 항의하였다. 결국 이러한 영역관이 관철되었기에 대동강에서 원산만까지의 신라 북계北界가 만들어진 것이다. 닉슨 정권 때 국무장관을 역임했던 20세기 최고의 외교 전략가로 꼽히는 헨리 키신저는 인천상륙작전 이후 북상하면서 평양-원산까지만 진격했다면 통일이 될 수도 있었다고 봤다. 즉 "이 방안을 추진했다면 중국 국경선에는 가까이 가지 않으면서 북한의 전쟁 수행 능력을 대부분 파괴하고 북한 인구의 90%를 통일된 한국에 흡수했을 것이다"[251]고 하였다. 공교롭게도 김춘추와 당 태종이 밀약을 맺었고, 통일신라의 영역으로 확정된 그 구간이었다.

신라의 북계 문제는 뒤의 삼국통일 과정에서도 줄곧 현안이 되었던 사안이기도 했다. 때문에 다시금 분명히 짚고 넘어갈 필요가 있다. 신라는 당초 고구려를 삼한에 포함시켜 그 전역을 장악하려는 구상을 가졌던 것으로 보인다. 즉 고구려의 삼한 기원설은 고구려 멸망 이후 그 구토舊土 확보를 위해 신라에서 제시한 연고권 주장으로서도 의미가 컸다. 반면 당의 고구려 지배욕은 가까이는 남북조시대를 청산한 통일제국 수 이래의 정책을 계승한 성격을 지녔다. 더욱이 당은 고구려 침공과 그 지배를 위한 명분으로서 역사적 근

---

250 『三國史記』권7, 문무왕 11년 조, 답설인귀서.
251 헨리 키신저 著 · 이현주 譯, 『헨리 키신저의 세계질서』 민음사, 2016, 325~326쪽.

거를 자주 들먹였다. 이러한 실정이니 고구려 패망 후 그 영역에 대한 지배권을 신라에 선선히 넘겨 줄 이유가 없었다. 이 문제는 신라로서도 몹시 중요한 사안이었기에 양보가 쉽지 않았을 것이다. 약정 이듬 해인 649년에 신라는 당의 예복은 수용했지만, 650년에야 중국 연호를 수용한 것은 당과의 협상에 불만이 많았음을 반증한다. 그렇지만 신라로서는 현실적으로 당의 지원이 다급한 상황이었다. 그랬기에 타협하고 절충하는 선에서 '평양 이남' 지배로 선을 그었던 것으로 보인다. 그럼에도 신라는 삼한 영역의 당초 북계인 임진강을 넘어섰다. 즉 대동강선까지의 고구려 영역을 지배하는 발판을 구축하는 소기의 성과를 얻었다. 이 점은 주시할만한 대목이다. 요컨대 신라 삼국통일의 영토적 불완전성은 통일 과정에서의 역부족이 아니었다. 당초부터 내재된 이러한 약정의 산물이었다. 아울러 신라는 통일의 정당성과 명분의 확보에서 중요한 소재를 개발하였다. 즉 "삼한을 합쳐서 한 집[一家]을 이루었다"는 표제인 것이다. 분열을 청산한 통합은 분명 성과요 위업이라는 긍정적 기제의 극대화를 가능하게 했다.

당은 고구려 영역 가운데 위대魏代 이후의 요동군과 과거 한사군 영역을 수복지로 지목하였다. 당 태종은 "요동은 옛적에 중국 땅이었다. …짐은 장차 가서 이를 경략하려 하는 것이다"[252]고 했다. 한사군은 낙랑군과 더불어 현도군과 진번군과 임둔군이 해당된다. 이 중 단명한 진번군과 임둔군은 상징성은 물론이고 존재감마저 약하였다. 현도군은 제3현도군이 지금의 요녕성 무순에 소재하였다. 그러한 관계로 요동 지배로 인해 마무리된 것으로 인식했을 법하다. 처음 설치된 제1현도군의 소재지에 대해서는 당인들도 그 위치를 분명히 파악하지 못한 실정이었다. 그리고 진번군의 후신인 대방군은 백제 건국지로 인식되었기 때문에 삼한 통합론을 제기한 신라의 지배를 인

---

252 『三國史記』 권21, 보장왕 3년 조.

정하는 선에서 마무리 되었다. 당은 당초 고구려 전역에 대한 지배를 기도했을 것이다. 그런데 신라가 제기한 백제의 대방고지 건국설에 따라 대동강 이북의 관할로 후퇴한 것으로 보인다. 실제 대방군 영역의 북계는 대동강유역까지로 밝혀졌다.[253] 요컨대 당의 고구려 전역 장악 기도와, 신라의 대방고지 백제 연고권 주장이 충돌했다. 그럼에 따라 양국은 그 접점을 대동강선으로 확정한 것으로 보인다. 이로써 '평양 이남' 고구려 전역까지 장악하려는 당의 기도는 무산되었다. 그렇지만 신라와 당은 고구려의 소멸에 합의했다. 648년 양국 간의 약정은 이 점에 의미를 두지 않을 수 없다. 신라의 동북 경계는 실지회복론의 제기와 엮어져 말갈[靺] 영역의 분할이라는 차원에서 비열홀 선에서 절충한 것으로 보인다.

결국 고구려 영역 가운데 요동반도에 대한 지배로 마무리하고, 중만주와 동만주 일대가 방치된 것은, 이러한 당의 영역관에 기인하였다. 그랬기에 방치된, 즉 신라나 당으로서는 일종의 무연고지였던 동만주를 기반으로 발해가 흥기할 수 있었다. 요컨대 당의 고구려 침공은 고토탈환전이었고, 신라로서는 삼한통합전이었다. 고구려 멸망은 이념적으로는 중국인들의 누대 숙원과 신라인들의 삼한통합대망론의 귀착점이었다.

신라인들은 자국 영역의 북계인 대동강을 삼한의 북계로 인식했다. 비록 고려 말기의 인식이지만 "우리 태조께서는 궁예같은 포악한 임금을 섬겨 삼한 땅을 궁예가 그 3분의 2를 차지하게 된 것은…"[254]이라는 구절이 보인다. 이 구절의 '삼한'은 통일신라의 영역을 기준한 것이다. 이러한 삼한의 북계는 평양과 대동강 일대를 가리켰던 것 같다. 이는 공산 전투에서 승리한 직후에 삼한 의식을 공유했던 진훤이 왕건에게 보낸 글월에서 "나의 기약하는 바는 평

253　李丙燾, 『韓國史 古代篇』 을유문화사, 1959, 252~253쪽 사이 '高句麗興起 三韓比定圖'
254　『高麗史』 권2, 世家, 李齊賢 贊.

양의 문루에 활을 걸어두고 패강(대동강) 물에 말의 목을 축이는 것이다!"[255]라고 한데서도 확인된다. 요컨대 여기서 삼한은 곧 통일신라 영역을 가리켰다. 이렇듯 신라의 삼국통일 영역관은 삼한 땅을 전제하고 설정되었다.

김춘추가 당에서 돌아오는 길에 바다 위에서 고구려의 순라병을 만났다. 김춘추를 따라간 온군해溫君解가 높은 사람이 쓰는 모자와 존귀한 사람이 입는 옷을 입고 배 위에 앉아 있었는데, 순라병이 보고 그를 김춘추로 여기고 잡아 죽였다. 김춘추는 작은 배를 타고 아슬아슬하게 본국으로 귀환했다. 김춘추가 당에 들어갔다가 군사 20만을 청하여 얻고 돌아와 김유신을 보며 "죽고 사는 것이 하늘의 뜻에 달려있는 까닭에 살아 돌아와 다시 공과 서로 만나게 되었으니 얼마나 다행입니까?"라고 말하였다. 김유신은 대답했다. "저는 나라의 위엄과 신령함에 의지하여 두 차례 백제와 크게 싸워 20성을 빼앗고 3만여 명을 죽이거나 사로잡았으며, 또한 품석 공과 그 부인의 뼈를 고향으로 되돌아오게 할 수 있었습니다. 이는 모두 하늘이 주신 다행이 이른 것이지 제가 무슨 힘이 있었겠습니까?"

12. 의자왕, 재위 15년까지의 눈부신 위업

1) 외교

경쟁과 견제와 우호가 반복反復과 반복反覆을 거듭하면서 전쟁으로 치닫는 양상이 동북아시아의 7세기 중엽이었다. 국가 이해가 맞물린데다가 자력으로 상황을 타개하기 어려운 현실에서는 자연 외교의 비중이 클 수밖에 없었다. 의자왕은 국가의 존립과 관련된 외교에서 비상한 능력을 발휘했다. 중

---

255 『三國史記』 권50, 진훤전.

국왕조의 통일국가인 당의 역할과 비중은 삼국의 동란 상황에서는 더욱 중대될 수밖에 없었다. 의자왕은 재위 12년까지는 당에 대한 조공을 게을리 하지 않았다. 문제는 백제와의 전쟁에서 계속 밀리고 있던 신라의 입장이었다. 신라는 자력으로 타개할 수 없는 국가적 위기를 극복하기 위해 바다 건너에 있는 대국 당의 손을 빌리지 않을 수 없었다. 당이 현실적으로 삼국 간의 문제에 힘을 미치기는 어려웠다. 의자왕 역시 당에 조공을 빈번히 하는 등 틈을 보이지 않았기 때문이다. 게다가 그가 당에 적대적인 입장을 취하지도 않았다. 그러나 신라가 대당 외교에 사활을 걸다시피 한 관계로 양상은 급변하게 되었다.

신라의 요구로 당은 삼국 문제에 본격적으로 개입할 수 있는 명분을 얻었다. 의자왕이 신라의 대당 통로인 당항성을 공격하자 신라는 당 태종에게 급히 군사 원조를 요청했다.[256] 그러자 의자왕은 군대를 철수시켰다. 이것을 기화로 당 태종은 사농승 상리현장相里玄奬을 보내 백제와 신라에 고유告諭하였다. 그러자 의자왕은 당에 글월을 보내어 사과했다. 여기서 의자왕은 당의 개입에 부담을 느꼈음을 알 수 있다. 의자왕은 철군撤軍과 사과를 통해 재빠르게 당의 압박에서 벗어나고자 하였다. 의자왕은 경직되지 않고 유연하게 상황에 대처한 것이다. 그러나 이것은 어디까지 명분적이고 형식적인 행위에 불과했다. 의자왕은 당 태종이 고구려 원정을 위해 신라로부터 군사를 징발한다는 말을 들었다. 의자왕은 그 틈을 타서 신라의 7개 성을 습취하는[257] 기민함을 보였다. 이러한 상황에서 태종을 이은 당 고종은 신라로부터 공취한 성을 반환하지 않으면 백제를 공격하겠다고 으름장을 놓았다.[258] 그 이

---

256 『三國史記』권5, 선덕왕 11년 조.
257 『三國史記』권28, 의자왕 5년 조.
258 『三國史記』권28, 의자왕 11년 조.

듬해인 『삼국사기』 의자왕 12년 조
에서 백제가 당에 조공한 것을 끝
으로 더 이상의 관계는 보이지 않
는다. 의자왕은 신라의 영토를 반
환하라는 당 고종의 요구를 수용할
수 없음을 분명히 했다. 그러니 당
을 매개로 한 백제와 신라의 조공
외교는 이제 신라의 독주로 이어지
게 되었다. 신라와 당의 유착은 심
화되었고, 이로 인한 백제의 고립
은 필연적일 수밖에 없었다.

도판 79 | 부소산성 출토 금동광배

　의자왕은 이 같은 고립을 타개하기 위한 수단으로 고구려와 왜와의 관계
를 한층 돈독히 구축하였다. 의자왕은 누대의 숙적인 고구려와의 관계를 일
찌감치 개선했다. 의자왕은 즉위 초에 신라를 군사적으로 압박해서 대승을
거둔 직후에 고구려와 화친하였다.259 의자왕은 구원舊怨에 매이지 않고 동
반자로서 고구려를 성큼 끌어안았다. 의자왕의 종국적인 목표는 신라의 멸
망이었다. 그럼으로써 한강유역 구토舊土를 회복하여 명실상부한 백제 영토
의 온전한 복구를 기할 수 있다. 이러한 차원에서 의자왕은 고구려와 전략적
제휴를 한 것이다. 고구려와 제휴한 의자왕의 군사적 압박의 강도는 신라 태
종 무열왕의 아들인 김법민 태자의 다음과 같은 발언에 잘 담겨 있다. "고구
려와 백제가 순치와 같이 서로 의지하며 마침내 무기를 들고 번갈아 침략해
오니 대성大城과 중진重鎭이 모두 백제에게 병합된 바 되어 강토는 날로 줄어

259　『三國史記』 권28, 의자왕 3년 조.

들고 위력도 쇠하였습니다."[260] 실제 신라는 대야성 함락 이후 옛 가라 지역을 대부분 상실했을 뿐 아니라 거점을 낙동강 동안東岸의 경상북도 경산으로 후퇴시켰을 정도로 절대적 열세에 놓였다. 더구나 지금의 경상북도 경산에 설치된 압량주押梁州 군주軍主에 최고의 명장이자 중신인 김유신을 임명한 것만[261] 보더라도 신라 조정이 지닌 위기의식의 일단을 읽을 수 있다.

그러면 의자왕이 상대한 고구려에는 누가 있었을까? 왜 의자왕은 이때 성큼 고구려와의 화친을 제의했을까? 당시 고구려에는 연개소문의 정변이 발생하였다.[262] 연개소문이 실권자로 군림한 상황이었다. 642년 겨울에 대야성 참변에 대한 보복 차원에서 고구려의 힘을 빌어 백제를 치기 위해 김춘추가 고구려를 방문하였다.[263] 의자왕이 고구려와 화친을 모색한 것은 같은 해 11월이었다. 이로 볼 때 연개소문은 일종의 꽃놀이패를 쥐고 있었다. 백제와 신라 양국에서 고구려를 각각 끌어당기려 하였기 때문이다. 이때 연개소문은 김춘추에게 신라가 빼앗은 자국 구토舊土의 반환을 요구했다. 이는 당 태종이 훗날 백제에 요구한 신라와의 화해 명분과 동일하였다. 점령한 측에서는 모두 수용할 수 없는 주장들이었다. 결국 당에 대적하는 일이 발생하더라도 일차적으로 신라를 고립시켜 구축한다는 전략적 인식을 공유한 관계로 백제와 고구려 간의 화친이 성사되었다. 의자왕은 신라와 고구려 간의 연결을 차단한 것이다. 의자왕 외교의 승리였다.

그러나 궁지에 몰린 신라가 당과 유착됨에 따라 결국 한반도와 만주 일원의 정세에 크나 큰 파고를 예비했다. 더구나 화해를 강요하는 당 조정의 성가

---

260 『三國史記』권28, 의자왕 11년 조.
261 『三國史記』권5, 선덕왕 11년 조.
262 이에 대해서는 李道學, 「高句麗의 內紛과 內戰」『高句麗研究』24, 2006, 33~37쪽이 참고된다.
263 『三國史記』권5, 선덕왕 11년 조.

신 '훈수'로 인해 의자왕은 12년 이후부터는 당과의 교섭을 일체 중단하고 말았다. 이것은 당과의 외교를 실질적으로 청산하는 신호였다. 대신 의자왕은 고구려와는 동맹을 맺고 왜와는 유대를 일층 강화하는 방식을 택했다.[264] 신라편을 거드는 당을 버리고 오히려 고구려를 동반자로 받아들였다. 그런 한편 의자왕은 왜와의 관계를 한층 강화시켜 당과 신라에 공동 대응하고자 하였다. 현실적으로 의자왕이 택할 수 있는 외교 노선은 이 길 밖에는 달리 없었다. 그간의 등거리 외교도 그 속셈이 당에 탄로 난 관계로 더 이상 효력을 얻기 어려웠다.[265]

2) 군사

의자왕의 정복 전쟁은 눈부신 데가 있었다. 의자왕은 몸소 군대를 이끌고 신라 서부 지역에 소재한 40여 개 성들을 일거에 점령한 바 있다. 이 전승을 신라측에서는 "백제 왕 의자가 크게 군사를 일으켜 나라 서쪽의 40여 성을 공취했다"[266]고 적었다. 그 직후 백제는 신라의 대야성을 함락시켰다. 이는 의자왕 생애 최대의 군사적 업적으로서 가히 혁혁하다 할만했다. 그리고 신라를 봉쇄시킬 전략으로 당항성 공략을 단행하였다. 신라와 당과의 연결 통로인 지금의 화성시에 소재한 당항성을 점령함으로써 당의 개입을 원천적으로 차단하고자 했다. 그러자 신라가 화급히 당에 군사 지원을 요청하였다. 이에 의자왕은 당항성에 대한 포위를 풀고 철수시켰다. 그가 국제 정세의 흐름에 밝고 신축성 있게 대응했음을 뜻한다. 그와 동시에 의자왕은 신라의 요진要鎭인 대야성을 점령했다.

---

264 『三國史記』 권28, 의자왕 13년 조.
265 의자왕의 父인 무왕대의 외교와 관련해 다음 기사가 참고될 것이다. 『三國史記』 권27, 무왕 13년 · 28년 조.
266 『三國史記』 권5, 선덕왕 11년 조.

644년(의자왕 4)에 신라는 옛 가라 지역 회복을 위한 공세를 단행해서 백제의 7개 성을 공취했다.[267] 그러나 그 이듬해인 645년(의자왕 5)에 백제는 3만에 달하는 신라 병력이 고구려 공격에 쏠리는 틈을 타서 7성을 빼앗았다.[268] 이곳은 그 1년 전에 신라에 탈취당한 그 7성으로 보인다. 7성의 소재지는 지금의 경상북도 고령 주변으로 그려진다. 647년(의자왕 7)에 백제의 의직義直은 3천 명의 정예 보병과 기병을 이끌고 신라 영역인 지금의 전라북도 무주군 무풍면 일대인 무산성茂山城 밑에 주둔하였다. 이때 그는 군사를 나누어 감물성甘勿城(경북 김천시 개령면)과 동잠성桐岑城(경북 구미시 인의동)을 비롯한 지금의 경상북도 김천과 구미 일원을 습격했다.[269] 또 648년(의자왕 8)에 장군 의직은 신라의 서쪽 변경에 소재한 요거성腰車城 등 10여 성을 빼앗기도 하였다.[270] 그리고 좌장인 은상殷相이 정예 병력 7천을 이끌고 신라의 석토성石吐城 등 7성을 공취했다.[271] 백제의 집요한 공세로 신라는 자국의 서북부 변경에서 줄곧 밀리고 있었다. 『삼국사기』 의자왕 15년 8월 조에 보면 급기야 백제는 고구려 및 말갈과 연합해서 신라의 북쪽 변경 30여 성을 함락시키는 전과를 올렸다.[272] 그 즉시 신라는 당에 구원을 요청했다. 그리고 『삼국사기』 의자왕 19년 4월 조에는 의자왕이 장수를 보내어 신라의 독산성과 동잠성을 공격했다.[273] 이에 대한 신라측의 반응은 "4월에 백제가 빈번히 변경을 침범하므로 왕은 장차 이를 정벌하려고 당에 사신을 파견하여 걸사乞師

---

267 『三國史記』 권28, 의자왕 4년 조.
268 『三國史記』 권5, 선덕왕 14년 조. 『三國史記』 권28, 의자왕 5년 조.
269 『三國史記』 권28, 의자왕 7년 조.
270 『三國史記』 권28, 의자왕 8년 조.
271 『三國史記』 권5, 태종무열왕 3년 조. 『三國史記』 권28, 의자왕 9년 조.
272 『三國史記』 권5, 태종무열왕 2년 조에 보면 백제가 신라의 '33城'을 취했다고 구체적으로 적혀 있다.
273 『三國史記』 권28, 의자왕 19년 조.

했다"[274]고 하였다. 659년(의자왕 19)에 백제가 침공해 옴에 따라 신라는 크게 몰리고 있었다. 신라는 자력으로 타개할 수 없는 위기적인 상황에 봉착하여 다급하자 당에 구원을 요청했던 것이다. 이를 통해 의자왕의 신라 공격은 성공리에 다시금 추진되었음을 알게 된다. 즉 전후 정황을 놓고 볼 때 백제는 이때 위에서 기록한 2개의 성을 점령했던 것 같다.

그러면 의자왕대에 신라로부터 점령한 성의 총 숫자는 얼마나 될까? 그 전과를 간략하게 기재하면 다음과 같다.

* 40여 성(의자왕 2년)

* 대야성(의자왕 2년)

* 7성(의자왕 5년)

* 요거성 등 10여 성(의자왕 8년)

* 석토성 등 7성(의자왕 9년)

* 신라 북쪽 변경 33성(의자왕 15년)

* 독산성 · 동잠성(의자왕 19년)[275]

앞에서 살폈듯이 기록에 피상적으로 잡히는 것만 세어도 자그마치 100성을 웃돈다. 백제를 넘어 한국 역사상 어떤 군주도 의자왕대 만큼 영역을 확장하지 못했다. 그리고 100개 이상의 성을 점령한 사례는 없었다. 저 유명한 고구려의 정복군주인 광개토왕이 광개토왕릉비에서 자랑스럽게 내세우는 당대에 점령한 성의 숫자는 총 64성에 불과했다.[276] 우리나라 역사상 의자왕에 필적

274 『三國史記』권5, 태종무열왕 6년 조.
275 이 2성은 '侵攻'으로만 기재되어 있지만 공취한 것으로 받아들였다.
276 李道學, 「광개토대왕의 영토 확장과 광개토대왕릉비」『고구려의 정치와 사회』동북아역사재단, 2007, 179쪽.

할만한 정복군주가 누가 있을까? 가히 혁혁한 업적이라고 하지 않을 수 없다.

그런데 의자왕이 위암胃癌으로 추정되는 질병[反胃]으로 고난을 겪었다고 한다. 그리고 길고 긴 투병생활이 통수권의 약화를 불러 백제의 사령탑과 전투 의지를 와해시켰다는 주장이 제기되었다. 이 주장은『문관사림文館詞林』에 수록된「정관 연간에 백제 왕을 어루만져 위로하는 글 한 통[貞觀年中撫慰百濟王詔一首]」에 근거하였다. 의자왕은 자신의 신병 치료를 위해 당에 사신을 보내 장원창이라는 의사를 찾았다고 한다. 그 때가 644년 말로 추정되고, 장원창은 반위 치료의 전문의였다고 하므로, 의자왕의 위 질환은 적어도 643년 이전으로 소급된다고 보았다. 그런데 당 태종은 백제의 요청을 들어주지 않았기에 의자왕의 위 질환은 완치될 수 없었다고 한다. 그 결과 "긴 투병생활이 통수권의 약화를 불렀다"고 했다.

그러면 이러한 주장을 검증해 보도록 하자. 일단 위암에 걸리면 상복부 불쾌감·상복부 통증·소화불량·팽만감·식욕부진 등이 있다. 위암 증상은 위염이나 위궤양의 증세와 유사하다고 한다. 문제는 의자왕이 위 질환을 앓고 있었다고 하자. 그렇다면 어떻게 즉위 초부터 몸소 군대를 이끌고 신라를 공격하여 일거에 40여개 성을 공취하는 혁혁한 무훈을 세울 수 있었는지 의아하다. 이후로도 의자왕의 신라에 대한 공세는 줄기차게 이어졌다. 위암 환자 치고는 특이 사례로 기록되어야할 의학계의 새로운 보고 자료감이다. 게다가 '길고 긴 투병 생활' 중이라던 의자왕이 '술 마시기를 그치지 않았다'고 할 정도의 체력과 몸 상태를 유지할 수 있었는지 의아하다. 내 몸이 불편한데 어떻게 술 마시며 흥청거릴 수 있었는지? 그리고 정력적으로 의자왕이 신라를 압박할 수 있었을까? 더구나 집권 초기부터 위암에 걸렸다는 의자왕은 위암환자 치고는 너무 오래 산 것이다. 위암에 걸린 지 대략 20년을 누렸다. 이역시 의학계에 보고할 사안이 아닐까 싶다.

당의 손사막孫思邈이 652년(永徽 3)에 완성한『천금요방千金要方』(권4)에는 고구려에서 위통에 쓴 처방이 적혀 있다. 일본 나니와[難波] 약사藥師의 비조가 된 고구려 덕래德來는 백제를 경유해서 왜로 건너갔었다. 고구려의 의술이 백제에 영향을 미쳤음을 뜻한다. 백제에서도 위통에 대한 처방이 있었을 것이다. 무엇보다도 당에까지 고구려의 위통 처방이 알려졌다. 그렇다면 백제에서는 당 이전에 먼저 고구려에 사신을 보내 위통 전문가를 섭외하였을 수 있다. 더욱이 의자왕 3년에 백제는 고구려와 화친을 맺었기 때문이다.

의자왕 15년 조의 대승 이후 4년 가까이 백제는 신라에 대한 공세가 뜸하였다. 신라로서는 백제의 공세가 소강 국면에 접어들자 안도하면서 오히려 백제를 자극하지 않으려고 했던 것 같다. 신라는 숨죽이며 백제의 동정을 살피는 데 급급할 뿐 공격할 엄두를 내지 못한 인상이 짙다. 백제의 공세가 주춤한 것은 의자왕의 관심이 내정으로 옮겨진 것과 긴밀한 관련이 있어 보인다. 실제 의자왕은 대외 정복전의 대승에 이은 국주모의 사망을 기화로 정변을 통해 일대 정계 개편을 단행했다.

이와 관련해 익산의 쌍릉雙陵을 무왕 부부의 능묘로 비정하는 데는 이견이 없다. 여기서 쌍릉을 구성하는 대왕묘와 소왕묘는 능묘의 규모에 따라 붙여진 속칭이다. 무왕은 사후 소왕묘에 묻혔고, 국주모와의 합장을 염두에 두었기에 관대 없는 현실을 조성했던 것 같다. 그런데 국주모 사망 후 의자왕은 현실과 봉분의 규모를 크게 조성해서 계모에 대한 배려를 대내외적으로 과시했다. 그러나 국주모가 묻힌 대왕묘의 관대를 한 개만 설치한데서 짐작할 수 있듯이 단장單葬이었다. 이와 관련해 국립전주박물관은 대왕묘 목관 내부에서 나온 치아 4점은 20~40세 여성 것이라는 분석 결과를 발표했다. 아울러 함께 출토된 적갈색 토기의 국적을 신라로 지목하였다. 그러나 출토된 토기는 익산 왕궁평성에서 출토된 등잔과 형태가 비슷하다. 그러니 신라계 토기로 단정 짓기 어렵다는 견해도 있다. 따라서 대왕묘를 선화 왕비 능으로 지목

도판 80 | 재발굴하고 있는 익산 쌍릉 대왕묘 현실 내부

하는 일은 신중을 요한다.[277] 게다가 대왕묘는 소왕묘에서 직선거리로 무려 100m 이상 멀리 떨어진 곳에 조성되었다. 의자왕은 국주모를 무왕의 배필로 인정하지 않은 것이다. 반면 의자왕은 능산리에 묻혔던 자신의 어머니 선화왕비의 관을 소왕릉에 합장한 것으로 추측된다. 이 곳에 단 2기 뿐인 동일한 시기의 왕릉급 고분인 대왕묘와 소왕묘가 떨어져 조성된 데다가 대왕묘의 관대가 1개였다. 이를 기초로 의자왕의 어머니들과 관계된 정치적 상황과 결부지어 능묘를 추리했다. 대왕묘 출토 인골을 토대로 무왕릉으로 지목하기도 한다. 이 경우는 왜 왕릉이 단장인지 해명이 되지 않는다.

참고로 공주 무녕왕릉에서 고야마키[高野槇]로 제작한 관목이 나왔다고 화제가 된 바 있다. 새로운 사실을 밝혔다고 오랜 기간 회자되었다. 고야마키는 부여 능산리 고분군과 동東고분군 뿐 아니라 쌍릉 대왕묘의 관재이기도 했

---

277 허윤희, 「익산 쌍릉 大王墓 주인은 선화 공주?」 『朝鮮日報』 2016. 1. 27.

다.[278] 일제 때 이미 밝혀진 사실이었다.

3) 정변의 단행과 강력한 왕권의 구축

의자왕은 사실상 국주모의 '섭정' 속에서 외정에 주력하고 있었다. 해동증자라는 칭송을 받았던 의자왕은 계모인 국주모를 깍듯이 섬겼을 것임은 자명하다. 의자왕을 민자에 견주어 칭송하기도 했다. 공자의 제자인 민자는 계모에게 효성이 지극하였다. 이 사실은 의자왕이 계모에게 극진하였기에 나온 칭송으로 볼 수 있다. 그렇지만 의자왕에게 국주모는 극복의 대상이었다. 그녀는 현실적으로 의자왕 자신이 쌓아 온 명성과 관련된 섬김의 대상으로 여전히 유효한 위치에 있었기 때문이다. 그런데 의자왕에게 물실호기의 낭보가 들렸다. 자신에게 상왕처럼 군림하던 국주모의 사망이었다.

도판 81 | 사택지적비

『일본서기』황극 원년(642) 조에는 국주모의 사망에 이어 제왕자 등과 같은 근친 왕족들에 대한 추방 사건이 덧붙여 있다. 그런데 앞서 원문을 인용한 바 있는 이 기사는 금석문 자료 등과 결부지어 전후 정치적 상황을 검토해 볼 때 착란錯亂으로 파악되었다. 『일본서기』에는 사택지적砂宅智積이 641년 11월에 사망했다고 하였다. 그러나 「사택지적비문」에 따르면 사택지적은 갑인년甲寅年인 654년 정

278 朝鮮古蹟硏究會, 「扶餘陵山里東古墳 調査」 『昭和十二年度 古蹟調査報告』 1938, 141~142쪽.
梅原末治, 『朝鮮古代の墓制』 座右寶, 1947, 77쪽.

월에도 건재했다.[279] 『일본서기』에서 사망했다고 한 사택지적은 654년에도 생존해 있었다. 따라서 황극 원년 조의 정변 기사는 제명 원년(655) 조에 배치되어야만 한다. 이러한 기사 착란은 기실 동일 인물인 황극과 제명의 복벽復辟으로 인한 혼동에 기인했다. 이 같은 착란은 『일본서기』의 7세기 대 기사에서 유독 많이 확인되고 있다. 한결같이 기사 배열의 착오에서 비롯되었다.[280] 그러니 기본적인 사료 검토가 전제되어야만 정변 기사의 시점이 보다 명료해질 수 있다.

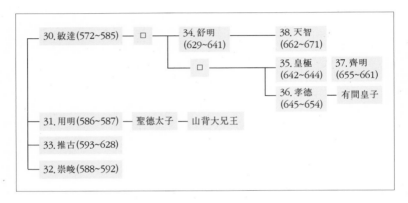

황극과 제명을 중심으로 한 왕위 계승관계

279 井上光貞, 『日本の歷史 (3)飛鳥の朝廷』 小學館, 1974, 278쪽에 보면 사택지적비 사진 설명으로 "政界를 은퇴한 지적이 갑인년에 건립한 碑"라고 했다.
280 李道學, 「'日本書紀'의 百濟 義慈王代 政變 記事의 檢討」 『韓國古代史硏究』11, 1997, 419~420쪽.

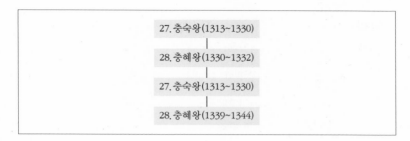

고려시대의 복벽 사례

　의자왕의 정변은 재위 15년(655)에 단행되었다. 이는 의자왕대의 정치사
가 그 15년을 기점으로 큰 변화가 이루어진다는 종전의 지적과도 부합된다.
그러나 그 변화는 기존 연구에서 지적하고 있는 강력한 왕권의 후퇴를 의미
하지 않는다. 의자왕 15년의 정변은 지배세력의 교체와 더불어 강력한 왕권
확립의 전기가 되었다.[281]

　요컨대 의자왕은 국주모의 사망을 기화로 일대 정변을 단행해서 강력한
권력을 구축하였다. 그러면 국주모 계열은 누구이며, 의자왕이 손을 잡은 세
력은 누구였을까? 의자왕은 41명의 서자를 좌평으로 임명한 바 있다. 정비正
妃 외에 최소 10명 이상~20여 명 정도의 부인을 거느렸음을 뜻한다.[282] 의자
왕은 다수의 처족 가문 가운데 특정 세력과 손을 잡은 것으로 간주된다. 그러
한 세력 제휴는 궁극적으로 양자 간 소생의 태자 책봉으로 결실을 보았을 것
이다. 이것을 암시해 주는 게 태자위太子位의 변동 기사가 된다. 의자왕은 재

281　의자왕대에 강력한 왕권이 구축되었음은, 국왕을 축으로 한 '小王' 혹은 '外王'의 존
　　재가 확인된 데서도 뒷받침된다(李道學, 「漢城末·熊津時代 百濟 王位繼承과 王權
　　의 性格」『韓國史研究』50·51 合輯, 1985, 24쪽).
282　남녀의 성비를 100:100으로 잡았을 때 의자왕은 82명의 庶子·女를 둔 게 된다. 한
　　여성에게서 4명씩의 자녀가 성장하는 게 가능하다면 20여 명의 부인까지 상정할 수
　　있다. 이는 고려 태조의 정략결혼을 연상시킨다.

위 4년에 "왕자 융隆을 세워 태자를 삼고 대사大赦하였다"[283]고 했다. 그런데 의자왕 20년 조 기사에 따르면 "드디어 태자 효孝와 함께 북비北鄙로 달아났다. …태자의 아들 문사文思가 왕자 융에게 이르기를 '왕과 태자가 밖으로 나갔는데 지금 숙부가 제멋대로 왕이 되니…'"[284]라고 하였듯이 태자로서 효를 기록했다. 의자왕 4년에 책봉된 융은 적어도 그 20년에는 더 이상 태자로 있지 않았다. 이때는 효가 태자였다. 이로 볼 때 태자가 교체되었음을 알 수 있다. 그 시점은 655년 정월에 정변이 단행된 직후인 그해 2월에 "태자궁을 지극히 화려하게 수리하였다"[285]고 한 기사와 연결 짓는 게 무리가 없다.

의자왕은 효의 모계 세력 힘을 빌려 정변에 성공하였다.[286] 정변의 성공은 의자왕 처족 세력 가운데 융 세력의 몰락과 효 세력의 득세로 나타났다. 그러면 효의 외가 세력은 누구일까? 이와 관련해 백제 멸망과 결부지어 등장한 은고恩古라는 여인을 상기해 본다. 그녀의 위세는 "항차 밖으로는 곧은 신하를 버리고, 안으로는 요부妖婦를 믿었으며, 형벌이 미치는 바는 오로지 충성스럽고 선량한 이[忠良]에게 있었다(「대당평백제국비명大唐平百濟國碑銘」)"라는 문구에 보인다. 그리고 "혹은 말하기를 백제는 스스로 망했다. 군대부인君大夫人 요녀妖女의 무도無道로 말미암아 국병國柄을 멋대로 빼앗아 어질고 착한 이[賢良]를 주살한 까닭에 이 화禍를 불렀으니 삼가지 않을 수 없다"[287]라고 한 문구에 잘 나타나 있다. 백제 멸망 때 생포된 고위직 가운데 "그 신하 좌평 천복千福·국변성國辨成·손등孫登 등 무릇 50여 인"[288]이 보인다. 여기서 좌

283 『三國史記』 권28, 義慈王 4년 조.
284 『三國史記』 권28, 義慈王 20년 조.
285 『三國史記』 권28, 義慈王 15년 조.
286 李道學, 「『日本書紀』의 百濟 義慈王代 政變 記事의 檢討」 『韓國古代史研究』 11, 1997, 131쪽.
287 『日本書紀』 권26, 제명 6년 7월 조.
288 『日本書紀』 권26, 제명 6년 10월 조.

평인 '천복'과 '손등'은 사택씨였다.[289] 대좌평 사택지적을[290] 비롯한 사택씨의 권세는 이때 절정이었다. 이로 미루어 볼 때 효의 외가 세력은 사택씨로 헤아려진다. 의자왕 15년의 정변과 그 직후 태자의 권위를 세우기 위한 태자궁의 화려한 수리와 사택씨의 득세는 상관성이 있어 보인다. 태자궁의 화려한 수리는 부여융을 폐태자한 후 새롭게 태자로 책봉된 부여효의 권위를 세워주기 위한 방편이었다. 이 사실은 역으로 부여효의 태자 책봉은 명분과 정당성이 취약했음을 반증한다.

의자왕은 사택씨와의 제휴를 통해 강력한 권력을 구축하고자 했다. 의자왕 재위 17년의 서자 41명에 대한 좌평 제수가 그 일환이었다. 당시 의자왕 정권은 '소왕小王'·'외왕外王'의 존재를 통해 짐작되듯이 다수의 '왕'들을 거느린 대왕체제였다. 여기서 '소왕'과 '외왕'은 대응되는 개념이다. 소왕은 일단 대왕의 상대적 호칭임은 분명하다. 대왕 예하에 소왕이 존재한 것이다. 양자는 정치적 상하 관계를 알려준다. 반면 외왕은 공간적으로 '내왕內王'의 상대적인 개념에 속한다. 내왕과 외왕의 범주에 소왕이 속한 것으로 보인다. 그렇다고 할 때 내왕은 왕도 내에 거주하는 데 반해 외왕은 도성이나 본국 바깥에 봉지封地를 가지고 있었던 셈이다. 실제 '외'에는 '이역異鄕·외국·원遠'의 뜻이 담겨 있다.[291] 비록 근거지는 왕도였지만 5세기 중반에 보이는 백제의 좌현왕과 우현왕 역시 외왕 범주에 속한다. 요컨대 의자왕은 내왕과 외왕인 다

---

289 천복은 「대당평백제국비명」과 『日本書紀』를 통해서 확인되고, 손등은 李道學, 「熊津都督府의 支配組織과 對日本政策」『白山學報』34, 1987, 92쪽에서 언급되었다.

290 사택지적의 출신지를 부여군 은산면 내지리로 지목하는 견해도 있다. 그러나 내지리 지명은 일제가 1914년에 행정 구역을 통폐합할 때 내대리와 지경리에서 한 字씩 취해서 정한 지명에 불과하다(李道學, 「方位名 夫餘國의 성립에 관한 檢討」『白山學報』38, 1991, 16~17쪽). 따라서 사택지적의 출신지인 내지성을 내지리와 관련 짓는 것은 어불성설이다.

291 中文大辭典編纂委員會, 『中文大辭典』2, 中華文化大學出版部, 1973, 1365쪽.

수의 소왕들을 거느린 대왕으로서의 위상을 확립했다.

그리고 6좌평제에서 무려 41명의 좌평은 설령 명예직이라고 하더라도 기존 좌평의 위상을 절하시켰을 것이다. 의자왕은 서자들을 대거 좌평에 기용함으로써 왕족 중심의 친위체제를 구축하고자 했다. 일반 귀족들 위에 무려 41명에 이르는 왕자들을 좌평에 기용함으로써 기존 좌평직의 위상을 떨어뜨렸다. 동시에 왕족 우위 체제를 확립하고자 했다. 이와 관련해 백제 말기에 좌평이었던 의직義直이 주목된다. 의직은 대신라전을 주도하던 장군이었다. 이러한 의직의 이름은 '의롭고 곧다'는 뜻을 지녔다. 의자왕의 '의자義慈'와 연관 있는 이름임을 알 수 있다. 이미 알려져 있듯이 의직은 의자왕의 동생일 가능성을 생각하게 한다. 만약 그렇다면 의자왕은 친아우를 좌평에 임명했음을 알 수 있다. 이 역시 의자왕이 중앙의 좌평직을 통제하려는 의도로 보인다.

의자왕 정권 말기에 소왕 지위의 왕자들이 2명이나 확인된다.[292] 그런 만큼 의자왕 정권은 대왕과 태자 그리고 왕자들로 짜여진 내왕·외왕이라는 소왕과, 지방에 거점을 둔 왕자 좌평과, 왕제와 일반 귀족들로 구성된 중앙의 좌평으로 권력 상층부를 구성했다. 의자왕은 중앙의 '내 좌평'과 지방에 식읍을 둔 '외 좌평'으로 좌평제의 이원화를 구축하였다. 의자왕은 단순한 왕족이 아니라 친아우나 친자 중심의 직계 왕족들과, 사택씨라는 외척 세력을 기반으로 강고한 친위 체제를 구축했다. 이는 기존의 정치판을 새로 짜는 정치적 물갈이 성격을 지닌 정치 개혁이었다.

---

292 『舊唐書』 권199, 동이전 백제 조.

13. 백제 지배층의 동요

1) 이중간첩과 기회주의자들의 영합

삼국은 간자間者 즉 첩자를 활용하는 일이 많았다. 이들을 통해 정보 취득 뿐 아니라 상대방 내부를 분열시키는 공작도 가능했다. 먼저 고구려는 선비족과의 전투시 첩자를 활용하여 복속시킨 이야기가 전한다. 신라의 경우는 현저하게 보인다. 고구려와 왜에 볼모로 가 있던 왕의 아우인 복호와 미사흔을 구출하여 왔던 박제상을 일단 꼽을 수 있다. 그리고 신라 진흥왕 때 북진 개척에 큰 공을 세웠던 거칠부는 젊었을 때 첩자 임무를 띠고 고구려 영내에 들어갔었다. 『일본서기』에 의하면 신라 간첩 가마다가 북규슈에서 체포된 기사가 보이고 있다. 일약 박진감 넘치는 느낌을 준다. 김유신이 한가위 날 밤에 자제들을 데리고 대문 밖에 서 있노라니 홀연히 웬 사람이 서쪽에서 걸어오고 있었다. 김유신은 그가 고구려 간첩임을 짐작하고는 불러 앞에 세우고는 타일러서 보냈다고 한다. 한가위 날 밤에 김유신은 은밀히 신라 땅에 침투해온 고구려 간첩을 적발하였다. 휘영청 밝은 추석 보름달 덕을 보았는지도 모른다.

한때 낭도 속에 잠입한 고구려 첩자 백석白石에게 유인되어 가다가 호국여신들의 도움으로 탈출한 바 있는 김유신이었다. 그는 스파이전의 귀재로서 그 능력을 유감없이 발휘하였다. 신라는 고구려 뿐 아니라 백제에도 첩보공작을 수행했다. 지금의 경상남도 의령인 부산현의 현령이었던 조미곤이 백제군과의 교전에서 생포되어 좌평 임자任子의 집 노비로 배속되었다. 전쟁 포로의 운명을 단적으로 말해주는 경우가 아닐 수 없다. 그런데 조미곤은 게으름 피우지 않고 고분 고분 충직하게 일을 하였던 관계로 신임을 받아 자유롭게 집 바깥으로 드나들 수 있었다. 한날은 조미곤이 날을 보아 신라로 도망하여 백제의 형편을 김유신에게 낱낱이 고해 바쳤다. 그러자 묵묵히 듣고 있던 김유신은 그를 쓸만한 인물로 판단하여 "내 듣건대 임자가 백제의 국사를 오로지 하고 있다 하니, 내가 그와 어떤 약속을 하려고 생각하나 기회를 얻지 못하였다. 그대가 나를 위하여 다시 돌아가 이것을 말하라"고 하였다. 조미곤이 그 말을 받아 "공이 저를 불초하게 여기지 않고 친히 시키는 일이니 비록 죽더라도 여한이 없겠습니다"라고 말하고는 다시 백제로 들어가 임자에게 다음과 같은 이야기를 하였다. "이 놈이 제 딴에는 이 나라 백성으로 된지라 나라 풍속을 알아야 되겠기에 나가 다니면서 수십일 동안 돌아오지 못하였더니 개와 말처럼 주인을 생각하는 정성을 억제할 수 없어서 이렇게 왔습니다"라고 하자 임자가 그 말을 곧이들어 책망하지 않았다.

조미곤이 틈을 내어 임자에게 고하기를 "전번에는 죄를 받을까 두려워서 감히 바른 말을 하지 못하였는데, 사실은 신라에 갔다가 돌아 왔습니다. 김유신이 나더러 그대에게 고하라고 하면서 말하기를 '나라의 흥망은 예측할 수 없으니 만일 그대의 나라가 망하게 되면 그대가 우리나라에 의탁하면 되고, 우리나라가 망하게 되면 내가 그대 나라에 의탁할 것이다'고 하였습니다"고 했다. 임자가 이 말을 듣고 묵묵히 말이 없었으므로 조미곤이 송구스러워서 물러나와 벌 받기를 기다린 지 여러 달이 지났다. 하루는 임자가 조미곤을 불러서 묻기를 "네가 전번에 김유신의 말이라고 한 것이 무엇이었지?"라고 하므로, 조미곤이 놀랍고 두려워서 그저 지난번에 말한 대로 그대로 대답하였더니, 임자가 말하기를 "네가 전한 말을 내가 잘 알았으니 돌아가서 나의 뜻

도판 82 | 부여 관북리 출토 상수관.
백제인들이 높은 문명 수준을 누렸음을 알려준다.

을 고해라!"라고 하였다. 그 길로 조미곤은 신라로 돌아 와서 임자의 말을 전하고 겸하여 백제 안팎의 사정을 낱낱이 이야기했다. 그럼에 따라 김유신은 백제 내정을 훤히 꿰뚫어 볼 수 있었다. 김유신은 나아가 백제 침공에 자신감을 얻었음은 두말할 나위 없다.

임자는 백제 조정의 요직에 있으면서 기회주의적인 처신을 하면서 나라를 망쳤다. 그러면 임자 같은 인물이 나오게 된 배경은 무엇일까? 의자왕 말년 백제 지배세력 간의 극심한 분열과 궁중부패에서 비롯되었다. 혼돈과 혼란의 시점에서 제 혼자 살아남기 위한 처신에서 나온 비열한 작태였다. 이와 관련해 단재 신채호가 지은 『조선상고사』에 의하면 임자는 김유신이 보낸 금화라는 무당을 미래의 길흉화복과 국가 운명을 예측하는 선녀라 일컬어 의자왕에게 천거했다고 한다. 금화는 의자왕이 여기에 혹하여 백제 앞날의 길흉을 묻는 것을 이용하여, 성충과 같은 충신들을 제거해 나갔다는 것이다.

조미곤의 간첩질은 김유신이 조종한 것이었다. 이로 인해 김유신은 단재 신채호로부터 음험한 모략가라는 혹평을 받았다. 그런데 조미곤이 간첩이 되는 과정을 음미해 보면 실로 우연히 첩자가 되었다기 보다는 좌평 임자를 포섭하기 위한 목적에서 계획적으로 조미곤을 포로로 위장시켜 침투·접근시킨 듯한 인상마저 든다. 김유신은 역공작에도 능한 스파이전의 귀재였기 때문이다. 가령 김유신이 백제 군대와의 전투에서 성과없이 도살성 밑에 자리를 잡고 있을 때였다. 김유신이 군사들에게 말하기를 "오늘은 반드시 백제 사람이 와서 정탐을 할 것이다. 너희들은 거짓 모르는 체 하고 함부로 누구냐고 묻지 말라!"고 하였다. 그리고는 사람을 시켜 진중에 돌아다니면서 말하기를 "움직이지 말고 있어라! 내일 구원병을 기다린 연후에 결전하겠다"고 했다. 백제의 첩자가 이 말을 듣고는 보고하였다. 백제군은 신라에 중원병이 있다고 하자 겁을 먹었다. 신라는 이 틈을 타고 공격하여 대승을 거두었다고 한다. 그 밖에 백제 무왕대의 미륵사 창건과 관련해 그 창건에 지대하게 공헌

했던 지명 법사는 알고 보면 백제 국력을 피폐하게 할 목적으로 침투한 신라의 첩자라는 주장까지 제기되었다. 물론 이는 허황한 주장에 불과하다. 어쨌든 삼국은 첩자 신드롬을 겪고 있었다.

고구려 첩자로서 얼른 꼽을 수 있는 인물로서 도림道琳과 덕창이라는 승려와 고죽리가 있다. 도림은 장수왕대의 인물로서 자신이 용약 간첩으로 응모하여 백제에 남파되었다. 도림은 거짓으로 죄를 짓고 도망하여 온 것처럼 하여 백제로 들어온 후 바둑을 잘 두는 개로왕의 짝이 되어 매우 가깝게 지냈다. 그러던 어느 날 그는 개로왕에게 국가의 권위와 왕실의 위엄을 내세우기 위해서는 궁실과 왕릉을 화려하게 단장할 필요가 있다고 건의하였다. 도림이 건의한 대규모 토목공사를 개로왕이 무리하게 추진한 결과 이내 창고가 비게 되고 주민들의 원성이 자자하게 되었던바 국가 재정의 파탄과 민심 이반이 일어났다. 그 직후 도림은 고구려로 도망해와 이 사실을 고하였으므로, 장수왕은 백제 내정의 허실을 틈타 기습 공격으로써 승리를 얻게 되었다고 하는 너무나 유명한 이야기이다. 물론 도림 이야기는 김대문의 『한산기』에 수록된 허구로 간주된다.[293] 그렇지만 도림 이야기는 간첩 활동의 대표적 사례로서 거론되고 있다.

덕창은 보장왕대의 인물인데 승려의 신분으로 위장하여 신라의 수도에 잠입하였다. 그러던 중 김춘추가 연개소문과 담판을 짓기 위해 고구려에 들어갔으나 감금되는 사건이 발생하였다. 그런데 김춘추는 떠날 적에 자신이 고구려에 들어간 지 60일이 지나도 돌아오지 않으면 군사행동을 취하라고 김유신에게 당부한 바 있었다. 김춘추가 기일이 지났는데도 귀환하지 않자, 김

---

293 李道學, 「漢城末·熊津時代 百濟 王位繼承과 王權의 性格」 『韓國史研究』 50·51合輯, 1985, 7쪽.
李道學, 「〈三國史記〉道琳記事 檢討를 통해 본 百濟 蓋鹵王代의 政治」 『先史와 古代』 27, 2007, 27~56쪽.

유신은 결사대 3천 명을 뽑아 출병하려고 만반의 준비를 갖추었다. 이러한 정보를 입수한 덕창은 즉시 고구려 보장왕에게 보고한 결과 김춘추를 후하게 대접한 후 돌려 보내게 되었다.

마지막으로 고죽리는 645년 안시성의 전투상황을 탐지하기 위해 연개소문이 파견한 첩자였다. 안시성은 당나라 군대에 포위되어 있는 절박한 상황이었다. 정탐하러 간 고죽리는 그만 당군에게 붙잡혀 당 태종 앞에 끌려 나왔다. 당 태종은 그의 결박을 풀어주고는 심하게 몸이 여윈 이유를 물었다. 고죽리는 "몰래 샛길로 오느라 여러 날 굶주려서 그렇다"고 답하였다. 그러자 태종은 먹을 것을 주도록 하고 "막리지(연개소문)가 군중의 소식을 알고 싶으면 곧바로 나의 처소로 사람을 보낼 것이지, 무엇 때문에 고생스럽게 샛길로 보냈느냐"라고 전하라고 했다. 그리고 맨발이었던 고죽리에게 짚신을 신겨 돌려보내 주었다. 고죽리는 당 태종의 영웅풍 과시를 위한 관대한 태도로 인해 무사 귀환했다.[294]

2) 의자왕의 남은 5년, 음황 탐락의 세월

의자왕 재위 16년부터 20년까지가 집권 후반기에 속한다. 이때 의자왕은 강력한 권력을 구축했다. 의자왕은 15년 8월에 고구려·말갈과 연합하여 신라 북변에 속한 30여 개 성을 일거에 점령하는 눈부신 전과를 기록했다. 그런데 그 이듬 해 3월에 다음과 같은 기사가 보인다.

3월에 왕이 궁인과 더불어 음황·탐락하여 술 마시기를 그치지 않았다. 좌평 성충成忠이 극간極諫하자 왕이 노하여 옥중에 가두었다. 이로

---

294 李道學, 「약동하는 숨은 그림자, 고구려의 첩자들」『꿈이 담긴 한국고대사 노트(하)』
일지사, 1996, 47~51쪽.

인하여 감히 말하는 자가 없었다. 성충은 말라 죽었는데, 죽음에 임하여 상서하기를….

정복전에 승리한 직후, 그것도 반년 조금 지나 의자왕은 음황과 탐락으로 사서에서 잡히고 있다. 이 구절은 "왕이 궁인들과 더불어 정도를 벗어나 정신이 빠질 정도로 즐기고 술 마시는 것을 그치지 않았다"로 풀어서 적을 수 있다. 그에게 붙였던 해동증자 이미지와는 전혀 맞지 않는 양태를 보인 것이다. 어떻게 이렇게 딴 사람이 될 수 있을까? 또 이것을 어떻게 해석해야 될까? 이와 유사한 사례가 24대 동성왕의 경우이다.

동성왕은 백성들이 기아선상에서 인육을 먹을 정도의 비참한 상황임에도 창고를 열어 구제하지 않았다. 신하들이 반대하는 상소를 올렸지만 임류각을 세우고 못을 파서 진기한 짐승들을 길렀을 정도로 사치한 생활을 했다. 한재로 인해 백성들이 고통스러워하는 데 개의치 않고 동성왕은 신하들과 임류각에서 밤새도록 흥청거렸다. 『삼국사기』 찬자는 이러한 동성왕을 가리켜 "지금 모대왕(동성왕의 이름 : 저자)이 간諫하는 글월이 올라 왔으나 돌보지 않고, 또 문을 닫고서 이를 막았다. 장자莊子가 말하기를 '잘못을 알고서 고치지 않고, 간함을 듣고서 더욱 심해짐은 사납다 할 것이라'고 하였는데, 이것은 모대왕을 말한 것일까"라고 비판했다. 동성왕의 형태가 이와 같았기에 『일본서기』에서는 "말다왕(동성왕 : 저자)이 포학무도해서 국인이 공히 제거했다"고 기록하지 않았을까.

동성왕의 이 같은 행태를 전제왕권이나 강력한 왕권 구축과 결부지어 평가할 뿐 부패 타락과 연관 지어 해석하는 경우는 거의 없었다. 반면 "왕이 궁인들과 더불어 정도를 벗어나 정신이 빠질 정도로 즐기고 술 마시는 것을 그치지 않았다"라는 의자왕의 단 한 구절 나오는 행태에 대해서는 가혹한 비난이 행해지고 있다. 의자왕의 부패를 운위하는 경우가 적지 않다. 그러나 이것은 어디까지나 패망과 연계된 선입견 내지는 편견의 산물이라고 보아야 맞다. 이는 『삼국사기』 찬자가 의자왕 16년 조 기사와 관련해 어떠한 훈수도 남기지 않은 데서도 가늠해 볼 수 있다.

여느 사람들과는 달리 해동증자였던 이가 음주가무하는 것은 측근 신하들에게 놀랍게 비칠 수 있다. 충격의 강도가 몇 배로 와 닿을 수 있다는 것이다. 의자왕의 아버지인 무왕이 동일한 춘3월에 사비하 북포에서 놀았다. 이것을 『삼국사기』에서는 "왕은 술을 마시고 즐거움이 극도에 달해 북과 거문고를 타며 스스로 노래를 불렀다. 종자從者들도 여러 차례 춤을 추었다"[295]고 했다. 그리고 무왕은 "3월에 왕이 비빈들과 함께 큰 못에서 배를 띄우고 놀았다"[296]고 하였다. 그러나 이러한 홍취를 의자왕이 누렸을 때는 말이 달라질 수 있다는 것이다. 오랜 기간 '해동증자'로서 긴장된 삶을 살아 온 의자왕의 소박한 해방감에 불과한 행위였을 수 있다. 그렇지만 그에 대한 평가는 무자비했다. 절개의 표상인 궁인들이 순절한 바위는 타사암墮死巖에서 낙화암이라는 낭만적인 호칭으로 바뀌어졌다. 1287년에 이승휴가 저술한 『제왕운기』에 처음으로 낙화암이 등장한다. 15세기 말에는 '삼천궁녀' 이야기가 창작되어 덧붙여졌다. 그럼으로써 의자왕은 졸지에 부패·타락의 대명사가 되었다.

삼천궁녀는 역사적 사실은 아니다. 이 기록은 그 어떤 역사서에서도 보이지 않는다. 다만 15세기 말 매계梅溪 조위曺偉와 같은 조선시대의 문인들이 '삼천궁녀' 이야기를 의자왕에게 붙인데서 유래했을 뿐이다. 시문은 문학 작품이고, 문학은 허구의 세계이다. 그러한 문학에는 다양한 수사법이 등장한다. 삼천궁녀는 그러한 과장된 수사修辭로 생각할 수 있다. 왕과 술과 여자는 국가의 쇠락이나 멸망에서 빼놓을 수 없는 극적인 3대 요소였다. 그랬기에

---

295 『三國史記』 권27, 무왕 37년 조.
296 『三國史記』 권27, 무왕 39년 조.

도판 83 | 낙화암

세종대왕도 "옛날 신라가 포석정에서 패하고, 백제가 낙화암에서 멸망한 것이 술 때문이 아닌 것이 없다"고 질타했다. 그러한 '삼천궁녀'는 당의 저명한 시인 백거이白居易의 '장한가'에 등장한다. 조선시대인들은 무수한 궁녀들을 의자왕에게 안겨 주었다. 물론 당에서는 실제 '삼천궁녀'가 존재하였다. 당 태종 이세민은 626년 7월에 현무문의 변을 통해 두 형제를 살해하고 권력을 쥐었다. 그 직후인 8월에 이세민은 "궁녀 3천여 인을 놓아주었다"[297]고 한다. 당 태종은 전후 풀어준 궁녀 숫자를 '3~5천인'이라고 운위한 바 있다.[298] 이로 볼 때 궁중에 최소 5천 명 이상의 궁녀가 상주했음을 알려준다.

물론 의자왕의 음황과 궁중 부패는 여러 사료에서 확인된다.『삼국사기』에 의하면 "왕이 궁인과 더불어 음황 탐락하여 술 마시기를 그치지 않았다"라고

---

297 『舊唐書』권1, 武德 9년 8월 조.
298 趙克堯·許道勛,『唐太宗傳』2版, 臺灣商務印書館, 2015, 114쪽.

도판 84 | 고란사 금당 벽화에 보이는 삼천궁녀 투신 장면

했다. 이는 신라 측에서도 포착하고 있을 정도였다. 즉 "이때 백제의 임금과 신하들은 사치가 심하고 방탕하여 나랏일을 돌보지 않으니 백성들은 (이를) 원망하고 신은 노하여 재앙과 괴변이 여러 차례 나타났다. 유신이 왕에게 '백제는 무도無道하여 그 죄가 걸桀과 주紂보다 더하옵니다. 이에 진실로 하늘의 뜻에 따라 백성들을 불쌍히 여기시고 죄인을 징벌하실 때 이옵니다'라고 했다"[299]고 한다. 655년 9월의 일이었다.

『삼국유사』에서 "사자(비)하泗㳖(沘)河 양쪽 언덕이 그림 병풍처럼 되어 있어 백제 왕이 매번 놀면서 잔치하고 노래와 춤을 추었으므로 지금도 대왕포大王浦라고 일컫는다"고 한 곳이 그러한 장소였다. 『신증동국여지승람』은 진현恩津縣 조에 보면 "산에 큰 돌이 편편하고 넓찍하여 시진市津의 물을 굽어보고 있으니 이를 황화대皇華臺라 부르며, 세상에서 전하는 말에 백제 의자왕이 그 위에서 잔치하고 놀았다고 한다"고 했다. 의자왕의 이러한 사치와 탐락은 백제 멸망의 주요한 요인이었던 것 같다.

일본 쇼소인[正倉院]에 소장된 의자왕이 선물한 목화자단기국木畵紫檀棋局

---

299 『三國史記』권42, 金庾信傳(中).

도판 85 | 목화자단기국의 격구 그림(오른쪽)

측면에는 낙타가 8필이 그려져 있다. 백제가 낙타를 구입하여 왜에 선물한 기록이 2차례나 보인다. 아울러 말타고 격구擊毬하는 그림도 측면에 그려져 있다. 이를 통해 백제 귀족 사회에서는 격구 놀이가 행해졌음을 알려준다. 풍요로운 귀족 사회의 일면을 엿볼 수 있다.

그러면 의자왕은 왜 음주를 즐겼을까? 음주는 국왕과 신하 간의 일체감을 조성하고 응집력을 촉발하는 역할을 한다. 그리고 술은 정치적 긴장 상황에서 해방시켜주는 기능도 했다. 그러나 의자왕의 경우에는 지속적인 음주를 보여주고 있다. 이는 알코올 중독의 결과로 간주할 수 있으며, 복잡한 정치 상황에서 벗어나게 하는 수단이기도 했다. 잔치에 참여한 구성원들 간의 일체감을 조성하여 강력한 왕권을 유지하고자 한 것이다. 의자왕이 성충이나 흥수의 간언諫言을 배제하거나 제거할 수 있었던 요인도 술에 기반하였다. 술의 힘을 빌어 단호하게 정적政敵들을 제거했다. 의자왕은 신라와 당의 침공 대비라는 피곤한 현실에서 벗어나고자 하였다. 그 자신은 신라와 당의 협공 가능성을 희박하게 보았다. 그럼에도 경고의 비상 나팔을 불러대자 짜증을 낸 것이다. 의자왕이 현실을 잊거나 벗어나기 위한 탈출구로서 술을 이용한 측면도 배제하기 어렵다.[300]

---

300 李道學, 「한국 고대사회에서 술의 기능」『東아시아古代學』44, 2016, 34쪽.

그런데 보다 중요한 사실은 의자왕 즉위 15년부터 음주 기사가 등장한다. 의자왕은 이때부터 강력한 권력을 구축하였다. 의자왕은 오랜 동안 은인자중하며 비수처럼 품어 왔던 혁명적인 정변을 단행했다. 『일본서기』 기록을 합리적으로 검토할 때, 황극皇極 원년(642) 조의 정변 기사를 제명齊明 원년(655) 조에 배치하는 게 타당하다. 그렇다면 의자왕은 재위 15년에 무왕의 왕비이자 실권자였던 계모 사탁씨 즉 '국주모'가 세상을 뜬 것을 계기로 정변을 단행하였다. 대대적인 숙청은 왕족뿐 아니라 계모의 친정세력을 비롯하여 명망가적名望家的 식자층識者層에도 미쳤다. 이들을 해도海島로 추방했다. 그럼으로써 의자왕은 귀족세력의 견제에서 벗어나 권력 독주가 가능해졌다.

국왕을 견제할 수 있는 귀족 공동체의 결집력을 와해시킨 의자왕은 이내 매너리즘에 빠졌다. 의자왕은 즉위 전부터 재위 15년까지의 오랜 기간 동안 사뭇 긴장된 생활을 하였다. 그러나 이제는 정적들을 제거함에 따라 정치적 긴장에서 해방되었다. 해동증자라는 칭송이 더 이상 의자왕을 구속할 수 없었다. 의자왕은 너무나 지쳐 있었고, 눈치 볼 사람도 없어졌다. 환갑을 넘긴 의자왕의 가슴 속에 갇혀 있던 생동적 에너지는 음란과 향락의 방향으로 뿜어져 나왔다. 의자왕의 이러한 사치와 탐락은 백제 멸망의 요인으로 자리 잡았던 것 같다. 이와 관련해 "덕행은 언제나 곤궁 속에서 이루어지고, 몸을 망치는 것은 대부분 뜻을 얻었을 때이다[成德每在困窮 敗身多因得志]"라는 『용언庸言』의 말이 실감난다. 실제 이러한 경우로는 중국의 진晉 무제의 경우가 상기된다. 그는 본래 검소하였지만 오吳를 정벌하여 삼국을 통일한 후 거의 1만 명의 후궁을 두었다.[301] 좌평 성충은 의자왕이 궁녀들을 데리고 음란과 향락에 빠져 술 마시기를 그치지 않자 극력 말리다가 옥사하였다. 이 같은 백제 궁중의 부패와 타락은 요직에 있던 좌평 임자를 통하여 신라의 중신重臣 김

301 『晉書』 권31, 胡貴嬪傳.

유신에게 고스란히 전해졌다.

3) 요녀 은고의 전횡

의자왕 남은 재위 5년 동안의 정국은 어떠하였을까? 되풀이 되는 기사지만, 이 무렵의 분위기를 알려주는 기록이 「대당평백제국비명」이다. 백제 멸망의 원인으로서 "항차 밖으로는 곧은 신하를 버리고, 안으로는 요부妖婦를 믿었으며, 형벌이 미치는 바는 오로지 충량忠良에게 있었다"고 했다. 의자왕이 "곧은 신하[直臣]를 버렸다"거나 "형벌이 미치는 바는 오로지 충량忠良에게 있었다"는 기록은 좌평 성충과 홍수를 옥사시키거나 유배시킨 사실과 연결된다. 이때 의자왕은 '요부'를 혹신했음을 알 수 있다. 이 '요부'는『일본서기』에서 "혹은 말하기를 백제는 스스로 망했다. 군대부인 요녀의 무도로 말미암아 국병을 멋대로 빼앗아 현량을 주살한 까닭에 이 화禍를 불렀으니 삼가지 않을 수 없다"고 한 '요녀'를 가리키는 게 분명하다. 이처럼 의자왕의 총애를

도판 86 | 명문이 보이는 '정림사지' 오층탑 1층 탑신

받았던 '요부'·'요녀'로 기록된 사람은 '군대부인' 곧 왕비 은고를 가리킨다. 그리고 "국병을 멋대로 빼앗아"라고 했다. 의자왕 권력의 상당 부분이 은고에게 넘어 갔음을 뜻한다.

　'요녀'나 '요부'에 대한 사전적 풀이는 "요사하고 망령된 여자"이다. 전 사간원 정언 안효제安孝濟가 '시일야방성대곡'을 지은 장지연張志淵과 함께 '청참북묘요녀소請斬北廟妖女疏' 즉 '북묘의 요망한 계집 목을 베라'는 상소를 올렸다. 이 '요녀'는 민비의 최측근인 무당 진령군眞靈君을 가리킨다. 형조참의를 지낸 지석영池錫永이 1894년에 올린 상소에서 "신령의 힘을 빙자하여 임금을 현혹시키고 기도한다는 구실로 재물을 축내며 요직을 차지하고 농간을 부린 요사스러운 계집 진령군에 대하여 온 세상 사람들이 그들의 살점을 씹어 먹으려고 합니다. 아! 저들의 극악한 행위가 아주 큰 데도 한 사람은 귀양을 보내고 한 사람은 문책하지 않으며 마치 아끼고 비호하는 것처럼 하니 백성들의 마음이 어찌 풀리겠습니까"라고 했다. 백성들이 원망하는 마음과 분개하는 마음이 너무 크므로 요녀 진령군을 주륙해야 한다고 상소하였다.302 단재 신채호는 금화라는 무당이 국정을 농단했다고 하였다. 『조선상고사』에 의하면 김유신이 보낸 금화라는 무당을 임자는 미래의 화복과 국가 운명을 예측하는 선녀라 일컬어 의자왕에게 천거했다고 한다. 금화는 의자왕이 여기에 혹하여 백제 앞날의 길흉을 묻는 것을 이용하여, 성충과 같은 충신들을 제거해 나갔다는 것이다. 어쨌든 요녀로 일컬어진 군대부인 은고로 인해 백제 민심이 악화일로를 걸었다.

　그러면 의자왕은 어떻게 권력을 은고에게 넘겨주게 된 것일까? 그것은 의자왕 15년의 친위정변을 통해 국주모 사망 이후 권력을 장악하게 된 배경과 관련 있다. 의자왕은 은고와 손을 잡고 친위정변에 성공한 직후에 태자 지위

302　『高宗實錄』31년 7월 5일 기묘 조.

를 부여융에서 부여효로 교체했다. 은고 소생의 부여효가 백제 국정의 제2인자가 된 것이다. 의자왕은 왕자 시절 다양한 가문과 혼맥을 맺은 바 있었다. 의자왕은 정처와의 사이에서 부여융을 낳았고 즉위 후 태자로 책봉하였다. 그런데 국정을 사실상 거머쥐고 있던 국주모의 사망을 기화로 의자왕은 국왕 중심의 권력 체계를 확립하고자 했다. 이때 의자왕은 부여효의 외가 즉 은고와 세력 제휴를 했고, 결국 친위정변에 성공할 수 있었다. 그에 대한 급부로 부여효의 태자 책봉과 더불어 은고의 실권 장악이 가능해졌다. 은고는 사택 씨 가문으로 추정된다.

그러나 의자왕은 재위 17년에 서자 41명을 좌평에 책봉하고 각각 식읍食邑을 제수하는 등 왕족 중심의 친위체제 구축에 골몰하였다. 왕자들로 하여금 전국 각지에 산재하였을 식읍이라는 경제적 기반을 확보하게 하였다. 그럼으로써 왕실의 물적 기반을 튼튼히 다지게 했다. 그런데 이러한 봉지는 없던 것이 갑자기 생겨난 게 아니었다. 기존의 귀족들이 점유하고 있던 토지를 환수해서 왕자들의 식읍으로 재편한 것으로 보인다. 즉 이러한 식읍은 왕자들의 모계 즉 외가와 관련 있는 지역을 친가인 부여씨 왕실의 소유로 재편함으로써 외형적으로는 '조용한' 장악이 이루어진 것이었다. 의자왕은 『맹자』에 보이는 유교 이념인 왕토사상王土思想을 명분으로 귀족들의 토지를 왕실의 소유로 전환시켜나간 것으로 보인다. 41명의 왕자들에게 식읍을 줄 수 있었던 명분과 토대가 이것에 있었던 것 같다.

그리고 의자왕은 한동안 소강기를 맞았던 신라에 대한 공세를 취했다. 659년(의자왕 19)에 의자왕은 장수를 보내어 신라의 독산성과 동잠성을 공격하는 등 외정에도 다시금 불을 당겼다. 그럼에도 의자왕 19년 즉 659년 2월부터는 국가의 멸망을 암시하는 이상 재변이 잇따랐다. 의자왕의 신분과 위상에 이상이 생겼음을 감지할 수 있는 현상이었다. 김유신에게 포섭된 좌평 임자와 같은 간첩이 백제 핵심부에 꽂혀 있었다. 여기에 의자왕의 노쇠를 틈타 권력을 넘보던 은고의 전횡 등이 가세했다. 의자왕의 연로는 태자인 부여효의 즉위가 다가 왔음을 뜻하는 것이다. 이에 고무되어 은고의 권력 농단은 극심했던 것으로 보인다. 부여효를 전면에 내세운 은고의 전횡은 귀족들의 이탈을 가속화시켰을 것이다. 의자왕 정권의 권력 구조가 밑바닥에서부터 서서히 해체되고 있었다. 『조선상고사』에서는 임종에 즈음하여 국가를 위한 글을 올려 충신의 전형으로 운위되는 성충에 관하여 다음과 같은 일화를 소개하고 있다.

부여성충은 백제의 왕족이었다. 어릴 때부터 지모가 뛰어 나서 일찍이 예獩의 군사가 침략해 오자 고향 사람들을 거느리고 나가 산보山堡에 웅거하여 지키는데, 늘 기묘한 계교로 많은 적을 죽이니, 예의 장수가 사자를 보내 '그대들의 나라를 위하는 충절을 흠모하여 약간의 음식을 올리오'하고 궤 하나를 바쳤다. 사람들이 모두 궤를 열어 보려고 하였으나 성충이 이를 굳이 못하게 말리고서 불 속에다 넣게 하였다. 그 속에 든 것은 벌과 땡삐 따위였다. 이튿날도 또 예의 장수가 궤 하나를 바쳤다. 모두들이 불에 넣으려고 하니까 성충은 그것을 열어 보게 하였다. 그 속에는 화약과 염초焰硝 따위가 들어 있었다. 사흘째 되는 날 적은 또 궤 하나를 보내왔는데, 성충은 그것을 톱으로 켜게 하였다. 그러니까 피가 흘러 나왔다. 칼을 품은 용사가 허리가 끊어져 죽었다.

은고는 노쇠한 의자왕이 사치와 향락에 빠져 국정에서 멀어지게 했다. 그녀가 전횡을 일삼은 시점이 655년 곧 의자왕 재위 15년부터였다. 신라 측에서 포착한 의자왕의 사치와 행락 시점은 665년이었다.[303] 이 시점은 의자왕-

---

303 『三國史記』권42, 金庾信傳(中).

은고 공동정권의 출범이었다. 명의는 의자왕이었지만 기실은 은고가 권력을 좌지우지하였다.

　은고는 갖은 감언이설로 의자왕을 감쪽같이 속였다. 미래권력인 태자의 어머니였기에 권력을 휘두르는데 거리낌이 없었다. 그러면 만취한 의자왕이 그야 말로 태평성대처럼 잔치나 베풀었던 배경은 무엇일까? 이는 의자왕의 성취와 무관하지 않다. 의자왕은 즉위 직후 몸소 군대를 이끌고 신라의 서쪽 변경을 침공하여 일거에 40여개 성을 점령했다. 여기서 멈추지 않고 그의 군대는 전략적 요충지인 합천의 대야성을 점령하였다. 아울러 신라의 실권자인 김춘추의 사위와 딸을 붙잡아 죽였다. 백제 군대는 동진을 거듭하여 지금의 88고속도로의 동쪽 기점인 화원IC 구간까지 점령하였다. 백제 군대는 낙동강을 건너 지금의 성주나 구미 방면까지 진출하기도 했다.

　의자왕대의 혁혁한 전과는 신라 조야를 사뭇 긴장하게 했다. 위기감 속에서 신라가 택할 수 있는 국난 타개 방안은 당과 손을 빌리는 길밖에 없었다. 이는 651년에 신라 사신 김법민이 당 고종에게 "고구려와 백제는 긴밀히 의지하면서 군사를 일으켜 번갈아 우리를 침략하니, 우리의 큰 성과 중진重鎭은 모두 백제에게 빼앗겨서, 국토는 날로 줄어들고 나라의 위엄조차 사라져 갑니다"고 한데서 극명하게 드러난다. 당시 신라인들이 백제를 얼마나 두려워했는지는 김유신이 진덕여왕에게 잃어버린 대량주 즉 대야성 회복을 주청한 데서 엿볼 수 있다. 이때 여왕은 "작은 것이 큰 것을 범하려다가 위태로워지면 장차 어찌하겠는가?"라고 말했다. 여기서 '작은 것'은 신라이고, '큰 것'은 백제를 가리킨다. 이에 김유신은 "군사가 이기고 지는 것은 크고 작은 데 달려있는 것이 아니라, 다만 사람들의 마음이 어떠한가에 달려 있을 따름이옵니다.…지금 저희들은 뜻이 같아서 더불어 죽고 사는 것을 함께 할 수 있으니, 저 백제라는 것은 족히 두려워할 것이 없나이다"고 했다. 신라 여왕 스스로가 자국을 소국으로 간주하였다. 반면 백제를 대국으로 여겨 잔뜩 겁먹고

위축되어 있었다.

의자왕의 성취는 친위 정변을 통해 절대 권력을 구축한 재위 15년 즉 655년 이전의 일이었다. 의자왕의 승리는 정국에 대한 가없는 낙관을 가져왔다. 신라는 이와는 입장이 전혀 달랐다. 국가적 명운이 걸린 신라로서는 할 수 있는 모든 방안을 강구할 수밖에 없었다. 신라가 극단적인 선택을 하여 당과 협공할 수 있었다. 그럴 가능성을 염려한 성충이 탄현과 기벌포 방비를 당부했었다. 그러나 연이은 승리에 도취했을 뿐 아니라 왕후 은고의 간계에 빠져 의자왕은 소통과 담을 쌓고 말았다. 의자왕은 주연을 통해 자신의 공적을 뽐내면서 자아도취로 흘러가고 있었다. 신라가 택할 수 있는 마지막 카드에 대해 대수롭지 않게 여겼다. 설령 신라와 당이 손을 잡고 쳐들어온다고 해도 쉽게 제압할 것으로 판단했다. 의자왕이 보건대 자국은 고구려보다 인구도 많았고, 물산도 풍부하였다. 고구려도 꺾지 못한 당이 감히 우리 백제를 쳐들어

도판 87 | 압량유적(사적 제218호: 경상북도 경산시 압량면)
김유신이 압량주 군주로 있으면서 군사들을 훈련시키던 훈련장.

온다고 하자. 그렇더라도 육속陸續된 고구려와는 달리 서해가 가로놓인 백제 공략은 호락호락하지 않을 거라고 자만했다.

승전에 도취한 의자왕 조정에는 좌평 임자와 같은 이중간첩들의 암약과, 은고를 축으로 하는 궁중부패가 만연했다. 계백과 함께 황산 전투에 참전했다가 신라군에게 항복한 좌평 충상과 달솔 상영처럼 수상한 기회주의자들도 박혀 있었다.

1. 백제의 멸망

1) 신라와 당, 출병 준비와 백제 멸망의 조짐

당은 신라와 더불어 삼국의 문제에 개입하기로 약조한 바 있다. 그 1년 전당은 선박을 비롯하여 군비를 정비하고 있었다. 이때 왜에서 보낸 사신이 백제 남해의 섬에 도달한 후 대해로 나가다가 역풍을 맞아 표류하는 등 천신만고 끝에 당의 수도 동도東都인 낙양에 도착했다. 그러나 당에서는 이들에게 말하기를 "국가는 반드시 내년에 해동을 칠 것이다. 그대들 왜의 객인客人도 동으로 가지 못할 것이다"고 하였다. 드디어 서도西都인 장안 즉 지금의 서안西安에 묶어 두고 유폐하였다. 문을 닫고 막아 이들은 자유롭게 활동할 수가 없었다. 몇 해 동안 곤욕을 치렀다는 것이다. 이들은 백제가 멸망하고 소정방이 귀국한 직후인 660년 9월 12일에야 본국으로 방면되었다. 당은 출병과 관련해 보안을 철통처럼 지켰다. 출병 보안은 신라에도 동일하게 적용되었을 것이다. 실제 신라는 당과의 합류 기일과 장소를 태자 법민이 덕적도에서 소정방을 만났을 때인 6월 21일에야 알 수 있었다. 사비도성에서의 합류 기일인 7월 10일에서 불과 20일도 되지 않은 촉박한 시점이었다.

백제의 민심이 흉흉했음을 암시하는 재변이 발생하였다. 주목되는 사건은 충청남도 보령의 성주리에 소재한 오합사烏合寺에서 일어났다. 신라말 구산선문九山禪門 가운데 하나인 성주산파의 본산인 성주사聖住寺 터에는 본래 백제 법왕法王이 창건한 오합사가 있었다. 법왕이 태자로 있던 599년에 전승

도판 88 | 성주사의 전신인 보령의 오합사터

戰勝한 원혼冤魂들이 불계佛界에 오르기를 기원하기 위한 목적의 호국 도량
으로서 창건한 비중 큰 사찰이다. 그에 걸맞게『삼국사기』와『삼국유사』그리
고『일본서기』에 모두 한 가지 전조前兆가 적혀 있다. 즉 적색 말이 북악北岳
의 오합사에 들어와 울면서 불당을 돌기 수일만에 죽었다고 한다. 혹은 오합
사에 커다란 적색 말이 나타나 주야로 여섯 차례나 절을 돌았다고도 했다. 백
제가 신라를 공벌하고 돌아 왔을 때 말이 오합사의 금당을 돌며 쉬지 않았다
고 하였다. 백제의 멸망을 암시하는 불길한 조짐이었다.

　호국사찰이 예언적 기능을 가졌음은 널리 알려진 바 있다. 가령 신라의 황
룡사나 사천왕사의 경우에 잘 나타난다. 923년(경명왕 7)에 황룡사탑의 그림
자가 금모今毛 사지舍知의 집 뜰 가운데 한 달 가량이나 거꾸로 서 있더니 이
듬해에 왕이 세상을 떴다고 한다. 927년(경애왕 4) 3월에 이 탑이 흔들려서 북
쪽으로 기울어지더니 그 해 11월에 후백제 군대가 경주를 침입해 왔다. 그
밖에 919년(경명왕 3)에는 통일전쟁 기간에 창건된 신라의 호국사찰인 사천

왕사四天王寺의 소상塑像이 쥔 활시위
가 저절로 끊어지고 벽에 그린 개가 짖
는 소리를 내었다. 신라의 멸망을 암
시하는 조짐으로 해석되었다.

　어수선한 가운데 660년이 밝아왔
다. 지난해부터 사비도성에는 괴이한
현상들이 잇따라 나타났다. 659년 2월
에 여우 떼가 궁중에 들어 왔는데 흰
여우 한 마리가 상좌평의 책상에 떡 올
라 앉았다 갔다. 4월에는 태자궁에서
암탉이 참새와 교미하는 해괴한 일이
벌어졌다. 5월에는 왕도王都의 서남쪽

도판 89 | 성주사지 출토 김입지비金立之碑 편석

사비하(백마강)에서 큰 물고기 한 마리가 강변으로 나와 죽었는데 길이가 세
발[三丈]이나 되었다. 8월에는 여자의 시체가 생초진生草津에 떠올랐는데 길
이가 18자나 되는 거구였다. 9월에는 궁중에 있는 홰나무가 사람처럼 곡성을
내었다. 밤에는 궁성 남쪽 길에서 귀신이 곡哭하는 소리가 들렸다.

　운명의 해인 660년, 2월에는 왕도의 우물물이 피빛이 되었다. 서해변에는
작은 물고기가 나와 죽었는데 백성들이 다 먹을 수 없을 정도로 많았다고 한
다. 또 사비하의 물이 피빛처럼 붉기도 하였다. 4월에는 큰 머구리 수만 마리
가 나무 꼭대기에 바글바글하게 모였으며, 사비도성 안에 있는 저자거리의
사람들이 까닭없이 누가 잡으러 오기라도 하는양 허겁지겁 놀라 달아 나다가
엎어져 죽은 이가 백 명이 넘었다. 이때 재물을 잃어 버린 것은 헤아릴 수도
없었다. 초여름인 5월에는 비바람이 세차게 불면서 천왕사天王寺와 도양사道
讓寺 두 절의 탑에 벼락이 떨어졌다. 또 백석사白石寺의 강당에도 벼락이 쳤
다. 용과 같은 검은 구름이 공중에서 동쪽과 서쪽에서 서로 싸웠다. 6월에는

무왕이 창건한 호국사찰 왕흥사王興寺의 여러 승려들이 마치 배와 같은 것이 큰 강을 따라 절 문간으로 들어 오는 환영을 보았다. 그 뿐 인가? 들사슴처럼 큰 개 한 마리가 서쪽에서 사비하 언덕에 이르러 왕궁을 향하여 짖고는 사라졌다. 또 왕도에 있는 뭇개들이 길 위에 모여서 짖거나 곡을 하더니 얼마 후에 흩어졌다.

이처럼 헤아리기도 쉽지 않을 정도의 많은 이변들이 속출하였다. 모두 백제의 멸망을 암시하는 조짐들이었다. 『삼국사기』의 괴변 기사 중 맨끝의 다음 기사가 그것을 정리 내지는 마무리 해주고 있다.

귀신 하나가 궁중에 들어와서 "백제는 망한다. 백제는 망한다"고 크게 외치고는 곧 땅 속으로 들어갔다. 왕이 괴이하게 여기어 사람을 시켜 땅을 파 보게 했더니 3자 가량 깊이에서 한 마리의 거북이가 나왔는데, 그 등에 글이 씌여 있었다. 이르기를 "백제는 월륜月輪과 같고 신라는 월신月新과 같다"고 했다. 왕이 무당에게 물으니 이르기를 "월륜과 같다는 것은 가득 찼다는 것이요, 가득 차면 기울게 마련이다. 월신이라고 한 것은 가득 차지 못한 것이니 가득차지 못하면 점점 차게 마련이다"고 하였다. 왕이 노하여 그를 죽였다.

이 기사에 의하면 거북이가 백제 멸망을 알려주고 있다. 거북이는 백제의 건국과 멸망에 모두 등장하는 동물이다. 『속일본기』에 의하면 "백제 태조 도모대왕都慕大王은 일신日神이 강령하여 문득 부여에서 개국했다"고 하였다. 도모대왕은 부여의 건국시조인 동명왕東明王을 가리킨다. 동명왕이 북국의 고리국을 탈출하여 엄리대수를 건널 때 물고기와 자라 떼가 다리를 놓아 주었기에 추격하는 병사들을 따돌리고 나라를 세웠다고 한다.

이러한 동명설화는 백제와 고구려의 건국설화로까지 이어졌다. 양국이 부여에서 분파되었음을 알려주는 움직일 수 없는 근거이다. 그렇기 때문에 백제와 고구려는 부여의 건국 시조인 동명왕을 제사지내는 사당인 동명묘東明廟를 각각 세울 수 있었다. 이러한 맥락에서 볼 때 거북은 백제 건국의 연원을 제공해준 부여 창건에 크나큰 기여를 한 동물이었다. 그러한 연유로 백제 멸망 무렵에도 거북이가 나타난 것은 아닐까? 거북은 부여의 성립과 그를 승계한 마지막 부여계 국가인 백제의 멸망에도 모두 등장하고 있다. 흔히들 장생長生을 상징할 뿐 아니라, 중국의 은殷에서는 인간과 사회의 운명을 점쳐주는 데 그 껍질이 이용되었다. 그러한 동물인 거북이 국가의 멸망을 암시한 것이다. 백제의 명운命運이 다했음을 알리는 조짐이었다.

2) 패망과 의자왕의 책임

660년 7월, 신라와 당의 연합군이 육로와 해상으로 동시에 쳐들어 왔다. 좌평 성충이 5년 전에 이미 경고의 '비상 나팔'을 불었던 일이 현실로 펼쳐졌다. 의자왕은 그때 성충이 옥중에서 올린 글을 묵살한 바 있다. 의자왕은 중국의 수와 당이 고구려를 침공했다가 실패한 전력을 익히 알고 있었다. 수 양제가 보급병까지 합치면 무려 300만에 이르는 대군을 이끌고 공격했지만 참담한 실패로 끝났다. 영명하기로 정평이 난 당 태종 역시 고구려 침공에 실패하고 말았다. 수와 당은 고구려와 육속되어 있었다. 의자왕은 자국과 고구려의 국력을 헤아려 보았다. 국력은 자고로 인구와 경제력을 가지고 말하기 마련이다. 고구려 말기의 인구는 69만 7천 호였다. 당시 백제의 인구는 고구려를 상회하는 76만 호였다. 게다가 경제력은 백제가 고구려를 훨씬 웃돌고 있었다. 이는 조선시대인들의 백제에 대한 평가와도 다르지 않다. 예조참판에도 올랐던 이승소李承召가 1478년에 "옛적에 백제는 삼국 가운데 가장 강한

强悍하였고, 전투를 좋아했다"[304]고 했다. 1623년(인조 1)에 인조는 정경세鄭經世와의 경연經筵에서 "삼한시절에 백제가 가장 강했다"[305]고 단언하였다. 저명한 실학자인 다산 정약용도 "삼한 가운데 백제가 가장 강하였다"[306]고 했다. 삼한 즉 삼국 가운데 고구려를 제끼고 백제의 국력이 앞섰음을 이구동성으로 말하였다.

의자왕은 자국의 국력이 고구려를 앞지른다고 믿었다. 더구나 의자왕은 당대에 신라로부터 무려 100여 개 성들을 점령한 바 있다. '해동삼국' 역사에서 의자왕을 능가하는 정복군주는 어디에도 없었다. 의자왕이 생각하건대 고구려도 꺾지 못한 당이 백제를 이길 수 없다고 보았다. 더구나 양국 사이에는 지금의 태평양과 같은 서해가 가로 놓여 있었다. 그것을 뚫고서 감히 당의 대군이 백제로 올 수 있을 지에 대해서는 회의적으로 평가했다. 백제는 고구려처럼 당과의 이해 관계가 맺힌 바 없었다. 의자왕은 신라와 당의 연합이 실제 군사 행동으로 옮겨지리라는 것에 대해서는 무게를 싣지 않았다. 그러나 이러한 자만심에 근거한 의자왕의 정세 판단은 중대한 오판으로 드러났다.

3) 기만하기 위한 양동작전인가?

660년 7월의 뜨거운 한 여름, 신라와 당의 연합군은 백제 공격에 나섰다. 신구도행군대총관神丘道行軍大摠管에 임명된 당의 장군 소정방蘇定方은, 13만 대병을 이끌고 산동반도를 출발하여 인천 앞 바다에 소재한 덕물도德勿島(덕적도)에 정박하였다. 태종 무열왕은 660년 5월 26일에 군대를 거느리고 경주를 출발하여 남천정南川停(경기도 이천)에 도착했다. 태종 무열왕은 태자 법

---

304 『三灘集』권11, 序. "卽古百濟之國 於三國最强悍 好戰鬪"
305 『經筵日記』인조 원년 조. "上曰…三韓之時 百濟最强"
306 『與猶堂全書』第6集 地理集 第2卷 疆域考 弁辰別考.

도판 90 | 서천 장암진성에서 바라본 금강 하구 기벌포 일대

민에게 병선 1백 척을 거느리고 인천 앞바다 덕적도에서 소정방을 맞이하게 했다. 그때가 기록에 보이는 6월 21일이었다.[307] 법민은 이천의 남한강을 이용하여 한강 하구를 빠져나와 지금의 덕적도로 향한 게 분명하다. 태종 무열왕이 이천까지 올라간 이유는 남한강 수로를 이용하여 서해의 당군과 연결하고자 함이었다. 태자 법민이 끌고 간 병선 1백 척은 군량과 식수를 비롯한 군수품을 적재하였다. 이는 선행연구에서 지적했듯이 전적으로 당군에 공급할 용도였다. 그런 직후 신라군은 황산을 목표로 진격했다.

그렇게 볼 수 있는 근거는 비록 '병선兵船'으로 적혀 있지만, 법민 태자가 당군과 회동 후 돌아와 왕에게 보고했다는 사실이다. 전투 목적의 병선만이라면 책임자인 법민이 당군과 연합작전을 펼치지 않고 돌아왔다는 게 부자연스럽다. 그리고 소정방이 법민 태자를 돌려보내 "신라의 병마를 징발하게 했

---

307 『三國史記』권5, 태종 무열왕 7년 5월 26일 · 6월 18일 · 6월 21일 조.

다"는 것이다. 이 점에 비추어 보더라도 법민과 소정방의 만남은 병력지원이나 합동작전이 아니었다. 보급품 지원 외에 양군의 군기軍期 확정과 역할 분담에 있었던 것 같다. 극비상황이었기에 조운선 엄호 목적으로 다대한 병선이 따랐을 것이다. 실제 671년 10월에 신라는 당의 조선漕船 70여 척을 쳐서 낭장郎將 겸이대후鉗耳大侯를 사로잡았다. 그러한 겸이대후를 672년 9월에 당으로 송환할 때는 '병선낭장兵船郎將'이라고 했다. 따라서 조선 선단에도 병선이 가세했음을 알려준다. 이 사실은 법민이 이끈 신라의 '병선'에도 '조선'의 포함을 가리킨다.

그러면 신라군이 이천까지 북상한 목적은 무엇일까? 흔히 기만술과 관련한 양동작전을 운위한다. 여기서 분명한 사실은 태종 무열왕이 군대를 이끌고 경기도 이천까지 왔다. 이때 동원된 병력수는 알 수 없다. 그런데 소정방을 만난 태자 법민의 보고를 받은 직후였다. 태종 무열왕은 정예병력 5만을 인솔할 것을 지시하고 있다. 따라서 태종 무열왕이 이천까지 인솔한 병력은 이 보다 훨씬 적은 숫자로 짐작된다. 즉 태자를 통해 당군의 대병력이 출병한 사실을 확인한 태종 무열왕은 그에 상응하는 5만의 대군 투입을 결정하였다. 태자 법민과 소정방의 회동을 통해 공격 방향과 합류 기일이 확정되었다. 그 직후 태종 무열왕은 금돌성金堗城(상주 모서면 백화산성)에 본영을 설치했다.

이러한 정황에 비추어 볼 때 태종 무열왕이 남천정에 온 것은 기만전이나 양동작전은 아니었다. 서해에 정박 중인 당군의 일부를 남한강을 이용하

도판 91 | 경주 통일전에 봉안된 태종 무열왕 영정

여 남천정에서 영접하여 함께 백제 동부 전선을 돌파하려는 구상을 가졌을 수 있다. 그럼에 따라 태종 무열왕이 몸소 군대를 이끌고 남천정까지 올라 왔던 것 같다. 더욱이 소정방은 신구도행군대총관이었고, 태종 무열왕은 우이도행군총관嵎夷道行軍摠管이었다. 총관인 태종 무열왕은 14군 대총관인 소정방의 지휘를 받는 수하 총관에 불과했다. 따라서 남천정에서 당군에 보급품도 보내고, 또 상륙한다면 직접 영접하려는 의중이었다. 그러나 덕물도에서 소정방은 양군兩軍이 각각 움직여서 사비성에서 합류하자고 통보했다. 동과 서로 백제를 협격하자고 한 것이다. 신라가 기대했던 남천정에서 양군의 합류는 성사되지 않았다. 이렇게 해석해야 온당할 듯하다. 사실 당은 643년에 태종이 신라 사신에게 제의한 계책 가운데 백제가 바다의 험난함을 믿고 병기도 수선하지 않고 놀기만 하니 선박을 이용하여 기습 상륙하겠다고 했다. 당은 처음부터 백제 서해 연안 상륙작전을 계획했던 것이다.

더구나 경주를 출발하여 지금의 경상북도 내륙 국도를 이용하여 경기도 이천까지의 병력 이동은 고구려나 백제 측에서 감지하기 어렵다. 변경이 아닌 내륙에서의 이동이기 때문이다. 더욱이 5만 병력이 움직이지 않았다. 그리고 태종 무열왕의 북상로가 경상북도 의성을 경유하여 죽령과 충주를 지나 남천정에 이르렀을 수 있다. 남천정까지의 북상로와 남하통로가 동일하다는 증거도 없다. 따라서 적을 기만하기 위한 목적의 양동작전 자체가 성립되지 않는다. 고구려나 백제측 변경에서 병력 이동 상황을 포착할 수 없기 때문이다.

태종 무열왕의 지시에 따라 신라 김유신은 5만의 병력을 거느리고 백제 동부전선을 돌파하였다. 백제 조정에서는 방어대책 수립에 나섰지만 의견이 통일되지 않았다. 좌평 의직은 당군이 육지에 상륙했을 때를 기다려 당군부터 치자고 했다. 반면 달솔 상영 등은 신라군을 먼저 꺾자고 주장해 논의가 팽팽히 맞섰다. 이와 관련한 구절을 『삼국사기』에서 옮겨 보면 다음과 같다.

좌평 의직이 나서 말하기를 '당나라 군대가 멀리 바다를 건너 왔으매 물에 익숙하지 못한 것들이 배에서 피곤하여졌을 것이니 그들이 처음 육지에 올라 군사들의 기운이 회복되지 못할 때에 갑자기 쳐버리면 뜻 대로 될 수 있을 것이요, 신라 사람들은 큰 나라의 응원을 믿기 때문에 우리를 경멸히 여기는 마음을 먹을 것이나 만일 당나라 사람들이 불리 하게 되는 것을 보면 반드시 머뭇거리면서 두려워서 감히 빨리 오지 못 할 것입니다. 그러므로 우선 당나라 사람들과 결전을 하는 것이 옳음을 알 수 있습니다'하였다.

　　달솔 상영 등은 말하기를 "그렇지 않습니다. 당나라 군대가 멀리 와 서 속히 싸우려 할 것이니 그 서슬을 당할 수 없을 것이요, 신라 사람들 은 전일에 누차 우리 군사에게서 패배를 당하였기 때문에 이제 우리 군 사의 기세를 바라보고 겁을 내지 않을 수 없을 것이니 오늘의 계책으로 는 당나라 군대들의 들어오는 길을 막아서 그들의 군대가 피곤하여지 기를 기다리면서 우선 적은 군사로 하여금 신라 군대를 쳐서 그의 예봉 을 좌절한 연후에 그 형편을 보아서 싸우게 되면 군대를 완전히 유지하 며 나라를 보전할 수 있습니다.

　　과단성 있기로 정평이 난 의자왕이었지만 머뭇거리며 결정을 내리지 못했 다. 의자왕은 지금의 전라남도 장흥인 고마미지현古馬彌知縣에 귀양 가 있는 좌평 홍수興首에게 급히 사자를 보내 물어 보았다. 홍수는 백강과 탄현炭峴 방비를 건의하였다. 『삼국사기』에는 홍수의 말을 다음과 같이 적었다.

　　당군은 수효가 많을 뿐만 아니라 군사 규율이 엄숙하고 세밀하며 더 군다나 신라와 더불어 합작하여 우리의 앞뒤를 견제하고 있으니 만일 평탄한 벌판과 넓은 들에서 진을 대치한다면 승패를 기필할 수 없습니다. 백강과 탄현은 우리나라의 요충으로서 한 명의 군사와 한 자루의 창을 가지고 막아도 만 명이 이를 당하지 못할 것이니 마땅히 날랜 군사를 선발하여 그 곳에 가서 지키게 하여 당군으로 하여금 백강으로 들어오지 못하게 하고 신라 군대로 하여금 탄현을 통과하지 못하게 하면서 대왕께서는 성문을 여러 겹으로 닫고 든든히 지켜 그들의 물자와 군량이 떨어지고 군사들이 피곤하여질 때를 기다려서 그렇게 된 뒤에 맹렬하게 치게 되면 단연코 이길 수 있을 것입니다.

홍수가 방비를 당부한 탄현은 지금의 어느 곳일까? 탄현의 위치에 대해서는 많은 견해가 제기되었다. 가령 충청남도와 충청북도 경계인 마도령, 대전 동쪽 식장산, 전라북도 완주군 삼거리 탄현, 충청남도 금산군 진산면 교촌리 탄치 등을 꼽을 수 있다.[308] 이케우치 히로시[池內宏]가 처음 제기한 탄현=마도령설은 이병도가 계승하였다. 마도령은 현재 충청남도와 충청북도의 도계道界를 이루는 자모실 고개다. 이에 대해 이병도는 "탄현 : 충남 대덕군 동면 마도령", "대정 동방 마도령"[309]이라고 했다. 동시에 이병도는 "탄현 : 지금 대전 동東의 식장산"[310]이라고 하였다. 따라서 마도령과 식장산은 기실 동일한 곳임을 알 수 있다.

이 중 금산 교촌리 탄치는 탄현으로 지목되었던 곳이다. 이곳은 현재 지도에서 숯고개로 표시된 곡남 삼거리 주변 일대를 가리킨다. 금산읍에서 금성면 → 진산면 → 벌곡면을 지나면 논산시 연산면에 이르게 된다. 그런데 이곳은 성충과 홍수의 탄현에 대한 묘사와는 달리 실제는 험준하지 않다. 요충

308 김갑동, 『고려의 후삼국 통일과 후백제』 서경문화사, 2010, 68쪽.
309 李丙燾, 『國譯 三國史記』 한국학술정보(주), 2012, 450쪽, 475쪽.
310 李丙燾, 『韓國史 古代篇』 乙酉文化社, 1959, 385쪽.

지 탄현과는 부합하지 않는다. 성충 등은 탄현을 일컬어 한 명이 창 한 자루로 만 명을 막을 수 있는 요지라고 했다.[311] 그러니 탄현은 비좁고 통행이 용이하지 않은 험준한 길로 지목하는 게 온당하다. 게다가 탄현은 국도의 운명을 좌우하는 요지에서 찾아야 한다. 이러한 맥락에서 본다면 백제 국도인 사비성에서 멀리 떨어진 대전 동방 마도령설은 부적합하다.

그러한 탄현의 위치를 금산 백령산성 부근으로도 비정해 보자. 백령산성은 금산군 남이면 건천리와 역평리 선야봉의 동쪽에 소재한 둘레 약 207m에 이르는 테뫼식 산성이다. 백령산성은 금산군 제원면과 추부면을 통하여 영동·옥천에 이르는 전략상 요충지에 속한다. 백령산성에서는 남쪽과 북쪽에서 성문터와 구들 시설이 있는 건물지와 목곽고를 비롯하여 수혈 유구 등이 발굴된 바 있다. 이러한 백령산성은 천혜의 요새가 분명하다. 그리고 금산에서 전주 지역으로 이동하려면 반드시 통과해야하는 요지였다. 백령산성 밑으로 난 고개를『청구도』에는 백자령柏子嶺이라고 했다. 반면『대동여지도』에서는 이곳을 탄현으로 표기하였다. 이에 근거하여 백령=탄현 설이 제기된 것이다. 그런데 무엇 보다도 백령산성에서 출토된 백제 명문와에 보이는 '栗峴△/ 丙辰瓦'[312]라는 문자는 고개 이름이 '율현' 즉 '밤고개'임을 알린다. 백령은 백제 때 율현이었다. 그러니 이곳은 탄현과 무관하다.

완주 삼거리 탄현은『신증동국여지승람』에서 고산현高山縣의 동쪽 50리에 소재하였고, 진산군 이현까지는 20리로 적혀 있다. 고산현에서는 또한 전주부 경계에 이르기까지 55리, 북쪽의 연산현에 이르기까지 29리가량 떨어져 있다고 했다.[313] 현재 지도에서 쑥고개로 표시된 이곳은 지금도 차량 한 대가

---

311 『三國史記』권28, 의자왕 20년 조. "一夫單槍 萬人莫當"
312 충청남도역사문화연구원·금산군,『錦山 栢嶺山城 - 1·2次 發掘調査報告書』 2007, 7쪽. 290~295쪽.
313 『新增東國輿地勝覽』권34, 全羅道 高山縣.

겨우 통과할 정도로 협소하다. 비포장이었을 때는 어떠한 상황이었는지 넉넉히 짐작할 수 있다. 이곳에는 봉수대가 남아 있어 군사적으로 요지였음을 방증한다. 실제 현장 답사를 병행하여 탄현 후보를 검증한 결과 완주군 운주면의 삼거리 탄현(쑥고개)일 가능성이 높았다.[314] 이곳을 통과하면 논산을 거쳐 국도인 부여를 직공할 수 있다.[315]

홍수의 진언 채택 여부를 둘러싸고 백제 조정은 격론을 벌이고 있었다. 그러는 가운데 신라군과 당군은 이곳을 모두 돌파하였다. 이제 백제 패망은 시간문제가 되었다. 홍수는 "당군으로 하여금 백강으로 들어오지 못하게 하고"라는 아주 중요한 계책을 진언했다. 그러나 신라 첩자들이 침투해 있던 백제 조정은 우왕좌왕하며 시간만 허비하였다. 이 상황에서 백제가 할 수 있는 최상책은 바다를 건너 온 당 수군을 해상에서 요격하는 것이다. 그 다음은 당군의 절반이 상륙했을 때 공격하는 것이 절대 유리하다. 그렇지 못하였다면 최하책으로 당군이 교두보를 설치하고 전비를 갖춘 연후에 공격하는 것이다.[316]

2. 계백의 용전

부여군의 행정 중심인 군청의 로터리와 여름날 연꽃 축제로 관광객이 몰려오는 궁남지 근방에는 계백階伯 장군과 오천결사대 출정 동상이 각각 세워져 있다. 부여의 표상적表象的 인물로서 계백은 오늘도 우리 곁에 있다고

---

314 小田省吾,『朝鮮史大系』朝鮮史學會, 1927, 194쪽.
315 李道學,『후삼국시대 전쟁연구』주류성, 2015, 451~454쪽.
316 李鍾學,『동북아시아의 전쟁과 평화』충남대학교출판문화원, 2016, 210쪽.

도판 92 | 부여군청 로터리에 세워진 계백 장군 동상

할까. 그런데 『대동지지大東地志』에서 "계백階伯(이름은 승이고, 백제와 동성이다)[名升 百濟同姓 官達率 義慈王二十年戰亡]"라는 구절로써 '계백'을 성으로 지목하는 주장이 있다. 그러나 이 주장은 전혀 타당하지 않았다.[317] 계백은 백제 왕실과 동일한 성이므로 '부여계백'이 맞다. 현채玄采(1886~1925)도 "계백은 백제 나라 종실이라"[318]고 했다.

벌써 여러 해 전 부여에 세트장이 마련된 '황산벌' 영화 촬영 무렵이었다. 대본을 보니 계백 장군이 전라도 사투리를 구사하고 있었다. 이로 인해 항의 글이 쇄도하여 관련 홈페이지가 다운 직전까지 갔다고 한다. 이유인 즉 부여군 충화면 천등산 자락에서 출생한 계백 장군의 출신지를 왜곡시켰다는 데 있다. 며칠 후 대전 MBC에서 이 문제로 내게 인터뷰를 요청하러 왔다. 학교 사자상 앞에서 조선 후기의 읍지邑誌에 계백이 충화면 즉 예전의 팔충면 출신으로 기록된 사실을 밝혀주었다. 그날 저녁 『월간 조선』에 연재 중인 '국보 기행' 취재차 학교에 들른 정순태 기자와 개성식당에서 반주를 들이키고 있을 때였다. 마침 켜져 있던 TV에서 대전 MBC 9시 뉴스가 요란한 시작 음악과 더불어 불과 몇 시간 전에 인터뷰한 장면이 머릿 보도로 방영되었다. 며

317 李道學, 「世宗市 일원 佛碑像의 造像 목적과 百濟 姓氏」 『한국학연구』 56, 고려대학교 한국학연구소, 2016, 18~20쪽.

318 玄采, 『幼年必讀』 권1, 徽文館, 1907, 32쪽.

칠 지나 발굴장의 지도위원회에서 그 기자가 내 곁에 다가오더니 나지막한 소리로 물었다. "계백 장군이 부여 사람 맞습니까?" 순간 나는 깜짝 놀랐다. "내가 부여에서 근무하고 있으니까 부여에 코드를 맞춰서 발언한 것으로 오해하고 있구나!"

『여지도서』고적 조에 따르면 "팔충면八忠面은 군郡 서쪽 20리에 있다. 속전俗傳에 백제 충신 성충·계백 등 8인이 이곳에서 태어난 까닭에 이름이 생겨났다"고 했다. 이와 동일한 내용은 현전하는 가장 오래된 도지道誌인『충청도읍지』와『호서읍지』에도 기재되어 있다. 8인의 충신이 태어난 곳이기에 팔충면이라 일컬었던 것이다. 이러한 연유로 1981년에는 이곳에 팔충사라는 사당을 건립했다. 팔충신과 관련해『지석동지支石洞誌』에는 범황사梵皇寺의 승려인 혜오화상慧悟和尙도 이곳 출생으로 적었다. 아울러 성충과 홍수 그리고 계백과 혜오화상을 비롯한 범황사의 승장僧將 5인을 합쳐서 8충신이라고 했다. 이곳 전설에 의하면 계백은 천등산에서 무예를 연마했다고 한다. 그리고 천등산 동쪽 기슭에는 계백에 공부하던 사찰이 있었고, 어머니의 뜻을 따라 이곳에서 천등산 꼭대기를 향해 활을 쏘아 화살보다 빨리 도착했다는 전설도 남아 있다. 팔충리 일대에는 계백이 출정할 때 자신이 사용하던 우물에 돌을 넣어 표시하고 떠났다고 하여 '표뜸'이라는 이름이 붙여진 곳이 천등산 상천 마을이다. 그리고 계백이 무예할 때 자국이 생겼다는 장수 발자국 바위 등

도판 93 | 부소산 삼충사에 봉안된 계백 장군 영정

이 남아 있다.

성충과 계백 그리고 흥수는 혜오화상에게 신술神術을 배웠다고 한다. 이로 볼 때 계백은 예전의 팔충면 지금의 충화면 천등리에서 출생했음을 알 수 있다. 1940년대에 출간된 『지석동지』 고사 조에는 다음과 같은 성충 관련 설화가 전하고 있다.

> …천등산 동북산 기슭에 돈대墩台가 있으니 삼충신의 자취가 남아있는 곳이다. 노고산老姑山 동남곡東南谷에 절이 있는데 이를 범황사梵皇寺라 하고, 이 절의 중 혜오화상慧悟和尚은 차력과 몸을 감추는 도술을 익혔다. 그는 여러 승려들과 더불어 노고산 석굴 속에서 도를 연마하였는데 성충과 흥수興首 등도 또한 참여하여 석굴 속에서 신술을 배웠다.
> 하루는 혜오화상이 삼공[성충 · 흥수 · 계백]에게 일러 말하기를 "근자에 국왕이 주색에 빠져 행동이 난폭하여 국세가 위약하니 공께서는 세상에 나아가 벼슬을 하여 왕께 사리를 말하여 간하고 임금의 마음을 깨우쳐 알도록 하여 국세를 바로 잡아 회복토록 하라. 만약 그렇지 않으면 외환이 두려울 것이다"라 하고 재삼 그것을 권하였다고 한다. 이에 삼공이 그 말을 좇아 장차 출세할 때 각자가 대석을 길가에 고이고 서로 일러 돌과 같이 불변하자고 소박하고 거짓이 없는 마음으로 맹세를 하고 세상에 나아가 조정에 벼슬을 하니 성충과 흥수는 좌평에 이르고 계백은 무관으로 관이 달솔에 이르렀다. 그러나 왕은 끝내 성충의 계책을 수용하지 않고 도리어 옥중에 가두었다.…

일본의 가전家傳인 『상겸족전上鎌足傳』에서 성충이 보인다. 그가 삼국 준걸의 한 명으로서 백제를 대표하였다. 다음에서 보듯이 그는 왜에까지 알려졌을 정도로 명성이 높았다.

…전하여 듣건대 대당大唐에는 위징魏徵이 있고, 고구려에는 개금盖
金(연개소문)이 있고, 백제에는 선중善仲(성충)이 있고, 신라에는 유순庾
淳(김유신)이 있다. 각각 한 나라를 지키며, 이름을 만리에 떨쳤으니, 이
들은 모두 자기 나라의 준걸俊傑로서 지략이 뛰어났다.…

나와 계백 장군의 '조우'는 국민학교 4학년 때였다. 서점 주인에게서『위인
전 계백』을 선물 받으면서 였다. 책 표지는 갑옷 입은 계백 장군이 말 위에 앉
은 모습이었다. 글방에 다니던 어린시절, 단오날 무예대회에 나가 장원한 후
집에 돌아왔을 때 어머니와 아내가 경단을 빚고 있던 장면 등이 지금도 선연
하다. 중학교 1학년 2학기 때였다. 집에서 읽지 않는 책을 학교에 제출하면
도서벽지 국민학교에 보내겠다고 한다. 그 취지에 공감했는지 나는 뒹굴고
있는 책 가운데『계백』을 학교에 제출했다. 훗날『삼국사기』계백전을 읽으면
서 어린시절 읽었던 위인전의 내용은 황산벌 전투를 빼고는 죄다 상상의 산
물이었음을 알았다. 그렇다고 허구의 세계에 장단 맞춘 것이 억울하지는 않
았다. 오히려 참 잘 쓴 책으로 여겼지만, 학교에 제출한 것은 두고두고 후회
되었다.

이 책에서는 여운을 남긴 장면이 있다. 거의 끝 부분인데 장군이 장검을
뽑아들고 처자를 베기 직전의 모습이었다. 무릎 꿇은 아내와 두 명의 아들이
장군을 우러러 보는 장면이다. 장군은 하체만 그려져 있어 표정을 살필 수는
없었다. 세 사람의 눈에는 눈물이 그렁그렁 맺혀 있었다. 우수와 더불어 형언
할 수 없는 감정이 교차하는 애절한 표정이었다. 그 장면이 너무도 곡진했던
지 지금도 책의 삽화가 잊어지지 않는다. 허민의 '백마강'에서 "계백 장군 삼
척 검은 님 사랑도 끊었구나"라고 노래한 그 장면이다.

계백 장군이 처자식을 벤 행위에 대해서는 거센 비난이 뒤따랐다. 조선 초
기의 저명한 성리학자인 권근權近은 "잔인하고 무도해서 족히 교훈이 될 수

없다"고 질타했다. 나아가 "전장에 나가기 전에 처자를 죽였다는 것은 패할 줄 알았다는 것이요, 결국 군사들의 사기를 떨어뜨렸다"는 비난을 쏟았다. 물론 『표해록』을 지은 최부崔溥나 『동사강목』의 저자인 안정복安鼎福은 권근을 비판하면서 계백의 행위를 숭고하게 평가했다. 자고로 장수된 자는 집과 처자를 잊어야할 뿐 아니라, 백제 멸망기에 나라가 망하리라는 것은 삼척동자도 알고 있었다. 그럼에도 계백이 처자를 벤 것은 가족과 일신을 돌보지 않은 행위였다. 오히려 병사들의 사기를 올렸다고 높게 평가했다. 20세기의 역사학자 남창 손진태는 계백을 다음과 같이 기렸다.

> …그는 실로 그의 최고 신념을 위하여 가족과 자신을 희생한 것이다. 또 그는 그의 자존심을 위하여 노예로서의 생존보다는 결사決死의 길을 택한 것이다. 그는 비록 민족이란 것을 알지는 못하였지마는 만대의 우리 민족에게 신념과 절의와 자존심을 위하여 자기를 희생한다는 숭고한 교훈을 남기었다. 그가 만일 현대에 살았다면 그는 민족에 순사殉死할 인물이었다. 이러한 의미에서 장군의 민족적 영웅의 가치는 불멸할 것이다.[319]

남창은 계백에 대해 최고 최대의 찬사를 부여했다. 계백은 단장斷腸을 끊는 아픔을 눌렀다. 그는 살아서 치욕을 겪느니 차라리 한번 죽는 것이 영예로운 길로 판단했다. 계백은 스스로 몸을 지키기 어렵다고 판단되는 처자를 벤 것이다. 이로 볼 때 계백은 30대 초반의 청년 장군으로 그려진다.

부여군청에서 계백 장군 오천결사대 동상 건립 회의를 할 때였다. 어떤 교수가 동상 건립을 반대하는 명분으로서 "패장이기 때문에 안된다"고 했다. 그

---

319   孫晋泰, 『朝鮮民族史槪論(上)』乙酉文化社, 1948, 133쪽.

말을 듣는 순간 열린 입을 다물 수 없었다. 계백은 최악의 조건에서 최선을 다해 네 번 싸워 네 번 승리했지만 역부족으로 전몰했다. 그러나 그가 사력을 다했기 때문에 나당 연합군의 사비도성 진공 작전에 차질이 빚어지지 않았던 가? 전장에서 계백은 3개의 군영을 설치해서 10갑절 많은 신라군을 분산시켰다. 그가 대전략가임을 암시해 준다. 동시에 옛적에 월나라 왕 구천이 5천명으로써 오나라의 무려 70만 대군을 격파했던 사례를 상기시켰다. 병사들에게 승리에 대한 자신감과 사기를 격발시키기 위해서였다. 군심軍心을 하나로 묶는 명연설이었다.

전투 중에 계백은 신라의 화랑 관창을 생포했다. 핏발이 서는 전장에서, 그것도 처자식을 자기 손으로 정리하고 출전한 계백에게 아들같은 적의 어린 장수가 잡혔다. 보통 사람들 같으면 손아귀에 잡힌 적의 장수를 무자비하게 도륙했을 법하다. 벼랑에 서 있을수록 한 치의 여유를 갖기는 더욱 어렵다. 그러나 계백은 어린 장수를 살려 보내주었다. 황산벌 전투에서 가장 광채나는 순간이 아닐 수 없다. 나는 계백의 어진 심성에 탄복하지 않을 수 없었다. 평상심을 유지하기 어려운 전장에서가 아닌가? 사람은 극한 순간에는 내재되어 있던 본성이 튀어나오게 마련이다.

『삼국사기』에서는 이 구절을 "산채로 백제 원수 계백 앞에 이르자, 계백이 투구를 벗기게 하였다. 그가 어리고 또 용감한 것을 가엾게 여겨 차마 해치지 못하고는 이내 탄식하여 말하기를, '신라에는 비범한 인물이 많다. 소년이 더욱이 이와 같으니, 하물며 장사들이야!' 곧 살려서 돌려보내도록 했다[生致百濟元帥階伯前 階伯俾脫胄 愛其少且勇 不忍加害 乃嘆曰 新羅多奇士 少年尚如此 況壯士乎 乃許生還]"라고 적었다.

흔히 계백이 이끈 군대를 '오천 결사대'로 일컫고 있다. 그렇지만 모두 순국한 것만은 아니었다. 계백보다 관등이 높은 좌평 충상을 비롯한 20명은 신라군에 항복했다. 평소 태도가 수상했던 충상은 뒤에 백제인들의 조국회복

도판 94 | 황령산성에서 굽어본 황산 현장

운동을 진압하는데도 앞장섰다. 여기서 충상은 왜 2등급인 달솔 관등의 계백
보다 고위직임에도 불구하고 총사령관이 될 수 없었을까? 위아래가 맞지 않
은 이상한 지휘체계이기 때문이다. 아마도 여기에는 필시 곡절이 있었을 듯
싶다. 의자왕은 계백을 주장主將으로 삼아 출전시키려고 했지만 반대하는 세
력이 많았던 것 같다. 그 절충으로 좌평인 충상을 전선에 투입시켜 계백을 견
제하는 역할을 맡겼던 것으로 추측된다. 그러나 충상은 세勢가 불리하자 기
다렸다는 듯이 신라군에 납작 엎드려 항복하고 말았다. 계백은 의자왕의 신
임을 받았기에 난국을 타개할 수 있는 적임자로 꼽혀 출정한 것으로 보인다.
계백은 자신을 신뢰한 임금에 대한 보답으로 최선을 다해 용전분투했던 것이
아닐까?

　　이와 관련해 "사나이는 자신을 알아주는 사람을 위해 목숨을 바치고, 여자
는 자기를 기쁘게 해주는 이를 위하여 얼굴을 가꾼다[土爲知己者死 女爲說己者
容]"[320]는 말이 상기된다. 관우와 싸우러 나갈 때 조조는 방덕을 주장으로 삼

320 　이 구절은 『史記』권86, 자객열전 豫讓傳에 수록되었다. 여기서 土가 知己者를 위해

고 싶었다. 그러나 투항한 지 얼마 되지 않았을뿐더러 방덕의 주군인 마초가 촉蜀에 있는 상황이었다. 반대가 많았기에 조조는 부득불 우금을 대장으로 삼고, 방덕을 부장으로 삼아 출진시켰다. 그러나 정작 끝까지 용전분투하다가 굴하지 않고 순국한 이는 방덕이었다. 고지식한 원칙주의자로서 조조와 30년간 전장을 누볐던 우금이지만 항복하고 말았다. 조조의 맹장 서황은 "나는 명군明君을 만났으니 공을 세워 보답할 뿐, 어찌 사사로운 영예를 좇겠는가"라고 했다. 그러니 계백의 용전에는 의자왕의 신뢰와 사랑이 깔려 있지 않았을까. 계백이 전장에서 군사들에게 "국은國恩에 보답하자!"고 했다. 여기서 '국은'은 '나라의 은혜'라는 뜻도 있지만 '천자의 은택'이라는 뜻도 담겼다. 임금을 '나랏님'으로 일컬은 경우와 동일하다. 계백은 '천자' 곧 의자왕의 은택에 보답하고자 했다.

고려시대까지 전해 온 고구려 노래 '연양延陽' 노래말에 신의와 도리를 지키기 위해 목숨까지 불사하겠다는 다짐이 다음처럼 남아 있다.

연양延陽[연산부(延山府)이다]. 연양에 남에게 거두어져서 부림을 당하는 사람이 있었는데, 죽음을 작정하고 스스로 정성을 다하며 나무에 비유하여 말하기를, "나무에서 불을 쓰려면 반드시 나무가 무자비하게 태워져 없어지는 화가 있어야 한다. 그러나 마음깊이 거두어 쓰이는 것을 다행이라 생각하고 비록 흔적 없이 타버린다고 하더라도 마다하지 않겠다"라고 하였다.[321]

죽을 수 있다면, 女는 說己者를 위해 받아들일 수 있다, 즉 허용할 수 있다고 해야 전후가 잘 대응된다. 해석상에 있어서 검토가 필요한 부분인 듯하다.
321 『高麗史』권71, 志25, 樂2, 三國俗樂, 高句麗, 延陽. "延陽[延山府] 延陽 有爲人所收 用者 以死自效 比之於木曰 木之資火 必有戕賊之禍 然深以收用爲幸 雖至於灰燼 所不辭也"

위의 노랫말은 자신은 불타서 재가 되더라도 자신을 알아주는 사람을 위해 끝까지 의리를 지키겠다는 굳센 심지를 칭송하고 있다. 연양은 지금의 평안북도 영변 일대이다. 자신을 인정해주는 이를 위해 모든 것을 바칠 수 있다는 가치관의 공유를 알려준다.

신라 군대의 진격을 막고 괴롭혔던 이가 계백이었다. 그의 웅자雄姿는 황산벌에서 부대꼈던 신라 군인들을 통해 회자 되었을 것이다. 결국 그의 행적은 『삼국사기』에 수록되었다. 이 경우는 "적이지만 훌륭했다!"에 속한다. 당 태종에게 치욕적인 패배를 안겨주었던 고구려 안시성주의 이름도 중국인들을 통해 전해 내려왔다. 이유는 단 하나, 적이지만 훌륭했기 때문이었다.

내가 중학교 3학년 때 읽었던 『주간 조선』에는 포르투갈 신부의 임진왜란 종군기가 수록되었다. 이 중 탄금대 전투에서 왜군이 조선군 장수를 생포한 이야기가 인상적이었다. 왜장이 그를 살려 보내려고 했다. 그러자 그는 "돌아 갈 수 없다"며 흔연히 죽음을 받아들였다. 왜군들은 정중하게 장례를 치러 주었다고 한다. 왜군들도 "적이지만 훌륭하다"고 여겼기에 그를 죽이는 것을 아깝게 생각했다. 제2차 세계대전 때 영국 의회에 출석한 처칠은 독일의 롬멜 장군을 가리켜 이런 말을 했다. "우리에게는 대담하고 솜씨 좋은 적이 있다. 전쟁의 재앙인 그는 그러나 장군으로서 더없이 위대하고 훌륭하다!" 태평양전쟁 때 이오지마에서 미국 해병대를 괴롭히면서 완강히 저항했던 일본군 구리바야시 타다미치[栗林忠道, 1891~1945] 중장에 대한 평가도 이와 동일하다. 그는 당초 태평양전쟁 자체를 승산이 없는 전쟁이라고 반대했던 군인이었다. 그러나 구리바야시는 사지死地에서 최선을 다하였다. 그랬기에 미국의 브레들리 장군은 그를 가리켜 "미국을 가장 힘들게 하고도 미국에서 가장 존경받는 남자"라고 평가했다. 당시 이오지마에 상륙한 미군은 적장의 시신을 찾으려고 했지만 끝내 발견하지 못하였다.

명예 관념이 각별했던 계백 장군도 자신의 시신이 모욕당하는 것을 원하지 않았음이 분명하다. 그는 '깨끗한 마무리'를 지은 것으로 보인다. 조선 선조 임금도 지시했지만 끝내 계백의 묘소는 찾지 못했다. 그렇지만 계백은 고결한 행적으로써 우리 곁에 지금도 살아 있다. 지고도 이긴 계백이야 말로 진정한 승자가 아니겠는가?

순암 안정복은 "(계백이) 험한 곳에 의지해서 진영鎭營을 설치한 것은 지智요, 싸움에 임해서 무리에게 맹세한 것은 신信이며, 네 번 싸워 이긴 것은 용勇이요, 관창을 잡았다가도 죽이지 않은 것은 인仁이며, 두 번째 잡았을 때 죽여서 그 시체를 돌려 보낸 것은 의義요, 중과부적해서 마침내 죽어 버린 것은 충忠이다"고 했다. 계백은 이상형인 '지'·'신'·'용'·'인'·'의'·'충'의 총합總合이었다. 순암은 마지막으로 "삼국시대에 충신과 의사가 물론 많았지만, 사전史傳에 나타난 것을 가지고 말한다면 마땅히 계백을 으뜸으로 삼아야 할 것이다!"고 했다. 이 보다 더 높은 평가가 어디 있겠는가?[322] 중국에 표착했던 최부도 중국인들과 필담으로 대화하면서 "인물로 말하자면 … 백제의 계백, 고구려의 을지문덕"라고 꼽았다.[323]

황산 전투와 관련해 의자왕의 딸이 용전한 전설이 남아 있다. 몹시 흥미로운 전승이기에 다음과 같이 소개해 본다.

백제의 말기, 의자왕의 왕녀로 계산桂山이라는 미인이 있었는데, 이 왕녀는 어렸을 때부터 검법劍法을 좋아하여 그 매우 심오한 뜻을 통달했고, 특히 남해南海의 여도사女道士로부터 신술神術을 습득하여 선술仙術에도 능통하였고, 더군다나 자용병기自勇兵器라는 무기를 발명하

322 李道學, 「주간칼럼-백마강은 흐른다, 계백은 패장인가」『한국전통문화학보』 50호, 한국전통문화대학교, 2008, 5.21.
323 『漂海錄』 2월 4일 조.

여, 스스로 천하무적이라 일컬었다. 이 무기는 철로 만든 활과 칼[刀]인데, 그것에는 신장神將의 이름이 새겨져 있었고, 이것을 사용할 때에는 공중을 향에 주문呪文을 노래하면, 홀연히 많은 군대가 나타나는 신비로운 것이 있었다. 신라가 당의 소정방과 군대를 합쳐서 백제를 공격하러 왔을 때 그녀는 한 마리의 까치[鵲]가 되어 신라의 진중陣中을 정찰하러 나왔다. 그런데 이것도 신술에 능통한 신라의 명장 김유신에 발견되어, 그가 신검神劍을 겨누었기 때문에, 그녀의 신술이 깨져서 땅에 떨어지고 말았다. 그녀는 유신이 풀어주자 귀국하여, 부왕에게 신라와 화목하라고 권했지만 받아들여지지 않자 자신이 만든 자용병기를 부수고 부소산에 숨어버렸다.[324]

계산이라는 멋진 미녀 공주의 종횡무진 무용담은 뮤지컬을 비롯한 연극무대에 올려놓아도 손색이 없다. 살을 붙여 드라마로 제작할 수 있는 소재라고 보겠다. 미녀 공주가 한 마리의 까치가 되어 신라 진중을 정찰하러 왔다가 추락한 이야기는 유서가 있다. 『삼국유사』에 적혀 있는 다음 기사가 실마리일 것이다.

신라군이 진군하여 (당군과) 합세해 진구津口에 이르러 강가에 군대를 주둔시켰다. 홀연히 새 한 마리가 소정방의 진영 위를 빙빙 날아다녔다. 사람을 시켜 그것을 점치게 하니 "반드시 원수元帥가 상할 것입니다"고 하였다. 그래서 정방은 두려워 군대를 이끌고 (싸움을) 그만두려고 했다. 유신이 정방에게 일러 말하기를 "어찌 날아다니는 새의 괴이

---

324 村山智順, 『民間信仰第三部 朝鮮の巫覡』朝鮮總督府調査資料 第三十六輯, 1932, 155~156쪽.

함으로 인해 천시天時를 어길 수 있으리오. 하늘에 응하고 민심에 순응
하여 지극히 어질지 못한 자를 정벌하는데 어떻게 상서롭지 못한 일이
있겠소"라고 말하고는 이내 신검神劍을 뽑아 그 새를 겨누자, 새는 몸이
갈기갈기 찢긴 채 좌중 앞으로 떨어졌다.[325]

여성의 용전과 관련해 선비족이 세
운 북위의 경우 아들과 남편을 대신하
여 친히 군사를 지휘하여 적을 격퇴하
고 성을 보전한 두 여인의 활약상이
전한다. 여성이 전투에서 지도자 역할
을 수행한 사례로는 군첩을 받은 아버
지를 대신하여 군대에 나간 뮬란[木蘭]
도 있다.[326] 좌현왕과 우현왕을 비롯
하여 유목적인 직제가 남아 있던 백제
에서도 필시 존재했을 법한 이야기로
보인다.

도판 95 | 로마군과 맞서 싸웠던 켈트족 여왕
부디카 동상이 런던 템즈강변에 세워져 있다.

신라와 당군의 진격 과정은 다소 장황하기는 하다. 다음과 같은 단재 신채
호의 『조선상고사』를 옮겨 보았다.

7월 9일에 신라 대장 김유신·김품일金品日 등이 5만 군사를 거느리
고 탄현을 지나 황등야산군黃等也山郡(지금의 충청남도 논산시 연산면)에

325 『三國遺事』권1, 紀異, 太宗春秋公 條. "進軍合兵薄津口瀨江屯兵 忽有鳥迴翔於定
    方營上 使人卜之日 必傷元帥 定方懼欲引兵而止 庾信謂定方日 豈可以飛鳥之恠違
    天時也 應天順人伐至不仁 何不祥之有 乃拔神釖擬其鳥割裂而墜於座前"
326 박한제, 『박한제 교수의 중국역사기행 3』사계절, 2003, 152쪽.

이르니 의자왕이 장군 계백을 보내서 신라 군사를 막게 하였다. 계백은 출전에 임하여 '탄현의 천험天險을 지키지 않고 5천의 군사로 10배나 되는 적을 막으려 하니, 내일의 일을 내가 알겠다' 탄식하고 처자를 불러 '남의 포로가 되느니 차라리 내 손에 죽어라'하고 칼을 빼어 다 죽이고 군중에 나아가 군사들을 모아 놓고 '고구려의 안시성주 양만춘은 5천의 무리로 당의 군사 70만을 깨뜨렸으니, 우리 5천의 군사 한 사람이 열 사람을 당할 것인데, 어찌 신라의 5만 군사를 두려워하겠느냐?'하고는 군사를 몰아 달려가 황등야산군에 이르러 험한 곳에 웅거해서 세 진영陣쓸에 나뉘어 싸우니, 김유신 등이 네 번 공격하였다가 네 번 다 패하여 만 여명의 사상자가 났다.

김유신은 싸워서는 이길 수는 없고, 당의 군사와 약속한 7월 10일이 되어 다급해서, 품일과 흠순을 돌아보고 말했다. '오늘 이기지 못하면 약속을 어기게 되는데, 당의 군사가 홀로 싸우다가 패하면 신라의 수십 년 공들인 일이 헛일로 돌아갈 것이고, 당의 군사가 이기면 비록 남의 힘으로 복수는 하였다 하더라도 신라가 당의 업신여김에 견디지 못할 것이니 어찌하면 좋겠소?' 품일과 흠순이 '오늘 열 갑절의 많은 군사로 백제를 이기지 못한다면 신라 사람은 다시 낯을 들지 못할 것이오. 먼저 내 아들을 죽여 남의 자제들을 죽도록 격려하여 혈전을 벌이지 아니하면 안되겠습니다'하고 흠순은 그의 아들 반굴을, 품일은 그의 아들 관창을 불러 '신라의 화랑이 충성과 용맹으로 이름을 날렸다. 이제 1만의 화랑으로 수천의 백제 군사를 이기지 못한다면, 화랑은 망하고 또 신라도 망하는 것이다. 너희들이 화랑의 두목이 되어 화랑을 망치고 말겠느냐? 신하가 되어서는 충성을 다할 것이고, 자식이 되어서는 효도를 다할 것인데, 위급함을 당하여 목숨을 바쳐야만 충과 효를 다했다고 할 것이다. 충효를 다하고 공명을 세우는 것이 오늘 너희들이 할 일이 아니겠느냐?'하였다. 반굴이 '네'하고 그 무리와 함께 백제의 진으로 돌격해 다 전사하였다. 관창은 나이 겨우 16살로, 화랑 중에서도 가장 어린 소 년이었는데, 반굴의 뒤를 이어 혼자서 백제의 진중으로 달려 들어가 몇 사람을 죽이고 사로잡혔다. 계백이 소년의 용감함을 사랑하여 차마 해 치지 못하고 탄식하며 '신라에 소년 용사가 많으니 갸륵하다'하고 그대 로 돌려보냈다. 관창은 아버지 품일에게 '오늘 적진에 들어가 적장을 베 지 못하였으니 참으로 부끄럽습니다'하고, 물을 움켜 마셔 목마름을 풀 고는 다시 말에 채찍질하여 창을 들고 백제의 진중으로 달려 들었다. 계백이 그를 쳐 죽여 머리를 말꼬리에 매달아서 돌려보냈다. 품일이 이 것을 보고 도리어 기뻐서 뛰며 '내 아들의 면목이 산 사람 같구나. 나라 일에 죽었으니 죽은 것이 아니다'하고 외치니, 신라 군사들이 모두 감 격하여 용기가 났다. 이에 유신이 다시 총공격의 명령을 내려, 수만 명 이 일제히 돌진하였다. 계백이 친히 북을 쳐 응전하매, 두 나라 군사가 서로 육박전을 벌였다. 계백과 그가 거느린 백제 군사가 참으로 용감하 였지만은 수효가 너무도 모자라니 어찌하랴. 한갓 성스럽고 깨끗한 회 생으로 전장에서 쓰러져, 백제 역사의 끝장을 장식하였다. 신라 군사는 개가를 부르며 백제의 서울로 향하였다.

이 때 당의 장수 소정방은 백강 어귀 기벌포에 이르러, 끝없는 진펄 에 행군할 수가 없어서 풀과 나무를 베어다가 깔고 간신히 들어오는데, 백제의 왕은 임자의 말대로 독 안에서 자라를 잡으려고 그 곳을 지키지 않고, 수군은 백탄(지금의 백강)을 지키고 육군은 언덕 위에 진을 치고 있었는데, 당의 군사는 이미 진펄을 지났으므로 용기가 갑절하여 백제 의 수군을 깨뜨리고 언덕으로 올라왔다. 의직은 군사를 호령하여 격전 을 하다가 죽였다. 의직은 지략이 계백만은 못하지만은 용감하기는 비 등하여 한 때 당나라 군사들의 담을 서늘케 하였으므로, 신라 사람이 의

직의 죽은 곳을 조룡대라 이름하였으니, 의직을 용에 비유하고 의직을 죽인 것을 용을 낚아올린 것에 비유한 것이었다. 여지승람에는 '소정방이 백강에 이르자 비바람이 크게 일어서 행군할 수가 없으므로 무당에게 물으니, 강의 용이 백제를 수호하는 것이라고 하므로, 소정방이 흰 말을 미끼로 하여 용을 낚아 잡았으므로, 강은 백마라 이름하고 그 곳을 조룡대라 한 것이다'라고 하였으나, 백마강이란 이름이 이미 소정방이 오기 전에 있었으므로 성충의 유언한 상소에도 백강 어귀를 말하였었다. 백강은 백마강의 준 말이고, 일본사에는 백촌강이라 일컬었는데 촌村은 뜻이 '말'이니 백촌강은 곧 백마강의 별역別譯이다. 그 이야기 자체가 허황할 뿐 아니라, 또한 역사와도 모순되니, 『해상잡록』에 보인 바와 같이 의직이 죽은 곳이라고 한 것이 옳을 것이다.

도판 96 | 오천결사대 출정 동상

『일본서기』에 의하면 "금년 7월 10일 대당의 소정방이 수군을 거느리고, 미자진尾資津에 집결하였다. 신라 왕 춘추지春秋智는 병마를 거느리고, 노수리산怒受利山에 모였다. 백제를 협격하여 서로 싸운 지 3일 만에 우리 왕성王城이 함락되었다. 같은 달 13일 비로소 왕성이 격파되었다. 노수리산은 백제의 동쪽 국경이었다"고 했다. 긴박한 상황의 흐름을 요령 있게 적어 놓았다. 여기서 신라왕 춘주지의 '지'는 존장자에 대한 미칭이고, 노수리산은 황산黃山을 가리키는 것이다. 계백은 "황산의 들에 이르러 3영을 설치했다[至黃山之野 設三營]"고 한다. 여기서 황산은 산 이름이 아니고 지명이다. 『삼국사기』 지리지에 따르면 "황산군은 본래 백제 황등야산군黃等也山郡인데, 경덕왕이 이름을 (황산으로) 바꾸었다. 지금 연산현連山縣이다"고 했다. 논산시 연산면 일대가 황산이었다. 백제 때 황등야산군을 『삼국사기』에서 통일신라 지명으로 표기하였다. 『삼국사기』에 전하는 계백의 황산 전투 이야기는 경덕왕(재위 742~765) 이후에 편찬한 사서에 처음 등장한 것 같다.

3. 신라군과 당군의 합류

의자왕이 기대를 걸었던 계백의 군대는 용전분투했지만 결국 황산에서 전몰했다. 황산이 뚫리게 된 것이다. 거침없이 진격해 온 신라군은 기벌포로부터 상륙한 당군과 합류했다. 당군은 덕적도에서 남하하여 부안의 동진강구를 지난 후 북상하여 기벌포인 금강 하구로 거슬러 올라갔다. 당군은 사서에서 '백강'으로도 표기된 동진강 어구에서 휴식을 취했던 것 같다. 그러면서 육로를 이용한 신라군과 백제군의 격돌을 관망한 후 서서히 백강(동진강)에서 웅진강(금강)으로 이동한 것으로 해석된다.[327] 이러한 동선은 기만술일 가능성을 배제할 수 없다. 그러나 이와는 다른 측면에서의 해석도 가능하다. 당군은 사비도성을 공격할 때 '진도성眞都城'이라고 했다. 진도성은 의자왕이 소재한 백제 도성을 가리킨다. 당시 백제는 사비도성과 익산 금마저성 2개의 도성을 운영하고 있었다. 당군으로서는 2개의 백제 도성 가운데 의자왕이 소재한 도성을 공격해야만 했다. 이러한 선상에서 당군은 일차적으로 익산 금마저성을 염두에 두고 동진강 어구까지 남하한 것 같다. 그런데 뭍에 상륙시킨 간자間者들의 보고에 따르면 익산 방면에는 의자왕이 확인되지 않았다. 이에 당군 선단은 사비성으로 공격 목표를 잡고 북상한 것으로 보인다.

이때의 상황을 『삼국유사』에서 적어 보았다. 즉 신라군이 진군하여 당군과 합세해 금강 입구에 이르러 강가에 군사를 주둔시켰다. 이에 소정방은 강의 왼쪽으로 나와서 산을 등진 채 진을 치고 싸우니 백제군이 크게 패하였다. 당군이 조수를 타고 배와 배가 꼬리를 물고 서로 잇달아서 북을 치고 고함지르며 나아갔다. 소정방은 보병과 기병을 데리고 곧바로 도성으로 쳐들어가 1사舍 쯤 되는 곳에 머물렀다. 성중에서는 모든 군사를 동원하여 이들을 막았으나 패하여 죽은 자가 만여 명이나 되었다.[328] 그런데 김유신이 이끈 신라군이 황산을 넘어 기벌포에서 당군과 합세했다는 것은 맞지 않다. 물론 백제와의 전쟁에서 소정방이 떨었다거나 소극적이었다는 것은 수용할 수 있어 보인다. 어쨌든 당군이 기벌포로 상륙한 상황은 다음 천방사 전설에서도 확인된다.

천방사千房寺 : 전하는 말에 신라 김유신 장군이 백제를 치려고 당나라에 청병하는데 당나라에서는 소정방을 시켜 배로 군사 12만 명을 거

---

327 李鍾學, 『동북아시아의 전쟁과 평화』 충남대학교 출판문화원, 2016, 220쪽.
328 『三國遺事』 권1, 紀異, 太宗春秋公 條.

느리고 천방산 아래에 정박하게 하였다. 그런데 연기가 자욱하게 덮여 천지는 캄캄하였다. 김유신이 산신령한테 기도하기를 "만약 안개를 활짝 개게 해 주시면 마땅히 마땅히 절 1천 채를 세워 부처님을 받들겠습니다"하자 즉일로 천지가 맑고 밝았다. 그리하여 산에 올라 두루 살펴보니 지세가 너무 협착하여 절 천 채를 도저히 세울 수 없으므로 다만 돌 1천 개를 배치하여 절의 형태만 만들고 절 한 채를 지어 천방사라고 부르다가 후에 선림禪林으로 고쳐 불렀다. 고려 숙종 때 근신을 보내어 중수하고 불상을 안치하였으며 지금은 다시 천방사라 부른다.[329]

위에서 인용한 천방사는 현재 군산시 소룡동에 소재한 은적사를 가리킨다. 천방사 전설에 따르면 소정방의 당군은 금강 오른편 대안에 상륙했음을 알 수 있다. 새빨간 겉옷에 붉은 깃발을 나부낀 13만 당군의 상륙은 백제인들을 자지러지게 했다.[330] 이와 연계된 당군의 금강 진입작전과 관련해 다음 기사가 주목된다.

 * 백제는 웅진구熊津口를 지키고 있었는데, 정방이 공격하자, 오랑캐가 대패하였다. 왕사王師는 조수를 타고 배로 진도성 1사 가까이에서 멈췄다. 오랑캐가 모든 무리를 동원하여 막았으나, 다시 이들을 격파하여 1만여 급의 머리를 베고 그 성을 빼앗았다.[331]

---

329 『新增東國輿地勝覽』권34, 옥구현 불우 조.
330 당군의 복장과 기치는『三國史記』권5, 선덕왕 12년 9월 조에 "朱袍丹幟"라고 하여 보인다.
331 『新唐書』권220, 東夷傳 百濟 條. "百濟守熊津口 定方縱擊 虜大敗 王師乘潮帆以進 趨眞都城一舍止 虜悉衆拒 復破之 斬首萬餘級 拔其城"

＊ 이에 군사를 합하여 웅진구를 막고 강가에 군사를 주둔시켰으나, 소정방이 왼쪽 강가로 나가서 산에 올라 진을 치고 싸우니 우리 군사가 크게 패했다. 당군은 조수를 이용하여 많은 배들이 서로 잇따라 나아가며 북을 치고 고함을 지르는데, 소정방은 보병과 기병을 거느리고 바로 진도성으로 쳐들어가서 1사 쯤 되는 곳에서 멈췄다. 우리 군사는 있는 군사를 다 내어 막았으나 또 패전하여 죽은 사람이 1만여 명이나 되었다.[332]

＊ 왕사가 조수를 타고 배와 배가 꼬리를 물고 서로 잇달아서 북을 치고 고함지르며 나아갔다. 소정방은 보기를 데리고 곧바로 도성으로 쳐들어가 1사쯤 되는 곳에 머물렀다. 성중에서는 모든 군사를 동원하여 이들을 막았으나 패하여 죽은 자가 만여 명이나 되었다.[333]

＊ 장군동藏軍洞 : 현 북쪽 9리에 있다. 태조봉과 서로 마주 대하고 있으며, 가운데에 큰 길이 있다. 골 어귀가 곡절이 많고 좁아서 행인들이 볼 적에는 골이 없지 않은가 의심하나, 들어갈수록 그 안이 극히 광활하여 만여 명의 군병을 감출만하다. 세상에서 전하기를, "당장 소정방이 백제를 칠 때에, 군병을 이곳에 감추었기 때문에 장군동이라 하였다"한다.[334]

---

332 『三國史記』권28, 義慈王 20년 조. "於是 合兵禦熊津口 瀕江屯兵 定方出左涯 乘山而陣 與之戰 我軍大敗 王師乘潮 舳艫銜尾進 鼓而譟 定方將步騎 直趍眞都城 一舍止 我軍悉衆拒之 又敗 死者萬餘人"

333 『三國遺事』권1, 紀異 太宗春秋公 條. "王師乘潮 軸轤含尾 皷譟而進 定方將步騎直趣都城 一舍止 城中悉軍拒之 又敗死者万餘"

334 『新增東國輿地勝覽』권18, 忠淸道 石城縣 山川 條. "藏軍洞[在縣北九里 與太祖峯相對中有大路 洞門曲俠 行人見之 疑若無洞突入 其內極廣 闊可藏萬餘兵 世傳 唐

도판 97 | 군산쪽 오성산에서 바라본 금강 하구

도판 98 | 오성산에는 당군에 길안내를 거부하여 살해되었다는 다섯 노인의 무덤이 전한다.

將蘇定方伐百濟時 藏兵于此 故因以爲號]"

위의 기사 3가지는 모두 동일한 정황을 기재해 놓았다. 맨 위에 기재한『신당서』를 기본 사료로 하여 두 번째와 세 번째 기사가 작성되었다. 모두 '1사ㅡ숙'라는 표현이 보인다. 군대 행군에서 1숙ㅡ宿을 1사ㅡ舍라고 하고, 혹은 30리里를 1사라고 한다.[335] 즉 사비도성 혹은 부여나성에서 30리 정도 떨어진 지점에 당군이 진영을 설치했다는 점을 알 수 있다. 1리는 일반적으로 0.4km이다. 그러므로 30리는 약 12km가 된다.

부소산성에서 석성산성까지의 직선거리는 7.6km이다. 그러나 현재 차량 이동 거리를 측정하면 11.65km 혹은 12.35km 정도가 된다. 앞서 살펴보았듯이 1사를 30리로 파악한다면 정확하게 부합하는 것이다. 이때 당군은 새로이 영채를 건설할 수도 있다. 그러나 기존의 산성을 이용하여 진영을 세우는 게 훨씬 효율적이다. 게다가 사비도성에 이르는 길목에 소재한 백제 성들의 저항 역시 완강하였을 것이다. 이 과정에서 석성산성이 당군에게 점거된 것으로 추측된다.

이를 증명해 주듯이『신증동국여지승람』에는 당시 구전되어 오던 소정방에 대한 전설을 수록하였다. 장군동藏軍洞 설화는 백제 멸망기 때 당군의 군사 활동을 유추할 수 있게 한다. 이는 석성산성과도 서로 연계된다. 그 밖에 석성에서는 백제 멸망기와 관련된 여러 전설들이 전해진다. 이를테면 파진산破鎭山은 백제가 멸망한 후 파진산의 성을 중심으로 신라군과 접전하였지만 패배했다고 한다. 그랬기에 진을 파하였다는 뜻에서 파진산이라고 했다는 것이다. 또한 현내리에는 나당연합군이 백제를 침공할 때 쉬었다 갔다는 '쉬어골', 나당연합군이 백제군에게 공격을 당했다는 '당제' 등의 지명이 남아 있다. 증산리 종북마을 '의창'은 백제 때의 군창이 있던 자리이다. 증산리 연화마을 '사창이골'도 백제 때 4개 소의 군창고가 있었다고 전해진다. 이러한

---

335 李丙燾,『삼국사기(하)』乙酉文化社, 1996, 107쪽. 주석 13번.

도판 99 | 김유신이 군기를 꽂았다고 전하는 경주시 건천읍에 소재한 돌기둥 가운데 하나.

전설들을 모두 사실로 단정하기는 어렵다. 그러나 당시 정황을 추측하는데 일정한 도움을 준다.[336]

　사비도성이 포위된 절박한 상황에서 백제는 3차례에 걸쳐 소정방과의 교섭을 시도했다. 그러나 모두 실패로 돌아 갔다. 신라와 당의 연합작전인데다가 김유신이 백제와 당의 묵계를 용인할 수 없는 분위기를 조성했기 때문이었다. 사비도성이 소재한 소부리원所夫里原에 나갔을 때였다. 소정방이 꺼리는 바가 있어 앞으로 나가지 않았다고 한다. 그러자 김유신이 달래어 진격을 했다. 김유신이 당군의 동향을 통제했음을 뜻한다.[337]

336　부여군,『파진산의 옛 문화』부여군, 2009, 118~120쪽.
337　당시 新羅가 唐軍의 동태에 민감하게 촉각을 곤두세웠음은 李道學,「唐橋 '蘇定方被殺說'의 歷史的 意義」『金甲周教授回甲紀念史學論叢』1994, 171~189쪽을 참조하기 바란다.

능사(陵寺)와 능원(陵園) 최후의 날

백제 수도였던 충청남도 부여에는 흡사 제방같은 모습으로 나성羅城이 시가지를 에워싸고 있다. 부여 읍내에서 논산으로 향한 국도변에 자리 잡은 동쪽 나성에 잇대어서 갈대가 우거진 저습지가 좁게 펼쳐져 있었다. 이곳에서 1993년 12월에 천 수백년의 잠에서 깨어난 백제금동대향로(국보 제287호)가 그 능란하고도 신이神異한 자태를 세상에 드러내었다. 향로는 제사 때 향香을 지피는 용기容器를 가리킨다. 그러한 향로의 기능은 여러 가지였지만 불교의 전래와 함께 부처에게 향과 꽃을 공양하는 향화공양香華供養 의식과 주로 관련 있다.

도판 100 | 백제금동대향로

백제금동대향로가 출토된 장소는 절터로 밝혀졌다. 아울러 목탑의 심초석 부분에서 사리를 봉안해 놓은 장치인 사리감의 겉면에 명문이 새겨진 게 확인되었다. 이 명문을 통해 위덕왕 13년인 567년에 사리가 목탑에 봉안되었음을 알 수 있었다. 왕릉군에 인접하여 조성된 이 사찰의 기능은 당초 성왕의 무덤을 관리하면서 성왕의 복福을 기원하는 역할을 했던 곳으로 추측하는 게 어렵지 않다. 그래서 이 사찰을 능사陵寺로 간주하는 것이다.

사비성 천도를 단행한 성왕의 능묘를 비롯하여 백제 왕릉이 소재한 능산리에는 왕실의 원찰인 능사陵寺가 소재하였다. 능사에도 최후가 다가오고 있었다. 이것을 시사해주는 물증이 있다. 즉 탑의 가운데 기둥을 박아두는 심초석이 1m 깊이의 흙 아래서 기울어진 상태로 출토되었다는 점

이다. 파괴를 입었음을 뜻한다. 사리를
담아 두었던 사리구 또한 없어진 것으로
판명났다. 사리감이 출토되기 직전 이곳
을 방문한 저자 일행에게 들려준 발굴 관
계자의 말에 의하면, 심초석에 박힌 나무
기둥에 도끼자국이 나 있는 것으로 미루
어 백제가 멸망할 무렵 당군에 의한 도굴
가능성을 제기해 준다고 한다. 이 시점이
능산리 절터의 최후일 가능성을 짙게 시
사해 준다.

도판 101 | 창왕명 사리감

　백제금동대향로는 백제의 몰락과 운명
을 함께 했다. 황산벌에서 백제군을 깨뜨리고 사비도성으로 세차게 진격해
오는 신라군의 발자국 소리가 점점 커지는 것을 능사의 승려들은 듣게 되었
다. 국가 최대의 위기를 맞아 국란國難 극복을 위한 법회에서 마지막으로 향
화공양했을 대향로는 칠기漆器에 넣어졌다. 그리고는 능사에 부속된 공방工
房에서 필요한 물을 저장하는 구유 모양 목제 수조水曹에 황급히 들어갔다.
적국의 손에 들어가지 않고 동란이 끝난 후에 재사용을 기약한 것이다. 몇몇
백제인들이 목격했을 백제금동대향로의 마지막 모습이었다. 백제 왕릉원도
대대적인 도굴을 당했던 것 같다. 다음의 보고가 도움이 된다.

　　＊ 현실 내부에 1단 높게 석상石床을 설치하고 그 위에 관을 안치
　　해 두었지만 부장품은 하나도 발견되지 않았다. 아마도 백제가 멸망
　　했을 때 당 병사들에 의해 도굴되어 명기明器 종류가 대부분 도난당
　　한 듯하다. …옛날 당 병사들에 의해 도굴된 듯 부장품은 거의 남아

도판 102 | 능산리 절터

있지 않았다. [338]

　＊ 내가 생각하건대 백제가 당에 의해 멸망될 때 당의 군병에 의해
도굴된 것으로 믿는다. [339]

일제 치하에 발굴을 했지만 무덤 안에 부장품이 거의 남아 있지 않았다.
게다가 천정을 뚫고 내려온 도굴 구멍도 발견되었다. 그러므로 일제의 관학
자들도 자신들이 집필한 보고서에서 당군의 약탈이 있었던 것 같다고 단언하
였다.

338　關野貞, 『朝鮮美術史』朝鮮史學會, 1932; 동문선, 2003, 129쪽. 132쪽.
339　關野貞, 『[新版] 朝鮮の建築と藝術』岩波書店, 2005, 472쪽.

4. 의자왕의 항복

1) 길은 항복밖에 없었는가?

신라군과 당군에 포위된 사비도성은 가망이 없어 보였다. 7월 13일 의자왕은 밤을 틈타 백마강을 이용하여 웅진성으로 피신했다. 그로부터 5일 후 의자왕은 7월 18일 당군에 항복했다. 의자왕은 웅진성이 포위된 상황이 아니었다. 그럼에도 불구하고 자발적으로 웅진방령군熊津方領軍을 거느리고 웅진성에서 사비도성으로 돌아와 항복하였다. 의자왕은 신라와 당군에 대적할 수 있는 북방의 웅진방령군이라는 무력을 보유하고 있었다. 그럼에도 선선히 항복의 길을 택했다. 여기에는 양자 간의 어떤 타협이 모색되지 않고서는 생각하기 어려운 측면이 있다. 사비도성이 공격을 받는 일종의 발등에 불이 떨어진 절박한 상황이었다. 이때 백제는 이틀 동안 3차례에 걸쳐 집요하게 당과의 타협을 모색해 왔기 때문이다. 여기서 항복은 국가의 몰락이 아니었다. 당군의 철수를 담보로 한 당에 대한 새로운 관계 개선의 성격을 띠었던 것이다.340 백제는 신라·당군의 침공을 맞아 몇 차례 당과의 막후 교섭을 시도한 바 있다. 이것을 의자왕이 항복하는 상황까지 옮겨 보면 다음과 같다.341

＊ 7월 11일 : (신라군과 당군이 합류해서 사비도성으로 진격해 올 때였다).
백제 왕자가 좌평 각가覺伽로 하여금 글을 당장唐將에게 보내어 퇴병退兵을 애걸했다.

---

340 의자왕 항복의 성격에 관해서는 李道學, 『백제 장군 흑치상지 평전』 주류성, 1998, 98~99쪽에 언급되어 있다.
341 『三國史記』 권5, 太宗 武烈王 7년 7월 조.

＊7월 12일 : (사비도성이 공격을 받는 상황이었다).

백제 왕자가 또 상좌평으로 하여금 가축과 많은 음식을 보냈으나 소정방이 거절하였다.

왕의 서자인 궁躬이 좌평 6명과 함께 죄를 빌었으나 또 물리쳤다.

＊7월 13일 : 의자왕이 좌우를 거느리고 밤에 달아나 웅진성을 지켰다.

의자왕의 아들 융이 대좌평 천복千福 등과 함께 나와 항복하였다.

＊7월 18일 : 의자가 태자 및 웅진방령군熊津方領軍을 거느리고 웅진성으로부터 와서 항복했다.

위의 기사를 볼 때 사비도성이 포위된 절박한 상황에서 백제는 3차례에 걸쳐 소정방과의 교섭을 시도했다. 7월 12일에 백제 왕자는 다급한 김에 상좌평을 시켜 당군에 음식을 보냈다. 물론 소정방은 이를 받지 않았다. 병자호란 때 청군에 남한산성이 포위되었을 때였다. 조선 조정은 소 2마리와 돼지 3마리, 술 10병을 청군에 보냈다. 그러나 이 역시 거부되었다.[342] 1천년 후 조선은 백제 때의 전철을 밟고 말았다. 백제는 당군의 철수를 요청하기 위해 갖은 수단을 동원하였으나 죄다 실패했다. 그 이유로서는 신라와 당의 연합작전인데다가 신라의 김유신이 백제와 당의 묵계를 용인할 수 없는 분위기를 조성했기 때문이다.

사비도성에서는 의자왕의 둘째 아들 태泰가 스스로 왕이 되어 군사를 거느리고 굳게 지켰다. 의자왕이 백마강을 이용하여 웅진성으로 탈출하자 태가 그 공백을 메우려한 것이다. 그러나 사비도성의 왕족들은 크게 동요했다. 결

---

342 『仁祖實錄』14년 12월 27일 丁酉 條.

국 이탈자들이 속출하는 상황이 급증하자 역부족을 느낀 태는 항복하였다. 그러자 웅진성의 의자왕은 7월 18일에 당군에게 항복했다. 병자호란 때 비빈 妃嬪들이 미리 가 있던 강화도가 함락되자 남한산성의 인조가 항복한 상황을 연상시킨다.

의자왕은 웅진성이 포위된 상황이 아니었다. 그럼에도 불구하고 의자왕은 자발적으로 웅진방령군을 거느리고 웅진성에서 사비도성으로 와 항복하였다. 의자왕은 종전에 백제가 취해 왔던 것과는 달리 당에 크게 양보하면서 적극 예속되는 선에서 타협하고자 했던 것 같다. 그 결과 의자왕은 예하의 신료들과 무력 수단을 당군에 깨끗이 헌납하는 항복의 길을 통해 멸망의 기로에 선 국가의 활로를 트고자 했다. 의자왕은 적대행위를 하지 않겠다는 의사를 분명히 보여주었다. 소정방의 경우도 백제와 기를 쓰며 싸워야할 하등의 이유가 없었다. 당의 숙적은 고구려였지 백제는 아니었기 때문이다. 백제를 멸망시키는 일은 신라 왕실의 숙원이었다. 당은 궁극적으로 고구려를 장악하

도판 104 | 웅진성인 지금의 공주 공산성

기 위한 동방정책의 일환으로 참전했을 뿐이었다.[343] 그랬기에 당은 백제 공략전에서 소극적으로 대처하였던 것이다. 여하간 의자왕의 항복은 절체절명 위기에 처한 국가의 생존을 위한 차선책이었다. 당으로서는 친당 정권을 백제에 수립한 후 철수하고자 했다. 이란의 팔라비 왕조도 팔라비 1세가 연합국의 압력으로 1941년에 퇴위하고 장남이 제2대 국왕으로 즉위하였다. 이와 같이 당은 부여융을 세운 친당정권을 만들고는 회군한 후 고구려 정벌에 집중할 생각이었다.

백제는 멸망에 직면했다. 이때 예식禰植과 예군禰軍이라는 2명의 고관이 보인다. 우선 예식에 관한 기사가 다음에서 확인된다.

＊ 그 대장 예식이 또 의자를 부지하고 와서 항복하였다. 태자 융과

---

343 李道學, 「百濟 黑齒常之 墓誌銘의 檢討」 『鄕土文化』6, 1991, 30쪽.

아울러 여러 성주들이 모두 함께 관款을 보냈다[其大將禰植 又將義慈來降 太子隆并與諸城主皆同送款].[344]

  * 그 장군 예식이 의자와 더불어 항복하였다[其將禰植與義慈降].[345]

위의 기사를 볼 때 예식의 항복은 의자왕의 항복과 연계되어 나타난다. 이와 관련해 『구당서』의 기록을 토대로 "이식은 '대장' 또는 '장'으로 나오므로 웅진방령으로 추정되는데, 그가 의자왕을 거느리고 항복하였다는 것은 사세가 위급해지자 의자왕을 사로잡아 나당연합군에 항복하였음을 보여주는 것이라 하겠다"[346]는 해석이 나왔다. 이러한 해석은 "又將義慈來降"의 '將'을 '거느리다'는 뜻으로만 해석하다보니까 예식이 의자왕을 생포해서 나당연합군에게 바친 것처럼 된다. 만약 이러한 해석이 맞으려면 『신당서』의 동일한 구절에도 이와 비슷한 내용이 수록되었어야만 한다. 그러나 없지 않은가? 그뿐 아니라 '將'에는 무려 21개의 뜻이 담겨 있다. 이 구절과 관련해서는 '거느리다' 보다는 오히려 '행할[行]'・'결붙을[扶持]'・'이을[承]'・'함께 할[伴也]' 등의 새김이 적합할 것이다. 특히 맨 마지막의 새김을 취한다면 "그 대장 예식은 또 의자와 함께[將] 와서 항복했다"는 해석이 된다. 이러한 해석은 『신당서』의 "그 장군 예식이 의자와 더불어[與] 항복하였다"는 해석과 정확히 부합되고 있다. 따라서 앞서의 기존 해석은 억측에 불과한 것으로 드러난다.

최근에는 「예인수묘지명」의 "卽引其王歸義于高宗"라는 구절의 '引'을 '붙잡다'는 뜻으로 해석하기도 한다. 그러나 이 글자는 '이끌어내다'로 해석된다.

---

344 『舊唐書』권83, 蘇定方傳.
345 『新唐書』권111, 蘇烈傳.
346 노중국, 『백제부흥운동사』일조각, 2003, 57쪽.

즉 웅진성에 있던 의자왕을 성 바깥으로 이끌어내서 당에 항복하게 했다는 뜻이다. 혹은 '뒤'에는 '인도하다'는 뜻도 담겼다. 예인수가 의자왕을 인도하여 당에 귀의시켰다는 의미도 맞다. 사실 예식이 의자왕을 사로잡아 나당군에 바친 것이라며 '捉'과 같은 표현을 사용했을 것이다.[347] 여러 뜻이 담긴 '將'자를 굳이 사용할 이유도 없을뿐더러 당장『신당서』에서는 '與'라고 해서 앞선 해석과는 배치되고 있다. 따라서 의자왕을 붙잡았다는 주장은 역동성은 있지만 설득력이 없다. 더욱이『삼국사기』태종 무열왕 7년 7월 18일조의 기사에 따르면 "의자왕이 태자 및 웅진방령 군대를 거느리고 웅진성으로부터 와서 항복했다[義慈率太子及熊津方領軍等 自熊津城來降]"고 했다. 의자왕의 신병 처리에 비상하게 주목했을 신라측 소전이다. 이곳에도 의자왕이 내분으로 생포된 구절은 없다.[348]

혹자는 「예군묘지명」에서 "去顯慶五年官軍平本藩 日見機識變杖劍知歸 似由余之出戎如金磾之入漢"라는 구절의 '杖劍知歸'에 의미를 부여했다. 즉 "杖劍'은 군사를 동원하여 무력으로 반란을 일으켜 일을 도모한다는 의미라 할 수 있다. 그렇다면 예군은 660년에 당나라 군사가 백제를 평정했을 때 백제가 그것을 감당하지 못하고 망하리라는 기미와 정세의 변화를 알아차리고 군사반란을 일으켜 의자왕을 붙잡아 당에 귀순했다고 하겠다"고 하였다. 그러므로 앞서 언급한 예식이 반란을 일으켜 의자왕을 생포하여 당에 바친 해석이 맞다는 것이다.

---

347 『日本書紀』권26, 齊明 6년 7월 조에 보면 의자왕과 신하들이 唐軍에 생포된 것을 "所捉百濟王以下…"라고 기록하였다. 곧 '捉'이라고 한 것이다. 이러한 점에 비추어 보더라도 '將'을 '생포'의 뜻으로 해석하기는 어렵지 않을까 한다.

348 예식과 예식진을 동일 인물로 지목하기도 한다. 이에 앞서 예식을 예군과 동일 인물로 간주하기도 했다(王連龍, 「百濟人 '禰軍'墓誌」考論」『社會科學戰線』2011-第7期). 그런데 이러한 지목들은 同氏에다가 백제 말기의 행적이 동일한데서 빚어진 측면이 크다. 그러므로 이는 신중을 요한다.

그러나 이는 그렇지 않다. 이 구절을 보면 예군이 당에 투항하는 상황을 유여나 김일제金日磾의 고사에 견주었다. 유여가 서융에서 나와 진에 귀순하거나, 흉노의 김일제가 한에 포로로 들어온 사실에 예군을 비유했다. 그러므로 예군이 군사반란을 일으켰다는 해석은 전혀 맞지 않다. 유여나 김일제가 군사반란을 일으킨 적이 있던가? 따라서 혹자의 해석은 너무나 자의적이다. 이 구절은 반드시 뒤 구절과 상응해야 한다.

그렇게 한다면 다음과 같은 해석이 가능하다. 즉 "지난 현경 5년에 관군이 백제를 평정하자, 날마다 기미를 보고는 변통할 줄 알았기에 잡은 칼을 바꾸어 귀의할 줄 알았다. (이는) 유여가 서융을 나온 것과 닮았고, 김일제가 한에 들어간 것과 같다"는 것이다. 여기서 '일견日見'을 문헌 용례에 따라 '나날이'로 해석하는 게 문맥상 합당했다.[349] 그런데 '機識變'이라는 용어는 없다. 여기서

---

349 한국고전번역원에서는 『簡易集』권8, 西都錄 前, 送朴秀才汝彬에서 "(자네가) 날마다 새 책을 가지고 왔는데 / 日見新卷至"라고 번역했다. 그리고 『高麗史節要』권15, 高宗 6년 9월 조 기사 중 '日見寵任'은 '나날이 총애하고 신임하니'로 번역하였다. 機識은 "諸葛先機識魏延"라는 구절에서 보듯이 위의 해석처럼 쓰였다. 『亂中雜錄』에서 "欲杖劍渡江 死生以之" 구절은 '칼을 집고 강을 건너 사생결단을 하려 합니다'로 해석한다. 그리고 『益齋亂藁』권1, 詩, 澠池 중의 "杖劍立左右"를 '긴 칼을 집고 옆에 서 있다가"로 해석하였다. 『通鑑節要』卷之四, 漢紀, 太祖高皇帝 西楚 2년 조에서 "後에 事項羽하야 拜爲都尉러니 後에 復杖劍歸漢하야"라는 韓信에 관한 문구도 "뒤에 項羽를 섬겨 都尉에 임명되었는데, 뒤에 다시 검을 짚고 漢나라로 귀의하여"로 해석하고 있다. 이는 『史記』淮陰侯傳에 적힌 구절이다. 『通鑑節要』卷之四, 漢紀, 太祖高皇帝, 楚義帝 心元年 조에서 "信杖劍從之居麾下"라는 구절을 "한신이 검을 차고 따라가 휘하에 있었으나"로 해석하였다. 따라서 '杖劍'이 반란을 일으켜 일을 도모한다는 뜻으로만 해석하는 것은 意譯이 지나치다. 한 마디만 덧붙인다면 청주한씨 「始祖遺基敍事碑文」에서 "高麗 太祖가 甄萱을 征伐할 때 行軍하는 路程이 淸州를 通過하게 되어 門前에 當到커늘 公께서 杖劍 出迎하니 이는 偶然한 邂逅가 아니었다"는 구절이 있다. 여기서도 '장검'이 반란 도모의 뜻으로 사용되었던가? 넓게 해석하면 단국대학교 동양학연구소 간행 『漢韓大辭典』에서 '검을 잡음'에 이은 두 번째 의미로 적시된 '군사를 일으킴'이나 '무력으로 일을 일으킴'에 속하지 않은 게 없다. 이 경우도 문맥을 고려해서 해석해야 타당하다. 이와 더불어 '變'에는

도판 105 | 예식진 묘지석 탁본

'變'은 '杖劍'에 붙여서 해석해야 맞다. 총체적으로 이에 대한 보완 설명이 필요할 듯하다. 「예군묘지명」은 "그 선조는 중화와 더불어 조상이 같다[其先與華同祖]"고 했다. 그 선조가 "영가永嘉(307~313) 말년에 난을 피해 동쪽으로 와서 가문을 이루었다"고 하였다. 이러한 예군 조상과 당에 항복한 당사자의 행적은 유여의 경우와 부합한다. 진인秦人인 유여는 서융으로 도망쳤으나

융왕이 여색에 빠져서 자신의 간언을 듣지 않았다. 그러자 다시 진에 귀순해서 진목공을 도와 패업을 이루게 했다, 이러한 유여에 견주어 「대당물부장군공덕기」는 백제 말기에 당에 들어간 물부순勿部珣을 거론하였다. 물부순은 당에서 고위 장성이 되어 변방 민족과 싸워 국토를 평정시켰다. 예군과 유여의 사례도 비교해 본다. 예군은 유여가 진에서 서융에 들어간 것처럼 그 조상이 중국에서 나와 백제로 들어왔다. 그런데 서융의 융왕이 여색에 빠져 유여의 간언을 듣지 않자 다시 진에 귀순했다. 간언을 듣지 않던 의자왕에 실망한 예군도 중국의 당에 다시 귀순했다는 것이다. 그리고 유여가 진목공을 도운 것처럼 예군도 당 황실을 위해 진력했다는 의미를 함축했다. 한 무제가 총애한 흉노 왕자 출신 김일제도 이와 동일한 사례였다. 그렇기에 양자를 비교한 것

"반역 행위를 고발하다. 변고를 보고하다"는 뜻이 있다(『漢韓大辭典』12, 2007, 1127쪽). 그렇다면 字典에서 잡히지 않은 '機識'을 見識을 가리키는 '機見'과 동일한 의미로 수용하여 새로운 해석이 가능하다.

이다. 따라서 '장검'을 군사반란으로 해석하는 것은 문맥에 맞지 않다. 예군은 웅진방령군을 이끌고 당군에 항복하였다. 그렇기에 '장검'이라는 무력에 관한 문자를 넣었던 것으로 보인다. 따라서 "예군 묘지를 통해 볼 때 전장戰場에서 항복하여 당에 귀순한 것으로 판명났다"[350]고 결론 지은 것이다.

이상의 기록을 놓고 볼 때 예식은 당과의 교섭을 이끌어 내는데 주도적인 역할을 한 인물임을 알 수 있다. 더욱이 의자왕을 항복으로 이끈 장소가 예씨 가문의 근거지인 웅진성이기 때문에 더욱 그렇다. 물론 의자왕이 웅진방령군을 이끌고 항복한 것을 볼 때 예식을 웅진방령으로 지목할 수도 있다. 그러나 예식을 대장이라고 한 만큼 웅진방령보다는 위상이 높은 인물로 지목되어진다. 이는 백제의 '대장' 용례를 동일한 『구당서』에서 확인함으로써 뒷받침된다. 즉 백제조국회복운동 기간에 도침이 기세등등했을 때였다. 그는 당장唐將 유인궤의 사자에게 자신은 일국의 '대장'임을 거론하면서 사자의 직급이 낮다고 내치고 있다.[351] 이러한 기록을 볼 때 예식의 관직을 가리키는 '대장'은 달솔급의 방령보다는 좌평으로 지목하는 게 온당하지 않을까 싶다. 게다가 예씨 가문이 웅진성의 토호로 밝혀졌다. 그렇다고 할 때 좌평 예식은 자신 가문의 세력 근거지이자 동계同系가 웅진방령이었을 웅진성을 의자왕 피신 거점의 1차 대상으로 삼은 것은 자연스럽다.

백제의 갑작스런 항복과 관련해 군사력의 존재에 대해 의문을 제기하기도 한다. 백제가 너무 무기력하게 굴복하고 말았다는 인상을 받아서였다. 백제 5방의 방령군 가운데 동방군은 황산 전투 전후하여 소멸된 것 같다. 서방군은 회복운동의 발화점이 되었다. 중방군과 남방군은 회복운동의 주력이 되

---

350 荊木美行, 『金石文と古代史料の研究』燃燒社, 2014, 247쪽.

351 『舊唐書』권199, 동이전 백제 조. "道琛等恃衆驕倨 置仁軌之使於外館 傳語謂曰 使人官職小 我是一國大將 不合自參 不答書遣之"

없을 것이다. 웅진방령군인 북방군은 의자왕과 함께 항복했다.

신라와 당의 전승 축하연이 사비도성에서 성대하게 거행되었을 때였다. 태종 무열왕과 소정방을 비롯한 장군들은 당상堂上에 앉았다. 의자왕과 부여 융은 당하에 앉히어 의자왕으로 하여금 술잔을 올리게 하였다. 백제의 옛 신하들이 목이 메어 울지 않는 자가 없었다.

전승일인 660년 8월 2일 태종 무열왕은 딸과 사위에 대한 20년 한을 풀었다. 이 날 모척毛尺을 붙잡아서 목을 베었다. 모척은 본래 신라인이었는데 백제로 도망한 자였다. 그는 대야성의 검일黔日과 함께 모의하여 성을 함락시켰다. 그 원인은 품석이 검일 아내의 미색을 탐한 데 있었다. 아내를 빼앗긴 검일은 복수심에 불타 백제군과 내응했었다. 태종 무열왕은 또 검일을 잡아서 꾸짖기를 "네가 대야성에서 모척과 모의하여 백제의 군사를 끌어들이고 창고에 불을 질러서 없앴기 때문에 온 성안에 식량을 모자라게 하여 싸움에 지도록 하였으니 그 죄가 첫 번째이다. 품석 부부를 윽박질러서 죽였으니 그 죄가 두 번째이다. 백제와 더불어서 본국을 공격하였으니 그것이 세 번째 죄이다"고 질타했다. 이에 사지를 찢어서 그 시체를 백마강에 던졌다. 대야성이 함락된 후 피살된 김품석 부부의 시신은 유골이 백제의 옥중獄中에 묻혔다. 이후 648년(진덕왕 2)에 김유신이 옥문곡玉門谷 전투에서 승리한 후 사로잡은 백제 장군 8명과 김품석 부부의 유골을 맞바꾸어 송환받은 바 있었다. 태종 무열왕에게는 이제 여한이 없었다. 20년 걸려 그는 가슴 한복판에 걸려 있던 바위덩이같은 무거운 숙분을 내려놓았기 때문이다.

2) 거인, 세상을 건너가다

660년 9월 3일, 의자왕은 왕자 및 신하 93명, 그리고 주민 1만 2천여 명과 함께 당의 수도인 장안으로 압송되었다.[352] 이 무렵 모두 4차례에 걸쳐 견당사遣唐使로 당에 파견되었다가 억류된 이가 왜 조정의 이키노 무라치하카토코[伊吉連博德]였다. 그는 660년 10월 16일부터 동도인 낙양에 머물러 있었다. 그는 11월 1일에 평생 뇌리에서 지울 수 없는 의자왕의 항복과 방면 장면을 목격했다. 백제 의자왕 이하 '태자 융' 등 여러 왕자 13명, 대좌평 사택천복과

도판 106 | 복원 중인 응천문과 의자왕의 항복 장소로 추정되는 공간

도판 107 | 응천문 복원 상상도

---

352 『三國史記』권5, 태종 무열왕 7년 조.

국변성 이하 37명 모두 50여 명이 조당朝堂에 나간 후 곧바로 황제를 알현하고는 그 자리에서 석방되는 장면이었다.[353] 그 날 당 고종은 동도인 낙양 궁성 남문인 측천문루則天門樓 즉 응천문應天門에서 붙잡혀 온 의자왕과 그 신하들을 모두 풀어 주었다.[354]

그는 당에 체류하면서 겪은 일들을 상세하게 기록으로 남겨 놓았다. 이를 『이길련박덕서伊吉連博德書』라고 이름한다. 이후 왜로 귀국한 이키노 무라치 하카도코는 667년 11월에 웅진도독부 '웅산현령 상주국 사마' 법총이 왜의 관인들을 다자이후[大宰府]에 있는 쓰쿠시 도독부[筑紫都督府]까지 송환한 후 4일을 체류할 때 모습을 드러냈다. 소산하小山下였던 그는 법총을 호위하여 웅

도판 108 | 복원된 당의 낙양 정정문(定鼎門)

---

353 『日本書紀』권26, 齊明 6년 7월 조; 李道學, 『살아 있는 백제사』 휴머니스트, 2003, 266~267쪽.
354 『資治通鑑』권200, 顯慶 5년 11월 조.

진도독부까지 따라 갔었다.

　당시로서는 고령인 의자왕은 고된 항해로 인한 피로와 화병이 겹쳐 영욕이 교차하는 파란만장한 생애를 접었다. 이때 의자왕은 70세 가까운 연령이었을 것이다. 당 고종은 의자왕에게 금자광록대부위위경金紫光祿大夫衛尉卿으로의 추증과 옛 신하들의 부상赴喪을 허락했을 정도로 융숭하게 장례가 치러졌다. 의자왕의 묘소는 망국의 한恨을 품고 묻힌 중국 삼국시대 오의 마지막 왕인 손호孫晧와 남북조시대 진陳의 마지막 왕인 진숙보陳叔寶의 묘소 옆에 마련되었다.[355] 손호와 진숙보는 주색에 빠져 나라를 돌보지 않았다가 멸망을 자초했다. 이들 모두 낙양의 북망산에 묻혔다. 의자왕의 묘소 또한 이곳에 의도적으로 마련되었음을 알 수 있다. 의자왕의 묘소 앞에는 비석까지 세워졌다. 그런 관계로 그 위치는 상당기간 동안 전해져 왔을 것이다. 그러나 유감스럽게도 일찍이 비석이 파괴된 관계로 낙양시와 자매결연 한 부여군이 의자왕의 묘소를 백방으로 찾고자 하였으나 성과가 없었다.[356] 1920년에 발

355　『三國史記』권28, 의자왕 20년 조. "詔葬孫皓・陳叔寶墓側 幷爲竪碑"

356　이와 관련해 낙양 망산의 봉황대촌 북방에 소재한 '추정 의자왕묘'에 대해 검토해 본다. 다음의 글귀를 우선 검토해 보도록 한다. "현재 낙양시문물고고연구원이 이 무덤을 의자왕묘로 추정하는 이유는 몇 가지로 정리할 수 있다. ① 먼저, 이 지역이 백제인의 묘역으로 추정된다는 점이다. 부여융 묘지명의 출토지도 이 지역으로 추정하고 있었다. 참고로 이 지역의 동쪽 편에는 고구려의 묘역이 존재한다고 한다. ② 그 다음으로, 의자왕의 추정묘가 백제인 추정 묘역 중 가장 북쪽에 위치한 봉분이 있는 묘라는 점을 근거로 제시하였다. 현재 의자왕의 추정묘의 북쪽으로는 봉분이 있는 무덤이 없으며, 왕이라는 위계를 고려했을 때 가장 북쪽에 묘를 조성했을 가능성이 높다는 것이다. ③ 또한, 이 묘에 대한 토양시추 조사결과 의자왕이 사망한 시대로 비정할 수 있는 토양층위를 확인했다는 것이다(부여군, 『의자왕과 백제유민의 낙양 행로』 주류성, 2016, 111쪽)." 이러한 주장은 추정에 추정을 거듭하고 있는데, 어느 하나라도 근거가 명료하지 않다. 가령 ①에서 '부여융 묘지명의 출토지'를 운위하고 있다. 그런데 도굴로 인해 묘지명이 아닌 부여융 묘지석의 출토지는 확인되지 않았다. 그리고 '고구려의 묘역'과 의자왕묘의 소재지는 아무런 연관성이 없다. ②와 ③은 입론 자체가 성립되지 않는다. 의자왕묘의 결정적인 근거는 진숙보와 손호의

도판 109 | 능산리에 소재한 의자왕과 부여융의 가묘

굴된 의자왕의 아들 부여융의 묘소에도 표지를 남기지 않았다. 그로 인해 의
자왕의 묘소를 찾을 수 있는 단서마저 잃어버리고 말았다. 다만 부여군 능산
리 왕릉군 서편 산기슭에 북망산에서 떠 온 혼토魂土로 의자왕과 부여융의

묘소 곁이라는 것과 파괴된 비석의 존재를 알려주는 碑座의 확인에 달려 있다. 게다
가 '추정 의자왕묘'는 관련 전설이나 지명도 없다. 오히려 해당 묘소에 대해 당의 개
국공신 관련 묘소로 현지 노인은 언급한 바 있다. 아울러 '추정 의자왕묘' 근방에서
는 육안으로 고분이 확인되지 않았다. 따라서 '추정 의자왕묘'의 '추정'은 과분한 언
사라고 하겠다.
더욱 중요한 사실은 낙양시문물고고연구원이 이 무덤을 공식적으로 의자왕묘로 운
위한 바도 없다는 것이다. 내가 현장을 밟아 보면서 확인할 수 있었다. 덧붙인다면
'葬孫皓·陳叔寶墓側'에 보이는 '側'은 의자왕묘가 이들 왕조 末皇帝 능묘 바로 곁에
소재했음을 알려준다. 唐將 薛萬備 묘지명에 따르면 그 母가 사망하자 "及葬 廬于
墓側 負土成墳"라고 했다. 설만비는 무덤 곁에 여막을 짓고는 손수 흙을 짊어지고
와서 봉분을 만들었다고 한다. 이렇듯 '側'은 지근거리를 가리킨다. 따라서 의자왕묘
근처에는 고구려인 묘역이 아니라 손호와 진숙보의 능묘가 소재해야 한다.

가묘假墓를 조성하고 그 앞에 단비壇碑를 세웠다.[357]

3) 의자왕대에 대한 평가

의자왕 재위 20년에 대한 평가는 어떻게 정리할 수 있을까? 의자왕 재위 전반과 중반까지인 15년 동안은 광휘光輝로운 기간이었다. 해동증자라는 명성을 받았던 의자왕의 즉위는 성군聖君의 등장이었다. 만백성이 기뻐하였다. 그는 명성에 걸맞게 자애로운 정치를 펼쳤다. 죽을죄를 제외한 죄수들을 석방했다. 그는 전국을 순행하면서 민심을 다독였다. 소통을 원활히 하고자 한 것이다. 의자왕은 슬하에 41명의 장성한 좌평 아들이 있었다. 그 밖에 태자 및 왕자들과 공주까지 포함한다면 족히 100명이 넘는 자녀를 낳았음을 알 수 있다. 이 숫자가 상징하듯이 즉위 전, 그는 유력 가문들과의 혼인을 통해 강고한 결속을 구축했다. 의자왕은 귀족들과의 타협을 통한 공존을 모색하였다. 실제 외자왕은 특정 가문에 편중되지 않았다. 그랬기에 그는 귀족들로부터 지지를 얻을 수 있었다. 게다가 의자왕은 정복전에서 거듭 승리하였다. 서부 경상남도 지역을 석권하다시피 했다. 이러한 전승에 힘입어 의자왕의 권위는 한껏 올라갔다. 이와 동시에 넓어진 영역과 확보한 포로들을 귀족들에게 분여하였다. 이 역시 의자왕의 견고한 권력 기반이 되었다. 의자왕은 가장 강대한 외세인 당에 대해서도 틈새를 보이지 않았다. 의자왕은 누대의 앙숙이었던 고구려와 연화連和하여 신라에 대한 압박을 가속시켰다. 이로 인해 신라는 북과 서로부터 한꺼번에 공격을 받는 곤경에 처했다.

의자왕의 남은 기간 5년 동안(15~20년)은 그 자신이 볼 때는 태평성대였다. 그는 재위 15년에 친위정변을 통해 강력한 권력을 구축하였다. 내정의 안정을 기반으로 신라에 대한 압박을 한층 가속시켰다. 이로 인해 당과의 관계도

---

357 李道學, 『살아 있는 백제사』 휴머니스트, 2003, 164~167쪽.

틀어졌다. 백제는 외교적 고립에 처하게 되었다. 소통 부재와 민심 이반이 잇따랐다. 당 현종도 재위 전반은 '개원開元의 치治'라고 하여 성세를 기록했다. 713년부터 741년까지 28년간을 가리킨다. 그런데 현종이 745년에 양옥환을 귀비로 맞아들임에 따라 치세는 기울어갔다. 해동증자 의자왕의 치세와 견주어 유사한 면이 보인다. 의자왕의 경우도 치세 전반기를 '증민曾閔의 치'라고 일컬었을 수 있다.

그러면 백제 멸망 요인은 어떻게 정리될 수 있을까? 첫째 의자왕이 소성小成에 취해 큰 그림을 보지 못한 것이다. 지나칠 정도의 신라 압박은 신라와 당과의 결속을 촉발하는 계기가 되었다. 이는 백제에 대한 중대한 위협 요인이었다. 그럼에도 의자왕은 간과했다는 것이다. 둘째 자만심에서 비롯한 안이함이었다. 위기감 부재에 따른 사치와 향락의 일상화를 지목할 수 있다. 집현전 직제학 양성지가 "백제가 망한 것은 갑작스런 승리로 적을 멸시한 때문이었으며, 고구려가 망한 것은 강한 것만 믿다가 병력이 궁진한 때문이었습니다"[358]라고 한 상소에도 보인다. 신라와 당의 협공 가능에 대한 대응책 부재였다. 의자왕은 과거 승리에 도취하여 지금까지 방식으로만 대응하려 하였다. 상황 변화에 따른 발상 전환 부재를 꼽을 수 있다. 셋째 의자왕의 노쇠와 정치적 피로감에 따른 국정 장악력 상실을 지목하게 된다. 이 틈을 파고든 둘째 왕후 은고의 권력 농단과 궁중 부패가 만연하였다. 넷째 지배층 사이에 민심 이반에 따른 불확실한 미래에 대한 공포감이 만연했다. 이로 인해 기회주의자들이 양산되고 이중간첩들이 암약하였다. 백제 내정의 기밀 유출이 다반사였다.

---

358 『世祖實錄』1년 7월 5일 戊寅 조. "百濟之亡 以驟勝驕敵也 高句麗之亡 以恃强窮兵也"

4) 의자왕의 잔영(殘影)

의자왕의 생애는 곧 자국의 멸망과 운명을 같이 하였다. 그러한 관계로 의자왕에 대한 평가는 결코 밝지 못했다. 망국의 군주라는 오명은 의자왕에게 붙어 다녔던 해동증자라는 명성과 칭송을 모두 삼키고도 부족한 듯 했다. 의자왕에 대한 부정적 평가는 일단 국가의 몰락으로 스스로 기록을 남길 수 없었다는 게 일차적인 요인이었다. 더구나 그러한 역사 서술을 백제를 멸망시킨 당이나 신라가 전담한 데 원인이 있다. 그리고 시간의 경과와 더불어 삼천궁녀 이야기 같은 문학적인 허구까지 가미되어 왜곡을 심화시켰다. 무왕과 같은 여타 국왕의 경우였다면 충분히 풍류로 해석될 수 있는 음주가무였다. 그러나 의자왕에게는 방탕의 근거로서 회자된 것이 대표적인 사례로 지적된다. 백제 멸망의 무한 책임을 짊어지고 있던 의자왕은 국가 몰락이라는 엄청난 역사적 사건에서 교훈을 얻고 또 대속물을 찾고자 했던 이들에게는 손쉬운 표적이었다. 흔히들 역사에 가정은 불필요하다고 한다. 그러나 만약 백제가 적어도 의자왕대에 멸망하지 않았다면 어떤 평가가 그에게 기다리고 있었을까?

송대宋代 사람인 마영이馬永易의 『실빈록實賓錄』에서 의자왕을 해동증자라고 일컬으며 효행을 기록한 사실이 환기된다. 송대 사람들에게까지도 의자왕의 명성이 전해졌음을 알려 준다.[359] 중국 낙양의 북망산에서 출토된 의자왕의 아들인 부여융의 묘지墓誌에서도 의자왕을 일컬어 "과단성 있고 침착하고 사려 깊어서 그 명성이 홀로 높았다"[360]고 평가하였다. 이제 의자왕의 '명성'은 온전히 회복되어져야 할 것이다. 그는 우리나라 역사상 당대에 가장 넓은 영토를 개척한 걸출한 정복군주였다. 이것이야 말로 허구인 '삼천궁녀'에 가려진 역사의 진실이 아니고 무엇이랴!

---

359   張東翼, 『宋代麗史資料集錄』서울대학교출판부, 2000, 583쪽.
360   韓國古代社會研究所, 『譯註 韓國古代金石文 I 』, 1992, 547쪽.

의자왕은 백제인들의 정신적 구심 역할을 했다. 그는 태종 무열왕과 소정방 앞에서 술잔을 올렸다. 이것이 백제인들을 자극시켜 조국회복운동의 기폭제가 되었다. 그가 당으로 압송되던 백마강 물길은 유왕산 놀이로써 지금까지 전해오고 있다.[361] 900년에 전주로 도읍을 옮긴 진훤은 "의자왕의 숙분을 풀겠다"[362]고 선언했다. 진훤은 백제 유민들을 규합할 수 있는 구심체이자 촉매제로서 '의자왕의 숙분'을 내세웠다. 물론 국가 패망이라는 막대한 책임에서 의자왕은 결코 벗어날 수 없다. 그러나 패망의 칙칙한 그늘에 가려서 묻혀버린 그가 이룬 우뚝한 공적 역시 재조명되어야 한다. 그는 효행을 근간으로 민심의 순화와 도덕적 질서를 잡고자 했던 게 분명했다.

5. 조국회복운동의 전개

1) 우리나라 의병운동의 시발지, 임존성에서의 봉기

현채는 1909년 통감부에 압수되어 판매가 금지된 『유년필독』에서 국가의 멸망에 대해 다음과 같이 정의했다.

> 국가의 흥망이라 함은 왕실의 흥망으로써 말함이 아니라, 토지가 타인에게 분열分裂이 되고 인민이 타인에게 노예가 되면 이는 국가가 망했다 할 것이오.[363]

---

361 李道學,「유왕산 놀이」『한국세시풍속사전』가을편, 국립민속박물관, 2006, 294~295쪽.
362 『三國史記』권50, 진훤전.
363 玄采,『幼年必讀』권2, 徽文館, 1907, 75~76쪽.

백제인들이 망해버린 조국을 되찾기 위한 항
쟁을 '부흥운동'으로 일컬을 수는 없다. '부흥'은
'심령부흥회'·'경제부흥' 등에서 사용되듯이 쇠
잔해진 신심이나 경제를 다시 일으켜 세우는 개
념에 맞다. 그러나 이는 망한 나라를 회복하는
운동에는 걸맞지 않다. 일본인들이 처음 사용한
'백제부흥'의 '부흥'이라는 용어는 그 실체가 본
시 황국사관의 본체인『일본서기』에서 비롯하였
다. 즉 왜가 다스린다는 임나任那가 신라에 의해
멸망했다는 사실을 인정하지 않는 인식에서 비
롯했다. 왜에 조공을 바친다는 신라가 어떻게 왜

도판 110 | 지금의 건설부에 해당하는
자유당 때 '부흥부' 간행 책자

의 직할지인 임나를 멸망시킬 수 있냐는 것이다. 다만 잠시 쇠약해진 임나를
다시 일으켜 세운다는 의도에서 기만적인 '부흥' 용어를 사용했다. 왜의 역할
과 종주국으로서의 위상과 관련해 사용된 용어를 백제 재건과 관련된 상황에
서 다시금 사용하였다. 말할 나위 없이 이는『일본서기』적인 황국사관의 산
물이었다. 따라서 '부흥운동'은 백제인들의 국가 회복운동을 가리키는 용어
로서는 부적절하다. 오히려 '흥복興復'을 비롯해서 '국가회복운동'이나 '조국
회복운동' 등이 적합한 용어이다. 요컨대 이러한 용어는 '복국復國'이라는 개
념 속에 모두 포함된다. 따라서 '복국운동'이나 '복국군'이라는 개념도 온당하
다.[364] '조국회복운동'이라는 용어는 '부흥운동' 개념의 본질을 꿰뚫어 본 남
창 손진태가 제시한 대안이었다.[365]

---

364 李道學, 「'백제부흥운동'에 관한 몇 가지 검토」『東國史學』38, 2002, 23~50쪽.
365 孫晋泰,『朝鮮民族史槪論(上)』乙酉文化社, 1948, 171쪽.
　　　孫晋泰,『國史大要』乙酉文化社, 1949, 74쪽.

도판 111 | 임존성의 '백제복국운동' 기념비

백제는 7월 13일 사비도성을 함락 당했다. 18일에는 웅진성으로 피신했던 의자왕이 항복하였다. 그럼에 따라 지방의 장관들도 일제히 손을 들었다. 의자왕의 항복은 곧바로 나라의 멸망을 뜻하는 게 아니었다. 당군의 철수를 전제로 한 조건부 항복이었다. 당으로서는 백제에 친당親唐 정권을 수립하고 철군하려고 했었다. 당의 표적은 고구려였지 백제는 아니었다. 당은 의자왕이 당초 태자로 책봉했었지만 은고 등에 의한 친위정변으로 축출된 부여융을 수반으로 하는 친당 정권을 수립하려고 했었다. 당의 백제 정벌은 연합국인 신라의 절실한 요청 때문이었다. 당은 백제 침공의 목표를 명분상 '비정상의 정상화'에 두었던 것 같다. 이는 '정림사지' 5층탑신에서 백제의 난정亂政을 멸망 요인으로 적시한데서도 확인된다. 당군은 당초 의자왕을 제거하고 새로운 군주를 세우고 철수할 요량이었다. 백성에게 포악한 연燕을 정벌하면 그 나라 백성들로부터 환영을 받을 것이라는『맹자』(양혜왕편 下)의 이념을 염

두에 둔 것이다.[366]

이제 당은 소기의 목적을 달성했던 것이다. 그러자 신라와 당군에 힘차게 대적하던 백제 군대는 일제히 항쟁을 멈추었다. 그런데 신라측에서 백제의 존속을 용납하지 않았다. 신라로서는 숙원의 백제 멸망을 손아귀에 넣었는데 포기할 리 만무했다. 결국 신라의 강력한 항의와 더불어 고구려 정벌에 필요한 신라로부터의 병참 지원 문제도 따랐다. 당은 백제 멸망 쪽으로 가닥을 잡았다. 그럼에 따라 약속과는 달리 당군은 늙은 의자왕을 가두고 군사를 놓아 닥치는 대로 노략질을 자행했다.

그러면 백제인들이 일제히 봉기한 배경을 찾아보자. 일단 의자왕이 항복함에 따라 여러 성들도 모두 항복하였다고 한다. 『구당서』 소정방전에는 "그 대장 예식이 또 의자왕을 부지하고 와서 항복하였다. 태자 융을 포함하여 여러 성주들과 함께 모두 함께 송환되었다"라고 하여 보인다. 흑치상지는 "소정방이 백제를 평정하니 상지가 소속 부部로써 항복하였다"고 했다. 흑치상지도 항복 대열에 섰음을 알 수 있다. 그러니까 의자왕의 항복에 따라 '여러 성들'로 표현되는 지방 세력들의 동참이 컸다고 보겠다. 흑치상지 또한 '소속된 부' 즉 자신의 출신 부인 서부(서방)세력을 거느리고 항복하였다. 물론 여기에는 흑치상지가 장관으로 있던 풍달군이 필시 포함되었음은 두말할 나위 없다. 흑치상지와 같은 지방 세력들의 항복에는 이유가 있었을 것이다. 이는 의자왕의 신변 안전을 전제로 한 항복 권고와 당군의 시한부 철수를 전제로 한데서 비롯되지 않았을까. 그렇지 않고서야 흑치상지를 비롯한 지방세력들이 외세의 침공에 저항을 하지 않았다는 게 이상하지 않은가?

의자왕의 항복은 웅진성이 포위된 데서 말미암지는 않았다. 그는 사비도

---

366 이러한 전쟁을 '해방전쟁'으로 명명하기도 한다(안외순, 『정치, 함께 살다』 글항아리, 2016, 84~87쪽).

성 함락 후 5일이나 지나 웅진방령의 군대를 이끌고, 그것도 자발적으로 웅진성에서 와서 이루어졌다. 즉 이 기간 동안 백제와 당측 간 모종의 타협이 성사된 것으로 충분히 그릴 수 있다. 의자왕은 비록 실패하기는 했지만 사비도성이 당군에 포위당했을 때 타협을 시도한 바 있었다. 궁지에서 벗어나려는 모색일 개연성이 높은 정황이다. 가령 좌평 각가를 당 진영에 보내어 철병을 애걸하였고, 상좌평을 시켜 고기로 쓰일 가축과 선물을 바쳤다. 왕의 서자궁이 좌평 6명을 거느리고 소정방의 진영을 찾아가 빌기까지 했다. 의자왕의 둘째아들 태가 스스로 왕이 되자 태자인 효의 아들 문사가 "당군이 포위를 풀고 가버리면"이라고 말했다. 이 말은 웅진성으로 피신한 의자왕과 당군 간의 협상 가능성을 염두에 둔 것이다.

혹치상지가 회복운동에 나서게 된 동기는 "소정방이 늙은 왕을 가두고 군사를 놓아 크게 노략질했다"는데 있었다. 당군이 의자왕을 포로 취급하는 한편 대규모 약탈을 자행했다. 이는 분명히 당초의 약속과는 달랐다. 혹치상지의 탈주를 결심하게 만든 요인이었다. 점령군의 약탈 행위는 계백 장군이 5천 결사대를 이끌고 출정하면서 "나의 처자가 사로 잡혀서 노비가 될까 염려되니 살아서 욕을 입느니 통쾌하게 죽는 게 낫다"라고 하면서 처자를 베었다. 그렇듯이 약탈은 흔히 자행되는 속성을 지니고 있었다. 실제 도침道琛이 유인궤에게 "듣건대 대당이 신라와 더불어 약속하기를 백제는 늙은이 젊은이 할 것 없이 모조리 죽여 버린 연후에 나라를 신라에 넘겨주기로 하였다고 하니…"[367]라고 한데서 알 수 있다. 당군의 만행은 백제 주민들에게 극도의 공포감을 자아냈다.

더욱이 8월 2일에는 신라와 당의 전승戰勝 축하연이 사비도성에서 성대하게 거행되었다. 태종 무열왕과 소정방을 비롯한 장군들은 당상에 앉고, 의자

---

367 『舊唐書』 권199, 동이전 백제 조.

도판 112 | 이탈리아 피렌체 시뇨리아 광장에 세워진 코시모 1세 메디치 기마동상 부조. 그가 1555년에 정복한 시에나의 왕과 왕비가 성기와 엉덩이를 각각 드러낸채 맨바닥에 내팽개쳐 있다. 패전국 포로들이 끌려가는 처참한 장면도 재현했다. 잠볼로냐가 1598년에 제작한 동상의 부조는 패전국의 수치를 극명하게 드러내었다. 의자왕의 경우도 이와 진배없었다.

도판 113 | 동상 부조의 세부 장면

왕과 부여융은 당하에 앉히어 의자왕으로 하여금 술잔을 치게 하니 백제의 옛 신하들이 목이 메어 울지 아니하는 자가 없었다. 이것이 백제 주민들을 크게 자극시켜 울분적 공감대를 조성하게 하여 회복운동에 나서게 한 동기를 제공해 주었다. 먼발치에서 나마 이러한 장면을 직접 목도하였을지도 모르

는 흑치상지였다. 그는 더 망설일 것 없이 함께 항복한 좌우의 측근 부하 십여 명과 더불어 사비도성을 빠져 나왔다. 그리고는 당군의 노략질을 피해 흩어져 도망한 주민들을 불러 모았다. 지금의 충청남도 예산군 대흥면에 소재한 임존성에 들어가 작은 책柵을 성 외곽에 새로 설치하여 굳게 지켰다. 그런지 열흘이 못되어 임존성에 들어온 주민 숫자가 3만 명이나 되었다고 한다.

임존성은 예산군 대흥면과 광시면 그리고 홍성군 금마면의 분기점인 표고 483.9m의 봉수산 정상과 그 동쪽으로 900m 정도 서로 떨어져 있는 작은 봉우리를 에워싼 테뫼식 석축산성이다. 성벽은 바깥벽은 돌로 쌓고 안쪽은 흙으로 채운 내탁법內托法으로 축조되었다. 흑치상지는 작은 책柵을 성 외곽에 새로 설치하여 굳게 지켰다. 그런 지 열흘이 못되어 임존성에 들어온 주민 숫자가 3만 명이나 되었다. 조국을 회복하기 위한 운동은 백제 주민들로부터 열렬한 지지를 얻었다.

임존성은 백제인들이 조국을 되찾기 위한 운동의 시발지였다. 백제의 수도인 사비도성이 함락된 상황과 초기 전황을 왜 조정에 최초로 알린 이가 있다. 이름이 전하지 않은 달솔 귀족과 승려 각종覺從의 다음과 같은 보고에 잘 드러난다.

9월 기해 삭己亥朔 계묘癸卯, 백제는 달솔[이름이 누락되었음]과 사미沙彌 각종 등을 보내와서 아뢰기를 [혹본或本에는 도망해 와서 난難을 고告했다고 한다] "금년 7월 신라가 힘을 믿고 세력을 만들어 이웃과 친하지 않고 당인唐人을 끌어들여 백제를 전복顚覆시켰습니다. 임금과 신하들은 모두 사로 잡혔으며, 노략질로 인해 사람이고 짐승이고 간에 남아 있지 않습니다[혹본에는 금년 7월 10일, 대당大唐 소정방이 선사船師를 이끌고 미자진尾資津에서 진陣을 쳤다. 신라왕 춘추지春秋智는 병마兵馬를 이끌고 노수리산怒受利山에 진을 쳤다. 백제를 협격挾擊하여 서로 싸운지 3일만에 우리 왕

도판 115 | 임존성 성벽

성이 함락되었다. 같은 달 13일, 비로소 왕성이 격파되었다. 노수리산은 백제의 동쪽 경계였다. 이에 서부 은솔 귀실복신鬼室福信은 혁연히 발분하여 임사기산任射岐山에 웅거하였습니다[혹본에 북 임서리산이라고 한다]. 달솔 여자진餘自進은 중부 구마노리성久麻怒利城에 웅거하였습니다[혹본에는 도도기류산(都都岐留山)이라고 한다]. 각각 1곳에 영營을 두고는 산졸散卒들을 꾀어 모았습니다. 병기兵器는 전번 싸움에서 모두 소모한 까닭에 몽둥이로 싸워 신라군을 격파하였습니다. 백제는 그 병기를 빼앗았습니다. 이제는 백제 병기가 번득이고 날카로와져 당唐이 감히 들어오지 못하였습니다. 복신 등이 드디어 같은 나라 사람들을 모아서 함께 왕성을 지켰습니다. 국인이 존경하여 '좌평 복신과 좌평 자진'이라 하였습니다. 오직 복신이 신무한 계략을 내어 이미 망한 나라를 흥복시켰습니다(『일본서기』권26, 齊明 6년 9월 조)."

위의 기록에는 조국을 되찾기 위한 운동의 영웅 복신의 용맹무쌍한 모습이 유감없이 적혀 있다. 그가 이러한 운동의 봉화를 처음 올린 곳이 '임사기산'으로 등장한 임존성이었다. 그런데 '성'이 아니라 '산'이라고 하였고, 책柵을 설치한 기록이 보인다. 그리고 현재의 성이 통일신라 때 유물만 집중적으로 나온다고 하자. 그렇다면 임존성은 당초 산만 있었던 곳에 책을 설치해서 항전의 기지로 삼은 게 된다.

임존성은 흑치상지가 무려 3만 명이나 되는 주민을 지휘했던 곳이다. 복신과 낭만적 영웅인 흑치상지가 조국을 회복하기 위한 운동에서 그 대장정의 기치를 하필 임존성에서 올린 이유는 어디에 있었을까? 서부 출신으로 군장郡將이었던 흑치상지의 근거지였을 가능성도 있다. 그러나 일단 성의 규모가 2.8km로서 백제 성으로는 최대급에 속한다. 성안에는 계단식의 단축이 보이는데 계단식으로 밭을 경작하였을 때처럼 가용 면적을 넓혀 많은 인원의 수용을 가능하게 한다. 게다가 임존성은 지형적으로 볼 때 사방으로의 조망이 매우 좋거니와 이곳에서 부여와 공주까지의 거리가 90리로서 동일하다. 그러므로 임존성이 함락된다면 공주와 부여가 똑같이 위협을 받게 된다. 따라서 백제 도성의 안전과 직결되는 요충지였다. 이러한 임존성의 규모와 전략적 가치는 당군이 주둔하고 있던 공주나 부여를 직접 겨냥하여 위협할 수 있었다. 때문에 임존성은 조국을 되찾기 위한 운동의 시발지이자 중요 거점으로서 역할을 한 것으로 본다.

그러면 임존성은 단순히 조국을 되찾기 위한 운동의 시발지로서 평가 받는데 만족해야 하할까? 그렇지는 않을 것이다. 이는 너무나 인색한 평가이기 때문이다. 임존성은 우리나라 최초의 의병운동 발상지였다. 조국을 되찾기 위해 3만 명이 넘는 주민들이 임존성에 몰려 왔었다. 그들은 정규군이 아니요, 의분義憤으로 일어난 민초들이었다. 당시 백제의 상비군은 6만 명이지만, 상당수가 나당연합군과의 전투에서 소진되었다.

2) 장군 흑치상지

일제 치하인 1939년 10월 25일부터 이듬해 1월 16일까지 동아일보에 연재했던 현진건의 미완의 소설 『장편 흑치상지』의 한 대목을 보자. 조국회복운동에 나서는 백제 주민들이 임존성을 찾아가는 모습과 신비화 된 흑치상지의 모습이 선연하게 그려져 있다.

···'월영아! 월영아!' 그 장사는 자상스럽게 불렀다. 월영이라 함은 그 소녀의 이름이리라. '월영아! 월영아! 정신을 차려라'···'월영아, 일어나거라. 암만 울면 죽은 동생이 살아오느냐. 어서 가자. 여기 이러고 한만이 있을 수 있느냐' 타이르는 장사의 목도 눈물에 젖었다. 월영은 죽은 동생의 머리를 쓰다듬고 또 쓰다듬으며, 차마 손을 떼지 못하다가 별안

간 울음을 뚝 그치고 고개를 번쩍 들었다. 그 애띠디 애띤 눈썹 가장자리에도 매운 기운이 돌았다. '귀복아, 귀복아. 네 원수는 내가 갚아 주마. 내 몸이 가루가 되어도 당나라 놈의 원수를 갚아 주마'…"그래 그 장군님이 두 겨드랑이에 비늘이 돋혀서 훨훨 날아 다녔다니 정말이요?" "여보, 비늘이 다 뭐요. 비늘을 가지고서야 어떻게 날은단 말이오. 바로 날개가 돋혔다오" "날개가!"…"단 한 사람 손에 여러 천명!" 거북은 혀를 내어둘렀다. "그러니 하늘이 내신 장수란 말이요" "딴은 그래. 우리 백제 사람을 구하시려고 하느님이 내려 보내신 거요." "우리도 그 장군님 밑에만 가 있으면 그까짓 당나라 놈 신라 놈이야 몇 만명이 몰려와도 조금도 겁낼 것이 없단 말이거든"…상지는 문루에서 이 광경을 바라보다가, 각 성문을 열고 적진을 지치라고 명령을 발하였다. 원수를 눈앞에 두고 살이 떨리고 피가 뛰었으나, 망동을 말라는 군령의 굴레에 얽매어 이를 갈고 있던 성안 군사들은 명령일하에 사자처럼 날뛰며, 굳게 닫히었던 성문을 열고 물밀듯 밀려 나왔다. …

흑치상지의 이름이 특이한 관계로, 막연히 치아에 검은 물을 들이는 남방적인 습속을 가진 사람으로 간주하기도 하였다. 혹은 "수문水門 앞에 서면 벼랑 아래에서 까맣게 기어오르는 나당羅唐 병사들, 그리고 산성에서 7척이 넘는 흑치상지 장군이 검은 이빨을 드러내고 이리 뛰고 저리 뛰면서 독전하는 모습이 금세라도 재현되는 듯하다"라고 언급한 저널리즘적인 문구도 있었다. '흑치'가 씨성이라는 생각보다는 흑치상지가 지닌 용모상의 한 특징쯤으로 여겨 왔다. 이에 대한 해답은 「흑치상지묘지명」을 통하여 명확하게 밝혀졌다. 「흑치상지묘지명」에는 "그 선조는 부여씨扶餘氏에서 나와 흑치黑齒에 봉封해졌으므로 자손이 인하여 씨氏로 삼았다"고 적혀 있다. 흑치상지 가문은 본디 백제의 부여씨 왕족이었다. 부여씨에서 흑치씨로 분파되었다.

백제인들의 조국회복운동은 8월부터 들불처럼 번져나갔다. 부실하기는 하지만 여전히 무장력을 갖추고 있던 백제의 산졸散卒들은 남잠南岑과 정현貞峴 등지의 성에 집결하였다. 좌평 정무正武같은 이는 무리를 모아 두시원악頭尸原嶽에 주둔하면서 신라군과 당군을 습격했다.[368] 이 무렵 임존성에 주둔하고 있던 흑치상지가 이끄는 군대 또한 신라군과 당군을 거세게 몰아붙여 위세를 떨쳤다. 해서 반격의 표적이 되었다. 8월 26일 신라군은 임존성을 직접 공격하였다. 그러나 군사적 재략이 탁월한 흑치상지는 하늘을 찌르는 백제인들의 사기를 등에 업고 산성 주변의 험절한 지세를 이용하여 효과적으로 패퇴시켰다. 신라군은 다만 임존성과 연계된 작은 목책木柵만을 깨트리고 돌아갔

도판 116 | 대만 대북시 야시장의 빈낭 판매 가게

도판 117 | 씹으면 이가 검어지는 야자 빈낭

을 뿐이다. 이후 난공불락의 요새 임존성은 조국 회복을 위한 운동의 복판에 떡 버티고 있는 든든한 지주支柱가 되었다. 신라 군대든 당군이든 다시는 임존성을 공략할 엄두를 내지 못했기 때문이다.

당시 신라와 당의 백제 지배는 기실 왕도인 사비도성과 그 부근에 미칠 정도로 지극히 불완전하였다. 그럼에도 불구하고 당군은 백제 멸망을 크게 현

368 『三國史記』권5, 太宗 武烈王 7년 8월 조.

도판 118 | '정림사지' 오층 탑신의 비액 탁본

시顯示하고 또 기정사실화하고 싶었다. 그들은 '정림사지定林寺址'에 남아 있는 오층 석탑의 1층 탑신부 4면에 돌아가며 글자를 새겼다. '대당평백제국비명大唐平百濟國碑銘'이라는 두 줄로 적힌 8자의 전자체篆字體 제액題額을 필두로 하여 해서체楷書體의 글씨가 총 117행에 16~18자가 촘촘히 새겨졌다. 사륙병려체四六騈驪體 문장인데 당 군중軍中에 있던 학사學士 하수량賀遂亮이 글을 짓고 권회소權懷素가 썼다. 이러한 글귀는 8월 15일에 새겨졌다.

이로 인해 '정림사지' 오층탑은 당이 백제를 멸망시키고 세운 전승기념탑으로 오해하게 되었다. 그랬기에 '평제탑'으로 불리었다. 해방 후에는 치욕적인 이 탑을 허물자는 논의까지 생겼다. 이와 동일한 명문은 부소산 밑의 조선시대 부여군 관아官衙 자리에 있던 석조石槽 주위에도 새겨져 있다. 석조가 있던 곳은 백제의 왕궁이 소재한 자리였다. 『신증동국여지승람』에 의하면 그 밖에도 부여현 서쪽 2리에 돌을 세워 소정방의 전공을 기록하였다고 한다. 소정방 전공비가 세워졌다는 것이다.

백제와의 전쟁을 일단 마무리 짓고 전과를 본국에 빨리 알리고 싶었던 것 같다. 그는 9월 3일 소정방은, 의자왕과 그 왕족 및 신료 93명과 1만2천 명의 주민을 거느리고 귀국하였다. 사비성에는 유인원이 거느린 당군 1만 명과 김인태金仁泰가 지휘하는 신라군 7천 명이 주둔하였을 따름이다. 당군의 주력이 회군한 후 백제인들의 공격은 한층 거세어져 사비도성은 여러 차례 함락의 기로에 처하였다. 사비도성을 공략한 백제인들은 사비도성 남령南嶺에 올라 4~5개의 목책을 세우고 이곳을 거점으로 주변 지역을 습격하여 커다란 호응을 받았다.

3) 회복운동 지도자들의 신원

조국회복운동 지도자로서는 도침과 복신 그리고 풍왕을 꼽을 수 있다. 혹자는 부여풍을 의자왕의 아들이라고 했다. 그러나 풍의 경우 무왕의 아들로 간주하는 견해와 의자왕의 아들로 간주하는 견해가 제기되었다. 이와 관련해 혹자는 "그러나 필자는 서명 3년(631)의 연대를 그대로 인정하는 입장에서 서명기에 나오는 풍장은 무왕의 아들이고, 제명기에 나오는 풍장은 의자왕의 아들로서 동명이인으로 파악하고자 한다"라고 해석한 바 있다. 그러나 이러한 논리대로라면 무왕의 아들인 의자왕이 동생 이름을 자식 이름으로도 썼다는 것이다. 과연 그럴 수 있을까? 상식적

도판 119 | 세종시 소재 사찰에 세워진 '백제국 의자대왕 위혼비'.
비문은 "百濟國 義慈大王은 勇敢하며 決斷力이 있으셨고, 海東曾子로서의 名聲을 天下四方에 떨쳤으나, 雄志를 唐의 洛陽 北邙山에 묻고 말았으니, 追慕하고 싶어도 그 幽宅을 찾지 못하여 안타까워 하던 바, 百濟의 氣魄이 뛰는 이 城에 碑를 세워 大王의 魂靈을 萬歲까지 追念하고자 하노라"라고 적혀 있다.

으로 보더라도 따르기 어려운 해석이 아닐 수 없다. 억지로 양자의 기록을 모두 만족시키려고 할 필요는 없다. 어느 한편의 기록이 틀렸다고 보아야 하지 않을까.

그리고 혹자는 "부여풍은 비록 태자는 아니었지만 의자왕의 적자로서 왕위에 오르는데는 아무런 하자가 없었다"라고 했다. 그러나 풍왕이 적자인지 서자인지 아니면 국왕의 여러 부인 가운데 한 부인과의 소생인지 알 수가 없

기 때문에 단정할 수 없다. 의자왕의 아내로서는 정비 외에 요부로 기록된 은고의 존재가 확인된다. 그리고 이복형제 간인 부여효와 부여융을 비롯한 부여태·부여연과 같은 의자왕의 아들과 좌평에 보임된 41명의 서자까지 기록에 보인다. 부여풍을 의자왕의 적자로 간주한 것은 그가 회복군의 수반으로 옹립된 결과론의 입장에서 유추했는지는 몰라도 특별한 근거는 없다.

그럼에도 혹자는 "정통성을 지닌 풍왕이 즉위함으로써"라고 했다. 혹자는 회복군이 부여풍을 옹립한 3가지 이유는 첫째 백제 유민들로부터 정통성을 인정받아야 하고, 둘째 왜에 체류하고 있던 부여풍을 옹립함으로써 왜의 지원을 끌어낼 수 있고, 셋째 부여풍은 왜국에 나가 있었기에 국내에 기반이 약했기에 자신들 중심의 정국 운영에 어려움이 없을 것이라는 데서 찾았다. 이러한 3가지 이유 가운데 부여풍이 의자왕의 적자라는 이유만으로 정통성을 운운하는 것은 적절한 표현이 아니다. 혹자는 부여풍의 혈통의 중요성을 크게 강조한 것이다. 그럼에도 불구하고 정작 이설이 제기되고 있는 부여풍의 계보에 관해 전혀 언급하지 않았다. 그 이유가 무엇인지 궁금하다. 혹자는 이러한 주장을 하기 이전에 부여풍의 계보에 대한 정리부터 선행했어야 설득력을 얻지 않았을까 싶다. 참고로 고구려 회복군이 왕으로 추대한 안승安勝은 보장왕의 서자 혹은 외손으로 전한다. 안승이 보장왕의 적자가 아님은 분명하다. 그렇지만 안승은 왕으로 추대되었다. 그러므로 적자이기 때문에 풍 왕자가 옹립되었다는 주장은 따르기 어렵다.

그러면 이제는 복신에 대해 검토해 본다. 그런데 『구당서』에는 627년에 '(무)왕의 조카 신복信福'이 보인다. 무왕의 조카 신복은 '복신'과는 별개의 인물로 지목하기도 한다.[369] 사실 여부를 떠나 『신당서』에서 백제회복운동과 관련하여 '장璋의 조카 복신'이 보인다. 무왕의 조카 복신은 『구당서』에서 '구

---

369   노태돈, 『삼국통일전쟁사』서울대학교 출판부, 2009, 171쪽.

장舊將 복신'과 동일 인물이 분명하다. 게다가 『삼국사기』에서는 이 구절과 관련해 『구당서』에 없는 '8월'이라는 구체적인 시점이 보인다. 그러므로 627년에 '(무)왕의 조카 신복'은 복신과 동일 인물로 보아야 한다. 그러면 627년의 복신과 백제 말기 복신의 동일 인물 여부를 살펴본다.

「유인원기공비문」에 보면 "거듭 반역을 도모한 즉 가짜 승려 도침과 가짜 한솔 귀실복신은 민간에서 나와 그 괴수가 되었다. 미친 듯이 날뛰며 불러 모아 임존에 보를 쌓고 웅거하고, 벌떼처럼 모여들었고, 고슴도치처럼 일어서서, 산을 가득 메우고 골짜기를 채웠다. 이름을 빌리고 지위를 훔쳤다[仍圖反逆卽 有僞僧道琛 僞扞率鬼室福信 出自閭巷爲其魁首 招集狂狡 堡據任存 蜂屯蝟起 彌山滿谷 假名盜位]라고 하였다. 즉 도침과 복신이 여항 출신으로서 남의 이름을 빌리고 지위를 훔쳐서 행세했다고 서술했다. 여기서 '이름을 빌리고 지위를 훔쳤다[假名盜位]'는 앞에 적혀 있는 '위승僞僧'과 '위한솔僞扞率'을 가리킨다. 이러한 경우는 만주사변을 일으켜 일본이 세운 '위만주국僞滿洲國'을 연상시킨다. 백제에 주둔한 당군 사령부는 의자왕의 아들 부여융을 수반으로 하는 친당정권을 옆구리에 끼고 있었다. 그들의 입장에서 풍왕 정권은 정당하지 않은 권력 즉 가짜가 되는 것이다. 말할 나위 없이 이 기록은 당측에서 회복군 지도부를 폄훼시키기 위한 목적에서 쓰였다. 그러나 깡그리 허위 사실이라기보다는 이러한 표현이 나오게 된 배경과 관련해 일말의 사실성 여부를 타진해 볼 필요가 있다. 가령 '가명假名' 즉 이름까지 빌렸다는 것과 관련해 무왕의 조카인 부여복신扶餘福信과 귀실복신鬼室福信을 각각 서로 다른 인물로 볼 여지는 없을까?

복신은 627년에 당에 사신으로 파견되었다. 그럼에도 그는 무려 34년의 장구한 세월이 흘렀음에도 은솔과 한솔로 기록에 보인다. 이것은 납득하기 어려운 일이다. 백제가 당에 보낸 사신 이름으로 유일하게 확인되는 복신의 관등이 상급 국가에 대한 외교 의례상 저급하지 않았을 것임은 분명하기 때문이다. 더구나 당 태종의 답서에 보면 "나는 왕의 조카 복신과, 고구려와 신라의 사신에게 모두 화호를 통하여 모두 화목할 것을 일러두었다"라고 하면서, 백제 외교 사절의 우두머리로서 복신을 직접 거론했다. 그러한 복신의 관등이 그로부터 34년이 지난 연후에도 은솔이나 한솔 따위에 머물러 있지는 않았을 것이다. 오히려 627년 당시에 무왕의 조카 복신은 이보다 높은 관등을 지니고 있었다고 보아야 마땅하다. 게다가 의자왕의 사촌형제 그러니까 일반 왕족도 아니고 국왕의 핵심 가계를 이루는 사촌 가계가 귀실씨로 분지分枝한다는 것은 사세에 맞지도 않다. 그 밖에 「유인원기공비문」에서 복신을 왕족이 아니라 '여항' 출신이라고까지 했다. 따라서 귀실복신이 왕족으로서의 권위와 명성을 함께 지닌 부여복신을 '가명'한 것으로 보는 게 타당하다. 중국의 경우 진말에 진승陳勝이 무고하게 죽은 진시황의 장자 부소扶蘇와 생사를 모르는 초의 명장 항연項燕을 자칭한 사례가 있다. 기반이 없었던 복신이 명성을 지녔던 왕족의 이름을 가탁해서 권위도 세우고 세력 규합을 용이하게 한 방편일 수 있다.

그런데 『삼국사기』에서 복신을 가리켜 "일찍이 군사를 거느렸다"고 하였다. 『구당서』에서는 그를 일러 '옛 장수'라고 했다. 이 점을 상기할 때 복신은 군사적인 업무를 관장했음을 생각하게 한다. 이러한 복신의 경력이 군사적 역량을 배양하는데 주효하였으리라고 믿어진다. 그의 용맹과 지략은, 나당연합군의 침공으로 백제의 수도인 사비도성이 함락되어 멸망한 상황과 회복운동의 전황을 왜 조정에 최초로 알린 승려 각종의 보고문에 잘 드러난 바 있다.

백제 멸망시 복신의 관등은, 부소산 기슭에 세워졌던 유인원기공비에 적혀 있듯이 한솔이었다. 이후 그의 전공戰功에 비례하여 은솔과 좌평으로 계속 승급되었다. 「유인원기공비문」과 『일본서기』에 의하면 복신은 임존성을 근거지로 하였으므로, 흑치상지와 함께 이곳에서 조국회복운동을 주도하였다.

그 밖의 지역에서도 조국회복운동이 들불처럼 일어났다. 부여자진은 중부 구마노리성 즉, 웅진성을 근거지로 하여 궐기하였다. 승려인 도침道琛은 주류성周留城에서 일어났다. 이 같은 조국회복운동은 초기에는 구심도 없이 산발적으로 일어 났다. 그러다가 가장 정비되고 많은 병력을 장악하고 있던 도침과 복신을 중심으로 점차 통합되었다.

조국회복운동의 대내적인 주도권은 도침이 장악했다. 그런데 항쟁 관련 대외적인 주도권은 복신이 장악하고 있었다. 복신은 백제 유민들로부터 열렬한 지지와 존경을 받았다. 복신의 의자왕 사촌 동생 표방 또한 그를 중심으로 세력 결집의 흡입 요인이 되었던 것 같다. 복신은 백제 지역 가운데 지리적으로 신라군의 침공을 비교적 많이 받지 않은 관계로 세력이 온존하였던 서방과 북방 지역 주민들의 호

도판 120 | 유인원기공비.
당 장수 유인원이 백제 회복운동을 평정했음을 기념하여 세운 기공비다. 원래는 부소산에 소재하였으나 현재는 국립 부여박물관 앞뜰의 비각 안에 세워져 있다. 그런데 유인원비는 현재 보물 제21호로 지정되어 있다. 이 비석의 조형사적인 비중은 부인할 수 없으나 그렇다고 백제인들을 처참하게 압살한 것을 과시하기 위해 중국인들이 세운 비석이 대한민국의 보물이 될 수는 없다. 중국의 보물일 뿐인 것이다. 한국인에 의해 세워진 국내 최대 규모의 이른바 청태종 공덕비(삼전도비)는 보물이 아니지 않은가? 유독 유인원비가 보물로 지정된 이유는 알다가도 모르겠다.

응을 얻었다. 또 그들을 조국회복운동으로 내몰 수 있었다.

복신이 지휘하는 백제군은 당 장군인 유인원劉仁願이 주둔한 사비도성을 거의 함락시킬 뻔한 기세로 포위하였다. 「답설인귀서」에 적혀 있듯이 백제군은 먼저 사비도성 외곽에 설치된 책柵들을 모두 격파하고 군량을 탈취한 후 사비도성을 공격했다. 의자왕이 항복한지 불과 두 달 남짓 밖에 안 된 660년

9월 23일이었다. 백제군은 사비도성에 근접한 4면에 각각 성을 쌓고 지켰다. 그랬기에 신라군은 사비도성 안의 당군을 지원하지 못하고 발만 구를 뿐이었다. 백제군은 나당군과 교전을 벌이다가 후퇴하여 사비도성 남령에 목책을 세우고 이곳을 거점으로 주변 지역을 공략하였다. 백제군은 백마강 맞은편에 자리 잡은 왕흥사잠성王興寺岑城(울성산성)에도 주둔하여, 사비도성을 북쪽과 남쪽으로 포위하였다. 백제군의 기세가 이와 같이 강성하자 가담하는 지역이 일시에 30여개 성이나 되었다.

그 해 10월 복신은 좌평 귀지貴智를 보내 그간 전투에서 생포한 당군 포로 가운데 1백여 명을 뽑아 왜로 보내는 한편 군사 지원을 요청했다. 동시에 복신은 왜에 체류하고 있는 의자왕의 왕자인 부여풍을 맞아 들여 국계國系를 잇도록 하고자 했다. 그런데 10월 9일 신라 태종 무열왕이 태자 김법민과 함께 몸소 군대를 이끌고 이례성爾禮城(논산시 연산면)을 공격하여 아흐레 만에 함락시켰다. 무열왕은 이례성에 군대를 주둔시켜 지키게 했다. 그 영향을 직접 받지 않을 수 없었던 주변의 20여 개 성이 두려워 항복하고 말았다. 이는 「답설인귀서」에서 복신을 중심으로 한 회복운동이 일어난 지역을 '강서江西' 라고 했다. 이는 초기 회복운동이 임존성과 두량윤성豆良尹城을 중심으로 하는 '금강의 서쪽' 지역에 국한되었을 뿐 아니라 조직적이지 못한 항전 때문이었다.

이로 인해 후미가 차단됨에 따라 백제군의 사비도성 압박은 자연 위축되었다. 백제군은 사비도성을 포위한 채 남령에 주둔하고 있었다. 결국 백제군은 10월 30일 신라군의 거센 공격을 감당하지 못하고 1천 5백 명의 전사자를 낸 채 퇴각했다. 백제군의 사비도성 포위는, 신라군의 사비도성의 외곽에 대한 각개격 파 식 포위 전략에 말려들어 철수한 것이다. 11월 5일에는 왕흥사잠성에 주 둔한 백제군은 신라군이 계탄鷄灘(낙화암 동편을 흐르는 여울)을 건너 공격해 오자, 일주일 만에 7백 명의 희생자를 남긴 채 퇴각했다. 그럼에 따라 「답설 인귀서」에 적혀 있듯이 사비도성 안의 당군은 신라로부터 가까스로 군량을 제공받아 기아에서 벗어났다.

신라는 백제군의 사기를 꺾고 회유할 목적으로, 백제 출신의 투항한 귀족 들에 대한 대대적인 포상을 단행했다. 화전和戰 양면 전략을 구사해 나갔다. 이는 1949년 1월에 포위된 지 40일 만에 베이징의 국민당 사령관은 24만 명 의 군대를 이끌고 항복한 사건과 유사하다. 그러자 마오쩌둥은 그들을 대우 하여 다른 국민당 지휘관들과 장교들에게 항복을 부추기는 유인책으로 이용 했다.[370] 효과를 보았다는 것이다. 신라는 먼저 좌평 충상과 달솔 상영 및 자 간自簡에게는 일길찬(제7관등)의 관등을 내려 총관직總管職에 임명하였다. 은 솔 무수武守에게는 대나마(제10관등) 관등과 대감 관직에, 은솔 인수仁守에 게는 대나마 관등과 제감직에 임명했다. 또 이들로 하여금 회복운동을 진압 하는데 앞장 서게 하였다. 상영은 무열왕의 사위인 대야성주 김품석과 그 딸 인 고타소랑의 시신을 신라측에 반환하는데 앞장섰던 인물이다. 신라 왕실 의 숙원을 풀어주는데 기여하였다. 그리고 나당군의 침공 대책회의가 열렸 을 때 당군을 먼저 공격하자는 의직의 주장을 반박하면서 시간을 끌어 백제 가 실기失機하게 한 장본인이었다. 그 뿐 아니라 그는 계백과 함께 황산전투 에 참전하였음에도 불구하고 장렬히 전사하기는커녕 항복하기까지 했다.

신라의 백제 유민 포섭에도 아랑곳없이 백제군의 최우선 공격 목표는 당

---

370 프랑크 디쾨터 著 · 고기탁 譯, 『해방의 비극 중국혁명의 역사 1945~1957』 열린책 들, 2016, 55쪽.

군의 축출에 두었다. 백제군은 당군이 주둔하고 있는 사비도성에 대한 공격을 집요하게 시도하였다. 661년 2월 복신과 도침이 지휘하는 백제군은 사비도성을 공격했다. 함락의 기로에 선 사비도성을 구원하기 위해 당 본국에서는 웅진도독으로 부임한 직후인 전 해 9월에 삼년산성三年山城(충청북도 보은)에서 급사急死한 왕문도王文度를 대신하여 유인궤劉仁軌를 검교대방주자사檢校帶方州刺史에 임명해서 파견하였다. 유인궤는 선박을 이용하여 서해를 가로질러 금강으로 들어오려고 했다. 그러자 복신은 웅진강으로 표기된 금강하구에 2개의 목책을 세우고 막았다.

　도침은 사비도성을 포위하여 유인궤의 지원군과 도성 안의 당군이 합세하는 것을 차단하려고 했다. 그러자 백제로 들어오는 유인궤의 당군과 신라군이 합세하여 들이쳤다. 이에 백제군은 퇴각하여 목책으로 들어왔다. 백제군들이 웅진강구 즉 금강 하구에서 당군과 교전했다. 즉 "복신 등이 웅진강구에 2개의 목책을 세워 그들을 방어하였다. 인궤가 신라 군사들과 합세하여 공격하니, 우리 군사들이 퇴각하여 목책 안으로 들어와 강을 저지선으로 삼으니, 다리가 좁아서 물에 빠지고 전사한 자가 1만여 명이었다"[371]고 했다. 강 폭이 넓은 금강 하구에 대교가 가설되었음을 알려준다. 결국 복신과 도침은 사비도성 포위를 풀고 물러와 임존성으로 들어갔다. 신라군 또한 군량이 다하고 아무런 성과도 없었다. 신라군 또한 회군하고 말았다.

　『자치통감』의 기사를 토대로 해 볼 때, 당군은 이후 웅진도독부를 사비도성에서 웅진성으로 옮겼다. 웅진성은 방어하기에 지리적으로 적합한 지역이었다. 백제군의 공격에 보다 용이하게 대적할 수 있다고 판단했기 때문이다. 이 무렵 백제군의 군세는 매우 강성하였고 위협적이었다. 「답설인귀서」에 의

---

371 『三國史記』권28, 의자왕 20년 조. "福信等立兩柵於熊津江口 以拒之 仁軌與新羅兵合擊之 我軍退走入柵 阻水橋狹 墮溺及戰死者萬餘人"

도판 122 | 현진건의 역사소설 『장편 흑치상지』의 삽화.
회복운동에 앞장선 흑치상지의 모습이 보인다. 노수현의 삽화는 고구려 고분 벽화를 토대로 한 것인데, 복식에 상당히 정확한 안목을 지니고 있다.

하면 웅진도독부성에 주둔하고 있던 당군 1천 명이 백제군을 공격하다가 도리어 대패하였다. 단 한 사람도 살아 돌아가지 못할 정도였다. 그 이래로 웅진도독부성의 당군은, 신라에 끊임없이 지원을 요청했다. 그렇지만 신라에서는 역병疫病이 크게 돌아 병마 징발이 어려웠다. 또 3월 5일에는 백제군은 두량윤성 남쪽에서 진영할 곳을 살피고 있던 신라 군대를 급습하여 궤패시켰다. 그리고 백제군은 고사비성古沙比城 밖에 주둔하다가 한달 엿새에 걸친 신라군의 두량윤성 공격을 물리쳤다.

　두량윤성이 주류성을 가리키는 것으로 보는 견해가 있지만 맞지 않다. 두량윤성은 두릉윤성豆陵尹城 혹은 두곶성豆串城과 윤성尹城으로 표기되고 있다. 이곳은 충청남도 정산定山의 계봉산성鷄鳳山城에 비정하기도 한다. 「답설인귀서」에 의하면 신라군의 주류성 공격 이야기가 언급되어 있다. 백제군은 총본영인 주류성을 공격해 오는 신라군의 수가 적은 것을 알고는 즉시 성문을 나와 습격하여 대패시켰다. 백제군은 이때 병마를 무수히 노획하는 전과를 올렸기에 기세를 크게 떨쳤다. 그 결과 "남방南方의 여러 성이 일시에 모

도판 123 | 부여군 임천면에 소재한 가림성.
백제인들의 조국회복운동과 관련해 사서에 등장한다.

두 배반하여 복신편에 귀속하였다"라고 한다. 지금의 전라남도 지역까지도
회복운동에 가세할 정도로 세력이 크게 확대되었다.

4월 19일에 백제군은 부득이 군대를 돌려 후퇴하던 신라군을 빈골양賓骨
壤(전라북도 태인)에서 습격했다. 해서 신라군이 남기고 간 다량의 치중병기輜
重兵器를 얻는 전과를 기록하였다. 다만 백제군은 각산角山에서 신라의 상주
낭당上州郎幢이 이끄는 군대에게 격파당하여 2천여 명의 희생자를 내는 패배
를 입었다. 605년(무왕 6)에 축조된 각산성 일대를 가리키는 것 같은 각산의
위치는 분명하지 않다.

그런데 백제군의 전의는 앞서 인용한 각종의 보고에서 나와 있듯이 매우
왕성하였다. 또 많은 지역을 회복시켜 나갔다. 백제군은 신라군을 경상남도
거창 동북쪽의 가소천加召川까지 밀어 붙였다. 신라 조정에서는 그에 대한
문책이 엄중하게 따를 정도였다. 바로 이 무렵 백제군은 200여 개 성을 회복

했다고 할 정도로 가위 하늘을 찌르는 기세 바로 그것이었다. 한편『삼국사기』태종 무열왕 8년 6월 조에는 다음과 같은 의미심장한 기사가 보인다.

6월에 대관사大官寺 우물 물이 피가 되고 금마군金馬郡(익산)에서는 땅에 피가 5보步 넓이가 되게 흘렀다. 왕이 돌아 가셨으니 시호를 무열武烈이라 하고 영경사 북쪽에 장례지내고 태종이라는 호號를 올렸다. 고종이 부고訃告를 듣고는 낙성문에서 애도를 표하였다.

위의 기사에서 무열왕의 사망과 그 앞의 재변 기사는 연관이 있는 듯하다. 그랬기에 그가 백제군 토벌을 독전督戰하다가 해를 입은 것으로 추리하기도 한다. 이후 경주의 태종 무열왕릉 앞에는 거대한 비석이 세워졌다. 지금은 비신은 없어진 채 귀부와 이수만 남아 있다. 이에 대해 세키노 타다시[關野貞, 1867~1935]는 다음과 같은 절찬을 했다. "나는 지나支那에서 종래 다수의 당비唐碑를 보았지만 이것에 비적比敵할만한 것을 발견하지 못하였다.…그 비신을 잃은 것은 아깝지만 이수의 웅혼하고 귀부의 정려精麗함은 조선 비석 중의 최고最古 최우最優한 표본이다."[372]

백제군은 당군이 주둔하고 있는 웅진도독부성에 대한 포위를 결코 늦추지 않았다. 백제군은 웅진도독부성을 에워싸는 한편 웅진으로 통하는 길을 모두 차단시켰다. 그럼에 따라 웅진도독부성 내에서는 염시鹽豉가 결핍되어 쩔쩔매는 형편이었다. 신라측에서 겨우 강건한 정예 병력을 뽑아 몰래 소금을 보내 구하였을 정도로 곤경에 처해 있었다. 당시 신라는 평양의 당군에 대한 보급도 맡고 있었다. 신라로서는 웅진도독부성에 대한 백제군의 포위망도 뚫어야 하는 이중고에 시달렸다. 「답설인귀서」의 다음 구절은 당시 신라의

---

372 關野貞,『朝鮮美術史』朝鮮史學會, 1932, 112쪽;동문선, 2003, 183쪽.

도판 124 | 태종 무열왕릉비의 귀부와 이수

곤혹스러운 상황을 잘 전해준다.

　　11월에 이르러 웅진의 군량이 다하였다. 먼저 (군량을) 웅진에 보내
면 칙지勅旨에 위반할 우려가 있고 만일 평양에 (군량을) 보내면 웅진의
군량이 곧 떨어질 우려가 있었다. 그런 까닭에 노약자를 시켜 웅진에
군량을 운송하고 강건한 정예 병사를 시켜 평양으로 향하게 하였다. 웅
진에 군량을 보낼 때에는 노상에서 눈을 만나 사람과 말이 다 죽어 백에
하나도 돌아오지 못하였다.

　　이와 관련해 공산성에서 출토된 칠갑편漆甲片에는 '貞觀十九年四月
二十一日'이라는 명문이 적혀 있다. 그리고 당의 장군으로 보이는 '이조은李
肇銀'이라는 이름도 적혀 있다. 게다가 백제는 적어도 웅진성 도읍기나 사비
성 도읍기에는 연호를 사용하지 않았다. 따라서 위에서 언급한 정관 연호가

적힌 칠갑의 착용자는 당의 장군으로 추정된다. 이와 더불어 현장에서는 완盌과 같은 중국제 자기도 출토되었다.[373]

도판 125 | 공산성 출토 칠갑편과 '이조은' 명문

4) 승려 출신 도침

백제군의 기세는 회복운동의 또 한 사람의 거두인 도침의 호기로운 면모에서 잘 엿보인다. 도침은 승려 출신의 백제군 지도자로서 주류성을 근거지로 하여 회복운동운동을 전개하다가 복신의 백제군 주류와 합세한 듯하다. 그의 이력은 알려진 바 없지만 승려로서 예하의 병력을 가지고 있었던 점을 생각할 때 사원조직을 기반으로 한 인물로 짐작된다.

이와 관련해 삼국시대에는 국왕 측근의 전략가로서 승려의 역할이 막중하였음을 상기해 본다. 이러한 점에서 볼 때 백제 멸망 이전 도침의 위상 또한 조정과 연결되어 있는 고위 승려였음을 시사해 준다. 그렇지 않고서는 일개 승려 신분으로서 백제가 멸망한 혼란된 상황에서 회복운동의 지도자로 부상하기는 어려웠을 것니다. 그렇다고 할 때 왜에 가장 먼저 백제 멸망을 알린 각종의 신분이 승려였다는 점은 주목을 요한다. 각종은 도침 예하의 인물로서 향후 도침 세력과 왜를 연결지어주는 고리 역할을 한 것으로 보인다.

도침은 스스로 영군장군領軍將軍이라 일컬었다. 당시 상잠장군霜岑將軍이라고 일컬었던 복신과 더불어 커다란 위세를 떨치고 있었다. 영군장군과 상잠장군 호號는 중국의 장군호에는 보이지 않는다. 복신이 좌평을 자칭했던 것처럼 기존 백제의 장군호를 칭했던 것으로 보인다. 당군을 연파한 직후 도

373 李道學, 「公山城 出土 漆甲의 性格에 대한 再檢討」『인문학논총』28, 경성대학교 인문과학연구소, 2012, 321~352쪽.

침은 유인궤에게 사신을 보내어 "듣건대 대당이 신라와 서약하고 백제인 노소를 묻지 않고 모두 죽인 다음에 나라를 신라에게 넘겨준다 하니, 죽음을 받음이 어찌 싸워서 죽는 것만 같으리오. 이것이 서로 모여 굳게 지키는 까닭이다"라고 꾸짖었다. 그러자 유인궤가 글월을 지어 화복禍福을 자세히 말하고 사람을 보내어 달래기도 하였다. 그러나 도침은 군대가 많음을 믿고 한껏 호기를 부리면서 유인궤의 사자를 외관外館에 두고 비웃으며 답하기를 "사자의 벼슬이 낮다! 나는 한 나라의 대장이니 만나기에 합당치 않다"고 말하면서 서한에 답하지 않고 그대로 돌려보냈다.

한번은 이런 일도 있었다. 복신은 유인원이 외로운 성城에서 원병도 없이 칩거하고 있자 사신을 보내 위로하기를 "대사大使들이 언제나 서쪽으로 돌아가는지, 마땅히 사람을 보내 전송餞送하겠노라"고 조롱할 정도였다. 이러한 모욕을 당했음에도 불구하고 유인궤는 군사가 적기 때문에 섣불리 공격할 엄두를 내지 못했다. 다만 유인궤는 유인원의 군대와 합세하여 신라와 힘을 모아 백제군 공격을 도모할 따름이었다.

5) 한반도에서 마지막 백제 왕, 풍왕

백제군과 신라군의 전투는 사비도성 주변인 현재의 충청남도 지역에서 주로 발생했다. 회복운동에 가담한 곳이 바로 이들 지역인데다가 주요 공격 대상인 사비도성이 포함되어 있었기 때문이다. 그런데 661년 후반부터 회복운동은 신라군의 거센 공격을 받아 현저하게 쇠퇴하였다. 661년 9월 25일에는 백제군이 점령하고 있던 전략적 요충지인 옹산성甕山城(대전 계족산성)은, 신라군 주력 부대의 공격을 받아 불과 이틀만에 수천 명의 희생자를 내고 함락되었다. 옹산성 함락의 전말은 『삼국사기』 김유신전에 상세하게 전하는데 다음과 같다.

즉 신라는 당과 연합하여 고구려를 치기로 약속하였다. 문무왕은 대병력을 이끌고 지금의 경기도 이천인 남천주南川州에 머물렀다. 당장 유인원은 사비도성에서 선편으로 혜포鞋浦에 내려 남천주에서 신라 군대와 합류하였다. 이때 보고가 들어 왔는데 "앞길에 백제의 잔적殘賊이 옹산성에 집결하여 길을 막고 있으니 곧바로 전진할 수 없다"고 했다. 이에 김유신이 군대를 이끌고 나아가 진격하여 성을 포위한 후 부하 사병을 시켜 성 밑에 접근하여 적장에게 말하기를 "너희 나라가 고분고분하지 못하여 대국의 토벌을 받기에 이르렀다. 명령에 순종하는 자에게는 상을 줄 것이나 순종하지 않는 자는 도륙할 터이니, 지금 너희들이 홀로 고립된 성을 지켜 무엇 하려는 것이냐? 끝내는 반드시 비참하게 죽고 말터이니 차라리 항복한 만 못하다. 이렇게 하면 목숨을 보존할 뿐 아니라 부귀를 기약할 수 있다"고 하였다. 그 말을 받아 백제군이 "비록 한 줌되는 작은 성이지만 병기와 군량이 충분하고 군사들의 의기가 있고 용맹하니 차라리 죽을지언정 단연코 살아서 항복하지는 않겠다" 라고 소리 높여 외쳤다. 백제군의 쩌렁 쩌렁한 소리를 들었다. 그러나 김유신은 대수롭잖은 듯이 웃으면서 "궁지에 빠진 새와 짐승도 스스로 살려고 덤빌 줄 안다는 것은 이를 두고 한 말이구나"라고 사기를 돋우는 말을 하면서 깃발을 휘두르고 북을 치며 성을 공격했다.

사기충천한 백제군에 압기된 신라 군사들의 사기를 진작시키기 위해 김유신이 한 말이 주효하게 작용하였다. 게다가 문무왕이 높은 데에 올라 군사들을 바라보며 눈물겨운 말로 격려하니 군사들이 모두 분발하여 창칼을 무릅쓰고 돌격하였다. 9월 27일 결국 옹산성은 수천 명의 전사자를 남긴 채 함락되었다. 김유신은 생포한 백제군 장수를 목 베고 나머지 주민들은 풀어 주었다.

신라는 옹산성을 점령한 후 웅현熊峴에 성을 쌓고 당군이 주둔하고 있는 웅진도독부성에 이르는 도로를 개통할 수 있었다. 이어 신라군의 공격은 우술성雨述城으로 옮겨왔다. 그럼에 따라 백제는 1천여 명의 희생자를 내고 성을 함락 당했다. 이때 달솔 조복助腹과 은솔 파가波伽는 무리를 거느리고 항복하였다. 이들은 신라측으로부터 관등과 관직을 받을 정도로 선무 공작 차원에서 우대를 받았다. 이후 전쟁은 신라측에서 승기를 잡았다. 회복운동은 완전히 수세로 몰렸다. 662년 3월 문무왕이 죄수를 크게 사면하였다. 그러면서 "이미 백제를 평정하였으므로 소사所司에게 명하여 큰 잔치를 베풀게 하였다"고 했다. 일단 회복운동이 크게 위축되었던바 더 이상 위협의 대상이 되지 않았음을 의미한다. 그랬기에 신라는 옹산성과 우술성을 함락시킨 661년 말부터 662년 초반에 걸쳐 고구려와의 전투에 주력하였다. 물론 백제군의 공격은 전면 중단되지는 않았다. 내사지성內斯只城(대전시 유성구)의 주변 지역을 산발적으로 공격하다가 진압되었기 때문이다.

그러던 중 왜에 있던 풍豊 왕자의 환국이 이루어진다. 백제 세력이 강성하였고 조국회복운동을 성공적으로 이끌기 위해서는 국가재건에 착수하지 않을 수 없었다. 그러기 위해서는 무엇보다도 구심점 역할을 할 수 있는 국가수반인 국왕의 옹립을 생각하였다. 의자왕의 아들의 대부분은 백제 멸망 시 사로잡혔거나 당으로 끌려가 있었다. 따라서 이때 물망에 오른 의자왕의 아들은 왜국에 있는 풍 왕자였을 것이다. 풍장豊璋으로도 표기되고 있는 풍은 631년(무왕 32) 3월에 왜에 파견된 이래 계속 체류하고 있었다. 풍은 일본열도의 나라 분지[奈良盆地]에 소재한 미와 산[三輪山]에 백제에서 가져온 벌통 4개를 놓아 기른 적이 있었다. 그는 비교적 유유자적하면서 소일하던 중이었다. 그러던 그에게 기르던 벌들이 끝내 번식하지 않았던 때와는 달리, 백제 멸망은 좌절감을 뛰어 넘어 생애의 엄청난 시련의 서곡을 알렸다. 양봉養蜂에 실패한 이야기는 그 생애에 대한 암울한 암시로 해석하기도 한다. 조국회복운동에 다소 희망을 건 풍은 662년 국가재건의 부푼 기대를 안고 어쩌면 30여년 만에 조국 땅을 밟았던 것이다. 풍의 환국이 이처럼 늦어졌던 것은 백제군 내부의 사정과도 무관하지 않았겠지만 661년 후반 이후 회복운동의 쇠퇴와 관련 있어 보인다. 그의 환국은 신라측의 공세가 고구려와의 전쟁으로 옮겨감에 따라 공세가 뜸해진 틈을 타고 이루어진 것이다. 조국회복운동을 강화시키기 위한 목적에서였다. 실제 그는 환국하면서 왜국의 원군을 이끌고 왔다. 그의 환국은 662년 5월이었는데 다음에 보인다.

> 5월 대장군 대금중大錦中 아츠미노히라부노 무라치[阿曇比邏夫連]들이 수군 170척을 이끌고 풍장豊璋 등을 백제국에 보내고 칙勅하여 풍장에게 그 자리를 계승하게 하였다. 또 금책金策을 복신에게 주고 그 등을 어루만지며 칭찬하여 작록을 내려 주었다. 그때 풍장과 복신이 이마가 땅에 닿도록 절하며 칙을 받자 사람들이 눈물을 흘렸다.[374]

이와는 달리 661년 9월에 풍왕이 환국한 기사도 있다. 그러나 정세에 비추어 볼 때 타당하지 않다고 본다. 풍왕 명의의 전위대의 파견을 뜻하는 것으로 해석되어진다. 아니면 기사 착란이거나 중출重出일 수 있다.[375] 『일본서기』에서 규해糺解라는 이름으로도 등장하는 인물을 풍왕으로 지목할 수 있다.[376] 661년 4월에 복신은 왜에 사신을 보내 왕자 규해를 맞이하게 해 달라고 하였다.

그러나 기실 풍왕의 옹립과 환국 추진은 백제 회복군 내부의 복잡한 역학 관계의 산물로 보인다. 당시 백제 회복군 내부에는 도침과 복신이라는 두 명의 걸출한 지도자가 있었다. 그런데 효과적으로 국가회복운동을 추진하려면 두 세력을 통합해야 했다. 그러나 주도권 경쟁에서 양자는 팽팽히 맞서 있었다. 특히 왕족을 자처한 복신은 명성을 얻고 있었다. 그대로 두면 복신이 국

---

374 『日本書紀』권27, 天智 원년 5월 조.
375 坂本太郎 外, 『日本書紀(五)』岩波書店, 2004, 318~319쪽.
376 坂本太郎 外, 『日本書紀(五)』岩波書店, 2004, 27쪽.

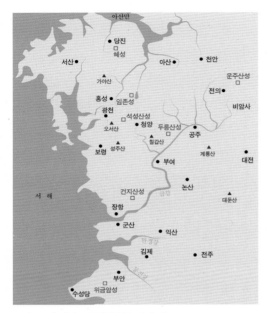

도판 126 | 백제조국회복운동 관련 지도

가수반이 될 수 있는 상황이었다. 세력은 도침이 강대했지만 승려라는 한계가 있었다. 결국 양자가 타협하여 제3의 인물인, 바다 건너 풍 왕자를 옹립하기로 했다. 풍 왕자는 왜에 체류한 지 30년이 넘는 관계로 국내 사정에 어두웠다. 이 점은 도침과 복신 모두 계산에 넣어둔 사안이었다.

풍왕의 환국에 따라 회복운동의 분위기는 쇄신되었고 사기는 다시금 올랐다. 그 해 7월 백제군은 웅진도독부성과 신라와의 통로를 끊어 군량수송을 차단시키기 위해 금강 동쪽에 포진하였다.

그런데 복신은 금강 동쪽에서 활로를 트기 위한 유인원 · 유인궤 등의 당군과 전투를 벌이다가 크게 패하였다. 백제군은 요새지인 지라성支羅城(대전시 대덕구 진잠)과 윤성尹城(청양군 정산) 그리고 대산大山 및 사정沙井(대전 동쪽) 등의 책을 빼앗겼다. 아울러 상당한 인적 손실을 입었다. 그럼에 따라 복신은 강에 바짝 닿아 있는데다 높고 험준하며, 요충지에 자리잡고 있는 진현성眞峴城에 군대를 증원시켜 지켰다. 유인궤는 신라 군대를 이끌고 야음을 틈타 성 밑에 바짝 다가가서는 사면에서 성가퀴를 잡고 기어 올라 왔다. 백제군은 방비를 소홀히 하고 있다가 기습공격을 받고 허둥대었다. 날이 밝을 무렵 8백 명의 희생자를 내고 진현성은 함락되었다. 이로써 한동안 두절되었던 웅진도독부성과 신라의 군량 수송로가 다시금 개통되었다.

6. 동아시아 대전(大戰), 백강전투

백제군 지도부 안의 세 거두 가운데 분열의 싹은 도침의 기세등등한 태도에서 찾을 수 있다. 앞서 언급했듯이 663년 3월에 도침은 당장 유인궤에게 보낸 서한과 더불어 사신에 대해 교만한 태도를 보였다. 백제군의 강성을 배경으로 하였다. 동시에 도침의 무력 기반이 만만하지 않았음을 생각하게 한다. 문헌에서 도침이 복신보다 앞서 기록되었다. 그의 세력이 복신을 능가했던 증좌가 되겠다. 풍왕 옹립도 왕족을 자처한 복신을 견제하기 위한 도침의 대안으로 보인다. 백제군 지도층 간의 갈등은 『조선상고사』에 의하면 먼저 복신과 부여자진扶餘自進 간에 발생한 것으로 적었다. 문맥을 볼 때 661년 3월 이후의 일이었다. 근거한 문헌은 알 수 없다. 이 책에는 회복운동 초기에 군대를 일으켰던 부여자진의 운명이 그려져 있다. 사실 여부는 판단하기 어렵지만 참고로 인용해 보면 다음과 같다.

…복신이 이것을 알고 여러 장수들을 모아 당군의 돌아가는 길을 공격해서 유인궤를 사로잡으려 했는데, 자진은 본래부터 항상 복신의 재주와 명망이 자기보다 뛰어남을 시기하다가, 이 일을 듣고는 더욱 복신이 큰 공을 이룰까 하여 드디어 유인궤에게 복신의 계책을 밀고하고, 또 인궤에게, '당의 황제가 만일 백제가 한 나라가 되는 것을 허락한다면 백제가 길이 당의 은혜를 감사하여 당을 높이 섬길 것이요, 복신 등을 잡아 바치겠습니다'고 하여 인궤는 도망해 돌아갈 생각을 중지하고, 자진과 서로 연락이 잦았다. 그러다가 복신의 부장 사수원沙首原이 그 밀모의 증거를 잡아 복신에게 알리니, 복신이 크게 노하여 연회를 베푼다고 하고 여러 장수들을 모이게 하여 그 자리에서 자진을 잡아 그 죄를

선포하고 풍왕에게 고하여 처형하려고 하였다. 왕은 자진이 비록 죄가 있으나 대신이니 극형에 처함이 옳지 않다고 형을 감해 주려고 하였으나, 복신은 나라를 배반한 자는 살려 둘 수 없다고 고집하여 마침내 자진을 참형에 처하였다.

여하간 『자치통감』에 의하면 3월 경에 태종 무열왕은 당 고종의 조서詔書를 받자 장군 김흠金欽을 시켜 유인궤를 구원하게 했다. 김흠은 김유신의 동생인 김흠순金欽純을 가리킨다. 그가 이끈 군대가 고사古泗 혹은 고사비성古沙比城으로 기록된 전라북도 고부에 이르렀으나 복신의 요격을 받아 패퇴하였다. 김흠이 갈령葛嶺 방면으로 도망하여 돌아 간 후 신라는 다시는 출동하지 못하였다. 그러할 정도로 심대한 타격을 입었다. 그로부터 얼마 안 있어 도침은 복신에게 살해되었다. 양자 간의 알력은 도침의 호기로움에서 짐작되듯이 그의 방자한 태도가 무엇보다 복신을 자극시켰다고 본다. 두 사람은 동지이면서 경쟁자였다.

그러나 주된 요인은 복신이 김흠순의 신라 군대를 고부에서 격파한 데서 찾을 수 있다. 「답설인귀서」에 의하면 이 전투를 두량윤성 전투로 기재하고 있다. 그 승리 직후 "남방의 여러 성들이 일시에 모두 반란을 일으켜 다투어 복신에게 속하였다"고 했다. 복신의 세력이 현저히 확대되는 결과를 가져왔다. 즉 고부 지역을 비롯하여 백제 전국을 구획한 5방 가운데 '남방'이 포함되었다. 신라군이나 당군과의 직접적인 전투가 없었던 관계로 신라에 대한 감정이 드세지 않았기에 회복운동에 소극적이었던 곳이 노령산맥 이남 지역이었다. 그러나 이 전투에서 백제군이 고부까지 미치는 계기가 되었다. 승전 직후 복신의 세력권에 들어갔음을 알겠다. 기세가 오른 복신은 백제군 주도권을 장악하고자 생각했을 법하다. 이러한 맥락에서 도침의 피살을 상정할 수 있지 않을까 한다. 복신은 도침을 살해한 후 그 예하의 병력까지 흡수하였다.

그는 타의 추종을 불허하는 백제의 최고 강자가 되었다.

663년에 접어들어 백제군은 현저히 약화되었다. 신라군은 지금의 경상남도 서부 방면을 통해 대규모 공세를 시도하였다. 그 해 2월에 접어들어 지금의 경상남도 거창인 거열성과 전라북도 남원인 거물성 그리고 전라남도 순천을 가리키는 사평성이 차례로 함락되었다. 또 덕안성이 함락되면서 1천70 명의 전사자를 내기도 했다.

『일본서기』에는 이때의 전황을 "2년 봄 2월에…신라인이 백제 남쪽 경계의 4주를 불태우고 아울러 안덕 등의 요지를 취했다[二年 春二月 … 新羅人燒燔百濟南畔四州 幷取安德等要地]"로 기록하였다. 그러나 이 구절은 "2년 봄 2월에…신라인이 백제 남쪽의 사반주를 불태우고 아울러 덕안 등의 요지를 취했다[二年 春二月 … 新羅人燒燔百濟南四畔州 幷取德安等要地]"로 기록해야만 옳다. 즉 '반사주'를 사반주로 표기한다면 이후 웅진도독부 관하 72주의 하나로서 전라남도 영광靈光 방면에 거점을 설치한 사반주沙泮州와 연결짓는 게 무리가 없다. 또 사반주 관내의 4개 현縣은 대체로 영광과 함평 및 고창으로 비정된다. 여기에 거물성과 사평성이 신라에 흡수되었다. 그리고 '안덕'은 덕안의 잘못된 기재라고 하자. 그러면 5방성 가운데 동방성東方城을 가리키는 득안성得安城(충청남도 논산시 恩津)에 해당된다. 따라서 이곳을 '요지'라고 할만했다. 백제군은 동부와 남부 지역에서 신라군의 총공격을 받아 포위되는 상황임을 생각하게 한다.

『일본서기』에 따르면 사반주와 덕안을 빼앗긴 기사에 이어 백제군은 "이에 피성은 적에 너무 가까웠으므로, 세력이 있을만한 곳이 아니기에 주유성으로 돌아 왔다. 에치노 다쿠쓰[朴市田來津]가 살핀 바와 같았다"고 하였다. 에치노 다쿠쓰가 반대한대로 옮겨온 피성은 적진에 그대로 노출된 지역이었다. 회복운동의 관할 지역이 계속 신라측에 넘겨지는 상황에서 피성은 더 이상 그 중심 통치 거점으로서의 역할을 기대하기는 어려웠다. 따라서 다시금 주류성으로 이동하는 문제를 둘러싸고 논란을 벌였을 법하다. 그러나 풍왕 스스로가 절박하게 신라군의 위협을 느꼈으므로 대세에 끌려가지 않을 수 없었다. 결국 백제군은 주류성으로 돌아왔다. 풍왕은 천도 2개월 만에 다시금 주류성으로 돌아 왔다. 그럼에 따라 피성 천도를 반대하였던 에치노 다쿠쓰의 입지는 강화되었다. 반면 풍왕은 그 반대 국면에 놓이게 되었을 것이다.

1) 왜 조정의 동향

백제의 멸망은 왜 조정에게는 청천벽력 같은 가위 날벼락이었다. 그러나 백제인들이 즉시 들불처럼 일어나 항전을 한다는 소식을 접했다. 660년 10월에 백제군을 지휘하고 있던 복신은 당군 포로 100여 명을 왜로 보내왔다. 백제인들의 용전분투로 국가 회복이 가능할 수 있다는 희망을 왜 조정에 심어주었다. 복신은 지원 요청과 더불어 국가재건의 축軸이자 상징성이 지대한 풍 왕자의 귀국을 요청했다.

그런데 이 무렵 백제에 대한 왜 조정의 지원과 관련해 좋지 않은 조짐들이 많았다. 왜 조정은 스루가노구니[駿河國]에 명하여 신라를 치기 위해 건조한 선박을 끌고 오게 하였다. 그런데 이 선박은 밤중에 까닭 없이 뱃머리와 꼬리 부분인 고물이 서로 바뀌었다. 사람들은 패할 줄 알았다는 것이다. 시나노구니[科野國]에서 보고하기를 "파리 떼들이 서쪽을 향해 날아가는데, 오사카[大坂: 長野縣 부근]를 넘었는데, 크기는 열 아름 쯤 되었고, 높이는 창천蒼天에 이르렀다"고 했다. 원정군이 패할 조짐으로 알려졌다(제명 6년 12월). 『한서』나 『후한서』 오행지五行志에는 누리[蝗]의 재해를 패전과 결부 짓고 있다. 이와 유사한 현상으로 보인다.[377] 이와 더불어 『일본서기』에는 해득하지 못한 동요도 있다. 백제 최후의 성이었던 저례성에서 왜로 도망오는 백제 유민이 드

---

377 坂本太郎 外, 『日本書紀(四)』 岩波文庫, 1995, 367쪽.

디어 비럭질 도는 것을 시작한다고 비웃는 한편, 구원군을 내면 피의 비가 오는 해가 된다고 경계하는 것이라고 한다. 원정군의 패전을 풍자한 노래로 해석되어진다.[378]

나카노 오에[中大兄] 황자皇子의 어머니인 사이메이[齊明] 천황은 660년 12월에 거처를 급히 나니와 궁[難波宮 : 大阪]으로 옮겼다. 661년 정월에 그녀는 나니와 진津에서 배를 타고 세토 내해[瀨戶內海]를 이용해 서쪽으로 항진했다. 3월에 그녀는 북규슈의 나노오호쓰[那大津: 福岡市 博多]에 도착하였다. 이곳에 행궁을 설치했다. 5월에 천황은 하카다 만灣의 해안 근처에서 쓰쿠시[筑紫] 평야의 아사쿠라노 다치바나노 히로니아 궁[朝倉橘廣庭宮: 福岡縣 朝倉郡]으로 옮겼다. 이 궁에는 천황을 비롯하여 나카노 오에 황자와 후지와라노 가마타리[藤原鎌足] 등 왜 조정의 중추부가 모두 옮겨 와 있었다. 백제 재건에 거는 왜 조정의 필사적인 자세를 엿볼 수 있다. 그런데 661년 7월에 사이메이 천황은 아사쿠라 궁에서 급사急死하고 말았다. 그러자 나카노 오에 황자가 상복을 입은 채, 즉위하지 않고 정무를 보는 칭제稱制를 했다. 그는 전선戰線에 가까운 나카쓰 궁[長津宮]에서 '수표지군정水表之軍政'을 행하였다.[379] 나카노 오에 황자가 해외의 군정을 지휘한 것이다.

왜 조정은 661년부터 식량과 무기도 지원하고 파병하는 등 한반도 정세에 간여하고 있었다. 왜는 백제 구원을 위해 무기를 수선하고 선박을 구비하고, 군량을 비축해 두었다. 그런데 전쟁은 신라와 당의 연합군이 백제를 멸망시킨 데 그치지 않았다. 백제는 즉각 되살아 났을 뿐 아니라 고구려와의 전쟁으로 확전되었다. 왜 조정은 조심스럽게 사태의 추이를 응시하고 있었다. 당군이 고구려와 전쟁을 벌이게 되면 병력 분산으로 인해 백제가 유리해 진다. 왜

378　朴炳植, 『日本語の悲劇』 情報センタ, 1986, 162~166쪽.

379　佐藤信, 「白江戰爭과 倭」 『백제 부흥운동과 백강전쟁』 서천군, 2003, 62쪽.

로서는 충분히 승산이 있다는 판단을 하였다. 오히려 유리하게 상황이 전개된다는 믿음을 주었다. 고구려와 당이 격돌하는 상황에 대한 전갈이 다음과 같이 날아 왔다.

12월에 고려국에서는 추위가 너무 심해 패강이 얼었습니다. 그런 까닭에 당군은 운차雲車와 충팽衝輻, 북과 징[鼓鉦]을 크게 두드리며 진격해 왔습니다. 고려 사졸은 대담하고 용감하였고 거대하였기 때문에 다시 당의 2개 보루를 빼앗았습니다. 오직 2개의 새塞만 있었습니다. 역시 밤에 빼앗을 계획을 준비하였습니다. 당병唐兵은 무릎을 껴안고 소리내어 울었습니다. 날카로운 게 무뎌지고 힘이 다하여 (고려를) 빼앗을 수가 없었습니다. 서제噬臍(배꼽을 물어뜯으려 하여도 입이 닿지 아니한다는 뜻. 후회하여도 이미 때가 늦음을 이르는 말)의 부끄럼이란 이것이 아니고 무엇이랴?[380]

패강인 대동강이 얼어붙은 틈을 타서 당군이 평양성을 일제 공격해 왔지만 처절하게 패배시킨 사실을 알려주었다. 고구려는 당군을 격파한 전과를 실감나게 왜에 전달했다. 이 사실은 왜로 하여금 백제를 지원하는 일에 무게를 실어 주었다. 강대한 고구려의 존재를 각인시킴으로써 승산 있는 전쟁에 나선다는 확신을 주고도 남았다. 왜 조정에 있던 고구려계 승려 도현은 김춘추의 목적은 고구려를 치는데 있었다. 그런데 신라와 당이 백제를 먼저 쳐서 백제가 괴로움을 당하고 있다고 했다. 이 주장은 사실 여부를 떠나 이번 전쟁은 백제 멸망이 아니라 고구려와의 전쟁으로 구상되었음을 알려주었다. 그러면서 고구려 역시 신라와 당의 공격 목표였다. 그런 까닭에 왜는 고구려와

---

380 『日本書紀』권27, 天智 즉위년 12월 조.

연대할 수밖에 없다는 취지였다. 실제 고구려가 당군을 격파한 전갈을 받자 이에 호응하듯이 고구려를 지원할 목적으로 왜군이 백제에 상륙했다는 것이다. 백제의 가파리빈加巴利濱에 정박한 왜군들이 불을 피웠다고 한다. 이때 재가 변하여 구멍이 되면서 명적鳴鏑과 같은 가는 소리가 들렸다고 했다. 이러한 현상을 가리켜 혹자는 고구려와 백제가 멸망할 조짐이라고 했다는 것이다. 662년(天智 1) 4월에 쥐가 말의 꼬리에 새끼를 낳았다. 그러자 고구려 승려 도현道顯이 점을 쳐 본 다음 "북국의 사람이 남국에 붙으려고 한다"고 했다. 이를 두고 고구려가 패하여 왜에 복속하는 게 아닐까?라고 해석하기도 했다.

663년 3월에 왜는 4명의 장군을 앞세워 2만 7천 명의 병력을 전격적으로 출병시켰다. 이와 관련해 빗추[備中] 지방 시모쓰미치 군[下道郡]에서는 이런 이야기가 전하고 있다. 즉 황태자인 덴지[天智]가 이 군에 묵으면서 어느 마을이나 집이 모두 대단히 번성함을 느꼈다. 보고를 받은 사이메이 천황이 마을의 군사를 징집하도록 명을 내렸다. 그러자 우수한 장정 2만 명이 집결했다는 것이다. 이로 인해 마을 이름이 니마 향[二万鄕]으로 붙여졌다고 한다. 그러나 사이메이 천황이 쓰쿠시 궁에서 급사急死함으로써 이 군대는 파견되지 않았다.[381]

그러면 왜가 백제를 지원한 이유는 무엇일까? 그 이유는 백제가 무너지면 그 여파가 일본열도로 미친다는 현실 인식에서 기인했을 수 있다. 일반적으로 그렇게 말하고 있는 것이다. 이러한 측면도 틀리지는 않는다. 그러나 본질적으로 백제와 왜는 366년 이래 300년간의 동맹 관계라는 사실이다. 『일본서기』에 의하면 백제 근초고왕은 왜병을 거느리고 마한 전역을 제패한 다음 왜장과 함께 벽지산(전라북도 김제)에 올라가 맹세하고는 또 고사산(고부)에 올

---

381 『風土記逸文』備中國; 강용자 譯, 『風土記』 지만지, 2008, 174~175쪽.

도판 127 | 다자이후 시[太宰府 市] 간제온 사[觀世音 寺]
백제를 지원하기 위해 규슈에 와서 아사쿠라노 다치마노 히로니와노 미야[朝倉橘廣庭宮]에서 급사한 사이메이 천황을 위해 아들인 덴지 천황이 발원하여 약 80년의 세월이 흐른 746년에 완공되었다.

라 반석盤石에 앉아 맹세하였다. 그 때 근초고왕은 "만일 풀을 깔고 앉으면 불에 탈 위험이 있다. 또 나무를 잡고 앉으면 물에 떠내려갈 위험이 있다. 그러므로 반석 위에서 맹세하면 영원히 썩지 않음을 보이게 된다"라고 맹세했다. 『일본서기』에 나오는 이 기사는 백제의 서약 풍습을 그대로 나타내 준다.

이와 관련해 고고학적 물증을 환기해 본다. 즉 한반도 서남부 지역에서 확인된 고대일본의 표지적 묘제인 전방후원분前方後圓墳 피장자에 대해서는 많은 논의가 있었다. 그럼에도 그 성격 구명에는 공감대를 이끌어내지 못한 감이 없지 않았다. 더불어 전방후원분이 소재한 공간 이해가 부족했다는 인상을 받았다. 이곳은 노령산맥 이북과 영산강유역, 그리고 해남반도에 이르는 3개 권역으로 나누어진다. 그런데 전방후원분이 소재한 구간은 369년에 백제 근초고왕이 금강을 건너 평정한 마한 잔여 지역이 된다. 이때 백제군은 왜군과 합동작전으로 이 지역을 석권한 것으로 알려져 있다. 바로 그러한 유서 깊은 공간에 왜계 전방후원분이 조성되었다. 이 점은 그 피장자의 성격을 암시해주는 단서가 될 수 있다. 이와 더불어 전방후원분의 조성 시점이 백제사에서 간난기인 6세기 전반이라는 사실은 주목을 요한다.

475년에 한성이 함락되고 웅진성 천도를 단행한 후에 백제는 고구려의 군사적 위협에서 벗어나는 일이 현안이었다. 동성왕이 왜에서 귀국하여 즉위할 때 왜병 5백 명이 위송衛送했다. 이 숫자는 전지왕이 왜에서 귀국할 때 따라온 왜병 1백 명 보다 무려 5배나 많은 숫자였다. 전방후원분 피장자들이 활약했던 5세기 말~6세기 초엽에 비상시국을 맞은 백제에 큰 버팀목이 되었던 세력이 왜였음을 알려준다. 당시 동성왕은 이탈해간 지방 세력을 흡수하는 작업을 병행하였다. 그 작업의 일환으로서 과거 백제와 왜 간의 공동작전의 성과이기도 했던 마한 잔여 고지故地에 왜인들을 분봉하였다. 이때 분봉된 왜인들은 369년에 백제가 이곳을 점령할 때 활약했던 왜장과 한부韓婦 사이

도판 128 | 해남 용두리 전방후원분

에 출생한 후예이거나 백제와 관련을 맺은 가문으로 확인되었다. 곧 전방후원분 피장자들은 백제와 연고를 맺고 있는 왜인들이었다.

6세기 중엽경에 백제 조정에 왜계 관인들이 등장한다. 그러한 양속체제兩屬體制의 연원은 근초고왕과 왜장 간의 벽지산과 고사산 서맹에서 연원을 찾을 수 있다. 그 즉시 양국은 공조체제를 갖추었다. 그 첫 번째가 마한 평정 군사작전이었고, 그 두 번째는 백제에서 왜로의 박사 파견이 된다. 전자는 왜에서 백제로 파병된 것이요, 후자는 백제에서 왜로의 학자 파견이었다. 이 사실에서부터 양속체제의 실마리를 잡을 수 있다. 이후 백제는 오경박사나 와박사瓦博士와 같은 기술직 박사를 3년 교대로 왜에 파견하였다. 요컨대 근초고왕대 이래 백제와 왜는 우호를 다졌다. 동시에 공동의 이익을 위해 지속적으로 운명을 함께 하는 관계를 구축하였다.

백제도 6세기 중엽에 관인을 왜에 파견한 사실이 확인되었다. 이는 왜계 관인이 백제에서 활약한 사실과 연관 짓게 된다. 6세기 중엽까지 백제는 한수유역을 점유하고 있던 고구려를 몰아내고 고토를 회복하는 일이 숙원이었다. 한성 함락이라는 비상시국과 고토회복이라는 숙원 사업 속에서 백제와 왜는 이해가 일치하였다. 이때 백제와 왜는 고구려의 군사적 위협에 공동 대응하는 상황에서 일종의 양속정권적 비상체제를 강화했다. 그랬기에 백제와 왜 간의 관인들이 상호 왕래하여 상대국 조정에 배치될 수 있었다. 나아가 백제는 지방 지배를 완료하는 소기의 성과를 거두고 방方·군郡·성제城制라는 전면적인 지배 방식으로 전환하였다. 이와 맞물려 백제는 분봉했던 왜인들을 조정의 관인으로 전환시켰다. 즉 왜인들을 중앙관료화시켰던 것이다. 그런데 회복한 한수유역을 신라에 침탈당하고 양속정권의 한 축이었던 성왕의 전사와 맞물려 그 성격은 쇠퇴하고 말았다.

문제는 백제와 왜 간의 양속체제의 배경이다. 여기에는 종래 운위되었던 외교나 협력 관계만으로 설명할 수 없는 부분이 있었다. 왜계 관인이 백제 조정의 관료로 활약한 것과 마찬가지로 백제에서도 왜 조정에 관인을 파견했기 때문이다. 이와 더불어 왜 조정 핵심 지역에 '백제' 국호가 대궁大宮을 비롯한 상징성이 큰 지역에 자리잡았다. 게다가 왜왕의 혈통에도 백제 왕실과의 관련성이 엿보이고 있다. 그렇다면 백제와 왜 간의 관인 교환은 현상만 놓고 양속체제라고 한 느낌이 든다. 유례가 극히 드문 이러한 사례의 본질은 연합정권적 성격을 가리키는 증좌일 수도 있다. 이 사안은 차후 심도 있는 분석이 요망된다.[382]

2) 내분의 폭발

왜군의 출병 사실을 이누가미노 기미[犬上君]는 급히 고구려로 달려가 알리고는 돌아왔다. 이는 왜군의 백제군 지원과 동시에 고구려군도 신라 북부 지역을 협격하게 하여 신라와 당의 전선을 양분시키려는 의도였다. 663년 3월에 출병한 왜군 부대는 전·중·후 장군의 3장군 인솔 하에 2만 7천 명이 상륙했다.[383] 전군장군 부대는 상륙하여 6월에는 신라의 사비기沙鼻岐와 노강奴江 2성을 점령하였다. 풍왕을 비롯한 백제군에게는 매우 고무적인 상황이었다. 게다가 이들은 신라 영역을 점령하기까지 했다. 이제 백제의 회복은 명확해져 가는 것 같았다. 이러한 상황에서 복신은 명실이 상부하는 수반을 꿈 꿨던 것 같다. 실제 복신의 권세는 강성하여 "좌평 복신이 당의 포로 속수언續守言들을 올려 보냈다"는 것을 비롯해 회복군 중심으로서의 역할은 기록 속에 자주 등장한다. 풍왕은 명목상의 왕이었지만 오랜 동안 왜에 체류했었기에 재지적在地的 기반이 없었다. 게다가 풍왕을 옹립했던 후견인 도침은

---

382 李道學, 「馬韓 殘餘故地 前方後圓墳의 造成 背景」『東아시아古代學』28, 2012, 169~203쪽.
383 『日本書紀』권27, 天智 2년 3월 조.

제거된 후였다. 그러므로 풍왕은 고립무원의 상황에서 도리없이 뒷전에 머물러 있었다. 다만 풍왕은 "제사를 주관할 뿐이었다"고 할 정도였다. 명목상의 통수권자로서 상징적인 역할 밖에는 못하였다.

『삼국사기』에서 "이때 복신이 이미 권력을 오로지하매 부여풍과 더불어 서로 질투하고 시기하였다"는 기록은 이러한 상황에서 파생하였다. 그러나 풍왕은 장기간 왜국에 체류한 관계로 일본열도 내에 정치·경제적 기반을 가지고 있었다. 그러한 풍왕의 불만은 쌓여만 갔다. 도침이 피살된 후 그는 상당한 피해 의식과 위기감을 지녔을 것임은 헤아리기 어렵지 않다. 그 전부터 풍왕은 복신과 미묘한 입장에 있었다. 서로 꺼리는 구석마저 보였다. 비록 풍왕은 의자왕의 아들이기는 하지만 적자가 아닐 가능성이 높았다. 그렇다면 복신은 백제회복운동의 공헌도와 대중적인 인기 등을 토대로 나름대로 수반首班에 대한 의지를 굳혀 나갔음직하다. 이로 인한 갈등이 결국 양자 간의 운명과 더불어 회복운동이 실패로 돌아가게 한 결정적 요인이 되었다.

풍왕은 복신의 전횡을 매우 못마땅하게 여겼다. 그에 대한 불만을 석성石城(부여군 석성면 석성리)에서 만난 왜장 이누가미노 기미에게 털어 놓았다. 이러한 소식이 백제군을 실질적으로 장악하고 있던 복신의 귀에 들어가지 않았을 리 없다. 복신은 몸을 사려 처소를 떠나지 않았다. 물론 복신은 백제군의 주도권을 장악하고 있었다. 그렇다고 그가 명분 없이 풍왕을 함부로 해치기는 어려웠다. 풍왕 또한 대비를 단단히 하고 있던 터였다. 게다가 풍왕은 백제의 후원자인 왜 세력과도 밀접한 관계였다.

복신은 풍왕을 살해할 계획을 몰래 세웠다. 그는 병을 칭하고 굴실窟室에 누워서 풍왕이 문병 오는 것을 기다려 잡아 죽이려고 했다. 여기서 '굴실'은 동굴 안의 처소를 가리키는 게 아니다. 사람 눈에 띄지 않는 밀실을 가리킨다. 복신의 위협을 받고 전전긍긍하던 풍왕 또한 이 같은 낌새를 채고는 역습을 시도했다. 풍왕은 심복들을 거느리고 문병한다고 굴실로 들어갔다. 그리고는 복신을 덮쳐 결박지었다. 663년 6월이었다.

풍왕은 가죽으로 복신의 손바닥을 뚫어 묶었다. 그렇지만 마음대로 그를 처단하지는 못하였다. 비록 풍왕은 복신의 운명을 손아귀에 넣기는 했지만 대양大洋 가운데 떠 있는 고도孤島에 불과했다. 그럴 정도로 풍왕은 복신 세력에 에워싸여 있는 형편이었다. 풍왕은 혼자 결정할 수 없었다. 풍왕은 복신을 꿇어앉히고 모반죄를 성토한 후 처형 여부를 여러 신하들에게 물어 보았다. 양자 간의 갈등에서 승부는 이미 끝난 상황이었다. 그때 곁에 있던 달솔 덕집득德執得이 복신을 가리키면서 소리 질렀다. "이 악역한 놈을 방면해 버릴 수는 없습니다!" 처형을 종용하였다. 풍왕의 의중을 헤아리고는 시체말로 총대를 맨 것이다. 그러자 복신은 덕집득에게 침을 뱉었다. "썩은 개! 어리석은 종놈!" 복신은 외마디 소리를 남긴 채 목베임을 당하였다. 복신의 머리는 젓에 담가졌다. 그의 수급首級이 젓에 담가져서 따가운 형벌을 받는 것이다. 『춘추좌전』에서 보듯이 반란자에 대한 형벌인 해형醢刑이었다.

백제군 지도층의 내분은, 도침과 복신이라는 일 개인의 죽음으로 끝나지 않았다. 상당한 후유증을 유발했다. 앞서 복신은 살해한 도침의 병력을 접수하였다. 복신의 병력 역시 그가 피살된 후 동일한 전철을 밟게 되었을 것이다. 백제군의 사기와 전투력은 현저히 약화되었을 게 자명하다. 일선 지휘관들의 숙청으로 인해 지휘체계의 혼란 등을 얼마든지 상정할 수 있다.

3) 백강전투가 지닌 의미

663년 8월 백강구白江口에서 발생한 백강전투는 백제-왜가 신라-당과 격돌한 대전이었다. 이 전투에서 백제-왜가 패함에 따라 백제의 전통적 우방인 왜의 힘을 빌려 무력으로써 국권을 회복하려는 운동은 실패하고 말았다. 신라의 입장에서는 백제와 연계하여 한반도에 등장한 왜 세력을 신라사에서 영구 퇴출시킨 전투였다. 이러한 백강전투는 한국사보다는 일본사에서 의미를 더욱 크게 부여하였다. 이는 다음의 인용을 통해서 알 수 있다. 일본 문헌에서는 백강을 백촌강白村江으로 표기하였다.

　＊ 백촌강의 패전 : 조선반도에서는 백제 · 고구려 · 신라의 대립이 격화되었다. 그래서 신라는 당과 결속하였고, 660년에 당과 신라의 연합군은 백제를 함락시켰다. 원래 백제의 고관 귀실복신은 일본에 있던 왕자 풍장왕의 귀국과 일본군의 구원을 구하고자 했다. 이에 대하여 국내에서 불안정한 상태에 있었던 나카노 오에 황자[中大兄皇子]는 백제 구원을 명분으로 출병을 결행하는 일로써 한꺼번에 해결하고자 하였다. 그리하여 아츠미노히라부[阿曇比羅夫] · 가미쓰케노 노키미와가코[上毛野君稚子] · 아헤노히케다노 오미히라부[阿倍比羅夫] 등이 이끄는 대군을 파견하고, 사이메이 천황[齊明天皇]은 몸소 규슈[九州]의 땅朝倉宮으로 나갔다. 그러나 천황은 병사하고, 백제군의 내분이 발생하여 외정군外征軍의 사기는 저하되었다. 이것에 편승하여 당군은 663년 대군을 파견하여, 8월 27일~28일 금강하구의 백촌강의 전투에서 일본군을 깨뜨렸다. 이렇게 하여 일본의 백제부흥의 기도가 실패 뿐만 아니라, 조선반도와의 교류의 발판도 완전히 상실했다. 이 패배로 인해 신정부의 의도는 무너졌고, 사태는 전혀 용이하게 전개되지도 않았다. 더욱이 신라는 이후에도 唐과 결탁하여 고구려를 멸망시키고(668년), 조선반도를 통일했다(676).[384]

　＊ 한편 조선반도에서는 신라가 통일로 나아가기 위하여 당과 연결하여 660년에 백제를 멸망시켰다. 백제에서는 그 후에도 호족이 군대를

384　山本西郎 · 上田正昭 · 井上滿郎, 『解明新日本史』文英堂, 1983, 49~50쪽.

모아 당과 신라에 저항하였고, 일본에도 구원을 요청하였기에, 조정은 백제에 군대를 보냈다. 그러나 663년 백촌강의 전투에서 당·신라군에 패하여 조선반도에서 일본의 지위는 완전히 상실되었다. 고구려도 668년에 멸망하여, 조선반도는 신라에 의해 통일되었다.[385]

신라의 입장에서 볼 때 백강전투는 이후 왜 세력이 한반도에 다시금 얼씬거리지 못하게 한 획기였다. 일본의 입장에서 백강 패전은 그들의 지론인 한반도 제국에 대한 영향력을 상실하게 된 전기가 되었다. 백강전투에 대한 일본측의 의미 부여를 수용할 이유는 없다. 다만 그 만큼 중요한 전투로 인식한 것은 분명하다. 문제는 이처럼 중요한 전투가 벌어졌던 역사적 현장인 백강구의 위치에 대해서는 이견이 보인다. 대표적인 논자 중심으로 이를 다음과 같은 도표로 정리해 보았다.

---

385 "白村江: '白村江'은 『日本書紀』의 표현이며, '하쿠스키노에'라고 읽는다. 중국의 『舊唐書』『新唐書』에는 '白江', 朝鮮의 史書 『三國史記』에는 '白沙'라고 하며, 오늘날 錦江 下流로 말해진다. 역사 용어는 역사를 이해하기 위한 끈이지만, '하쿠스키노에'는 사건에서 半世紀 이후에 편찬된 『日本書紀』에서 제시한 地名이기 때문에 현재의 교과서 표기로 落着된 것이다." 五味文彦·鳥海靖 編, 『もういちど讀む山川日本史』 山川出版社, 2010, 30쪽.

白江	주장자
錦江	津田左右吉(1913) / 池內宏(1934) / 輕部慈恩(1971) / 李丙燾(1977) / 鈴木治(1972) / 沈正輔(1983) / 盧重國(2003)
東津江	小田省吾(1927) / 今西龍(1934) / 孫晉泰(1948) / 全榮來(1976) / 李道學(1997) / 徐程錫(2002) / 李鍾學(2003)
扶安 斗浦川	盧道陽(1979)
安城 白石浦	金在鵬(1980)
牙山灣	朴性興(1994)

백강의 위치에 대한 여러 견해[386]

주류성은 국가회복운동기의 백제 왕성이었다. 이는 『일본서기』에서 "적장이 주유州柔에 와서 그 왕성을 에워쌌다"·"주류성은 백제의 소굴로서"라는 기사와 더불어 피성避城 천도 직전의 왕성으로서 '주유'가 보이기 때문이다. 분명한 것은 663년에 신라와 당의 수군은 백강에서 육군과 합세하여 주류성을 공격했다.[387] 이로 볼 때 백제 왕성인 주류성의 위치는 백강 근방임을 알수 있다. 더욱이 "주류성 함락의 원인은 백강의 패전에 있다고 할 수 있다"[388]고 하였다. 이렇듯 백강의 위치 파악은 주류성의 위치 확인을 넘어 전쟁의 환경을 살피는데 빼놓을 수 없는 사안이었다.

---

386 이에 대한 학설사적인 정리는 다음의 논고를 참조하기 바란다.
卞麟錫, 『白江口戰爭과 百濟·倭 관계』한울아카데미, 1994, 56~64쪽.
沈正輔, 「白江에 대한 研究現況과 問題點」 『백제 부흥운동과 백강전쟁』서천군, 2003, 78~83쪽.
李鍾學, 「주류성·백강의 위치 비정에 관하여─군사학적 연구방법에 의한 고찰」 『軍史』 52, 2003; 『동북아시아의 전쟁과 평화』충남대학교 출판문화원, 2016, 200~208쪽.

387 『舊唐書』권199上, 동이전 百濟 조.

388 津田左右吉, 「百濟戰役地理考」 『朝鮮歷史地理』1, 1913, 169쪽; 『津田左右吉全集』 11, 岩波書店, 1964, 172~173쪽.

4) 주류성 비정

백제인들의 조국회복운동의 처음 거점은 예산의 임존성이었다. 백제는 661년경 왜에 있던 풍 왕자를 옹립하여 국가를 재건했다. 이후 백제에게 왜의 비중은 절대적이었다. 백제로서는 자연히 왜와의 교류가 용이한 곳을 거점으로 삼을 수밖에 없었다. 이 점에서는 금강 이북의 임존성보다는 그 이남의 주류성이 유리하였다. 백제의 거점이 임존성에서 주류성으로 이동한 배경이라고 하겠다.[389] 그리고 663년 9월의 주류성 함락을 일컬어 『구당서』는 "남방이 이미 평정되자"고 했다. 그 직후 당군은 임존성 공격에 나섰다. 여기서 '남방'의 기준은 백제 영역을 남북으로 구획하는 금강으로 보인다. 그렇다면 주류성의 소재지를 금강 이남으로 유추하는 게 가능하다. 주류성을 거점으로 한 백제는 왜로부터 병원兵員과 전략물자를 지속적으로 보급받고 있었다. 그럼에도 불구하고 663년 8월의 백강전투 이전까지는 왜군과 당군 간의 충돌이 전혀 없었다. 이 사실은 주류성이 당 수군의 제해권 밖에 소재했음을 알려준다.[390] 주류성이 금강 이북에 소재할 수 없음을 뜻한다. 한편 두량윤성豆良尹城을 주류성으로 비정하는 견해도 있었다.[391] 그러나 다음의 기록에서 보듯이 양자는 별개의 성이었다.

> 왕이 김유신 등 28[혹은 30] 장군을 거느리고 이들과 더불어 합하여 두릉豆陵[혹은 良] 윤성尹城·주류성 등 제성諸城을 공격하여 모두 함락시켰다.[392]

---

389 李道學,「百濟 復興運動의 시작과 끝, 任存城」『百濟文化』28, 1999;『백제 사비성시대 연구』일지사, 2010, 378쪽.

390 李鍾學,『동북아시아의 전쟁과 평화』충남대학교 출판문화원, 2016, 211쪽.

391 津田左右吉,「百濟戰役地理考」『津田左右吉全集』11, 岩波書店, 1964, 177쪽.

392 『三國史記』권6, 문무왕 3년 5월 조. "王領金庾信等二十八[一云三十]將軍與之合 攻

즉 두룽[량] 윤성과 주류성은 음은 닮았지만 서로 다른 별개의 성인 것이다. 여기서 나아가 지금까지 백강 위치 논의를 정리하였기에 주류성의 위치를 구명해 본다. 오랫 동안 지지를 받으며 주류성으로 비정되어 왔던 곳이 서천군 한산면의 건지산성이었다.[393] 그러나 이곳은 발굴 결과 고려 후기의 축조로 밝혀졌다.[394] 반면 주류성을 부안의 위금암산성으로 비정한 논자는 오다 쇼코[小田省吾]를 필두로 이마니시 류[今西龍]와 노도양·전영래·이도학 등이다.[395] 결국 주류성은 금강 이남에 소재한 위금암산성일 가능성이 가장 높아졌다.

주류성을 위금암산성으로 지목한 기존의 근거를 간추려서 소개해 본다. 먼저 다음의 기사를 살펴 보도록 한다.

병술이 초하루인 겨울 12월, 백제왕 풍장과 그 신하인 좌평 복신들이 사이노 무라치[狹井連] 및 에치노 다쿠쓰와 의논하여 "이 주유州柔는 전지田地와 멀리 떨어져 있고 토지가 척박하니 농잠農蠶할 땅이 아니요 방어하고 싸울 장소이다. 이곳에 오래 있으면 백성이 굶주리게 될 것이다. 지금 피성避城으로 옮기는 게 좋겠다. 피성은 서북에는 고련단경古連旦涇의 물이 띠를 두르고 동남쪽에는 깊은 진흙의 큰 제방이 있어 방

豆陵[一作良]尹城·周留城等諸城皆下之"

393　津田左右吉,「百濟戰役地理考」『津田左右吉全集』11, 岩波書店, 1964, 172~173쪽.
　　李丙燾,『韓國史(古代篇)』乙酉文化社, 1959, 514쪽.
　　沈正輔,「百濟復興軍의 主要據點에 관한 硏究」『百濟硏究』14, 1983, 178쪽.
　　건지산성설을 추종했던 이로서는 그 밖에 이기백·이기동·정효운·노태돈 등등이다. 이에 대해서는 李鍾學,『동북아시아의 전쟁과 평화』충남대학교 출판문화원, 2016, 204쪽을 참조하기 바란다.
394　忠淸埋葬文化財硏究院·舒川郡,『韓山 乾至山城』2001, 80쪽. 82쪽.
395　이에 대한 연구사적 정리는 李鍾學,『동북아시아의 전쟁과 평화』충남대학교 출판문화원, 2016, 200~208쪽을 참조하기 바란다.

비하기에 좋다. 사방에 논이 있어 도랑이 파여 있고 비가 잘 내린다. 꽃이 피고 열매가 여는 것이 삼한에서 가장 기름진 곳이다. 의식의 근원이라 할 만큼 천지가 깊이 잠겨있는 땅이다. 비록 토지가 낮은 곳에 있지만 어찌 옮기지 않으리요"라고 말하였다.

이 때 에치노 다쿠쓰가 혼자 나아가 간언하여 "피성은 적이 있는 곳에서 하룻밤에 갈 수 있습니다. 서로 가깝기가 이처럼 심합니다. 만일 불의의 일이 있으면 뉘우쳐도 미치지 못할 것입니다. 대저 굶주림은 후의 일이고 망하는 것은 먼저입니다. 지금 적이 함부로 오지 않는 까닭은 주유가 산이 험한데 축조되어 있어 방어하기에 적합할뿐 아니라, 산이 가파르고 높으며 계곡이 좁으니 지키기는 쉽고 공격하기는 어렵기 때문입니다. 만일 낮은 지역에 있으면 무엇으로 거처를 굳게 지켜 동요하지 않고 오늘에 이르렀겠습니까"라고 말하였다. 그러나 간언을 듣지 않고 피성으로 천도했다.[396]

위에 보이는 피성은 벽성辟城 즉 '벽지辟支'를 가리키는 것으로 지금의 전라북도 김제이다. 그리고 '깊은 진흙의 큰 제방'은 벽골제를 가리킴은 두말할 나위 없다. 그리고 662년 12월에 제기된 피성으로의 천도 논의를 살펴 볼 때, 이로부터 반년 남짓 지나 백강전투에서 전사하게 되는 에치노 다쿠쓰가 '혼자 나아가' 천도를 반대했다고 한다. 그러므로 풍왕과 복신 등이 투합하여 중심 거점의 이동을 강력하게 추진했음을 알 수 있다. 이러한 천도는 회복운동의 주도권을 둘러싸고 팽팽한 경쟁관계에 있을 정도로 이해를 달리하는 사이였지만 풍왕과 복신이 충돌 없이 추진하였다. 따라서 이때의 천도는 위의 기록대로 회복군 본영이 평야와 격절된 관계로 장기간의 농성에 필요한 농작물

---

396 『日本書紀』권27, 天智 원년 12월 조.

도판 129 | 주류성으로 비정되는 부안 위금암산성 밑의 굴실에서 바깥을 바라 봄.

확보에 불리한 데 연유했다. 그리고 주류성이 방어에는 유리할지 몰라도 주민을 취합하고 전체 회복운동을 지휘할 수 있는 중심지로서는 궁곡에 소재했다는 판단에서 비롯되었다. 결국 회복군은 김제의 피성으로 근거지를 옮겼다. 그런데 왕성인 주류성이 위금암산성이 되기 어려운 근거로서 수도가 너무 높은 곳에 소재했다는 주장도 제기되었다. 그러나 비상시국의 왕성인 주류성의 입지 조건을 "주유가 산이 험한데 축조되어 있어"라고 했다. 따라서 사실 관계를 모르고 일반화시켜 주장했음을 알 수 있다.

주류성에서 피성으로의 천도 기사에 따르면 "피성은 적이 있는 곳에서 하룻밤에 갈 수 있습니다"라고 하여 피성은 당군의 주둔지에 가깝다고 했다. 여기서 피성을 전라북도 김제로 비정하는 데는 이견이 없다. 그렇다고 할 때 주류성에서 피성으로의 천도는 당군이 주둔하고 있는 부여 방면에 가까이 감을 뜻한다. 그런데 만약 서천이 주류성이라고 하자. 그러면 피성은 서천보다 사비도성에서 더 멀리 떨어져 있게 된다. 따라서 피성이 적의 주둔지에 근접한다는 기록과는 부합하지 않는다. 결국 주류성=서천설은 타당성을 잃었다. 그 밖에 주류성 함락 후 신라군이 논공행상한 장소가 지금의 서천인 설리정 舌利停이므로 주류성도 자연 그 근방으로 지목할 수 있다고 한다. 그러나 주지하듯이 신라군은 주류성이 9월에 함락된 후 임존성을 공격했으나 함락시키지 못하였다. 신라군은 11월에야 설리정에 이르렀다. 따라서 설리정 논공행상이 주류성 위치의 관건이 될 수는 없다.

백제는 피성에서 주류성으로 재환도했다. 그 배경은 일단 신라가 백제 남부의 4주州를 침탈하고 백제 5방성의 하나로서 요지인 동방 덕안德安을 빼앗은 데 기인하였다. 다시 돌아와 고려시대 축조로 밝혀진 건지산성은 비록 서쪽으로는 첩첩의 산으로 싸여 있지만 동쪽과 남쪽으로는 평야가 펼쳐져 있어 농지와 잇대어 있다. 건지산성은 성안의 가용 면적이 좁으며 험준하지도 않다. 테뫼식과 포곡식 축성 구조가 함께 확인된 건지산성은 당초에는 테뫼식이었다. 그렇지만 그 기능을 잃어버린 이후에는 포곡식으로 축조되었다고 한다. 게다가 지표조사 결과 단 1점의 백제 때 유물도 수습되지 않았던 건지산성 최초의 모습인 테뫼식 산성은 둘레 350m에 불과하였다. 설령 건지산성을 백제 때 산성이라고 하자. 그렇더라도 회복운동의 거점으로는 너무나 협소하다. 그 뿐 아니라 이곳은 당군의 본영인 사비도성과는 근거리에 소재하였다. 이 점에서도 건지산성을 주류성으로 비정하기는 어렵다. 반면 부안의 위금암산성은 산세가 험준한 요새이므로, 주류성의 지형 조건과 부합된다.

주류성을 부안의 위금암산성으로 비정한다면 그와 근거리에 소재한 고부古阜를 '평왜현平倭縣'이라고 불렀던 역사적 사실과도 부합한다. 이 지명은 문자 그대로 왜군을 평정한 전승 기념에 걸맞다. 백강전투와 관련지어 그 연원을 살피는 게 가능하다. 자연 주류성은 평왜현 인근 지역이어야 하기 때문이다. 그러면 백제의 마지막 왕성, 주류성으로 비정되는 위금암산성은 어떤 곳인가?

『영조실록』에 의하면 1727년(영조 3)에 부안과 변산邊山 지역에 도적떼가 할거하면서 대낮에 장막을 치고 노략질을 하였는데, 삼동에 변산에 있는 큰 절을 습격하여 승려들을 내쫓고 점거하기도 했다. 변산에 소재한 '큰 절'은 개암사 아니면 내소사이다. 여하간 이들 도적떼의 영채는 개암사 뒷산에 자리 잡은 위금암산성이 분명하다. 호남 지역에 유민으로 된 도적떼의 영채는 월출산과 변산에 각각 소재하였다. 그런데 원체 세력이 드세어 관군이 접근하기 어려운 상황이었다고 한다. 위금암산성이 그러한 영채로 이용된 것으로 보인다.[397]

5) 백강에서의 격돌

백제군 지도부의 내분 속에서 당군의 공격은 면밀하게 준비되었다. 신라의 경우도 풍왕이 복신을 살해한 사실을 포착했다. 신라는 백제군이 내분으로 전력이 약화되었음을 간파하였다. 663년 8월 13일에 신라군은 그 틈을 이용해 전격적으로 백제 심장부인 주류성을 공격하려고 했다. 이러한 낌새를 포착한 풍왕은 고구려와 왜에 급히 군사 지원을 요청하였다. 그렇지만 이들은 해상에서 당 수군에 요격되었다. 크게 격파 당하고 말았다. 하지만 풍왕에게는 희망이 비쳤다. 반가운 소식을 접하였다. 풍왕은 여러 장수들에게 말했다. "지금 들으니 대일본국의 구원장 이호하라노 기미오미[廬原君臣]가 용사 1만 여명을 거느리고 바다를 건너오고 있다. 여러 장군은 미리 도모함이 있기를 바란다. 나는 스스로 백촌白村에 가서 기다리고 있다가 접대할 것이다." 풍왕은 백제의 정예 기병을 강가에 배치하여 왜 수군이 안전하게 접안할 수 있는 준비를 하게 했다. 이때 백제를 지원하기 위해 출병한 왜군은 지방 호족의 사병私兵으로 추정되고 있다. 구성상으로는 야마토 조정을 지탱하던 백제

---

397 李道學, 『새로 쓰는 백제사』 푸른역사, 1997, 245쪽.

도판 130 | 가림성에서 본 금강 하구

계 이주민이 주축이 되었는데, 일념에서 뭉쳐진 귀소성적歸巢性的 참전으로
성격을 규정하기도 한다.[398]

왜군의 진출에 대응한 당은 손인사孫仁師가 이끌고 온 군대를 유인원의 군
대와 합세하게 했다. 그러니 군세가 매우 강성하였다. 당 장군들은 공격 목표
를 놓고 토론을 벌였다. 수륙水陸의 요충지인 가림성加林城(부여군 임천면)을
먼저 치자는 의견이 제기되었다. 그러자 유인궤가 말하기를 "병법에는 속이
차 있는 곳을 피하고 비어 있는 곳을 친다고 하였으니 가림성은 험하고 견고
하여 공격하면 군사들이 상할 것이요 지키려면 날짜가 걸릴 것이다. 주류성
은 백제의 소굴로서 무리들이 모여 있으니 만약 이곳을 쳐서 꺾게 되면 여러
성들이 저절로 항복할 것이다"라고 하였다. 결국 유인궤의 주장대로 공격 목
표가 백제의 중심 거점인 주류성으로 결정되었다.

398   卞麟錫, 『白江口戰爭과 百濟·倭 관계』 한울아카데미, 1994, 116쪽.

손인사와 유인원이 이끄는 당군과 문무왕이 거느린 신라 군대는 육로로 진격했다. 반면 유인궤와 두상杜爽 및 부여융이 인솔한 당군은 병선과 군량을 잔뜩 실은 보급선을 이끌고 웅진강에서 백강으로 진격한 후 육군과 합세하여 주류성으로 육박하였다. 8월 17일에 이들은 백제 왕성인 주류성을 급히 에워쌌다. 이와 동시에 당 수군은 백강 어구에 포진하였다. 이때 백제를 지원하기 위해 출병한 왜군 선단 언필칭 1천 척, 기실은 4백 척이 백사白沙를 향해 밀려들었다. 왜군 선단을 맞이했던 풍왕은 이들과 함께 들어오고 있었다. 그런데 풍왕이 선단을 이끌고 왜군을 맞으러 간 그 틈새를 이용하여 170척의 당 선단이 잽싸게 백강 어구를 틀어줘었다. 육상의 주류성은 신라와 당군에 포위되었다. 포위된 주류성의 백제군이 왜군과 연락할 수 있는 유일한 통로는 백강이었다. 그런데 백강 어구를 당군이 금세 틀어막았다. 강가의 백제군은 신라군과 당군을 맞아 싸우게 되었다. 날랜 신라 기병들이 당군의 선봉이 되어 사면에서 집요한 공격을 가하였다. 백제군은 감당하지 못하고 무너졌다.

백강 가에서 상륙을 엄호하고 있던 백제군이 붕괴되었다. 선상의 왜군은 다급해졌다. 접안해야할 강가의 신라군이 진용을 갖추기 전에 상륙해야하기 때문이었다. 8월 27일에 왜군 선발대는 당군 선단과 일차 합전했다. 그러나 왜군 선단은 불리하자 금방 물러섰다. 당군 선단은 진을 견고하게 해서 지켰다. 다음 날인 8월 28일이었다. 해상에서 대치하고 있던 풍왕과 왜군 장수들은 결단을 내렸다. "우리들이 먼저 싸우면 저들은 스스로 물러날 것이다!" 왜군은 선제공격을 결정했다. 이 결정은 결정적인 패인으로 꼽히고 있다. 이러한 결정을 내린 이유로서 상대를 얕잡아 본 치졸한 지휘로 치부하기도 한다. 그러나 이 보다는 강가의 접안 문제로 인해 풍왕은 다급해진 것이었다. 당군 선단을 격파하는 게 궁극적인 목적이 아니었다. 상륙하여 주류성의 포위를 풀게 하고, 증원된 병력으로 백제를 재건하는 게 목표였기 때문이다. 만약 신라군이 백강 가를 장악했다면 왜군은 상륙 자체가 불가해진다. 몸이 달은 풍왕과 왜장들은 속전속결책을 택할 수밖에 없었다.

왜군 선단은 중군 병력을 이끌고 견고하게 포진한 당군 선단을 향해 일제히 돌진했다. 그와 동시에 당 선단은 좌우에서 왜군 선단을 얼른 포위했다. 눈 깜짝할 사이에 왜군은 궤멸되었다. 바닷물에 빠져 죽은 이가 많았다. 뱃머리와 고물을 돌릴 수가 없었다. 이 같은 왜군의 기록적인 패배 원인을 『일본서기』는 "기상을 보지 않았다"와 "대오가 난잡한 중군의 병졸을 이끌고"에서 찾았다. 왜군이 실력을 발휘할 수 없는 상황이었음을 애써 강조하였다. 자기기만을 통한 자기 위안적인 서술이었다.

여기서 백강의 위치를 짚고 넘어 가지 않을 수 없다. 백강의 위치는 주류성의 소재지와 불가분의 관련을 맺고 있다. 그 위치에 관해서도 여러 학설이 제기되었다. 그러나 논지가 번잡함으로 일일이 거론하지 않는다. 다만 근자에 제기된 견해 하나는 검토해 보고자 한다. 즉 유인궤가 이끈 "웅진강으로부터 백강으로 가서"라는 문구를 주목하여 백강과 웅진강을 금강 중류와 하류를 각각 지칭한다고 보았다.[399] 그런데 백강을 금강 중류로 지목한다면 백강구 전투를 묘사하며 "바닷물이 붉게 되었다[海水爲丹]"[400]고 한 기사와 맞지 않다. 만약 백강이 금강 하류라면 바닷물을 언급할 수는 있다. 따라서 통설화된 백강=금강설에 관해서는 회의적으로 볼 수밖에 없다.

이에 관하여 변인석이 제기한 백강을 금강 하구로 비정하기 어려운 이유를 소개하고자 한다. 첫째 금강 근처에 회복운동을 지탱할 수 있는 산성은 있지만, 주류성으로 비정하는 건지산성은 3년간이나 회복운동의 거점이 될만큼 견고하지도 못하고 천험의 요해지가 아니다. 둘째 660년 7월 소정방이 이끈 당군이 사비도성으로 진입하였던 길목에 회복군의 본영을 설치한다는 것

399 노태돈, 『삼국통일전쟁사』 서울대학교 출판부, 2009, 180쪽.
400 『三國史記』 권28, 의자왕 20년 조 末尾 기사.

도판 131 | 백강으로 비정되는 동진강

은 실패한 전철을 다시 밟겠다는 게 되므로 수긍하기 어렵다. 셋째 663년 백
강전투에 참전하는 왜군이 대한해협을 건너오는 고된 항해라는 점을 생각할
때 될 수 있는대로 상륙 지점을 남쪽으로 잡는 게 용이하다. 그러므로 금강
이남의 해안 요소가 적당하다.[401] 이러한 견해를 취할 때 백강은 줄포茁浦나
동진강東津江으로 비정하는 게 타당해진다. 그리고 왜군 선단이 정박한 백강
어귀의 백사는, 규사가 있는 모래사장인 동진강 하구와 부합되는 측면이 발
견된다.

　대외전쟁에 있어서 과장이 많거니와 자국의 패전을 기록하는데 인색하기
로 유명한『일본서기』였다. 그렇지만 백강전투의 패배만은 다음과 같이 솔직
하게 적었다.

401　卞麟錫,『白江口戰爭과 百濟·倭 관계』한울아카데미, 1994, 58~61쪽.

가을 8월, 임오가 초하루인 달의 갑오(13일)에 신라는 백제 왕이 자기의 양장良將을 목 베었기에 곧바로 백제에 들어가 먼저 주유州柔를 빼앗으려고 도모하였다. 이에 백제는 적의 계략을 알고서 여러 장수에게 말하기를 "지금 듣자하니 대일본국의 구원 장수인 이호하라노 기미오미[廬原君臣]가 용사 1만여 명을 거느리고 바다를 건너오고 있다. 바라건대 여러 장수들은 미리 도모함이 있기를 바란다. 나는 스스로 백촌에 가서 기다리고 있다가 접대하고자 한다"라고 말하였다. 무술(17일), 적장賊將이 주유에 와서 그 왕성을 에워쌌다. 대당의 장군이 전선 170척을 이끌고 백촌강에 진을 쳤다. 무신(27일), 일본의 수군 중 처음에 온 자와 대당의 수군이 합전하였다. 일본이 불리해서 물러났다. 대당은 진을 굳게 하여 지켰다. 기유(28일), 일본의 여러 장수들과 백제 왕이 기상을 보지 않고 서로 말하기를 '우리가 먼저 공격하면 저들은 스스로 물러갈 것이다'라고 하였다. 다시 일본이, 대오가 난잡한 중군의 병졸을 이끌고 진을 굳건히 한 대당의 군사를 쳤다. 대당은 즉시 좌우에서 선박을 내어 협격하였다. 눈 깜짝할 사이에 관군이 잇따라 패배하였는데, 물속에 떨어져 익사한 자가 많았다. 뱃머리와 고물을 돌릴 수가 없었다. 에치노 다쿠쓰는 하늘을 우러러 맹세하고 이를 갈고는 수십 인을 죽이고는 마침내 전사하였다.…[402]

백강전투에서 백제와 왜 연합군은 참담한 패배를 맛보았다. 일본측 기록에서는 패전의 책임을 기상을 보지 않고 무리하게 돌진했던 풍왕에게 돌렸다. 반면 에치노 다쿠쓰의 장렬한 전사로써 왜군의 용전을 부각하였다. 그러면 왜군 선단이 참패한 요인은 무엇이었을까? 이에 대해서는 숱한 추측들이

---

402 『日本書紀』권27, 天智 2년 8월 조.

제기되었다. 이 가운데 당군이 보유한 거북선처럼 동물 모양을 본뜬 해골선海鶻船에서 찾기도 한다. 해골선은 선체가 높고 큰데다가 적선을 박격搏擊하는 박간拍竿을 선상에 장착하여 화공火攻이 가능하다. 박간은 그 꼭대기에 큰 돌을 얹어 놓고 적선이 접근하면 이를 쏘아 침몰시키는 무기라고 한다. 게다가 해골선에는 아래를 향해 쏘아붙일 수 있는 개인화기인 불화살[火箭]을 쏘아 최대의 성능을 발휘한 까닭으로 분석한다. 이러한 당군이 지닌 전함 탑재 무기의 우위 뿐 아니라 충파전법衝破戰法으로 인해 왜선은 일거에 파괴되어 전투력을 상실한 채 다량의 익사자가 속출했다는 것이다. 이때 왜 선단은 가지런히 노축艫舳으로 맞대어진 상태에 있었다. 그렇기 때문에 바람을 타고 왜 선단을 향한 불길에 속수무책일 것으로 추정했다.[403]

그 밖에 당 수군이 미리 대기하고 있었기에 충분한 휴식을 취할 수 있었다는 것이다. 그런데 반해 왜군은 긴 항해로 인해 지쳐 있었다는데서 찾기도 한다. 그러나 근본적인 요인은 당 수군은 '전선戰船'이었다. 이에 반해 왜군은 백제 지원 병력 수송을 위한 수송선이었다. 해전에 맞게 설계된 전선과 육지에 상륙시키기 위한 수송 선박이 격돌했을 때 승부는 자명했다. 지금까지의 연구에서는 이 점을 간과하지 않았나 싶다.

그런데 백강전투와 관련해 짚고 넘어갈 사안이 있다. 흔히들 이 전투에 동원된 왜군 숫자를 2만 7천 명으로 운위하고는 한다. 그러나 이는 맞지 않다. 앞의 인용에서 확인되듯이 1만 명이었다. 왜군 2만 7천 명은 그해 3월에 이미 출병한 바 있다. 이들 가운데 전군은 6월에 신라군과 교전하였다. 8월에 왜의 중군과 후군이 백강으로 진입한 것으로 추측할 수 있다. 그러나 8월에 백강으로 진입한 왜군 장수는 3월에 출병한 왜군 장수들과는 동일하지 않았다. 따라서 양자는 서로 다른 세력으로 보아야 한다. 그렇다고 할 때 663년에

---

403 卞麟錫, 『白江口戰爭과 百濟·倭 관계』 한울아카데미, 1994, 130쪽. 192쪽.

백제로 출병한 왜병의 총 숫자는 3만 7천 명이 된다. 백강전투에서 패전하여 주류성이 함락된 직후 백제인들은 왜군이 주둔한 저례성弖禮城으로 이동했다. 백제인들은 저례성에서 왜군 뿐 아니라 좌평 여자신餘自信 등을 만났다. 이들과 함께 왜로 떠났다. 이로 볼 때 백강 패전 후 백제인들은 3월에 출병한 왜군들을 저례성에서 만난 것이다. 왜군이 663년에 2회에 걸쳐 총 3만 7천여 명을 출병시켰다면 그 비중은 종전의 관념을 뛰어넘는다.

백강전투에서 백제 왕자인 부여충승扶餘忠勝과 부여충지扶餘忠志 등은 사녀士女와 왜병들을 이끌고 항복하였다. 부여충승은 『일본서기』에 의하면 풍왕의 작은 아버지 혹은 풍왕의 아우로 각각 달리 서술되었다. 여하간 그는 풍왕의 친족이었음은 분명하다. 그리고 탐라국 사신도 생포되었다.[404] 백제가 종속된 탐라의 지원을 얻기 위해 불러들였기 때문으로 보였다. 이때 왜군측에서는 무수한 포로를 발생시켰다. 당군의 포로가 되었던 왜군 가운데 두 사람은 22년 만에 신라를 거쳐 송환되었다. 역시 같은 포로가 되어 관호官戶로 있다가 무려 44년 만에 귀환한 이도 있었다.

풍왕은 보검 한 자루를 떨군 채 황망히 몸을 빼어 달아났다. 보검을 빼앗겼다는 것은 풍왕이 하마터면 생포될 뻔했음을 뜻한다. 당군은 풍왕의 보검을 들어 올렸다. 풍왕의 생포 내지는 사망을 알리는 행위였다. 그럼으로써 백제군과 왜군의 사기를 결정적으로 떨어뜨렸던 것이다. 보검을 빼앗긴 풍왕의 종적은 한동안 묘연하였다. 고구려로 달아났다고 한다. 『일본서기』에 의하면 "이 때 백제왕 풍장은 몇 사람과 함께 배를 타고 고구려로 도망갔다"고 하는 목격에 근거한 구체적인 문자를 남겼다. 『구당서』 유인궤전에서 고구려로 들어 간 풍왕이 왜로 망명한 아우인 부여용扶餘勇과 내응하였다고 했다. 따라서 풍왕의 고구려 망명은 사실이었다.

---

404 『舊唐書』 권 劉仁軌傳.

신라와 당군은 그간 포위하여 고립시켜 놓았던 백제군의 총본영인 주류성을 일제히 공격하였다. 풍왕이 없는 주류성은 결국 9월 7일에 옹골차게 닫혀 있던 성문이 활짝 열렸다. 그럼에 따라 유인궤의 예측대로 백제군의 잔여 세력은 기가 크게 꺾여서 왜국으로의 망명길에 올랐다. 이때의 모습을『일본서기』는 다음과 같이 적었다.

9월 신해가 초하루인 정사(7일), 백제의 주유성이 비로소 당에 함락되었다. 이 때 나라 사람이 서로 "주유가 항복하였다. 일을 어떻게 할 수 없다. 백제의 이름은 오늘로 끊어졌다. 조상의 분묘가 있는 곳을 어찌 다시 갈 수가 있겠는가. 다만 저례성弖禮城에 가서 일본의 장군들을 만나 사건의 기밀한 바를 의논하자"라고 말하였다. 드디어 본래 침복기성枕服岐城에 있는 처자들을 가르쳐 나라를 떠날 생각을 알리게 하였다. 신유(11일)에는, 모저牟弖를 출발, 계해(13일)에는 저례에 이르렀다. 갑술(24일)에 일본의 수군 및 좌평 여자신·달솔 목소귀자木素貴子·곡나진수谷那晋首·억례복류憶禮福留는 국민들과 함께 저례성에 이르렀다. 이튿날 배가 떠나서 처음으로 일본으로 향하였다.405

9월 7일에 백제 왕성인 주류성이 함락되었다. 주류성 함락 소식을 접한 백제 군사들은 망연자실했다. 백제 군사들은 일단 왜군이 주둔하고 있는 저례성에 가서 대책을 강구하기로 하였다. 이곳의 위치는 분명하지 않다. 그렇지만 왜군 선단들이 정박할 수 있는 백제 후방의 주요 항구로 보인다. 백제 군사들은 침복기성에서 처자들을 대동하고 이동했다. 이들은 모저를 출발하여 이틀 후 저례성에 이르렀다. 이곳에서 이들이 열하루 날 체류하고 있을 때였

---

405 『日本書紀』권27, 天智 2년 9월 조.

다. 기별을 받고 좌평 여자신을 비롯한 백제 고관들이 왜군 선단에 분승하여 들어왔다. 이들을 싣고 그 다음 날 왜군 선단은 일본열도로 항진했다. 이러한 상황을 일러 「예군묘지명」에서 "이때 일본日本의 남은 무리들이 부상扶桑에 웅거하여 죽음을 피해 달았다[逋誅]"고 했다. 여기서 '일본'은 백제이고, '부상' 은 왜를 가리킨다.[406] 일본은 문자 그대로 해가 뜨는 곳, 즉 동쪽 방향을 뜻한 다. 중국대륙에 있는 제국을 의식한 호칭이었다. 그런데 일본은 동쪽 방향을 가리키는 말이어서 옮겨 다녔다.[407] 따라서 백제를 가리키는 호칭에서 주민 의 이동과 더불어 일본열도에 대한 호칭으로 옮겨 간 것으로 보인다.[408] 일본 도호쿠 대학[東北大學] 교수였던 이노우에 히데오[井上秀雄, 1924~2008] 역시 '일 본' 국호는 백제인이 붙였다고 했다.[409]

백제군 주력을 궤멸시킨 신라군과 당군은 남부에서의 회복운동을 사실상 종식시켰다. 이제는 임존성이 표적이었다. 그러나 임존성은 절해絶海의 고도 孤島와 같은 형세임에도 불구하고 끄떡하지 않았다. 신라와 당, 두 군대가 온 힘을 몰아 공격하였지만, 원체 굳세게 지키며 버텼다. 신라 군대는 회군하려 고 하자 두상이 말했다. "칙령에 의하면 백제를 평정한 후에는 함께 모여 맹 약을 하라고 하였다. 임존성 하나가 비록 항복하지 않았다고 하더라도 즉시 함께 맹약을 하여야 한다!" 그러나 신라는 칙령대로 한다면 백제를 다 평정된 후에야 맹약을 위한 회합을 가질 수 있다는 입장을 고수했다.

백제 조국회복운동이 사실상 막을 내리는 663년 8월의 백강전투는 흑치상

---

406 충청남도역사문화연구원, 『중국 출토 백제인 묘지 집성(원문·역주편)』 2016, 217쪽.
407 綱野善彦 著·임경태 譯, 『일본의 역사를 새로 읽는다』 돌베개, 2015, 166~167쪽.
408 1907년에 吉田東伍가 저술한 『大日本地名辭典』에는 일본 국호는 한민족이 처음 사용하였다가 일본의 국호가 되었다고 한다(박병석, 『도적 맞은 우리 국호 日本 1』, 문학수첩, 1998, 17~26쪽).
409 井上秀雄, 『古代朝鮮』日本放送出版協會, 1972, 213쪽.

지 생애의 중대한 고비가 되었다. 그는 이 무렵 당 고종이 초유招諭함에 따라 유인궤에게 항복하였다. 이 항복이 없었더라면 흑치상지의 생애는 중국 역사서에 기재되지도 않았겠거니와 또 크나 큰 곡절도 기다리지 않았을 것이다. 어지러운 상황에서 운명의 유혹이 따라왔다. 이와 관련해 궁금한 것은 흑치상지가 항복한 시점과 그 동기가 된다. 그가 항복한 시점은 주류성이 함락된 후 임존성이 공격을 받으면서 버티는 상황에서 나왔을 가능성이다. 실제 그의 항복에 관한 기록은 주류성은 함락되었지만 임존성은 건재한 상황에서 나왔다.

그러나『삼국사기』의자왕기 말미에 수록된 조국회복운동 기사 가운데 흑치상지에 관한 기사는, 회복운동이 대체로 막을 내리는 시점에서 총괄적으로 기재되었다. 그러한 만큼 그가 항복한 시점을 주류성 함락 이후 임존성 포위 때라고 단정하기는 어려운 점도 있다. 조국회복운동 기간 중 흑치상지의 활약상은 결코 과소평가될 수 없었다. 그럼에도 불구하고『일본서기』에는 단한 줄도 비치지 않았다. 이는 그의 투항이 백강전투 이전이었을 가능성을 제기해 준다. 때문에 그 직후 왜로 망명한 백제 유민들이 그를 변절자로 취급했기에 일체의 기록에서 삭제한 것일 수 있다. 물론 664년에 웅진도독부가 설치되어 백제인 관료들이 왜에 내왕하였다. 그의 투항 사실이 이때쯤 알려졌을 가능성도 배제하기 어렵다. 어쨌든 이 항복이 흑치상지로 하여금 '변절자'로 매도당하게 했다. 그러나 이 문제는 복잡하게 얽히고설킨 당시의 상황 속에서 파생된 것이므로 그리 간단하게 이야기할 수 없는 성질의 것이다. 왜냐하면 흑치상지의 성품에 관한 기록을 놓고 보자. 강직한 그가 사리私利를 위하여 그러했으리라고는 전혀 생각되지 않는다. 그렇다면 흑치상의 투항 배경은 무엇에서 연유한 것일까?

이와 관련해 먼저 흑치상지의 조국회복운동이 "험한 곳에 근거하여 복신에게 호응하였다"라고 한 것을 볼 때, 복신측과 연결되었음을 알 수 있다. 그렇다고 할 때 그는 같은 서부(서방) 출신으로서 복신이 내분으로 피살되는 상황에 직면하자, 위기의식을 느꼈으리라고 충분히 짐작된다. 그 무렵 손인사가 이끄는 당군은 본토를 출발하여 5월에는 남양만 앞의 덕적도에 이른 후 중도에서 백제군을 격파하고 유인원의 군대와 합세하여 백제군을 압박해 들어 왔다. 그와 때 맞춰 당군 진영에 있던 의자왕의 아들인 부여융이, 그에게 투항을 집요하게 권유하였을 가능성이 높다. 결과를 놓고 유추해 볼 때, 부여융은 "자신을 도와 당이 보장한다는 백제 재건사업에 합력하자"는 제의를 했으리라고 믿어진다. 왜냐하면 조국회복운동이 종식된 후 비록 괴뢰정권이기는 하지만 부여융을 수반으로 하여 백제 주민들로 구성된 웅진도독부가 백제 옛 땅을 관할하였다. 흑치상지 또한 여기에 가담하였기 때문이다.

내분의 한 복판에 선 그는, 이 같은 제의를 놓고 심각하게 고뇌하였을 것이다. 2차대전 당시 독일에 협력했던 비시Vichy 정권과 그에 저항하였던 드골 정권 사이에서 고뇌하는 지식인의 모습을 연상할 수 있을까? 결국 그는 풍왕의 곁을 떠나 같은 의자왕의 아들이지만 그 적자嫡子가 기다리고 있는 당영唐營으로 향배를 돌렸다. 단재 신채호도 흑치상지의 투항을 내분의 여파로서 그 직후에 발생한 것으로 간주하였다. 여기서 신라=당=부여융 정권과 왜=풍왕 정권이 대치했다. 당은 은고의 전횡으로 폐태자되었던 의자왕의 원자인 부여융을 수반으로 삼아 민심을 얻고자 했다. 일종의 폐가입진廢假立眞이었다. 적폐를 청산하고 백제를 정상화시키겠다는 명분을 제시한 것이다. 당시 백제인들의 입장에서는 어느 정권이 정당한지 단언하기 어렵다. 오히려 부여융 정권의 정당성에 무게를 실을 수도 있었다.

이와 관련해 제2차 세계대전 때 비시 정권의 사례를 환기시켜 본다. 독일의 침공으로 항복한 프랑스는 1940년 7월 10일에 온천휴양도시 비시에서 상·하 양원 의원들의 압도적 찬성으로 페탱 정권을 합법적으로 출범시켰다. 당시에는 영국으로 망명해 '레지스탕스'를 호소한 샤를 드골 장군이 반역자 취급을 받았다. 미국·캐나다·중국 등 40여개 국가가 비시 프랑스를 승인했다. 국가 원수인 페탱은 잔다르크나 나폴레옹 등의 뒤를 잇는 국가적 영웅으로, 더 나아가 '메시아'로 추앙받았다. 비시 정권은 독일에 협조하여 프랑스군 포로들의 조기 송환을 이루고, 나치 독일이 패권을 차지한 유럽 신질서 아래서 독일에 버금가는 위상을 확보하려 했다. 그러나 날이 갈수록 비시 정권은 독일의 괴뢰로 전락했을 뿐 아니라 종국적으로 독일이 패하였다. 직후 제1차 세계대전 당시 베르됭 전투의 영웅인 필립 페탱은 반역죄로 재판에 회부되어 사형선고를 받았다.[410] 나치독일이 승리했다면 '국민혁명'이라 일컬었던 체제변혁을 이룬 비시정권은 정당성을 획득했을 수도 있었다. 이렇듯 역사의 외나무다리에서 대치한 두 개의 정권에 대한 평가는 심히 어렵다. 다만 승자에게 정당성이 부여된다는 것은 엄연한 현실이었다.

주류성 함락 이후 왜로 망명하지 않고 남아 있던 백제군은 거의 대부분 사로잡혔거나 항복했다. 그러나 임존성만은 요지부동으로 버텼다. 임존성에는 이제 흑치상지가 없었다. 그는 고뇌하다가 부여융이 손짓하는 당군 진영陣營으로 달려갔었다. 임존성에는 어제까지 그의 전우였던 지수신遲受信이 잘 지키고 있었다. 신라 군대는 소나기같은 공격을 퍼부었지만 임존성은 그야말로 철벽이었다. 임존성은 지세가 험준할 뿐 아니라 견고한데다가 양곡도 많이 비축되어 있었다. 전열을 정비하여 신라 군대는 10월 21일부터 재차 공격했지만 끄떡도 안했다. 신라 군대는 초조하지 않을 수 없었다. 당대의 최고 명장 김유신이 투입되어 한 달 남짓이나 공격했다. 그렇지만 아무런 성과를 거두지 못하였다. 11월 4일에 신라군은 회군했다.

당군이 이제는 임존성 공격을 맡았다. 당군의 임존성 공격 또한 결코 순조

---

410 배진영, 「합법적으로 집권해 '혁명'을 추구한 정권들, 그 끝은?」 『月刊朝鮮』 2017, 11월호, 269~271쪽.

롭지 않았다. 그러던 중 당군 진영에 있던 흑치상지에게는 단장斷腸의 아픔이 기다리고 있었다. 그 자신이 백제 주민들과 한 마음으로 피와 땀방울을 흘리면서 지켰던 요새를 이제는 파괴시키는데 내몰리게 되었기 때문이다. 당장 유인궤는 흑치상지가 공을 세울 기회를 마련해준다면서 그의 진심도 확인할 겸 군대를 딸려주었다. 중국인들의 전통적인 주변 민족 통치 방식인 이이제이 수법을 고스란히 적용한 것이다. 흑치상지는 억누르기 어려운 갈등의 불길 속에 휩싸였겠지만 돌이킬 수 없는 상황이었다.

흑치상지는 누구보다 임존성을 잘 알고 있었고 또 명장이었다. 그는 함께 항복했던 사타상여沙吒相如와 함께 군대를 이끌고 임존성 공격을 시도했다. 결국 임존성에 살았던 흑치상지의 공격과 선무 공작으로 인해 성은 함락되었다. 지수신은 처자를 버리고 풍왕이 그러했던 것처럼 뱃길을 이용해 고구려로 황망히 몸을 숨겼다. 임존성 함락으로 3년 남짓 끌었던 회복운동은 대단원의 막을 내렸다.

백제는 당시 고구려와 유기적으로 연계하며 신라와 당에 대응했다. 일례로 백제는 고구려에 사신을 보내 2만 7천 명의 왜군이 3월에 출병한 사실을 알렸다. 그해 5월에 백제 사신은 귀환했다. 양국은 발 빠르게 공조했던 것이다. 그런데 백강전투에서 승전한 신라와 당은 이제는 고구려를 정조준하였다. 연개소문에게 엄청난 위협이 밀려왔다.

6) 백강전투를 둘러싼 신라와 당의 기록

삼국통일기 신라인들은 연합군인 당에 대한 정서가 미묘했다. 동상이몽 관계였기 때문이다. 그랬기에 다음의 인용을 보면 백제인 복장을 한 신라 군인들이 당영을 습격한 것으로 비친다. 이 점을 염두에 두고 다음 기사를 살펴보고자 한다. 이 무렵 전과 및 전쟁 주체에 대한 인식은 다음의 인용에서 확인된다.

선왕께서는 연세가 많으시고 힘이 쇠약해져서 군사를 이끌기 어려웠으나 이전의 은혜를 좇아 생각하셔서 힘써 국경에 이르러서 저를 보내어 군사를 이끌고 대군을 맞이하게 하였습니다. 동서가 서로 화합하고 수군과 육군이 모두 나아갔습니다. 수군이 겨우 백강 어구에 들어섰을 때 육군은 이미 큰 적을 깨뜨려서 두 부대가 같이 [백제의] 왕도에 이르러 함께 한 나라를 평정하였습니다.…

용삭 3년에 이르러서 총관 손인사가 군사를 이끌고 부성府城을 구원하러 왔는데, 신라의 병사와 말도 또한 나아가 함께 정벌하여 가서 주류성 아래에 이르게 되었습니다. 이때 왜의 수군이 백제를 도우러 와서 왜의 배 1천 척이 백강에 정박해 있고 백제의 정기精騎가 언덕 위에서 배를 지키고 있었습니다. 신라의 효기驍騎가 중국 군사의 선봉이 되어 먼저 언덕의 군영을 깨뜨리자 주류성에서는 간담이 잃고서 곧바로 항복하였습니다. 남쪽이 이미 평정되자…[411]

위에서 인용한 후자는 「답설인귀서」이다. 「답설인귀서」에는 신라와 당이 연합하여 백제를 공격할 때의 기사 2건이 언급되었다. 먼저 660년의 전쟁에서 신라군은 육군으로, 당군은 수군으로 적혀 있다. 여기서 당의 수군이 백강 즉 금강으로 진입하기 전에 신라 육군이 '대적大賊' 즉 백제 대군을 격파하였다고 한다. 백제 정벌에 신라의 역할이 가장 컸음을 알리고 있다. 그리고 663년 백강전투에서도 신라의 '효기'가 당군에 앞서 백제 '정기'를 깨뜨렸

---

[411] 『三國史記』권6, 문무왕 11년 조. "王年襄力弱 不堪行軍 追感前恩 勉强至於界首 遣某領兵 應接大軍 東西唱和 水陸俱進 舩兵纔入江口 陸軍已破大賊 兩軍俱到王都 共平一國…至龍朔三年 摠管孫仁師 領兵來救府城 新羅兵馬 亦發同征 行至周留城下 此時 倭國舩兵 來助百濟 倭舩千艘 停在白沙 百濟精騎岸上守舩 新羅驍騎 爲漢前鋒 先破岸陣 周留失膽 遂即降下 南方已定"

기에 주류성을 함락시킬 수 있었다고 했다. 백제 왕성인 사비성과 주류성 공략에 있어서 신라군의 역할이 당군보다 지대했음을 강조하였다.[412] 그러나 이는 사실에 꼭 부합하는 서술만은 아니었다. 『일본서기』에 보이는 백강전투 기사를 통해서 확인할 수 있다. 일본측 기록에 따르면 백강전투에서 신라의 존재는 보이지도 않는다. 왜군과 당군의 격돌로 소개하고 있을 뿐이었다. 신라 뿐 아니라 백제군의 역할도 미미하기 이를 데 없는 조역에 불과한 것처럼 적혀 있다. 이것을 통해 기록 주체에 따라 서사 구조가 확연히 달라짐을 알게 된다.[413]

도판 132 | 당 고종의 건릉 번신상藩臣像 가운데 보이는 신라인 석상.

7. 새로운 조국회복운동의 전개, 웅진도독부의 설치

1) 취리산에서의 맹세

조국회복운동의 종식은 백제 유민들에게 유형·무형의 엄청난 채무를 안겨주었다. 국가재건의 열망과 환희는 깊이깊이 묻혀 버렸다. 백제 향촌 사회의 기반은 송두리째 파괴된 처참한 상황이었다. 『삼국사기』에 의하면 "전쟁 끝이 되어 즐비하던 가옥은 황폐하고 시체는 초분草奔과 같았다"고 서술하였

---

412 이러한 「답설인귀서」의 기술은 신라와 唐이 연합한 평양성 공격에서도 동일하게 반복했다.
413 李道學, 「권력과 기록」 『東아시아古代學』 48, 2017. 20~23쪽.

다. 폐허로 부터의 출발과 새로운 질서의 모색이 요구되었다. 백제 옛 땅을 관할하던 당 장군 유인궤는 "해골을 묻고 호구를 적籍에 올리고, 촌락을 다스리며 우두머리를 두고 도로를 통하게 하고 교량을 놓으며 제언堤堰을 보수하고 파당坡塘을 복구하며 농상農桑을 과하고 가난한 자를 먹이며 고아와 노인을 양육하고 당의 사직社稷을 세우고 정삭正朔과 묘휘廟諱를 반포하니 백성이 모두 기뻐하고 각기 제자리에 안주하게 하였다"라고 할 정도로 어느 정도의 성과를 올렸다.

당은 백제 옛 땅에 대한 정비와 수습이 이루어짐에 따라 통치에 대한 구체적인 구상을 구현해 나가고자 했다. 이러한 선상에서 664년 벽두에 의자왕의 아들인 부여융을 비롯하여 옛 백제 관료들 또한 대거 환국하였다. 당은 백제 옛 땅을 신라에 넘겨주기로 한 동맹결성 초기의 약속과는 달리 그 직접적인 지배를 계획했다. 그러나 당은 3년간에 걸친 회복운동을 통하여 무력적 지배의 한계를 절감한 터이었다. 그런만큼 과거 백제 왕실이 지닌 권위와 후광을 빌어서 그 유민들을 수습하는 것이 효과적이라고 생각하였다. 표면적으로는 백제 재건사업에 힘쓰는 것처럼 하면서, '백제'로써 당분간 신라를 견제하게 하는 동안, 고구려와의 전쟁에 주력할 계획을 지니고 있었다. 그런 연후에 당은 백제 옛 땅을 교두보로 하여 삼국을 모두 병탄할 구상을 한 것이다. 해서 당은 신라를 계림대도독부로 삼고 문무왕을 계림주도독에 임명하였다. 그리고 당은 백제 옛 땅에 웅진도독부를 삼고 부여융을 웅진도독으로 삼았다. 비록 전자는 외번外蕃이고 후자는 내번內蕃이라는 차이는 있다. 그렇지만 양자는 형식상 동격이요 본질적인 차이는 없다.

당은 664년 2월 유인원이 주재한 가운데 웅령熊嶺에서 쌀쌀한 봄바람을 맞으며 부여융과 신라 문무왕의 동생인 김인문金仁問 간에 서맹誓盟을 성사시켰다. 웅령의 위치는 정확하게 맞추기 어렵다. 다만 웅령과 웅현熊峴이 동일한 곳을 가리킨다고 하자. 『대동여지도』에 따르면 웅현은 충청북도 보은 부

근으로 명시되었다. 이곳은 당에서 웅진도독으로 부임했다가 왕문도가 급서한 삼년산성과 동일한 권역이다. 삼년산성은 백제와의 경계 역할도 하였다. 백제 성왕이 전사한 관산성이 인접한 옥천이 아닌가? 이런 이유로 웅령을 택하여 백제와 신라의 경계를 획정하려고 한 듯하다. 실제 「답설인귀서」에 따르면 "이어 맹세한 곳을 드디어 양국의 경계로 삼았습니다"고 했다.

물론 이때 서맹의 성격은 외형상으로는 웅진도독으로 삼아 백제 옛 땅에 귀국시킨 부여융 정권과 신라와의 묵은 감정을 풀게 하고 흩어진 백제 유민들을 불러들이기 위한 데 있었다. 본질적으로는 양국의 경계를 획정하여 백제를 재건하려는 것이었다. 그러나 그 다음 달인 3월에 "백제 잔중殘衆이 사비산성에서 웅거하여 반란을 일으켰으므로, 웅주(진)도독이 군사를 내어 공파하였다"고 했다. 백제인들은 웅진도독부의 시책에 여전히 저항했음을 알려준다. 7월에 고구려의 한 성을 공격하는데 '웅진부성熊津府城'의 군대가 징발되었다. 당이 주도한 웅진도독부는 백제인들의 저항과 고구려 정벌이라는

2개의 현안 속에서 고전하고 있었다. 부여융 정권은 백제 땅에 둥지를 틀지도 못하였다. 또 웅령서맹이 실패한 것으로 해석할 수 있다. 그러나 『일본서기』에 의하면 웅진도독부에서 4월에는 왜에 사신을 파견한 바 있다.

이듬해인 665년 8월 공주의 취리산就利山에서 스산한 가을 바람에 옷깃을 펄렁이면서 유인원劉仁願을 중심에 두고 그 좌우편에 부여융과 문무왕이 백마를 잡아 벌건 피를 각자의 입술에 적시는 삽혈歃血의 장중한 의식을 치렀다. 서맹이 되겠다. 취리산은 공산성 서북에 소재한 해발 239m의 흘립한 삼각형의 연미산燕尾山이다. 연미산에서는 의자왕이 피신했다가 항복한 관계로 왕조 역사의 단절을 가져 왔던 공산성이 빤히 보인다. 그 앞쪽으로는 이곳에 도읍했던 시기 백제 왕들의 능원인 송산리 고분군이 소재했다. 또 강변에는 전설이 깃든 곰나루가 있다. 백제 국신國神와 왕령王靈들이 엄호하는 가운데 엄숙한 삽혈이 끝난 후에는 제단 북쪽에 희생犧牲으로 썼던 백마와 제물을 꼭꼭 묻었다. 부여융과 문무왕 간의 서맹문은 한 고조漢高祖의 고사故事를 의식한 듯 철판에 글자를 새겨 금으로 입힌 후 신라의 종묘宗廟에 보장保藏하게 하였다. 서맹 현장인 연미산을 취리산으로 비정하는 데는 수습된 인화문 토기편과 더불어 제단으로 보이는 석축 시설이 확인되었기 때문이다.[414] 이곳에서는 공산성을 비롯한 금강 일원이 한눈에 잡힌다. 왕도를 엄호해 줄만하다는 인상을 준다. 이러한 입지 환경은 신관동의 야트막한 취미산과는 비교되지 않는다.

취리산 서맹에서 "경계를 획정하여 길이 강역의 경계로 삼았다"고 했다. 백제의 재건을 뜻한다. 당은 이 때 백제 옛 땅의 동반부에 대한 통치권을 신라에 위임하여 당장의 반발을 막고자 하였다. 그런 한편 당은 그 서반부에는 탁상구획에 그친 기존의 5도독부제를 고쳐 웅진도독부를 중심으로 그 관하

---

414 이현숙, 「취리산 유적의 고고학적 검토」 『就利山會盟과 백제』 혜안, 2010, 23~63쪽.

도판 134 | 연미산에서 바라본 금강변 취미산과 공산성 일대

도판 135 | 공산성에서 바라본 연미산과 취미산

에 7주州 51현縣을 설치했다. 7주 51현은 다음과 같다.

熊津都督府	支潯州	沙泮州[號尸伊城]
1. 嵎夷縣 2. 神丘縣 3. 尹城縣[悅己] 4. 麟德縣[古良夫里] 5. 散昆縣[新村] 6. 安遠縣[仇尸波知] 7. 賓汶縣[比勿] 8. 歸化縣[麻斯良] 9. 邁羅縣 10. 甘蓋縣[古莫夫里] 11. 奈西縣[奈西兮] 12. 得安縣[德近支] 13. 龍山縣[古麻山]	1. 己汶縣[今勿] 2. 支潯縣[只彡村] 3. 馬津縣[孤山] 4. 子來縣[夫首只] 5. 解禮縣[皆利伊] 6. 古魯縣[古麻只] 7. 平夷縣[知留] 8. 珊瑚縣[沙好薩] 9. 隆化縣[居斯勿]	1. 牟支縣[號尸伊村] 2. 無割縣[毛良夫里] 3. 佐魯縣[上老] 4. 多支縣[夫只]

魯山州	帶方州[竹軍城]
1. 魯山縣[甘勿阿] 2. 唐山縣[仇知只山] 3. 淳遲縣[豆尸] 4. 支牟縣[只馬馬知] 5. 烏蠶縣[馬知沙] 6. 阿錯縣[源村]	1. 至留縣[知留] 2. 軍那縣[屈奈] 3. 徒山縣[抽山] 4. 半那縣[半奈夫里] 5. 竹軍縣[豆肹] 6. 布賢縣[巴老彌]

東明州	古四州[古沙夫里]	分嵯州[波知城]
1. 熊津縣[熊津村] 2. 鹵辛縣[阿老谷] 3. 久遲縣[仇知] 4. 富林縣[伐音村]	1. 平倭縣[古沙夫村] 2. 帶山縣[大尸山] 3. 辟城縣[辟骨] 4. 佐賛縣[上杜] 5. 淳牟縣[豆奈只]	1. 貴旦縣[仇斯珍兮] 2. 首原縣[買省坪] 3. 皐西縣[秋子兮] 4. 軍支縣

웅진도독부 관하 여러 주현 일람표

2) 괴뢰 정권 웅진도독부의 설치

백제 옛 땅에 대한 당의 통치기구가 웅진도독부였다. 부여융을 도독으로 하여 백제 멸망 당시 당으로 압송되었던 백제 귀족들을 귀환시켜 웅진도독부를 구성했다. 문제는 웅진도독부의 성격이다. 『중국역사지도집』을 펼치면 웅진도독부가 설치된 백제 옛 땅을 당 영토로 표시했다. '당시기 전도全圖'에는 당 영역을 표시하는 연두색을 요동반도를 지나 한반도 북부의 고구려 옛 땅은 물론이고 백제 옛 땅까지 칠하였다. 신라 지역만 빼 놓고 한반도의 고구려

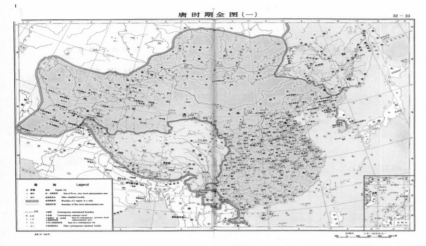

도판 136 | 『중국역사지도집』에 보이는 당대 영역과 영역관. 백제 영역이 당의 영토로 표시되어 있다.

와 백제 땅은 중국 영토로 표시했다.

　그러면 백제 옛 땅이 중국 영토가 된 것은 언제였을까? 백제조국회복운동이 종식된 663년 9월이나 664년의 웅진도독부 설치부터 신라에 웅진도독부가 소멸되는 672년까지 대략 8년간 당의 영토였단 말인가? 실로 생각지도 못했던 인식이었다. 그러나 웅진도독부내의 백제 관료들은 비장한 느낌을 줄 정도로 국가 재건에 주력하였다. 이들의 능동적인 흔적이 포착되고 있다. 그러한 만큼 웅진도독부는 비록 괴뢰 정권에 불과하지만 성격을 달리하는 조국회복운동의 연장선상에서 파악하는 게 순리가 아닐까 한다.

　그러면 웅진도독부의 소재지는 어디인가? 이 문제는 종래 미궁에 싸인 과제였다. 당초에는 웅진도독부의 '웅진'에 걸맞게 지금의 공주에 설치된 것으로 보인다. 이러한 추정은 다음과 같은 점에서 뒷받침할 수 있다. 백제 멸망 후 사비도성에 유진하고 있던 유인원은 660년 9월에 백제군의 공격을 받았다. 661년 2월에도 사비성은 백제군의 공격을 받았지만 신라군의 지원으로 겨우 위기를 넘겼다. 「답설인귀서」에 따르면 이때의 사비성은 분명히 웅진도독부성이었다. 과연 이때 웅진도독부가 설치되었는지는 의문이다. 어쨌든 이후 방어에 유리한 웅진성으로 당군의 거점이 옮겨간 것으로 보인다.

663년 4월에 백제군은 유진낭장留鎭郎將 유인원을 웅진성에서 포위했다. 『자치통감』에 따르면 662년에 유인원은 웅진도독 직함을 사용하였다. 그러므로 유인원이 머물렀던 웅진성이 웅진도독부성일 가능성이 제기된다. 664년 2월에 신라 김인문과 유인원 및 부여융이 웅진에서 서맹하였다. 그리고 665년 8월에도 문무왕과 유인원 그리고 웅진도독 부여융이 웅진 취리산에서 서명했다. 웅진에서 2회나 서맹을 한 것은 웅진도독부의 관내였기 때문일 수 있다. 백강전투가 끝난 이듬해인 664년 3월에 백제 잔중殘衆이 사비산성에 웅거하여 반란을 일으켰다. 그러자 웅진도독이 군대를 내어 토벌했다. 여기서 사비산성은 사비성 관내의 산성을 가리킨다. 사비성은 나성으로 에워싸인 현재의 부여 읍내가 된다. 이 구역에 소재한 산성은 부소산성 밖에 없다. 웅진도독부가 사비성에 소재했다면, 백제인들에게 이곳을 빼앗긴 기록이 있어야 한다. 도독부가 함락되었다면 큰 사건이 된다. 그런데 중국이나 한국측 어느 사서에도 그러한 사실이 적혀 있지 않다. 유인원기공비가 664년 3월 이전에 부소산성에 건립되었다면, 사비산성을 점령한 백제인들에게 산산조각이 났을 것이다. 그리고 웅진도독부가 사비산성을 빼앗겼다면 탈환을 위해 지속적으로 공방전을 벌여야 한다. 제3의 장소에서 발병發兵할 사안은 아니다. 따라서 백제인들이 사비산성에서 항전했다는 사실은 웅진도독부가 지금의 부여가 아닌 제3의 장소에 소재했음을 뜻한다. 그 밖에 공산성에서 출토된 정관貞觀 명문이 적힌 칠갑과 당제 완盌을 비롯한 비중 있는 유물은 이곳이 당군의 중요 거점이었음을 암시해준다. 유안원기공비는 건립 연대를 알 수 없다. 유인원은 668년에도 웅진도독부에 거처한 사실이 포착되기 때문이다.

그런데 큰 건물의 지붕에 이어졌을 '대당大唐'이라는 글자가 양각된 수막새 기와가 부여 쌍북리과 부소산성에서 출토되었다. 그리고 조국회복운동 평정을 기념하여 세운 웅장한 규모의 유인원기공비가 부소산에 세워져 있었다. 이 점을 유의한다면 웅진도독부의 치소治所는 적어도 취리산 서맹이 있던 665년 8월 이후에 부여로 옮겨 온 것으로 보아야 한다. 게다가 웅진도독부에서 웅진성을 가리키는 웅진현은 웅진도독부 관하의 13개 현이 아닌 동명주에 소재했다. 이러한 점들에 비추어 볼 때 웅진도독부는 시종 공주 땅에 소재하지 않았음을 알 수 있다. 그러면 백제인들은 사비산성을 점령할 수 있었을까? 백강전투 직후 신라군과 당군이 승리에 도취해 있었다. 게다가 주력이 웅진성에 몰려 있었다. 그 틈을 타고 백제인들이 사비성을 기습 공격한 결과로 보인다.

「흑치상지묘지명」에 의하면 흑치상지는 664년경에 '웅진성대熊津城大' 즉 웅진성주에 임명되었다. 『자치통감』진기晋紀 함화咸和 9년 2월 조의 주석에 의하면 "성대는 성주와 같다. 일개 성의 우두머리인 까닭에 성대라고 한다"라고 하여 보인다. 그가 웅진성주로 발탁된 요인은 '인망人望'에 있었다고 했다. 그가 발탁되자 "사중士衆이 기뻐한 바가 되었다"라고 한다. 이는 흑치상지의 인품을 칭송하는 문구이기는 하지만 당의 옛 백제 땅에 대한 지배시책과 더불어 웅진도독부의 성격을 시사해주는 기록이다. 즉 당은 옛 백제 지역을 효과적으로 지배하기 위하여 백제 유민들로부터 신망을 받는 옛 백제 관료들을 선발하여 전면에 내세웠음을 알 수 있다. 요컨대 그는 '기충도위折衝都尉 진웅진성대鎭熊津城大(主)'에 임명되었다. 그 직무를 정확히 살피기는 어렵지만 웅진성의 책임자 이지 않았을까 생각해 본다. 웅진도독부가 부여로 옮겨간 이후의 일이었다.

그런데 동명주東明州 관하의 4개 현 가운데 웅진현熊津縣이 소재했다. 흑치상지는 웅진현의 현령이었을 가능성도 존재한다. 그러나 그가 설령 명목상이더라도 당 고종의 회유를 받아 투항했을 정황과 더불어 백제회복운동을 마무리 짓는 데 기여가 컸다. 이 점을 고려한다면 현령보다는 고위직에 임명

도판 137 | 부여 부소산과 쌍북리에서 각각 출토된 '大唐' 명문 기와

되지 않을까. 이러한 맥락에서 볼 때 그는 지금의 공주 지역으로 비정되기도 하는 동명주의 장관인 자사였을 가능성도 배제하기 어렵다. 묘지석이 출토된 예식진禰寔進이 동명주 자사를 역임한 바 있다. 한편 흑치상지의 조국회복운동 거점이었던 임존성은 지심주支潯州의 주현이었던 지심현에 속한 것으로 보인다. 흑치상지를 자신의 연고지에 파견하지 않은 것은 그에게만 국한된 이례적인 일로 보기는 어렵다. 대체로 이같은 입장에서 웅진도독부의 관인 임명이 이루어진 것이다.

흑치상지를 웅진성의 우두머리로 보냈다. 동시에 웅진도독부의 거점이 사비성으로 옮겨간 것으로 추정된다. 문무왕이 설인귀에게 보낸 문서에서 부성府城 즉 웅진도독부성을 처음부터 부여에 소재한 것처럼 기재하였다. 옮겨온 웅진도독부의 거점을 소급해서 당군이 주둔했던 사비성으로 못박은 것으로 보겠다.

웅진도독부의 관인으로서 복무하게 된 흑치상지는, 672년 '충무장군 행대방주장사忠武將軍行帶方州長史'가 되어 지금의 나주 다시多侍를 거점으로 한 나주·함평 지역에 파견되었다. 그는 이후 '사지절 사반주제군사使持節沙泮州

諸軍事'와 '사반주자사沙泮州刺史'를 거쳐 상주국上柱國을 제수받았다. 그러나 이러한 그의 직책은 신라의 공격으로 웅진도독부가 해체되는 상황에서 받은 것이다. 실질적인 역할을 기대하기는 어려웠으리라고 본다.

흑치상지는 그 후 다시금 '좌영군장군 겸 웅진도독부사마左領軍將軍兼熊津都督府司馬'로 전봉轉封되었고 '부양군 개국공'과 식읍 2천호에 봉해졌다. 여기서 '웅진도독부 사마'는 흑치상지가 당으로 들어간 이후 받은 이름뿐인 백제 관직이라고 판단된다. 그는 웅진도독부의 실질적인 수반으로서 '우융위낭장 상주국右戎尉郎將上柱國'을 제수받은 예군禰軍이 670년 신라에 억류되고 671년 웅진도독부가 소멸되는 시점에서, 그 뒷수습을 책임졌던 공을 인정받은 것으로 보인다.

이와 관련해 흑치상지가 함형咸亨 3년(672)에 대방주장사에 임명되었고 또 사반주자사로 전봉된 점에 주목할 가치가 있다. 왜냐하면 신라의 옛 백제 지역에 대한 지배를 뜻하는 소부리주所夫里州의 설치시기를, 과거에는 671년으로 간주하여 왔으나 필자가 제기한 672년이 타당함을 입증해 주기 때문이다. 671년에 부여에 소부리주가 설치되어 웅진도독부가 해체되었다면, 흑치상지가 대방주장사와 사반주자사를 역임할 수는 없기 때문이다. 단 이는 671년에 웅진도독부는 해체되었지만 그 잔존 세력들이 대방주와 사반주 구역인 나주 · 함평과 전라북도 동부 일원으로 밀려 내려가면서 계속 저항했던 실례를 말해주는 지도 모른다. 이러한 추정은 웅진성주였던 흑치상지가 672년에는 돌연 전남 해안 지역에서 활약한 점에서 뒷받침되지 않을까 한다. 어찌됐든 웅진도독부를 축으로 하는 부여융 정권의 마지막 그림자는 672년에 걷히게 되었다.

3) 비운의 태자 부여융

흑치상지의 묘소가 있던 북망산에는 한 세상을 길게 고뇌하며 울울하게 살다가 생을 마친 부여융의 유택도 자리잡고 있었다. 부여융의 묘소도 흑치상지의 경우처럼 무뢰배들에 의해 마구 파헤쳐짐에 따라 그의 존재도 다시금 세상에 빛을 쬐이게 되었다. 그의 묘소가 찢겨 지듯이 파헤쳐지면서 토해낸 한 장의 묘지석에는 비운의 태자 부여융의 가슴 저린 생애를 동여매 주려고 무진 애를 쓴듯 하다. 그렇지만 서글픈 그의 이력을 눈치 채지 못하게 깁지는 못하였다. 원체 그의 생애 자체가 감당하기 어려울 정도로 비극적이었기 때문이다.

부여융 묘지석의 크기는 가로와 세로 모두 58㎝의 정사각형이었다. 그 안에 종선과 횡선을 새겼다. 그 안에는 1행마다 27자씩 26행으로 모두 669자가 해서체 위주로 새겨져 있다. 부여융은 644년(의자왕 4) 정월에 태자가 되었을 때 30세였다. 그런데『삼국사기』의자왕 20년 조 기사에 따르면 의자왕의 태자는 효孝로 되어 있고 의자왕의 둘째 아들로 태泰가 보인다. 그럼에 따라 부여융은 의자왕의 셋째 아들로 비정하는 견해가 제기되기도 하였다. 그는 태자였다가 어느 시기에 그 지위에서 물려 나온 것으로 보인다.

부여융에서 부여효로 태자 위치가 교체된 시점은 의자왕 15년의 정변에서 찾을 수 있다. 부여융의 첫번째 시련이었다. 그는 46세인 660년의 7월 당군이 사비도성으로 진격해 오자 의자왕과 태자 부여효는 밤을 이용하여 웅진성으로 피신하였다. 당군에 포위된 사비도성에서는 부여태扶餘泰가 자립하여 왕임을 선포하면서 굳건히 지켰다. 부여융은 사비도성 안에 잔류하여 있었다. 그런데 부여태의 처사에 불만을 가진 부여효의 아들인 문사文思가 다가와서 "왕과 태자가 밖으로 나갔는데 숙부가 제멋대로 왕이 되니, 만약 당군이 포위를 풀고 가면 우리들이 안전할 수 있겠습니까!"라고 말하고는 휘하의 측근들을 거느리고 줄에 매달려 성 밖으로 나갔다. 새로운 백제 국왕임을 선포한 부여태가 말릴 수도 없이 많은 백성들이 문사를 따라 나섰다.

이 때 부여융의 행동은 알려진 바 없다. 그는 대좌평 사택천복과 함께 사비도성을 나와 항복하였다. 그의 생애 두번째 시련이었다. 부여융은 처참한 심정으로 신라 태종 무열왕의 태자인 김법민金法敏의 말 앞에 꿇어 앉혀졌다. 김법민은 격한 어조로 부여융을 꾸짖기에 앞서 그의 면상에 침을 뱉으면서 "전날 너의 아비가 나의 누이를 원통히 죽이어 옥중獄中에 파묻은 일이 있다. 그것이 나를 20년 동안 마음 아프게 하고 머리를 앓게 하였다. 오늘 너의 목숨은 내 손에 달렸다!"라고 말하자, 부여융은 땅에 엎디어 말이 없

도판 138 | 부여융 묘지석 탁본

었다. 옛날 백제가 지금의 서울 지역에 도읍하고 있던 때의 마지막 임금이었던 개로왕이 포위를 뚫고 왕성을 탈출하다가 고구려 장수에게 생포되었을 때였다. 역시 모욕적인 침세례를 받지 않았던가!

부여융은 의자왕 등과 함께 당으로 압송되었다. 의자왕이 사망한 직후 그는 사농경司農卿을 제수 받았다. 663년에는 당군이 조국회복운동을 진압하는데 관여하였다. 그러한 가운데 흑치상지의 투항을 이끌어 내기도 했다. 그후 부여융은 당에 들어 갔다가 664년 2월 공주 웅령 서맹에 모습을 드러내었다. 이듬해 8월에는 웅진도독으로 취리산에서 문무왕과의 서맹에 참여 하였다. 그러나 부여융은 당 장군 유인궤가 귀국한 후 신라가 두려워 당으로 들어갔다. 그에게는 세번째 시련이었다. 672년 그가 수반이었던 웅진도독부가 해체됨에 따라 조국재건에 관한 그의 한 가닥 열망은 꼭꼭 묻혀 버렸다. 그의 네번째 시련이었다. 677년에 그는 광록대부光祿大夫·태상원외경太常員外卿·웅진도독熊津都督·대방군왕帶方郡王에 봉해졌다. 백제 땅에 들어 가 유

민을 안무하고자 했으나 감히 엄두를 내지 못하고 괴로워만 했다. 『신·구당서』백제 조에 따르면 부여융은 백제 땅에 들어가지 못하고 고구려 땅에서 죽은 것으로 적혀 있다. 그러나 「부여융묘지명」에 따라 682년 겨울날 그는 68세를 일기로 이역에서 파고波高 치는 생을 마감하고 낙양의 북망산 청선리淸善里에 묻혔음이 확인되었다. 당 조정으로부터 보국대장군輔國大將軍 추증과 시호까지 받았다. 그에 대한 평은 다음 「부여융묘지명」에 보인다.

공은 굳세고 성실한 지조를 세웠고, 신중하고 정직한 몸가짐을 지녔으며, 고상한 정취에 홀로 이르렀고, 원대한 도량은 어떠한 속박도 받지 않았다. 문사文詞를 고상하게 좋아하였고 경적經籍을 더욱 탐하였으니, 현명한 사람을 사모하되 항상 그에 미치지 못하는 듯이 하였고, 명성에 대해서는 마치 떠도는 티끌에 견주었다.

얼마나 부여융의 인품을 제대로 그리고 있는 것일까? 부여융의 융隆은 백제 왕실의 중시조인 무령왕의 이름과 동일하다. 부여융의 본명은 융이 아니었을 것이다. 그는 당군과 함께 국가재건의 길을 모색하는 상황에서 전통적인 우방인 왜의 힘을 빌은 풍왕 정권과 대립하고 있었다. 서로 정통성 경쟁을 벌이고 있었던 것이다. 부여융은 중시조인 무령왕의 이름을 재현함으로써 25대 선조 왕이 그러했던 것처럼 국가를 중흥하려는 의지를 보였다. 부여융이 이름과 자字를 모두 융으로 한 것은 풍왕과의 정통성 경쟁에서 비롯된 것이었다.

풍왕의 경우도 본명은 규해糺解였다. 그가 풍豊으로 개명한데는 부여융의 융창隆昌함에 대응하는 풍성豊盛 개념에서 나온 것으로 보인다. 게다가 풍왕은 풍장豊璋이라고도 했다. 풍장의 '장'은 무왕의 이름이기도 했다. 강대한 국가를 만든 무왕이 지닌 굳센 이미지를 살리고자 했다. 부여복신의 경우도 무왕의 조카였던 왕족의 이름을 모칭한 것이다. 선조 이름 모칭 사례는 부여융 정권과 풍왕 정권이 서로 백제 왕실의 적통임을 과시하는 상황에서 비롯하였다. 이 점 분명히 명시하고자 한다.

4) 웅진도독부의 백제계 관인들

웅진도독부에는 백제의 옛 관인들이 모여들었다. 가령 난한難汗은 웅진도독부의 장사長史가 되었다. 난무難武는 지심주 자사였다. 이와 더불어 예군禰軍의 존재를 거론하지 않을 수 없다.[415] 『일본서기』 천지 3년 5월 조에 의하면 "백제진장百濟鎭將 유인원이 조산대부 곽무종郭務悰 등을 보내어 표함表函과 헌물獻物을 진상했다"[416]는 웅진도독부와 일본과의 짤막한 교섭 기사가 보인다. 이와 동일한 사건을 『선린국보기善隣國寶記』에 인용된 다음의 『해외국기』에는 비교적 소상하게 기록하였다. 특히 『일본서기』에 보이지 않고 있던 좌평직의 예군이라는 백제계 관료의 이름이 처음 등장하고 있다.

> 천지 천황 3년 4월 대당객大唐客이 와서 조공했다. 대사大使인 조산
> 대부 상주국上柱國 곽무종 등 30인과 백제 좌평 예군 등 백여 인이 대마
> 도에 도착했다.…[417]

위의 기사를 토대로 할 때 웅진도독부에서 664년(天智 3) 4월에 사신을 왜

---

415 이후의 예군에 대한 서술은 李道學, 「熊津都督府의 支配組織과 對日本政策」 『白山學報』 34, 1987, 91~95쪽에 의하였다.

416 『日本書紀』 권27, 天智 3년 5월 조. "百濟鎭將留仁願遣朝散大夫郭務悰等 進表函與獻物"

417 『善隣國寶記』 권上, "海外國記曰 天智天皇三年四月 大唐客來朝 大使朝散大夫上柱國郭務悰等三十人 百濟佐平禰軍等百餘人 到對馬島"

에 파견한 목적을 생각해 보자. 이것은 그 시기로 볼 때 그 해 2월의 웅령서맹과 불가분의 관계에 있을 것으로 보인다. 아마도 당이 지배하는 백제고지의 안전을 주안으로 하는 화친을 일본과 맺고자 하는 목적이었을 것이다.[418] 그러나 좀 더 심층적으로 살펴보면 고구려 정벌에 부심하고 있던 당으로서는 고구려와 왜가 동맹을 맺는지, 아니면 명목상의 백제 재건에 대한 왜의 여망을 타진해 보려는데 그 목적이 있었을 것이다. 백강 패전 후 그 망명지를 고구려와 일본으로 각각 택한 풍왕과 그 아우인 부여용과의 내응[419]을 당이 포착하고 있었기 때문이다. 이에 당은 고구려 정벌을 위한 후고를 덜기 위해 일본과의 관계 개선을 서두르지 않을 수 없었다. 그런데 당은 자신들보다, 백제계 관료들을 전면에 내세우는 것이 왜와의 관계 개선에 성과를 기대할 수 있다고 판단했을 법하다. 이에 웅진도독부는 백제 귀족층을 대표할 수 있는 좌평 출신의 예군을 파견하였다. 백제인으로 구성된 사절단의 인원이 곽무종 일행보다 3배나 많았던 것도 그 같은 까닭에 있었다고 본다.

이듬해인 665년 7월에도 예군은 조산대부·기주사마沂州司馬·상주국 유덕고劉德高를 수석으로 하는 사절의 일행으로, 쓰시마를 거쳐 9월 20일에 쓰쿠시[筑紫]에 도착했다. 그 해 8월의 취리산서맹 직전의 일로서 이 때 예군의 관직은 우융위낭장右戎衛郞將이었다. 우융위는 당의 12위衛의 하나인데 낭장은 그 부국部局인 익부翊府의 차관으로 정5품상에 해당된다.[420] 그러면 전년에 왜에 왔을 때 옛 백제의 관직인 좌평으로 신분을 표시하고 있던 예군이 불과 1년 사이에 당의 관직을 지녔다고 하는 것은 무엇을 의미할까? 이는 예군이 당의 관인 반열에 들었음을 의미하겠지만, 이같은 신분상의 변화는 예

---

418 池內宏, 「百濟滅亡後の動亂及び唐·羅·日 三國の關係」 『滿鮮地理歷史硏究報告』 14, 1934, 125쪽.

419 『舊唐書』 권84, 유인궤전.

420 『舊唐書』 권42, 志 22, 職官 1 ; 同書 권 44, 職官 3.

군에만 국한된 특수한 사례로는 생각
되지 않는다. 웅령서맹에서 취리산서
맹 직전 어느 땐가 시행되었을 것으로
추정되는 1도독부 7주제州制와 관련
있을 것으로 보인다. 웅산현령 법총의
경우에서 살펴지듯이 1도독부 7주제
하의 소속 장관은 거의 백제계 관료들
이었다. 또 이들은 당의 관위를 지니
고 있었다.

도판 139 | 예군 묘지석 탁본

　여기서 백제 멸망 후 예군의 행적을
살피는 것이 웅진도독부의 백제계 관
료층의 성격을 이해하는데 도움을 줄 것 같다. 이 문제에 관해서는 두 가지
로 나누어 생각해 볼 수 있다. 첫째는 백제 멸망 후 의자왕과 함께 당으로 끌
려간 신료 88인 가운데 하나일 수 있다. 둘째는 흑치상지나 사타상여와 같이
국가회복운동에 관여하다 당에 항복한 부류일 수도 있다. 그런데 후자의 경
우 당에 협력하여 입신출세한 흑치상지의 예가 있기는 하다. 그렇지만 이 같
은 계열의 인물을 대왜 교섭 사절로 파견하지는 않았을 것이다. 왜냐하면 당
에 대한 적개심으로 충만했을 왜로 망명한 백제인들을 자극할 수 있다고 당
스스로 판단했을 것이기 때문이다. 그렇다고 할 때 자연 예군은 전자에 해당
될 소지가 크다. 이와 관련해 좌평 사택손등의 행적이 시사를 해준다. 『일본
서기』 천지 10년 11월 조에 따르면 웅진도독부 관하 당인唐人 곽무종과 백제
인 사택손등 등 2천인이 왜에 망명하고 있다. 웅진도독부가 신라에 붕괴됨에
따라 왜로 망명 온 사택손등은 『일본서기』 제명 6년 10월 조의 할주에 다음과
같이 보인다.

백제왕 의자, 그 처 은고, 그 아들 융 등 그 신하 좌평 천복·국변성·
손등 등 무릇 50여 인이 가을 7월 13일에 소蘇장군에게 잡힌 바 되어 당
으로 보내졌다.[421]

여기서 좌평 손등은 사택손등이 분명하다. 그러면 백제 멸망 후 당에 압
송되었던 사택손등이 웅진도독부가 붕괴됨에 따라 왜에 망명해 왔다는 사실
은 무엇을 의미할까? 이는 의자왕과 함께 당으로 압송되었던 사택손등이 어
느 때인가 백제로 환국해 웅진도독부의 요직에 있었음을 뜻할 수 있다. 그 환
국 시기는 부여융이 웅진도독으로 부임한 664년 쯤이 아니었을까 한다. 왜냐
하면 부여융을 도독으로 하는 웅진도독부는 웅산현령 법총의 경우에서 알 수
있듯이, 그 관하 주·현의 장관을 백제 출신 관인으로 충원하였다. 즉 부여융
은 함께 당으로 압송되었던 귀족 가운데 다수를 대동하여 환국한 후 웅진도
독부와 그 관하 7주 51현의 요직에 이들을 임명하면서, 당의 백제고지 지배
책에 협력하였다. 이는 3년간에 걸친 국가회복운동을 통해 직접 지배의 한계
를 느낀 당이 과거 백제 왕실과 지배층이 누렸던 기존 권위를 이용하여 백제
고지에 대한 점령정책을 효과적으로 수행하려 한 조치였다. 그렇다고 할 때
가공의 5도독부와 관련해 추거酋渠(백제인)들로 도독과 자사 및 현령을 임명
했다는 『구당서』 등의 기사는 기실 1도독부 7주제의 실태와 관련된 문구라고
보아야 할 것이다. 어떻든 예군 역시 사택손등과 동일한 과정을 밟아 웅진도
독부의 요직에 기용된 것으로 믿어진다.
　사서에 거명된 웅진도독부의 관인 가운데 도독인 부여융을 제외하고 가장
관격이 높았던 이가 예군이었다. 「예인수묘지명」에 따르면 그의 가문은 본디

421　『日本書紀』 권26, 齊明 6년 10월 조. "百濟王義慈 其妻恩古 其子隆等 其臣佐平千福
　　　·國辨成·孫登等凡五十餘人 秋七月十三日 爲蘇將軍所促 而送去於唐國"

수隋 말에 내주자사 예선禰善이 바다를 가로질러 백제에 입국하면서 등장한다. 예선은 무왕으로부터 좌평을 제수받았다. 이후 예씨 가문은 백제 권력의 중심에 서게 되었다. 그 후손인 예군은 당의 진장 유인원이 668년에 귀국하여 유배됨에 따라, 웅진도독부의 실질적인 통수권을 장악했다. 그러나 예군은 670년 7월에 신라에 억류된다. 예군이 신라에 억류된 경위에 관해서는 두 가지 기록이 있다. 먼저 『삼국사기』 문무왕 10년 7월 조의 다음 기사를 인용해 본다.

> 7월에 왕이 백제 여중餘衆의 반복을 의심하여 대아찬 유돈儒敦을 웅진도독부에 보내어 화의를 청하였다. 그러나 듣지 않고 사마司馬 칭군稱軍을 보내어 엿보게 하였다. 왕은 그들이 우리를 도모하려는 것을 알고 칭군을 머물러 두어 보내지 아니하고, 군사를 내어 백제를 쳐서 … 63성을 취하고, 그 주민을 내지로 옮기고 … 7성을 취하여 적수 2천을 베고 … 12성을 취하고 적병狄兵을 쳐서 7천 급을 베고 전마와 병기를 얻음이 매우 많았다.[422]

위의 기사의 사마 칭군은 「답설인귀서」의 백제 사마 예군과 동일 인물을 가리킨다. '칭군稱軍'은 '예군禰軍'의 오자誤字이다. 그런데 이 기사만으로는 예군이 신라에 억류되는 배경을 정확히 알 수 없다. 그러나 「답설인귀서」에는 사건의 전모에 대한 파악이 용이하게끔 비교적 상세한 기록을 남기고 있다.

---

422 『三國史記』 권6, 문무왕 10년 7월 조. " 秋七月 王疑百濟殘衆反覆 遣大阿□儒敦於 熊津都督府 請和不從 乃遣司馬稱軍窺 王知謀我 止稱軍不送 擧兵討百濟 品日 · 文忠 · 衆臣 · 義官 · 天官等 攻取城六十三 徙其人於內地 天存 · 竹旨等取城七 斬首二千 軍官 · 文穎取城十二 擊狄兵 斬首七千級 獲戰馬兵械甚多"

함형 원년(670) 6월에 이르러 고구려가 모반하여 한[唐]의 관리를 모두 죽이자, 신라는 곧 군사를 내기에 앞서 웅진에 알리기를, "고구려가 이미 반란을 일으켰으니 불가불 쳐야 하겠다. 서로가 모두 황제의 신민이니, 사리가 모름지기 함께 흉적을 쳐야 할 것인데, 발병사發兵事는 함께 상의할 필요가 있으니, 청컨대 관인을 이곳으로 보내어 서로 논의하자"고 하였다. 이에 백제의 사마 예군이 이곳에 와 드디어 함께 상의해 말하기를 발병한 후에 피차 서로 의심을 가질 염려가 있으니 양처의 관리로 하여금 서로 교질交質하고자 했다. 곧 김유돈과 부성府城의 백제 주부主薄 수미장귀首彌長貴 등을 부로 보내어 교질의 문제를 논의하게 했다. … 423

위의 기사에 따르면 예군이 신라에 초치된 배경은 고구려 회복군 토벌을 위해 웅진도독부와 신라의 공동 출병에 대한 교섭이었음을 알게 된다. 그런데 신라는 검모잠과 안승의 고구려 회복운동을 그 해 3월부터 후원하고 있던 터였다.424 그러므로 고구려회복군 토벌을 위한 발병사發兵事 논의를 위해 7월에 예군을 초치한 것은 어디까지나 그를 사로잡기 위한 유인술에 불과했다. 그러면 신라가 예군을 사로잡으려 한 목적은 어디에 있었을까? 이와 관련해 예군에 필적할만한 신분이 당시 웅진도독부 내에는 없었던 것으로 보인다. 좌평급으로 사택손등이 있기는 하지만 별다른 움직임이 없었다. 그의 격

___

423 『三國史記』권7, 문무왕 11년 조. "至咸亨元年六月 高麗謀叛 摠殺漢官 新羅卽欲發兵 先報熊津云 高麗旣叛 不可不伐 彼此俱是帝臣 理須同討凶賊 發兵之事 須有平章 請遣官人來此 共相計會 百濟司馬禰軍來此 遂共平章云 '發兵已後 卽恐彼此相疑 宜令兩處官人 互相交質' 卽遣金儒敦 及府城百濟主簿首彌長貴等 向府 平論交質之事"

424 『三國史記』권6, 문무왕 10년 3월 · 4월 · 6월 조.

이 예군보다는 낮았던 것 같다. 더욱이 예군을 억류한 즉시 신라는 백제고지에 대한 공격을 개시하여 일거에 82성을 공취했다. 예군의 신라 억류로 인한 통수체계의 교란에 기인했을 여지가 크다. 그러면 이는 웅진도독부에서 예군의 비중을 헤아려 주는 단적인 예인 것이다. 665년에 예군이 역임한 우융위낭장・상주국은 왕문도가 웅진도독으로 부임할 때의 관직인 좌위중낭장左衛中郞將과도 잘 대응된다.

신라는 예군을 억류함으로써 고구려 회복군으로 하여금 평양에 설치한 당의 안동도호부에 대항하게 하였다. 삼국 전체의 지배를 계획하고 있던 당의 힘을 분산시키려는 기도였다. 그런 한편 신라는 이 틈을 이용하여 백제고지를 완점하려는 주도면밀한 계획이었다. 이후 웅진도독부가 신라에 붕괴된 다음 해인 672년에 예군은 웅산현령이었던 법총法聰 등과 함께 당으로 송환되었다.[425] 그로부터 6년 후인 678년에 그는 66세를 일기로 지금의 섬서성 서안西安에서 가파르게 살았던 생을 접었다.[426]

지금까지 예식과 더불어 예군의 생애를 살펴보았다. 예식은 660년 7월 웅진성에서 의자왕과 함께 당에 항복하였다. 이때 "태자 융과 더불어 여러 성주들이 모두 함께 관款을 보냈다"[427]고 했다. 예군도 항복하여 의자왕과 함께 일단 당에 압송되었을 것이다. 그러한 예군은 664년경에 웅진도독부가 설치되자 귀환하여 활약했다. 이러한 두 사람의 삶의 궤적은 예식진의 행적을 그리는데 일정한 도움을 줄 수 있다. 그런데 예군의 좌평 관등은 국가회복운동을 전개하는 과정에서 풍왕으로부터 제수받았을 것이라는[428] 견해가 제기되

---

425 『三國史記』권7, 문무왕 12년 조.
426 충청남도역사문화연구원, 『중국 출토 백제인 묘지 집성(원문・역주편)』 2016, 217쪽.
427 『舊唐書』권83, 蘇定方傳.
428 노중국, 『백제부흥운동사』 일조각, 2003, 311쪽.

도판 140 | 야마토 조정의 출장소로 일컬어지는 후쿠오카의 다자이후 터

었다. 그러나 웅진도독부의 구성원들은 부여융과 연계된 인맥이거나 664년 이전부터 당과 연관을 맺었다. 따라서 이러한 추정은 설득력이 떨어진다.

그런데 예군과 함께 당으로 송환된 법총을 통해 웅진도독부 관하 7주 51현의 운영 실태를 유추하는 게 어느 정도는 가능하다. 『일본서기』 천지 6년 (667) 11월 조에 의하면 웅진도독부 '웅산현령 상주국 사마' 법총이 왜의 대산 하大山下 관위인 사카이베노무라치이하스미치[境部連石積]와 다자이후[大宰府]에 있는 쓰쿠시 도독부[筑紫都督府]까지 송환하고 있다. 다자이후에서 4일을 체류한 법총은 소산하小山下 이키노무라치하카도코[伊吉連博德]와 대을하 大乙下 가사노오미모로이하[笠臣諸石]를 송사送使로 하여 웅진도독부로 귀환하였다.

웅진도독부와 왜 사이의 교섭에 처음 등장하는 법총은 『삼국사기』 문무왕 12년(672) 조에 다시금 보인다. 신라는 억류하고 있던 병선낭장兵船郎將 겸이 대후鉗耳大侯 · 내주사마萊州司馬 왕예王藝 · 본열주장사本列州長史 왕익王益

· 웅진도독부 사마 예군·증산曾山 사마 법총 등 170 명을 당에 송환하고 있다. 이 가운데 당인이 분명한 왕예와 왕익에 이어서 백제인 예군이 거명되었다. 이로 볼 때 예군 뒤에 적힌 법총 역시 백제인으로 보인다. 법총이 현령으로 있던 웅산현은 노산현魯山縣(曾山은 魯山의 잘못된 기재)을 가리킨다. 지금의 전라북도 익산시 함열면과 웅포면 일대가 되겠다.

사비도성의 관문으로서 대외 교섭의 길목인 금강 하구를 끼고 있는 관계로 전략적 비중이 큰 노산현이었다. 이곳의 현령인 법총은 당에서 귀국하는 길에 웅진도독부에 들른 왜 사신을 다자이후까지 위송衛送해 주었다. 이 사실은 노산현이 지닌 역할의 한 단면을 잘 반영해 주고 있다. 특히 노산(웅산) 현령 법총이 북규슈의 다자이후까지 동행하게 된 이유가 단순히 왜 사신의 위송이 아니라, 고구려와 왜와의 교섭을 차단하기 위한 목적에서였다고 할 때 노산현은 웅진도독부의 대외 교섭 창구 역할을 했음을 알 수 있다. 그리고 이처럼 비중있는 노산현의 현령이 백제인이었다. 또 백제인 법총이 왜와의 교섭에 활약했다는 사실은 어떠한 배경을 생각하게 한다.

웅진도독부와 왜 간의 외교적 교섭은 664년 2월에 웅진도독부와 신라 사이에 체결된 웅령서맹 직후 백제계 관료의 주도로 시작되었다. 그 목적은 고구려와 왜 간의 군사적 동맹을 차단할뿐 아니라 백제 고지에 대한 반환 약속을 당이 어긴데 따른 신라측 불만에 대비하는 데 있었다. 잠재적으로 웅진도독부의 안전이 신라에 의해 위협 받게 되었다. 그럼에 따라 당은 백제 재건을 명분으로 왜 세력을 한반도 문제에 개입시켜 웅진도독부의 든든한 담장이 되게 하면서 고구려와의 전쟁에 총력을 기울이려는 속셈이었다. 따라서 이때 왜에 파견된 웅진도독부의 예군과 곽무종은 신라가 왜를 침공한다는 설을 유포하였다. 그럼으로써 고구려와 왜가 동맹을 맺어 당에 대항할 수 있는 국면을, 신라와 왜 사이의 전쟁으로의 전환을 유도했다. 이로 인해 왜는 북규슈의 다자이후와 세토 내해[瀨戶內海] 지역의 방위를 위해 664년부터 667년까지 축

도판 141 | 일본 규슈 후쿠오카의 오노 성[大野城].
신라의 침공에 대비해 백제인 장군들이 앞장서 축조했다.

도판 142 | 기이 성[基肆城]

성築城과 더불어 방인防人 및 봉수烽燧를 배치하고 있다. 그 방비 대상은 당
이 아니라 신라였다.

5) 백제인들의 마지막 희망, 웅진도독부의 소멸

668년 8월 이후 예군은 웅진도독부의 실질적인 통치권자였다. 그런데 그
가 670년 신라에 억류됨에 따라 통치권의 공백을 노린 신라의 기습 공격으로
웅진도독부는 궤멸 일로에 놓였다. 위급을 타개하기 위해 웅진도독부는 왜
에 청병했지만 아무런 성과가 없었다. 신라가 서해안을 봉쇄함에 따라 당군
의 지원까지 차단된 채 고립된 웅진도독부는 신라의 공격으로 붕괴되었다.

웅진도독부를 소멸시킨 신라가 백제의 수도였던 부여에 소부리주所夫里州
를 설치한 시기는 언제인가? 『삼국사기』 문무왕 12년 조 7월의 「답설인귀서」
와 그 9월 조의 기사 중간에 다음과 같은 짧막한 기사가 있다.

소부리주를 두고 아찬 진왕眞王으로 도독都督을 삼았다.

위의 기사에 따라 소부리주의 설치를 문무왕 11년(671) 7 · 8월의 사실로 간주하였다. 종래 이 기사를 의심없이 취했다. 그러나 여기에는 의문의 여지가 있다. 왜냐하면 본기와는 달리 『삼국사기』 지리지에는 다음과 같이 적혀 있다.

부여는 본시 백제의 소부리군으로 문무왕 12년에 총관摠管을 두고 경덕왕 때 부여군으로 고쳤다.

즉 신라의 소부리주 설치시기를 문무왕 12년 사실로 기록하였다. 두 기사 가운데 어느 것이 옳은지 선뜻 취하기는 어렵다. 그런데 『삼국사기』 문무왕 11년 조의 소부리주 설치 기사에 이은 9월 조의 당군이 지금의 황해도 방면인 대방帶方 지역을 침공한 기사를, 이듬해인 문무왕 12년 7 · 8월 조 기사의 강령綱領으로 보아야 한다고 했다. 그런데 소부리주 설치 기사 역시 문무왕 12년 조에 해당될 개연성이 높다. 신라 통치구역으로서의 소부리주 설치는 백제 옛 땅의 완점을 뜻하는 것이다. 그런데 문무왕 12년(672) 초까지도 웅진도독부의 잔여 세력이 항전한 사실은 소부리주 설치가 적어도 문무왕 12년은 아님을 알려준다.

이를 뒷받침하는 자료가 보인다. 소부리주의 주치州治인 사비성이 신라에 공취된 시기가 문무왕 12년이었다. 즉 『삼국사기』 문무왕 12년 조의 다음 기사를 본다.

정월에 왕이 장수를 보내어 백제의 고성성古省城을 쳐 이기고 2월에는 백제의 가림성加林城을 쳤으나 이기지 못했다.

위의 기사에 보이는 고성성의 소재 파악이 중요한 관건이다.『삼국유사』
남부여 전백제 조에 따르면 "그 지명은 소부리라 하였다. 사자泗沘는 지금의
고성진古省津이다"고 했다.『신증동국여지승람』부여군 산천 조에는 "고성진
古省津은 사자하泗沘河 부소산扶蘇山 밑에 있다"고 했다. 그러므로 고성진과
고성성은 서로 관련 있는 지명임을 알 수 있다. 이렇게 볼 때 고성성은 부소
산성 곧 사비산성의 별칭이든지 아니면 백마강 연변에 소재한 성이다. 고성
성을 증산성으로 비정하기도 한다. 어쨌든 고성성이 부여에 소재한 것은 분
명하다. 따라서 신라에 부여 지역이 점령된 시기는 문무왕 12년이다. 그렇다
면 소부리주의 설치시기도 문무왕 12년(672)이 타당하다.[429] 미수眉叟 허목
許穆(1595~1682)은 백제에 대해 다음과 같이 총평했다.

> 백제는 온조 이래 강력한 전투력으로 나라를 세워 오로지 부국강병
> 富國強兵에만 힘썼다. 비록 장구한 세월 나라를 누려 6~7백 년을 전하
> 였다. 그러나 유달리 강포한 나라였기에 대대로 전해 내려오는 좋은 풍
> 속이 없었다. 임금으로서 무리하게 전쟁을 벌이다가 죽은 이가 4명이
> 다. 역시 나라를 소유한 자들의 경계가 된다.[430]

이로부터 오랜 동안 야심 많은 백제 왕조의 마지막 도읍지였던 부여는 서
서히 망각의 늪에 빠지면서 세간의 관심에서 멀어져만 갔다. 시인 묵객 들만
간간이 찾아 오는 적적한 고을이었다. 해방 이듬해 봄날 부여 읍내 구교리舊
校里에서는 깨진 비편이 한 장 출토되었다. 화강암을 거칠게 다듬은 비편에

---

429 李道學,「書評: 백제부흥운동사(노중국 著/ 일조각)」『한국사연구』124, 2004,
   273~280쪽;『백제사비성시대연구』일지사, 2010, 591쪽.
430 『記言』권34, 外篇 東事(3). "百濟自溫祚 以強戰立國 專務富國強兵 雖享國長久傳
   六七百年 然特強暴之國 世無遺風善俗 國君以強戰殺死者四君 亦可爲有國者之戒"

는 해서체로 쓰여진 다음과 같은 3행의 시구가 천행으로 남아 있었다.

누에 오르니 저녁 쇠북소리 들리고	登樓聞夕磬
벽에 다다르니 잔춘殘春이 아깝더라	臨壁惜殘春
천수 2년에 지은 절인데	天授二年刹
거듭…돌아 왔더라	重回△△近

(한계원韓啓源)

우의정까지 올랐던 한계원(1814~1882)이 2차례에 걸쳐 부여에 있는 사찰에 들른 후 소회를 읊었다. 고려 태조 때의 연호인 천수의 두 번째 해는 919년이다. 그러니 천년 넘는 고찰古刹이었다. 백마강을 굽어보는 풍광 수려한 부소산 기슭 어디에 소재했기에 시심詩心이 자연 발동하지 않았을까. 비편의 출토지가 부소산 밑의 구교리인 점에서 더욱 그러한 느낌이 든다. 그러고 보면 왠지 모를 서글픔이 휘감아 도는 시구라고 하겠다.

여하간 웅진도독부의 소멸은 백제 왕국의 완전한 멸망과 더불어 역사의 소멸까지 불렀다. 백제인들은 당으로 왜로 찢기어 흩어질 때 역사책 또한 여러 갈래로 흩어졌겠다. 백강전투 직후 백제 유민들이 일본열도로 대거 망명할 때 가장 많이 흘러 갔으리라. 그러나 이제는 주객이 바뀐 상황만큼이나 백제 역사 또한 왜곡을 면하지 못하였다. 『일본서기』에 간간이 얼굴을 내민 이른바 '백제3서'의 존재가 잘 말하고 있다. 백제가 자국의 역사를 서술하면서 왜를 '대왜大倭'니 '귀국貴國'이니 하여 적었다는 것이다. 사리에 맞지 않는 기술로서 왜인들에 의해 마구 뜯어 고쳐진 표기였다.

후백제 왕 진훤이 완산주에서 "내가 삼국 시초의 일을 상고하여 보건대 마한이 먼저 일어나 누대로 발흥한 까닭에 진한과 변한이 (마한을) 좇아 흥기했다"고 했다. 이처럼 백제의 건국이 신라보다 앞섰음을 내세우는 역사편찬이 이루어졌을 것이다. 그러나 후백제가 패망하는 날 그러한 자료들을 모두 불살라 없애 버렸다고 한다. 박학다식하기로 정평이 났기에 정조가 총애한 이만운李萬運(1723~1797)의 말이다. 그렇지만 그 정신은 말살되지 못한 것 같다. 백제 옛 땅에서 고려 초기에 세워진 '정림사지' 오층탑이나 미륵사지탑을 모방한 이른바 백제탑은, 기실 후백제 왕국 시기에 건립된 백제 정신의 화려한 부활을 상징하는 역사적 기념물로 해석되기 때문이다. 충청남도 서천 비인의 5층탑, 충청남도 부여 장하리 3층석탑, 계룡산 남매탑, 정읍 은선리 3층석탑, 강진 월남사지 모전석탑 등이 대표적인 백제계탑이다.

8. 고구려의 멸망

1) 고구려와 당의 격돌

고구려의 멸망을 암시하는 조짐들이 나타났다. 654년 4월에 사람들이 혹 말하기를 "마령馬嶺 위에서 신인神人을 보았는데 '너희 임금과 신하가 사치스러움에 도가 없으니 곧 패망하리라'고 말하였다"고 했다. 656년 5월에 왕도에 쇠처럼 강한 비가 내렸다. 659년 9월에 아홉 마리의 호랑이가 한꺼번에 성으로 들어와서 사람을 잡아먹으므로 잡으려 했으나 잡지 못했다. 660년 7월에 평양의 강물이 모두 3일간이나 핏빛이었다.

661년 8월에 소정방이 고구려군을 패강인 대동강에서 격파하고 평양 서남쪽 마읍산馬邑山을 빼앗고 드디어 평양성을 포위했다. 661년 9월에 연개소문이 그 아들 남생을 보내 정예 병력 수만으로 압록강을 지키니 당군이 건너 올 수 없었다. 철륵鐵勒 왕자 출신인 당 장수 설필하력이 도착했을 때였다. 얼음이 크게 얼었으므로 군대를 이끌고 얼음을 타고 물을 건너 북을 치고 소리 지르며 진격하였다. 고구려군은 무너져 달아났다. 설필하력이 수십 리를 추격하여 3만 명을 죽이니 나머지 무리는 모두 항복하고 남생은 겨우 몸을 피하였다. 마침 군사를 돌리라는 조서가 날아와 당군은 회군했다. 서부 몽골 방면에 있던 철륵이 당에 반기를 들었기 때문이다. 그러자 당은 설필하력을 소환하여 투입시킬 목적으로 철군을 시켰다.[431]

662년(보장왕 21) 봄 정월에 연개소문은 좌효위장군 백주白州자사 옥저도 총관 방효태龐孝泰를 적수로 맞았다. 이때 연개소문은 사수蛇水 즉 평양의 보통강 가에서 싸워 당군은 물론이고 방효태와 그 아들 13명을 모두 전사시켰다. 대한민국 임시정부의 대통령을 역임한 백암 박은식은 자신이 저술한 「천개소문전」에서 연개소문을 일컬어 '세계 검술의 시조'라고 평가했다. 이러한 평가가 무색하지 않게끔 연개소문은 방효태 일가족을 몰살시켰다. 그 직후 평양성을 포위하고 있던 소정방은 마침 큰 눈이 내리자 더 이상 버티지 못했다. 소정방은 포위를 풀고 황급히 물러났다. 당군의 전후 행군은 모두 큰 공 없이 퇴각하고 말았다.

2) 연개소문의 죽음

연개소문은 개성이 강한 자식들의 분열을 예견한 듯 "너희 형제는 화합하기를 고기와 물과 같이 하여, 벼슬을 다투는 일은 하지 말라. 만약 이와 같지 않다면 반드시 이웃의 웃음거리가 될 것이다"라는 유언을 남기고 세상을 떴다. 『일본서기』에 적혀 있다. 실제 그가 우려했던 대로 그 사후 절대 권력이 사라진 일종의 힘의 진공 상태에서 그 아들 간의 세력 채우기식 내분으로 고구려는 멸망하였다.

연개소문에 대한 평가는 극단적인 데가 많았다. 중국 송의 신종이 왕안석과의 대화에서 "당 태종이 고구려 원정에 패배한 이유를 연개소문이 비상한

---

431   노태돈, 『고구려사연구』 사계절, 1999, 164쪽.

인물이었기 때문"이라고 한, 불세출의 영웅으로 평가한 예가 있다. 그리고 1629년(인조 7)에 홍서봉洪瑞鳳이 인조 앞에서 주강할 때였다. "홍서봉이 아뢰기를 '고구려가 요동遼東 지방을 소유하여 삼국 가운데…수와 당이 이기지 못했습니다. 그 땅은 평원이 광활하여 끝이 보이질 않습니다. 지형이 이와 같기 때문에 씩씩하고 호방한 사람이 많이 나왔습니다. 이를테면 고구려의 역사에서 연개소문이라고 일컫는 자는 비록 찬역簒逆한 도적이기는 하지만 그래도 적수가 없는 효웅梟雄입니다. 당 태종이 군신群臣들과 당세의 웅걸雄傑을 논하였는데 연개소문이 7인 가운데에 끼었으니, 그 인물이 어떠한지 상상이 됩니다'라고 했다. 그러자 상이 이르기를, '연개소문의 재주는 조조曹操에 뒤지지 않을 듯하다. 지금 노적奴賊: 淸이 차지하고 있는 지역이 모두…'라고 하자, 홍서봉이 아뢰기를 '삼차하 이동이 모두 저들 차지가 되었는데 이 지역은 모두 고구려가 소유했던 땅입니다'고 했다."[432] 명나라 말기요 후금이 득세하는 상황이었지만 인조와 홍서봉은 연개소문의 능력 만큼은 높게 평가했던 것이다. 그렇지만 유교적 윤리규범에서 볼 때 그는 혹평을 면할 수 없었다. 그러나 근대역사학의 성립 이후 민족주의 사학자들로부터는 혁명아로서 크게 추앙받았다. 이와 관련해 다음은 김창업金昌業이 1713년(숙종 39)에 요동의 대안사大安寺를 지나 황령자黃嶺子에 이르는 과정에서 목도한 현상이다.

　　내가 온 것을 보더니 작은 종이에다 글을 써 보여 주기를, "저기에 개소문 전좌蓋蘇文殿坐가 이 안에 있습니다"고 하였다. 연개소문은 바로 우리나라 사람이기 때문에 아마도 그것을 나에게 알려 주려는 것 같았다.…나는 또 묻기를 "사람들의 말에 연개소문의 소상塑像이 여기에 있다고 하는데 사실입니까? 조금 전에 무량관無梁觀의 도사가 그 같은 말

---

432 『承政院日記』인조 7년 己未 조.

을 했습니다"하니, 정오가 대답하기를 "당 때 연개소문이 이곳에 군사를 주둔하고 있었습니다. 그의 영상影像은 봉황령鳳凰嶺에 있으며 이곳에는 없습니다"고 하였다.…백지 1속과 연죽煙竹 1개, 부시[火鐵] 1개를 절의 중에게 주고 불전佛殿 앞뜰에 있는 비석을 구경하였는데, 만력 22년 갑오년(1594, 선조 27)에 세운 것이었다. 그 기록을 요약해 보면 "옛 노인들의 전하는 말에 '당 태종이 정관 19년(645)에 고려를 정벌하는 길에 이 산에서 주필駐蹕하였는데 그때 정국공鄭國公 위지경덕尉遲敬德에게 명하여 건립하였다'고 한다"고 했다.[433]

　　김창업이 요양遼陽에서 30여 리 쯤에서 요녕성 안산시鞍山市 소재 천산千山을 보며 이동하였다. 농가를 지나며 "어떻게 고려 옛 풍속이 아직도 남아 있는 지 신기한 일이었다[豈高麗舊俗猶存耶…]"[434]고 토로했다. 그러면서 대안사가 소재한 산이 당 태종이 주둔한 주필산임을 언급하고 있다. 설인귀 관련 암석도 소개하였다. 그리고 지금의 요녕성 봉성시 봉황산성에 연개소문 영상 즉 영정이 봉안되어 있었음을 알려준다.

　　연개소문의 사망 시점과 관련해 여러 기록이 전한다.『구당서』·『신당서』·『자치통감』과『삼국사기』에는 666년으로 적혀 있다. 반면『일본서기』에는 664년으로 기재되었다.「천남생묘지명」을 토대로 665년에 연개소문이 사망한 것으로 추정하기도 한다. 다음에서 보듯이 남생이 태막리지에 오른 665년을 연개소문의 사망 시점으로 파악한 것이다.

　　…28세에 막리지로 임용하고 삼군대장군을 겸하여 주더니, 32세 때

433　『燕行日記』권9, 癸巳年 3月 乙酉 조.
434　『燕行日記』권9, 癸巳年 3月 甲申 조.

태막리지로 더하여 군국軍國을 총괄하는 아형원수阿衡元首가 되었다.

연개소문이 666년에 사망했다는 중국측 기록은 '6월 임인(7일)'이라는 구체적인 날짜까지 적혀 있다(『구당서』 권3, 고종기). 그러나 『신당서』에 따르면 동일한 날에 남생이 당에 내부來附하였다. 연개소문의 사망 시점은 남생의 투항과 결부되어 어떤 착오가 빚어진 것 같다. 그러면 남생이 태막리지에 오른 665년이 연개소문의 사망 시점으로 적합할까? 이는 순전히 정황적인 개연성만으로 판단한 것이다. 연개소문이 사망하자마자 아들인 남생이 아버지의 관직을 곧바로 계승했음을 전제로 하였다. 그러나 이러한 추측은 너무나 기계적이다. 전시戰時였으므로 적어도 3년상은 아니라고 해도 짧은 탈상 기간을 거친 후에 습직襲職했다고 보는 게 정황에 맞다. 연개소문의 상사喪事를 비밀에 붙였기에 늦게 알려졌을 수 있다. 남생이 당으로 투항하면서 전모가 드러났던 것 같다.

이러한 맥락에서 본다면『일본서기』의 664년 사망 기록이 오히려 유의된다. 연개소문의 사망 시점은 여러 정황에 비추어 볼 때 그 1년 후인 665년일 가능성이 제기된다. 이는 665년 남생의 태막리지 습직과도 잘 부합한다. 나아가 666년에 보장왕이 태자 복남福男을 당에 보내 태산泰山 봉선封禪에 참여하게 한 사실과도 무리가 없다. 고구려가 당과 화해하고자 한 게 분명하다. 이러한 현상은 고구려 권력 구조 내에 중대한 변화가 전제되지 않고서는 상정하기 어렵다. 연개소문의 사망을 생각해 볼 수 있는 것이다. 666년 이전 연개소문의 사망 가능성을 높여준다. 연개소문이 건재한 상황에서 당과의 교섭은 상상하기 어렵다. 따라서 665년에 연개소문이 사망함에 따라 더 이상 당과의 관계를 강경하게 끌고 갈 명분이 없었다. 그 산물이 고구려 태자의 태산 봉선 참여라고 하겠다.

한 가지 궁금한 것은 연개소문의 무덤이다. 당군의 거센 공격을 받는 상황에서 임종을 맞게 된 연개소문이 아들 형제들에게 유언을 남겼다고 한다. 그렇다면 필시 자신의 유택에 관한 언급이 없었을 리 없다. 그의 성격으로 보아 자신의 무덤이 당인唐人들에게 욕을 입지 않도록 하기 위해 만반의 당부를 했을 것이다. 여느 사람들처럼 만일 평양성 근교에 자신이 묻힌다고 하자. 그의 무덤은 평양성을 포위하는 당군에게는 더할 나위 없이 좋은 볼모가 된다. 급기야는 부관참시용으로 파헤쳐질 것임은 불을 보듯 뻔했다. 연개소문의 무덤은 어디에 어떻게 조영되었을까? 그는 뭇 사람들의 의표를 찌르는 곳에 묻혔을 가능성이 다분하다. 나는 시퍼런 동해 바다가 보이는 옛 옥저沃沮 땅 어디라는 상상을 넣어 보고 싶다.

3) 형제 간의 내분과 멸망

연개소문이 죽고 맏아들인 남생이 막리지가 되었다. 남생은 성품이 순후하고 공손하였다. 활쏘기도 잘했던 그는 처음 국정을 맡고 여러 성에 나아 순행하면서 사단이 일었다. 남생은 동생 남건男建과 남산男産에게 남아서 뒷일을 맡겼다. 그 직후 어떤 사람이 두 동생에게 접근하여 말했다. "남생이 두 아우가 핍박하는 것을 싫어하여 제거하려고 하니 먼저 계책을 세우는 것만 못하다!" 두 동생은 처음에 이를 믿지 않았다. 또 어떤 사람이 남생에게 알리기를 "두 동생은 형이 돌아와 그 권력을 빼앗을까 두려워하여 형을 막고 들이지 않으려 합니다"고 하였다. 형제들을 이간시킨 것이다. 남생이 몰래 사람을 보내 평양에 가서 동정을 살피게 하였다. 그런데 두 아우가 그를 성큼 붙잡았다. 이에 거짓 왕명으로 남생을 불렀다. 낌새를 눈치 챈 남생은 감히 돌아오지 못하였다. 그러자 평양성에 있던 남건 스스로 막리지가 되었다. 남건은 즉각 병력을 내어 형인 남생을 공격했다. 남생은 달아나 국내성에 웅거하면서 그 아들 헌성獻誠을 당에 보내 구원을 요청하였다. 권력 다툼에 패하면 중국에 줄을 대는 버릇이 있었다. 아우인 산상왕에게 밀린 발기發岐가 요동군의 힘을 빌어 고구려를 쳤었다. 연개소문 사후 아들 형제들의 분열은 중국에서도 발견된다. 관도官渡 싸움에서 대패한 후한 말 원소袁紹의 아들 형제가 분열되어 다투는 양상을 다시 보는 듯했다.

이 경우는 맏아들의 무능에서 기인한 것이다. 맏이는 얻은 점수가 많다. 그럼에도 순후한 성정의 남생은 동생들에게 자리를 위협받았다. 남생의 역량이 동생들보다 못하다는 사실을 뜻한다. 그것을 간파한 포스트 연개소문을 염두에 둔 책사들이 남건과 남산을 부추긴 것이다.

666년 6월에 당 고종은 좌효위대장군 설필하력에게 명하여 병력을 거느리고 남생을 맞아들이게 하였다. 남생은 몸을 빼어 당으로 달아났다. 국내성에 있던 그는 예하의 거란과 말갈병을 이끌고 항복했다. 남생이 이끌고 투항한 성은 국내성과 목저성을 비롯하여 모두 9성이었다. 이 중 6성의 인구만 10여

도판 145 | 환도산성

도판 146 | 국내성

만 호에 이르렀다.[435] 국가의 최고기밀을 틀어쥐었던 남생의 망명은 고구려 귀족들에게는 충격 자체였다. 고구려 지배층의 동요를 야기했음은 자명하다. 그런데 『구당서』 기록대로 연개소문이 666년 6월 7일에 사망했다면 짧은 기간에 너무나 많은 일이 발생한 것이다. 따라서 『구당서』의 사망 기록은 다시금 취신이 어려워진다. 9월에 당 고종은 남생에게 조서를 내려 특진特進 요동도독 겸 평양도안무대사를 주고 현도군공으로 봉하였다. 666년 12월에는 연개소문의 아우 연정토淵淨土가 12성 763호 3,543명을 이끌고 와서 항복했다. 신라는 연정토와 부하 24명에게 의복과 식량·집 등을 주고 서울 및 주州·부府에 두었다. 이 중 8개 성은 상태가 완전하였으므로 모두 신라 군사를 보내 지키게 하였다.[436]

668년 2월에 이적李勣 등이 부여성을 쳐서 빼앗았다. 설인귀가 이미 금산金山에서 고구려군을 격파한 승세를 이용하여 3천 명을 거느리고 부여성(길림성 農安을 공격하려고 했다. 그러자 여러 장수들이 병력이 적음을 이유로 만류하였다. 설인귀가 말하기를 "병력은 반드시 많을 필요는 없고 그것을 어떻게 사용할 것인가에 달렸다"고 하고, 드디어 선봉이 되어 나아가 고구려군과 싸워 이겼다. 당군은 마침내 부여성을 쳐서 빼앗으니, 부여주扶餘州 안의 40여 성이 모두 항복하기를 청하였다. 시어사侍御史 가언충賈言忠이 사명을 받들고 왔다가 요동에서 돌아가니 당 고종이 "군대 안은 어떠한가?"하고 물었다. 대답하여 말하기를 "반드시 이길 것입니다. 예전에 앞의 황제께서 죄를 물으려다 뜻을 이루지 못한 것은 오랑캐에게 틈이 없었기 때문입니다. 속담에 '군대에 길잡이가 없으면 중도에 돌아온다'고 하였습니다. 지금은 남생 형제가 서로 싸워 우리의 길잡이가 되어서 오랑캐의 진정과 거짓을 우리가

435   한국고대사회연구소, 『譯註 韓國古代金石文 1』 1992, 494쪽.
436   노태돈, 『고구려사연구』 사계절, 1999, 222~242쪽.

모두 알고, 장수는 충성되며 병사는 힘을 다하니 신이 처음부터 '반드시 이긴다'고 말씀드린 것입니다. 또 '고구려비기高句麗祕記'에 말하기를 '900년이 되지 못하여 마땅히 팔십八十 대장이 있어서 이를 멸망시킨다'고 하였는데, 고씨高氏가 한漢으로부터 나라를 가지고 있은 지 지금이 900년이고, 이적의 나이가 80입니다. 오랑캐는 거듭되는 흉년으로 사람들이 서로 빼앗아 팔고, 땅이 흔들리고 갈라지고, 이리와 여우가 성으로 들어가고, 두더지가 문에 구멍을 뚫고, 인심이 두려워하고 놀라니, 이 원정을 다시 일으키지 않게 될 것입니다"라고 했다.

남건이 다시 병력 5만을 보내 부여성을 구하려고 하였다. 그러나 이적 등과 설하수薛賀水에서 만나 싸워서 패하여 죽은 고구려 병사가 3만여 명이었다. 이적이 대행성大行城으로 나가 공격하여 함락시켰다. 그러자 다른 길로 나왔던 여러 당군 부대가 모두 이적과 만나 진격하여 압록책鴨淥柵에 이르렀다. 고구려군이 막아 싸웠으나 이적 등이 이를 패배시켰다. 당군이 2백여 리를 추격해 욕이성辱夷城을 쳐서 빼앗았다. 그러자 여러 성에서 도망하고 항복하는 자가 서로 이어졌다.

고구려가 존망의 기로에 선 668년이었다. 그해 4월에 혜성이 필성畢星과 묘성昴星 사이에 나타났다. 당의 허경종許敬宗이 "혜성이 동북쪽에 나타나니 고구려가 망할 징조이다"고 말하였다. 천문 현상은 이렇듯 중요한 관심사였던 것이다. 4월에 웅진도독부는 왜에 사신을 보낸 바 있다. 7월에는 고구려가 사신을 왜에 보냈다. 고구려로 망명한 풍왕이 아우인 부여용과 내응했다고 한다. 고구려로 망명한 풍왕 정권의 백제인들은 일본열도로 망명한 백제인들을 한반도에 다시금 참전시키고자 한 게 분명하다. 존망의 기로에 선 고구려가 왜의 힘을 빌어 위기를 타개하고자 한 것으로 보인다. 그러나 고구려가 기대했던 어떠한 성과도 얻지 못한 것 같다. 이에 질세라 이제는 9월에 신라가 김동암金東嚴을 왜에 파견하였다. 백제와 고구려 그리고 신라가 동일한 해에 일제히 왜에 사신을 보낸 것이다. 고구려의 멸망이 초읽기에 들어섰다. 웅진도독부 즉 백제가 사신을 보낸 이유는 왜의 동향 탐지였다. 고구려는 왜로부터 지원을 구하려고 한 듯하다. 신라는 왜의 동향을 탐지하여 후방에 대한 안전을 도모하고자 한 것 같다.

이때 왜로서는 세력을 확장시켜가는 신라에 대해 신경이 쓰였던 듯하다. 왜 조정의 권신인 나카도미노 가마타리는 신라의 중신 김유신에게 선박 한 척을 선물로 딸려 보내었다. 조정이나 국왕이 아닌 신하에게 선물한 경우는 극히 이례적인 일이었다. 이때 신라와 왜는 서로 침공 의사가 없음을 확인했다. 백제 멸망 직후 신라와 당이 왜를 침공할 것으로 예상하여 비상이 걸렸었다. 이제는 고구려의 멸망이 경각에 이르렀다. 왜로서는 고구려 멸망 이후의 정세 흐름에 촉각을 곤두세웠을 법하다. 백제 멸망 직후와 마찬가지로 신라가 당과 연합하여 왜에 대한 어떠한 시도를 할지도 모른다는 경각심을 가졌을 것이다. 이때 찾아 온 신라 사신은 고구려 멸망 직후 왜가 벌일 수 있는 군사적 선제공격을 무력화시킬 수 있었다. 왜는 신라의 군사력이 북부에 집중한 틈을 타고 경주를 급습할 수도 있었기 때문이다. 바로 이러한 문제를 양국이 해소했기에 기분 좋게 선물까지 보냈다고 본다. 왜가 신라 왕이 아닌 군부의 실권자인 김유신에게 선박을 선물한 데는 이러한 목적이 깔려 있었던 것이다.

이러한 국제적 환경에서 설필하력이 먼저 병력을 이끌고 평양성 아래 도착했다. 이적의 군대가 뒤따랐다. 신라의 문무왕 역시 이때 한성漢城(황해도 재령)까지 와서 왕의 동생 김인문에게 대군을 이끌고 평양성으로 진격하게 하였다. 신라군은 영류산 아래에 이르러 고구려군을 사천원에서 격파하고 당군과 함께 포위 공격했다. 평양성을 포위한 지 한 달이 넘었다. 보장왕이 남산을 보내 수령 98인을 거느리고 백기白旗를 들고 이적에게 항복했다. 이적은 이들을 예로써 접대하였다. 그러나 남건은 오히려 문을 닫고 항거하여 지켰다. 그는 자주 병력을 내보내 싸웠으나 모두 패하였다. 남건이 군사에 관

한 일을 승려 신성信誠에게 맡겼다. 그런데 신성이 소장小將 오사烏沙와 요묘
饒苗 등과 더불어 비밀리에 이적에게 사람을 보내 내응하였다. 5일이 지난 후
신성이 성문을 여니 이적이 병력을 놓아 성에 오르고, 북을 치고 소리를 지르
며 성에 불을 질렀다. 남건은 제 목을 찔렀으나 죽지 못했다. 보장왕과 남건
등은 붙잡혔다. 이 과정에서 과거 당 태종의 요동 원정 때 항복한 책성 욕살
출신 이타인이 앞장섰다.[437] 그리고 남생을 따라 당에 항복했던 고현高玄은
평양성 공격의 최선봉에 섰다. 그런데 중국 사서에서는 이때 신라인의 활약
상이 전무하다. 다음 기사에서는 고구려 멸망에 있어 신라의 역할이 보인다.

　　* 9월 21일에 대군大軍과 더불어 함께 평양을 포위했다. 고구려 왕
　은 먼저 천남산 등을 보내 영공英公에게 가서 항복을 요청했다. 이에 영
　공이 왕 보장과 왕자 복남福男·덕남德男·대신 등 20여 만인을 거느리
　고 당으로 돌아갔다. 각간 김인문·대아찬 조주助州가 영공을 따라 돌
　아갔다. 인태仁泰·의복義福·수세藪世·천광天光·흥원興元이 따라 갔
　다. 처음 대군이 고구려를 평정하자, 왕이 한성漢城을 출발하여 평양으
　로 가다가 힐차양肹次壤에 행차했다. 당의 제장諸將이 이미 돌아갔다는
　말을 듣고 돌아와 한성에 이르렀다.[438]

　　* 건봉 3년에 이르러서는 대감大監 김보가金寶嘉를 보내 바닷길로
　들어가 영공에게 이르렀더니 신라 병사와 말은 평양으로 와서 모이라
　는 처분을 받아왔습니다. 5월에 유우상劉右相이 와서 신라의 병사와 말

437　李玟洙,「高句麗 遺民 李他仁의 族源과 柵城 褥薩 授與 배경에 대한 고찰」『大丘史
　　學』128, 2017, 165쪽.
438　『三國史記』권6, 문무왕 8년 조.

을 징발하여 함께 평양으로 갔는데 나도 또한 한성주에 가서 군사들을 사열하였습니다. 이때 번방蕃方과 중국의 여러 군대가 모두 사수蛇水에 모여 있었는데, 남건이 군사를 내어 한 번 싸움으로 결판내려고 하였습니다. 신라 군사가 홀로 선봉이 되어 먼저 큰 진영을 깨뜨리니 평양성 안은 강한 기세가 꺾이고 사기가 위축되었습니다. 이후 다시 영공이 신라의 용맹한 기병 5백 명을 뽑아서 먼저 성문으로 들어가 마침내 평양을 깨뜨리고 큰 공을 이루게 되었습니다. 이에 신라 병사는 모두 "정벌을 시작한 이래 이미 9년이 지나서 사람의 힘이 모두 다하였지만 마침내 두 나라를 평정하였으니 여러 대를 두고 가졌던 오랜 희망이 오늘에야 이루어졌다. 반드시 우리나라는 충성을 다한 것에 대한 은혜를 입을 것이요, 사람들은 힘을 다한 상을 받게 될 것이다"라고 말하였습니다. 영공이 비밀리 "신라는 이전에 군대 동원의 약속을 어겼으니, 또한 그것을 헤아려 정할 것이다'라고 하자 신라 군사들은 이 말을 듣고 다시 두려움이 더했습니다. 또한 공을 세운 장군들이 모두 기록되어 이미 당에 들어갔는데, 당 수도에 도착하자 곧 '지금 신라는 아무도 공이 없다"고 하여 군장軍將들이 되돌아오니 백성들이 더욱 두려움을 더하게 되었습니다.[439]

문무왕은 668년 10월 22일에 평양성 함락에 공을 세운 장병들에게 대대적인 포상과 더불어 전공을 구체적으로 명시했다.[440] 위의 신라측 기록에서는 고구려 평양성 함락에 신라의 역할이 지대했음을 강조하였다. 반면 당은 신라의 역할을 폄훼하거나 과소 평가하는 경향을 보였다. 자기 중심의 주관적

---

439 『三國史記』권7, 문무왕 11년 조.
440 『三國史記』권6, 문무왕 8년 조.

도판 147 | 고현 묘지석

인 서술을 할 수밖에 없다고 하더라도, 기록을 많이 남기는 측이 유리한 것은 분명하다.

668년 10월에 이적이 회군하려고 했다. 당 고종이 명하여 보장왕 등을 먼저 당 태종의 능인 소릉昭陵에 바치게 하였다. 이적은 군대의 위용을 갖추고 개선가를 연주하면서 수도로 들어가 태묘太廟에 바쳤다. 12월에 끌려온 보장왕 일행은 함원전含元殿에서 당 고종을 친견했다. 당 고종은 보장왕이 자신의 의사로 정무를 처리한 것이 아니었기에 용서해 주었다. 남산과 승려 신성 그리고 남생은 포상을 받았다. 끝까지 저항했을 뿐 아니라 분란의 장본인이었던 남건은 검주黔州(사천성 彭水縣)로 귀양 갔다. 연개소문의 장남 남생은 영화를 뒤로한채 46세로 생을 접었다. 남생의 아들 현성은 내준신來俊臣의 모함으로 죽임을 당했다. 역사상 중국에 투항한 이들의 말로가 좋지 않았다. 한漢 군에 투항했던 위만조선의 상相들도 그 공으로 모두 열후에 책봉되었다. 그러나 모두 수년 안에 '모반' 죄로 파멸하고 말았다.441

당은 평양성을 함락시킨 후 이곳에 안동도호부安東都護府를 설치하였다. 이곳에 대해 "안동은 곧 평양이다. 단군조선·기자조선·위만조선 세 조선의 옛 수도이다. 한의 낙랑군이다"442고 했다. 당은 고구려 전국을 9도독부 46주

---

441 金翰奎, 『天下國家』소나무, 2005, 99쪽.
442 『大東韻府群玉』권1 上平聲 東 東 地理.

도판 148 | 중국 낙양에 소재한 연개소문 자손 묘소.
왼쪽부터 슬(瑟: 연개소문 고손자), 남생(연개소문 장남), 헌성(연개소문 손자) 묘소.

州 100현縣으로 나누고는 고구려인을 뽑아 수장에 임명했다. 동시에 당 관리
를 보내 실제 통치에 임하였다. 고구려의 멸망은 역사 기록의 소멸을 가져왔
다. 이만운은 "당 이적이 고구려를 평정하고는 동방의 모든 서적을 평양에다
모아놓고 우리나라의 문물이 중국에 뒤지지 않는 것을 시기하여 모두 불태워
버렸다"[443]고 했다. 이러한 이만운의 인식은 단재 신채호에게도 계승이 되었
다.[444] 고구려사의 소루疏漏함은 패망의 병화兵禍에 기인했음은 두 말할 나
위도 없다.

이와 엮어져서 한 장의 고구려인의 모습이 저멀리 중앙아시아의 우즈베키

---

443 『雅亭遺稿』권3, 紀年兒覽, 序. "又問勝國以上文獻之無徵 公嘆曰 唐李勣 旣平高句
麗 聚東方典籍於平壤 忌其文物不讓中朝 擧而焚之 新羅之末 甄萱據完山 輸置三國
之遺書 及其敗也 蕩爲灰燼 此三千年來二大厄也"
444 申采浩, 『朝鮮史硏究艸』을유문화사, 1974, 74쪽.

스탄 사마르칸트 시市에 소재한 아프라시압 궁전 벽화에서 보인다. 고대 소그디아나 왕국의 수도였던 이곳 궁전벽화에 나타나고 있는 외국 사절단 가운데 두개의 새 깃털을 세운 모자에 넓은 소매 달린 윗저고리에 팔짱을 긴 채 민고리형 칼을 차고 모로 서 있는 두 명의 인물을 발견할 수 있다. 이 두 인물이 고대 한국인임은 복식으로나 차고 있는 칼로 보아 의심할나위 없다. 더욱이 두개의 새깃털을 세운 모자는 고구려의 전매 특허격인 절풍임이 분명하다.

그러면 고구려 사신의 모습이 중앙아시아 지역에 남겨지게 된 배경이 궁금해진다. 어떠한 형태로든 간에 고구려와 중앙아시아 지역과의 교류가 있었기에 가능하였을 것이다. 이는 고고학적으로도 입증이 된다. 가령 고구려 봉토분의 특징처럼 되어 있는 모죽임천정[抹角藻井]이 중앙아시

도판 149 | 복원한 아프라시압 궁전 벽화의 고구려 사신

아를 거쳐서 유입되어 왔음은 널리 알려졌다. 그리고 중국의 서역 관문인 돈황의 642년에 제작된 석굴벽화(220호)에는 두개의 새 깃털이 달린 모자를 쓴 고구려 인물이 묘사되어 있다. 따라서 고구려 사신은 문화루트이기도 한 실크로드를 이용하여 사마르칸트까지 왔다고 보겠다. 문제는 그 시점이다. 왜냐하면 궁전벽화는 700년경에 그려진 것이기 때문이다. 고구려 멸망(668) 후 적어도 30여 년의 세월이 흐른 후의 작품이었다. 그러나 고구려 사신이 사마르칸트에 온 것이 분명하다. 따라서 그 목적은 하나로 집약되어진다. 즉 신라와 당 연합군의 공격으로 고립되어 있는 절박한 상황의 고구려였다. 고구려는 소그디아나 왕국에 사신을 파견해 외교적 노력으로써 위기를 타개하려고

하지 않았을까?

추측하자면 중앙아시아 국가들과의 교섭을 통해 그들로 하여금 교역적인 측면, 가령 실크로드의 봉쇄와 같은 방법으로 당을 압박하게 하여 고구려에 대한 포위를 풀게 하려는 임무가 이들 사신에게 부여된 것은 아니었을까?[445] 혹은 연개소문의 명령으로 원교근공책의 일환으로 파견된 사신으로 추측한다. 어쨌든 비장한 임무를 띠고 고구려 사신은 천신만고 끝에 중앙아시아의 나라들에 찾아 왔었기에 벽화에라도 잔영을 남길 수 있었겠다. 그러나 그 외교적 성과와는 관계없이, 그들이 돌아갔을 때 그리던 조국은 기다리고 있지 않았다. 그 때의 막막하고도 허탈하였을 심정을 헤아리기는 어렵지 않다. 이들은 그 뒤 역사의 격랑 속에 어떠한 모습으로 표류하게 되었을까? 발해 건국에 참여하였는지 아니면 돌궐쪽으로 망명하였을까 등등의 추정이 꼬리를 물고 이어질 뿐이다.[446]

혹자는 당의 입김이 강한 동돌궐 때문에 고구려 사신이 서역으로 갈 수 없다고 단언했다. 그러므로 이 벽화의 사신은 고구려인과는 무관한 것으로 보았다. 그러나 한 무제 때 장건張騫은 흉노를 견제하기 위해 서방의 대월지大月氏와 동맹을 맺고자 서역으로 파견된 바 있다. 이와 마찬 가지로 고구려의 경우도 동돌궐이 당에 붙었기 때문에 못 나가는 것이 아니었다. 오히려 그러한 상황이었기에 서역 제국의 힘을 빌어 당의 역량을 동·서로 분산시킬 목적으로 사신을 파견할 수 있었다.[447]

나는 고구려인의 모습이 담긴 두 폭의 그림을 볼 때마다 호기로운 기개와

---

445 박진욱, 「쏘련 사마르칸트 아흐라샤브 궁전지 벽화의 고구려 사절에 대하여」『조선고고연구』 1988-3, 11~16쪽.

446 李道學, 「고구려인의 얼굴, 그 상반된 명암의 현장」『꿈이 담긴 한국고대사 노트(하)』 일지사, 1996, 143~145쪽.

447 서형걸, 「書評: 정호섭 저, 『고구려사와 역사인식』」『東아시아古代學』 47, 2017, 385쪽.

비장성을 동시에 느낀다. 고구려사의 양 극단적인 명암이 잘 어려 있는 것 같아 감회가 일기도 한다. 고구려의 멸망 원인과 관련해 김부식은 다음과 같은 논평을 냈다.

고구려는 진한 이후부터 중국의 동북 모퉁이에 끼어 있었다. 그 북쪽 이웃은 모두 천자의 관아가 있고, 난세에는 영웅들이 빼어나게 뛰어나서 참람되어 이름과 지위를 훔쳤으니, 두려움이 많은 땅[多懼之地]에 산다고 말할 수 있다. 그러나 겸손의 뜻이 없고, 그 강역을 침략하여 원수가 되고, 그 군현郡縣에 들어가 살았다. 이런 까닭에 전쟁이 이어지고 화禍가 맺어져 거의 편안할 때가 없었다.[448]

김부식은 고구려가 패멸할 수밖에 없는 이유를 제시했다. 고구려가 자리잡은 중국의 동북 모퉁이는 난세에는 영웅들이 많이 일어나 격동 치는 곳이니 '두려움이 많은 땅'이라고 했다. 게다가 전쟁을 일으켜 중국의 강역을 침략하여 원수를 맺고, 또 중국의 군현에 들어가 살았으니 전쟁이 언제나 끊이지 않았고 편안한 날이 없었다고 했다. 오만한 고구려의 결말이 몰락이라는 것이다.

이러한 김부식의 평가는 틀리지 않다. 고구려는 수·당과의 오랜 전쟁을 통해 국력이 피폐해져 있었다. 614년 수의 제2차 침공시 고구려는 "우리나라 또한 어렵고 궁핍하여 있었다"[449]고 실토했다. 이러한 경우를 그리스의 피로스 왕이 로마에 승리했지만 큰 희생을 치렀다는 '피로스의 승리'로 일컬어진다. 고구려가 당 태종의 군대를 격퇴한 것도 피로스의 승리에 해당한다. 고구려는 수·당의 침략을 모두 격퇴하기는 했다. 그러나 고구려의 영토와 주민

---

448 『三國史記』권22, 보장왕 27년 조.
449 『三國史記』권20, 영양왕 25년 조.

은 중국에 빼앗겨 줄어들었다. 고구려로서는 실리를 챙기지 못한 승리였다. 오히려 패배한 중국이 실리를 챙긴 측면도 있었다.[450]

김부식이 지적한 고구려 패망 요인 가운데 '겸손의 뜻이 없고'는 굽히지 않는 당당한 모습으로 재현할 수 있다. 펠로폰네소스 전쟁 때 멜로스인의 당당한 태도는 국가 파멸로 이어졌다. 유연성을 잃은 연개소문의 굽히지 않는 태도 역시 이와 동일하였다.[451] 미수 허목은 고구려에 대해 다음과 같은 총평을 내렸다.

（고구려 주몽은） 웅건雄健하고 걸출하여 여러 부락과 여러 이웃 나라를 눌렀으며, 약한 나라는 겸병하고 어지러운 나라는 멸망시켰다. 땅을 1000여 리 가량 넓혀 30명의 군왕에 700여 년을 전하였으니, 성대하다고 이를 만하다. 풍속은 숙신 · 선비 · 말갈의 풍속이 섞였다. 말 타기와 활쏘기에 능하고 전쟁에 강하였으니, 공벌攻伐로 흥하고 공벌로 망하였다. 그러나 국경이 （『書經』） '우공禹貢'에 나오는 중국 땅 기주冀州에 접했다. 그러니 실제 기자箕子의 나라였다. 그 백성은 질실質實하여 대국大國의 유풍이 있었다.[452]

허목은 백제와는 달리 고구려에 대해서는 상당히 긍정적으로 평가하였다. 고구려의 국력이 팽창하여 영역이 지금의 중국 하북성 기주 일대까지 미쳤음

---

450 구대열,『삼국통일의 정치학』까치, 2010, 188~189쪽.
451 구대열,『삼국통일의 정치학』까치, 2010, 279~280쪽.
452 『記言』권34, 外篇 東事(3). "句麗朱蒙…雄健桀驁 撫有諸部諸傍國 弱者兼之 亂者滅之 拓地千餘里 傳三十君七百餘年 可謂盛矣 其俗雜肅愼 鮮卑 靺鞨 引弓強戰 以攻伐興 以攻伐亡 然其壤界接於禹貢冀州中國之地而實箕子之國其民質實有大國之遺風"

을 환기시키고 있다.

4) 한가위의 기원으로 승격

『삼국사기』에서의 길쌈 놀이 끝에 열리는 잔치와는 다른 한가위에 관한 기록이 일본 승려 엔닌[圓仁]의 『입당구법순례행기入唐求法巡禮行記』에 보인다. 저명한 동양학자인 라이샤워Edwin O. Reischauer가 "극동의 역사에 있어서 가장 위대한 기행문이라"고 찬사를 던진 책이었다. 839년 8월 15일에 엔닌이 산동성 문등현文登縣에 소재한 신라 사찰인 적산원赤山院을 방문하였다. 1년 소출 500석石의 사전寺田을 가지고 있었고 법회에 일제히 250명이 참여할 정도로 큰 사찰이었다. 장보고張保皐가 창건한 이 절에서 목격한 사실을 엔닌은 다음과 같이 적었다.

> 절에서 수제비와 떡을 장만하고 8월 보름 명절을 지냈다. 다른 나라에는 이 명절이 없지만, 유독 신라에는 이 명절이 있다. 노승老僧들이 말한 바는 이러하다.
> 신라가 옛날 발해와 더불어 전쟁을 할 때 이날 승리하였으므로, 이날을 명절로 정하고 음악과 즐거운 춤을 즐기던 것이 오래도록 이어져 끊이지 않았다. 우리는 이날 온갖 음식을 마련하고, 노래하고 춤추고 음악을 즐기며 밤낮으로 사흘을 쉰다. 이제 이곳 산원은 고국을 그리워하며 오늘 이렇게 명절을 차렸다. 발해가 신라의 토벌을 당했을 때 겨우 겨우 1천 명이 북쪽으로 도망을 했다가 그 후에 돌아와 옛날대로 한 나라를 세웠는데, 오늘날 발해라고 부르는 나라가 바로 그것이다.

위의 인용에 따르면 한가위는 신라가 발해와의 전쟁에서 승리한 전승 기념일이 된다. 신라와 발해와의 무력 충돌은 실제 있었다. 733년(성덕왕 32)에

당의 요청으로 김유신의 손자인 김윤중金允中을 앞세운 신라 군대는 발해의
남쪽 경계인 함경남도 지방을 공격하였다. 그러나 날이 차고 큰 눈이 쌓였을
뿐 아니라 산길이 험하였던 관계로 사병들이 거의 절반이나 얼어 죽게 되어
아무런 성과도 없이 회군한 적이 있었다. 이것을 신라측에서 전승이라고 하
여 기념하였을 리는 만무하다. 그러므로 "신라의 토벌을 당한 발해가 북쪽으
로 올라가 다시 나라를 세웠다"는 구절은 재음미할 필요가 있다. 아마도 이
구절은 신라에 의해 멸망한 고구려와 그 후신인 발해를 가리키는 이야기로
나뉘어서 해석하면 이해가 된다. 즉 앞 구절의 발해는 고구려이고, 뒤의 그것
은 고구려 후신인 발해라고 하겠다. 이러한 맥락에서 볼 때, '신라와 발해의
전쟁'은 고구려 수도인 평양성이 함락되고
보장왕이 항복한 시점이 668년 9월인 점
과 연결 짓는다면 무망한 이야기만도 아
니다. 더욱이 신라가 숙적인 고구려를 멸
망시킨 전승기념 시점인 668년 9월은, 전
통적인 농경 축제인 8월 한가위와 시간적
으로 엇비슷하게 맞물려 있다. 그러한 관
계로 한가위의 의미가 더욱 각별하게 확
대·부각되지 않았을까? 다시 말해 한가
위는 신라가 고구려를 멸망시킨 이후 전
통적인 농경축제의 범주를 뛰어 넘어 국
가적 경축일로 그 의미가 확대되었음을
뜻한다. [453]

도판 150 | 루브르박물관에 전시된
승리의 여신 니케 상.

453 李道學, 「한가위의 기원은 어디에?」『꿈이 담긴 한국고대사노트(상)』 일지사, 1996,
      114~119쪽.

5) 고구려와 백제

백제가 무너졌을 때 고구려는 어떠한 대응을 하였을까? 백제의 멸망은 신라의 기만전에 놀아난 결과였을까? 신라의 기습적인 공격으로 백제는 제대로 대응하지 못하고 무너졌다. 물론 성충과 흥수가 일찍부터 경고한 바 있었다. 그렇지만 나·당군의 협공을 받아 백제의 전선은 동서로 양분되었다. 백제는 전력의 분산과 주 방어 방향을 잡지 못하고 갈팡거렸다. 그러다가 동·서 양 전선이 모두 뚫리고 말았다. 고구려의 입장에서는 손을 쓸 겨를이 없었다. 이후 고구려는 백제인들이 엎어진 국가를 재건하고 항전하자 지원을 결행했다. 그러한 지원은 고구려가 신라의 북쪽 경계를 공격함에 따라 신라의 병력이 분산될 수밖에 없다. 신라가 백제 지역에 대한 지배권을 확보하는 일은 어려워진다. 이처럼 신라가 백제인들의 항전을 제압하는 일에 집중하다 보면, 당과 연합했더라도 고구려 정벌은 실효를 거두기 어려웠다. 실제 고구려는 신라와 당이 백제 지역을 장악해 가는 과정에서 수수방관하지는 않았다. 백제에 진주한 신라와 당의 병력을 끊임없이 분산시키고자 했다.

이 점을 노리고 고구려는 660년 11월에 신라의 칠중성(경기도 파주)을 공격하였다. 661년 5월에 고구려 장군 뇌음신惱音信과 말갈 장군 생해生偕가 이끈 부대가 신라의 술천성(경기도 여주)을 공격한 후 북한성을 포위했다. 물론 고구려군의 신라 북쪽 지역 공격은 성공하지는 못하였다. 그러나 신라군이 고구려 남쪽을 공격하여 당과 함께 협공하려는 당초의 기도를 일단 무산시켰다.

『삼국사기』신라본기와 김유신전 그리고 신라 문무왕이 당 장군 설인귀에게 보낸 문서를 검토해 보면, 662년 정월에 신라 장군 김유신은 평양성을 에워싸고 있는 당군에 군량 보급차 출발하였다. 2천여 대의 수레에 쌀 4천 석과 벼 2만 2천여 석을 싣고 떠났다. 그런데 도중에 얼음이 미끄럽고 길이 험하여 수레가 가지 못했다. 그러자 군량을 모두 우마牛馬에 옮겨 실었다. 그해 정월 23일(양력 2월 16일) 신라 군대는 고구려와의 경계인 칠중하七重河에 이르렀다. 그런데 군사들이 모두 두려워하여 감히 먼저 배에 오르려 하지 않았다. 그러자 김유신이 "그대들이 죽는 것을 두려워한다면 무엇하러 여기에 왔는가"라고 꾸짖었다. 그러고는 자신이 먼저 배를 타고 건넜다. 그제야 여러 장졸들이 서로 따라 물을 건너 고구려 땅에 들어갔다. 신라 군대는 고구려 군대의 요격邀擊을 피해 험하고 좁은 길을 이용했고 도중에 맞닥뜨린 고구려 군대를 꺾으면서 진군하였다. 그러나 궂은비가 달포 넘어 계속 내리고 눈바람이 몹시 차서 사람과 말이 얼어 죽는 통에 가지고 간 군량을 제대로 전달할 수 없었다. 평양성의 당군도 회군하고 싶던 차에 군량을 받고는 곧 철군하였다. 그러자 신라 군대도 양식이 떨어졌으므로 회군하게 되었다. 신라 군사들은 굶주리고 추워서 손발이 얼어 상하고 길바닥에 엎어 죽은 자가 이루 헤아릴 수 없었다. 엎친 데 덮친 격으로 신라 군대가 호로하瓠瀘河에 이르자 뒤따라 추격해 온 고구려 군대가 강 언덕 위에 진을 쳤다. 신라 군사들은 피로에 지친 상황이었다. 그러나 급히 강을 건너 휴식을 취한 후 고구려 군대가 채 강을 건너지 못하였을 때 급습하였다. 신라는 고구려군 1만여 명을 베고 장수 아달혜阿達兮를 사로잡는 전과를 올렸다.

신라로서는 연합군인 당군에 군량을 조달하기 위해 엄청난 출혈을 감내했다. 내키지 않은 군량 조달은 처절한 느낌마저 주었다. 기후가 몹시 차서 병사와 말들이 연신 길거리에 푹푹 쓰러졌다. 칠순을 바라보는 노장군 김유신은 어깨를 벗어부치고 말에 채찍질하여 앞으로 달려갔다. 그러자 젊은 사병들이 힘을 다하여 달려가며 땀을 흘리면서 감히 춥다고 말하지 못하였다. 바로 신라 군대가 악전고투하며 통과하였던 강이 칠중하요 호로하였다.

칠중하는 칠중성 부근을 흐르는 하천이다. 칠중성은 지금의 연천군 적성면 구읍리 중성산重城山에 소재한다. 그러므로 칠중하는 칠중성 좌편을 통과하는 임진강 구역의 하천을 가리킨다. 하천을 구역에 따라 달리 불렀던 사례는 『삼국사기』 문무왕 13년 9월 조에서 "당군이 말갈과 거란 군대와 함께 와

도판 151 | 호로고루

서 북쪽 변경을 침범하였는데 무릇 아홉 번 싸워서 우리 군대가 모두 이겨 2천여 명의 머리를 베었고 당군으로서 호로·왕봉王逢 두 하천에 빠져 죽은 자가 이루 셀 수 없었다"라고 한 기사에 보인다. 즉 '왕봉'은 왕봉현인 지금의 경기도 고양시 일대를 가리킨다. 왕봉하王逢河는 고양시를 통과하는 한강 하구이다. 그러면 왕봉하와 더불어 당군이 궤멸된 호로하는 어디일까?

호로하의 위치는 호로성瓠瀘城의 소재지를 파악할 때 드러난다. 호로성은 『대동지지大東地志』에서 다음과 같이 '포로고루'로 보인다.

포로고루匏蘆古壘 : (장단현) 동쪽 32리에 소재하였다. 포로탄匏蘆灘 위의 적성積城 경계에 2개의 보루가 강을 격하여 상대하고 있는데, 석벽으로 되어 있으며 견고하다. 삼국시대에 포로하변에 축조한 것이다 (장단현, 성지 조)

위의 기록에 보이는 2개의 보루가 임진강을 격하여 마주 보고 있는 곳은 연천군 장남면과 그 건너 장좌리의 성이다. 장남면의 성이 호로성이고, 이 구간의 임진강이 호로하였다. 또 호로성은 여울 위에 자리 잡고 있는 만큼 나루[渡津]를 방비하는 목적이었다.

언젠가 호로성 위를 거닐면서 임진강을 굽어보니 세월의 무게를 이기지 못해서인 것처럼 강바람에 밀려 얼음장이 떠내려간다. 호로성에서 임진강 물굽이가 우측으로 U자 모양으로 틀어졌다가 다시금 역逆 U자 모양으로 흐르는 곳에는 개여울[戌灘]이 있다. 이 부근이 칠중하가 된다. 개여울은 임진강에서 수심이 가장 얕은 곳이다. 6.25 때도 북한 군대가 선박 없이 그대로 도강한 곳이라고 한다. 칠중하에서는 비장한 각오로 수범을 보이며 강을 건넜던 그 옛날 김유신의 장부다운 기개가 새삼 와닿는다. 강안江岸에는 육계토성六溪土城으로 일컬어지는 검문소 격의 성이 잔흔만 남기고 있었다. 지난 세기 어느 날 나는 강 바람이 매서운 육계토성 자리에서 빗살무늬 토기편을 수습하였다. 신석기인들의 주거지에 성이 축조된 것이다.

9. 당과의 전쟁

1) 신라, 당군을 축출하다

신라와 당은 백제와 고구려의 멸망이라는 공동의 목표를 공유하며 움직였다. 이러한 목표가 외형적으로 달성된 668년 가을 이후 냉각기를 거친 후 격돌하는 양상을 보였다. 신라와 당이 충돌한 배경에 대해서는 다음과 같이 분석되었다. 당이 애초의 약속을 어기고 백제와 고구려의 고지를 점유하려고 하였다. 그러자 신라가 반발하여 저항한 것으로 해석한다.[454] 647년에 맺은 신라 김춘추와 당 태종 간의 밀약에 따르면 백제 고지는 물론이고 패강인 대동강 이남을 신라에 귀속시키기로 했다. 그러나 당은 약속을 이행하지 않았다. 오히려 신라 병탄을 모의하였다. 이는 다음의 기사를 통해 확인할 수 있다.

 * 정방이 돌아와서 포로를 바치니 천자가 위로하며 말하기를 "어찌하여 이내 신라를 정벌하지 않았는가"하였다. 정방이 "신라는 그 임금이 어질고 백성을 사랑하며 그 신하는 충성으로 나라를 섬기고 아랫 사람들이 윗사람 섬기기를 부형과 같이 하니 비록 작지만 도모할 수가 없습니다"라고 하였다.[455]

 * 당인들은 이미 백제를 멸망시키고는 사비성의 언덕에 진을 치고 신라를 침공하려고 몰래 계획을 꾸미고 있었다. 우리 임금이 이를 알고 여러 신하들을 불러 계책을 물으니 다미 공이 앞으로 나와서 아뢰었다. "우리나라 백성을 시켜 백제인으로 거짓 꾸며서 그 복장을 입혀 도적질하는 것처럼 한다면 당인들이 반드시 이를 칠 것이니 이때를 타서 그들과 싸우면 뜻대로 될 것입니다." 유신이 아뢰었다. "이 말이 쓸 만하오니 그대로 따르기를 바랍니다." 왕은 말했다. "당군이 우리를 위해서 적국을 멸망시켰는데, 도리어 그들과 서로 싸운다면 하늘이 우리를 돕겠소?" 유신이 "개는 그 주인을 두려워하지만 주인이 제 다리를 밟으면 주인을 물게 되니 어찌 국난을 당하고서도 자신을 구원하지 않을 수 있겠

---

454 李昊榮,「신라의 對唐戰爭 원인과 그 전개」『月山 李昊榮의 韓國史學遍歷』서경문화사, 2007, 112~135쪽.
455 『三國史記』권42, 金庾信傳(中).

습니까? 부디 대왕은 이를 허락해 주십시오"라고 말했다. 당인들은 우리나라에 방비가 있음을 정탐해 알고 신라를 치지 못하고 백제 왕과 신하 93명, 군사 2만 명을 사로잡아 가지고 9월 3일에 사비에서 배를 타고 돌아가고, 낭장 유인원 등을 남겨 백제 땅을 지키게 했다.[456]

위의 기사는 신라 위주의 인식인 것은 자명하다. 그렇더라도 신라인들의 당에 대한 인식을 살필 수 있는 귀중한 자료이다. 당은 약속 이행은커녕 백제를 재건하여 신라와 동격으로 만들고자 했다. 백강전투 이후 당은 백제 고지를 당에 넘기지 않았다. 그곳에 웅진도독부를 설치하여 백제를 재건해 주었다. 나아가 당은 신라까지 위협했다. 그러나 목전의 고구려 멸망이라는 현안 때문에 신라는 불만을 표출할 수 없었다. 당은 처음부터 백제와 신라 나아가 고구려까지 지배할 계획을 세웠었다. 그랬기에 당은 신라군을 동원해 백제와 고구려를 멸망시켰다. 그리고 신라의 군사력을 소진시키기 위해 가혹한 전투를 강요했다. 그리고 조금이라도 약속을 어기면 그 동안의 사정을 무시하고 책임만을 추궁하였다. 게다가 신라의 군공軍功을 무시하기 일쑤였다.[457] 물론 당은 백제에 대해 당초부터 멸망으로 가닥을 잡은 것은 아니었다. 당은 백제에 수립할 친당정권을 지렛대로 신라를 견제하고자 했다. 그 연장선상에서 웅진도독부가 태동한 것이다.

고구려가 멸망한 668년 9월 이후 신라는 당초의 약속을 이행하지 않은 당을 실력으로 축출하고자 했다. 그러기 위한 현실적인 방안으로서 신라는 고구려의 재건을 명문으로 했다. 신라는 우선 고구려 유민들을 포섭하였다.

그러면 신라와 당의 충돌은 어느 시점부터였을까? 흠순과 양도가 당에 입

---

456 『三國史記』권5, 태종 무열왕 7년 조.
457 井上秀雄, 『古代朝鮮』 日本放送出版協會, 1972, 206쪽.

조하여 사죄한 669년 5월부터를 나당전쟁 발발 시점으로 규정하기도 한다. 신라는 백제 고지에 대한 지배권을 행사하려고 했다. 그러나 당은 그것을 용납하지 않았다. 이 문제를 해결하기 위해 신라가 당에 사죄사로 보낸 김양도는 감금되어 670년에 옥사하였다. 신라로서는 이제 당과 정면 대결할 수밖에 없었다고 한다. 그런데 이 보다는 이때 신라는 고구려 유민들을 선동하여 항쟁하게 했던 것 같다. 669년 2월에 4천여 호를 거느리고 신라로 넘어 온 안승을 돌려보내지 않고 포용하였다. 고구려 주민의 이탈이 많아지자 669년 4월에 당 고종은 고구려 주민 3만 8300호를 중국 내지로 이주시켰다. 이에 대한 반발이 드세지자 당 고종은 고간을 파견하여 토벌하게 했다. 바로 이 사건이 발단이 되었을 것으로 본다. 고구려 주민들의 이탈과 당의 토벌이라는 갈등 증폭의 배후에는 신라가 있었다.

669년 4월 고간의 고구려 주민 토벌은 신라와 충돌하는 촉발제가 되었다. 이제 신라가 당을 물리치고 통일을 온전하게 달성할 수 있는 방법은 이미 멸망시킨 고구려와 백제 유민과 손잡는 길 밖에 없었다. 그런데 백제 유민들은 웅진도독부의 관할 하에 있었다. 아직은 백제 유민들을 유인할 수는 없었다. 다만 고구려 유민들을 유인할 수 있는 방법은 멸망한 국가의 재건이 1차적으로 필요했다. 그러한 신라의 제안에 고구려 유민들이 수락한 것 같다.

신라는 고구려 유민는 물론이고 그에 예속된 말갈과 더불어 당군과 일전을 벌이기로 하였다. 670년 3월에 압록강을 건넌 신라 사찬 설오유薛烏儒는 고구려 태대형 고연무高延武와 더불어 각각 정예 병력 1만을 이끌고 옥골屋骨에 이르러 미리 대기하고 있던 말갈군과 합류했다. 이들 연합군은 당군을 크게 격파하였다. 그러나 지원 병력이 이르자 이들 연합군은 백성白城으로 물러나 지켰다. 신라가 압록강을 넘어 진출한 곳이 옥골이었다. 신라와 고구려 주민들의 합동작전 목표는 옥골 즉 오골성 점령이었다. 그러면 신라가 현재의 봉황성인 오골성을 공격한 배경은 무엇일까? 오골성은 당 태종이 고구려를 침공했을 때 욕살이 맡고 있었다. 오골성은 압록강을 건너 평양으로 진격할 때 반드시 석권해야하는 중진重鎭이었다. 때문에 신라는 요동에서 한반도로 이어지는 이동 통로를 봉쇄하여 한반도 내 당군을 가둬놓고 소멸시키려 했던 것 같다.[458] 또 신라가 오골성을 기반으로 요동성(요녕성 遼陽을 위협 · 견제하려한 포석으로 추정된다.

신라와 고구려 유민의 연합작전은 금세 소문이 났다. 수림성水臨城 사람 대형 모잠牟岑이 유민들과 함께 궁모성窮牟城을 출발하여 패강 남쪽에 이르러 당의 관리와 승려 법안法安을 살해하고 신라로 향했다. 법안은 그 전해인 669년 1월에 당 고종의 명을 받고 신라에 자석을 구하러 왔었다. 「답설인귀서」에서는 670년 6월에 "고구려가 반란을 도모하여 중국의 관리들을 모조리 죽였다"고 하였다. 바로 그 사안과 엮어진 것이다. 670년 6월에 고구려 유민들이 일제히 봉기했다.

앞의 모잠은 검모잠劍牟岑이다. 그가 궁모성에서 출발했다고 한다. 궁모성은 검모잠의 근거지로 보인다. 여기서 '모잠'은 『삼국사기』 찬자가 '검'을 성으로, '모잠'을 이름으로 인식한 결과였다. 그러나 이는 어디까지나 상상에 불과할 수 있다. 궁모성의 '궁모'와 검모잠의 '검모'가 음이 닮았다. 근거지였던 궁모성에서 검모잠의 씨氏가 기원했을 수 있다. 부여씨 왕족이었던 흑치상지의 조선祖先들이 흑치에 봉해졌다. 그랬기에 씨를 부여씨에서 흑치씨로 바꾼 사실이 상기된다. 수림성 출신의 잠이 궁모성에 기반을 구축했다. 그랬기에 궁모 즉 검모라는 씨를 칭했을 수 있다. 검모는 궁모현窮牟縣=궁홀弓忽과 동일한 곳이므로 황해도 문화현으로 지목할 수 있다고 한다.[459] 백제 말기에 조국

458   이를 양동작전으로 지목한 견해는 노태돈, 『삼국통일전쟁사』 서울대학교 출판부, 2009, 250쪽.

459   申采浩, 『朝鮮史研究艸』 乙酉文化社, 1974, 16쪽.

회복운동을 펼쳤던 곡나진수谷那晉首가 보인다. 그의 경우도 철산지로 유명한 '곡나' 즉 욕나谷那였던 곡성에 기반을 두었을 수 있다. 곡성은 백제 당시 욕내군欲乃郡이었다.

검모잠은 서해의 사야도 즉 덕적군도의 소야도에서 안승安勝을 만났다. 그는 고구려 말기에 이곳으로 피신했던 안승을 맞아 한성(황해도 재령=신원군 장수산성)에서 옹립했다. 한성은 평양성·국내성과 더불어 고구려의 3경京 가운데 한 곳이었다. 3경 가운데 국내성과 평양성은 당군이 장악하고 있었다. 그랬기에 안승은 한성에서 즉위할 수밖에 없었다.[460] 안승의 계보에 대해서는 보장왕의 서자(『삼국사기』 고구려본기), 보장왕의 외손(『신당서』 고려전), 연정토의 아들(『삼국사기』 신라본기)로 상이하게 각각 적혀 있다. 안승은 보장왕의 서자나 외손 가운데 하나일 것이다.

그러면 안승이 섬에 거주했다는 것은 무엇을 의미할까? 이는 피신의 의미도 고려해 볼 수 있겠지만 추방으로 풀이될 수 있다. 연개소문의 정변 직후나 연개소문 사후 그 아들 간의 분란 때 섬으로 유배되었을 가능성이다. 만약 그러하였다면 정당하지 않은 권력에 의한 추방이었다. 혹은 이 난리를 피해서 섬으로 들어왔을 수 있다. 어쨌든 이는 역으로 고구려를 재건할 때 안승에게는 아주 유리한 정치적 자산이 된다. 정당하지 않은 권력과 국가를 거덜낸 세력에 의한 피해자였기 때문이다. 그랬기에 검모잠이 그를 선점한 것으로 보였다. 이렇게 본다면 연개소문의 딸과 엮어진 보장왕의 외손일 가능성은 희박하다. 안승은 보장왕의 서자일 가능성이 보다 유력해진다.[461] 더욱이 문무왕이 안승을 책봉하는 글에서 대를 잇는 아들을 가리키는 '사자嗣子'라고

---

460 전준현, 「670년에 재건된 〈고구려국〉에 대한 연구」 『력사과학』 1982-2, 37~38쪽.
461 池内宏, 「高句麗滅亡後の遺民の叛亂及び唐と新羅との關係」 『滿鮮地理歷史硏究報告』 12, 1930 ; 『滿鮮史硏究』 上世 2, 1951, 424~425쪽.

했다. 안승이 보장왕의 외손이나 연정토의 아들이라면 생각하기 어려운 글귀이다. 그리고 동일한 책봉문에서 안승을 가리켜 "선왕의 정사正嗣는 오직 공公밖에 없다"고 했다. 여기서 '정사'는 정통으로 대를 잇는 후손을 가리킨다. 외손이 불쑥 고구려 왕실의 대를 잇고 제사를 주관하는 이가 되기는 어렵지 않은가?

검모잠은 사람을 보내 문무왕에게 국가 재건에 대한 지원을 호소했다. 이때 안승과 검모잠은 당장 고간의 공격을 받았다. 검모잠은 즉각 보복전을 염두에 두었다. 그렇지만 안승은 신라로 넘어가서 후일을 도모하는 것이 긴요하다고 보았다. 이 문제로 갈등이 빚어졌던 것 같다.[462] 결국 안승은 검모잠을 제거하고 신라로 넘어갔다. 그러자 문무왕은 안승 일행을 금마저에 거주하도록 하였다. 문무왕은 고구려 유민들부터 수습한 다음 백제 유민들도 수습하려고 했다. 문무왕은 당과의 결전 때문이었다. 노회한 문무왕은 웅진도독부의 실질적인 수반인 예군을 유인하여 억류한 후 백제를 일거에 쳤다. 3회의 전투에서 신라는 도합 82성을 빼앗았다. 웅진도독부를 제압하는 대승을 거둔 직후 문무왕은 안승을 고구려 왕으로 책봉했다. 문무왕은 고구려 유민들을 우군으로 만드는 데 성공하였다. 이에 힘입어 문무왕은 671년 정월에 웅진도독부를 일제히 공격했다. 아울러 신라군은 당군의 지원을 차단할 목적으로 옹포甕浦를 지켰다. 신라로서는 당군을 축출하지 않고서는 통일이 어렵다는 판단을 하였다. 671년 9월에 당장 고간高侃은 번병蕃兵 4만 명을 거느리고 해자를 깊이 파고 성루를 높이 쌓아 평양성의 방어력을 한껏 높였다. 그런 후 이들은 대방帶方 지역을 침공하였다. 신라는 당군의 보급선을 차단하기 위해 그해 10월에 당 수송선 70여 척을 격파했다. 당군은 수도 헤아릴 수 없는 익사자를 냈다. 이때 신라는 당군의 낭장 겸이대후鉗耳大侯와 사졸 100

---

462   李基白, 『韓國史講座 古代篇』 일조각, 1982, 297쪽.

도판 152 | 여수 고락산성에서 출토된 팔매용 강돌. 무기로 사용하는 이러한 강돌은 단양 적성이나 문경 고모산성을 비롯하여 우리나라 산성에서 쉽게 발견된다. 신라 군대에는 투석질을 전담하는 석투당石投幢이라는 부대가 있었다.

여 명을 사로잡는 전과를 올렸다.

672년 7월에 당장 고간은 군사 1만 명을, 이근행李謹行은 군사 3만 명을 이끌고 평양성에 집결하여 8개의 병영을 짓고 주둔하였다. 신라는 이에 대응하여 8월에 한시성韓始城과 마읍성馬邑城을 쳐서 이기고 군대를 전진시켜 백수성白水城 5백 보 떨어진 곳까지 진출하여 군영을 만들었다. 신라군은 고구려군과 함께 당군을 격파하여 수천 급을 벴다. 그러자 고간은 후퇴하였다. 그런데 추격한 신라와 고구려 연합군은 반격을 받아 패전했다. 대아찬 효천曉川을 비롯한 신라의 고위급 장교들이 사망하였다.

신라의 공격을 받고 있는 웅진도독부는 본국인 당에 지원을 요청했다. 이러한 긴박한 정세를 살핀 신라는 웅진도독부를 급습하였다. 그리고 이곳을 점령한 것이다. 아울러 소부리주를 설치하여 신라 영역으로 만들고는 아찬 진왕眞王을 도독으로 삼았다. 『삼국사기』에는 671년의 일로 적어 놓았지만 앞서 거론했듯이 672년이 맞다. 신라는 백제 옛 땅 점유에 대한 당의 분노를 누그러뜨리기 위해 억류하고 있던 예군을 비롯한 웅진도독부의 고위 관인들을 송환했다. 그렇지만 신라는 당과의 일전을 대비하여 국방상의 요지에 소재한 성들을 증축하거나 새로 쌓았다.[463] 문무왕은 대아찬 철천徹川을 보내 병선 1백 척으로 서해를 지키게 했다. 당의 증원군 도착을 봉쇄하고자 한 것이다.

---

463 『三國史記』 권7, 문무왕 12년·13년 조.

당은 말갈과 거란 군사를 이끌고 신라의 북쪽 경역을 침공했다. 무릇 아홉 번 싸워 신라군이 모두 이겨 2천여 급을 베었다. 호로하(연천쪽 임진강)와 왕봉하(고양쪽 한강 하구)에 빠져 죽은 당군은 헤아릴 수 없을 정도로 많았다. 그해 겨울에 당군은 반격을 시도하였다. 당군은 고구려의 우잠성牛岑城을, 거란군과 말갈군은 대양성大楊城과 동자성童子城을 각각 함락시켰다.

신라는 축출한 웅진도독부가 관할하던 백제 고지에 대한 지배를 단행했다. 이곳에 신라는 인원을 파견하여 행정력과 군사력이 미치게 하였다. 이 소식을 접한 당 고종은 대노하여 문무왕의 관직과 작위를 박탈했다. 674년의 일이었다. 그리고 당의 수도에 와 있던 문무왕의 아우인 김인문을 신라 왕으로 삼아 본국으로 돌아가게 했다. 당 고종은 유인궤와 이근행을 신라로 출병시켰다. 이에 대응하여 문무왕은 경주 서형산 밑이나 영묘사 앞길에서 직접 군 사열을 받았다. 문무왕은 고구려 유민을 적극 끌어들일 필요가 있었다. 고구려 왕 안승을 보덕왕報德王으로 삼았다. 여기서 '보덕'은 망한 나라를 다시 세워준 신라 왕의 은덕을 갚는다는 의미가 담겼다. 고구려 즉 고려에서 '보덕국'으로 개호改號했다면, 안승이 자원한 형식을 밟았을 것이다. 훗날 신라에서는 고구려 유민들의 거소를 '보덕성'으로 불렀다. 따라서 보덕왕이 보덕국을 칭했을 수도 있다.

675년에 유인궤는 칠중성에서 신라군을 격파한 후 회군했다. 이와 동시에

도판 153 | 공산성 성안마을에서 출토된 옻칠한 말갑옷편.

이근행이 공격해 오는 상황이었다. 사태의 위중함을 느낀 문무왕은 급히 사신을 당 고종에게 보냈다. 조공을 하고 사죄를 하였다. 신라 외교의 유연함을 느낄 수 있다. 그러자 당 고종은 문무왕을 용서하고 관직과 작위를 회복시켜 주었다. 이와 동시에 김인문도 중도에 되돌아 가고 말았다. 그렇지만 신라는 백제 고지를 많이 빼앗았고, 고구려 남부 지역까지 신라 행정 영역으로 편제시켰다. 이와 더불어 신라는 당과 거란 및 말갈의 침공에 대비했다.

675년 9월에 설인귀는 신라에서 참형당한 김진주金眞珠의 아들 풍훈風訓을 앞세워 신라를 공격해 들어갔다. 풍훈은 숙위학생으로 당에 있었다. 이처럼 당은 삼국 지배층을 이간시켜 자신들의 의도를 관철시킨 사례가 많았다. 백제와 고구려 멸망에도 이러한 점이 보였다.[464] 이러한 수법은 거슬러 올라가면 위만조선 멸망 때도 있었다. 삼국통일전쟁에서 670년 12월 한성주 총관 수세藪世가 백제 웅천주를 취하여 본국인 신라를 공격하려다가 발각되어 죽임을 당하였다.[465] 그리고 당은 한성도독漢城都督 박도유朴都儒에게 백제 여자를 시집보낸 후 그와 모의하여 신라의 병기를 탈취해서 한산주를 차지하려다가 발각되었다. 673년 7월에는 아찬 대토大吐가 모반하여 당에 붙으려다가 발각되어 처형당했다. 674년에 당은 문무왕의 관작을 박탈하고 왕의 아우 김인문을 신라 왕으로 삼아 신라를 침공한 바 있다.

설인귀의 당군은 천성泉城을 쳤다. 이곳은 도미 부인 설화에서 백제를 탈

---

464 구대열, 『삼국통일의 정치학』 까치, 2010, 136쪽.

465 『三國史記』 정덕본의 "漢城州摠官 藪世 取百濟△△△△△△△國 適彼事覺 遣大阿湌 眞珠 誅之 十二△△△△ 責書所六△△僵事同異可△"라는 구절은 다음과 같이 복원할 수 있다. "漢城州摠官 藪世 取百濟熊川州 襲打本國 適彼事覺 遣大阿湌 眞珠 誅之 十一年答薛仁貴書所云 朴都儒事 同異可攷" "한성주총관 수세가 백제 웅천주를 취하고 본국을 습격하려고 하다가 그 일이 마침 발각되어 대아찬 진주를 보내어 그를 주살했다. (문무왕) 11년 답설인귀서에서 말한 박도유 사건과 같은 것과 다른 것을 살필 수 있다."

출한 부부가 해후하는 장소인 천성도泉城島와 동일 지역일 것이다. 천성에서 신라 장군 문훈文訓은 당군 1천 4백 급을 베었다. 신라군은 병선 40척과 설인귀가 포위를 뚫고 달아날 때 말 1천 필을 얻었다. 675년 9월 29일에 신라군은 매초성買肖城에 주둔한 57세 이근행의 20만 병력을 쳐서 쫓아냈다. 이때 말 3만 380필과 병기도 이와 비슷하게 확보했다.

이러한 전과는 신라와 중국 기록을 교차 확인하여 검증이 필요하다. 문제는 신라와 당과의 전투 관련 전과에서도 서로 차이가 크다. 우선 다음에 인용한 매초성 전투 전과를 비교해 본다.

당군이 거란과 말갈 군사와 함께 와서 칠중성을 에워쌌지만 이기지 못하였고, 소수 유동儒仝이 죽임을 당하였다. 29일에 이근행이 군사 20만 명을 거느리고 매초성에 주둔하였다. 우리 군이 이들을 공격하여 달아나게 하고는 전마 30,380필을 얻었다. 그들이 남겨놓은 병기도 그 정도 되었다. [466]

위에서 인용한『삼국사기』에 따르면 신라군은 이근행의 20만 당군을 격파하는 대전과를 올렸다. 그러나 이와는 달리 다음에 보이는『신당서』에서는 당군이 칠중성 뿐 아니라 매초성에서도 모두 승리한 것으로 적혀 있다.

상원上元 2년 2월에 (유)인궤가 칠중성에서 그들을 쳐부수고, 말갈병을 이끌고 바다를 건너서 남쪽 지역을 공략하니, 목을 베고 또 사로잡은 포로가 매우 많았다. 조서를 내려 이근행을 안동진무대사로 삼아 매초성에 주둔시키니, 세 번 싸워서 오랑캐가 모두 패배하였다. 법민이 사

---

466 『三國史記』권7, 문무왕 15년 조.

신을 보내 입조하여 사죄를 하는데, 공물의 짐바리가 줄을 이었다. 김인문 또한 (신라에서) 돌아와 왕위를 내놓으므로, 조서를 내려 법민의 관작을 다시 회복시켜 주었다.[467]

위의 『신당서』에 수록된 기사는 『삼국사기』와는 정반대의 기록이다. 그런데 『삼국사기』에는 신라군과 당군과의 교전에 대한 구체적인 기록이 많이 남아 있다. 이와 관련해 신라가 매초성 전투에서 확보한 말을 태마駄馬 즉 수송용 말로 해석하기도 한다. 그러나 분명히 '전마'로 적혀 있다. 그러므로 '태마'는 자의적인 해석에 불과하다. 그리고 신라의 매초성 승전을 국제적 상황이 낳은 우연한 선물 쯤으로 해석하기도 한다. 669년 9월에 토번吐番이 천산남로天山南路를 급습하자 670년 4월에 당군이 서역으로 투입되었다는 것이다. 그랬기에 670년 3월에 신라군이 압록강 이북 오골성으로 진출할 수 있었다고 했다. 그리고 675년 9월에 말갈 출신 이근행이 이끈 당군이 철수함에 따라 전쟁이 종결되었다는 것이다.[468]

이러한 주장의 착상 동기는 청프 전쟁 발발에서 연유한 것 같다. 프랑스와의 전쟁이 발발하자 청은 서울에 주둔한 청군의 절반을 베트남으로 이동시킨 바 있다. 그러나 나당전쟁은 669년 4월에 시작되었고, 신라는 670년 3월에 요동으로 진출했다. 그러므로 669년 9월 토번의 침공은 나당전쟁의 개전과 직접 관련이 없다.[469] 여기서 분명한 것은 당군이 토번 정벌에 투입되기 위해 철수하는 과정에서 전투가 발생한 게 아니었다. 기록에 보듯이 당군은 칠중성을 직접 공격하고 매초성에 주둔하다가 패하여 쫓겨난 것이다. 부대 이동 차

---

467 『新唐書』권199上, 동이전 신라 조.
468 이에 대한 논의는 이상훈, 『나당전쟁연구』주류성, 2012, 19~20쪽에 잘 서술되어 있다.
469 노태돈, 『삼국통일전쟁사』서울대학교 출판부, 2009, 233~248쪽.

원의 철수는 아니었다. 그러므로 당의 한반도 '방기放棄' 주장은 따를 수 없다.

이후 이근행은 흑치상지를 대신하여 하원현河源縣에 파견되었다. 그 직전에 흑치상지가 주둔하는 군영에 들어와 관사 주변을 돌던 이리 세 마리를 부하들이 쏘아 죽였다. 흑치상지는 이리 시체를 군영 바깥으로 버리게 했다. 그리고 흑치상지는 당 고종에게 삼곡당항三曲薰項(감숙성과 청해성의 경계를 근거로 활동한 족속) 토벌을 주청했다. 삼곡당항 토벌의 소임을 띠고 하원현에 도착한 이근행은 부임 열흘만에 병사했다.[470]

신라는 당군의 축출과 더불어 항구적인 북계北界로서 안북하安北河를 따라 관성關城을 축조했다. 신라는 철관성鐵關城도 쌓았다. 안북하는 함경남도 덕원군 북천면을 흐르는 강을 가리킨다. 철관성은 덕원의 철관으로 추정한다. 신라는 아달성阿達城과 칠중성 및 적목성赤木城 그리고 석현성石峴城 등지에서 침략자를 맞았다. 신라의 현령을 비롯한 우두머리들은 결사항전 끝에 대부분 전몰했다. 이때 신라는 대소 18회의 전투에서 모두 승리하여 6천 47급을 베고 말 2백 필을 얻었다고 한다. 그러나 이 숫치는 자찬에 불과하다. 신라가 모두 승리하지는 않았다. 그렇지만 신라인들은 최선을 다해 죽기로 싸워 국토를 사수하고자 하였다.

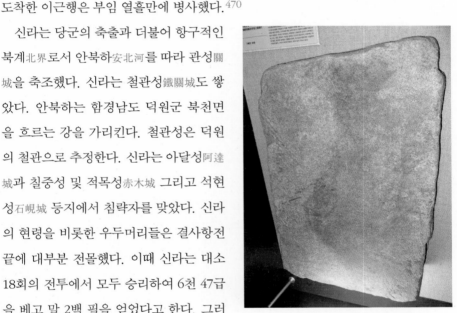

도판 154 | 김천시 남면 미륵암에서 출토된 당의 시장군柴將軍 비석. 시장군은 백제와 고구려를 공격할 때 총관이었고, 당 태종의 생질이었다. 이 비문에는 고구려를 '穢貊'으로 표기했다.

---

470 『太平廣記』권143, 징응-9, 흑치상지.

676년에도 당군의 공격은 그치지 않았다. 7월에 당군은 도림성道臨城을 공격하여 함락시켰다. 현령 거시지居尸知는 전사했다. 11월에 사찬 시득施得은 수군을 이끌고 지금의 금강 하구인 서천 장암진의 기벌포에서 설인귀와 싸워 연이어 패하였다. 그러나 시득은 여기서 꺾이지 않고 다시 진격하여 대소 22회의 전투에서 모두 이겼다. 이때 4천여 급을 베는 전과를 올렸다. 이후 당군과의 전투는 더 이상 없었다. 신라 본토로 진격하려는 설인귀의 당군을 금강 하구에서 막았던 것이다. 이로 인해 당은 신라 진입을 포기하고 회군하고 말았다.

기벌포 전투를 당군 철수 작전의 일환으로 간주하기도 한다. 그러나 672년에 웅진도독부가 철수한 이후 한반도 지역 당군이 기벌포를 통해 철수해야 할 이유가 없었다. 지금의 충청남도를 비롯한 옛 백제 지역에서 당군의 잔류는 확인된 바 없었다. 더구나 신라와 당과의 그 직전 전투가 동해변에 소재한 지금의 강원도 통천군으로 비정되는 도림성道臨城이었다. 따라서 기벌포 전

도판 155 | 경주 통일전에 전시된 '기벌포 해전도'.

투는 금강 하구를 이용하려한 당군의 철수 작전과는 관련이 없다. 당군의 기습적인 신라 상륙을 차단하여 그 이후로는 한반도에서 얼씬거리지 못하게 했다고 보아야 맞다. 이에 앞서 676년 2월에 당은 안동도호부를 요동고성遼陽으로 옮긴다는 것을 고지했다. 신성新城에 있던 안동도호부가 671년 말경에 요동성으로 나와 있다가 더 이상 평양으로 옮길 가능성이 없어졌기 때문이다.[471] 그럼에도 당 고종은 야욕을 버리지 못하고 678년 9월에 신라 재침을 준비했다. 그러나 토번의 공격을 받아 중지하고 말았다.[472]

도판 156 | 경주 월성에서 출토된 '儀鳳四年皆土' 명문 기와. '의봉 4년(679년)에 흙을 개었다'는 의미로 해석된다.

2) 김유신 세상 건너가다

『삼국사기』는 당군 축출이라는 대명제를 해결하지 못한 가운데 문무왕 13년(673) 조에서 "가을 7월 1일 김유신이 죽었다[秋七月一日 庾信卒]"고 짧게 서술했다. 거인의 죽음치고는 너무 간명한 글귀였다. 그러나 열전에서는 "7월 1일에 이르러 사저의 정침에서 죽으니 향년 79세였다[至秋七月一日 薨于私第之正寢 享年七十有九]"고 했다. 김유신의 사망을 본기에서는 '졸'이라고 했지만 열전에서는 '홍'으로 적었다. 열전에는 이어서 "대왕이 부음을 듣고 대단히 슬퍼하며 부의로 고운 빛깔의 비단 1천 필과 조租 2천 섬을 내려 장례에 사용하

---

471   손영종, 『조선단대사(고구려사 4)』과학백과사전출판사, 2008, 239쪽.
472   『資治通鑑』권202, 儀鳳 3년 9월 조.

도판 157 | 김유신 장군묘

도록 하였고, 군악대에서 북 치고 피리 부는 사람 1백 명을 보내주었다. 금산
원金山原에 나아가 장사지냈고, 담당 관서에 명하여 비를 세워 공적과 명예를
기록하게 하였다. 또한 민호民戶를 정하여 들여보내 묘를 지키도록 하였다"
고 했다.『삼국사기』는 김유신의 생애에 대해 적지 않은 분량을 할애하였다.

　『삼국사기』본기와 열전을 갖춘 기전체紀傳體이며 모두 50권으로 되었다.
50권이라면 상당한 분량으로 생각하기 쉽지만 양장 활자본으로 옮긴다면 단
1권에 불과하다.『삼국사기』50권 가운데 10권이 인물들의 전기인 열전에 해
당된다. 열전 가운데 3권이 김유신이라는 저명한 무장의 일 개인 전기이다.
나머지 7권에 49명의 개인 전기를 싣고 있다. 그러니까『삼국사기』열전은 김
유신 한 사람에게 지나친 편중을 보여준다. 그러면 무엇 때문에『삼국사기』
의 저자는 김유신에게 이다지도 많은 비중을 할애하였을까? 그건 두말할 나
위 없이 김유신의 생애가 후대의 귀감이 되는 한 시대의 권화로서 손색이 없
었기 때문이다. 실제 김유신이 출생하여 15세에 화랑이 된 후 79세로 사망할

때까지의 일생 기록인 김유신전은 멸사봉공滅私奉公과 위국충절爲國忠節로 일관되었다. 특히 신의가 크게 돋보이고 있다.

가령 평양성을 포위하고 있는 당군에게 식량을 보급하기 위해 신라 군대가 나섰다. 그런데 엄동설한이라 군사와 우마牛馬들이 얼어 죽는 형편이었다. 이때 칠순을 바라보는 대장군 김유신이 어깨를 벗어 붙이고 앞으로 달려가니 젊은 장병들이 힘을 다하여 달려가며 땀을 흘리면서 감히 춥다는 말을 못하였다. 또 김유신은 백제와의 전투를 마치고 막 돌아왔으나 재침 소식을 듣고 다시금 말 머리를 돌려 집 앞을 지나면서도 들르지 않고 간장물을 떠오라 하여 마신 후 그냥 떠나기도 했다. 그리고 김유신은, 김춘추가 고구려에 들어간 후 기일이 되었는데도 귀환하지 않자, 약속대로 결사대를 조직하여 쳐들어가려고 하였다. 그랬기에 김춘추가 돌아올 수 있었다. 그 밖에 국운을 건 낭비성 전투에서 신라 군대가 계속 패하여 밀리자 김유신은 아버지 앞에 나아가 맹세하기를 "듣건대 '옷깃을 들면 옷이 바르게 되고 벼리를 당기면 그물이 퍼진다'고 하니 내가 옷깃과 벼리가 되겠습니다"라고 말하고는 말에 올라 칼을 뽑아 들고는 단기로 고구려군 진영에 돌진하였다. 그는 적장을 베고 진영을 흔들어 전세를 반전시키는 등 수범을 보인 자세는 헤아릴 수도 없이 많았다. 그랬기에 김부식은『삼국사기』김유신전 말미에서 "꼴 베는 아이와 목동까지도 김유신을 능히 알고 있으니, 그 사람됨이 반드시 남과 다름이 있었던 것이다"라고 평하였다. 거인 김유신은 시대의 소임을 다하고 세상을 건너갔다.

10. 소정방 피살설

1) 문경 지역의 전략적 비중

경상북도 문경聞慶의 신라 때 지명은 관문현冠文縣인데, 고사갈이성高思曷伊城이라고도 하였다.[473] 여기서 '관문'과 '고사갈이'는 동일한 호칭이다. 고사갈이의 '사'는 'ㅅ'이므로 발음되지 않는다. 그러므로 '고사갈이'는 '곳갈'로 읽게 된다. 곳갈을 번역한 게 '관문'인 것이다. 문경현의 남쪽 4리에 소재한 관혜산冠兮山이 관문현 곧 고사갈이성 지명의 기원지로 지목되어진다. 실제 주흘산의 지맥인 관혜산에 소재한 사당은 주흘산에 부제祔祭했을[474] 정도로 비중 있었다. 관혜산은 당초 고깔산으로 불리었던 것이다. 번역된 산 이름이 지금까지 전하고 있다.

소백산맥 남북을 연결하는 양대 교통로가 계립령로와 죽령로였다. 이 가운데 문경 지역은 계립령로와 직결되어 있다. 『삼국사기』에 보면 계립령로는 "계립령로鷄立嶺路를 열었다"[475]고 하여 보인다. 신라는 일찍부터 소백산맥 남북을 연결하는 양대 교통로인 죽령로와 더불어 계립령로를 개척하였다. 계립령과 죽령의 안쪽은 신라 영역인 반면 그 북쪽은 타국의 영역으로 인식되었다. 고구려 장군 온달이 출정할 때 맹세하기를 "계립현과 죽령의 서쪽을 회복하지 않으면 돌아오지 않겠다!"[476]고 하였다. 본시 자국인 고구려 영역으로 인식했던 계립현과 죽령의 서쪽은 남한강 상류 지역에 해당한다. 그럴수록 소백산맥이라는 지형구를 남북으로 연결해주는 지리적 요충지에 소재한 문경 지역의 전략적 비중은 지대할 수밖에 없었다. 더구나 문경 지역은 한

---

473 『新增東國輿地勝覽』권29, 聞慶縣 建置沿革 條.
474 『新增東國輿地勝覽』권29, 聞慶縣 祠廟 條.
475 『三國史記』권2, 阿達羅 尼師今 3년 조.
476 『三國史記』권45, 온달전.

도판 158 | 문경 고모산성과 함께 이어진 석현성

반도에서 거대한 내륙수로인 남한강의 상류와 낙동강의 상류를 연결시켜주는 최단거리 지역일 뿐 아니라 대체로 구릉지인 까닭에 배수 조건이 좋고 도하渡河 지점이 적어 복잡한 수송 체계를 피할 수 있는 전략적 요충지였다.[477]

문경 지역의 전략적 비중을 헤아린 신라 조정에서는 깊은 관심을 투사했다. 그러한 관심은 국가를 진호鎭護하는 산악을 설정하고 국가적 제의를 행하는 것이었다. 문경에는 읍邑의 북쪽에 주흘산主屹山이라는 영산이 소재하였다. 주흘산은 신라의 사전祀典 체계에서 소사小祀에 편제되어 있었다. 그랬기에 국가에서 봄·가을로 향香을 하사하여 제사를 지내게 했다.

문경 지역의 천험한 지형에 대해서는 숱한 기록들이 회자되고 있다. 가령 『신증동국여지승람』에 적힌 다음과 같은 곶갑천串岬遷에 관한 기록이다.

477 崔永俊, 「조선시대의 영남로 연구-서울~상주의 경우-」 『지리학』 11, 1975, 54~55쪽.

도판 159 | 고모산성에서 바라본 주흘산

　＊벼랑에 의지하여 사다릿길[棧道]을 만들었다. 권근權近의 기문記文에 "곶갑串岬이 가장 험하여 벼랑에 의지하여 사다릿길을 만들었다"고했다. 함곡관函谷關같이 장壯하고, 촉나라 길처럼 험하다. 어변갑의 시에 "방비한 시설은 함곡관같이 장하고, 가기 힘들기는 촉나라 길처럼 험하다"고 하였다.[478]

　＊곧 용연龍淵의 동쪽 언덕인데, 토천兎遷이라고도 한다. 돌을 파서사다릿길을 만들었는데, 구불구불 거의 6~7리나 된다. 세상에 전하기를 "고려 태조가 남쪽으로 쳐 와서 이곳에 이르니 길이 없었는데, 토끼가 벼랑을 따라 달아나면서 길을 열어주어 갈 수가 있었으므로 토천이라 불렀다"고 한다. 그 북쪽의 깎어지른 봉우리에 석성 터가 있는데, 옛

---

478 『新增東國輿地勝覽』권29, 聞慶縣 形勝 條.

날에 방수하던 곳이다.[479]

    ＊ 여기서 곶갑천의 '천'은 신라 방언에서 '물 언덕 돌길[水崖石路]'에
대한 호칭이라고 한다.[480]

문경 지역의 전략적 비중에 걸맞게끔 천험한 지형을 이용하여 곳곳에는
많은 관방 시설들이 포진하였다. 이와 관련해 『백강집白江集』의 다음과 같은
기술이 주목된다.

    문경의 북쪽 조령의 동쪽에 한 산성이 있어서 어류御留라고 부르는
데, 어느 때의 일인지 모르겠다. 혹 말하기를 고려 태조가 잠시 머문 곳
이라고도 한다. 그 안의 넓이는 남한산성에 비해 10분의 9가 된다. 그렇
지만 형세의 험고하기는 남한산성에 비할 바가 아니다. 동남쪽은 절벽
이 만길이나 되어 새와 짐승도 넘지 못한다. 북쪽은 동남쪽에 비해 조
금 낮지만 인력으로 도처에 성첩을 약간만 설치하면 안심할만하다. 서
쪽에도 통할만한 길은 있지만 남한산성의 가장 험한 곳과 비교해 보아
도 몇 곱절이나 된다. 성을 쌓은 곳은 불과 5~6백파百把이고 성안에는
샘이며 수목이 무진장하다. 자연히 험고함은 실로 동남 지방의 제일이
라 4~5만 병갑을 수용할만하니 만전한 곳은 이를 두고는 없을 것이다.
성 북쪽의 월암과 그 동쪽의 작성, 순흥과 그 서쪽의 조령, 희양산성과
그 남쪽의 고모, 토천은 그지없이 험한 산성이다. 혹은 잔도棧道라서 난
간을 설치하여 약간의 군대를 머물러 둘 수 있어 성원聲援이 서로 닿고

---

479 『新增東國輿地勝覽』권29, 聞慶縣 山川 條.
480 『新增東國輿地勝覽』권6, 廣州牧 山川 條.

도판 160 | 계립령.
지금의 경북과 충북의 도계인 하늘재를 가리킨다.

호령을 서로 통할 수 있다. 따라서 영호삼도와 동북 기전을 역시 연락
할 수 있기 때문에 서북에 일이 생기면 파천하여 머물 곳이 될 것이고,
남방에 위급함이 있으면 방어할 곳이 될 것이다.[481]

실제 계립령인 하늘재 주변에는 많은 관방시설들이 포진하고 있다. 계립
령로에는 포암산(961m)과 부봉(925m) 연맥의 안부鞍部인 하늘재(530m)를 막
아 쌓은 차단성 형태의 성벽 480m가 남아 있다. 그 밖에 계립령로 입구인 충
주시 상모면 석문리 앞 능선에서 시작하여 마패봉과 조령관문과 깃대봉으로
연결된 3.5㎞의 장성 형태의 야문성 혹은 계립성이라 불리는 석성이 버티고

---

481 『白江集』권7, 請設御留山城疎.

있다.[482]

신라는 계립령로의 방비를 위해 많은 성들을 요소요소에 축조했음을 알
수 있다. 문경에도 교통의 요로에 자연지세의 험고함을 이용하여 성들이 곳
곳에 포진하였다. 깎아지른 듯한 북벽 위에는 마고성이 문경 읍내를 굽어보
고 있다. 또 이곳에서 점촌과 상주 방면으로 진출하기 위해서는 문경 남쪽 9
㎞ 지점에 소재한 곶갑천을 지나야만 한다. 문경 지역 3대 험조처의 하나인
곶갑천은 묶어 놓은 듯한 양 산협의 가운데를 관류하는 하천이다. 이 하천 옆
벼랑에는 3㎞에 이르는 잔도가 나 있다. 더욱이 곶갑천 양안에는 신라가 축
조한 고모성과 고부성이 웅대하고 있는 천험의 요진이었다.

당교唐橋가 소재한 문경·상주 지역은 신라 수도 경주에서 한강유역으로
진출하거나 백제로의 진출 과정에서 반드시 거쳐야할 정도로 전략적 비중을
지닌 곳이었다. 그러한 추정은 신라의 백제 정벌 시 그 왕도인 부여 침공을
겨냥한 태종 무열왕의 동선을 통해서 알게 된다. 즉 태종 무열왕은 지금의 경
기도 이천에 해당하는 남천정에 행차한 후 다시금 회군하여 지금의 백화산성
인 상주 금돌성에 전선사령부를 설치하였다.[483] 게다가 당교는 임진왜란 때
의 전장이기도 했다. 관련 기사를 소개하면 다음과 같다.

임진년 10월 경상도 함창에 있는 당교의 적이 모여 큰 진을 설치해
놓고 용궁 등지로 횡행하면서 장차 내지로 침범하려고 한다.…임진년
12월, 당교라는 지역은 경상좌우도의 인후咽喉가 되는 곳인데, 이곳에
왜적이 진을 치고 있기 때문에 비록 한 도道의 힘을 다 기울여서도 먼저
격퇴시켜야 한다고 했다.…또한 적이 편리한 지점(당교 : 저자)을 점거

482　忠淸北道,『文化財誌』1982, 382~383쪽. 393쪽.
483　『三國史記』권5, 태종 무열왕 7년 6월 조.

하고 있거니와 더구나 중간에 큰 내가 가로막혀 장수들이 모두 어렵게
여겨 아직까지 한 번도 공격하지 못했기 때문에 통분하고 민망함을 이
기지 못했다.[484]

위의 기록을 통해 당교는 삼국시대 이래로 중요한 전략적 위치에 소재하
였던 것이다. 따라서 당교에서 소정방 피살설이 발생한 이유가 결코 우연하
지 않음을 느끼게 한다.

2) 당교 소정방 피살설

당 장군 소정방은 신라를 도와 백제와 고구려 정벌에도 관여하였다. 그러
한 소정방이 당교에서 피살되었다는 기록이 전한다. 다음과 같은 『삼국유사』
기록이 바로 그것이다.

> 또 『신라고전』에는 이런 말이 있다. "소정방이 이미 고구려 백제 두
> 나라를 치고 또 신라를 치려고 머물러 있었다. 유신은 그 음모를 알고
> 당군을 초대하여 짐새[鴆鳥]의 독을 먹여 모두 죽이고 구덩이에 묻었
> 다." 지금 상주 지경에 당교가 있는데 이것이 그때 묻은 땅이라고 한다.
> 『당사』를 살펴보면 그 죽은 까닭은 말하지 않고 다만 죽었다고만 했
> 으니 무슨 까닭일까? 감추기 위한 것일까? 혹은 신라의 속설이 근거가
> 없음일까? 만약 임술년에 고구려를 치는 싸움에 신라 사람이 소정방의
> 군사를 죽였다고 한다면, 후일 총장 원년 무진년에 어찌 당나라에 군사
> 를 청해서 고구려를 멸망시킨 일이 있겠는가? 이로써 『신라고전』이 근
> 거가 없음을 알 수 있다. 다만 무진년에 고구려를 멸망시킨 후에 당나

484　『亂中雜錄』壬辰年 12월 조.

라에 신하로서 섬기지 않고 고구려의 땅을 마음대로 차지했을 뿐 소정 방과 이적 두 사람을 죽이기까지 한 일은 없었다.

위의 『삼국유사』는 『신라고전』을 인용하여 소정방이 백제와 고구려를 멸 망시킨 후 이제는 신라마저 병탄하려고 신라 땅에 머물러 있었다. 김유신이 그러한 음모를 알고는 당의 병사들을 초대하여 모두 독살시킨 후 끌어 묻었 다는 것이다. 짐새의 독은 그 깃털을 술 속에 담근 뒤 이를 마시게 하면 즉사 한다고 한다. 한漢의 여태후呂太后가 이 방법으로써 조왕趙王을 살해하여 널 리 알려졌다. 후한 말 동탁이 하태후河太后를 짐살한 바 있다. 신라 군대가 당 군을 독살시킨 장면은 페르시아 군대를 습격한 후 현장에 차려놓은 맛있는 음식과 달콤한 포도주 맛에 취하여 잠들다가 도리어 페르시아 군대에 궤멸된 맛사게타이인의 경우를 연상시킨다.

도판 161 | 지금은 훼실된 당교

그러면 짐새는 어떤 새를 가리키는가? 짐새는 중국 남방의 광동성廣東省에 서식했다고 한다. 독수리 정도의 몸집에 녹색 깃털과 구리 색을 가진 부리를 지녔다. 몸은 검은 빛이고 눈알은 붉은 빛으로 살모사殺母蛇와 야생 칡을 먹었다고 했다. 온몸에 독기가 있어 짐새가 날아가면 그 밑의 논밭은 모두 말라 죽었다고 한다. 또 그 깃털에 술잔이 스치기만 해도 이를 마시는 사람은 즉사했다는 것이다. 해서 짐새 깃을 술에 담궜고, 이 술로 독살하기도 하였다. 1992년에 뉴기니 섬의 원주민 사냥꾼들이 옛부터 먹을 수 없는 새로 간주하여 싫어하던 피토휘Pitohui라는 새의 깃털에 독이 스며 있음을 알았다는 것이다. 따라서 짐조의 존재 가능성을 배제하기 어렵다.

일연은 김유신의 계책에 빠져 소정방 일당이 독살되었다는 기록을 소개했다. 그러면서 『삼국유사』 저자인 일연은 고개를 갸웃한 점이 있다. 즉 『당사』인 『구당서』와 『신당서』에서 소정방의 사망 이유를 밝히지 않고 그저 사망했다고만 하였기 때문이다. 이로 볼 때 피살을 감추기 위함인가라고 의문을 제기했다. 또 한편으로 일연은 임술년인 662년에 신라인들이 소정방의 당군을 죽였다면 총장 무진년인 668년에 어떻게 당군의 힘을 빌려 고구려를 멸망시킬 수 있었겠는가라는 의문을 제기하였다. 결국 그는 『신라고전』의 내용이 근거 없다고 보았다.

그러나 이와 같이 속단하기는 어렵다. 우선 소정방 피살 사건이 발생한 시점으로 일연이 인식한 임술년은 어디에 근거했는지 명확하지 않다. 게다가 『신라고전』에서는 "소정방이 이미 고구려 백제 두 나라를 치고 또 신라를 치려고 머물러 있었다"고 전제했다. 그렇다면 소정방 피살 시점은 고구려가 멸망한 668년 이후라야 맞다. 따라서 일연의 추측은 타당성을 잃었다.

이와 더불어 소정방 피살에 관한 기록은 다른 문헌에서도 찾을 수 있다. 고려 무신정권 때의 문인 이규보가 지은 다음과 같은 「제소정방장군문祭蘇定方將軍文」에 보인다.

운운. 외국이 중국에 복종하지 않은 지 오래됐음으로, 태종이 장차 만국을 복종시키고 문궤文軌를 통일하려고 하여 장군으로 하여금 군사를 거느리고 우리 고려를 치게 하였는데, 불행히도 추기騶騎를 우리나라에 머무른 채 환국하지 못했으므로 유사遺祠가 여기에 있게 된 것입니다.

또 외국이 복종하지 않는 것은 당연한 이치건만 문황제는 오히려 분연히 노하여 군사들을 원정에 내보내어 고달프게 하였고 끝내는 몸소 진두에 서서 경략하기까지 한 것은 장군도 아는 일이며, 하물며 동경은 우리나라의 배읍陪邑인데 감히 군사를 일으켜 국가를 배반하고 있으니, 입을 벌리고 주인을 향해 짖는 것은 개짐승도 하지 않는 법인데, 모르겠습니다만 장군의 생각에는 이것을 어떻게 보십니까.

삼가 바라건대, 고금에 하국下國을 정벌하는 경중의 마땅함을 참작하시어, 옛날 장군의 범 같은 걸음과 매 같은 눈초리의 위엄을 되살리시어, 관군으로 하여금 속히 추속醜俗을 쓸어버리고 곧 군사를 거느리고 돌아오게 하여 주시면, 장군이 비록 객관客魂으로 이곳에서 제사를 받으셔도 부끄러움이 없을 것입니다.

위의 제문은 용맹했던 당 장군 소정방의 영령을 빌어 당시 극성하던 동경 민란 즉 경주민란을 진압하기 위해 작성한 것이다. 이규보가 경주민란을 진압하기 위해 지은 몇 편의 제문 가운데 한 편에 속한다. 그런데 이 제문에서 "우리 고려를 치게 하였는데, 불행히도 추기를 우리나라에 머무른 채 환국하지 못했으므로 유사가 여기에 있게 된 것입니다"라는 구절이 주목된다. 이 구절은 쉽게 말해 소정방이 삼국통일 전쟁에 개입했다가 중국으로 돌아가지 못한 까닭에 사당이 우리나라에 남게 되었다는 것이다. 곧 소정방이 우리나라에서 전몰했음을 암시한다. 그랬기에 소정방의 혼령을 '객혼'이라고 했을 것이다.

3) 중국 사서에서의 소정방 사망 기록

중국 사서에서는 소정방의 사망을 어떻게 기록하고 있는 지를 검토해 본다. 이와 관련해 『구당서』와 『신당서』에 적힌 관련 기록은 다음과 같다.

* 건봉建封 2년(667)에 죽었는데 나이는 76세였다. 고종이 듣고 상석해 하면서 시신들에게 일러 말하기를 "소정방은 나라에 공이 있으니 포증褒贈하는 것이 예에 합당한데도 경들이 말하지 않으므로 마침내 죽은 뒤의 영예가 미치지 못하게 하였도다. 말이 이에 미치니 나도 모르게 탄식하고 애도하는 마음을 금치 못하겠노라." 드디어 조서를 내려 유주도독을 추증하고 시호는 장壯이라고 하였다.[485]

* 건봉 2년에 죽었는데 나이는 76세였다. 제帝가 이를 애도하면서 시신들을 책망하면서 말하기를 "정방은 나라에 공이 있으므로 포증하는 것이 마땅한데도 그대들이 말하지 않은 것은 어째서인가?" 이에 좌효위대장군 유주도독을 추증하였다. 시호는 장이다.[486]

위의 기사에 따르면 당 고종이 당대 제일의 명장 가운데 한 사람인 소정방의 사망 소식을 듣고는 포증을 건의하지 않은 측근 신하들을 힐책하고 있다. 신라와 함께 백제를 정벌할 때 신구도행군대총관에 임명되어 13만 대병을 장악한 바 있는 소정방은 일생 동안 "세 나라를 멸망시켰고 모두 그 왕을 사로잡았으며, 상으로 받은 진귀한 보물은 셀 수 없었다"[487]라고 할 정도로 화

---

485 『舊唐書』 권83, 蘇定方傳.
486 『新唐書』 권111, 蘇烈傳.
487 『舊唐書』 권83, 蘇定方傳.

도판 162 | 당 고종의 건릉乾陵

려한 무공에 따른 영예를 누렸다. 그럼에도 불구하고 당 고종이 "나라에 공이 있으니"라고 했지만 그 사망 시 이례적으로 포증에 대한 거론이 조정 내에서 일체 없었다. 이는 소정방 자신의 화려했던 전력前歷을 상쇄하고도 남을 정도의 어떤 불명예를 입었을 가능성을 상정하게 한다.

이 같은 추정은 『구·신당서』 소정방전에서 그 사망 기록이 다른 열전들과는 달리 소략하다는 것에서 단서를 잡을 수 있다. 가령 소정방과 동일한 시기의 인물인 설인귀에 대해 『구당서』 설인귀전은 그의 사망을 '병졸病卒'로 적고 있을 뿐 아니라 장례시 국가에서 영구차를 제작하여 호상護喪한 구체적인 기록이 보인다.[488] 유인궤의 경우는 그의 사망을 '심홍尋薨'이라고 하였고, 축천무후가 조회를 3일간이나 폐하고 장안에 있는 백관들로 하여금 부조赴弔하도록 했으며 추증과 더불어 건릉乾陵에 배장되었고, 그 집에는 실봉實封 3백

---

488 『舊唐書』 권83, 薛仁貴傳.

호를 내려주었다.[489] 학처준郝處俊의 경우도 당 고종이 광순문에서 하루 동안 거애擧哀하면서 정무를 보지 않았을 뿐 아니라 장례에 관한 파격적인 예우가 구체적으로 기재되어 있다.[490] 삼국통일전쟁 시 매초성 전투에서 참패한 이근행까지도 고종의 능묘 구역인 건릉에 배장되는 예우를 받았다.[491]

반면 소정방은 당 고종이 "나라에 공이 있으니"라고 했음에도 불구하고 추증과 시호 외에는 어떠한 예우도 받지 못하였다. 그렇기 때문에 일연은 "『당사』를 살펴보면 그 죽은 까닭은 말하지 않고 다만 죽었다고만 했으니 무슨 까닭일까? 감추기 위한 것일까?"라는 호기심 어린 추측을 제기했다. 더구나 소정방의 사망과 관련해 장례에 관한 구체적인 기록이 전혀 보이지 않았다. 이는 동일한 시기의 다른 장군들의 사례와는 확연히 비교된다. 이러한 정황들은 소정방이 삼국통일 전쟁 시 치욕적인 패배와 같은 불명예를 안고 사망했을 가능성을 제기해 준다.

4) 한국 기록과 중국 기록의 차이점을 어떻게 보아야 하는가?

광해군은 조선 군대의 명明 출병을 반대하는 이유로서 "예로부터 군사가 다른 나라의 지경에 들어가서 무사한 적이 있었던가? 나는 옛날 역사를 보기 좋아하는데, 우리나라의 역사책은 더 보기 좋아한다. 소정방의 일은 『동국통감』에 분명히 실려 있는데, 두 번이나 교敎를 내렸는데도 아직도 회계回啓하지 않고 있으니, 이는 필시 나의 말을 허망하게 여기는 것이다.…"라고 신하들을 질책한 바 있다. 이 기사는 전후 문맥을 놓고 볼 때, 소정방이 한반도에 출병했다가 피살되었듯이 명 출병은 위험하다. 그러므로 소정방 피살과 관

489 『舊唐書』 권84, 劉仁軌傳.
490 『舊唐書』 권84, 郝處俊傳
491 『新唐書』 권110, 李謹行傳.

련된 기록을 찾아 올리라고 광해군이 분부한 것이다. 그러나 『동국통감』에 소정방 피살에 대한 기록이 없는데다가 조신들이 그 피살설을 가당찮게 여겼기에 회계하지 않은 게 아닐까 싶다. 어쨌든 역사를 좋아하는 광해군도 소정방 피살설에 대한 기록을 접했다는 인상을 받았다.

소정방 피살설에 대해 한국과 중국측 사료는 서로 합일되지 않는다. 양자 간 어느 한쪽이 맞거나 아니면 양자 모두 틀릴 수도 있다. 이와 관련해 삼국통일전쟁과 관련한 기록을 담고 있는 『구 · 신당서』의 내용은 많은 문제점을 지닌 것으로 밝혀졌다. 존 · 씨 재미슨의 연구 성과에 따른다면 이 무렵의 중국 문헌은 불완전하고 부정확한 것으로 드러났다.[492]

가령 설인귀의 경우 『삼국사기』에 의하면 671년 이후 한반도에서 활동하면서 여러 차례 패배한 것으로 적혀 있다. 그러나 『구 · 신당서』에서는 동일한 기간 이후 설인귀의 활동에 대해 수상한 침묵을 지켰다. 그러다가 4~5년 후 그가 유형流刑을 당하게 된 이유에 대해서도 전혀 언급하지 않았다. 그렇지만 이는 전후 사정을 고려해 볼 때 한반도 작전의 실패에 따른 책벌임은 의심의 여지가 없다. 그리고 당 태종의 총애를 받을 정도로 공로가 커서 사후 당 태종의 능묘 구역인 소릉에 배장될 만큼 당대의 존경을 받았던 고간高侃의 경우 『구 · 신당서』어느 곳에도 열전을 찾아 볼 수 없다. 이 또한 667년 이래 그가 개입했던 삼국통일전쟁 과정에서의 패전을 중국측이 은폐한 것으로 풀이되고 있다. 그 밖에 계림도대총관을 지낸 유인궤나 양방 · 이필 · 이근행 등도 고구려 멸망 후 신라 정벌에 나섰다가 패배했음이 분명하다. 그럼에도 중국측 문헌에는 일체 기록이 보이지 않는다. 가령 이근행은 675년의 매초성 전투에서 전마戰馬 3만여 필과 그에 상응하는 병기를 빼앗기고 퇴각하는 참패를 당하였다. 이 같은 기록적인 당군의 패배에도 불구하고 『구 · 신당서』는

---

492 존 · 씨 재미슨, 「羅唐東盟의 瓦解」『歷史學報』44, 1969, 1~10쪽.

침묵을 지키고 있다. 그러므로 당 고종 연간의 삼국통일전쟁 기록만은 신라 측 기록이 당측 기록보다 사료적 신빙성이 높은 것으로 밝혀졌다. 그 밖에 중국측 문헌에서는 고구려 원정 시 당 태종의 부상을 은폐했지만 한국측 문헌에는 명백하게 드러나고 있다.

이러한 맥락에서 볼 때 『구·신당서』에서 663년 6월 이후부터 667년 이전에 소정방의 활동에 관한 침묵은 수상하다. 말할 나위 없이 이는 설인귀의 사례에 해당할 수 있다.

5) 소정방 피살설은 역사적 사실인가?

지금까지 한국측 사료와 중국측 사서를 비교해서 소정방 피살설의 사실 가능성을 타진해 보았다. 여러 정황에 비추어 볼 때 소정방의 피살 가능성은 무시하기 어려웠다. 여기서 일단 『구당서』와 『신당서』에 적힌 소정방의 사망 시점인 건봉 2년(667)에 그가 한반도에 주둔하였다는 증거가 마련되어야 한다. 이와 관련해 다음의 기사를 인용하지 않을 수 없다.

또 『고기』에 이르기를 총장總章 원년 무진(668)[만약 총장 원년 무진이라면 이적의 일인데 아래 글에서 소정방이라고 함은 잘못이다. 만약 소정방의 일이라면 연호가 용삭 2년 임술에 해당되니 평양에 와서 포위했던 때일 것이다]에 신라에서 청한 당나라 구원병이 평양 교외에 주둔하면서 서신을 보내어 군수물자를 급히 보내달라고 했다. 왕은 여러 신하들을 모아놓고 물었다. "적국인 고구려에 들어가서 당군의 진영까지 이르기는 그 형세가 매우 위험하오. 그러나 우리가 청한 당군이 양식이 다 떨어졌는데 그 군량을 보내주지 않는 것도 또한 옳지 못하니 어찌하면 좋겠소?…"

라고 하였다.[493]

    위의 기록에서 일연은 "아래 글에서 소정방이라고 함은 잘못이다"고 단정했다. 그렇지만 인용하고 있는『고기』에서 소정방이 '총장 원년 무진(668)'까지 한반도에 건재했음을 알려준다. 문제는 소정방의 사망 시점인 667년과 한반도에 남아 있었다는 668년과는 1년 정도의 연차가 보인다. 그러나 이 점은 별반 문제되지 않는다. 왜냐하면 이 시기의 중국 사서의 사료적 신빙성의 취약은 거론하지 않더라도『구당서』열전에 수록된 소정방이나 유인궤 등의 삼국통일전쟁 관련 기록을『당실록』과 대조해 볼 때 연대 상의 오차나 기록의 오류가『자치통감』의 찬자에 의해 다수 확인된 바 있기 때문이다.[494] 따라서 국내 기록에 적힌 대로 소정방은 한반도에 잔류한 상황에서 사망했을 개연성을 지니게 되었다.

    그러면 당장 소정방이 신라인들에게 피살될 수 있는 정황 여부를 살펴보도록 한다. 소정방이 신라에서 피살되었다면 당이 보복하지 않았을까 하는 생각도 들 수 있기 때문이요, 신라가 그것을 미리 겁 고 그러한 행동을 할 수 없을 것이라는 추측이 나올 법하다. 그러나 신라는 20만이 넘는 당군을 매초성(경기도 양주) 전투에서 격파하지 않았던가? 우선 신라와 당은 백제를 멸망시키는 전쟁을 개시한 660년 7월부터 고구려가 멸망하는 668년까지 군사적 동맹관계였다. 그렇지만 양국은 동상이몽 관계였음은 주지의 사실이다. 비담의 난을 진압하고 집권한 태종 무열왕을 축으로 한 친당자주정권은 복잡하고 굴곡 많은 삼국통일 과정에서 당에 대해 일관되게 자주적으로 대응하였

---

493 『三國遺事』권1, 기이 태종춘추공 조.
494 『資治通鑑』권200, 唐紀 16, 顯慶 3年 條 薛仁貴의 고구려 赤烽鎭 함락 시기, 顯慶 5年 條 소정방의 神丘道大摠管 임명 시기, 劉仁軌의 遼東從軍 관계 기록 등을 꼽을 수 있다.

다.[495] 다음의 몇 가지 사례가 그것을 웅변한다.

이 날 정방은 부총관 김인문 등과 함께 기벌포에 도착하여 백제 군사를 만나 맞아 싸워 크게 깨뜨렸다. 유신 등이 당나라 군대의 진영에 이르자, 정방은 유신 등이 약속 기일보다 늦었다고 하여 신라의 독군督軍 김문영金文穎(또는 永으로도 썼다)을 군문軍門에서 목을 베려 하였다. 유신이 무리들에게 말하였다. "대장군이 황산에서의 싸움을 보지도 않고 약속 날짜에 늦은 것만을 가지고 죄로 삼으려 하니, 나는 죄 없이 모욕을 받을 수 없다. 반드시 먼저 당나라 군사와 결전을 한 후에 백제를 깨뜨리겠다." 이에 큰 도끼를 잡고 군문에 서니, 그의 성난 머리털이 곧추서고 허리에 찬 보검이 저절로 칼집에서 튀어나왔다. 정방의 우장右將 동보량董寶亮이 그의 발을 밟으며 말하기를 "신라 군사가 장차 변란을 일으킬 듯합니다" 하니, 정방이 곧 문영의 죄를 풀어주었다.[496]

위의 기사를 통해 목전의 백제군과 대치한 상황에서도 김유신은 소정방과 정면 대결하였기에 김문영의 목숨을 구할 수 있었다. 후술하겠지만 동맹관계를 깨지 않으면서 당의 야욕을 꺾기 위해 신라군을 백제군으로 위장시켜 당군을 습격하였다. 그랬기에 소정방이 당초의 신라 병합을 이루지 못하고 당 고종에게 보고한 내용이 소개되었다. 따라서 신라의 삼국통일은 외세 의존이 아니라 외세 이용이었다. 외세 이용도 자주성이 뒷받침되지 않고서는 불가능한 일이다. 친당자주 정권의 면면을 유감없이 보여주었다.

---

495 武田幸男, 「新羅 '毗曇の亂'の一視覺」『三上次男博士喜壽記念論文集(歷史編)』平凡社, 1985, 234~246쪽.
496 『三國史記』권5, 태종 무열왕 7년 조.

6) 당교에 묻은 이유는?

소정방 피살설이 당교와 관련해 등장하는 배경은 백제와 고구려를 멸망시 킨 직후에 신라까지 지배하려고 했던 당군의 의도를 간파한 신라측에서 이곳 으로 당군 수뇌부를 초치한 후 살해했을 가능성을 배제하기 어렵게 한다. 고 구려 멸망 직후 백제고토에 대한 영유권 문제를 놓고 신라는 당군의 노골적인 야심을 포착한 후 협상 대표격인 당군 수뇌부를 몰살할 수 있는 분위기였던 것으로 보인다. 실제 신라는 당의 괴뢰정권인 웅진도독부의 실질적인 수반인 예군을 초치하여 생포한 바 있다.[497] 이와 마찬 가지로 신라는 당군 수뇌부를 유인하여 독살설과 마찬 가지로 기습 공격했을 가능성도 배제하기 어렵다.

그러면 왜 당군의 시신을 당교에 묻었다는 이야기가 나왔을까? 중국의 사 례를 본다면 은대殷代의 경우 많은 노비들을 순사殉死시켜 건물의 기초석 밑 에 묻었다.[498] 관산성 전투에서 패사한 백제 성왕의 두골은 신라의 북청 계 단 밑에 묻었다고 했다.[499] 그러므로 포로나 노비를 살해하여 그 시신을 건물 계단이나 주초석 밑에 매장하기도 하는 고대적 장법에 따라 당군의 시신 또 한 살해 장소 인근이었을 당교 밑에 매장된 것으로 보인다. 또 한편으로는 무 공을 과시하기 위하여 적의 시체를 쌓아 놓고 그 위에 흙을 높게 봉한 무덤인 경관京觀[500]처럼 당병들의 시신 위에 다리를 세웠을 수도 있다. 이는 신라인들이 "당병을 밟고 다닌다"는 득의에 찬 시위 효과로 보인다.

이와 관련해 충혜왕이 민가의 어린아이 수십 명을 잡아 새 궁궐의 주춧돌 밑에 묻고자한다는 다음과 같은 소문 기사가 주목을 끈다.

497 　李道學, 『백제사비성시대연구』 일지사, 2010, 398쪽.
498 　張光直 著·尹乃鉉 譯, 『商文明』 민음사, 1988, 134~137쪽.
499 　『日本書紀』 권19, 欽明 15年 條.
500 　楊伯峻·徐堤 編, 『春秋左傳詞典』 中華書局, 1985, 349쪽.

경술에 경성의 백성들 사이에 소문이 돌았는데, "왕이 민가의 소아 수십 명을 붙들어 신궐新闕의 주춧돌 밑에 묻고자 한다"고 하자, 집집이 놀래어 아이를 안고 도망하고 숨는 자가 있었으므로 악소배가 이 틈을 타고 도둑질을 함부로 자행했다.[501]

위에 적힌 기사에 보이는 소문의 사실 여부를 떠나 사람을 초석 밑에 묻는 속설의 존재 자체가 확인된다. 그렇지 않고 허황한 주장이라면 도성 주민들이 기겁하여 소동을 피웠을 리 없을 것이다. 실제 성왕의 두골을 건물 계단 밑에 묻은 사실을 확인한 바 있다. 이러한 전후 맥락에서 볼 때 당군의 시신을 다리 밑에 끌어 묻었다는 전승 자체는 생소한 사례는 아니었다. 실제 신라 왕성인 월성 성벽 바닥에는 인골 2구가 묻혔던 게 확인되었다. 이는 우물이나 월성 해자에서 발견된 인골과는 성격이 다르다고 본다. 건물의 축조와 관련된 인간기둥[人柱] 사례로 지목되고 있다.[502]

7) 소정방 사당

지금까지 살펴본 『삼국유사』에 인용된 『신라고전』과 이규보가 지은 「제소정방장군문」에 따른다면 소정방은 한반도에서 피살된 게 된다. 또 양 기록은 소정방이 우리나라에서 피살되었다는 일치된 증언을 하였다. 그러면 이규보가 제문을 올린 소정방 사당은 어느 곳에 소재하였을까? 다음의 기록을 보면 충청남도 예산군 대흥면에 소재하였음을 알 수 있다.

＊ 당나라 소정방 사당이 대잠도大岑島에 있다[고려 때에는 봄·가을로

---

501 『高麗史』 권36, 忠惠王 後 4년 4월 조.
502 국립경주문화재연구소, 『신라 왕궁 월성』 2018, 34쪽.

사신을 보내어 향축을 내려 제사를 지냈는데, 지금은 다만 소재관으로 하여금 제사를 지내게 한다.[503]

* 당나라 소정방 사당이 대잠도에 있다[고려 때에는 봄·가을로 사신을 보내어 향축을 내려 제사를 지냈는데, 지금은 다만 소재관으로 하여금 제사를 지내게 한다].[504]

*【사묘】사직단 현 서쪽에 있다. 문묘 향교에 있다. 성황사 봉수산에 있다. 속설에 전하기를, 당나라 장수 소정방을 사당의 신으로 모시고 봄·가을에 본읍에서 제사하였다 한다. 여단 현 북쪽에 있다.[505]

*【사원】소도독사蘇都督祠 : 대잠도에 있으며 고려 때부터 봄·가을로 향축을 내려 치제한다. 소정방, 당 고종 때 백제를 평정하였다.[506]

* 소정방사는 대흥 대잠도[『여지비고』에는 지금 예산현 관내인 대흥현 조에 들어 있으나 잘못 기록된 듯함]에 있다. 이것은 대흥군에는 소정방이 백제를 공격할 때의 유적[임존성이 있던 곳]이 있기 때문이다. 고려 때는 봄·가을로 향과 축문을 내려 치제하였다.[507]

위의 기록을 놓고 볼 때 소정방 사당은 예산군 대흥면 대잠도에 소재했음

---

503 『高麗史』권56, 地理志 禮山郡 條.
504 『世宗實錄』地理志, 권149, 大興縣 條.
505 『新增東國輿地勝覽』권20, 大興縣 祀廟 條.
506 『新增東國輿地勝覽』권20, 大興縣 祠院 條.
507 『燃藜室記述 別集』第4卷 祀典 典故.

을 알 수 있다.[508] 소정방 사당을 『대동지지』나 『증보문헌비고』에서는 '소도 독사'라고 하였다. '소정방 도독 사당'이라는 뜻이다. 소정방 사당은 대잠도 라는 섬에 소재한 것처럼 비친다. 그러나 대흥면이 내륙이므로 섬이 딸려 있 을 수 없다. 고지도를 보면 무한천에서 내려온 물줄기가 지금의 예당 저수지 쪽으로 해서 오른쪽의 달천으로 꺾어지고 있다. 이로 볼 때 아마도 경상북도 영주시 문수면의 무섬[水島] 마을처럼 섬같은 형상을 이루었기에 그러한 지명 이 생겨나지 않았을까. 역모 혐의로 정여립이 죽은 곳이 내륙 오지인 전북 진 안군 가막리의 죽도竹島이다. 이곳은 산줄기의 끝자락을 강물이 휘돌아 가기 때문에 섬이라는 지명이 붙었다.

그런데 『신증동국여지승람』에 따르면 지금의 대흥면에 소재한 봉수산에 소정방 신을 모신 성황사가 소재하여 봄·가을로 제사를 올렸다고 한다. 성 황사의 소재지는 『여지도서』에 "(대흥)군 서쪽 3리 봉수산 밑에 있다"고 명시 되었다. 그리고 1531년에 이곳으로 이배移配되어 왔다 죽은 이약수李若水의 시에 소정방 사당[蘇將軍廟]이 봉령산鳳嶺山 동쪽에 존재한다고 했다. 봉령산 은 지금의 봉수산을 가리킨다. 봉수산 동쪽은 『여지도서』의 기록과 부합되는 위치였다.

그러면 소정방 사당의 위패에는 어떻게 쓰여 있었을까? 당초에는 '대잠도 호국지신大岑島護國之神'으로 쓰여 있었다. 1437년(세종 19) 이후부터 '호국' 2 글자를 삭제하고 '대잠도지신'으로 불리게 되었다. 호국신으로서의 의미가 상실되었음을 뜻한다. 고려시대에 민란이 창궐할 때 소정방의 신격이 호국 신으로 승격되었던 것이다. 백제를 멸망시켰고 신라마저 병탄하려다가 의혹 의 죽음을 맞이한 소정방이 우리나라의 호국신이라니 실로 아이러니가 아닐

508　李道學, 「소정방 사당터가 있는 충남 예산」 『새교육』 한국교육신문사, 1999년 9월호, 4~9쪽.

수 없다. 이 문제는 다음과 같은 역사적 전례에서 건립 배경을 찾을 수 있을 것 같다.

중국의 주周가 은을 정복하고 난 후 은 왕족들에게 나라를 세워주어 조상들에게 제사지내게 하였다. 그렇지 않으면 제사를 받지 못한 영혼들은 정복자들에게 나쁜 보복을 하는 것으로 믿었다. 『히스토리아』에도 돌로 쳐 죽인 포카이아인 포로들이 묻힌 곳을 지나갈 때는 가축이나 수레를 끄는 짐승과 인간할 것 없이 모두 수족이 구부러지거나 반신불수가 되었기에, 무당의 방책대로 성대한 제사를 지내게 되었다고 한다. 따라서 소정방 사당의 건립 배경도 이 같은 맥락에서 살필 수 있다.

소정방 사당의 건립 시기는 정확히 알기는 어렵다. 다만 고려시대부터 국가적 차원에서 춘추로 제사한 사실은 확인된다. 이규보가 제문을 지은 시점은 동경민란이 창궐하던 1202년(神宗 5)부터 10여년 정도 이후의 기간을 상정해 볼 수 있다. 그렇다면 소정방 사당은 그 보다 훨씬 이전에 건립되어 있었던 것이다. 아울러 소정방 피살설 역시 그 이전에 문자로 채록되어 있었다고 보인다. 특히 소정방 피살설이 수록된 『신라고전』은 문자 그대로 신라 때의 전승이므로 통일신라 때 편찬된 문헌으로 판단된다. 또 그렇다면 소정방 피살설의 연원 역시 신라 당대로 소급될 수 있다.

그러면 다시금 소정방 사당의 건립 시점을 타진해 보고자 한다. 이와 관련해 소정방과 동일한 시기의 장군으로서 삼국통일전쟁에 관여했던 당의 장수 설인귀의 사당에 대한 기록을 다음과 같이 소개해 본다.

감악[신라 때부터 소사小祀로 산 위에 사우祠宇가 있어 봄·가을에 향과 축문을 내려 제사를 행하였다. 현종 2년에 거란군이 장단악에 이르자 신사에 정기와 사마가 있는 것 같아 거란군이 두려워하여 감히 나아가지 못한 까닭에 수리를 명하여 신사에 보답하였다. 민간에 전하는 말로 신라 사람이 당 장수 설인귀를 제사하여 산신으로 삼았다고

한대이 있다.[509]

　위의 기사에 따르면 감악산은 신라 때부터 국가적 제의가 행해진 사전祀典 속의 소사로 편제되어 있었다. 그랬기에 감악산 산상에 사당이 있었던 것이다. 그런데 신라시대 이래로 민간에서는 감악산신을 설인귀로 여겨 제사했다고 한다. 이러한 맥락에서 본다면 소정방 사당도 신라시대 이래의 민간 제사가 고려 때 국가적 치제 대상으로 승화된 것으로 보인다. 그러면 하필 예산군 대흥면에 소정방 사당이 건립되었을까? 그 이유로서는 중국 대륙에서 가깝고 서해와 접한 이곳은 객혼의 향수심을 달랠 수 있기에 사당을 건립했을 수 있다. 아니면 소정방이 공격한 바 있었던 난공불락 백제 임존성과의 연관성 때문인지도 모른다.

11. 통일 위업의 달성

1) 통일할 수 있었던 요인

　676년에 신라가 한반도 내의 당군을 축출함에 따라 통일은 완료되었다. 신라가 당군을 축출한 배경으로서 토번(티베트)의 발호로 인해 전선이 양분되었고, 그 결과 당은 신라를 '방기'하였기에, 종전되었다는 주장이 있다.[510] 이러한 주장은 한국사의 타율성론에 입각한 자주성 말살 의도라고 한다.[511] 그러니 타당성 없는 주장이라는 것이다. 신라가 삼국을 통일함으로써 향후

509　『高麗史』 권56, 地理志 積城縣 條.
510　이에 대한 연구사 정리는 이상훈, 『나당전쟁연구』 주류성, 2012, 15쪽을 참조하기 바란다.
511　이상훈, 『나당전쟁연구』 주류성, 2012, 16쪽.

200년간 전쟁이 없는 평화의 시대가 열렸다. 통일 과정에서 대규모 인구 이동과 문화 전파의 일대 전기가 마련되었다.

676년은 백제 멸망에서 16년이요, 고구려 멸망에서 8년이 경과된 시점이었다. 이 기간 동안 신라는 갖은 우여곡절을 겪은 후에 거대제국 당의 야욕을 꺾었다. 수백년간 대립과 갈등 그리고 결호結好를 반복하면서, 자국보다 큰 2개의 국가를 소멸시켰다. 신라가 한강유역을 점령하던 6세기 중반 이후 고구려와 백제의 틈새에서 시달렸다. 무려 1세기 이상에 걸쳐 총체적인 위기 상황에 직면하였다. 신라인들에게 고구려는 말할 나위 없고 백제도 대국이었다. 이는 진덕여왕과 김유신의 대화에서 드러난 바 있다. 소국 신라는 총력전으로 위기를 벗어나고자 했다.

도판 163 | 북한산신라진흥왕순수비

그렇지만 이는 어떻게 비유할 수 있을까? 끝이 보이지 않는 컴컴한 터널을 무한히 걷는 아득한 상황에 견줄 수 있었다.

백제 의자왕은 모계 콤플렉스를 불식시키기 위한 양 줄기차게 신라를 압박했다. 신라는 의자왕의 공세를 막지 못하고 국토의 서부 지역을 대거 상실하고 말았다. 백제 지역 진출의 거점이자 옛 가라 지역에 대한 통치 거점이었던 대야성도 빼앗겼다. 백제에 대한 위기감으로 인해 전선사령부를 자연 장애물인 낙동강의 동쪽 경산으로 옮길 정도였다. 신라 지배층의 위기감이 고조되는 상황에서 여왕의 통치에 대한 회의론이 제기되었다. 국가 위기를 관리해야할 정점에 위치한 선덕여왕의 무능 탓으로 화살을 돌렸다. 비담과 염종은 당의 세력을 등에 업고 여왕을 압박하였다. 여왕을 퇴진시키고 자신이

도판 164 | KBS 헬기에서 촬영한 백제 왕성 풍납동토성

즉위하려는 이가 귀족회의 의장인 상대등 비담이었다. 결국 친당의존세력과 친당자주세력 간의 갈등이 폭발하였다. 이 내전에서 승리한 친당자주세력을 대표하는 김춘추 일파가 권력 장악에 성공했다.

국가수반인 진덕여왕, 국가의 명운과 관련된 외교를 주관한 김춘추, 군사를 맡은 김유신, 이 3세력이 결속하여 신라 특유의 권력집중 방식을 탄생시켰다. 백제의 동진을 도저히 자력으로 막을 수 없다고 판단한 김춘추는 고구려에 도움을 청했다. 그러나 연개소문과의 담판에서 영토의 할양을 조건으로 걸었기에 김춘추는 수락할 수 없었다. 김춘추는 이어 백제와 정치적으로 가장 긴밀한 왜로 건너갔다. 김춘추의 선물 외교는 그러나 백제와 왜 간의 공고한 유대의 벽을 넘지 못했다. 잇단 외교적 좌절을 맛본 김춘추가 택할 수 있는 마지막 카드는 당이었다. 김춘추는 이때 당 태종과 중요한 결정을 했다. 백제의 멸망을 넘어 고구려까지 제거하기로 합의를 보았다. 고구려 원정에 실패한 당 태종은 어떤 수단을 강구해서라도 평양 정권을 전복하고자 했다.

김춘추가 당초 의도한 바는 아니었지만 판이 당초보다 훨씬 커졌다. 2개 국을 멸망시킨 이후 영유권에 대한 합의를 보았다. 여기서 신라의 영역으로 인정한 패강 즉 대동강이 지닌 의미가 되겠다.

패수로도 표기된 패강은 백제의 북계로 등장한다. 더 거슬러 올라가면 고조선과 한과의 경계선이기도 했다. 물론 패강의 위치는 달라지고 있다. 문제는 계선界線으로서 패수나 패강이 보인다는 것이다. 본역本域과 이역異域을 가르는 지표로서 패수를 상정할 수 있다. 백제는 중국 사서에서 대방帶方에서 비롯되었다고 했다. 대방군이 소재한 황해도 방면에 대한 지배권을 운위할 수 있는 근거였다. 이러한 요소와 더불어 삼한과 삼국을 동가치로 여기는 정서에서 접점接點 부분이다. 김춘추의 입장에서는 응당 고구려 영역을 포함시키지 않을 수 없었다. 당으로서도 탐내는 곳이 고구려 영역이었다. 그러나 수와 당 이래로 그들이 수복을 요구했던 곳은 요동군과 현도군이 소재했던 곳이다. 평양 지역에 대한 지배권을 제기할 명분과 근거도 없었다. 이 사실을 간파한 김춘추는 고구려의 국도인 평양성을 관류하는 대동강을 지표로 영유권을 제기했던 것 같다.

신라는 660년 여름에 백제를 멸망시켰다. 태종 무열왕이 된 김춘추는 생전에 자신의 숙분을 풀었다. 의자왕을 생포하여 무릎 꿇리게 하였고, 자신의 딸과 사위를 죽게 한 모척과 검일을 붙잡아 죽였다. 자신의 눈에 흙이 들어오기 전에 품었던 원념을 죄다 풀었던 것이다. 그리고 그 이듬해 그는 세상을 건너갔다. 태종 무열왕의 복수로 인한 후유증은 문무왕의 몫이었다. 당군의 만행이 발단이 되어 전국적으로 백제인들이 항전하였다. 걷잡을 수 없는 상황에서 무장 봉기한 백제인들은 서서히 통합이 되었다. 그리고 망했던 국가를 재건시켰다. 왜에 체류 중인 풍 왕자를 옹립하였다. 조직적인 항전에 신라는 내내 고전을 면하지 못했다.

회복된 백제는 왜는 말할 것도 없이 고구려와도 연계했다. 신라와 당은 군사력을 북과 남으로 양분시킬 수밖에 없었다. 전력 분산으로 인해 신라의 풍왕 정권 전복은 결단코 용이하지 않았다. 백제 정세를 예의주시하던 왜 조정은 결단을 내렸다. 663년 봄에 2만 7천 명의 왜군 대병력을 백제 지역으로 파병하기로 했다. 이들은 신라군과 줄기차게 접전을 하였다. 왜와의 교섭이 용이한 강과 바다를 끼고 있는 곳에 소재한 백제 왕성이 주류성이었다. 포위된 주류성을 구출하기 위해 그해 8월에 왜군 1만 명이 증원군으로 파견되었다. 정보를 입수한 신라와 당군이 동진강인 백강 어구에서 왜군 선단을 요격했다. 신라와 당, 백제와 왜, 이 4국이 결전한 동아시아 대전이었다. 이때 고구려의 동향은 알려진 바 없다. 다만 풍왕이 포위망을 뚫고 탈출할 때 고구려로 향했다. 따라서 고구려도 백강전투에 어떤 형태로든 관련된 게 분명해졌다.

당은 백제 멸망 후 영유권을 신라에 넘기지 않았다. 의자왕의 아들인 부여융을 수반으로 하는 웅진도독부를 출범시켰다. 한 고비를 넘긴 신라로서는 또 하나의 타멸 대상이 새로 생긴 것이다. 산 넘어 산은 이런 경우를 말한다. 사실 당은 백제 재건에 대한 대안으로 부여융을 품고 있었다. 친당정권의 청사진을 펼쳤다. 부여융의 존재는 친왜정권인 풍왕에 대한 대응이기도 했다. 백강전투 후 백제 망명 정권은 고구려의 풍왕 정권과 왜의 부여융 세력으로 각각 나누어졌다. 고구려와 왜로 나누어진 두곳의 망명 정권은 서로 기맥을 통하였다.

신라와 웅진도독부는 외형상 고구려 타멸이라는 공동의 목표를 지녔다. 고구려는 자국의 건재함을 당군 포로들을 왜에 보냄으로써 확인시켜 주었다. 왜로 하여금 동요하지 말고 고구려에 의지하라는 신호였다. 그처럼 강대하게 보였던 고구려였지만 연개소문 사후 절대권력의 진공 상태에서 내분이 발생했다. 668년 가을에 고구려 평양성의 문짝은 활짝 열리고 말았다. 가장 험난한 대상인 고구려가 무너지자 신라와 당의 갈등은 수면으로 올라왔다. 신라는 고구려 유민들과 손을 잡았다. 고구려 유민들의 목표는 국가 재건이었다. '보덕국'은 그러한 선상에서 나왔다. 또 그로 인해 고구려 유민들은 신라와 힘을 합해 당군을 공격했다. 숱한 우여곡절 끝에 신라는 671년이 아닌 672년에 웅진도독부를 축출했다. 676년에는 당군을 한반도에서 축출하는데 성공했다. 김춘추와 당 태종 간에 약정했던 영토 문제는 이보다 훨씬 후에 와서 확정되었다. 660년부터만 잡더라도 16년간에 걸친 지루하고도 험난한 가시밭길이었다.

신라가 백제와 고구려를 소멸시키고 당군을 축출함에 따라 전쟁이 없는 세상을 만들었다. 이후 200년간에 걸쳐 침략받는 전쟁이 없는 평화로운 시대가 열렸다. 소국 신라가 대국들을 상대하여 지루하게 투쟁해서 얻은 성과였다. 통일전쟁에 있어서 신라 지배층의 사망률은 상상을 초월할 정도였다. 특히 당군과의 전투에서 국토를 사수하기 위해 현령급縣令級의 사망은 비일비재했다. 이들이 수범을 보였던 것이다. 그랬기에 통일을 이루어 넓어진 영토와 불어난 인구 환경 속에서 토지와 노비를 상급으로 받을 만한 자격이 충분

도판 165 | 이탈리아를 통일한 비토리오 에마누엘레 2세 동상

도판 166 | 문무왕릉비편

도판 167 | 문무왕 시신을 화장한 터에 세워진 능지탑

하다는 생각이 든다. 그럴 정도로 지배층의 희생은 실로 컸던 것이다. 신라의 통일로 인해 문화의 황금기가 열리게 되었다. 전쟁이 없는 세상에서 문화가 꽃을 활짝 피웠다. 그러한 문화적 전통은 고려를 경유해서 조선과 지금의 대한민국에까지 면면히 이어졌다고 본다. 가령 한가위 축제의 경우가 대표적

이지 않은가?

그런데 신라의 삼국통일을 부정적으로 지목하는 견해가 많다. 일제 치하를 겪으면서 배태된 인식이었다. 약소국인 신라가 외세를 동원해서 무리하게 통일하는 바람에 이후 약소국으로 전락했다는 것이다. 고구려의 그 넓은 영토를 상실했다는 이유로써 불완전한 통일로 못 박았다. 그러나 발해가 한국 역사가 아니라면 모르겠다. 그렇지 않다면 한반도 북부와 만주 영역을 상실했다는 주장은 사리에 맞지 않다. 신라는 백제와 고구려의 수도를 정확하게 접수했고, 국왕을 비롯한 최고 지배층을 생포하였다. 국체 자체를 소멸시키는 데 성공했다. 그랬기에 "삼한을 합쳐서 한 집안을 만들었다"는 긍지를 누리게 되었다. 조선조까지 불완전한 통일이나 통일의 미완을 운위하는 경우는 많지 않았다. 20세기에 태동한 '불완전한 통일론'을 소급해서 신라인들에게 적용할 수는 없다.

신라가 통일할 수 있었던 요인을 몇 가지로 나누어 살펴본다. 첫째 소정방의 발언에 적혀 있듯이 신라는 상하가 강하게 결속되어 있었다. 신뢰로 맺어진 관계였다. 신라는 상대등 비담의 난을 진압한 후 국왕 중심의 일원적인 국가체제를 구축했다. 국가라는 대의大義를 위한 희생을 시대의 권화로 여겼다. 지배층 전사단이 수범을 보였다. 이는 백제나 고구려의 지배층이 분열된 상황과는 비교된다. 고구려가 수 양제의 대군을 격퇴할 수 있었던 자산은 사회적 인화였다. 당 태종이 "고구려 왕은 백성들을 사랑하여 상하가 화합하였고, 안락하게 지내고 있었으므로 (수를) 이길 수 있었다"고 하였다. 그러나 연개소문의 절대권력 구축 이후 고구려 사회는 내부로부터 무너져 내렸다. 그나마 연개소문의 강고한 권력은 한시적이나마 국가를 지탱하게 한 요인이었다. 하지만 그의 사망이라는 절대권력의 소멸은 마지막 결속력의 줄을 끊게 했다. 백제도 의자왕이 강력한 권력을 구축한 15년 이후부터 민심 이반이 가속되었다. 신라는 이러한 고구려나 백제와는 분명히 구분되었다. 가령 쇠뇌

도판 168 | 경주 남산의 암벽에
새겨진 탑 모습은
황룡사 구층목탑을 모델로
한 것처럼 보인다.

(쇠로 된 발사 장치가 달린 활) 만드는 기술자인 구진천仇珍川이 당 황제가 보건대 그가 일부러 제대로 만들지 않는다고 의심하고는 무거운 벌로써 위협했지만 결국 자기의 재주를 모두 나타내 바치지 않았다. 구진천의 꿋꿋한 지조는 일차적으로 사회적 신뢰에서 연유하였다.

둘째는 국가적 목표의 설정과 그것을 이루기 위한 사회적 합의였다. 신라는 위기감의 고조로 인해 운명공동체 의식을 공유하였다. 이것을 타개하기 위해 당의 손을 빌려 백제와 고구려를 차례로 공멸한다는 장기 전략을 수립했다. 국가를 위기에서 건질 수 있는 방안으로 판단하여 신라 지배층들은 공유하였다. 황룡사 9층탑은 국민들을 결집시킬 수 있는 가시적 표징이자 구심이었다. 이들이 합심하였기에 위기를 기회로 변환시키는데 성공할 수 있었다. 신라 해안으로 접근해 온 당의 수군을 침몰시켰다고 믿는 명랑 법사의 문두루비법도 그러한 사례에 속한다.

셋째는 긍지였다. 삼국 가운데 후발주자였지만 독자 연호를 반포하는 등 황제체제를 운영했다. 전국을 9주州로 구획하였고, 전군을 9군軍으로 일컬었다. 이 모두 황제체제의 산물이었다. 이와 관련해 우산국이나 탐라국 그리고 보덕국은 신라의 속국으로 규정되었다. 신라는 통일전쟁에 동원한 자국 군대를 '의병義兵'이라고 했다(문무왕 8년 조). 의병 용어는 전쟁의 정당성을 심어주는 기제였다. 이는 상대국의 부당성을 규정하여 주민들을 결속시키게 했다. 제2차 세계대전 당시 미군 최고의 야전 지휘관으로 평가받은 조지 스미스 패튼(1885~1945)은 전쟁을 회고하면서 "좋은 군인이 되는 것은 자랑스러운 특권"이라며 "좋은 군인이 되려면 규율, 자존감, 부대와 국가에 대한 자긍심, 의무감과 책임감이 있어야 한다"고 했다. 충만한 긍지는 정신전력의 기본이었다. 1933년에 간행된 이마니시 류[今西龍]의 유작 『신라사연구』 서문에서 쓰보이 구메죠[坪井九馬三, 1859~1936]는 신라를 다음과 같이 평가했다. "…드디어 한반도를 통일하고서 3백년간 국사國祀를 유지한 것은 당의 외번外藩이 되어 그 부액扶腋을 받았기 때문이기도 하지만 신라인들의 마음속에 웅위한

도판 169 | 경주에서 출토된 고려시대 금동팔각탑. 황룡사9층탑의 형태와 연관 있음직하다.

바탕이 없었다면 이렇게까지 오랫동안 이어질 수 없었을 것이다"[512]고 단언했다.

넷째는 동아시아 나라들은 640년대~650년에 걸쳐 각각 강력한 권력을 구축했다. 연개소문의 정변 성공은 지배층 물갈이를 가져왔다. 이를 기반으로 연개소문은 강경한 대외정책을 펼쳤다. 신라는 상대등 비담 반란 진압을 계기로 역시 지배층 쇄신을 가졌다. 신라 독자의 권력 집중 방식을 태동시켜 대외 문제에 대해 일사불란하게 대응하였다. 백제 의자왕의 경우도 재위 15년의 친위정변을 기반으로 국왕의 권력독주가 가능해졌다. 그렇지만 백제는 대외정책에서 유연함을 잃고 말았다. 당의 경우도 태종이 현무문의 변을 통해 집권했다. 당 태종은 고구려 원정의 전과를 통해 권력 기반을 안정시켜야 한다는 강박증에 시달렸다. 형과 동생을 제거하고 즉위한 당 태종은 권력의

512 坪井九馬三, 「新羅史研究序」『新羅史研究』近澤書店, 1933, 3~4쪽.

정당성을 외정外征의 승리로써 만회하고자 했다. 이 점에 있어 당 태종과 수양제는 공통점이 있다. 왜의 경우도 소가 씨 세력을 제거한 다이카 개신을 통해 구축한 국정혁신을 기반으로 강력한 권력이 구축되었다. 이렇듯 동아시아 5개 국은 7세기 중엽에 이르러 공고한 권력 구축에 모두 성공했다. 대외정책에서도 일전불사의 강대강强對强 구조였다. 신라와 당, 이에 대응하는 고구려와 백제 및 왜로 이어지는 축선軸線이 구축되었다.

이러한 냉엄한 현실에서 신라는 냉철한 인식으로써 국제관계의 흐름을 꿰뚫어 보았다. 신라가 머뭇거리는 당을 끌어들이는데 성공한 것은 백제와 고구려를 멸망시킨 이후의 영역 분정分定 문제에 있었다. 과거 한漢 낙랑군의 치소와 고구려 평양성 사이를 관통하는 패수인 대동강을 경계로 분정하였다. 대동강 이남은 신라, 그 이북은 당의 영역으로 합의했다. 고구려를 반분半分하여 신라의 삼한대통합론의 명분을 달성하게 하였다. 당으로서는 고지수복론을 이루게 한 것이다. 신라와 당, 모두가 만족할 수 있는 목표를 정하였다. 그랬기에 당 고종과 문무왕이 각각 즉위하여 대代가 바뀌었지만 실행에 옮겨졌다.

다섯째는 과학 기술의 발전에 국가적 노력을 꾸준히 기울였다. 신라의 무기 개발로서 588년에 나마 신득身得이 포노砲弩를 만들어 바쳤다. 그것을 성城 위에 설치하였다. 731년에는 새로 개발한 거노車弩(이동하는 수레에 싣고 발사하는 쇠로 만든 활) 쏘는 시범을 선보였다. 당은 고구려를 멸망시킨 이듬해 정월에, 주적이 바뀌어 일촉즉발의 험악한 관계가 된 신라에 자석을 요구하였다. 신라는 그해 5월에야 자석 두 상자를 당에 바쳤다. 자석의 기원에 대해서는 여러 설이 있지만 지남차라는 이름의 자석을 중국에서는 기원 이전에 이미 개발한 것으로 알려졌다. 그런데 중국에서 일찍이 개발한 자석을 당이 신라에 요구한다는 자체가 의아하다. 그렇다면 이는 이미 신라가 나침반의 원리를 터득해 사용하고 있었기 때문이 아닐까. 연안이 아닌 원양항해를 위해서는 현재의 자기 위치 파악이 중요하다. 방향 감각은 망망대해에서 꼭 견지해야 할 일차적 전제였다. 이렇게 본다면 이사부 항해의 의문이 풀릴지도 모른다. 나침반은 원양항해의 발전과 맞물려 있는 사안임을 생각하면, 백제가 동남아시아 나라들과 교류했던 동력도 파악해 볼 수 있다.

　당은 자석에 이어 쇠뇌 기술자인 신라인 구진천을 자국으로 데려갔다. 그가 제작한 쇠뇌로 쏘면 화살이 무려 1000보를 날아갔다고 한다. 예나 지금이나 사정거리는 무기의 성능을 알려 주는 유력한 지표였다. 그런데 당은 구진천으로 하여금 쇠뇌를 만들게 하였지만 그가 만든 쇠뇌는 본국에 있을 때와는 달리 멀리 나가지 못했다. 고작 30~60보밖에 이르지 못하였다. 『삼국사기』에 따르면 구진천은 갖은 핑계를 대면서 자신의 능력을 발휘하지 않았다. 그는 조국에 해가 될 수 있다고 판단하여 자신의 역량을 숨긴 것이다. 이와 관련해 중국의 수가 고구려에서 자국의 쇠뇌 기술자를 매수해 데려갔다며 힐책한 사건이 상기된다. 구진천의 행적은 고구려에 매수된 수 기술자와는 크게 대비된다. 어쨌든 신라 자석을 통한 나침반 기술로 당은 차질 없이 다시금 서해를 건너왔다. 또 성능 좋은 신라 쇠뇌로 신라를 치겠다는 당의 속셈을 엿볼 수 있다. 8세기 중엽에 신라인들이 제작한 인공산인 만불산을 보고는 중국인들은 "신라의 기교는 하늘이 준 것이지 사람의 것이 아니다"라고 격찬했다. 중국도 탐냈던 신라의 과학 기술이었다.

　여섯째 국가 차원에서 바다를 적극 활용할 수 있는 항해술과 조선술을 함께 갖추었다. 신라는 바다와 인연이 적은 나라로 간주하기 쉽다. 한반도 동남 모서리에서 국가를 형성한 신라는 울산이라는 좋은 항구를 확보하고 있었다. 그러나 동해안은 수심이 깊고 해안이 단조로워 항구 발달이 어려웠다. 이러한 열악한 지리적 조건을 딛고 신라는 팽창해 갔다. 그 이유는 한반도 북부와 서부에는 고구려와 백제가 버티고 있었기에 육로를 이용한 중국과의 교섭은 어려웠다. 결국 해로를 이용할 수밖에 없었다. 그러기 위해서는 조선술과

도판 170 | 분황사 모전탑에 부장되었던 오키나와 산 야광조개

항해술을 비상하게 발전시킬 수밖에 없었다. 그런 관계로 신라는 국가 발전에 각별히 바다를 활용한 것이었다. 이 점을 제대로 인지하지 않은 경우가 많았다.

신라는 일찍부터 바다와 깊은 인연을 맺고 있었다. 석씨 왕실의 시조인 탈해의 유입설화는 바다를 이용하여 아진포라는 항구에 도착했다고 한다. 또 탈해는 젊었을 때 고기잡이를 업으로 삼으면서 노모를 봉양했다는 것이다. 이는 수산자원이 풍부한 동해안에서 어렵이 차지하는 비중을 암시해준다. 그리고 인도의 아소카왕[阿育王] 전설을 비롯하여 외래의 문물은 바다를 이용해 유입된 것으로 전해지고 있다. 가령 아소카왕이 보낸 수만 근의 철을 적재한 선박이 울산 근처의 항구에 도착하였다. 바로 그 철로써 황룡사 장육존상을 주조했다는 것이다. 그리고 신라 관등 가운데 제4 관등인 파진찬 波珍飡은 '파달찬' 곧 '바다 칸'이었다. 파진찬은 일명 '해간海干'이라고도 하였다. 그 명칭을 볼 때 본래 바다와 관련 깊은 관직 이름에서 기인한 해군 사령관으로 지목하기도 한다.

512년(지증왕 13)에 신라 장군 이사부는 지금의 울릉도인 우산국 정벌에 나섰다. 망망대해에 존재한다는 섬나라를 찾아 나선 것이다. 당시의 항해술에 비추어 볼 때 군도群島를 이루지 않은 작은 섬 하나를 찾아나선다는 자체는 바다에 대한 자신감 없이는 감히 엄두를 내기조차 어렵다.[513]

그러면 이무렵 신라의 선박은 어떠한 형태였을까? 금관총에서 출토된 배

---

513 우산국에 대해서는 李道學, 「高句麗의 東海 및 東海岸路 지배를 둘러싼 諸問題」
    『高句麗渤海硏究』44, 2012, 182~193쪽.

모양 토기의 구조를 살펴보면 선박의 앞뒤가 높이 솟아 있다. 그리고 뱃전 위에 널판때기를 한 두 장 더 이어 올렸다. 그러므로 하천이 아니라 높은 바다를 항해하는 선박으로 추정되어진다. 이러한 신라의 조선술은 일본측 기록에서 구체적으로 확인된다. 즉 왜에 조선술을 최초로 가르친 이나베[猪名部]씨의 선조는 신라인으로 밝혀진 바 있다. 또 639년(선덕여왕 8)에는 당의 승려들이 신라의 송사送使를 따라 왜로 왔다. 649년(진덕여왕 3)에는 왜의 승려가 신라 선박편에 당에서 귀환했다. 657년(무열왕 4)에는 왜에서 자국 사신을 신라 사신에 붙여 당에 보내려고 했지만 신라의 거절로 이루지 못하였다. 658년에는 왜의 승려 2명이 신라 선박을 이용하여 당에 유학 가기도 했다.

당시 왜는 백제와 밀접한 관계였지만 굳이 신라 선박을 이용하였다. 그랬기에 신라의 조선술과 항해술이 백제를 능가했다는 평을 얻기까지 했다. 신라 선박의 명성은 후대까지도 일본에 영향을 미쳤다. 즉 752년(경덕왕 11)에는 선박 1척에 100여 명이 승선할 수 있는 7척의 거함巨艦으로 일제히 북규슈까지 왕래하였다. 839년에 북규슈의 다자이후에서 '신라선'을 만들게 했더니 풍파에 잘 견디었다고 한다. 이렇듯 신라인들은 왜인들에게 조선술을 가르쳤을 뿐 아니라 신라선은 성능이 우수한 것으로 평가되었다. 그랬기에 왜에서 당으로 파견되는 사신의 선박에는 신라인 항해사와 통역사가 동승한 것이다.

그러면 『삼국사기』에는 신라인들의 바다에 대한 관심이 어떠한 형태로 제도화되고 있을까? 신라는 467년(자비왕 10)에 관원들을 시켜 일반 선박이 아니라 전함을 수리하였다. 505년(지증왕 6)에는 선박의 이로움을 적극 권면했다. 신라는 583년(진평왕 5)에 병부兵部에 선부서船府署를 설치하여 선박 사무를 관장해 왔다. 그러나 678년(문무왕 18)에는 "선부령船府令 1명을 두어 선박의 사무를 관장하게 했다"고 하였다. 여기서 병부와 동격인 선부를 설치하고 장관급에 해당하는 영令을 두었다는 것은 해상을 관장하는 선부의 비중이 막중했음을 뜻한다. 선부가 국방부에 해당하는 병부와 동급으로 자리하고 있는 경우는 중국과 일본에 없는 신라만의 독특한 제도였다. 여하간 이는 신라가 적극적인 해양정책을 취했음을 뜻하는 동시에 놀라운 선견지명으로 평가받아 마땅하다. 게다가 경주 월성에서 출토된 토기편에 '도부嶋夫' 명문이 확인되었다.514 도서를 관장하는 직무 담당자를 가리키는 호칭으로 볼 수 있다. 이러한 국가적 노력에 힘입어 신라는 676년(문무왕 16)의 기

도판 172 | '嶋夫' 명문 기와.

514   국립경주문화재연구소, 『신라 왕궁 월성』 2018, 66쪽.

벌포 해전에서 당 수군을 무려 22회에 달하는 치열한 전투 끝에 격파함으로써 서해의 제해권을 장악할 수 있었다. 그리고 신라의 삼국통일이 가능해졌다. 이후 신라에 대한 당의 침공은 꿈도 꿀 수 없었다. 바다의 장악이 삼국통일 전쟁의 대미大尾를 장식한 것이다. 신라가 바다를 장악했기에 통일위업이 달성되었음을 웅변해 준다.[515]

신라는 우수한 조선술과 항해술을 배경으로 해외에 진출했던 것 같다. 신숙주(1417~1475)가 저술한 『해동제국기』에 의하면 일본의 초대 천황이라는 신무 천황 이래 그 계통을 소개하는 기사 가운데 다음과 같은 대목이 눈에 띈다. 즉 "(민달 천황) 6년 신축에 경당鏡當으로 연호를 고치고 3년만인 계묘에 신라군이 서쪽 변방으로 쳐들어 왔다." 여기서 경당으로 연호를 고친 신축년은 581년이다. 계묘년인 583년에 신라군이 일본열도의 서변인 북규슈 일대를 침공해 왔다는 이야기인 것 같다. 신숙주가 이 기록을 일본의 어떤 문헌에서 인용한 것인지는 알 수 없다. 그러나 이러한 전승이 일본측 문헌에 전해왔음은 의심할 나위없다.

이와 더불어 다시금 주목을 끄는 것은 신경준(1712~1781)의 『여암고旅菴藁』에 수록된 다음 기사이다. 즉 "일본 응신 천황 22년에 신라 군사가 아카시노 우라[明石浦]에 들어가니 오사카[大阪]와의 거리가 백 리였으므로 일본이 화친하고 군사를 풀어달라고 애걸하여 백마를 잡아서 맹세하였다. 호원胡元이 크게 군대를 일으켰으나 겨우 이키시마[一岐島]에 이르러 마침내 크게 패했다. 그러니 역대로 깊이 쳐들어가 왜인에게 이긴 나라는 오직 신라뿐이었다"고 했다. 이 기록은 일본을 왕래했던 조선 통신사들의 기행문에서도 자주 소개된 바 있다. 가령 1636년에 통신부사로 일본을 다녀온 바 있는 김세렴

---

515 李鍾學, 『新羅花郎·軍事史硏究』 서라벌군사연구소, 1995, 94~114쪽.
　　　신라의 바다 이용에 대한 안목과 분석은 순전히 이종학의 형안과 탁견의 소산이었다.

도판 173 | 시모노세키의 칸몬[關門] 대교

도판 174 | 아카마 신궁[赤間神宮]

(1593~1646)의 『해사록海槎錄』에도 다음과 같이 보인다. "일본은 극동에 멀리 떨어져 있고 사면이 큰 바다로 둘려 있어 외국의 군사가 들어 갈 수가 없다. 단지 그『연대기年代記』를 보면 왜황 응신 22년에 신라 군사가 아카시노 우라에 들어 왔다고 되어 있는데 아카시노 우라는 오사카에서 겨우 1백리 떨어졌다. 아카마가세키[赤間關, 지금의 시모노세키]의 동쪽에 한 구릉이 있다. 왜인이 이것을 가리켜 '이것이 백마분인데, 신라 군사가 일본에 깊이 쳐들어오니 일본이 화친하고 군사를 풀어주기를 청하여 백마를 죽여서 맹세한 뒤에 말을 이곳에 묻었다고 한다'고 하였다. 상고하건대 응신 12년 신해가 바로 유례왕 8년에 해당되는데, 이 해와는 조금 차이가 있지만 대개 같은 때의 사건이다. 그러나 동사東史에 보이지 않는 것은 글이 빠진 것이다."

특히 맹세할 때 잡았던 백마를 묻었다는 '백마분白馬墳'이 남아 있다는 '고고학적 물증'을 제시하는 등 구체적인 견문 기록을 남긴 경우가 많았다. 여기서 응신 천황 22년은 수정된 기년에 따르면 342년(흘해왕 33)이다. 그런데 이와 관련된 기록은 여타 문헌에서 보이지 않는다. 다만 344년(흘해왕 35)에 왜국이 사신을 파견하여 신라에 혼인을 요청했으나 거절당했다. 345년에 신라는 왜국 왕에게 글을 보내 국교를 단절하였다. 346년에는 왜병이 신라 수도인 금성을 포위하기까지 했다. 이러한 저간의 상황 속에서 전격적인 신라의 일본열도 진공進攻이 단행된 것일까.

이와 더불어 주목되는 것은 『연대기』라는 책이다. 신라의 일본열도 진공進攻 기록을 담고 있는 『연대기』는 1617년에 일본에 다녀온 이경직이 일본의 비각본秘閣本 중에서 보았다는 『일본연대기』를 가리킨다. 『일본연대기』의 존재는 일본 에도[江戶]시대의 국학자인 마쓰시다 미바야시[松下見林, 1637~1703]가 사국史局에 근무했을 적에 열람해 보았다. 금서禁書였다고 한다. 내가 대학 때 읽었던 마쓰시다 미바야시가 지은『이칭일본전異稱日本傳』에 수록된 내용이었다. 『일본연대기』의 존재를 추적하는 작업과 더불어 이 책이 확인된다면 좀더 균형된 입장의 한일관계상이 정립되지 않을까 싶다.

이와는 별개로 신라는 광활한 교역 반경을 확보하고 있었다. 신라와 동남 아시아 지역과의 교류가 확인되기 때문이다. 가령 598년(진평왕 20)에 신라는 공작 1쌍을 왜에 선물로 보낸 바 있다. 동남아시아 지역과의 교류를 말해주 는 분명한 자료가 된다. 이와 더불어 신라 고분에서는 한반도에서 볼 수 없는 위도가 내려간 지역에서 서식의 개미핥기와 물소 토우土偶를 비롯하여 원숭 이와 타조 토우가 출토되었다. 그런데 얼굴과 몸체가 너무나 사실적이어서 경탄을 자아낸다. 이러한 토우들은 실물을 보지 않고서는 만들어질 수 없다. 따라서 동남아시아 지역 동물들의 신라 유입은 분명해진다. 이 사실은 이곳 과 긴밀한 교류를 진행할 수 있을 정도의 조선술과 항해술을 신라가 갖추었 음을 뜻한다.

이는 당의 고관이 체험했던 일화를 통해 생생하게 전달받을 수 있다. 당의 능주자사陵州刺史 주우周遇는 지금의 산동성 일대인 청주青州에서 복건성 지 역인 민閩으로 돌아오는 길에 풍랑을 만나 표류했다. 구국狗國에서 만난 신 라인들이 이곳의 이름을 알려주었다고 한다. 그후 모인국毛人國 → 야차국野 叉國 → 대인국大人國 등을 지나 유규국流虬國에 이르렀다. 지금의 오키나와 로 추정되는 유규국 사람들은 앞 다투어 음식을 가져와서는 못과 쇠[釘鐵]와 바꾸기를 원했다. 이때 동승했던 신라객新羅客들은 그곳 사람들의 말을 반쯤 은 통역했다고 한다.516 당의 지방관이 체험했던 이 같은 표류기를 통해 신라 인들이 동남아시아 지역과 교류한 사실이 포착되었다.

이렇듯 신라인들에게 바다는 결코 외경畏敬의 대상으로만 머물지는 않았 다. 우리의 관념과는 달리 신라는 일찍부터 바다의 중요성을 깨우쳤고 적극

---

516 『太平廣記』권483, 蠻夷4, 狗國.

활용했었다.[517] 신라가 문두루 비법을 통해 한반도에 상륙하려는 당군을 격파한 것도 해군력의 강성으로 해석하고 있다.

2) 통일의 결과, 얻은 것

통일의 결과 첫째, 영일없이 이어진 공포스럽고도 광폭한 전쟁을 종식시켰다. 개이빨[犬牙]처럼 서로 견제하며 맞물려 있던 삼국시대의 종언을 가져왔다. 삼국시대는 마한 영역을 제패한 백제를 향해 꾸준히 내려오다가 그 접점에서 고구려가 선제공격을 감행한 369년부터 막이 올랐다. 그리고 백제와 고구려를 차례로 넘어뜨린 신라가 당군을 한반도에서 축출한 676년까지였다. 대략 300년 동안을 삼국시대라고 운위할 수 있다. 삼국시대는 세계 역사상 유례를 찾기 힘든 장기간에 걸친 격렬한 동란의 시기였다. 그러나 신라가 통일함으로써 전쟁이 없는 평화로운 세상을 만들었다. 그럼에 따라 민심의 안정을 기반으로 사회와 문화가 균형 있게 발전하였다. 과도한 군사 문화체제에서 벗어날 수 있어서였다. 장기간에 걸친 전쟁은 막대한 인적·물적 소모를 초래했다. 이와 맞물려 소모와 소비를 메우기 위한 제반 산업의 비약적인 발전을 가져왔다. 그리고 전쟁은 상실과 박탈을 초래했지만 기회의 장場이기도 했다. 군공에 따른 신분 상승과 더불어 지방민에 대한 지위도 상승했다.

둘째, 삼국민과 문화적 통합이 이루어졌다.[518] 삼국민 융합의 상징이 신라 왕도를 보위하는 9서당誓幢의 구성이다. 9서당은 신라 외에 고구려와 백제 그리고 말갈인으로 구성되었다. 다른 곳도 아니고 신라의 심장부인 왕도를

517　李道學, 「신라는 바다의 강자였다」 『한국고대사, 그 의문과 진실』 김영사, 2001, 232~239쪽.

518　李道學, 「삼국의 문화와 문물교류 과정」 『7세기 동아시아 국제정세와 신라의 삼국통일전략』 제24회 신라문화학술회의, 동국대학교 신라문화연구소, 2004. 3. 12. ; 『신라문화』 24, 2004, 151~172쪽.

수비하는 정예군단의 출신이 삼국 주민을 아우르고 있다. 이 자체만으로도 포용의 상징이 되고도 남는다. 물론 신라의 통일을 영토 뿐 아니라 정신적으로도 미흡한 것으로 지목하기도 한다. 그렇게 보는 근거는 8세기 대 진표眞表가 '백제인'을 자처했을 뿐 아니라 후삼국시대의 개막 때문이었다. 그러나 분열은 짧았고 금세 통합이 이루어졌다. 더욱이 고려 때도 삼국부활운동이 연고지에서 일어난 바 있다. 이탈리아의 경우도 이탈리아반도가 통일된 지 160년이 지났지만, 대외적으로는 아직도 나폴리 사람·밀라노 사람·피렌체 사람을 각각 내세우고 있다. 따라서 후삼국의 등장을 신라의 불완전한 통일이나 지역 차별의 산물로만 단정하기는 어렵다. 현재의 유럽연합처럼 '해동삼국'이나 '삼한'이라는 공동체적인 호칭으로 불리던 삼국이었다. 그랬기에 이질감보다는 동질감이 컸기에 주민들 간에는 격렬한 저항 없이 통합이 이루어진 것 같다. 이는 백제인들이 당군에게 보인 태도와는 대조된다.

셋째, 한국 역사상 최대 규모의 주민 확산 즉 디아스포라를 가져왔다.[519] 이와 맞물려 삼국 문화 전파의 획기적 전기가 되었다. 가령 고대일본 문화를 다채롭게 발전시켰다.[520]

넷째, 동아시아에서 새로운 정치질서의 재편을 가져왔다. 당에서는 무측천武則天의 주제국周帝國 태동을, 신라에서는 비록 이행되지는 못했지만 달구벌 천도론이 시사하듯이 확대된 영역에 맞는 새로운 행정체계의 구축이 시도되었다. 동만주에서는 발해가 등장하였다. 일본열도에서는 '일본'으로의 개호改號에 이어 672년에 발발한 진신[壬申]의 난이라는 내전을 통해 강력한 왕권이 구축되었다.

519　李道學, 「중국 속의 백제인들」 『한민족 디아스포라의 역사(1)』 한민족학회, 2009, 5. 27. ;「중국 속의 백제인들, 중국 바깥의 백제인들」 『한민족연구』 7, 2009.

520　井上秀雄, 『古代朝鮮』 日本放送出版協會, 1972, 215쪽.

3) 한 시대의 권화(權化) 화랑의 성격과 역할

신라는 전쟁 속에서 태어나 단련을 받고 분투하면서 성장했다. 신라 조정은 장래에 국가의 군사와 정치적 중책을 짊어질 역량 있는 인물들을 귀족의 자제들에서 선발하여 화랑으로 삼았다. 김대문은 『화랑세기』에서 "어진 재상과 충성스러운 신하가 이로부터 솟아났고, 좋은 장수와 용감한 병사가 이로 말미암아 나왔다[賢佐忠臣 從此而秀 良將勇卒 由是而生]"고 설파했다. 국가의 존재와 유지를 가능하게 하는 기제인 '어진 재상과 충성스러운 신하'·'좋은 장수와 용감한 병사'는 화랑제도에서 비롯되었다는 것이다. 삼한의 일원으로 출발하여 분립과 분열의 시대인 삼국의 적대관계 속에서 최후의 승리와 통일까지 300여 년간 전장戰場을 헤쳐왔던 신라인들이 치른 그간의 고난은 이루 형언할 수 없었다. 신라는 삼국 중에서 최대의 인구를 가졌고 경제적으로도 부강했던 백제는 물론이고, 중국의 대군을 험한 산악에서 몇 번이고 초토화시킨 강인하고 호전적인 고구려와도 싸우지 않으면 안 되었다. 신라는 이같은 위기에 대처하기 위해 현명한 정치가, 목숨을 건 충신, 그리고 희생적인 장졸을 필요로 하였다.[521]

그런데 삼국시대 전쟁의 종결인 통일전쟁에서 야욕에 불타던 당군을 신라군이 어떻게 한반도에서 축출할 수 있었는지다. 이는 응당 신라 사회 내부의 힘에 의존해야만 했다. 그 힘은, 골품조직에 의한 철저한 사회 통제와 카리스마적인 왕권을 정점으로 하는 화백이라는 합의제, 또 그것을 비교적 원활하게 운영한 점 등에서 찾을 수 있다. 그러나 보다 중요한 요인은 화랑제도를 근간으로 하는 귀족 자제에게 장려한 순국 정신이었다. 소정방이 돌아와서 포로를 바치니 당 고종이 위로하며 말하기를 "어찌하여 이내 신라를 정벌하지

521　金鍾璿, 「新羅花郎の性格について--特にその遊びに關して--」 『朝鮮學報』 82, 1977, 44쪽.

않았는가"라고 물었다. 소정방은 "신라는 그 임금이 어질고 백성을 사랑하며 그 신하는 충성으로 나라를 섬기고 아랫사람들이 윗사람 섬기기를 부형과 같이 하니 비록 작지만 도모할 수가 없습니다"라고 하였다.[522] 신라가 얼마만큼 강고하게 단결해 있었는지를 알려준다. 아랫사람이 윗사람을 능멸하고 갖은 미명으로 하극상이 일반화되고, 기강이 무너진 사회와는 선명하게 대응된다.

순국 정신은 화랑 출신의 낭당대감 김흠운과 소감당주 보용나寶用那, 그 유명한 황산에서 싸운 화랑 출신의 김흠순과 충효를 위해서는 죽음을 무릅쓰고 국가에 보답하라는 격려를 받고 적진에 돌진한 그 아들 아들 반굴의 행적에 잘 나타나고 있다. 그리고 기마 궁술에 숙달한 16세의 화랑 관창은 황산 전투에서 용맹스럽게 분전하다 생을 마감하였다. 관창의 아버지 품일은 아들의 죽음을 최고의 영예로 여기며 칭찬했다. 또 화랑도의 정수인 국선國仙 화랑 출신 김유신의 삼국통일에서의 활약상과 아들인 원술이 당군과의 전투에서 흔연히 죽지 못하고 돌아오자 가차 없이 죽음을 명하였다. 이러한 김유신의 태도에 화랑정신이 잘 응결되어 있다. 그리고 호걸 심나沈那와 비같이 쏟아지는 화살을 맞고 쓰러진 이가 그의 아들 소나였다. 소나의 전사 소식을 접한 그 처는 "내 남편은 항상 말하기를 '장부는 진실로 마땅히 전쟁에서 죽어야지, 어찌 병상에 누워서 집사람의 돌봄을 받으며 죽을 수 있겠는가?' 하였습니다. 그의 평소의 말이 이와 같았으니 지금 죽은 것은 그 말과 같다"고 하였다. 그리고 눈을 부릅뜨고 돌격했지만, 맹목적인 분노 때문에 느티나무에 부딪혀 죽은 가잠성 현령 찬덕讚德이 있다. 아버지의 죽음을 따라서 결코 물러서지 않은 찬덕의 아들 해론奚論 등이 전기를 통해서도 충분히 알려졌다. 그 밖에 죽죽·필부匹夫·비녕자·눌최訥催·열기裂起 이야기는 『삼국사

---

522 『三國史記』 권42, 金庾信傳(中). "新羅其君仁而愛民 其臣忠以事國 下之人事其上 如父兄 雖小下可謀也"

기』열전에서 찾을 수 있다.

화랑은 신라 지배계급 가운데 가장 에너지가 넘치고 야심 많은 귀족의 자제가 출세하는 길이었다. 화랑의 낭도가 되는 것만으로도 당시 사회의 유동성을 저지해 온 엄격한 골품제로부터도 어느 정도 탈피할 수 있었다. 때문에 화랑은 인도적 사회를 만드는데 필요한 몇 가지 요소를 지녔다. 이는 화랑 응렴應廉이 말한 데에서 그 좋은 범례를 찾을 수 있다. 그리고 화랑제도는 신라의 문화에 커다란 활기를 가져다주었다. 그것은 신라인이 어느 정도의 자신감과 자주성을 가지고 있었기 때문이다. 화랑의 원류는 원래 한국 고대의 신앙이었던 샤머니즘에 있었다. 그렇다고 하지만 샤머니즘에 외래 사상인 도교·불교·유교 등의 감화를 받아 그 내용을 풍부하게 했다.

신라 왕은 화랑도를 요란스러운 음악과 눈부시게 휘황한 장관을 보여주는 대열로 만들었다. 그럼으로써 화랑도는 관중의 관심을 모았다. 화랑은 또 용맹무쌍한 기질을 발산하였다. 그럼으로써 왕의 군국적軍國的 행위에 대한 욕망을 조장하는 하나의 프로파간다적인 존재였다. 시로코고로프Shirokogoroff에 의하면 샤먼이 갖고 있던 특질은 자기를 혼연일체가 되는 상태로 들어가게 하는 감정이었다. 이러한 격한 감정 없이는 샤먼이 될 수 없다고 한다. 신라 문화에 깊은 뿌리를 내린 비합리적인 열병적熱病的 사고는 무려 3백여 년간에 이르는 오랜 기간 동안 주민들을 끊임없이 동원시키게 했다. 신라 왕은 삼국통일전쟁을 국가의 신성한 대과업으로 정당화시켰다.[523]

화랑의 역할로 인해 신라 사회가 격조 있는 품격 사회로 전환하였다. 화랑들이 일상 활에서 보여준 신의와 품격은 귀감이 되기에 족했다. 이들을 선망하면서 지금까지의 본성에 좌우된 거친 삶을 되돌아보게 하였다. 그 결과 격

---

[523] 金鍾璿,「新羅花郎の性格について–特にその遊びに關して–」『朝鮮學報』82, 1977, 45~47쪽. 56쪽.

렬한 전쟁 속에서 사회 전반의 격조를 상승시켰다. 이렇듯 화랑도는 신라 사회를 선도하는 동력원이었다. 그러면 다음의 향가를 음미해 보자.

열치매 / 나타난 달이 / 흰구름 쫓아 떠가는 아니아 / 새파란 내에 / 기랑耆郎의 모습이 있어라! / 이로 냇가 조약에 / 낭郎의 지니시던 / '마음의 끝'을 좇과저 / 아으, 잣가지 드높아 / 서리를 모르올 화판花判이여.

(양주동 譯)

위의 노래는 신라 경덕왕대의 고승 충담사忠談師가 기파랑耆婆郎이라는 화랑을 찬미하면서 지은 「찬기파랑가讚耆婆郎歌」라는 제목의 향가이다. 이재선李在銑의 다음과 같은 노래 음미는 이해를 돕는다. 즉 "달과 구름, 강물과 자갈, 그리고 잣과 서리 등의 서로 대립적인 상징에 근거하면서 푸른 강물에 달이 비쳐 있듯이 기랑耆郎의 얼굴이 또한 강에 비추어져 있다는 이중적인 '이미지'를 서로 겹쳐서 구원적인 재생의 의미를 밝혀내고 있다. 뿐만 아니라 마지막 감탄사 다음의 수직화된 상태의 찬가를 통해서 찬양할 대상의 절대적 초월성이 '잣'과 '서리'의 대립으로 형상화되어 있다. 열치고 나타난 달이 흰구름 따라 어디론가 떠가더니 다시 강심江心에 비친다. 이렇듯 강물에 비친 달은 더 이상 달일 수만은 없다. 그것은 찬양할 만한 기파랑의 선연한 모습 그것이다. 예찬의 마음은 이처럼 부재不在의 초월을 가능하게 한다."[524]

이렇듯 기파랑의 풍모와 고결한 성품이 잘 배어 있는 인상적인 노래였기에, 당대에 벌써 "그 뜻이 매우 높다"라는 평판을 받았다. 그리고 후대까지 회자되었고 종국에는 문적文籍에 얹혀 전해질 수 있었다. 화랑은 한 시대의 권화이자 시대정신의 발로였다. 삼국통일의 역사적 소임을 다하는 그날까지

---

524 李在銑, 『鄕歌의 理解』 삼성미술문화재단, 1979, 121~122쪽.

꽃다운 이름을 전했다. 그리고 아름다운 행실로 향기 그윽한 자취를 남겼다. 해서 신라 최고의 역사가인 김대문은 자신이 저술한 『화랑세기』라는 전기에서 "어진 재상과 충성스러운 신하가 이로부터 솟아났고 좋은 장수와 용감한 병사가 이로 말미암아 나왔다"라고 말하지 않았던가? 김대문은 삼국통일을 위해 전장을 뛰어다닌 신라의 장병과 화랑들의 보국적報國的인 역할, 그리고 그들이 맛보았던 승리의 감격과 전장에서 속절없이 사라진 동료들의 죽음에 대하여 깊은 비탄을 느꼈던 것 같다. 이들의 무사로서의 꽃다운 행적을 후세에 남기기 위해 『화랑세기』를 집필했다고 생각된다.[525]

도판 175 | 두 청년의 서약이 새겨져 있는 임신서기석

화랑도의 기원에 관해서는 삼한 시기 촌락공동체 내부의 청소년 조직에서 출발한 것으로 간주하여 왔다. 그러나 나는 샤만적인 색채가 농후한 화랑도의 기원을 국가적 이념의 통일성 확립과 관련된 소임을 맡은 제의조직祭儀組織에서 찾았다. 물론 화랑도는 6세기 중반에 접어들어 전사단으로 개편되었다. 그렇지만 본디의 성격만은 전변轉變되지 않았다.[526]

전사단으로서 화랑도의 역할은 『삼국사기』 열전에 숱하게 적혀 있다. 가령 내가 소년시절에 가슴 뭉클하게 읽었던 관창과 반굴이라는 화랑을 먼저

525　金鍾璿,「新羅花郎の性格について-特にその遊びに關して-」『朝鮮學報』82, 1977, 49쪽.

526　李道學,「新羅 花郎徒의 起源과 展開過程」『정신문화연구』38, 한국정신문화연구원, 1990;「신라 화랑도의 기원과 성격에 관한 검토」『신라화랑연구』한국정신문화연구원, 1992;『新羅·加羅史研究』서경문화사, 2017, 34~35쪽.

떠 올릴 수 있지 않을까? 이들은 황산전투에서 고전하고 있던 신라군을 위하여 전장에서 용약 목숨을 초개와 같이 던져 산화하였다. 품일은 말안장에 메여 되돌아온 아들 관창의 머리를 잡고 소매로 피를 씻었다. 그리고 의연하게 "내 아이의 얼굴이 산 것과 같구나. 나라 일에 죽었으니 후회될 게 없다"고 말하였다. 내 아들이 죽는 것을 보면 내 스스로가 죽는 거와 같은 감성을 느끼는 게 인간의 정情인 것이다. 이렇듯 전사를 영예로 여기는 순국지상주의적인 화랑들의 무사정신은 일제 관학자인 이케우치 히로시[池內宏]까지도 극찬하게 만들었다.[527]

그러한 사례를 구체적으로 들어 보도록 하자. 왕족인 김흠운은, 낭도들이 아무개가 전사하여 지금까지 이름을 남기고 있다고 말하면, 개연히 눈물을 흘리고는 하였다. 감읍感泣을 한 것이다. 김흠운과 같은 문하에 있던 승려 전밀轉密이 이러한 모습을 보고는 "이 사람이 적진에 나가면 반드시 돌아오지 않을 것이다"고 하였다. 그 뒤 김흠운은 백제와의 전쟁에 출정했다. 그는 충청북도 영동의 양산 지역에 진을 쳤으나 백제군의 야습을 받아 진영이 무너지게 되었다. 화살이 비오듯 쏟아졌지만 그는 말을 비켜 타고 창을 잡아 적을 기다렸다. 부하들이 "공은 신라의 귀골貴骨이니 적의 손에 죽는다면 백제의 자랑거리요 우리에게는 매우 부끄러운 일입니다"라고 말하면서 후퇴하기를 권유했다. 그러나 그는 굳게 서서 움직이지 않았다. 종자가 고삐를 꽉 쥐고는 돌아가자고 했다. 그러나 그는 칼을 뽑아 뿌리 치고는 적진에 돌진하여 여러 명을 죽이고 장렬히 산화하였다. 그를 따라 두 명의 무사가 따라 죽었다. 이러한 신라 무사의 기개는 김영윤이 출정하면서 "나는 이번 걸음에 가문과 벗들에게 나쁜 소리가 들리지 않게 하겠다"라는 말에서도 보인다. 그는 가잠성 전투에서 전사하였다. 김영윤은 황산전투에서 전사한 반굴의 아들이었다.

527　池內宏, 「新羅人の武士的精神について」『史學雜誌』40-8, 1929, 24~38쪽.

반굴은 김유신의 조카였다.

또 한 명의 대표적인 화랑 출신으로는 신라 최고의 권신인 김유신의 아들 원술을 이야기 할 수 있다. 국극國劇을 비롯한 연극무대에 너무나 많이 올라 익히 알려졌다. 원술은 당과의 전투에 출정했다. 황해도 전투에서 신라군은 크게 패하여 장군들이 잇따라 전사하였다. 원술 또한 적진에 뛰어 들어 전사 할 참이었다. 그러나 원술의 부하인 담릉淡凌이 "장부는 죽는 것보다 죽을 때 를 기다리는 게 중요하다"며 말렸다. 급기야는 말고삐를 잡아당기며 놓아주 지 않았다. 해서 원술은 죽을 기회를 잃고 돌아왔다. 소식을 들은 김유신은 크게 노하여 문무왕에게 "원술은 왕명을 욕되게 하였고 가훈을 저버렸으니 베기"를 요청하였다. 문무왕은, 원술이 부장에 불과하므로 중형을 내리지 않 고 용서해 주었다. 그러나 원술은 부끄럽고 두려워서 아버지를 보지 못하고 시골에서 숨어 다니다가 아버지가 세상을 뜬 연후에야 어머니를 만나려고 하 였다. 그렇지만 원술의 어머니는 "돌아간 아버지에게 아들 노릇을 하지 못하 였으니, 내가 어찌 그 어미가 될 수 있겠느냐"고 말하며 만나주지 않았다. 원 술은 섧게 울며 가슴을 치고 발을 구르면서 한동안 떠나지를 못하였다. 그는 "담릉이 잘못한 일로 말미암아 이 지경에까지 이르렀다!"라고 길게 탄식했 다. 그는 태백산에 들어갔다. 원술은 전날의 치욕을 씻기 위하여 다시금 당군 과의 전투에 출정하여 공을 세우고 상도 받았다. 그러나 부모에게 용납되지 못한 것을 분하고 한스럽게 여겨 벼슬을 하지 않고 초야에서 쓸쓸히 일생을 마쳤다. 그 밖에 찬덕과 해론 부자는 모두 가잠성 전투에서 시간을 달리하여 싸우다 전몰했다.

이렇듯 순국지상주의적인 무사정신으로 충만한 화랑들의 자세는, 후대의 귀감이 되기에 족하였다. 이와 관련해 안정복은 최부崔溥의 글을 다음과 같 이 인용했다. 즉 "최씨는 이렇게 적었다. 절의節義는 천하의 대방大防이다. 하늘의 상도常道를 지키고 사람의 윤기倫紀를 심는 것이기에 세교世教에 관

도판 176 | 울진 성류굴.
화랑들의 수행처로 보인다.

계됨이 매우 크다. 적진에 임하여 용감하게 싸워서 나라에 목숨을 바치고 몸을 버리는 자는 그 절의가 지사와 충신의 의기를 격동시킬 수 있으니, 또한 살신성인이라 이를 만하다. 신라가 고구려·백제와 서로 군사를 일으킨 이래로 그 풍속이 나아가 죽는 것을 영광으로 생각하고 물러나 사는 것을 치욕으로 생각하여 왕사王事로 죽은 자가 귀산貴山 이하 수십 인이 있었으나, 백제가 망할 적에는 계백만이 있었고 고구려가 망할 적에는 죽어 절개를 지킨 자가 하나도 없었다. 고구려·백제의 절의가 퇴폐된 것이 이 같았으니, 어찌 신라를 대적할 수 있었으랴!"[528]고 했다. 백제나 고구려가 절의로 충만한 신라를 이길 수 없었다고 단언했다.

  새털처럼 목숨을 가벼이 여긴 화랑들의 열정적인 모습을 대하면서 감동되

---

528 『東史綱目』第4下, 신문왕 4년.

지 않은 사람은 거의 없다. 그랬기에 민족주의 사학자인 단재 신채호는 "조선을 조선되게 한 것이 화랑이다"라고 했다. 화랑이 지닌 역사적 의미를 크게 끌어 올렸다. 또 단재는 화랑들이 전쟁터에서 목숨을 초개와 같이 던질 수 있던 배경을 야사인 『소재만필昭齋漫筆』에서 찾기도 하였다. 지금은 전하지 않고 있는 이 책에 의하면 "화랑의 설에 전쟁터에서 죽게 되면 천당의 윗자리를 차지하게 되기 때문에 다투어 소년의 몸으로 죽기를 원하였다"라고 적고 있다. 국가를 위해 싸우다가 죽게 되면 영원한 내세를 얻을 수 있다는 기만적인 선전의 희생물들이었을까? 그러나 이러한 설의 신빙성 여부는 차치하고라도 화랑들이 전사를 영예로 여길 때에는 분명히 '담보'하는 것이 존재했으리라 믿어진다. 그러한 담보는 말할 나위 없이 무형의 정신적인데서 구하였을 것이다. 그랬기에 단재가 사대주의자로 비난하였던 최치원崔致遠이지만, 그가 찬술한 난랑鸞郞이라는 화랑의 비문 머리글에서 "우리나라에 현묘玄妙한 도道가 있으니, 풍류風流라 이른다. 그 교敎의 기원은 선사仙史에 자세히 실려 있거니와, 실로 이는 삼교三敎(儒佛仙)를 포함하여 중생을 교화한다"라고 하면서, 화랑의 도道를 극찬하였다.

미국 로드아일랜드 대학의 김종선 교수는 화랑의 정신세계에 관하여 다음과 같이 지적하였다. 즉 "국가를 위한 광적이고 일신을 돌보지 않는 헌신적 행위는 신라 무사들의 정신 속에 샤머니즘이 강한 저류를 이루고 있음을 암시하고 있다. 이러한 진충盡忠의 정신은 물론 삼국시대의 끝없는 위기 상황이 몰고 온 것이라고도 볼 수 있으나 충효사상이 샤머니즘과 결합하게 되어 매우 특이한 성격을 띠게 된 것으로 보인다"[529]고 설파했다.

529 李道學, 「화랑 한 시대의 가 없는 열정」『꿈이 담긴 한국고대사노트(상)』일지사, 1996, 19~25쪽.

제3부
유민들의 동향

1. 고구려 유민들의 동향

당으로 끌려 간 고구려 주민 28,200호(혹은 38,200호)는 강회江淮(양자강과 회수) 이남과 산남山南(양자강 상류의 사천성 일대)·병주幷州(산서성 太原)와 경서京西(감숙성 일대)의 여러 주州로 나누어 거주하였다. 이 가운데 관노官奴가 된 이의 아들 왕모중王毛仲은 당 현종의 최측근으로 활약했다.[530] 고구려 유민의 후손으로 고선지高仙芝와 왕사례王思禮가 무장으로 이름을 떨쳤다.

고구려 유민 중에는 몽골 고원 지대의 돌궐 영내로 이주하여 몇 개의 집단을 형성해 돌궐 합한[可汗]의 통치하에서 자치적인 단위를 형성하였다. 고문간高文簡과 고공의高拱毅 그리고 고정부高定溥 등이 그 대표적인 인물이다.[531] 보장왕의 후손인 약광若光은 일본열도의 간토[關東] 지방을 개척하였다. 고구려 유민 가운데는 동만주로 이동하여 발해 건국에 참여하기도 했다.

671년 안시성이 함락되었고, 673년에 호로하에서 고구려 회복군은 당군에 패하였다. 평양 부근 일대의 고구려 유민들이 신라로 넘어감으로써 회복운동은 좌절되었다. 고구려 왕족인 안승이 회복군을 이끌고 남하하여 신라에 귀속되어, '고려왕' 즉 '고구려왕'에 이어 '보덕왕'이 되어 지금의 전라북도 익산인 금마저에 둥지를 틀었다. 보덕왕이 통치하는 국가는 대외적으로는 여

---

530 『舊唐書』권106, 王毛仲傳.
531 『新唐書』권215上, 突厥(上).

전히 '고려' 즉 고구려였다. 그러나 대내적 즉 신라에 대해서는 보덕국을 칭했다고 본다. 발해가 일본에 대해 자국을 '고려'라고 했다. 이와 마찬 가지로 보덕국과 이와 동일하게 대외적으로는 '고려'를 표방한 것 같다.

676년에 신라에 패한 당이 안동도호부를 요동으로 옮긴 후 대동강 이남의 고구려 영역과 주민들은 신라에 완전 귀속되었다. 680년에 안승은 문무왕의 누이동생과 혼인했다고 한다. 681년에 사망한 문무왕에게 적령기의 여동생이 존재했을 리 없다. 문무왕의 교서에서 매녀妹女라고 하였다. 안승의 배필은 문무왕의 생질녀인 것이다. 682년 10월에 신문왕은 안승을 서울로 불러 소판으로 삼고 김씨 성을 내려주었다. 이는 신라의 가라제국加羅諸國 통합과정과 동일하였다. 주권과 영토를 분리시킨 것이다.532 용도가 끝난 보덕국을 조용히 해체하기 위한 작업이었다. 이에 대한 반발로 684년 11월에 안승의 족자族子인 장군 대문大文이 신라에 반기를 들었지만 발각되어 참수당했다. 그럼에도 금마저의 고구려 유민들은 거세게 반발하였다. 이들은 관리를 살해하고 반란을 일으켰다. 신라에서는 군대를 동원해서 진압했다. 그러나 김영윤과 당주 핍실逼實이 전사했을 정도로 진압은 용이하지 않았다. 이들이 전사한 가잠성의 위치는 명확하지 않다. 그러나 진평왕 40년에 북한산 군주 변품이 가잠성을 수복하려고 군사를 일으켜 백제와 금산金山에서 싸웠다. 금산현은 완주군完州郡 고산면高山面이다. 가잠성은 금마저가 소재한 익산의 동편이나 남편에 소재했을 것이다. 반란이 진압된 후 고구려 유민들은 신라의 남쪽 주·군으로 옮겨졌다. 그리고 보덕국 자리에는 금마군이 설치되었다.

신라 땅의 고구려 유민은 보덕성민 외에 그 전에 왔던 연정토의 12성 주민 등이 있다. 그리고 많은 고구려 지방민들이 신라 땅에 그대로 눌러 있게 되었다.

---

532 村上四男,「新羅と小高句麗國」『朝鮮學報』37·38合集, 1966, 68~71쪽.

그러면 고구려 고지의 사정은 어떠했을까? 677년 2월에 당은 보장왕을 요동주도독으로 삼고 '조선왕'으로 봉하여 요동으로 돌려보냈다. 그 나머지 무리를 모아 고구려인으로 먼저 여러 주에 와있던 자들을 모두 보장왕과 함께 돌아가게 하였다. 이로 인하여 안동도호부를 신성으로 옮겨 통치하게 했다. 그러면 당의 측천무후는 왜 보장왕을 '조선왕'으로 봉한 것일까? 중국은 고구려와 그 이전의 조선, 즉 기자조선을 연계시켜 인식해 왔었다. 그러던 중 측천무후는 스스로 제왕이 되어 존숭尊崇 의식이 고조되던 주周를 재건했다. 이와 엮어져 측천무후는 주 무왕이 기자를 조선후朝鮮侯에 봉한 것처럼, 보장왕을 '조선왕'에 봉하여 자신을 주 무왕과 일체시켰다. 바로 그 산물이 보장왕에 대한 조선왕 책봉이었다.[533]

그런데 보장왕이 요동에 이르러 반란을 꾀하고 몰래 말갈과 통하였다. 681년에 당은 보장왕을 현재의 중국 사천성 공협현邛峽縣인 공주邛州로 불러 돌아오게 했다. 상징성이 컸을 뿐 아니라 고구려 자체를 가리키기도 했던 보장왕의 사망을 『삼국사기』는 다음과 같이 적어 놓았다.

영순永淳 초년(682)에 서거하니 위위경衛尉卿을 추증하고 조서를 내려 수도로 옮겨 힐리頡利의 무덤 왼편에 장사지내고 그 무덤길에 비를 세웠다[葬頡利墓左 樹碑其阡]. 그 백성들은 하남河南 · 농우隴右의 여러 주에 흩어 옮기고, 가난한 사람들은 안동성방安東城傍 옛 성에 남겨 두었는데 이따금 신라로 달아나는 자들이 있었다. 나머지 무리들은 말갈과 돌궐로 흩어져 들어갔다. 고씨의 임금이 마침내 끊어졌다.[534]

533 송영대, 「高句麗와 唐의 箕子朝鮮 認識 檢討」『역사와 경계』100, 2016, 197쪽.
534 『三國史記』권22, 보장왕 27년 조 末尾.

보장왕은 생포되어 죽은 돌궐 힐리 합한의 무덤 왼편에 묻혔다. 손호와 진숙보의 묘 곁에 묻힌 백제 의자왕의 묘도 이러한 입지와 무관하지 않았다. 그리고 위에 적혀 있는 안동성은 당시 안동도호부가 있었던 신성新城(현재의 중국 요녕성 무순)을 가리킨다. 686년에 당은 보장왕의 손자 고보원高寶元을 조선군왕朝鮮郡王으로 삼았다가, 698년에 좌응양위左鷹揚衛 대장군으로 진급시키고 다시 충성국왕忠誠國王을 봉했다. 699년에 당은 항복한 보장왕의 아들 덕무德武를 안동도독으로 삼았는데, 후에 점차 나라를 세웠다後稍自國. 이는 당 제국의 내번內藩으로서 고구려의 존재를 가리킨다. 『구당서』와 『신당서』고려전에 따르면 "원화元和 13년(818)에 이르러 당에 사신을 들여보내 악공樂工을 바쳤다"고 했다. 내번으로서 고구려가 적어도 9세기 초까지 존속했음을 알린다. 이는 "3월에 고구려 승려 구덕丘德이 입당入唐하였다가 경經을 가지고 이르니, 왕이 여러 사찰의 승려를 소집하여 나가 그를 맞이하게 했다"[535]라고 한 고구려 승려 구덕을 통해서도 입증된다. 이처럼 827년에 구덕이 신라에 돌아온 사실은 『삼국유사』(권3, 탑상편 前後所將舍利 조)에도 수록되어 있다. 구덕을 고구려 승려라 한 것은 그가 옛 고구려 출신이었기 때문이라는 해석은 잘못이다. 내번으로서 고구려를 인지하지 못한 결과였다.

요동의 고구려를 '소고구려국小高句麗國'으로 명명하기도 했다.[536] 혹은 안승의 보덕국을 소고구려국으로 일컫기도 한다.[537] 그런데 '소'는 '대소'의 규모 차이를 가리킬 뿐이다. 이러한 호칭은 국가의 성격을 드러내지는 못한다. 이 보다는 '속고구려續高句麗'로 일컫는 게 좋을 것 같다. '속'에는 고구려의 지속성을 함축하기 때문이다. 중국인들이 입버릇처럼 운위하는 '흥망계절興亡

---

535   『三國史記』권10, 흥덕왕 2년 3월 조.
536   日野開三郎, 「小高句麗の建國」 『史淵』 72, 1957.
537   村上四男, 「新羅と小高句麗國」 『朝鮮學報』 37·38合集, 1966, 28~72쪽.

繼絶'의 선상에서 보더라도 적합하다. 『일본(서)기』의 후속편을 『속일본기續日本紀』라고 하였다. 고구려의 단절된 역사를 이었기에 '속고구려'로 호칭할 수 있지 않을까 한다. 국가의 제사가 끊어지지 않았다는 것은 왕조의 존속을 뜻하는 지표였다.

동방의 강국 고구려 이미지는 멸망 이후에도 여전히 유효했다. 684년에 양주揚州에서 반란을 일으킨 이적李勣의 손자 서경업徐敬業이 패배한 후 강도江都로 달아났다가 다시금 그 처자와 함께 뱃길로 고려로 망명하려 했기 때문이다.[538] 이 고려가 속고구려가 아니었을까?

1) 일본 속의 고구려 유민들

고구려와 왜는 대립과 갈등 관계에서 출발하여 무수히 충돌했다. 「광개토왕릉비문」의 내용은 말할 것도 없지만, 그 압권이 562년에 속한 『일본서기』 흠명 23년 조 기사이다. 이에 따르면 왜군이 고구려 왕궁을 습격하였고, 고구려 왕은 담을 넘어 달아났고, 궁중의 진보와 미녀를 노획해서 개선했다고 한다.[539] 이 기사는 고구려에 대한 적개감이 드러나 있는 허구가 분명하다. 그러면 무슨 이유로 이러한 허구가 만들어졌을까? 백제가 신라에게 한성을 상실하게 된 원인을 "고려가 신라와 더불어 통화하여 세력을 합쳤다"[540]고 하였듯이 신라보다 고구려에서 찾을 수 있었다. 왜로서는 고구려와 신라의 통화로 인해 백제가 한성을 빼앗긴 것에 대한 증오가 컸을 것이다. 그러한 차원에서 창작된 '고구려판 진고 황후 정벌'이었다. 즉 대가라가 멸망하는 시점에서 왜군이 고구려 궁성을 습격하고 고구려 왕이 달아나는 허구를 창작한 것이

---

538 『册府元龜』권358, 將帥部 立功11, 李孝逸.
    『資治通鑑』권203, 光宅 원년 11월 庚申.
539 『日本書紀』권19, 欽明 23년 조.
540 『日本書紀』권19, 欽明 13년 조.

다. 대가라 멸망으로 인한 뼈저린 패배에 대한 보상 심리를 만족시켰다고 본
다. 이러한 기조는 백합야새百合野塞 전투에서 백제군이 고구려군을 격파하
자, 고구려 왕이 '동성산지상東聖山之上'으로 달아났다는 기사와[541] 맥을 같이
한다. 문학적으로도 빼어난 장면으로 평가받고 있는 백합야새 전투는 사실
그 현장도 분명하지 않다. 그 뿐 아니라 고구려 왕이 참전하지도 않았다. 이
기사 역시 고구려에 대한 보복심리의 발로 이상은 아니었다.[542]

그러나 6세기 후반 이후부터 고구려는 불교를 비롯한 선진 문물을 대거 세
례하는 대상으로 왜를 상정하였다. 이로써 백제와 유착된 왜를 이제는 고구
려와의 새로운 관계 속에 끌어당겼다. 고구려는 고등종교일 뿐 아니라 종합
예술의 보고인 불교와 불교 예술을 집중적으로 왜로 전파해 주었다. 고구려
는 백제와 경쟁하듯이 불승들을 대거 왜로 파견하였다. 아스카 사에 고구려
승려 혜자와 백제 승려 혜총慧聰이 함께 주석한데서도 그 단면을 읽을 수 있
다. 왜의 불승들이 고구려로 유학 오기도 했다. 6세기 후반이 고구려 문화 전
파의 절정이었다.

고구려는 570년 이후 약 100년 사이에 23회나 사신이 왜에 파견되었다.
이 사실은 고구려가 왜에 적극적인 외교전을 펼쳤다는 증거이다. 그러한 목
적은 왜가 그 전처럼 백제 편에서 지원하지 못하기 위한 견제책으로 해석된
다.[543] 고구려 사신들은 고시노 구니[越國] 혹은 고시[越]의 해안에 상륙하고
있다. 668년(천지 7)에 고구려인들이 이용한 '고시노 미치[越之路]'였다. 고구
려 선박들의 일본열도 기항지는 에치젠[越前]·카가[加賀]·노토[能登]·와카
사[若狹]로 비정된다. 여기서 고구려는 일본열도로의 항해와 관련한 중간 거

---

541 『日本書紀』권19, 欽明 14년 10월 조.
542 李道學,「高句麗와 倭의 關係 分析」『東아시아古代學會 第66回 定期學術大會』
     2017, 7.6, 22~23쪽.
543 사회과학원 역사연구소,『고구려사』1991, 205쪽.

점으로서 우산국을 정벌하였거나 아니면 자국의 영향권 내에 편제했을 가능성이다. 이에 대해서는 명확한 근거는 제시할 수 없다. 그러나 울릉도에 산재한 고구려식 계단식 적석총의 영향을 받은 분묘가 방증이 될 수 있다.

7세기대에 고구려가 수와 대결할 때였다. 비록 명목상이라고 하더라도 백제는 수를 편들었다. 백제는 금방이라도 고구려 남부 지역을 침공할 것처럼 외쳤다. 신라의 경우 응당 수를 지원하고 있었다. 이러한 상황에서 고구려는 왜가 수에 줄서지 않도록 하는데 성공했다. 고구려가 중국과의 대결 국면에서 수에 사신까지 파견한 바 있었던 왜는 최소한 중립을 지켰다. 고구려는 수·당과 격돌하면서 획득한 포로나 전리품을 왜로 보내주었다. 이 사실은 자국의 강대한 군사력을 과시하면서 동요하지 말라는 메시지였다. 고구려에게 왜는 후방의 든든한 울타리 쯤으로 여겼던 것이다. 이와 더불어 왜 조정이 667년에 오쓰 궁[大津宮]으로 수도를 옮긴 것도 고구려와의 관계를 강화하려는 의도에서였다고 한다. 실제 그곳으로 천도한 후 고구려 사신이 찾아 왔었다. 이 사실을 가리켜 왜가 당시 고구려를 크게 믿었던 증거로 해석하고 있다.[544] 고구려를 지원하기 위해 왜군이 출동했다는 기록天智 즉위전기)은 사실 여부를 떠나 양국 간의 유대를 상징해 주고 있다. 이러한 선상에서 고구려 멸망 후 그 주민들이 선택할 수 있는 대상은 왜였다. 그랬기에 고구려 유민들이 새로운 삶의 터전으로서 왜를 선택하였을 것이다.[545] 일본의 고구려 유민들은 발해와의 외교에 활용되었다.[546]

고구려 유민의 정착과 관련해 고마 신사[高麗神社]가 소재한 일본 사이타마현[埼玉縣] 히다카 시[日高市]는, 716년에 스루카[駿河] 와 가가[甲斐]·사가미[相

544　사회과학원 역사연구소,『고구려사』1991, 207쪽.
545　李道學,「高句麗와 倭의 關係 分析」『東아시아古代學會 第66回 定期學術大會』2017. 7. 6. 23~29쪽.
546　金秀鎭,「唐京 高句麗遺民 硏究」서울대학교 국사학과 박사학위논문, 2017, 37~38쪽.

도판 177 | 고마 신사

模]·가즈사[上總]·시모우사[下總]·히타치[常陸]·시모츠케[下野] 7국國에 거
주하던 고구려인 1,799명을 무사시 국[武藏國, 현재의 東京都와 사이타마 현의 거
의 전 지역과 神奈川縣 일부 포함]에 이주시킨 데서 비롯되었다. 이때 고마 군[高
麗郡]이라는 행정 단위가 창설되었다. 고마군의 중심지는 고마 신사가 소재
한 니호리[新堀] 부근으로 전한다. 고구려인들을 이곳에 이주시킨 이유는 익
히 알려진 바 있다. 즉 그들의 힘을 빌려 이 지역을 개발하려는 의도였다.

  고마군 설치에 중심 역할을 했던 이가 고마노 코니키시쟉코[高麗王若光]였
다. 여기서 고마는 고구려 즉 고려를 가리킨다. 코니키시는 '코키시'로도 읽
고 있다. 이는 백제에서 왕을 일컫는 건길지 호칭을 고구려 유민 대표자에게
도 부여한 것이다. 쟉코 즉 약광은 666년에 고구려에서 파견한 사신의 이름
인 겐무쟉코[玄武若光]와 동일 인물로 지목하고 있다. 703년에 종오위하從五
位下 고려약광은 일본 조정으로부터 왕성王姓을 하사받았다. 이후 고려왕약
광으로 불리게 되었다. 약광은 666년에 왜에 도착한 이후 귀국하지 않았다.

도판 178 | 쟈코의 무덤으로 전해지는 고려왕묘高麗王廟

그가 고마군이 설치된 716년까지 활약한 것이다. 666년에 고구려에서 파견된 현무약광과 고려왕약광이 동일 인물이라면, 이후 최소 50년간을 생존한 것이다. 약광이 왜에 파견되었을 때 20세였다고 하더라도 716년에는 70세가 된다. 약광이 사망한 후 고마신사 뒷산에 건립한 영묘靈墓의 신체神體를 고마묘진[高麗明神] 또는 시라히게묘진[白髭明神]으로 일컬었다. '백자白髭' 즉 흰수염은 이때 약광의 연령이 많았음을 암시하는 표징으로 받아들일 수 있다.[547]

2) 신라에 온 고구려인들

전란의 와중에 신라 땅으로 스며들어간 고구려인들이 적지 않았다. 전라북도 남원 지역의 문화에는 고구려 문화도 스며 있다. 이와 관련해 다음 기사

---

547 오길환, 「일본에 있는 고대 한반도 관련 神社 조사보고」 『일본 신사에 모셔진 한국의 神』 민속원, 2014, 15~23쪽 참조.

를 주목하지 않을 수 없다.

거문고[玄琴]는 중국 악부樂部의 금琴을 본받아 만들었다. 살피건대
금조琴操에 이르기를 "복희씨伏犧氏가 금을 만들어 심신을 닦고 본성을
다스려서 그 천진함을 되찾게 하였다"고 하였으며, 또 다음과 같이 기
록하였다.…"처음에 진晋 나라 사람이 칠현금七絃琴을 고구려에 보냈는
데, 고구려 사람들은 비록 그것이 악기인 줄은 알았으나 그 음악과 타는
법을 몰랐으므로, 나라 사람 중에 그 음을 알아서 탈 수 있는 자를 찾으
면서 후한 상을 걸었다. 그 때에 제이상第二相 왕산악王山岳이 그 본래
모양을 보존하면서 자못 그 법제를 고쳐서 만들고, 아울러 100여 곡을
만들어 연주하였다. 이때 검은 학[玄鶴]이 와서 춤추었으므로 드디어 현
학금玄鶴琴이라고 이름했다. 후에는 다만 현금玄琴이라고 하였다.

신라인 사찬 공영恭永의 아들 옥보고玉寶高가 지리산 운상원雲上院
에 들어가 거문고를 배운 지 50년에 스스로 신조新調 30곡을 만들어 속
명득續命得에게 전하였다. 속명득이 이를 귀금선생貴金先生에게 전하
니, 선생 또한 지리산에 들어가 나오지 않았다. 신라 왕이 거문고의 이
치와 타는 법[琴道]이 단절될까 우려하여 이찬 윤흥允興에게 일러 "방편
을 써서라도 그 음을 전할 수 있게 하라"하고 드디어 남원南原의 공사公
事를 맡겼다. 윤흥이 관아에 이르러 총명한 소년 두 사람을 뽑았으니,
안장安長과 청장淸長이었다. (윤흥은 그들에게) 산중에 들어가 전수받
아 배우게 하였다. 선생이 그들을 가르쳤으나 그 중 미묘한 것은 숨기
고 전하지 않았다. 윤흥이 부인과 함께 나아가 말하였다. "우리 왕이 나
를 남원에 보낸 것은 다름 아니라 선생의 기술을 전수하고자 한 것입니
다. 지금까지 3년이 되었으나 선생이 숨기고 전하지 않는 것이 있으니,
나는 복명할 수가 없습니다." 그리고는 윤흥이 두 손으로 술을 받들고

그의 부인은 잔을 들고 무릎으로 기면서 예절과 성의를 다하였다. 그런
후에야 그가 숨기던 표풍飄風 등 3곡을 전수받았다. 안장이 그의 아들
극상克相과 극종克宗에게 전하고, 극종이 7곡을 지었으며, 극종의 뒤에
는 거문고를 자신의 직업으로 삼는 자가 하나 둘이 아니었다." 지은 음
곡에는 두 조調가 있으니, 첫째는 평조平調, 둘째는 우조羽調로서 모두
187곡이나, 그 남겨진 음곡 중에 널리 전파되어 기록할 수 있는 것은 얼
마 되지 않고, 나머지는 모두 흩어져서 갖추어 기재할 수 없다. 옥보고
가 지은 30곡은 상원곡上院曲 하나…입실상곡入實相曲하나…인데 극종
이 지은 7곡은 지금 없어졌다.[548]

위의 기사에 보이는 '입실상곡'은 옥보고가 은거한 지리산 운상원이 운봉
雲峰임을 입증하는 중요한 자료라고 한다. '입실상곡'의 '실상'은 산내면의 실
상사實相寺를 의미하기 때문이다.[549] 그런데 위의 기사의 핵심은 다음과 같
은 내용이다. 즉 진晉에서 고구려에 수입된 칠현금七絃琴이 왕산악에 의해 개
조改造·연주演奏되다가 신라인 사찬 공영의 아들 옥보고에 의해 신라에 전
해졌다는 내용이다. 옥보고가 현금을 배운 최초의 신라인이 된다. 그렇다면
고구려인 악사樂師가 남원에 이주하여 살았다는 것이다. 이 사실을 통해 남
원에 고구려 음악이 유행하였다는 게 확인된다. 그러면 어떤 경로로 고구려
음악이 남원이라는 특수한 지역에 옮겨 왔을까? 왕산악이 만들었다는 고구
려 상류층의 음악이 남원에서 유행했다는 것은 고구려 지배층의 이민이 있었
기에 가능했을 것이다. 고구려 지배층이 집단으로 신라에 유입된 것은 안승
에 의해 금마저에 온 것이 대표적인 사례가 된다. 남원소경의 고구려악도 금

---

548 『三國史記』권32, 잡지 樂 조.
549 남원문화원, 『남원의 문화유산』 2001.

마저의 고구려 지배층과 관련이 있을 것 같다. 특히 남원소경의 설치 연대가 금마저의 고구려인을 분산시킨 다음 해라는 점도 관련성을 깊게 해 준다.[550]

이와 관련해 충주 정토사淨土寺 법경대사자등탑비法鏡大師慈燈塔碑에 의하면 "대사의 법휘는 현휘玄暉이고 속성俗姓은 이씨이다. 그 선조는 주대周代에 덕을 감추어 주사柱史 벼슬을 하고 영화를 피했다.…먼 조상은 과거에 성당聖唐으로부터 멀리 요동을 정벌할 때 종군하여 이곳에 도착하였었는데, 고역苦役으로 돌아갈 것을 잊고 지금의 전주全州 남원인南原人이 되었다"고 하였다. 법경대사의 선조는 당인唐人이었다. 고구려 원정에 종군했다가 고구려인이 되었고 지금은 전주 남원인이 되었다고 했다.

그러면 보덕국의 존폐 문제를 언급하지 않을 수 없다. 보덕국은 신라가 고구려를 멸망시킨 다음에 금마저에 설치했던 고구려 유민이 세운 나라이다. 물론 '보덕국'이라는 국명은 확인되지 않았다. 안승이 책봉받은 '보덕왕'에서 유추하여 일컫고 있을 뿐이다. 그러한 보덕국의 존속 기간은 670년(문무왕 10)~684년(신문왕 4)까지의 15년간이었다. 보덕국의 건국 배경은 670년 4월 검모잠이 고구려 회복운동을 일으키면서였다. 그는 당에 저항하며 고구려 보장왕의 서자인 안승을 세워 왕으로 삼고 신라에 구원을 요청하였다. 같은 해 8월 문무왕이 안승을 고구려 왕으로 봉했다. 신라는 안승 집단을 금마저에 안치시키고 자치自治를 영위하는 일종의 번속국蕃屬國으로 삼았다. 그러면 하필 안승 집단의 거주지가 왜 금마저였는가이다. 이는 웅진도독부를 겨냥한 의도로 보인다. 고구려 유민들을 통해 당과 백제인들을 견제하고자 한 것이다.[551] 신라는 674년(문무왕 14)에 안승을 보덕왕으로 봉하였다. 680년 문무왕이 자신의 질녀(혹은 여동생이라고도 함)를 보덕왕인 안승의 아내로

---

550 林炳泰,「新羅小京考」『歷史學報』35・36合輯, 1967, 91~93쪽.
551 李基白 外,『韓國史講座 古代篇』일조각, 1982, 299쪽.

삼게 하였다. 안승은 태대형 관등의 고연무를 보내어 사례하였다. 681년(신문왕 1) 8월 보덕왕 안승은 소형 수덕계首德皆를 보내어 김흠돌金欽突(신문왕의 장인)의 반란을 평정한데 대하여 신문왕에게 경하慶賀를 올렸다. 이때까지도 보덕왕은 예하의 신하들이 태대형·소형 등 고구려 관등을 그대로 사용하며 자치국으로서의 체제를 유지하였다.

그런데 신문왕대에 신라는 귀족세력을 억누르고 전국을 군현郡縣으로 편성한 일원적인 중앙집권체제를 강화해 나갔다. 그 일환으로 683년 10월 보덕왕 안승을 경주로 불러 신라의 소판蘇判(17관등 가운데 3번째 관등. 진골 신분이 누릴 수 있는 관등) 관등을 부여하였다. 그리고 그에게 김씨金氏 성姓을 내리고 집과 토지를 주며 수도인 경주에 거주하게 했다. 안승을 금마저에 있는 고구려 유민들과 격리시켰던 것이다. 물론 이러한 조처에 대한 반발로 684년(신문왕 4) 11월에 안승의 친족인 장군 대문을 비롯한 유민들의 반란이 있었다.

남원 지역에는 보덕왕의 통치를 전후하여 고구려 유민들이 대거 이주해

도판 179 | 남원 만복사지

도판 180 | 남원 교룡산성

왔었음을 알려준다. 고구려 문화가 남원에 이입移入된 것이다. 남원 지역의
고구려 문화적인 요소는 돌출적인 것은 아니었다. 고구려 말기에 이미 지금
의 전라북도 전주를 중심으로 해서 그 주변에 고구려 문화가 스며들고 있었
다. 보덕화상이 주석했던 사찰은 고대산의 경복사景福寺였다.

고구려 불교가 백제 땅에 수혈된 사례인 것이다. 전라북도 완주군 고덕산
(예전의 고대산) 중턱에는 경복사 터가 남아 있다. 절 건물의 존재를 알려주는
축대를 비롯하여 받침대돌, 주춧돌 등이 폐가廢家 근처의 수풀 속에서 발견
되었다. 현지에서 출토된 기왓장 가운데는 시기적으로 미륵사지에서 출토된
것과 유사한 게 보인다. 비래방장 설화의 신빙성을 높여주고 있다. 배척당하
던 고구려 불교가 한반도 남부의 백제 땅에 와서 꽃을 피운 것이다.[552] 요컨
대 고구려 불교는 남원 땅을 비롯해서 지리산 주변에도 스며들었다.

---

552 李道學, 「불교사 100장면─고구려 불교」『불교신문』 불교신문사, 1998. 7.7.

2. 백제 유민들의 향방

1) 만들어진 제의(祭儀), 은산별신제

　은산별신제恩山別神祭의 현장인 은산은 부여읍에서 서북쪽으로 떨어져 있는 곳으로 역원驛院이 있던 곳이다. 그러한 은산면 은산리의 마을 뒷산을 당산堂山이라고 부른다. 구릉에 불과한 당산에는 이중산성이라는 소규모의 토성이 축조되어 있다. 이곳은 무수히 많은 백제 회복군이 전몰한 장소로 전해진다. 당산 서쪽은 절벽이며 그 아래로 은산천이 흐른다. 당산의 남쪽에는 기와집으로 한칸의 방과 마루로 된 별신당이 자리잡고 있다.

　중요 무형문화재 제9호로 지정된 은산별신제의 기원에 대해서는 다양한 견해가 제기된 바 있다. 백제가 멸망한 이후 국가를 회복하기 위해 항쟁했던 회복군의 원혼을 풀기 위한 목적에서 비롯되었다는 견해가 대세를 이루고 있다. 그러나 이와는 달리 조선시대의 산신당 제의에서 비롯하였다가 19세기

이후 은산 장시場市의 형성 및 발전과 관련해 생성되었을 것으로 추정하기도 한다. 1935년에 은산별신제에 대한 조사가 이루어진 이래 지금까지 축적된 자료를 토대로 그 생성 시기와 변개 과정을 정리해 본다

　은산별신제는 복신을 비롯한 백제군 장졸들의 원혼으로 인한 질역疾疫을 막으려는 목적의 동제洞祭에서 비롯되었다. 이때 백제군 원혼들을 진압하기 위한 목적에서 중국의 한신韓信이나 번쾌樊噲를 비롯한 '옛 명장[古名將]'들을 총동원하다

도판 181 | 별신당 내의 복신 장군 영정

시피 했다. 그러다가 지역 정체성에 대한 강한 흡입력이 가세하면서 백제 회국군의 영웅 복신 장군이 질역을 막아주는 역할을 부여받았다. 백제군 고혼孤魂에 대한 은산 주민들의 정서는 지금까지의 진압鎭壓과 기피忌避에서, 이제는 위로하고 접근하는 형식으로 바뀌었다. 그 결과 복신이 별신당의 주신主神이 되었다. 지금 전하는 별신제는 이러한 과정을 거쳐 생겨났다.

별신당에 모셔진 토진대사土進大師의 정체를 승장僧將 도침道琛으로 비정하는 견해가 통설을 이룬다. 토진과 도침이 음사音似하기 때문이다. 그렇다고 오랜 전승에 따른 와전은 전혀 아니었다. 이 경우는 당초 '복신장군 도침대사 신위'였을 것이다. 그러나 도침 대사는 복신 장군에게 피살된 원수인 관계로 신당에서 함께 제사를 받는다고 하자. 누가 보더라도 부자연스러운 일임은 분명하였다. 그렇다고 도침 대사를 위한 별도의 신당이 있는 것도 아니었기에 위패를 퇴출시킬 수도 없었다. 결국 도침과 음이 닮은 '토진'으로 표기하여 별신당에 도침 대사를 존치시킨 것이다.[553]

2) 신라에 남은 백제인들, 비상(碑像)에 전하는 백제 유민

백제인들 가운데는 잡혀가거나 떠나가거나, 항전 과정에서 전몰하기도 했다. 그러면서 상영이나 충상처럼 전쟁 초기부터 신라에 항복하거나 협조하여 벼슬살이를 한 이들도 적지 않았다. 신라는 응당 이들을 배려해 주었다. 이와 관련해 백제 유민들의 동향을 살필 수 있는 자료가 있다. 세종특별자치시 조치원읍에 소재한 비암사에서 발견된 계유명전씨아미타불비상癸酉銘全氏阿彌陀佛碑像(국보 제106호)에는 명문이 전하고 있다. 이 비상과 명문의 존재는 1960년에 확인되었지만 2013년에는 국립청주박물관이 국내 최초로 판

---

553 李道學,「恩山別神祭 主神의 變化 過程」『扶餘學』 4, 부여고도육성포럼, 2014, 11~39쪽.

독의 신기술인 RTI(Reflectance Transformation Imaging) 촬영을 이용해 고대문자 판독에 새로운 장을 열었다. 계유명전씨아미타불비상을 대상으로 촬영한 결과 20여 자字에 이르는 글자에 대해 새로 판독하거나 논란이 있었던 글자를 확실하게 판독하는 성과를 거두었다. 그 결과 계유명전씨아미타불비상에 남아 있는 명문은 대략 260여 자에 이른다.[554] 이와 더불어 중요한 사안은 계유명전씨아미타불비상에 150명, 그리고 계유명삼존천불비상 조성에 250명, 총 400명이 참여하였다는 것이다. 문제는 기존 연구에서는 향도香徒 조직의 힘으로 불비상佛碑像이 조성되었다고만 언급하였다. 불비상을 조성한 배경이나 동기에 대한 탐구가 없었다.

웅진도독부가 신라에 점령되어 그곳에서 복무하던 흑치상지를 비롯한 백제계 관인들이 훌훌 털고 대거 당과 왜로 각각 흩어진 672년에서 불과 한 해 후에 추복사찰이 창건되고 비상이 제작되었다. 이 점은 의미가 없지 않다.

고구려 멸망 직후 그 유민들은 신라를 도와 당에 대적하였다. 반면 백제고지에는 663년 9월 백강 패전 이후 웅진도독부가 설치되었다. 그러한 웅진도독부가 신라에 의해 축출되었다. 이와 동시에 신라는 즉각 백제 유민들을 포용하여 676년까지 이어진 대對당 전쟁에 동참시키고자 하였다. 그랬기에 백제와 고구려 멸망 이후 그 유민들은 신라와 힘을 합쳐 당군을 축출할 수 있었다. 결국 신라에 의한 통일국가의 완성은 이러한 점에서도 의미를 찾을 수 있다. 백제 유민에 대한 신라의 적극적인 회유와 포섭 차원을 상정해 본다. 가령 백성군白城郡 사산蛇山(稷山) 출신인 소나素那의 경우 그 아내는 '가림군加林郡 양가 여자'였다.[555] 가림군은 충청남도 부여군 임천면 지역을 가리킨다. 신라인 소나가 백제 출신 양가의 여자를 아내로 맞게 된 시점은 백제 멸망 이

---

554 국립청주박물관,『불비상 염원을 새기다』2013, 89쪽. 97쪽.
555 『三國史記』권47, 素那傳.

도판 182 |
계유명삼존천불비상

후였다. 그것도 웅진도독부가 퇴출된 672년 이후라고 보아야 맞다. 신라는 웅진도독부를 축출한 이후 백제 지배층들을 회유하고 포섭하기 위한 전략으로써 혼인 시책까지 단행했다.

계유명전씨아미타불비상의 명문은 이러한 정보를 전해주었다. 이와 관련해 673년에 조성된 계유명삼존천불에 보이는 미차내 향도彌次乃香徒는 신라의 지원을 업고 결성되어 조상造像과 조사造寺를 통해 민심을 안무하는 역할을 했다. 전란으로 황폐해진 백제 고토와 민심을 수습하기 위한 목적이었다. 그랬기에 전란의 산물인 혼령들을 위한 추복 목적의 사찰과 불상을 조성하게 했다.[556]

3) 일본열도에서의 백제 유민들

허구를 통한 보상 심리의 산물, 진고 황후[神功皇后]의 신라정벌설

백제 유민들은 일본열도에 분산되어 생활의 터전을 개척했다. 이 가운데는 중앙 정치 무대에서 활약하기도 하였다. 가령 712년에 간행된 『고사기』와 681년부터 편수가 시작 되어 720년에 완성된 『일본서기』의 편찬에 깊이 개입하기도 했다. 주지하듯이 이러한 일본 고대 역사서의 한국관은 이 때 고정되었다고 하겠다. 백제 유민들의 인식이 지배한 거라고 말할 수 있다. 이러한 맥락에서 '진고 황후 신라정벌설'의 의미를 반추해 보는 게 좋다.

556　李道學, 「世宗市 일원 佛碑像의 造像 목적과 百濟 姓氏」 『한국학연구』 56, 고려대학교 한국학연구소, 2016, 5~31쪽.

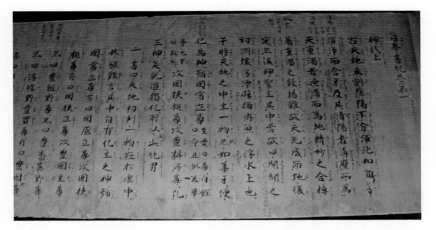

도판 183 | 일본 덴리대학 도서관에 소장된 『일본서기』

　잘 알려져 있듯이 진고 황후의 신라정벌은 이른바 임나일본부설任那日本府說의 근거로 이용되어왔다. 이 설의 저류에는 신라에 대한 왜측의 반감이 강하게 스며 있음을 느끼게 된다. 그 반감의 바닥에는 백강전투의 패전이 깔려 있다. '신라정벌설'은 패전에서 비롯된 일종의 보상심리로 형상화된 허구일 가능성이 높다는 지적이 일찍부터 제기되어 왔다. 실제 신라정벌을 이끌었던 진고 황후는 사이메이 여자 천황의 전화轉化된 모습이라는 견해가 공감을 얻는다. 사이메이 천황은

도판 184 | 말 밑에 깔려 있는 흉노인상

백제를 지원하기 위해 직접 북규슈까지 와서 원정군을 지휘했으나 출병을 보지 못한 채 급사急死했다. 바로 진고 황후의 신라정벌설은 사이메이 천황의 백제 지원에 대한 비원이 담겨 있다. 아울러 백제 유민들의 신라에 대한 반감

이 포개져 생성된 허구였다. 마치 조선 후기의 군담소설 『임진록』에서 일본에 건너간 사명대사가 일본 왕의 항복을 받아 오는 내용이 연상된다. 진고 황후의 신라정벌설 역시 백강패전에 대한 보상 심리 차원의 카타르시스 물로 보인다. 이와 관련해 한 무제의 무릉茂陵에 배장된 곽거병霍去病 묘에서 밑에 깔려 허둥대는 흉노인을 말이 뭉개는 석상이 상기된다. 현실에서 눌려 있던 흉노에 대한 한인漢人들의 증오감이 유감없이 뿜어져 나왔다. 이와 마찬가지로 진고 황후의 신라정벌설도 허구를 통한 보상 심리의 산물일 게다.

4) 백제인들의 활약

백제왕 경복

조국회복운동가들과 유민 가운데는 일본열도에서 그 뒷 소식을 남기고 있다. 예컨대 의자왕의 아들 선광善光(禪廣)은 664년 3월에 나니와[難波]에 거주하였다. 이 선광을 『구당서』에서는 부여융의 아우로 기록하면서 이때 고구려로 망명한 풍왕과 기맥을 통하고 있던 부여용扶餘勇으로 지목하는 견해가 있다. 『속일본기』에 의하면 의자왕의 아들인 선광은 631년에 풍장과 더불어 왜에 건너가 있었는데 다음과 같이 전한다.

> 후에 강본조정岡本朝廷(齊明天皇: 저자)에 이르러 의자왕이 전쟁에서 패하여 당나라에 항복하자, 그 신하인 좌평 복신이 사직을 원래대로 회복하고자 멀리서 풍장을 맞이하여 끊어진 왕통을 이어 일으켰다. 풍장은 왕위를 이은 후 방자하다는 참언을 듣고 복신을 죽이니, 당군이 그것을 알고는 주유성을 다시 공격하였다. 풍장은 우리(일본: 저자) 병사와 함께 대항하였으나 구원군이 불리하게 되자 풍장은 배를 타고 고려로 도망하고 선광은 이로 말미암아 자기 나라로 돌아가지 못하였다(天平神護 2년 6월 조).

조국회복운동이 실패함에 따라 선광은 조국으로의 귀환에 대한 꿈을 가슴에 깊이 묻지 않을 수 없었다. 지토[持統] 천황대(687~696)에 이르러 선광은 '백제왕'이라는 호號를 받았고 766년에는 정광삼正廣參에 추증되었다. 그의 아들인 창성昌成은 어릴 때 선광을 따라 조정에 귀의하였다. 그런데 창성은 아버지 선광보다 먼저 죽어 텐무[天武] 천황 때에 소자小紫라는 관위에 추증되었다. 아들인 양우良虞는 나라[奈良] 조정에서 종4위하인 섭진량攝津亮을 지냈다. 선광의 셋째 아들인 경복敬福은 성격이 활달하여 거리낌이 없었는데 주색酒色을 몹시 좋아하였다. 그럼에도 불구하고 분별력이 있는 성품이었기에 쇼무[聖武] 천황이 경복을 특별히 총애하여 상으로 내리는 물건이 자못 많았다. 경복은 넉넉한 성품이었든지 가난함을 호소하는 백성이 찾아 오면 매번 다른 사람의 물건을 빌려서까지 바라는 것 이상으로 풍족하게 주었다. 이로 인해 경복은 외직外職을 여러 번 역임하고도 집에는 남은 재산이 없었다고 한다. 정무에 밝았기에 그는 텐표 연간[天平年間: 729~748]에는 벼슬이 종5위하인 지금의 아오모리 현[青森縣]을 다스리는 무쓰 수[陸奧守]에 이르렀다.

쇼무 천황은 헤이조쿄[平城京]의 동방東方에 건립된 거대한 관립 사찰인 도다이 지[東大寺]를 창건하기 시작하였다. 747년에 대불주조大佛鑄造와 대불전 건립이 시작되었다. 752년에 대불에 대한 성대한 개안식開眼式이 행하여 졌다. 당시 일본의 전 국력을 동원한 대불인 비로자나불좌상毘盧舍那佛坐像에 대한 주조를 끝낼 즈음에 칠할 금이 부족하였다. 이 소식을 들은 경복은 지금의 아오모리 현인 무쓰 국[陸奧國]에서 역마驛馬로 달려와 고다군[小田郡]에서 나온 황금 900냥을 바쳤다. 일본열도에서는 이때부터 황금이 산출되기 시작했다고 『속일본기』는 적고 있다. 쇼무 천황이 가상히 여겨 경복에게 종3위를 주고 궁내경宮內卿으로 옮겼다가 얼마 지나지 않아 가와치 수[河內守]라는 벼슬을 더하였다. 752년勝寶 4)에 히다치 수常陸守에 임명되었다가 좌대변左大弁으로 옮겼다. 그 밖에 이즈모[出雲]·사누키[讚岐]·이요[伊豫] 국國 등의 수守를 두루 역임하고 진고[神護: 765~767] 초에 형부경刑部卿에 임명되었다가 69세로 죽었다.

귀실집사

여자신餘自信은 669년에 복신의 아들인 좌평 귀실집사鬼室集斯를 비롯한 유민 7백 명을 데리고 오미 국[近江國]의 가마후노 군[浦生郡]으로 옮겨 거주했다. 이곳은 지금의 시카 현滋賀縣 동남부 일대가 된다. 671년 1월에 여자신은 일본 조정으로부터 종4위하에 상당하는 대금하大錦下의 관위를 제수받았다. 그는 동일한 관등을 제수 받은 백제 유민인 사택소명沙宅紹明과 함께 법관대보法官大輔에 임명되었다. 사택소명은 674년 윤6월에 세상을 떴다. 그는 총명하고 슬기가 많아 수재라고 일컬어졌던 재사才士였다. 소자小紫라는 관위가 추증되었고 백제 당시의 최고위인 대좌평의 위계도 추증되었을 정도로 빼어난 데가 있었다. 여자신을 시조로 하는 후에 씨성이 다카노 미야코[高野造]가 된다. 그의 후손들은 전문적인 수공업을 관장하는 집단의 수장

도판 185 | 694년 경에 세 명의 승려가 부모의 은혜에 보답할 목적으로 관세음보살상을 만들기를 발원하여 만든 불상의 동판銅版. 동판 뒷면에는 "大原의 博士와 同族으로 백제 王家 출신이다"고 새겨 놓았다. 백제왕경복 등의 조상으로 생각되고 있다.

신분을 누렸다.

소금하小錦下의 관위인 귀실집사는 학직두學職頭를 제수받았다. 학직두는 오미[近江] 영관제令官制에서 대학료大學寮의 장관에 필적한다. 귀실집사의 묘와 신사는 가모군 히노 정[日野町] 고노 촌[小野村]에 소재하였다. 달솔이었던 곡나진수와 목소귀자 그리고 억례복류·답발춘초答㶱春初는 671년 일본 조정으로부터 종6위하에 상당하는 대산하大山下의 관위를 제수받았다. 모두 병법에 밝은 이들로서 조국회복운동 기간에 혁혁한 전공을 세운 게 분명하

다. 특히 억례복류는 신라의 일본열도 침공에 대비한 목적을 띠고 단행된 산성축조를 지휘하였다. 그는 북규슈의 다자이후를 방위하기 위하여 달솔 사비복부四比福夫와 함께 지금의 북규슈 지역인 쓰쿠시 국[筑紫國]에 파견되어 오노 성[大野城]과 기 성[椽城]을 축조했다.

오노 성은 전형적인 백제식 산성으로서 둘레 5㎞에 달하는 대규모 성이다. 그를 시조로 하는 씨성이 이시노 무라치[石野連]가 된다. 그 후손들은 대체로 전문적인 수공업을 관장하는 수장층이 되었다. 그리고 의약醫藥에 밝은 발일비자찬파라금라금수炑日比子贊波羅金羅金須라는 긴 이름의 인물과 귀실집신鬼室集信에게도 대산하 관위가 제수되었다. 소산상小山上 관위는 의약 전문가인 달솔 덕정상德頂上과 길대상吉大尙을 비롯하여 오경五經에 밝은 허솔모許率母와 음양 전문가인 각복모角福牟가 받았다. 대박사인 허솔모에게는 678년에 대산하의 관위가 부여되었다. 그 밖에 소산하에는 달솔직의 인물을 포함하여 50여명에게 제수되었다고 한다. 적어도 60여 명 안팎의 백제 유민들이 일본 조정에 복무하였던 게 확인된다.

도판 186 | 기시쓰 신사

기시쓰 신사[鬼室神社]

滋賀県 蒲生郡 日野町 小野村

신사는 농가에서 떨어진 논 한복판에 자리하고 있다. 현지에 세워진 안내판에 기시쓰 신사의 내력과 현황이 다음과 같이 적혀 있다.

오미[近江] 조정이 오쓰[大津]에 도읍을 정했을 무렵, 현재의 한국, 당시의 백제국에서부터 우리나라로 도래渡來한 다수의 도래인 중, 우수한 문화인이었던 귀실집사라는 고관의 묘비가 이 신사의 본전 뒤의 석사石祠에 모셔져 있으므로, 이 신사의 이름이 붙게 되었다. 옛날에는 부동당不動堂이라고 하며, 고노[小野] 마을의 서쪽의 궁宮으로서 에도[江戶]시대까지 숭경崇敬된 신사이고, 고노의 궁좌宮座에 있는 실도室徒들에 의하여 호지護持되고 있다. 또한 오늘에는 귀실집사의 아버지인 복실 장군이 대한민국 충청남도 부여군 은산면의 은산별신당에서 모셔져 있으므로, 자매도시로서 교류가 왕성하게 이루어지고 있다.

日野町 國際親善協會

신사의 본전 뒤에 있는 석사 안의 묘비에는 '귀실집사의 묘, 슈초[朱鳥] 3년 무자戊子 11월 8일 몰沒'이라고 새겨져 있다. 매년 귀실집사가 사망한 날에는 제례가 행해지고 있다고 한다. 그리고 히노 정과 은산면은 자매교류도시 제휴 20주년을 기념하여 1989년에 대한민국 국화인 무궁화를 이 곳에 식수하였다. 그리고 단청을 하는 등 한국 고대 건국 양식을 모방한 정자를 건립하여 교류의 심볼로 삼고 있다.

京都市 西京区 大枝村

다카노 니이카사[高野新笠, ?~789]는 일본인의 자랑인 천년의 수도 교토 [京都]로 천도한 간무[桓武] 천황(재위: 781~806)의 어머니이고, 고닌[光 仁] 천황(재위: 770~781)의 아내로서 백제 후손이다. 그녀의 능인 오에 릉[大枝陵]은 교토 시 서쪽 이세코산 언덕에 소재하고 있다. 이 곳은 다 카노 니이카사의 출생지인 오에 촌[大枝 村]이 소재한 곳이다. 산간 주택 가 길 옆에 세워진 '환무천황어모어릉참도桓武天皇御母御陵参道'라고 새 겨진 표석 위의 계단을 따라 대나무숲 사이로 난 계단을 따라 계속 올라 가면 궁내성에서 관리하는 능묘가 나타난다.

『속일본기』엔랴쿠[延曆] 8년(789) 12월 조에 보면 다음과 같이 적혀 있다.

…황태후의 성은 야마토씨[和氏]이고 이름은 니이카사[新笠]이다. … 황태후의 선조는 백제 무령왕의 아들인 순타純陁 태자에게서 나왔 다. 황후는 용모가 덕스럽고 정숙하여 일찍이 명성을 드러냈다. 고 닌[光仁] 천황이 아직 즉위하지 않았을 때 혼인하여 맞아들였다. 지 금의 임금[桓武天皇: 저자]과 사와라 친왕[早良親王]・노도내 친왕[能登 内親王]을 낳았다. 호키[寶龜] 연간(770~780)에 성姓을 다카노 아손[高 野朝臣]이라 고쳤다. 지금의 임금이 즉위하여서 높여 황태부인皇太夫 人이라 하였는데, 9년에 존호尊號를 높여 황태후皇太后라 하였다. 그 백제의 먼 조상인 도모왕都慕王이라는 사람은 하백河伯의 딸이 태양 의 정기에 감응해서 태어난 사람인데, 황태후는 곧 그 후손이다.

위의 기록은 이례적으로 황후의 용모와 덕성을 칭송하고 있다. 그리고 황후의 뿌리가 되는 백제 조상의 탄생을 신비화시켜 놓은 기록을 인용하였다. 백제에 대한 호감이 깊었음을 뜻한다. 그랬기에 간무천황은 "백제왕 등은 짐朕의 외척이다"라고 당당하게 밝혔을 정도였다. 이러한 정서였기에 다카노 니이카사[高野新笠]를 제사 지내는 히라노 신사[平野神社]와 그 묘소가 일본 교토에 잘 보존될 수 있었던 것 같다. 참고로 니이카사의 니이는 '新'에, 카사는 '笠'에 대응하는데, 주목되는 점이 있다. '笠'의 한국어 훈訓은 '갓'인데, '사이 ㅅ'인 관계로 일본음으로 '카사'로 표기한 것이다. 신라 장군 이사부異斯夫의 경우도 한역漢譯을 해서 '苔宗'으로 표기하고 있다. 여기서 '이사'와 '苔'는 대응관계에 있는데, '이끼'의 '잇'을 '이사'로 표기한 것이다. 이러한 맥락에서 볼 때 니이카사[新笠]라는 이름에는 한국어 발음이 담겨 있음을 알 수 있다.

백제계 여성을 어머니로 하는 간무 천황은 백제계 여성에 대해 특별한 호감을 표시했다. 그는 도다이 사[東大寺] 창건에 기여한 구다라노 고니키시 게이후쿠[百濟王敬福]의 딸과 손녀에 해당하는 구다라노 코니키시 일족 출신의 여자를 무려 4명이나 비妃로 삼았다. 일본에서는 황후 밑의 등급이 '비'인 것이다. 이는 간무 천황이 백제계 여성에 대한 호감이 컸다는 것을 뜻한다. 그리고 간무 천황은 자신의 어머니와 아내의 출신지인 가타노 군[交野郡]에 자주 행차하여 사냥을 했다. 그는 외가와 처가인 구다라 사[百濟寺]가 있던 가타노 군으로 자주 행차했던 것이다.

히라노 신사[平野神社]

京都市 北區 平野宮 本町1

본 신사는 『엔기시키[延喜式]』(927년에 완성된 일본 국가의 規定集) 내에 수록된 메이지 대사[明神大社]이며, 신神의 위계는 정일위正一位이다. 간무 천황의 생모인 다카노 니이카사를 제사지내는 사묘祠廟였다. 히라노 신사는 간무 천황에 의해 794년에 처음 건립되었고, 1598년과 1604년에 재건되었다. 『히라노 신사유서략기[平野神社由緖略記]』에 다음과 같은 내용이 적혀 있다.

덴겐[天元] 4년(저자: 981년) 3월에 엔유[圓融] 천황(저자: 969~984년 재위)이 이곳에 직접 행행行幸한 이후로 계속해서 역대의 천황들이 행행했다. 또한 태황태후太皇太后며 황태후와 황후의 행계行啓도 그 예가 적지 않았다. 가잔[花山] 천황(저자: 984~986년 재위) 당대인 간나[寬和] 원년(저자: 985년)에 천황이 이곳에 몸소 벚나무를 식수함으로써, 그로부터 벚꽃의 명소로도 이름이 높아졌다. 에도[江戶] 시대(저자: 1603~1867년)에 접어들면서부터 히라노 신사는 '히라노의 밤벚꽃놀이'로 일반에게 친숙하게 됐다. 그로써 방문자가 경내에 넘쳤으며, 벚꽃나무는 500여 그루를 헤아리며 특히 진종珍種이 많아서 유명하다. 벚꽃축제인 앵제櫻祭며 신행제新幸祭가 해마다 4월 10일에 거행된다. 추수를 감사드리는 '햇곡식감사제'인 신상제新嘗祭는 11월 23일에 거행된다.

히라노 신사는 히라노쓰쿠리[平野造り] 또는 히요쿠카스가쓰쿠리[比翼春日造り]로 불리는 신사 건축 양식으로 인해 중요문화재로 지정되었

도판 187 | 이시도우 사[石塔寺] 백제계 석탑

다. 10세기 초에 편찬된「신명장神名帳」이라는 문서에 따르면 히라노 신사에서 제사지내는 신은 4좌座인데, 이마키신[今木神] · 구도신[久度神] · 후루아키신[古開神] · 아이도노[相殿 : 2명 이상의 신주를 제신으로 합사合祀하여 함께 모신 신전]의 히메신[比賣神 : 공주님 신주]이라고 했다. 왼편에서 제일 끝에 소재한 제4신전인 아이도노의 히메신은 다카노 니이카사를 가리킨다. 간무 천황이 794년에 이마키신을 다른 3신과 함께 나라에서 교토로 옮겨 왔다. 이마키신은 백제 성왕이라고도 한다.

3) 중국에 남은 백제인들

백제가 멸망한 후 12,807명의 주민이 당으로 압송되어 갔다. 이들은 처음에는 서주徐州(강소성 팽성)와 연주兗州(산동성 곡부)로 옮겨진 후 다시금 건안建安으로 이주했다. 이와 관련해 중국 강소성 연운항 일대 석실분의 조성 주체를 서주와 연주로 사민시킨 백제 유민과 결부 짓기도 한다. 그러나 이곳은 연운항까지 각각 100㎞나 떨어져 있다. 지리적으로 부합하지 않는다는 것이다. 게다가 백제 유민들은 676년 2월에 웅진도독부가 설치된 건안고성으로 옮겨 갔다.[557] 따라서 15년에 불과한 동안에 연운항 일대에 2천 기를 상회하는 대단위 고분군을 남길 수는 없다. 이와 더불어 연운항 고분군의 상한은 수대와 당 초로까지 소급되고 있다. 그리고 내륙의 서주와 연주 지역은 연안의 연운항과는 공간적으로 연결되지도 않는다. 그러므로 양자를 연관성 있다는

도판 188 | 연운항시 화과산 고분군의 석실 내부

---

557 『資治通鑑』권202, 儀鳳 원년 2월 조.

식으로 얼버무리며 관련 지을 수는 없다. 더욱이 연운항 고분군이 소재한 곳은 18세기대까지 몇 개의 섬이었다.[558] 그러므로 이곳으로 백제 유민들을 사민시켰다고 해도 농경 목적과는 관련이 없다. 그리고 주민 이탈이 용이한데다가 관리가 어려운 도서 지역이었다. 이곳에 당이 백제 유민들을 거주하게 할 리가 없다.

고구려와 백제 망국민에게는 결코 낯설지 않은 유서 깊은 묘지가 망산 곧 북망산이었다. 이곳에 흑치상지 부자의 유택도 자리잡고 있다. 1929년 따가운 가을 햇살을 받으며 일단의 도굴꾼들에 의하여 깊고도 넓은 곽槨을 지닌 이들 부자의 묘소는 바쁘게 파헤쳐졌다. 그 묘지석의 소장자인 이근원李根源의 술회에 의하면 "같은 곳에서 출토되었다"고 하였고 양자 간의 무덤을 쓴 시기가 약 7년에 불과하므로 합장묘일 가능성도 배제하기는 어렵다. 그런데 마치 흑치상지 부자가 동일한 묘곽에 묻혔다는 술회를 사실로 인정하지 않는 견해도 있다. 어쩌면 매우 가까운 곳에 묻혔던 이들 부자의 묘가 오랜 세월이 흘러 봉분이 없어지고 공교롭게도 도굴꾼에 의해 동시에 도굴됨에 따라, 부자의 묘지석과 유체[骨體]가 출토되었고, 이것이 마치 같은 묘곽에 묻혔던 것처럼 이근원에게 전해진 것으로 추정하기도 한다.

그러나 중국에서는 묘주墓主와 더불어 2부인과 첩이 합장된 묘에서도 3인의 묘지석이 모두 출토된 예가 있다. 동진東晉 왕흥지王興之의 묘소에서는 341년과 348년에 각각 사망하여 7년이 지난 뒤 합장한 부부묘에도 각자의 묘지석이 출토되었다. 게다가 「흑치준묘지명」에 의하면 흑치준의 장례를 "무덤 속 광중을 문득 열어 관을 넣고 급히 닫기에 이르렀구나"라고 하였다. 합장임을 생각하게 하는 문구이다. 그러므로 이근원의 술회대로 흑치상지와 흑치준 부자가 동일 묘광에 묻혔다고 보는 게 온당할 듯하다. '깊고도 넓은 곽'

---

558 李道學·송영대·이주연, 『육조고도 남경』 주류성, 2014, 451~461쪽.

에는 두 사람의 시신이 안치되었던 것이다.

게다가 놀랍게도 묘광 안에는 두 사람의 유체가 남아 있었다. 한 사람의 것은 길고 또 다른 사람의 것은 짧았다고 한다. 긴 유체는 대략 9척에 가까웠다고 하는데, 이는 목측에 불과하므로 신빙하기 어렵지만 흑치상지를 가리킴은 분명하다. 『구·신당서』에 의하면 흑치상지는 신장이 7척(196㎝: 7×石尺 28

도판 189 | 흑치상지 묘지석 탁본

㎝)이 넘는 장신이었다고 하므로 관련짓는 게 무난하기 때문이다. 그런데 비록 '골체'라고 하여 유골만이 남아 있었던 양 기록되어 있다. 그러나 신장에 관해 9척 장신이라고 구체적으로 적혀 있는 것이다. 이 점을 볼 때, 시신이 거의 미라 상태로 남아 있었던 것으로 보인다. 1970년대 후반에 임진왜란 중에 억울하게 참수된 의병장 김덕령金德齡 장군의 묘소를 이장할 때였다. 비록 400년 전의 시신이지만 미라 상태로 남아 있었다. 수의에 핏자국도 선연하더라고 한다. 그렇다면 흑치상지의 시신도 천추의 한을 품고 죽은 터라 썩지도 못하고 고스란히 남아 있었단 말인가?

또 묘광에서 한옥漢玉과 금은동기金銀銅器·도와기陶瓦器 등도 매우 많이 출토되었는데, 북경의 골동품상이 구입하여 갔다고 한다. 오직 묘지석만은 값이 비싸고 또 반출이 어려워 남아 있는 것을 마침내 이근원이 구하여 보관하였다. 이근원은 이때 한옥 1점을 같이 구하였는데 정교하게 새긴 공예품이라 자신이 즐겨 차고 다녔다고 한다. 그러니까 당시 이근원은 흑치상지 부자의 묘지석과 그 밖에 부장품 1점을 소장하였다. 그 후 소주蘇州의 문관회文管

會에 기증되었고 현재는 남경박물원南京博物院에 수장되어 있다. 곡절 많은 비장한 생애를 살다가 이국 땅에 묻힌 한 무장의 존재는, 그의 생애가 그러했던 것처럼 타인에 의하여 마구 파헤쳐지면서 세상의 빛을 쪼이게 되었다.

흑치상지의 억울한 죽음은 장남인 흑치준의 노력으로 698년 신원되었고 좌옥금위대장군으로 추증되었다. 「흑치상지묘지명」에는 다음과 같이 측천무후의 제서를 적고 있다.

죽은 좌무위위대장군左武威衛大將軍 검교좌우림위 상주국檢校左羽林衛上柱國 연국공燕國公 흑치상지는 일찍이 어려서부터 지체있는 집안에서 교육을 받았고 군사일을 많이 경험하였다. 장수로서 군대일을 총괄하게 되어 비로소 공적을 펴게 되었다. 옛날에 뜬소문을 받아가지고 옥에 갇히게 되었는데, 그윽한 분함을 머금고 목숨을 마쳤으니 의심스러운 죄가 분간이 되지 않았도다. 근래에 조사를 해보니까 일찍이 반대되는 상황이 없었다. 생각해보면 허물이 아닌 것 같다. 진실로 깊이 민망스러우니 마땅히 원통함을 풀어주어서 무덤에 가 있는 혼이라고 위로를 해 주어야겠다. 그래서 총장을 더해주어서 무덤을 빛나게 해주어야겠다고 하여 좌옥금위대장군左玉鈐衛大將軍에 추증하고 훈봉을 옛날과 같이 하였다. …

그가 죽은 지 10년째 되는 699년(聖曆 2) 1월 22일에는 측천무후가 개장改葬을 허락하는 조칙을 내렸다. 그의 유택은 그 해 2월 17일에 지금의 낙양 북망산으로 이장되었다. 이장할 때 측천무후가 물 1백 단과 장사에 쓸 천막 및 노복들을 내려주고 담당관을 제공해 주기도 하였다. 「흑치상지묘지명」에는 "망산 남쪽 관도의 북쪽"이라고 구체적으로 적었다. 「흑치상지묘지명」의 맨 마지막 그러니까 '명'의 끝 구절에 "내가 진실로 감모해서 그를 위해 묘지송을 쓰노라. 여기에 쓴 말은 없어지지 않을 터이니 명성은 끝이 없을 것이다"라고 하였다. 그의 좌절되고 굴절된 생애에 대한 평가 또한 바르게 퍼지는 날이 오리라고 낙관해 본다.[559]

흑치상지의 후손들

- 흑치준

흑치상지의 자녀로서는 2명이 확인되었다. 문헌이 아닌 금석문을 통해 그 존재가 전해진다. 먼저 흑치상지와 합장되었던 것으로 보이는 그의 장남 흑치준은 1929년에 무덤이 도굴되었을 때 신원을 알려주는 묘지석이 출토되었다. 묘지석은 가로와 세로로 선을 그은 구획 안에 글자를 한 자씩 새겼다. 26 행에 1행마다 26자씩 도합 642자가 적혀 있다. 묘지석의 크기는 알려진 바 없다. 그렇지만 탁본의 크기가 길이 53㎝에 너비 52㎝인 점에 미루어 볼 때 정사각형으로 짐작된다.

「흑치준묘지명」에 의하면 그는 706년(神龍 2)에 31세의 나이로 사망하였다. 흑치준은 676년에 출생한 것이다. 흑치상지가 당의 무관으로서 본격적인 활동을 시작할 때인 47세에 그를 낳았다. 흑치준은 군사적인 재능이 탁월하였던 듯 싶다. 「흑치준묘지명」의 다음과 같은 구절이 잘 말해주고 있다.

공은 장군의 가문에서 가르침을 받아 일찍부터 무략武略을 품었다. 도겸陶謙(132~194)처럼 어려서 놀 때에는 깃발을 펼치면서 놀았고, 이광李廣(?~BC.119)처럼 평상시에 거처할 때에도 반드시 군진軍陣을 그리면서 즐겼다. 이런 까닭으로 먼 이역異域에서 공을 세우려는 원대한 계

---

559 당에서 활약한 흑치상지의 삶은 李道學, 『백제장군 흑치상지 평전』 주류성, 1998, 230~251쪽을 참조하기 바란다.

획을 품었으며, 군대의 진퇴進退, 공수攻守를 자유자재로 하는 기묘한
기술이 뛰어 났다.

「흑치준묘지명」에 의하면 그는 20세 때인 695년에 측천무후의 조카로서
양왕梁王이었던 무삼사武三思(?~707)를 따라 서도西道로 종군하여 군공軍功
을 세운 관계로 유격장군遊擊將軍·행난주광무진장行蘭州廣武鎭將·상주국
上柱國을 제수받았다고 한다. 그런데 증성證聖 원년이요 천책만세天冊萬歲 원
년이기도 한 이 해에는 무삼사가 출정한 기록은 문헌에서 확인되지 않는다.
다만 왕효걸王孝傑이 삭방군총관朔方軍總管이 되어 돌궐을 격파한 전투가 있
다. 그러고 보면 이 전투를 흑치준의 '서도西道' 종군과 연결지을 수 있을런지
모르겠다. 다만 무삼사는 이듬해인 696년 7월에 안무대사按撫大使가 되어 이
진충李盡忠의 반란을 진압하기 위해 출정하였다. 어쩌면 흑치준도 이 전투에
종군하였을 가능성을 생각하게 한다.

698년(聖曆 1)에는 그가 선친인 흑치상지가 억울하게 죽었음을 밝히는 신
원운동이 받아 들여졌다. 흑치상지의 무고함이 밝혀지게 되어 추증되면서
그도 우표도위익부좌랑장右豹韜衛翊府左郞將에 임명되었다. 이후 흑치준은
관직이 우금오위右金吾衛·수익부중랑장守翊府中郞將·상주국上柱國으로 전
봉轉封되었다. 그는 706년 5월 23일 낙양현洛陽縣 종선방從善坊에서 31세를
일기로 병사하여, 8월 13일 북망산 언덕에서 장례를 치렀다. 흑치상지의 묘
소에 합장된 것으로 보인다.

- 흑치상지의 딸

중국의 산서성山西省 태원시太原市에서 남서쪽으로 40㎞ 떨어진 해발 약
1,500m의 천룡산天龍山에는 북제北齊의 황건皇建 원년(560)에 창건된 천룡
사天龍寺라는 사원이 소재하였다. 그 주변에는 25개 가량의 석굴이 자리잡

았다. 이러한 석굴은 주로 당 최전성기에 만들어진 것으로서 '천룡산 조각'의 대다수를 점하고 있다. 그런데 1805년에 간행된 『금석췌편金石萃編』에 수록된 한 비석의 명문은 707년에 만들어진 천룡사 불상의 헌납을 둘러싼 상황을 자세히 기술하고 있어 주목을 끈다. 원래 천룡사 뒤편에 세워졌던 이 비석은, 높이가 4척 5촌이고 너비는 3척 7촌이라고 한다. 탁본의 높이는 96㎝, 너비는 64㎝이다. 18행으로 되었으며 각 행마다 예서로 31자가 씌여져 있는데, 제명題銘과 비문을 짓고 쓴 이의 이름이 새겨진 1행만은 전서篆書이다. 비석은 '대당물부장군공덕기大唐勿部將軍功德記'라는 제명이었다. 곽겸광郭謙光이 글을 짓고 썼다. 비문을 보면 다음과 같은 글귀가 눈에 잡힌다.

…'대당천병중군부사大唐天兵中軍副使·우금오위장군右金吾衛將軍·상주국上柱國·준화군遵化郡·개국공물부開國公勿部'의 순珣은 원래 동해東海의 한 가문으로서 선조의 공로로 대대로 벼슬하였지만 "우虞는 망하여 동지날 제사를 지내지 못할 것이다"라고 하면서 우를 떠난 궁지기宮之奇와 비슷하게 가족을 이끌고 당으로 들어 왔다. 태상太上이 이들을 위무하여 분봉하니 유여由余가 처음 중국에 왔을 때와 같았는데, 국내외에서 계속 관직을 역임했는데 곧고 근면하였기 때문에 자주 임지를 옮겨 다녔다. 천병군은 중요한 진鎭인데 이곳에서 중군中軍을 보좌하였다. 신룡神龍 2년(706) 3월에 부인인 낙랑군부인樂浪郡夫人 흑치씨黑齒氏 즉 대장군 연국공燕國公의 중녀中女(둘째 딸)과 더불어 고원을 넘고 대협곡을 지나 구덩이에 빠졌다 나오기도 하고 나무 줄기와 덩굴을 끌어 잡으면서 지치면 거듭 휴식을 취하면서 드디어 정역淨域에 이르렀던 것이다.…

즉 시주자인 물부순을 '동해' 즉 한국계의 덕망 있고 전통 있는 가문 출신이라고 하였다. 물론 '동해'는 중국 전적에서 자주 등장한다. 가령 유지기의 『사통『史通』에 보면 "오직 동해의 서견徐堅을 늦게나마 그를 만났으니 서로 몹시 기뻤다"[560]라고 했다. 서견은 측천무후 때 유지기와 함께 책을 편찬한 인물이었다. 여기서 '동해'는 중국 바깥이 아니라 중국의 동부 지역을 가리킨다. 그렇지만 물부순의 '동해'는 궁기지 경우와 견주어 설명하고 있다. 즉 우의 중신重臣이었던 궁기지와 비견되었다. 이 궁지기는 대국인 진晋과 동맹(궁기지가 동지 제삿날 이전에 진이 우를 멸망시키리라 느꼈던 동맹)을 막으려는 그의 충고를 우공이 듣지 않자 가족을 이끌고 우를 떠났다.

그렇다면 물부순의 가족도 아마 당에게 멸망되기 이전에 백제나 고구려를 떠났던 것 같다. 유여에 관한 언급은 몇 가지 점에서 물부순과 비교하게 한다. 진인秦人이었던 유여는 서융으로 도망쳤으나 융왕이 여색에 빠져서 자신의 간언을 듣지 않았다. 그러자 다시 진에 귀순해서 진목공을 도와 패업을 이루게 했다, 유여처럼 순 장군도 항복했거나 이민하여 당으로 가서 고위 장성이 되어 당을 위해 변방 민족과 싸워 국토를 평정시켰다.

그런데 주목할 만한 점은 물부순의 부인을 '대장군 연국공'의 중녀인 낙랑군부인 흑치씨라는 것이다. 대장군 연국공은 흑치상지가 역임한 관작명이었다. 그러므로 '낙랑군부인 흑치씨'는 그의 딸임은 두말할 나위 없다. 그리고 낙랑군 부인 흑치씨가 흑치상지의 중녀인 점을 생각할 때, 흑치상지도 적어도 3명 이상의 딸을 두었던 것이다. 비문의 말미에는 물부순의 두 아들과 사위의 이름이 각각 기재되어 있다.[561]

천룡사의 큰 시주자인 물부순은, 당시 산서성 태원에 근거지를 둔 천병군의 요직에 있으면서, 706년 3월에 부인과 함께 황폐한 이 절을 찾았던 것이

---

560 『史通』內篇 36.

561 Marylin M. Rhie 著·文明大 譯,「天龍山 第21石窟과 唐代碑銘의 研究」『佛教美術』5, 1980, 79~109쪽.

도판 190 | 영태공주묘 벽화에 보이는 당대 궁중 여성들

도판 191 | 중국 낙양의 아파트 벽화에 보이는 당대 귀족들의 격구 장면

다. 그러면 흑치상지의 사위와 딸이 이곳을 찾아온 목적은 어디에 있었을까? 이와 관련해 「흑치준묘지명」에서 흑치준이 질병을 만나 706년 5월 23일에 31세를 일기로 사망한 점을 생각해 본다. 흑치준의 치병治病을 위해 이들 부부가 천룡사를 찾았던 것인가? 이 비문에서 물부순이 시주자가 되어 3세世불상과 여러 성현聖賢들의 상像을 1년 5개월만에 제작하여 봉헌한 동기로서 "돌아가신 임금과 살아 있는 인척姻戚들을 위하여서"라고 하였다. 그러므로 가능한 추정으로 보인다. 물부순이 봉헌한 불상들은 천룡산 제15굴의 3세불상을 가리킨다고 한다.[562]

흑치상지의 중녀는 비석에 기록할 만한 장성한 두 명의 아들과 사위까지 있었다. 그러므로 그녀는 706년 당시 최소한 40세는 넘었을 것이다. 흑치상지의 장녀와 중녀는 적어도 모두 백제에서 낳은 혈육으로 보인다. 요컨대 흑치상지는 672년 백제에서 당으로 들어갈 때 그의 가족들을 모두 데리고 갔음을 알 수 있다. 그가 47세 되던 해에 흑치준을 낳았다. 이로 볼 때 흑치준은 배를 달리한 아들로 보인다. 그리고 흑치상지는 당에서 무장으로 활약하던 시기에 같은 백제 유민을 사위로 본 것으로 짐작된다. 비문의 주체인 '開國公勿部珣'의 '勿部'를 왜의 '物部' 즉 '모노노베'로 해석하기도 한다. 그렇다면 물부순은 왜계 인물이 되는 것이다. 그러나 흑치상지가 당에서 사위를 보았다면 그럴 가능성은 적어진다.

흑치상지와 그의 아들인 흑치준 뿐 아니라 사위도 무장이었다. 이어서 언급될 사타충의沙吒忠義나 부여문선扶餘文宣과 같은 당의 무장 또한 백제 유민이었다. 당에서의 백제 유민들 가운데는 군문軍門에서 활약하는 경우가 많았다. 당은 백제인들이 국가를 회복하기 위해 항쟁할 때 용맹성을 깊이 체감하

---

562 朴現圭, 「天龍山石窟 제15굴과 勿部珣將軍功德記--선행학자들의 연구동향을 중심으로」『서강인문논총』 25, 2009, 39~68쪽 참조.

였다. 무력으로써는 제압하기 어려운 대상인 백제인들을 당의 우환인 돌궐이나 토번 정벌에 투입했다. 흑치상지를 비롯한 사타상여와 예식진 등의 현달은 이와 무관하지 않았다. 백제 유민들의 기량은 그들 스스로의 사회적 위상을 높여주는 기제로 작용하였다.

이러한 사회적 배경 속에서 흑치상지의 사위와 중녀가 천룡사의 석굴사원까지 찾아와 불상을 시주하였다. 망국의 한을 품고 이역에서 숨을 거둔 의자왕을 비롯하여 흑치상지에 대한 추복追福을 기원하는 목적도 있었을 것이다. 당 문화가 한창 성한 시기에 대체로 조영된 천룡사의 석굴사원에는, 백제 유민들의 염원과 생명력이 살아 숨쉬고 있다.

지금까지 살펴 본 3개의 금석문을 통해 흑치상지 일가의 가계를 정리하면 다음과 같다.[563]

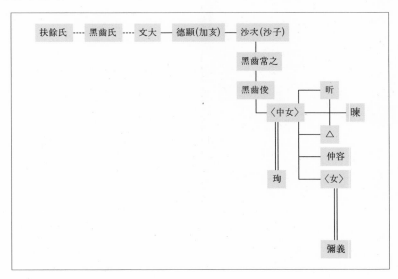

---

563 이상의 서술은 李道學, 『백제 장군 흑치상지 평전』 주류성, 1996, 253~259쪽에서 나왔다.

사타충의沙吒忠義

백제 멸망 후 의자왕을 비롯한 1만 2천여 명의 주민이 당으로 끌려갔다. 이들은 대부분 백제 사회를 이끌어 갔던 지배세력이었다. 또 일부는 웅진도독부의 관인으로서 환국하기도 하였다. 그러나 웅진도독부의 해체에 따라 다시금 당으로 돌아갔다. 이러한 연유로 인하여 당에는 백제인들의 숨결이 흐르게 되었다. 중국 낙양 용문석굴에 조성된 부여씨 조상기도 그 한 편린이다. 즉 "문낭장의 처인 부여씨가 삼가 2구의 (불상을) 만들었다[文郎將妻 扶餘氏 敬造兩區]"라고 적혀 있다. 묘지석을 통해 그 존재를 화려하게 드러낸 의자왕의 증손녀 부여태비扶餘太妃의 경우도 마찬가지이다.

도판 192 |
중국 낙양 용문석굴에 보이는 부여씨扶餘氏 명문 석불상

이러한 백제인들 가운데 7세기 말에서 8세기 초에 걸쳐 부단히 당의 변경을 침공하는 돌궐 군대와의 전투에 등장하는 사타충의라는 인물을 상기해 본다. 사타충의의 '사타沙吒'는 흑치상지와 함께 당영에 항복했던 사타상여와 같은 씨성이다. 곧 백제의 명문 귀족이었던 사택씨砂宅氏를 가리킨다. 사택씨는 사비성에 도읍하던 시기(538~660)의 8대 귀족 가문 가운데 첫 번째로 기록될 정도로 그 위세는 대단했다. 의자왕대에 대좌평을 역임하였고 비석을 남긴 사택지적이 그 대표적인 인물이었다.

그러면 사타충의는 어떠한 과정을 밟아서 당의 무장으로 출세하였을까? 그 경로는 정확히 알기는 어렵다. 다만 백제 제일의 귀족 가문인 사택씨 출신이 대거 당으로 이주되었다는 점에서 찾아야만 할 것 같다. '정림사지' 오층석탑의 탑신에는 당으로 압송된 귀족 가운데 '대수령 대좌평 사타천복大首領大佐平沙吒千福'이 기록되어 있다. 또 같은 사실을 적은 『일본서기』에 보이는 '손등孫登'은 웅진도독부가 해체된 후 왜로 망명한 일행에 보이는 사택손등이다.

당으로 이주한 백제의 사택씨로서는 사타상여와 사타천복이 눈에 뜬다. 사타충의는 7세기 말에서 8세기 초 전쟁에서 요직에 앉은 장군으로 기록에 비친다. 이로 볼 때 그는 연만한 연령임을 생각하게 한다. 그는 10대나 20대 초엽에 백제 멸망을 몸소 체험한 것으로 짐작된다. 그러한 그가 당에 들어가 무장으로서 출세하게 된 데는 개인적인 역량뿐 아니라 웅진도독부 이래 당의 시책에 협조적이었던 사택씨 가문에 대한 배려도 어느 정도 작용한 것 같다.

그리고 사타충의의 이름이 '충의'인 점은 주목을 끈다. 이러한 이름은 두 갈래로 해석이 가능하다. 첫째는 그의 부모가 지은 이름이라면 유교적인 정서에서 기인한 것이다. 법왕의 이름이 효순孝順이었다. 의자왕의 왕자들 이름 가운데 '효孝'라든지 '충忠'이 보인다. 둘째는 사타충의가 당에 입대한 상황에서 새로운 조국인 당에 충성한다는 뜻에서 명명命名되었을 가능성이다. 거란 출신으로서 당에 귀의하여 송막도독宋漠都督으로 있던 이진충李盡忠이 그러한 사례이다. 이진충은 그러나 696년에 반란을 일으켰다. 그러자 당 조정은 이진멸李盡滅이라는 이름으로 크게 폄훼시켰다. 정략적 이름의 수명이 다한 것이다.

사타충의는 돌궐과의 전투에 모습을 자못 드러내었다. 그에 앞선 흑치상지의 불행은 돌궐과의 전투에서 비롯된 것이다. 그러므로 돌궐은 백제인에게는 악연의 대상이었을까? 흑치상지가 격파한 적이 있는 후돌궐의 쿠틀룩 합한이 691년에 사망하자 그의 아들이 어린 것을 기화로, 27세의 혈기 왕성한 그 동생 카프간[黙啜: Kapgan](재위: 691~716)이 합한의 위位를 빼앗다시피 하여 즉위했다. 27세에 합한이 된 카프간은 돌궐 역사에서 위대한 정복군주

도판 193 | 카프간 합한의 아들을 죽이고 자신의 형을 합한 자리에 앉힌 퀼테긴의 두상

로 평가받고 있는 인물이다. 보유 병력 40만이라는 강력한 군세를 자랑하던 합한이었다.

카프간 합한의 사위가 고구려 유민 출신인 고문간이다. 고구려 멸망 후 당에 항복을 거부하고 몽골 고원의 돌궐로 대거 망명해간 집단에 속했던 이가 고문간이었다. 그는 몇 개의 집단으로 나뉘어서 돌궐 합한의 지배를 받던 고구려 유민 집단의 우두머리였다. 그는 '고려왕 막리지高麗王莫離支'를 칭할 정도로 위세가 있었다. 그러나 고문간은 곡절 많은 운명에 부대꼈다. 조국을 멸망시킨 당에 대한 복수심에 불탄 철저한 공격을 단행했는지도 모른다. 동시에 조국 재건에 대한 실낱같은 희망을 싣고 다녔는지는 알 수 없다. 그러나 그는 당의 대대적인 토벌 공세를 견디기 어려

웠다. 게다가 돌궐 지배 집단 내부의 분열 속에서 고문간은 고구려 유민 출신인 고공의가 지배하는 집단과 돌궐과 토욕혼[吐谷渾]의 일부 무리를 거느리고 당에 투항했다. 카프간 합한이 피살되기 1년 전이었다. 고문간은 당으로부터 좌위대장군 요서군왕左衛大將軍遼西郡王에 봉해졌다. 그러나 그는 고뇌의 늪에서 헤어 나오지 못한 회한 많은 여생을 보낸 것으로 짐작된다. 고구려가 멸망하던 668년에 그가 약관이었다면 당에 투항할 때는 68세의 황혼이었다.

693년 카프간 합한은 야심에 찬 사나운 성격의 소유자답게 몸소 군대를 이끌고 영주靈州(寧夏 靈武縣 西南)를 침략하여 주민과 관리를 대거 살해하였다. 당 조정에서는 군대를 출동시켰으나 아무런 성과가 없었다. 그러던 중 카프간 합한이 사신을 보내 왔다. 측천무후는 크게 기뻐하여 합한에게 벼슬을 내려주었다. 696년 거란의 이진충과 손만영孫萬榮이 반란을 일으켜 영주營州

(遼寧省 朝陽)를 점령하였다. 697년 2월에 손만영의 군대는 당 왕효걸王孝傑의 군대를 격파했다. 그해 5월 우무위위장군右武衛 將軍 사타충의는 신병도대총관神兵道大總管에 임명된 무의종武懿宗 휘하에서 청변중도전군총관淸邊中道前軍總管으로 20만 대군을 이끌고 출전하여 적을 격파하는 공을 세웠다. 그러나 강력한 위세를 자랑하던 손만영의 거란 군대를 당군이 막아내지 못하고 쩔쩔 매는 상황이었다. 그때 카프간 합한은 측천무후의 허락을 받는즉시 거란 군대를 일순에 깨뜨렸다. 그 대가로 당측에서는 하곡河曲 6주州의 항호降戶 수천 호와 곡식 종자 4만석, 잡채雜彩 5만 단段, 농기구 3천 점, 철 수만 근을 바치다시피하였다. 이로 인해 돌궐 사회의 발전은 촉진되었고 카프간 합한의 위세는 더욱 강화되었고 세력은 팽창해 나갔다.

698년 카프간 합한은 유목민족 특유의 전투 양식대로 스스로 군대를 이끌고 당의 변경인 지금의 하북성 북부 지역을 맹렬한 기세로 습격하였다. 그들이 휩쓸고 가는 곳마다 무자비한 약탈과 살육을 자행했다. 당인들에게 카프칸 합한은 전율할만한 공포의 대상 그 자체로 각인되었다. 그해 카프간 합한의 군대는 삽시간에 규주嬀州와 단주檀州 등지로 진격해 왔다. 이에 대응하여 우무위위장군右武威衛 將軍 사타충의는 천병서도전군총관天兵西道前軍總官이 되어 천병중도대총관인 무중규武重規와 함께 30만 병력을 이끌고 출진하여 돌궐군을 격파하였다. 그러나 돌궐 군대는 조주趙州와 정주定州에서는 남녀 8~9만 명을 생매장시켰다. 그 뿐 아니라 하북성 대군의 광창령廣昌嶺을 통하여 회군하면서는 엄청난 살륙을 감행하였다. 하북도전군총관河北道前軍總管이었던 사타상여도 후군총관後軍總管 이다조李多祚 등과 함께 중무장하여 추격하였다. 그러나 당군은 압기되어 적을 바라 보기만 할뿐 감히 돌진하지 못했다. 이다조는 11년 전 흑치상지와 더불어 돌궐 토벌전에서 활약한 장수가 아니던가?

그런데 카프간 합한과의 전투 기사에서 부여문선이라는 백제 왕족 출신 장군의 존재가 눈에 띈다. 당군 진영에는 흑치상지를 비롯하여 사타충의 등 다수의 백제 계통 인물들이 복무한 사실이 포착된다. 또 카프간 합한의 돌궐 군대에는 고구려 왕족 출신인 고문간이나 고공의가 배속되어 있었다. 이들은 당군에 배속된 백제 왕족인 부여문선 등과도 교전을 치렀음이 분명하다. 아무런 연고도 없는 북방의 초원지대에서 고구려 유민과 백제 유민간의 대결이었다. 당사자들이 인지했다면 실로 만감이 교차하는 장면이었음이 분명하다.

706년 12월에 카프간 합한이 영주靈州 명사현鳴沙縣을 침략해 오자 사타충의는 영무군대총관靈武軍大總管으로서 오랫 동안 대적하였다. 그러나 사타충의는 3만 명에 이르는 사망자를 내고 참패했다. 그럼에 따라 돌궐 군대는 원주原州와 회주會州 등지를 휩쓸었고 농우隴右에서는 목마牧馬 1만여 필을 약탈하여 돌아갔다. 그럼에도 사타충의는 어쩐 일인지 패전의 책임을 면하였다. 우보궐右補闕의 직에 있던 노보盧俌의 상소에는 그의 비겁함이 어김없이 지적되었다. 즉 "사타충의는 몸은 비록 날래고 용감하지만 지략이 멀리를 도모하지 못하니, 이는 말타는 장수의 재목이지 당초부터 큰 소임을 감당하기는 불가능하였다"고 질타했다. 이러한 평이 맞다면 사타충의는 지략이 용맹에 비례하지는 않았음을 알 수 있다. 또 이 전투에서 사타충의가 먼저 달아났고 전군이 패하였음에도 불구하고 죄를 받지 않은 사실이 문제로 지적되었다. 그럼에도 불구하고 중종中宗은 노보의 말이 옳다면서도 왠일인지 따르지는 않았다.

707년 사타충의는 삭방군총관朔方軍總管으로서 돌궐 군대의 침공을 막다가 패하였다. 그 직후 운명을 결정 짓는 크나 큰 풍파에 휩쓸리게 되었다. 이 풍파의 내막은 다소 길지만 다음과 같은 줄거리이다. 중종의 셋째 아들인 절민 태자節愍太子 중준重俊은 706년 가을 황태자가 되었다. 그는 천성은 비록 영민하였지만 훌륭한 스승에게 배우지 못한 탓에 일을 처리하는데 법도에 맞지 않는 일이 많았다. 절민 태자는 잠깐 동안에 비서감 양교楊璬와 태상경 무숭훈武崇訓과 친해져서 지냈다. 양교 등은 나이는 비록 어리지만 오직 축국이나 외희猥戲에 있어서는 절민 태자보다는 능숙하였다. 친한 사이였음에도 이들은 필시 태자를 도와주어 보호할 위인들은 전혀 아니었다. 주변에서 태자에게 간諫하기도 하였지만 여전히 어울려 지냈다.

이 무렵 죽은 측천무후의 생질이었던 무삼사武三思가 중종의 황후인 위 황후韋皇后가 거처하는 중궁中宮에 들락거리다가 맞닥뜨리게 되어서인지 절민 태자를 몹시 미워하였다. 측천무후 사후 황위는 조카인 자신에게 굴러올 것으로 기대하고 암약하기도 했던 무삼사는 만만치 않은 여걸인 위 황후와 간통하고 있었다. 무삼사의 아들인 무숭훈은 중종과 위황후 간의 소생인 안락공주安樂公主를 처妻로 하고 있었다. 그는 늘상 공주에게 태자를 업신여기는 이야기만 하였다. 태자는 당시 위세를 부리던 위 황후의 소생이 아니었다. 그러므로 항시 그를 종놈으로 부르게 하였다. 게다가 공주에게 태자가 '왕'이 되는 것을 폐하도록 요청하였다. 그 뿐 아니라 공주 스스로도 자칭 황태녀皇太女라고 했다. 그랬기에 태자는 분함을 이기지 못하였다.

707년 7월 태자는 황제의 친위대를 거느리고 있는 좌우림대장군 이다조와 우림대장군 이사충李思沖을 비롯하여 사타충의까지 동원하여 거사를 하였

도판 194 | 당대 여자 도용

다. 이다조는 2년 전에 재상 장간지張柬之의 요청을 받아 군대를 이끌고 궁성에 들어가 측천무후와 추문을 뿌리면서 권세를 농단하던 장역지張易之·장창종張昌宗 형제를 참살한 바 있다.

태자는 날랜 좌·우우림병左右羽林兵과 천기千騎 3백여 명을 이끌고 무삼사의 집을 습격하였다. 그리고는 이들 부자父子를 베는 한편 같은 무리 10여 명을 살해했다. 또 태자는 군대를 나누어 궁성의 여러 문을 지키게 하였다. 스스로는 병력을 이끌고 급히 숙장문肅章門으

도판 195 | 당삼채가 들어간 당대 귀부인 기마 도용

로 나가 문빗장을 부수고는 진입하여 위 황후와 안락 공주의 소재를 찾았다. 태자가 이끈 군대는 샛문을 두드리고 들어가 무삼사와 간통을 하고 지내는 사이였던 여관女官 집을 수색하였다. 이때 위 황후와 안락 공주는 황급히 몸을 빼어 황제 중종이 피신하여 있는 현무문玄武門 앞에 이르렀다. 중종의 명을 받고 1백여 명의 병력이 문루 밑에 늘어서 지켰다.

이다조가 이끈 태자의 병력이 내달려 와 공격하였으나 궁문으로 진입하지는 못했다. 그때 현무문 문루 난간에 몸을 기대고 있던 중종은 이다조가 이끌고 온 '천기'를 바라 보면서 말하였다. "너희는 모두 나를 호위하고 지켜주는 무사들인데 어쩐 일로 반역을 하느냐? 만약 귀순하여 이다조 등을 벤다면 너희의 부귀를 보장하겠노라!" 그 말이 끝나자 천기 병력은 창자루를 거꾸로 잡고 이다조 등을 베었다. 불의의 역습 아닌 역습을 받은 상황에서 사타충의도

문루 밑에서 쓰러졌다. 불과 7개월 전 사타충의는 명사현 전투에서 패하였기에 죄를 받아야 되는 상황임에도 불구하고 용케도 모면하였다. 그러나 더 큰 풍파에 휩쓸리게 되어 풍운아로서의 삶을 이역異域에서 마쳤다. 운명이란 얄궂다는 것은 이런 경우를 두고도 하는 말인가? 자국을 멸망시킨 나라의 군대에 들어가 현달하였지만 마지막이 너무도 비극적이다.[564]

3. 백제는 언제 종언을 고했는가?

백제의 멸망은 660년, 663년 혹은 672년을 운위하게 된다. 이와 관련해 『삼국사기』를 비롯한 사서에는 백제 멸망 후 그 영역이 신라와 발해말갈로 넘어 간 사실을 다음과 같이 남겼다.

의봉儀鳳(676~678년) 연간에 융을 웅진도독 대방군왕으로 삼아 귀국하게 하여 남은 무리들을 안정시키게 하고, 곧 안동도호부安東都護府(평양 소재)를 신성新城(遼寧城 撫順市 高爾山城)으로 옮겨 통할하게 하였다. 이때 신라가 강성하므로 융은 감히 구국舊國에 들어가지 못하고 고구려에서 잠시 다스리다가 죽었다. 무후武后가 그의 손자 경敬으로 왕위를 잇게 하였으나 그 땅은 이미 신라·발해말갈에게 분할되어 국계國系가 드디어 끊기고 말았다.[565]

---

564 이상의 서술은 李道學, 『백제 장군 흑치상지 평전』 주류성, 1996, 260~268쪽에서 나왔다.

565 上記한 해석문은 한국정신문화연구원, 『譯註 三國史記(수정 개정판)』 2001에 의하였다.
    『三國史記』 권28, 의자왕 20년 조. "儀鳳中 以隆爲熊津都督帶方郡王 遣歸國 安輯

『구당서』 및 『신당서』 백제전과 『자치통감』에서는 백제 멸망과 관련해 의자왕이 항복한 660년과 국가회복운동 및 웅진도독부의 역사를 수록한 후 그 말미에 다음과 같은 기사를 남겼다.

＊ 의봉 2년(677)에 [융]에게 광록대부 태상원외경 겸 웅진도독 대방 군왕光祿大夫 太常員外卿 兼 熊津都督 帶方郡王을 제수하여 본번本蕃에 돌아가 남은 무리를 안집하게 했다. 이때 백제의 본지本地는 황훼荒毁하여 점점 신라의 소유가 되어가고 있었으므로 융은 끝내 구국에 돌아가지 못한 채 죽었다. 그의 손자 경이 측천무후 때에 대방군왕에 습봉襲封되어 위위경衛尉卿을 제수하였다. 이로부터 그 땅은 신라 및 발해말갈이 나누어 차지하게 되었으며, 백제의 종족이 마침내 끊기고 말았다 (『구당서』).[566]

＊ 의봉 연간(676~678년)에 [융을] 대방군왕으로 승진시켜 번藩으로 돌려 보냈다. 이 때 신라가 강성하자 융은 감히 구국에 들어가지 못하고 고려에서 잠시 다스리다가 죽었다. 武后 때에 또 그의 손자 경으로 왕위를 잇게 하였으나 그 땅은 이미 신라・발해말갈이 나누어 차지하고 있어 백제는 결국 멸망하고 말았다(『신당서』).[567]

＊ 또 사농경 부여융을 웅진도독으로 삼고 대방왕에 책봉했다. 또한

餘衆 仍移安東都護府於新城以統之 時新羅強 隆不敢入舊國 寄理高句麗死 武后又以其孫敬襲王 而其地已爲新羅・渤海靺鞨所分 國系遂絶"但 "寄理高句麗死"의 '理'는 고려 成宗의 諱인 '治'의 避諱라고 한다. 그런 만큼 『신당서』의 원문에 따라 "寄治高句麗死"로 고쳐서 번역하였다. 字典에 따르면 '寄治'에는 "잠시 다스림"의 뜻이 있다.

566 『舊唐書』 권199, 동이전 백제 조.
567 『新唐書』 권200, 동이전 백제 조.

돌아가서 백제의 남은 무리들을 안무하게 하였다. 이어서 안동도호부를 신성으로 옮겨서 그들을 통괄하게 했다. 이때 백제는 황잔荒殘해졌기에 부여융에게 명령하여 고려의 경역에 우거寓居하도록 하였다. …고려의 구성舊城은 신라에 병합되고 나머지 무리들은 흩어져서 말갈과 돌궐로 들어갔다. 부여융 역시 끝내 감히 고지로 돌아가지 못하니 고씨와 부여씨는 드디어 망하였다(『자치통감』).[568]

그런데 위의 기사가 의미하는 바를 올바로 파악하지 못했다. 그렇기 때문에 오류 정도로 간주하는 견해가 일반적이었다. 그러나 이 기사는 오류가 아니었다. 한반도에서 백제는 멸망했지만 당에서 재건된 웅진도독부와 연계된 백제 유민들과 관련되었기 때문이다. 당은 보장왕을 수반으로 한 고구려 유민들을 요동으로 이주시켰다. 이 집단이 소위 소고구려국의 기원으로 운위되고 있다. 역시 당은 웅진도독 부여융을 수반으로 하는 백제 유민 집단을 건안고성으로 이치移置시켰다. 건안고성의 '성방여중城傍餘衆'에서 특출난 장재將材들이 배출되어 당영에서 혁혁한 전공을 세운 경우도 있었을 것이다.

건안고성의 백제 유민 거주지는 명목상 독립 왕국적인 성격을 띄었다. 이 사실은 중국 사서에서 당 조정이 부여융으로 하여금 고구려 경역에 거주하게 한 배경으로서 "그때 백제가 황잔했다"고 하였다. 백제의 쇠락을 언급할지언정 멸망했다고 하지는 않았다. 이 점 역시 몹시 중요한 백제 인식이라고 보겠다. '황잔'은 백제의 중흥을 염두에 둔 기술이기 때문이다. 실제 이와 맞물려 부여융은 그 조부인 무왕이나 부왕인 의자왕이 당조唐朝로부터 제수받았던 대방군왕 관작을 동일하게 습봉하였다. 이는 당조가 부여융을 백제 국왕으로 인정해 주었음을 뜻한다. 이러한 습봉은 부여융의 손자인 부여경에게까

---

568 『資治通鑑』 권202, 唐紀 18, 儀鳳 2년 2월 조.

도판 196 | 의자왕의 증손녀인 '백제태비' 묘지석 탁본

지 이어진 사실이 확인되었다. 725년의 태산泰山 봉선封禪 기록에서 '백제대 방왕'을 '내신지번內臣之番'이라고 하여 '백제'라는 국호와 '대방왕'이라는 작호 는 물론이고, '번'의 존재까지 확인된 것이다.

그리고 백제 유민들이 '백제'라는 독립된 정치 세력으로서 당에 군사력을 제공해 주었다. 백제가 멸망한 지 1백년이 경과했음에도 사타리沙吒利를 번 장蕃將이라고 했다. 이 사실은 그가 한족漢族 사회에 완전히 편제된 인물이 아니었음을 뜻한다. 곧 당역唐域의 '번'으로서 존재한 백제를 상정할 수 있는 근거가 된다.

당이 백제를 재건해 준 배경은 676년에 신라가 당 세력을 한반도에서 축출 한 사건과 맞물려 있다. 당은 '흥망계절興亡繼絶'이라는 백제 유민들의 염원을 구현해 주는 한편 신라 견제용으로 활용하고자 하였다. 당 사회에서 백제인 들이 지닌 효용성 또한 백제 재건의 기제로 작용한 것이었다.

그러한 건안고성의 백제 왕국은 8세기 중엽이나 9세기 초엽 어느 때 요동 지역으로 세력을 뻗친 발해에 병합되었다. 그럼에 따라 당역에서 여맥을 이 어 간 백제는 역사의 전면에서 종언을 고하고 말았다. 이 사실을 일컬어 사서 는 "그 땅은 이미 신라·발해말갈에게 분할되어 국계가 드디어 끊기고 말았다"고 평가했다. 여기서 '국계'라는 문자는 당에서 재건된 백제가 백제사의 법통을 계승했음을 뜻하는 의미심장한 문구가 아니겠는가?

이제 백제사는 672년까지 한반도에 존속했던 웅진도독부의 역사 뿐 아니라 8세기 중엽 내지는 9세기 초엽까지 중국에서 재건된 백제의 존재까지 포괄해야 한다. 700년을 넘는 장구한 내력과 강인한 생명력을 지닌 800년 백제사의 실체를 결코 간과해서는 안 될 것 같다. 새롭게 밝혀진 '속백제續百濟'의 모습이었다.[569]

---

[569] 李道學, 「唐에서 재건된 백제」『인문과학논총』15-1, 경성대학교 인문과학연구소, 2010, 103~124쪽.

참고문헌

〈원전〉

『三國史記』

『三國遺事』

『拙藁千百』

『高麗史』

『三峰集』

『龍飛御天歌』

『太宗實錄』

『世祖實錄』

『新增東國輿地勝覽』

『大東韻府群玉』

『宣祖實錄』

『仁祖實錄』

『破寂錄』

『承政院日記』

『東湖問答』

『芝峯類說』

『象村稿』

『經筵日記』

『同春堂先生別集』

『記言』

『星湖僿說』

『東史綱目』

『順菴先生文集』

『瞻慕堂集』

『熱河日記』

『月汀漫筆』

『象村先生集』

『白江集』

『亂中雜錄』

『平壤誌』

『平壤續志』

『海東繹史』

『茶山詩文集』

『與猶堂全書』

『無名子集』

『燕行日記』

『三灘集』

『雅亭遺稿』

『燃藜室記述　別集』

『增補文獻備考』

『梅泉野錄』

「廣法寺事蹟碑文」

『高宗實錄』

『支石洞誌』

『史記』

『漢書』

『三國志』

『魏書』

『南齊書』

『周書』

『晋書』

『隋書』

『舊唐書』

『新唐書』

『文館詞林』

『隋唐嘉話』

『通典』

『翰苑』

『册府元龜』

『資治通鑑』

『通鑑節要』

『唐書志傳通俗衍義』

『太平廣記』

『日本書紀』

『續日本紀』

『風土記』

『風土記逸文』

『善隣國寶記』

〈단행본〉

玄采,『幼年必讀』徽文館, 1907.

朝鮮總督府,「灌燭寺 事蹟銘」『朝鮮金石總覽』下, 1920.

小田省吾,『朝鮮史大系』朝鮮史學會, 1927.

關野貞,『朝鮮美術史』朝鮮史學會, 1932.

村山智順,『民間信仰第三部 朝鮮の巫覡』朝鮮總督府調査資料 第三十六輯, 1932.

朝鮮古蹟研究會,『昭和十二年度 古蹟調査報告』1938.

岡崎文夫,『魏晋南北朝通史』三版, 弘文堂書房, 1943.

梅原末治,『朝鮮古代の墓制』座右寶, 1947.

孫晋泰,『朝鮮民族史槪論(上)』乙酉文化社, 1948.

孫晋泰,『國史大要』乙酉文化社, 1949.

末松保和,『新羅史の諸問題』東洋文庫, 1954.

李丙燾,『韓國史 古代篇』乙酉文化社, 1959.

井上秀雄,『古代朝鮮』日本放送出版協會, 1972.

中文大辭典編纂委員會,『中文大辭典』2·7·9, 中華文化大學出版部, 1973.

申采浩,『朝鮮史研究艸』乙酉文化社, 1974.

井上光貞,『日本の歴史 (3)飛鳥の朝廷』小學館, 1974.

李龍範,『古代의 滿洲關係』한국일보사, 1976.

李丙燾,『國譯 三國史記』乙酉文化社, 1976.

門月劦禎二,『新版 飛鳥-その古代史と風土』日本放送出版協會, 1977.

H. 엣 세임 著·諸廷官 譯,『名將팻튼』兵學社, 1979.

李在銑,『鄕歌의 理解』삼성미술문화재단, 1979.

奈良國立博物館,『正倉院展』1982.

忠淸北道,『文化財誌』1982,

李基白 外,『한국사강좌 고대편』일조각, 1982.

山本西郎・上田正昭・井上滿郎,『解明新日本史』文英堂, 1983.

楊伯峻・徐堤 編,『春秋左傳詞典』中華書局, 1985.

朴炳植,『日本語の悲劇』情報センタ, 1986.

丹齋申采浩先生紀念事業會,『改訂版 丹齋申采浩全集』上卷, 螢雪出版社, 1987.

張光直 著・尹乃鉉 譯,『商文明』민음사, 1988.

과학백과사전종합출판사,『조선전사』3, 1991.

사회과학원 역사연구소,『고구려사』1991.

韓國古代社會研究所,『譯註 韓國古代金石文 I 』, 1992.

최한우,『중앙아시아』퍼네기, 1992.

韓鎭� 著・李民樹 譯,『島潭行程記』일조각, 1993.

奈良國立文化財研究所,『飛鳥資料館 案內』第6版, 1994.

卞麟錫,『白江口戰爭과 百濟・倭 관계』한울아카데미, 1994.

坂本太郎 外,『日本書紀(四)』岩波文庫, 1995.

이종학,『新羅花郎・軍事史研究』서라벌군사연구소, 1995.

李道學,『백제고대국가연구』일지사, 1995.

李道學,『꿈이 담긴 한국고대사노트(상)』일지사, 1996.

李道學,『꿈이 담긴 한국고대사노트(하)』일지사, 1996.

李道學,『새로 쓰는 백제사』푸른역사, 1997.

李道學,『백제장군 흑치상지 평전』주류성, 1998.

박병석,『도적 맞은 우리 국호 日本 1』, 문학수첩, 1998.

노태돈,『고구려사연구』사계절, 1999.

張東翼,『宋代麗史資料集錄』서울대학교출판부, 2000.

李道學,『한국고대사, 그 의문과 진실』김영사, 2001.

남원문화원,『남원의 문화유산』2001.

한국정신문화연구원,『譯註 三國史記(수정개정판)』2001.

누노메 조후・구리하라 마쓰오 著・임대희 譯,『중국의 역사[수당오대]』혜안, 2001.

李道學,『살아 있는 백제사』휴머니스트, 2003.

문명대,『한국의 불상조각』4, 예경, 2003.

박한제,『박한제 교수의 中國역사기행(3)』사계절, 2003.

李春植 主編,『중국학자료해제』신서원, 2003.

노중국,『백제부흥운동사』일조각, 2003.

坂本太郎 外,『日本書紀(五)』岩波書店, 2004.

가와카쓰 요시오 著・임대희 譯,『중국의 역사(위진남북조)』혜안, 2004.

권태원,『백제의 의복과 장신구』주류성, 2004.

발레리 한센 著・신성곤 譯,『열린제국: 중국 고대-1600』까치, 2005.

안외순 譯,『동호문답』책세상, 2005.

關野貞,『[新版]朝鮮の建築と藝術』岩波書店, 2005.

金翰奎,『天下國家』소나무, 2005.

李道學,『고구려 광개토왕릉비문 연구』서경문화사, 2006.

루브르 박물관,『Louvre 300점의 걸작품』2006.

山內昌之,「フ-ユ-監獄の誕生」『歷史學の名著30』筑摩書房, 2007.

사와다 이사오・김숙경 譯,『지금은 사라진 고대 유목국가 이야기, 흉노』아이필드, 2007.

논산문화원,『論山金石文大觀』2007.

충청남도역사문화연구원・금산군,『錦山 栢嶺山城 - 1・2次 發掘調査報告書』2007.

손영종,『조선단대사(고구려사 4)』과학백과사전출판사, 2008.

손영종,『조선단대사(고구려사 5)』과학백과사전출판사, 2008.

강용자 譯,『風土記』지만지, 2008.

부여군,『파진산의 옛 문화』부여군, 2009.

노태돈,『삼국통일전쟁사』서울대학교 출판부, 2009.

이영석,『南北朝佛教史』혜안, 2010.

五味文彦・鳥海靖 編,『もういちど讀む山川日本史』山川出版社, 2010.

李道學,『백제 한성・웅진성시대 연구』一志社, 2010.

李道學,『백제사비성시대연구』一志社, 2010.

구대열,『삼국통일의 정치학』까치, 2010.

김갑동,『고려의 후삼국 통일과 후백제』서경문화사, 2010.

이상훈,『나당전쟁연구』주류성, 2012.

李丙燾,『國譯 三國史記』한국학술정보(주), 2012.

국립청주박물관,『불비상 염원을 새기다』2013.

김명호,『김명호의 중국인 이야기(3)』한길사, 2014.

荊木美行,『金石文と古代史料の研究』燃燒社, 2014.

李道學,『후삼국시대 전쟁연구』주류성, 2015.

미야자키 이치사다 著・전혜선 譯,『수양제』역사비평사, 2015.

趙克堯・許道勛,『唐太宗傳』2版, 臺灣商務印書館, 2015.

綱野善彦 著・임경태 譯,『일본의 역사를 새로 읽는다』돌베개, 2015.

권덕영 外,『중국 소재 한국고대금석문』한국학중앙연구원 출판부, 2015.

안외순,『정치, 함께 살다』글항아리, 2016.

충청남도역사문화연구원,『중국 출토 백제인 묘지 집성(원문・역주편)』2016.

최진열,『효문제의 '한화' 정책과 낙양 호인사회』한울, 2016.

入江曜子,『古代東アジアの女帝』岩波書店, 2016.

李鍾學,『동북아시아의 전쟁과 평화』충남대학교출판문화원, 2016.

헨리 키신저 著・이현주 譯,『헨리 키신저의 세계질서』민음사, 2016.

프랑크 디쾨터 著・고기탁 譯,『해방의 비극 중국혁명의 역사 1945~1957』열린책

　　　들, 2016.

부여군,『의자왕과 백제유민의 낙양 행로』주류성, 2016.

李道學,『新羅・加羅史硏究』서경문화사, 2017.

조지 패튼 著・우보형 譯,『패튼-내가 아는 전쟁』길찾기, 2017.

오정환,『무릎 꿇지 않는 베트남-중국 천년전쟁』종문화사, 2017.

국립경주문화재연구소,『신라 왕궁 월성』2018.

〈논문〉

池內宏,「新羅人の武士的精神について」『史學雜誌』40-8, 1929.

池內宏,「高句麗滅亡後の遺民の叛亂及び唐と新羅との關係」『滿鮮地理歷史硏究報
　　　告』12,1930 ;『滿鮮史硏究』上世 2, 1951.

池內宏,「百濟滅亡後の動亂及び唐・羅・日 三國の關係」『滿鮮地理歷史硏究報告』
　　　14, 1934.

日野開三郎,「小高句麗の建國」『史淵』72, 1957.

李基白,「百濟王位繼承考」『歷史學報』11, 1959.

津田左右吉,「百濟戰役地理考」『朝鮮歷史地理』1, 1913;『津田左右吉全集』11, 岩波
　　　書店, 1964.

村上四男,「新羅と小高句麗國」『朝鮮學報』37・38合集, 1966.

林炳泰,「新羅小京考」『歷史學報』35・36合輯, 1967.

존・씨 재미슨,「羅唐東盟의 瓦解」『歷史學報』44, 1969.

崔永俊,「조선시대의 영남로 연구-서울~상주의 경우-」『지리학』11, 1975.

金鍾璿,「新羅花郎の性格について--特にその遊びに關して--」『朝鮮學報』 82,
　　　1977.

Marylin M. Rhie 著・文明大 譯,「天龍山 第21石窟과 唐代碑銘의 硏究」『佛敎美術』

5, 1980.

沈正輔,「百濟復興軍의 主要據點에 관한 硏究」『百濟研究』14, 1983.

홍윤식,「益山 彌勒寺 創建을 通해 본 百濟 文化의 性格」『馬韓百濟文化』6, 1983.

李道學,「漢城末・熊津時代 百濟 王位繼承에 관한 再檢討」『韓國史研究』45, 1984.

李道學,「漢城末 熊津時代 百濟 王位繼承과 王權의 性格」『韓國史研究』50・51合
　　　輯, 1985.

武田幸男, 新羅 '毗曇の亂'の一視覺」『三上次男博士喜壽記念論文集(歷史編)』平凡
　　　社, 1985.

李道學,「熊津都督府의 支配組織과 對日本政策」『白山學報』34, 1987.

박진욱,「쏘련 사마르칸트 아흐라샤브 궁전지 벽화의 고구려 사절에 대하여」『조선
　　　고고연구』1988-3.

李道學,「平壤 九梯宮의 性格과 그 認識」『國學研究』3, 1990.

李道學,「新羅 花郎徒의 起源과 展開過程」『정신문화연구』38, 한국정신문화연구
　　　원, 1990;「신라 화랑도의 기원과 성격에 관한 검토」『신라화랑연구』한국정
　　　신문화연구원, 1992.

李道學,「百濟 黑齒常之 墓誌銘의 檢討」『鄕土文化』6, 1991.

李道學,「方位名 夫餘國의 성립에 관한 檢討」『白山學報』38, 1991.

朴漢濟,「七世紀 隋唐 兩朝의 韓半島進出 經緯에 대한 一考」『東洋史學研究』43집,
　　　1993.

李道學,「唐橋 '蘇定方 被殺說'의 歷史的 意義」『金甲周教授回甲紀念史學論叢』
　　　1994.

손영종,「고구려의 령토확장과정에 대하여」『력사과학논문집』18, 과학백과사전종
　　　합출판사, 1995.

李道學,「'日本書紀'의 百濟 義慈王代 政變 記事의 檢討」『韓國古代史研究』11,
　　　1997.

李道學, 「龍飛御天歌의 世界」『문헌과 해석』3, 태학사, 1998.

李道學, 「강화도 문화유산의 현실과 대책」『고대문화산책』서문문화사, 1999.

李道學, 「百濟 復興運動의 시작과 끝, 任存城」『百濟文化』28, 1999.

李文基, 「百濟 遺民 難元慶墓誌의 紹介」『慶北史學』23, 2000.

李道學, 「'백제부흥운동'에 관한 몇 가지 검토」『東國史學』38, 2002.

李道學, 「백제 무왕대 익산 천도설의 검토」『익산 문화권 연구의 성과와 과제』마한 백제문화연구소 설립 30주년 기념 제16회 국제학술회의, 2003.

佐藤信, 「白江戰爭과 倭」『백제 부흥운동과 백강전쟁』서천군, 2003.

沈正輔, 「白江에 대한 硏究現況과 問題點」『백제 부흥운동과 백강전쟁』서천군, 2003.

李道學, 「삼국의 문화와 문물교류 과정」『7세기 동아시아 국제정세와 신라의 삼국통일전략』제24회 신라문화학술회의, 동국대학교 신라문화연구소, 2004. 3. 12. ;『신라문화』24, 2004.

李道學, 「백제 무왕대 익산 천도설의 재해석」『마한백제문화연구』16, 2004.

李道學, 「書評: 백제부흥운동사(노중국 著/ 일조각)」『한국사연구』124, 2004.

李道學, 「漢城 陷落 以後 高句麗와 百濟의 關係－耽羅와의 關係를 中心으로」『전통문화논총』3, 한국전통문화대학교, 2005.

李道學, 「高句麗와 百濟의 出系 認識 檢討」『高句麗硏究』20, 2005.

李道學, 「백제의 對倭 교역의 展開 樣相」『민족발전연구』제13-14호, 2006.

李道學, 「高句麗의 內紛과 內戰」『高句麗硏究』24, 2006.

李道學, 「유왕산 놀이」『한국세시풍속사전』가을편, 국립민속박물관, 2006.

문경현, 「김유신의 혼인과 가족」『문화사학』27, 2007.

李昊榮, 「신라의 對唐戰爭 원인과 그 전개」『月山 李昊榮의 韓國史學遍歷』서경문화사, 2007.

김정배, 「『三國史記』寶藏王紀 史論에 보이는 '柳公權의 小說' 問題」『韓國史學報』

26, 2007.

李道學, 「〈三國史記〉 道琳記事 檢討를 통해 본 百濟 蓋鹵王代의 政治」 『先史와 古代』 27, 2007.

李道學, 「광개토대왕의 영토 확장과 광개토대왕릉비」 『고구려의 정치와 사회』 동북아역사재단, 2007.

李道學, 「해동증자 의자왕의 생애」 『백제실록 의자왕』 부여군, 2008.

李道學, 「제천 점말동굴 화랑 각자에 대한 고찰」 『화랑의 장 점말동굴 그 새로운 탄생』 충청북도문화재연구원, 2009. 4. 28. ; 『충북문화재연구』 2호, 충청북도문화재연구원, 2009.

李道學, 「중국 속의 백제인들」 『한민족 디아스포라의 역사(1)』 한민족학회, 2009. 5. 27. ; 「중국 속의 백제인들, 중국 바깥의 백제인들」 『한민족연구』 7, 2009.

朴現圭, 「天龍山石窟 제15굴과 勿部珣將軍功德記—선행학자들의 연구동향을 중심으로」 『서강인문논총』 25, 2009.

李道學, 「彌勒寺址 西塔 ‘舍利奉安記’의 分析」 『白山學報』 83, 2009.

李道學, 「古都 益山의 眞正性에 관한 多角的 分析」 『馬韓百濟文化』 19, 2010.

李道學, 「唐에서 재건된 백제」 『인문과학논총』 15-1, 경성대학교 인문과학연구소, 2010.

이현숙, 「취리산 유적의 고고학적 검토」 『就利山會盟과 백제』 혜안, 2010.

李在成, 「麗唐戰爭과 契丹·奚」 『中國古中世史硏究』 26, 2011.

王連龍, 「百濟人 ‘禰軍’墓誌 考論」 『社會科學戰線』 2011-第7期.

李道學, 「고대 동아시아의 불교와 왕권」 『충청학과 충청문화』 13, 2011.

李道學, 「廣開土王代 南方 政策과 韓半島 諸國 및 倭의 動向」 『한국고대사연구』 67, 2012.

李道學, 「公山城 出土 漆甲의 性格에 대한 再檢討」 『인문학논총』 28, 경성대학교 인문과학연구소, 2012.

李道學,「馬韓 殘餘故地 前方後圓墳의 造成 背景」『東아시아古代學』28, 2012.

李道學,「高句麗의 東海 및 東海岸路 지배를 둘러싼 諸問題」『高句麗渤海研究』44, 2012.

李道學,「溫達의 南下經路와 戰死處 阿旦城 檢證」『東아시아古代學』32, 2013.

李道學,「界線으로서 韓國史 속 百濟人들의 頭髮과 服飾」『백제 하남인들은 어떻게 살았는가』하남문화원, 2013. 10. 11.

李道學,「「廣開土王陵碑文」에 보이는 '南方'」『嶺南學』24, 2013.

정원주,「7세기 고구려의 서계(西界) 변화」『영토해양연구』8, 2014.

오길환,「일본에 있는 고대 한반도 관련 神社 조사보고」『일본 신사에 모셔진 한국의 神』민속원, 2014.

李道學,「益山 遷都 物證 '首府' 銘瓦에 대한 反論 檢證」『東아시아古代學』35, 2014.

李道學,「倭의 佛敎 受容과 백제계 사찰의 건립배경 및 성격」『충청학과 충청문화』19, 2014.

李道學,「恩山別神祭 主神의 變化 過程」『扶餘學』4, 부여고도육성포럼, 2014.

李道學,「백제사 속의 익산에 대한 재조명」『마한백제문화』25, 2015.

송영대,「高句麗와 唐의 箕子朝鮮 認識 檢討」『역사와 경계』100, 2016.

李道學,「世宗市 일원 佛碑像의 造像 목적과 百濟 姓氏」『한국학연구』56, 고려대학교 한국학연구소, 2016.

李道學,「서평: 남정호 지음, '백제 사비시대 후기의 정국 변화'」『東아시아 古代學』42, 2016.

李道學,「백제와 인도와의 교류에 대한 접근」『동아시아불교문화연구』29, 2017.

李道學,「고구려의 漢江流域 喪失 原因과 長安城 축조 배경」『東아시아古代學』47, 2017.

李道學,「高句麗와 倭의 關係 分析」『東아시아古代學會 第66回 定期學術大會』2017.

李道學, 「권력과 기록」 『東아시아古代學』 48, 2017.

李玟洙, 「高句麗 遺民 李他仁의 族源과 柵城 褥薩 授與 배경에 대한 고찰」 『大丘史學』 128, 2017.

서형걸, 「書評: 정호섭 저, 『고구려사와 역사인식』」 『東아시아古代學』 47, 2017.

〈기타〉

山道襄一, 「朝鮮人同化政策」 『潮』 1919.

文一平, 「朝鮮史上 三代戰捷 니약이」 『別乾坤』 1928.

坪井九馬三, 「新羅史研究序」 『新羅史研究』 近澤書店, 1933.

金庠基, 「乙支文德」 『朝鮮名人傳』 朝光社, 1939.

金庠基, 「淵蓋蘇文」 『朝鮮名人傳』 朝光社, 1939.

李道學, 「불교사 100장면―고구려 불교」 『불교신문』 불교신문사, 1998.

李道學, 「소정방 사당터가 있는 충남 예산」 『새교육』 한국교육신문사, 1999년 9월호.

문일평, 「史上의 奇人」 『호암 문일평전집』 1, 1939; 민속원, 2001.

李道學, 「주간칼럼-백마강은 흐른다, 계백은 패장인가」 『한국전통문화학보』 50호, 한국전통문화대학교, 2008. 5. 21.

허윤희, 「익산 쌍릉 大王墓 주인은 선화 공주?」 『朝鮮日報』 2016. 1. 27.

강천석, 「대한민국 命運 바꿀 경계선 넘고 있다」 『朝鮮日報』 2017. 9. 30.

배진영, 「합법적으로 집권해 '혁명'을 추구한 정권들, 그 끝은?」 『月刊朝鮮』 2017, 11월호.

찾아보기